北京师范大学历史学院"励耘文库"系列

中国经学史十五讲

姜海军/著

人民出版社

出版说明

在北京师范大学的百余年发展历程中,历史学科始终占有重要地位。经过几代人的不懈努力,今天的北京师范大学历史学院业已成为史学研究的重要基地,是国家"211"、"985"工程重点建设单位,首批博士学位一级学科授予权单位。拥有国家重点学科、博士后流动站、教育部人文社会科学重点研究基地等一系列学术平台。科研实力颇为雄厚,在学术界声誉卓著。

近年来,北京师范大学历史学院的教师们潜心学术,以探索精神攻关,陆续完成了众多具有原创性的成果,在历史学各分支学科的研究上连创佳绩,始终处于学科前沿。特别是崭露头角的部分中青年学者的作品,已在学术界引起较大反响。为了集中展示北京师范大学历史学院的这些优秀学术成果,也为了给中青年学者的后续发展创造更好条件,我们组编了这套"北京师范大学励耘文库",希冀在促进北京师范大学历史学科更好发展的同时,为学术界和全社会贡献一批真正立得住的学术力作。这些作品或为专题著作,或为论文结集,但内在的探索精神始终如一。

当然,作为学术研究的励耘文库丛书,特别是以中青年学者作品为主的学术丛书,不成熟乃至疏漏之处在所难免,还望学界同仁不吝赐教。

北京师范大学历史学院
北京师范大学史学理论与史学史研究中心
北京师范大学励耘文库编辑委员会
2019 年 3 月

目 录

前　言

　　经学在中国古代的知识体系中居于主导的地位,更是在两千多年的思想文化传承中扮演着根基与灵魂的角色。实际上,经学并非源于今文经学家们所推崇的孔子,而是在孔子之前的西周时代经学已经存在,有关经学所承载的观念更是上古三代尧、舜、禹、汤、文、武、周公时代就已经酝酿并广为传播,并经过孔子等人的整理、总结及诠释,从而形成了具有全新意义的新经学体系。随着孔子所创建的儒学成为显学,基于"六经"诠释的经学也开始成为中国古代占有主导地位的学术范式。经学在中国古代影响非常深远,不仅涉及思想观念、社会政治、人伦道德,还渗透到法律、规范、生活、艺术等各个领域。

　　清朝结束之后,社会文化发展进入了全新的阶段,经学也失去了它在传统社会中的主导地位。近代以来,有关经学的研究开始了全新的范式,一方面是因为西学的盛行以及西方范式对传统经学、学术思想的影响;另一方面是随着中华文化、文明的传承、发展,开始迎来了全新的时代,这个时代尽管需要汲取西方文化、文明的成就,更是要传承、发展我们固有的文化、文明的精髓。我们究竟以何种视野、何种方式来探究中国古代数千年的经学历史,这不仅关系我们对于中国传统文化中最为核心的部分——儒家经学的态度问题,更是一种研究范式问题。中国古代的经学经历了数千年的发展,也形成了自己独特的风景,成为中华文化、中华文明屹立于世界东方的定海神针。由于"六经"及其所衍生的传、记等经典文本,所传承是上古以来先民们在生产生活、社会政治中的经验与思想,更是古圣先贤对上古以来文化、文明的反思与总结。所以,从先秦时期一直得到了社会各个阶层的重视,并借助经典诠释的形式建构各种解决现实问题的思想体系及内容。可以说,中国的经学史实际是围绕着十三经所产生的学术体系及思想体系。

中国古代的经学传承与发展，离不开对“道”的重视，在此认知的影响下，历代经师、儒者都非常强调道统谱系以及师承关系，由此从孔子之后形成了基于经学认知、诠释及思想建构不同而产生了各家各派，比如先秦时期的子夏西河学派、思孟学派、稷下学派以及荀子所说的儒分为八派，宋代的关学、蜀学、洛学、新学、湖湘学、闽学、浙学，清代的吴派、皖派、扬州学派、浙东学派、粤派等，这些流派的发展都非常强调师承关系，这一点从《宋元学案》《明儒学案》的表述就可以看出来。所以，我们在考察中国古代经学史的时候，学派的思想渊源、经学认知、诠释方法、思想核心等都应该是关注的对象，唯有如此，方能清晰地考察不同时期、不同学派以及同一时期、不同学派之间的异同及内在关联，从而对不同时代经学的历时性、共时性等变化有了更加清晰及深刻的认知与理解。

经学并不仅仅是概念、范畴与命题的集合体，更不是简单地针对“六经”乃至十三经的认知、诠释，而是它与社会政治、思想文化之间连续不中断的交互作用，从而推动了当时文化、政治等诸方面的前进。因此，在经学史的梳理、分析上，我们不能停留在经学文本及经学家所提出的概念、范畴及命题的分析上，还应该结合当时社会政治、思想文化的演变，来考察经学本身所发生的认知、诠释及范式的变化。比如魏晋之际，郑王经学之争，并不仅是解经模式的变化，更是思想观念尤其是政治形势的转向。宋代理学化经学的发生，更是中唐安史之乱之后，中印文化及儒佛之争、安史之乱爆发后中央与地方权力之争的必然结果。另外，涉及中国古代经学一统的发生，比如董仲舒经学、孔颖达《五经正义》、胡广《五经四书性理大全》以及《四库全书》的编纂等，这些都是当时政治大一统背景下借助经学大一统来完成文化大一统的努力。

总之，通过总结、梳理中国经学传承、发展的历史，不仅可以对中国古代具有主导性的儒家经学体系及其思想内涵有更加深刻的认知与理解，更是基于此对中国古代的社会政治、思想文化等诸多领域有更加深入的了解与把握。换言之，有关中国经学史的梳理与分析，是了解中国古代思想文化、社会政治的核心与关键。鉴于前贤时哲多注重文献或观念史的分析，本书则注重从古文献学、学术史、思想史、哲学等多维视野出发,对中国古代的经学进行全面而系统的梳理与分析,进而完成对中国经学传承、发展与演变的清晰认知与了解,从而加深对中华优秀传统文化及中华文明的认知,为中华传统文化的现代化及其学术体系、话语体系的建构提供坚实的学术思想基础。

第一讲 经学与经学史概说

中国古代传统文化的主导是儒学,而儒学的重要表现形式就是经学,经学主要研习儒家经典的学问。经学史就是研究经学传承、发展的历史。研究经学,不仅对于了解中国儒学有重要的意义,更是对中国古代的学术思想、文化传统有着深刻的认知与理解。毕竟,在经史子集为主体的知识体系下,经学始终是学术的基石与核心,它们不仅决定着中国学术的基本走向,更决定着中华文化的基本内涵与特质。文学(文以载道)、史学(秉笔直书、二十四史的编纂、经世致用的理念)、哲学(先秦诸子、汉唐经学、魏晋玄学、宋明理学等)都与经学有直接或间接的关系。所以,研习中国经学史,不仅可以梳理中国经学传承、发展的历史,也可以帮助我们理解中国学术思想、文化传承的内涵、特质及发展脉络。

一、何谓经学?

经学就是研究儒家经典的学问,尤其是研究"十三经"、"四书"、"五经"的学问。"十三经"即《周易》《诗经》《尚书》,《周礼》《仪礼》《礼记》(合称三礼),《左传》《公羊传》《穀梁传》(合称《春秋》三传),《论语》《孝经》《尔雅》《孟子》;"四书"为:《大学》《中庸》《论语》《孟子》;五经是《易》《诗》《书》《礼》《春秋》。

经学是儒学的一种表现形式。一般认为,经学是儒家专有的形式,但其实并不是。因为经学是研究"六经"及"十三经"的学问,实际上,孔子创立儒学的时候,"六经"作为王官之学的重要组成部分已经存在了,有关"六经"解释的经学也已经存在了,在《左传》《国语》《史记》等典籍中有很多具体的历史记载。由此可以说,经学伴随着"六经"的产生就已经产生了,并在西周时期形成了王官之学,王官之学的核心经典就是"六经"。王官之学在西周、春秋、战国时期一直传承不断。作为春秋时代的经学大家孔子,借助对"六经"的整理、诠释,并建构了新的学术思想体系——儒学。儒学是对王官之学的一种改造,同时也是一种新的经学体系。从此以后,儒学作为王官之学的另一种存在形式而得到传承、发展,并在战国时期成为显学,以往作为王官之学核心经典的"六经",也转变为了儒家的专有经典。

具体来说,在孔子出生之前的春秋早期,"六经"不仅广泛流传,而且也被当时的很多大夫、史官、占卜等广泛引用、诠释,有的甚至借助"六经"来表达自己的思想。比如我们都知道的"假途灭虢"的历史典故就是这样一个例子,晋献公时期,积极开疆拓土,为了夺取崤山、函谷关等战略要地,打算南下消灭虢国。但是,晋国与虢国之间夹着虞国,要想进攻虢国就必须经过虞国,晋献公也担心在攻打虢国的时候,虞国、虢国联合起来抵抗晋国。在这种情况下,晋献公就接受了大夫荀息的建议,采取各个击破的计策,先向虞国借道攻打虢国,等消灭了虢国再回过头来消灭孤立无援的虞国。于是,晋献公就派荀息带着美女、骏马等贵重礼品献给虞国国君,希望他能借道给晋国。虞国国君贪财好利,不听大臣宫之奇的劝阻,不仅答应了借道,还自愿作为讨伐虢国的先锋,最终导致了虢国灭亡,很快虞国也被晋国消灭。

在这个过程中,虞国国君认为晋国不会伤害虞国的,何况自己对待祭祀非常认真,神灵也会保佑虞国的平安。对此,虞国大夫宫之奇为了劝说自己的国君,就借用了《尚书·周书》中"皇天无亲,惟德是辅""黍稷非馨,明德惟馨""民不易物,惟德繄物"等的话语,反复强调说只有有德之君才能获得神灵的保佑。这里其实就是经学解释的一种,也就是对《尚书·周书》中"以德治国"思想的认可、传承与实践。由于"假途灭虢"的事情发生在公元前 655 年,这距离孔子出生还有一百年左右的时间,这也说明了孔子在出生之前,《尚书》已经流传,人们对《尚书》已经有了自己的认知与诠释,这自然也是经学的一种表现形式。

　　不仅是《尚书》，作为群经之首的《周易》也被引证，比如《左传》襄公九年（前564年）记载了一个利用《易经》占卜的实例，这个例子后来研究《易经》的学者经常引用，具体内容是：

> 　　穆姜薨于东宫，始往而筮之，遇《艮》之八，史曰：是谓《艮》之《随》。随，其出也，君必速出。姜曰：亡。是于《周易》曰：《随》，元、亨、利、贞，无咎。元，体之长也，亨，嘉之会也，利，义之和也，贞，事之干也。体仁足以长人，嘉德足以合礼，利物足以合义，贞固足以干事。然故不可诬也，是以虽随无咎。今我妇人而与于乱，固在下位而有不仁不可谓元；不靖国家，不可谓亨；作而害身，不可谓利；弃位而姣，不可谓贞。有四德者，随而无咎；我皆无之，岂随也哉，我则取恶，能无咎乎！必死于此，弗得出矣！……①

大体意思是说，穆姜是鲁成公的母亲，她与鲁国大夫叔孙侨如私通，并打算和叔孙侨如发动叛乱，阴谋推翻鲁成公的统治，让叔孙侨如来当国君，但是政变失败了，叔孙侨如被驱逐出国，穆姜本人也被囚禁。穆姜感觉自己的生死非常渺茫，于是就用《易经》为自己占了一卦，想看看前途如何，得到卦是"艮卦"。因为艮卦象征着山，它的属性有"停止"的意思，所以，预示着穆姜将要待在这里。

　　当时的史官为了讨好、安慰穆姜，从变卦的角度作了分析。因为当时占卦，一般要用蓍草得出两个卦，一个是本卦、一个是变卦。史官认为，尽管穆姜得到的是本卦，即艮卦有"停止"的意思。但是变卦是随卦。他认为，随卦的卦象是[下震上兑]，本身就有走动的意思。另外，卦辞也说"元亨利贞，无咎"，会大吉大利，没有任何祸患。穆姜也是个明白人，知道自己谋反属于滔天大罪，不可能那么简单。就从个人的行为和道德出发做了解释，他说尽管随卦的卦辞是"元、亨、利、贞，无咎"，是个大吉大利的卦，但这需要美好的德行和符合道义的行为才能"无咎"。而她本人，作为鲁国太后一来不恪守妇道，二来还与人发动政变谋反，这不管从哪个角度来说都不会"无咎"。相反，没

---

① （晋）杜预注，（唐）孔颖达疏：《春秋左传正义》卷十三，北京大学出版社1999年版，第869—871页。

有德行反而拥有好卦，看来大祸要临头了。果然，穆姜就死在监狱里了。

在这个过程中，无论是负责解释《周易》卦辞的史官，还是穆姜本人都对《周易》有一定的认知与理解，都将《周易》看成是占卜吉凶的重要工具。当然，他们也都明白占卜的吉凶结果，主要取决于人自身的言行，而不完全是天意。这样一来，他们对于《周易》的解释就出现了偏差，而这种偏差的存在本身就表明经学的解释存在着多义性、不确定性。

另外，就春秋时期最流行的《诗经》而言，在孔子五岁的时候，《诗经》早已经在各个诸侯国流传，并被当时君臣、士大夫们广泛传诵，并通过"赋诗言志"的形式来表达自己的思想。在今本《左传》《国语》中就记载了大量公卿、大夫在外交场合、人际交往时运用《诗经》的事例。如《左传》襄公二十七年（前546年）记载：

> 齐庆封来聘，其车美。孟孙谓叔孙曰："庆季之车，不亦美乎！"叔孙曰："豹闻之：'服美不称，必以恶终。'美车何为？"叔孙与庆封食，不敬。为赋《相鼠》，亦不知也。①

这段中提到了齐国大夫庆封，他在齐国位高权重，曾与齐国大夫崔杼合谋杀死齐庄公，立齐景公为国君，然后庆封和崔杼分别担任左右相，但是崔杼飞扬跋扈，独揽大权，于是庆封设计杀死了崔杼一家。此后，庆封也更加荒淫腐朽，最终在政治斗争中被灭族。在庆封独揽大权的时候，他曾经访问鲁国，他所乘坐的车子非常华丽，级别非常的高，远远超过了他的身份，于是鲁国大夫叔孙认为庆封的车不符合礼仪，所以赋《相鼠》一篇来讽刺他，但是他却不知道，或者假装不知。这也是算对《诗经》的一种认知与诠释，也就是说大夫叔孙将《诗经》当成一种批判人事的工具，并突出《诗经·相鼠》这篇对礼仪的重视。

《相鼠》这首诗说的什么呢？《相鼠》为《诗经·鄘风》中的一篇，具体内容是：

> 相鼠有皮，人而无仪。人而无仪，不死何为！

---

① （晋）杜预注，（唐）孔颖达疏：《春秋左传正义》卷三十八，北京大学出版社1999年版，第1054页。

相鼠有齿，人而无止。人而无止，不死何俟！

相鼠有体，人而无礼。人而无礼，胡不遄死！①

这首诗的意思是说，老鼠都有自己的毛皮，但是人却没有自己的威仪（说的是庆封没有合乎礼仪的行为）。人如果没有符合自己身份的礼仪，为什么不去死？老鼠都有自己的牙齿，但是人却没有廉耻（"止"通"耻"）。人如果没有廉耻，不死还等什么？老鼠都有自己的肢体，而人却不讲礼仪。人如果不讲礼仪，为什么不赶快死掉？这首诗非常的直白，叔孙借助老鼠来讽刺庆封，认为老鼠都有自己的形象外表，而作为大夫的庆封却不知道礼仪。

实际上，在孔子之前，已经在周太师等人的努力下形成了一个《诗经》原本②，这个原本在各国统一流行，以至于当时的诸侯、卿大夫、士对之都有一定的记诵与认识，并在不同场合熟练地"赋诗言志"。也就是说，当时的天子、卿大夫、士频繁地在不同场合借助《诗经》篇章含蓄表达自己的意向。这种赋诗言志，其实也是一种经学形式，通过引经据典、断章取义的形式来表达自己对当时情形的认知与看法。

从以上三个例子来看，在孔子出生之前或很小的时候，作为王官之学的"六经"早已经在各个诸侯国盛行了，并被君臣、公卿大夫、史官、占卜之人等进行理解、诠释，进而表达他们自己的态度与思想。从这一点来看，经学产生很早，并非开始于孔子。这与后来今文经学家所持的观点不同。今文经学家认为经学始于孔子，之所以如此，乃是因为今文经学家们从哲学的角度出发，认为孔子重新解释了"六经"，并赋予"六经"以新的价值与意义，从而创立了儒学。古文经学家们则主要从历史的视野出发，认为经学在孔子之前就已经产生，甚至认为周公开创了以"六经"为核心的王官之学，王官之学在西周时期流行于周王室及各个诸侯国，到孔子时代经学已经得到了极大的发展，而孔子的经学也罢、儒学也罢，都只不过是对王官之学的传承与发展而已。当然，

———————

① （汉）毛亨传，郑玄笺注，（唐）孔颖达疏：《毛诗正义》卷三《相鼠》，北京大学出版社 1999 年版，第 205—206 页。

② 今人袁长江在其《先秦两汉诗经研究论稿》中也认为"孔子之前确实存在一种各国统一的《诗经》本子，这就是太师所教子弟和乐工用的本子。这是一个统一的权威性的本子，出自周太师之手"。参见袁长江：《先秦两汉诗经研究论稿》，学苑出版社 1999 年版，第 69 页。

经学始于何时？无论是今文经学，还是古文经学，他们对这个问题的理解与认知，只是角度与出发点的不同，但都有一定的合理性。

实际上，从经学历史发展的过程来看，孔子所处的时代，经学早已经盛行，而且经学的起源应该是伴随着"六经"一起产生的，甚至早于"六经"。同时，我们可以基本判定，"六经"文本的雏形，应当奠基于西周前期。这样来看，王官之学也随着当时"六经"的发生而存在了，它不仅传承了西周统治阶层的治国理念，更是传承了上古以来治国理念的理想与经验思想等等。可以说，在"六经"文本及王官之学确立之前，与"六经"相关的观念早就产生了，比如人们对天的尊崇与以德治国的理念在尧舜时期就已经存在，人们重视孝道也是如此，以民为本的思想也是渊源甚早。总之，如果我们结合《论语》《尚书》《史记》《左传》《礼记》等经典来看，孔子所推崇的尧舜以及他们的治国理念、修身思想，比如以民为本、以德治国、仁爱等思想在更早时代就已经存在，并且得到了很好的践行。"六经"文本在确立之初，以及王官之学的传承中，实际上也汲取了尧、舜、禹、汤时期的思想，比如天帝信仰、礼乐制度、仁爱关怀等的人文思想。但随着王官之学的传承与发展，"六经"所承载的礼乐制度逐渐淡化了人文精神，尤其是在春秋时代，礼坏乐崩、物欲横流、名利盛行，这就促使孔子进一步返璞归真，重新返回到上古时代，从那里吸收精神的营养，并将他们融入自己的思想之中，这就是儒学化经学的产生。

孔子作为经学的传承者，在中国经学史上具有承上启下的里程碑式的重要意义。原因就在于，他一方面继承并整理了"六经"，同时也对"六经"做了新的解释，并基于此形成了自己的儒学思想体系。这两方面的工作，实际上都是经学的工作，一方面孔子在整理"六经"的时候，曾经做了很多增删、修订的工作，这是一种经学研究的行为，也是孔子价值观的渗透与融入。正是由于孔子对旧有经典及经学的改造与发展，比如他以周代礼制为标准，删定《诗经》《尚书》（按照司马迁《史记》、班固《汉书》的观点，孔子将《诗经》由三千篇删为三百零五篇，将《尚书》由三千多篇删定为一百篇，删定标准就是西周礼制）。另外，孔子还对《易经》做了全新的解释，是为《易传》，由此突出了易学的道德性、思想性及政治性，使得《周易》这部本是占卜的书，转化为一部思想哲学与政治理念的书籍。此外,孔子还根据自己的理解、思考,在鲁国史书的基础上,编纂了《春秋》一书,极力突出西周礼乐制度、人文精神。同时,他还向自己的弟子曾子传授了孝道,这就是《孝经》的由来。总之,在孔子整理、诠释"六经"之后,形成了新的经学,并产生了儒学。较以往而言,孔子的经学,我们可以称之为儒学化的经学。孔子经学产生之后,随着春秋、战国时期,儒家学者如子夏、曾子、孟子、荀子等大儒对孔子思想的传承、诠释,最终促使儒学成为显学。随后,儒学在汉朝被确立为官方意识形态,作为儒学的基本形态——经学也由此成为中国古代基本的学术形态,一直传承到清代,至今不绝。

二、中国经学史概况

中国经学史,顾名思义,就是中国经学传承、发展与演变的历史。中国经学发展的历史可以分为四个大的阶段:第一个阶段是先秦时期,第二个阶段是汉唐时期(汉学),第三个阶段是宋清时期(宋学),第四个阶段是近代以后。

1. 先秦时期

这一时期是中国经学奠基、形成阶段。这一阶段有几个问题需要关注。

第一,我们要思考"六经"的观念从何而来? 也就是说,"六经"中所蕴含的天人之际、民本思想、以德治国、礼乐思想、人文精神等都是从哪里来的? 它们是怎么传承演变的,并最终成为"六经"所承载的思想观念的? 不同观念之间的内在关联是什么? 对于这些问题,我们不仅要深入探究《周易》《诗经》《尚书》《仪礼》《左传》《论语》等儒家经典中所提到的思想,还要结合历史文献来考察这些思想的发展演变,梳理分析它们是如何成为夏商周时期的主导思想观念,并进而考察"六经"中的思想观念,再考察它们是如何成为儒家学说的核心理念的? 另外,我们还要关注并分析"六经"与周初王官之学的内在关联、孔子如何传承并发展王官之学等问题。

第二,对于"六经"产生这个公案问题,尤其需要深入考察、分析。关于"六经"的产生及成书,至今学术界没有一个统一而清晰的认知,比如《周易》

尤其是《易经》的产生问题,是否就是商周之际占卜之人将长期以来占卜结果应验的卜辞编辑的结果?还是周文王、周公所作?《易传》与孔子的关系到底是什么?另外,长沙马王堆汉墓出土的帛书《周易》与我们的传本《周易》有所不同,这是不是说明当时《周易》的传承存在着谱系与门户?《诗经》《尚书》是否就是孔子删定的结果?《仪礼》到底是周公所作,还是孔子删定的结果?……与"六经"相关的其他儒家经典,比如《左传》是否就是左丘明所作,是否是一次性成书?《周礼》到底是否是周公所作?《论语》《孝经》最终到底是谁编辑成书的?《尔雅》成书年代问题?……这些问题不仅关系"六经"的学术史问题,也是关系周代王官之学、思想文化变迁等重要问题,更是关系后来经学分期分派的问题。

第三,就是孔子及儒家学派的经学问题。有关孔子经学有很多学者做了探讨,但至今还没有学者对此进行系统而全面地梳理、分析,没有就西周王官之学与孔子经学之间的关系、儒家与管子、道家经学的异同等问题进行深入系统的分析,更缺乏对孔子经学的历史地位及其意义、影响做一个公允的判定。另外,孔子之后经学的传承与发展,也始终没有给予高度的重视,其后传弟子、再传弟子们如曾子、子夏、孟子、荀子等人的经学也缺乏应有的重视。此外,春秋战国时期,基于"六经"建构自己思想的并非只有儒家,还有墨家、道家、阴阳家、法家、纵横家等多门多派,这些也都需要分析探究。总之,对孔子及儒家学派经学传承的梳理、诠释,以及春秋战国时期诸家诸派与儒学化经学之间的纵横比较及其异同等多个问题,都需要我们认真的梳理与思考。毕竟,这些问题关系到孔子经学价值的再估、重释及其意义的弘扬,也关系对汉学、宋学的深入分析。

2. 汉唐时期

汉唐经学是经学发展的重要阶段,清代四库馆臣在编纂《四库全书总目》的时候,将汉唐之际的经学视为"汉学",与宋清之际的"宋学"相对立。汉学、宋学由此成为中国经学的两大形态或曰范式。汉学注重章句注疏之学,注重考据、实证;宋学注重义理之学,注重思想、哲学建构。作为宋学体系的重要组成部分——清代经学,虽然在形式上注重考据、实证,但是在价值判定与核心范畴上依然尊崇程朱理学。换言之,清学实则是汉学与宋学的糅合体,汉宋兼有,以注疏、考据为表现形式,以宋学探究义理、思想为学术归宿。就汉唐之际的经学而言,我们需要注意的有三点。

第一,今古文经学的产生、传承问题,秦始皇对儒学的漠视以及焚书坑儒,直接造成了秦汉之际经学的中衰,同时也导致两汉时期今古文经学的问题出现。今文经就是经学家们用汉代通行的隶书,将所记诵的经书写出来。随后,在汉文帝、景帝、武帝时期相继被立为官学,学者们只要精通一经就可以做官。在名利的刺激下,今文经学开始大兴于世。正是在这种大背景下,古文经在民间很多地方出现,这些用六国文字书写的儒家经典,不仅在文本上与今文经有很大的差异,而且在解经的思想与方法上表现有别。尽管这些古文经典也是儒家经典,但是由于经学在汉代不仅仅是学术,也关系名利。所以,古文经尽管在两汉之际一度兴起,被立为官学。但有汉一代,古文经学始终没有得到朝廷的重视。直到东汉后期,随着今文经学以其宣扬谶纬迷信、注解繁琐而日渐衰微之际,古文经学开始兴起,并最终经由郑玄遍注群经而大兴于世。在魏晋南北朝隋唐时期,古文经学成为整个学术界的主导。宋明之际,今古文的问题不再是学术界关注的焦点。到了清代,今古文经学的问题,又一次随着考据学的兴起,而出现了今古文之争。总之,了解今古文经学的问题,有助于深入了解古代经学的基本脉络尤其是两汉与清代经学解释的基本特征、思想内涵。

第二,魏晋经学与玄学,魏晋时期,玄学兴起,玄学本身也是对两汉经学的反动。毕竟,两汉时期的经学,不论是今文经学,还是古文经学,章句训诂之学都是它们基本的表现形式。这种形式虽然有利于名物典制的深入考察,但是不利于经典本身思想的阐发与价值传承。在这种背景下,玄学兴起。玄学的兴起与道家、道教的兴起有一定的关联。当时的玄学家们如何晏、王弼等人都注重用老庄之学来解释儒家经典,注重探究文本的思想大义,进而探究儒学的形而上方面的哲学问题,这在某种意义上形成了玄学化的经学,而这种经学形态对后来宋明理学的建构有着深远的启发及影响意义。

第三,佛教与中国经学的发展。佛教在中古时期大兴,它对于经学的传承、发展也影响甚大,由此也促成了经学义疏之学的盛行,后来唐代孔颖达

《五经正义》便是中古时期尤其是南北朝经学义疏之学的集大成之作。当然，孔颖达《五经正义》的出现只不过是朝廷基于思想统一的需要，通过经学形式上的统一，重建新的意识形态。随着安史之乱的爆发，孔颖达《五经正义》开始受到了诸如王元感、刘知幾、啖赵学派等儒者的批判，进而产生了一批不拘泥于《五经正义》的新经学著述文本。另外，需要注意的是，随着佛老之学在隋唐时期的盛行，也促使了很多学者比如韩愈、李翱、柳宗元等人借助佛学的思想来重新认识或曰解释儒家经典、重建新的道统谱系，希望重新关注儒家"性与天道"的思想，由此也促使《论语》《孟子》《大学》《中庸》等经典被广泛关注。这自然也为宋代理学奠定了重要的学术思想基础。

3. 宋清时期

宋清之际，程朱理学开始兴起，并在元明清时期被立为官学，所以这一时期经学的基本形态主要是程朱理学化的经学。尽管在明中期出现了王阳明心学，清中期出现了考据学，但这些都只不过是对程朱理学化经学的补充与修正。其中，清学更是如此，乾隆时期所编纂的《四库全书》，统合了当时南北经学的分歧，初步建构了清学体系，由此推动了乾嘉时期经学考据学的兴盛。但实际上，清学只不过程朱理学化经学的继承与完善，也是汉学、宋学的糅合。因为清学在经学解释方法上突出汉学注重训诂、考据的形式，但在内在的价值判断上依旧注重宋明理学的宇宙观、人生观及价值观。所以，清学无论是从思想体系上，还是从解经模式上，都没有超越汉学、宋学，它只是汉学、宋学的糅合而已。就宋清时期的经学来说，需要我们关注的是以下几个问题。

第一，程颐、朱熹与理学化经学体系的建构。尽管中唐时期，经学家们如王元感、刘知幾、啖赵学派等批判孔颖达《五经正义》，韩愈、李翱、柳宗元等儒者希望汲取佛老之学的思想，跳出孔颖达《五经正义》及汉唐经学体系的束缚，重新理解、诠释儒家经典，建构新的儒学思想体系。但是他们并没有建构出有别于董仲舒"天人感应"的思想体系，不过他们的经学思想与方法，比如注重义理、注重四书学、注重性与天道、注重道统谱系的梳理与建构等，这些都对宋代理学家的经学解释与建构新的儒学思想体系提供了很多启示。宋代经学发生转变主要是在庆历、嘉祐时期。庆历之际，北宋王朝面临着严重的内忧外患,范仲淹、欧阳修、宋初三先生除了积极推动政治变革之外,也积极倡导从思想文化上进行革新,在他们看来,如果执着于孔颖达《五经正义》所代表的汉唐章句注疏之学,只会禁锢人的思想,不能真正传达圣人之道。于是范仲淹、欧阳修、孙复、石介、胡瑗等人重新解释儒家经典,建构新的思想体系,其中欧阳修《诗本义》便是这一时期的经学典范。在范仲淹、欧阳修、宋初三先生等人的推动下,经学义理之学开始兴起。到了北宋熙宁、元丰时期,经学义理之学已经得到了长足的发展。王安石更是在范仲淹、欧阳修、宋初三先生的基础上,进一步利用佛老之学来解释儒家经典,从而产生了《三经新义》(三经指《周礼》《诗经》《尚书》)。随即,王安石《三经新义》被立为官学,由此取代了孔颖达《五经正义》在意识形态、学术思想界长期的主导地位,从而影响了两宋之际的经学界长达六十多年。尽管王安石的经学影响很大,但在他借助经学所建构的思想体系上,并没有彻底从学理上解决天道、人性、治国、修身等问题,没有将它们融会贯通为一个系统体系。作为当时著名的理学家程颢、程颐,在充分汲取了周敦颐、张载、邵雍、司马光、王安石等人的思想后,建构了系统的理学体系,理学化的经学体系也由此诞生。随后,二程之学被他们的弟子们如杨时、谢良佐、游酢、胡安国、张栻、吕祖谦、朱熹等人传承、弘扬,理学化的经学最终成为南宋时期最有影响力的经学体系。根据《宋元学案》的记载,南宋时期著名的儒家经学学派如湖湘学、闽学、江西之学、浙东学派等都与二程有着直接或间接的学术渊源关系,二程可以说是宋学的奠基人与宗师。值得一提的是,程颐的四传弟子朱熹作为宋代理学化经学的集大成者,他的经学著作《四书章句集注》对中国近世乃至东亚的经学都产生了深远的影响。

第二,王阳明的经学。二程、朱熹的理学化经学在元代被立为官学,元代经学基本上是对程朱理学化经学的继承与发展。在明代中前期,经学也基本上推崇程朱理学,程朱理学化的经学也被立为官学。其中,值得关注的是明成祖朱棣敕命胡广等人编纂的《五经四书性理大全》,便是对宋元经学的继承与发展。不过,在明代中期,理学化的经学开始固化,于是出现了王阳明的经学,王阳明的经学并没有从体系上解构程朱理学化经学,他只是更加强调人的价值与意义、强调知行合一的重要性。可以说,王阳明经学只不过是对程朱理学化经学的修正而已。所以,王阳明经学尽管重要,但始终没有被立为官学。随后,王阳明的经学被弟子们广为传播,由于弟子们多借助佛禅之学来解释经典,导致了王阳明之学的虚无化。

第三,清代乾嘉经学考据学的兴起。在清代前期,经学基本上秉承了明后期的经学形态,有尊崇程朱理学化经学的,也有尊崇陆王心学化经学的。不过,很多南方的儒者鉴于明后期经学的虚无化,开始注重经学考据之学。康熙年间,朝廷推崇程朱理学化经学,并将程朱理学立为官学。到了乾隆时期,北方地区主要流行程朱理学,不过在思想上陷入固化;而南方多注重考据之学。如此一来,南北思想文化处于分立的状态。在这种情况下,为了会通南北不同的经学形式,于是朝廷从南北方招纳大儒编纂《四库全书》。《四库全书》的宗旨,在于融合南北,建构新的儒家经学思想体系,以实现经学、思想文化的大一统。《四库全书》编纂成书之后,也标志着清学体系或曰范式建构完成。在当时能够代表清学体系或范式主要是四大学派,戴震的皖派、惠栋的吴派、汪中的扬州学派、邵晋涵的浙派等。

4. 近代以后

民国时期的经学主要体现为近代也就是清朝结束之后,经学开始失去了意识形态的地位,学者们开始从不同的角度来分析、研究儒家经典,从而推动了经学的近代化、现代化发展。这一时期的经学需要关注以下几个问题。

第一,古史辨派的经学。在五四运动、新文化运动的推动下,形成了一个以胡适、顾颉刚为代表的新学派——古史辨派,他们对 20 世纪的经学、史学都产生了直接而深远的影响。古史辨派对传统经学大胆提出了怀疑,比如顾颉刚认为孔子并没有作《春秋》,因为《论语》中就没有提到孔子作《春秋》,到了孟子时代才说孔子作《春秋》,所以孔子作《春秋》是孟子等后人的附会。总之,他们都极力否认"六经"的真实性及儒家经学的价值与意义。古史辨派对于经学大胆的假设和怀疑,极大地破除了国人对经学的崇拜和迷信,基本上解构了传统经学在学术思想中的主导地位。古史辨派在当时影响很大,20 世纪二三十年代,疑古思潮在学术界居于绝对统治地位,波及史学、文学、艺术等传统文化的各个领域,"疑古学派几乎笼罩了全中国的历史界","当时在各大学中的势力几乎全为疑古学派所把持"①。

第二,现代新儒家的经学。现代新儒学是近代社会转型的产物,它萌芽、酝酿、产生于晚清民国之际,这一时期随着西方学术思想的传播,一些具有旧学根柢的学者发现西方思想与中国传统的儒家学者有很多共通性,于是他们以宋明儒学为基础,利用西学重建新的"内圣外王"之道,以满足现代社会的需要。也正是因为如此,他们面对五四新文化运动宣扬西学、批孔反儒思潮之际,都作出了积极的回应,并努力建构新的思想体系。比如梁漱溟在 1921 年完成了《东西文化及其哲学》,通过对中国、印度、西方文化的比较分析,他认为儒家文化才是人类未来文化发展的方向,这自然全面回答了五四新文化运动的主流派对儒家学说的批判和否定。现代新儒家的开山祖师——熊十力更是借助经学诠释,融通佛道、中西古今之学,建构了新儒学化的经学与思想体系。总体来看,现代新儒家的代表性人物梁漱溟、熊十力、马一浮等人都极力肯定"六经"、肯定孔子儒学的价值与意义,并努力建构全新的儒学思想体系,以促使儒学的现代范式转换。

第三,马克思主义者的经学观。马克思主义者的经学观念在 20 世纪以来影响非常深远,不过他们的观点也分为两个派别,其中以陈独秀为核心的新文化阵营派的马克思主义者极力宣扬西学,它们的基本立场就是要"打倒孔家店",反对旧有的传统儒家道德观念,这一阵营的重要代表如李大钊、鲁迅、钱玄同②、刘半农、吴虞等人。值得关注的是,在这一阵营中的很多激进分子把儒学和传统文化说得一无是处,主张全盘西化。马克思主义的另一派则注重历史的、辩证的看待经学、孔子儒学,希望去粗取精、去伪存真、古为今用。这一派所持观点在 20 世纪 80 年代改革开放以后非常流行,至今依然具有积极的指导意义。

以上就是中国经学发展史的四个主要阶段,每个阶段的经学发展,都是基于不同的社会政治、思想文化问题,儒者们都借助当时的思想资源,重新审视

---

① 徐旭生:《中国古史的传说时代》(增订本),文物出版社 1985 年版,第 23、26—27 页。

② 钱玄同是新文化运动的一位勇将,他的思想非常偏激,如说"人到四十就该死,不死也该枪毙","欲废孔学,不可不先废汉文",在当时都是骇人听闻的主张。其晚年思想趋于平和。

儒家经典,并基于经学诠释的形式建构全新的经学思想体系以指导现实的社会文化发展,进而出现了一大批重要的人物及著述。比如轴心时代的春秋时期,鉴于当时礼坏乐崩、王官之学衰微,孔子借助"六经"整理、诠释的形式,建构了儒学化经学体系,并形成了一系列的经学著述,比如《易传》《春秋》《诗经》《仪礼》《孝经》《论语》等新经学体系及文本。汉唐之际,鉴于阴阳学说的盛行、皇权强大的情形,董仲舒等人开始借助《春秋》诠释的形式,建构了天人感应的思想体系,进而影响了整个中古时期。宋清之际,则出现了基于应对佛老之学挑战的程朱理学化经学体系,继而形成了《程氏易传》《四书章句集注》等经学文本。民国以来,随着西学的盛行,则出现了古史辨派的疑古经学、现代新儒学的新经学、马克思主义哲学化经学等。总之,不同时期、不同阶段,由于挑战不同、问题意识不同,从而出现了不同的经学观、经学思想与方法以及思想体系,并出现了能够代表当时经学范式的经学大家及经学名著。

三、经学史的价值与意义

中国古代的学术体系主要是经史子集,其中经学是中国古代占有主导地位的学术形态,始终被视为官学与官方意识形态,这对古代的学术思想、社会政治、个人生活等各个方面都产生了深远的影响。经学史主要是对历朝历代不同时期、不同人物、不同学派,从宏观、中观、微观等各个角度对当时经学的梳理与分析,进而探究经学与政治、文化等相关领域的内在关联,找出经学的价值与意义,并为当今经学的传承与发展提供历史性的借鉴与反思。所以,研究经学及经学史都有十分重要的意义,它是我们传承、发展经学的必由之路。可以说,研究经学史是经学研究的基础必由阶段,也是真正理解经学、发掘经学价值的开始。就此而言,研究中国经学史有以下三个方面的重要意义。

1. 有助于全面系统地了解中国经学传承、发展的历史与脉络

中国的经学博大精深,著述也浩如烟海,但是近代以来受到各种思潮的冲击、影响,尤其是西学学科体系及研究范式的影响,经学已经被边缘化,相对于史学、文学等其他学科来说,经学至今也都没有得到人们应有的、足够的重视。

这种经学关注寂寥的状态,不仅体现为对经学名家、名著、流派及思想缺乏深入而系统的认知与理解,也体现为缺乏对经学史进行客观而系统的梳理、分析与深入思考。只有全面、系统地梳理、分析中国经学史,然后才有助于我们对经学文献、"六经"本身的价值有更加深刻的认知与诠释,为经学的传承、发展提供历史的借鉴。

对中国经学历史的梳理与分析,我们还要注意很多事项,不仅要从宏观上总结、分析不同阶段经学发展的大趋势,找出经学变化的整体趋势、基本特征及特质,还要总结从中观上分析不同部类经学的传承、诠释与思想,比如总结中国经学的大趋势的同时,也要分析《周易》《诗经》《论语》等诸部经学在汉唐、宋明之际的师承、著述及思想演进;我们不仅要总结同一时期纵向的经学传承、发展的历史,比如宋代经学义理之学的传承、发展的历史,还要分析同一时期不同地域的经学诸派如北宋时期关学、洛学、蜀学等的发展,南宋时期湖湘学、闽学、浙学的经学情况。另外,我们还要从微观上分析,我们不仅要分析总结当时一流经学家如郑玄、王弼、二程、朱熹、王阳明、黄宗羲等人的经学,还要分析在当时影响相对不大的二流、三流经学家,如何休、服虔、何晏、唐仲友、全祖望等人的经学。此外,还有注重通过横向、纵向比较贯通等的形式,来分析不同学派、不同学者的经学。总之,只有通过多元化、多维视野等形式,我们才能全面清晰地梳理中国经学史,才能真正明了历朝历代经学的特征、特质。

2. 有助于深入理解中国古代学术思想、社会政治的内涵

经学史虽然梳理的是中国经学发展的脉络与思想,在本质上也是在借助经学历史的梳理在考察历朝历代社会政治、思想文化的变迁。毕竟,经学在每一个阶段都有不同的展现,而每一个阶段的不同则呈现为不同的经学著述及其解释。这些不同,不仅仅体现为经学文本的差异,更多的是体现为经学作者及文本对时代问题的回应。换言之,借助经学史我们可以了解古代不同时代的社会政治、思想文化、教化风尚等多个方面的变迁。比如郑玄礼学化的经学,便是对于两汉时期政治衰微、今古文之争、经学门户之见林立等多种问题的回应;理学化经学的诞生,则是对中古以来佛老之学盛行、中印文化冲突的回应,更是对皇权独大、贵族体制衰亡之后等诸多问题的思考,从而产生了具

有德性化的经学体系。可以说,不同时段的经学实则是对不同时代政治文化问题的一种思考,更是儒家文化重新发掘其价值与意义、回归意识形态主导地位的重要尝试与实践。

我们需要关注的是,经学是中国古代儒学的基本展现形态,儒者们解释儒家经典并不仅仅是为了传承圣人之道,更为主要的是要服务现实社会政治。所以,儒者们在解释儒家经典的时候,他们一般都将自己的政治理念融入经学之中,比如孔子在《易传》之中就宣扬人事、德义的重要性,教人尤其是统治阶层如何修身、治国,如谦卦的卦辞就说:"谦,亨,君子有终。"意思是说,只有保持谦虚,才可以万事亨通;谦虚的美德,可以让君子做人做事得以善终;"君子以思不出其位",就是说作为君子要做好自己的本职工作,不在其位,不谋其政。另外,《周易》还非常强调"中"与"正",即"中庸之德"。如果从每一卦的爻位来看,中指的是二、五爻位,而正指的是阳爻位于奇数位,阴爻居于偶数位。如果从道德的角度来说,居于中正之位都是理想的为人、处事的位置。所以,《周易》希望人们把握时机,行中庸之道,这也是儒家对君子之德的基本要求。如果具体到古代每一位经学家及其经学文本,我们都会发现一个具有普遍意义的规律,那就是他们的经学解释起点在于明道、传道,但是落脚点都在于行道,都在于人生意义、社会问题的思考及解决。如程颐《程氏易传》旨在倡导全新的基于道德的为君之道、为臣之道;魏源《诗古微》则注重阐发其社会政治的变革与思考。

可以说,了解经学史,就是了解不同阶段经学的思想与内涵,更是基于经学在了解那个时代的学术思想,也是在了解那个时代的政治理念。由于经学在古代意识形态的传承、发展历史上,基本上处于核心与主导的地位,所以它对于整个中国历史的政治文化图景起到了具有坐标系的作用。进而言之,如果我们了解了那个时代的经学,那我们就可以比较清晰地了解并判定出那个时代史学、文学、哲学、艺术等领域的基本状况及思想内涵,如果了解了汉代经学,我们就知道司马迁《史记》编纂的思想旨趣、方法及其意义。司马迁深受董仲舒经学以及他的"天人感应"思想体系的影响,故其史学也非常强调等级秩序、强调人文精神等。了解了宋代经学的发展状况,我们就会明白欧阳修

《新五代史》、司马光《资治通鉴》为什么突出礼仪、突出等级秩序，那是因为在欧阳修、司马光时期《春秋》义理之学大兴，人们都注重《春秋》所宣扬的礼仪等级秩序，而这些思想也被欧阳修、司马光吸收，并融入自己的史学著述之中。文学也如是，比如唐宋时期的古文运动本质上就是儒家经学的复兴运动。作为唐宋八大家的韩愈、欧阳修等人，他们不仅是文学家，也是经学大家，他将经学融入文学写作之中，强调"文以载道"，所谓"道"就是儒家之道，就是"六经"之道。相比较而言，程朱理学家们更注重修身、性命道德，并极为推崇"四书"之学，而反对作文，于是就提出了"作文害道"等思想。明清时期，经学、理学具有群众化的意义，故四大名著也融入了大量儒家经典的忠孝节义、大一统、皇权至上等思想。换言之，中国近世时期，经学开始更加突出社会化、民间化等因素，以至于经学理念也开始渗透到了各个领域，进而重铸了中华文化及文明的性格和特质，进而影响到了整个东亚文化及文明。

3. 有助于传承、发扬经学，并实现经学的现代价值转换

研究经学史，并不是简单地梳理经学的历史，更不是探讨经学的学术思想，而是旨在重新审视、发掘经学所具有的价值与意义。毕竟，一切历史都是当代史，都是思想史。只有我们充分了解了中国古代的经学，才能真正了悟中国古代思想文化的精华与糟粕。这样才可以更好地传承、弘扬传统儒家经学，进而实现经学价值的现代转化。在这一方面，现代新儒家已经作出了突出的贡献，并指明了经学未来发展的方向。比如现代新儒家的开山祖——熊十力便是这方面的典范：一方面，他全面梳理、分析先秦以来所有的经学流派、经学思想与经学著述，以及经学在历朝历代的价值与意义及影响，并汲取其中正确的、非常精华的部分；另一方面，他非常注重传统儒家经学的价值与意义，更是注重传承、弘扬经学的价值。故他积极利用当时已有的西方民主、科学、自由、博爱等思想，并结合中国流行的佛老之学，重新解释儒家经典，从而建构了可以融通中国古代学术、现代西方学说的新儒学思想体系，从而实现了传统经学的现代价值转换，为我们未来经学的传承、发展提供了可资借鉴的模板与路径。

总之，对中国经学史的思考与研究，是我们面对传统文化及其精神的真正

开始,毕竟在过去三千多年的历史中,经学始终扮演着不可忽视、具有核心意义的角色。它所具有的深厚的价值意义、强大的包容性、文化凝聚力至今没有其他经典、学术体系所能代替,这对于我们利用它们继续传承、弘扬中华优秀传统文化乃至建构具有中国特色的学术体系、学科体系及话语体系都具有不可忽略的价值与意义。所以,我们今天依然需要重视经学、重视传统文化,借助西方新的思想、文化,重新审视、理解儒家经典、经学,进而推陈出新,实现传统学术的现代转化,从而有助于新的时期我们社会文化的发展与繁荣。

本讲小结

经学作为中国古代主流的学术形态,是儒学最重要的表现形式。它所承载的不仅仅是古圣先王的治国理念,还有一套有关天人关系、修身明道、为人处世等方面的思想观念,从而形成了具有中国特色以及文化模式的经典思想系统。经学的产生甚早,并非始于周公,更非始于孔子,而是源于上古三代的学术思想、政治文化的长期积累以及传承与发展的成果。换言之,有关"六经"的价值与思想,早在上古传说时代便已经开始孕育,中经上古三代的传承、积淀,最终在西周形成了具有经典意义的"六经"及其相关经学体系。经学的产生,是中国古代思想文化的精华与荟萃,更是具有指导意义的中华早期文明的智慧结晶。也正是因为经学的存在,中华文化一脉相承,并维系了中华文明的源远流长,在世界文明史上独树一帜。

研究经学史有着十分重要的学术意义、文化意义与现实意义,这不仅仅体现为对传统经学的梳理与分析,更是对传统思想文化资源的深刻体认与感悟。毕竟,经学是中国古代学术思想、政治文化的基石与核心所在,不了解经学则难以真正明了中华文化、中华文明的特征与特质。更为主要的是,中华文明的现代发展,离不开对传统文化、文明的反思与传承,更离不开对根柢之学、文化灵魂——经学的价值弘扬。但实际上,百余年来,我们对于经学关注并不够,所以,从经学史入手,梳理分析传统的经学资源及价值,是当前经学传承、发展乃至经学范式重建的关键所在。

第二讲 "六经"的发生、发展与周代王官之学的演进

　　"六经"是上古思想文化、治国智慧的结晶,也是上古三代礼文化的重要载体,充分体现了上古时期人们对于社会政治、思想文化的认知与理解。更为主要的是,作为"六经"所展现的礼仪文化,起源非常久远,正如有的学者所言:"中国古代的礼制是从古礼时代开始它漫长的历程,其发端大约是在距今1万年以来的新石器时代中期,其年代之久远为甲骨文所见的商代礼制和文献经典的《周礼》望尘莫及。"①这里将"新石器时代中期"视为中国礼制起源的时间段,尽管这个说法并没有得到广泛的认可,但至少可以说明在中华礼乐文化及作为礼乐文明的载体——"六经"中的观念起源非常早。随后,尧、舜、夏、商、周时期相继继承并发展了这些观念,最终成为"六经"中所呈现的礼乐制度及思想观念。可以说,作为西周王官之学的载体——"六经",实际上是上古到西周礼乐文化的集大成之作,而后来东周诸子百家之学更是基于"六经"而得以建构,由此开启了经学发展的重要时代。

一、上古传说、"六经"起源与礼乐观念的发生

　　对于"十三经"的核心经典——"六经"的起源,一直以来都众说纷纭。其中,上古传说时代一般被视为"六经"起源的时期,这一时期古圣先王创作了"六经"或为"六经"的形成奠定了学术思想基础。对此,正如清人刘师培

---

① 卜工:《历史选择中国模式》,科学出版社 2009 年版,第 3 页。

(1884—1919 年)在分析"六经"起源的时候就这样说道:

> "六经"起源甚古。自伏羲仰观俯察,作八卦以类物情。后圣有作,递有所增,合为六十四卦。而施政布令,备物利用,咸以物象为折衷。夏《易》名《连山》,商《易》名《归藏》,今皆失传,是为《易经》之始。上古之君,左史记言,右史记动,言为《尚书》,动为《春秋》,故唐、虞、夏、殷咸有《尚书》,而古代史书复有三坟、五典,是为《书经》《春秋》之始。谣谚之兴,始于太古,在心为志,发言为诗。虞、夏以降,咸有采诗之官。采于民间,陈于天子,以观民风,是为《诗经》之始。乐舞始于葛天,而伏羲、神农咸有乐名。至黄帝时,发明六律五音之用,而帝王易姓受命,咸作乐以示功成。故音乐之技,代有兴作,是为《乐经》之始。上古时,社会蒙昧,圣王既作,本习俗以定礼文,故唐虞之时以天地人为"三礼",以吉、凶、军、宾、嘉为"五礼",降及夏、殷,咸有损益,是为《礼经》之始。由是言之,上古时代之学术,奚能越"六经"之范围哉!特上古之"六经"淆乱无序,未能荟萃成编,此古代之"六经"所由,殊于周代之"六经"也。①

刘师培认为"六经起源甚古",其中《周易》乃是伏羲"仰观俯察"作八卦,后圣"递有所增"乃成六十四卦。《尚书》《春秋》乃是上古之君"左史记言,右史记事"而来,后所记之言被编为《尚书》,所记之事被编为《春秋》。《诗经》乃是兴起于上古歌谣,虞夏之后则是由朝廷采诗编辑而成。《乐经》则是由上古葛天、伏羲、神农、黄帝等帝王所作。《礼经》则是"本习俗以定"。在刘师培看来,"六经"起源于社会生活,更源于上古帝王的完善。刘师培对"六经"起源的认识,其中援引了很多的传说,这实际上也是对中国古代经学起源认知的一个汇总和整合。毕竟,在中国古代传说和史实并没有严格的界限,他们相辅相成。不仅中国如此,世界各国都是如此。这一点正如王国维所说:"上古之事,传说与史实混而不分,史实之中固不免有所缘饰,与传说无异,而传说之中

---

① (清)刘师培著,陈居渊注:《经学教科书》,上海古籍出版社 2006 年版,第 11 页。

亦往往有史实为之素地,二者不易区别,此世界各国之所同也。"①所以,刘师培将"六经"源起追溯到上古的传说时代,也是中国古代认识、理解"六经"起源论的集大成。可以说,刘师培将"六经"起源与上古传说相连结,这其实是古人"神道设教"的重要体现,所以我们大可不必追究它的真实性如何②,只是将"六经"视为中华民族的先民在生产、生活中各种智慧的结晶就足矣。

"六经"的起源与上古宗教信仰有着非常紧密的关系,人们将"六经"起源追溯到上古的神话传说时代,这既是客观的历史事实,也是古人有意神化"六经"的必然结果。比如《周易·系辞》所言的"庖牺氏"或"伏羲氏"为八卦创始人物,但战国以前的文献从不言及"伏羲",最早提到"伏羲"的是《庄子·内篇》。随着"层累地"构建中国古史的现象出现,到了汉代动辄"伏羲、神农、轩辕"并提,并将之视为"三皇"(如孔安国、皇甫谧等便是如此言说)。也就是说,中国古代后来的学者将后代虚构出来的"伏羲"视为"人文初祖",并将之与《周易》、"六经"起源并提,无疑是为了提升"六经"的神圣性及其悠久历史,意在强化"六经"之言的神圣性与权威性。

由于"六经"旨在服务于社会政治、思想文化,其核心范畴是礼,而这种礼乐的观念与当时的泛神观念又息息相关。毕竟,在中华文明的早期,由于人民生活水平低下,人们对于自然及其所拟化的"神"有强烈的依赖感,以至于宗教观念非常盛行,并形成了泛神信仰,有了自然崇拜、图腾崇拜、祖先崇拜等等,而这些多神崇拜与王权统治紧密结合,由此产生了早期的礼乐观念及其相关祭祀仪式。这一点正如韩星先生所言:

> 早期中国文明的观念意识形态以宗教祭祀为主,其中又明显地分为两大类:以天地为中心自然崇拜和以祖先为中心的祖先崇拜。然而由于农业生产和社会组织结构的特点,决定了先民信仰系统没有向更超越的

① 王国维:《古史新证》第一章"总论",清华大学出版社1994年版,第1页。
② 可以参看顾颉刚古史辨派的观点。也正如李镜池先生所言:"所谓伏羲,也并非实指其人,伏羲和上古的一些帝王如有巢、燧人、神农等,不过是学者们对于人类社会的起源和发展的程序上拟想的人物,他们的名字只代表时代。所谓伏羲作八卦,只意味着八卦的来源很古远而已。"参见李镜池:《周易探源》,中华书局2007年版,第152页。

普世信仰和一神教发展,而是局限在社会层面的以氏族为单元的祖先神和天地、山川、四方的多神崇拜。其中最值得注意的是,这样的宗教强调祭祀活动与世俗权力系统的结合,并借以实现亲族联络、血缘凝聚和文化认同。正是这样的活动内容及方式,成为礼产生的温床。①

中国早期的宗教祭祀,的确由于农业生产和社会结构的特殊情况,导致了信仰没有走向超越的、类似西方的宗教系统。而是由于农业的发展、氏族的聚居,人们更加注重以"以天地为中心自然崇拜和以祖先为中心的祖先崇拜"。与崇拜相关的一些宗教祭祀礼仪也随之诞生,也就是说礼仪起源于宗教信仰、崇拜,这一点正如近代王国维通过对古文字的研究后认为,礼起源于宗教仪式,最基本的根据就是"礼"这个字的结构。《说文解字》"示"部云:"礼,履也,所以事神致福也。从示、从豊。"又《说文解字》"豊"部云:"豊,行礼之器,从豆,象形。凡豊之属,皆从豊,读与禮同。"礼最初表示用器皿盛着两串玉来祭祀神灵,后来也指用美酒来祭祀神灵,再后来一切祭神之事都统称为礼②。对此,郭沫若也曾经说过:

> 礼是后来的字……大概礼之起起于祀神,故其字后来从示,其后扩展而为对人,更其后扩展而为吉、凶、军、宾、嘉的各种仪制。这都是时代进展的必然成果。③

礼起源于宗教祭祀这个观点,在学术界影响非常大。这个观点有一定的道理,毕竟礼产生于人类社会的早期,当时人们生活水平极其低下,随时面临着饥荒、风雨雷电、虎豹豺狼、生老病死等各种死亡威胁,在他们看来这些都来自一种超自然的力量——鬼神。为了消灾去祸,他们赋予鬼神以人性,然后采用各种方法讨好鬼神,以至形成了上古时期的"泛神论"支配下的泛神祭祀,祭祀对象包括了一切宇宙自然之物。

一般都认为礼仪产生于宗教祭祀,但实际上,并非所有的礼仪都是源于宗教祭祀,比如婚礼、射礼、宴飨等一些礼仪就与祭祀关系不大,而是和人们的日

---

① 韩星:《先秦儒法源流述论》,中国社会科学出版社 2004 年版,第 15 页。
② 王国维:《观堂集林》卷六《释礼》,中华书局 1959 年版,第 291 页。
③ 郭沫若:《十批判书·孔墨的批判》,东方出版社 1996 年版,第 96 页。

常生活习惯息息相关。所以,与王国维同时代的刘师培就提出了新的观点,即"上古之时,礼源于俗"①。他在《经学教科书》中就说:

> 上古时,社会蒙昧,圣王既作,本习俗以定礼文,故唐虞之时以天、地、人为"三礼",以吉、凶、军、宾、嘉为"五礼",降及夏、殷,咸有损益,是为《礼经》之始。②

在刘师培看来,礼起源于上古时代人们的日常生活习俗,后来唐尧、虞舜等圣王根据人们的生活习惯制定了一系列的行为规范,这就是早期礼仪的产生。之后,随着社会的发展,又渐渐形成了吉、凶、军、宾、嘉等不同类型的礼仪,再经过夏、商、周历代的丰富和完善,最终产生了《礼经》(《仪礼》)。

王国维和刘师培的观点无论是当时还是现在都很具有代表性,不过我们通读三"礼"就会发现,并不是所有的礼仪都和宗教祭祀有关系,也并不是所有礼仪都和生活习俗有关系,而是一部分来源于宗教祭祀、一部分来源于生活习俗。后来统治阶层出于统治的必要,将有关宗教祭祀的礼仪固定化、程序化,从而形成了早期宗教性礼仪,如祭祀礼、丧葬礼等;将有关日常生活习俗也进行规范,形成了人们日常生活礼仪,如冠礼、婚礼、宴飨礼、大射礼、宾礼等等;还有一些没有被改造,依旧在朝堂、民间作为约定俗成的礼仪和习惯继续发展演变,是为日常习俗。

正是由于古人在实践中不断摸索、完善,形成了早期的礼仪制度,与此同时还产生了与之相应的音乐。对此史书记载也甚多,如宋人陈旸在其《乐书》中说道:

> 伏牺之代,五运成立,甲历始基,造琴瑟以谐律吕,故乐谓之立基。女娲氏始为笙簧制管,以一天下之音,合日月星辰,故其乐谓之充乐。五弦之琴始于朱襄氏,八阕之歌始于葛天氏,宣达之舞始于阴康氏,下谋之乐始于神农氏。黄帝以仲春之月,乙卯之日,日在奎,始奏之命曰咸池。少昊氏德泽被物之深,命曰大渊。颛帝实处空桑,乃令飞龙效八风之音,命

---

① (清)刘师培:《刘师培清儒得失论》,吉林人民出版社2013年版,第175页。
② (清)刘师培著,陈居渊注:《经学教科书》,上海古籍出版社2006年版,第11页。

之日承云。帝喾命咸墨作为唐歌,乃令人弁或击犁与钟磬,吹笒与管篪,因令凤鸟天翟舞,命之曰五英。伏牺之乐谓之立基,又谓之扶来。颛帝之乐谓之承云,仰取诸天也。又谓之六茎,谓之圭水,远取诸物也。①

在陈旸看来,上古时期的帝王都创造了那个时代的音乐,如伏羲、女娲、神农等都是如此。目的就是配合礼制的推行,以和谐人神。总之,在远古社会出于面对自然界和生存的需要,而产生了以礼乐为核心的信仰价值体系,而这些直接奠定了后代礼乐文化、文明的基础。

此外,需要关注的是,随着"六经"的核心观念礼乐的兴起,传统中国哲学、儒学的观念也随之孕育诞生。对于中国哲学及儒学观念的起源,有很多学者都强调它们并非开始于雅斯贝尔斯"轴心时代"、帕森斯"哲学的突破"的时期,而是开始于远古及原始社会的蒙昧时期,如吾淳在其《中国哲学的起源》一书中就说道:

> 中国哲学最早的观念萌芽或孕育于原始知识和宗教的泥壤与母腹之中。原始社会晚期,已经有了最早的具有哲学意味的观念。夏商或稍晚,已经有了最早的属于哲学性质的概念,也由此,中国哲学的雏形已经初步显现。殷周之际特别是周代,哲学概念有了明显的增加,哲学思想也已经出现,并且进一步拓展出社会与道德的空间。②

的确,在远古时期随着人与自然环境、人与人的接触中,人们已经有了对环境、人之间的关系的认知,从而形成了中国最早的宗教、道德观念,比如天道、帝、道、仁、德等,这也就是中国哲学的起源。实际上,"六经"中所蕴含的这些观念便存在于其中。换言之,"六经"的思想观念孕育于中华文明的蒙昧时代,这个时代不仅奠基了中华文明的物质基础,也产生了中华礼乐文化的思想基础。

总的来说,原始社会由于生产力水平的低下,人与人之间关系的协调很大程度上依靠共同的风俗习惯,"遵守风俗习惯,因此成为原始社会思想教育的

---

① (宋)陈旸:《乐书》卷一百七十五《乐图论·武王象武》,北京图书馆出版社2004年版。

② 吾淳:《中国哲学的起源:前诸子时期观念、概念、思想发生发展与成型的历史》,上海人民出版社2010年版,第3页。

中心内容"①。当时很多的风俗习惯,与宗教都有着不可分割的联系,其中礼乐观念及仪式的形成就是当时社会发展的必然结果,如有学者所说的,"由礼、乐、射、御、书、数构成的六艺教育,中心是礼、乐,它形成于奴隶社会时期,其发生则可以上溯到原始社会"②。随着礼乐观念的发展,最终形成"六经"所蕴含的思想观念,而与之相关的六艺教育对后来"六经"之学的发生、发展都奠定了重要的学术思想基础。

二、尧舜以德治国、礼乐传统与"六经"观念的演进

大体上来说,上古传说时代以至尧舜时代之前,都是宗教传统非常浓厚的时期,尽管人文精神越来越彰显,但相比夏之后,鬼神信仰、泛神观念及推崇天道依旧是当时的主导,这一点正如郑樵《通志》所言:

> 容成造历虽起于黄帝,而三统历始自伏羲,然历法以颛帝为宗。上古之时,民淳俗熙。为君者,惟以奉天事神为务,故其治略于人而详于天。其行事见于方册者,载在历家及纬书为多。唐虞之后,以民事为急,故其治详于人而略于天。孔子不语怪力乱神,故著书断自唐虞。③

在郑樵看来,尧舜之前,为君之道都注重天道、"奉天事神",而略于人事。但是尧舜之后,为君之道,都"以民事为急",重视人事而略于天道。所以,后来孔子盛推尧舜为君之道,也就是因为他们重视人事而略于天道,"故著书断自唐虞"。所以,孔子尊奉尧舜之道,"不遇怪乱神",实则就是对尧舜之道的效法。换言之,以礼乐为核心的中华文明体系开始奠基于尧舜时代。

刘歆、班固都曾称儒家"祖述尧舜,宪章文武,宗师仲尼",这就说明尧、舜是儒家经典思想的重要源头之一。尤其是班固在其《汉书·艺文志》中说道:"儒家者流,盖出于司徒之官,助人君顺阴阳明教化者也。"④班固所说的儒家

---

① 陈学恂主编:《中国教育史研究·先秦分卷》,华东师范大学出版社 2009 年版,第 5 页。
② 陈学恂主编:《中国教育史研究·先秦分卷》,华东师范大学出版社 2009 年版,第 4 页。
③ (宋)郑樵撰,王树民点校:《通志》卷二《五帝纪二》,中华书局 1995 年版。
④ (汉)班固:《汉书》卷三十《艺文志第十》,第 1728 页。

本源,出于司徒之官,司徒的职掌内容,可以参见《尚书·舜典》所言。帝曰:
"契,百姓不亲,五品不逊,汝作司徒,敬敷五教,在宽。"①这里明确指出,司徒
之官是尧舜时代掌管社会教化的职官,这便是儒学的源头之一。这里的"五
教",就是"五伦",即父义、母慈、兄友、弟恭、子孝。尧舜对"五伦"的重视,突
显了他们对人伦道德的关注。所以,孔子多次提到尧舜,其删定《尚书》也是
从尧舜开始,其意自然可见。

另外,尧舜时代不仅注重人伦,也颇注重礼乐制度的建设。当然,尧舜时
代的礼乐离不开原始宗教的观念,亦即我们常说的宇宙观、世界观、人生观。
在尧舜时代,上天依然是宇宙万物、自然社会的本源,也是社会制度、伦理道德
的内在根据所在。比如尧把王位传给舜之后,舜做的第一件事情便是选择了
一个良辰吉日,祭祀天地、四方、名山大川以及各种神祇,以示对上天鬼神的尊
崇。《尧典》中讲到:

> 正月上日,受终于文祖。在璇玑玉衡,以齐七政。肆类于上帝,禋于
> 六宗,望于山川,遍于群神。辑五瑞。既月,乃日觐四岳群牧,班瑞于
> 群后。②

从舜的行为可以看出,他对上天群神非常敬畏,他通过祭祀的形式来表明自己
的一切权利都来源于上天鬼神,自己作为上天的儿子——天子只不过是在替
天行道,他所做的一切和制定的一切典章制度都是上天的意志,所以人们都必
须无条件服从。反过来讲,四方诸侯对尧舜统治的认可与服从,就是对上天的
尊崇。也正是基于这样的天命至上的观念,尧舜时代制定了基本的礼乐制度、
道德规范,这对后世产生了深远的影响,而这自然也预示着儒学的诞生。对
此,正如熊十力先生所言:

> 伏羲始画卦,极阴阳之变,发天人之蕴。后世言教言学者,皆托始焉,
> 敻乎尚矣。黄帝氏作,始以清静自然,树立宗风,为后世老教之祖。尧、舜

---

① (汉)孔安国传,(唐)孔颖达疏:《尚书正义》卷三《舜典第二》,北京大学出版社1999年
版,第75页。

② (汉)孔安国传,(唐)孔颖达疏:《尚书正义》卷三《舜典第二》,北京大学出版社1999年
版,第54—55页。

氏作,尽反黄帝之说,本天征人,以十六字心传相授受,为后世儒学之祖。此中国数千年学术分歧之大原也。尧、舜起黄帝之后,以政权布教,历禹、汤、文、武,明圣继述,道以丕显。而黄帝之学,耐流布民间,仅以不绝。庄生所称巢、许、务光之徒,盖其流派也。①

熊十力将尧舜视为"儒学之祖",认为他们一改黄帝清静无为的理念,而转向刚健有为,"本天征人",推天道以明人事,刚健有为。随后,尧舜施政布道及其思想观念被禹、汤、文、武、周公等人所继承发展,最终成为儒学的思想源泉。也正是因为如此,孔子儒学反复倡导尧舜之道,并在传世的《论语》《周易》《尚书》《诗经》等经典中,将尧舜视为至高无上的儒学宗主。

尧舜时期的思想观念,极力突出人道,以至于人文精神至此得到了极大的张扬。当然,这很大程度上也源于尧舜对农业发展的重视,而农业的发达自然也为礼乐文化的传承、发展奠定了重要的物质基础。可以说,尧舜对天文历法、水利物产都非常重视,这实际上是对农业耕作的重视,由此为礼乐文明的发展提供了重要的保障。例如,《史记·五帝本纪》记载尧帝重视天文历法,并任用大禹去治水,从而促进了农耕文明的大发展。

(尧)乃命羲、和,敬顺昊天,数法日月星辰,敬授民时。分命羲仲,居郁夷,曰旸谷。敬道日出,便程东作。日中,星鸟,以殷中春。其民析,鸟兽孳微。申命羲叔,居南交。便程南为,敬致。日永,星火,以正中夏。其民因,鸟兽希革。申命和仲,居西土,曰昧谷。敬道日入,便程西成。夜中,星虚,以正中秋。其民夷易,鸟兽毛毨。申命和叔,居北方,曰幽都。便在伏物。日短,星昴,以正中冬。其民燠,鸟兽氄毛。岁三百六十六日,以闰月正四时。信饬百官,众功皆兴。②

尧又曰:"嗟,四岳,汤汤洪水滔天,浩浩怀山襄陵,下民其忧,有能使治者?"皆曰鲧可。尧曰:"鲧负命毁族,不可。"岳曰:"异哉,试不可用而已。"尧于是听岳用鲧。九岁,功用不成。……舜谓四岳曰:"有能奋庸美

① 熊十力:《熊十力全集》第八卷《熊十力论文书札》,湖北教育出版社 2001 年版,第 19 页。
② (汉)司马迁:《史记》卷一《五帝本纪第一》,中华书局 1963 年版,第 16—17 页。

尧之事者,使居官相事?"皆曰:"伯禹为司空,可美帝功。"舜曰:"嗟,然!禹,汝平水土,维是勉哉。"禹拜稽首,让于稷、契与皋陶。舜曰:"然,往矣。"舜曰:"弃,黎民始饥,汝后稷播时百谷。"①

尧舜时代重视天文历法的修订,尧命令羲、和,根据当时的物象制订了符合中原农业发展的历法,以此来指导农业以及相关的祭祀活动,如此一来"信饬百官,众功皆兴"。不仅如此,尧舜时代积极发展农业,尤其委派大禹治水、后稷"播时百谷",从而更大程度地发展了农业,自然也为更多的巫史祝卜等知识阶层脱离农业劳动,进行专门礼乐诗书的创制和传承。更为主要的是,尧舜对天文历法、农业农耕的重视,为后来夏商周包括孔子重视天文历法、民本思想提供了重要的思想渊源。

实际上,尧、舜还对礼乐教化进行直接的指导与建设,《尚书·尧典》《史记·五帝本纪》等文献都记载了尧舜对礼乐教化非常重视,尤其是到了虞舜时代更是强化了礼乐教化的建设。《史记·五帝本纪》记载:

> 舜曰:"契,百姓不亲,五品不驯,汝为司徒,而敬敷五教,在宽。"舜曰:"皋陶,蛮夷猾夏,寇贼奸轨,汝作士,五刑有服,五服三就;五流有度,五度三居:维明能信。"舜曰:"谁能驯予工?"皆曰垂可。於是以垂为共工。舜曰:"谁能驯予上下草木鸟兽?"皆曰益可。於是以益为朕虞。益拜稽首,让于诸臣朱虎、熊罴。舜曰:"往矣,汝谐。"遂以朱虎、熊罴为佐。舜曰:"嗟!四岳,有能典朕三礼?"皆曰伯夷可。舜曰:"嗟!伯夷,以汝为秩宗,夙夜维敬,直哉维静絜。"伯夷让夔、龙。舜曰:"然。以夔为典乐,教稺子,直而温,宽而栗,刚而毋虐,简而毋傲;诗言意,歌长言,声依永,律和声,八音能谐,毋相夺伦,神人以和。"夔曰:"於!予击石拊石,百兽率舞。"舜曰:"龙,朕畏忌谗说殄伪,振惊朕众,命汝为纳言,夙夜出入朕命,惟信。"②

从上面文献可以看出,虞舜时代不仅强化了人伦道德的教育,还有刑罚、手

---

① (汉)司马迁:《史记》卷一《五帝本纪第一》,中华书局 1963 年版,第 20,38 页。
② (汉)司马迁:《史记》卷一《五帝本纪第一》,中华书局 1963 年版,第 39 页。

工业、军事等建设,尤其强化了对礼乐的建设。虞舜在位期间,继承和发展了尧的很多治国理念,极大地推动了礼乐文明的建设,他命令伯夷负责礼制的建设,并命令夔负责音乐的建设,由此极大地促进了上古以来礼乐的传承和发展,为后来《礼》《乐》的传承和完善奠定了良好的基础。不仅如此,虞舜建立了专门的学校"成均"来负责音乐的教化,以重视乐教。对此刘师培就曾说过:"古代教育之法,则有虞之学,名曰成均,均字即韵字之古文。古代教民,口耳相传,故重声教。而以声感人,莫善于乐。观舜使后夔典乐,复命后夔教胄子,则乐师即属教师。"①所以,从《礼记》等文献中的很多礼乐传衍都始于虞舜时代,可以说虞舜时代成为上古时代礼乐文明发展的巅峰时期,更是由大同到小康社会的转型阶段。对此正如《史记·五帝本纪》所言:

> 此二十二人咸成厥功:皋陶为大理,平,民各伏得其实;伯夷主礼,上下咸让;垂主工师,百工致功;益主虞,山泽辟;弃主稷,百谷时茂;契主司徒,百姓亲和;龙主宾客,远人至;十二牧行而九州莫敢辟违;唯禹之功为大,披九山,通九泽,决九河,定九州,各以其职来贡,不失厥宜。方五千里,至于荒服。南抚交阯、北发,西戎、析枝、渠廋、氐、羌,北山戎、发、息慎,东长、鸟夷,四海之内咸戴帝舜之功。于是禹乃兴《九招》之乐,致异物,凤凰来翔。天下明德皆自虞帝始。②

由于尧舜时代的选贤与能,不仅使得农耕文明获得了极大的发展,也为礼乐的发展奠定了良好的基础,同时还在礼法、教化、民族、手工业等多个方面获得了突破。总之,正是由于尧舜时代重视天文历法、农业文明、礼乐文化的发展,从而为"六经"内容及思想奠定了重要的学术思想渊源,而后来孔子很多的思想都源于尧舜时代。

在中国古人看来,尧舜时代是人人向往的理想社会,这个时代充满了温情,即使是儒家的创始人孔子也多次盛赞尧舜的为人治世。正是因为如此,尧

---

① 刘师培:《学校原始论》,载《刘申叔先生遗书》第十九卷,宁武南氏校印本,第27—30页。

② (汉)司马迁:《史记》卷一《五帝本纪第一》,中华书局1963年版,第43页。

舜的言行及其典籍被奉为经典,成为儒家经典的雏形。如今古文《尚书》中都有《尧典》一篇,其《书序》曰:"昔在帝尧,聪明文思,光宅天下。将逊于位,让于虞舜,做《尧典》。"①这就表明尧帝作《尧典》开启了《尚书》文本的真正编纂。

尧、舜治国安邦最大的特点就在于"以德治国"。这固然源于历史的本来面目,因为《史记》作为信史也做了详细记载,盛赞尧舜之德。孔子作为儒家的创始人,他不仅在删定、整理《尚书》的时候保留了尧舜的丰功伟绩,还在《论语》中多次盛赞尧舜之德。不仅如此,在《礼记》中孔子还将尧舜时代视为大同社会,所谓:

> 昔者仲尼与于蜡宾,事毕,出游于观之上,喟然而叹。仲尼之叹,盖叹鲁也。言偃在侧,曰:"君子何叹?"孔子曰:"大道之行也,与三代之英,丘未之逮也,而有志焉。大道之行也,天下为公,选贤与能,讲信修睦。故人不独亲其亲,不独子其子,使老有所终,壮有所用,幼有所长,矜寡孤独废疾者,皆有所养。男有分,女有归。货恶其弃于地也,不必藏于己;力恶其不出于身也,不必为己。是故谋闭而不兴,盗窃乱贼而不作,故外户而不闭。是谓大同。"②

大同社会实际上就是尧舜时代的治世,人们强调道德、仁义,强调相互的礼让与宽容,人与人之间充满了温情,这就是儒家所言说的社会理想,自然也是《尚书》《论语》《礼记》《春秋》等儒经中所宣扬的王道社会。

但是尧舜之后,社会开始出现了贫富分化,人与人不再温情脉脉,所以礼仪开始产生,以此来规范人们的行为,大同社会开始瓦解,随后进入了小康社会,这就是夏、商、周三代。在孔子看来,夏、商、周时期充满了阶级分化,人与人充满了私心与争夺,礼仪才得以诞生。正如《礼记·礼运》中所说:

> 今大道既隐,天下为家。各亲其亲,各子其子,货力为己。大人世及以为礼,城郭沟池以为固。礼义以为纪,以正君臣,以笃父子,以睦兄弟,

---

① (汉)孔安国传,(唐)孔颖达疏:《尚书正义》卷二《尧典第一》,第22—23页。

② (汉)郑玄注,(唐)孔颖达疏:《礼记正义》卷二十一《礼运第九》,北京大学出版社1999年版,第656—659页。

以和夫妇，以设制度，以立田里，以贤勇知，以功为己。故谋用是作，而兵由此起。禹、汤、文、武、成王、周公，由此其选也。此六君子者，未有不谨于礼者也。以著其义，以考其信，著有过，刑仁讲让，示民有常。如有不由此者，在势者去，众以为殃。是谓小康。①

从夏禹开始，“天下为公”的观念已经淡化，人们开始谋取私利。“天下为家”取代了“天下为公”，此后君主权力都根据血缘关系在家族内传承，天下成为一家一姓的私有之物，统治者们“各亲其亲，各子其子，货力为己”，在这种情况下，人与人之间的关系、社会秩序主要依靠外在的礼制来维护。这样的社会状态就是“小康”。

孔子对尧舜时代的盛推，将尧舜称为圣人，其为人处事、社会治理也被视为典范。比如在《论语》中孔子就感叹道：

大哉！尧之为君也！巍巍乎，唯天为大，惟尧则之。荡荡乎，民无能名焉。巍巍乎，其有成功也。焕乎，其有文章。②

孔子对尧舜的肯定，也决定了他将尧舜之道、民本理念及尧舜之“仁”视为其学说的核心范畴，而“仁”的内涵并不仅仅包含了对西周礼乐文明的认同和渴望，更是充分展现了孔子对尧舜、上古三代王道理想的渴望。所以，《尚书》中记载了上古三代的治国理念，并塑造了尧、舜、禹、汤、文、武、周公等理想人格。可以说，孔子仁德思想的源泉来源于《尚书》，并将《尚书》中所记载的理想人格、以德治国视为其学说思想的重要内涵。

总的来说，尧舜以前宗教信仰风气兴盛，为君者也非常推崇怪力乱神。但是，尧舜即位之后，注重人事，以民为本，而略于天道，尤其注重礼乐秩序、道德教化的发展，使得先民开始跳出宗教的束缚，由此使得人文精神更加彰显。尧舜时期所推崇的礼乐文化及王道政治理念，这对于后来夏、商、周都产生了深远的影响，更是成为此后中国数千年礼乐文明的奠基时代。不仅如此，尧舜时代还奠定了《尚书》文本的雏形，如尧帝作《尧典》，又《书序》载："皋陶矢厥

---

① （汉）郑玄注，（唐）孔颖达疏：《礼记正义》卷二十一《礼运第九》，第660—661页。

② （魏）何晏注，（宋）邢昺疏：《论语注疏》卷八《泰伯》，北京大学出版社1999年版，第106页。

谟,禹成厥功,帝舜申之。作《大禹》《皋陶谟》《益稷》。"①不仅如此,还有很多礼乐制度及文本,这些都成为后来"六经"文本形成的雏形及思想资源。总之,尧舜之道深得孔子的推崇,故他在删定《尚书》的时候,以尧舜开始,并极力宣扬尧舜以民为本、选贤与能的做法。在某种意义上来说,孔子对《尚书》的删减与尧舜时代人文精神的强化有直接的关系,反过来讲孔子删定《尚书》突显尧舜,也进一步强化了儒家人文精神。

三、夏商思想观念的演化与"六经"体系的奠基

夏朝在中国古代是一个非常重要的朝代,它改变了之前《礼记·礼运》中所说的"不独亲其亲,不独子其子"②的时代,开始了父子相传的家天下。所以,《礼记·礼运》在说大同、小康的时候,便是以大禹为分界点。正是由于此,夏代开始了新的社会体制与思想观念,这对于后来礼乐文明的形成有重要的影响。金景芳曾说:"中国古史有两个最明显的分界线,一个是夏,一个是秦。"③

尽管学术界就夏代的存在与否以及它所处的具体位置还在争议之中④,但是夏代在"六经"及其思想观念的形成过程中扮演着不可忽视的奠基作用。在现在传世的《左传》中,出现了很多有夏代的"夏书""夏训"等,比如:

《庄公》八年:《夏书》曰:"皋陶迈种德,德,乃降。"⑤

《僖公》二十七年:《夏书》曰:"赋纳以言,明试以功,车服以庸。"⑥

《文公》七年:《夏书》曰:"戒之用休,董之用威。劝之以九歌,勿使坏。"⑦

---

① (汉)孔安国传,(唐)孔颖达疏:《尚书正义》卷四《大禹谟第三》,第85页。
② (汉)郑玄注,(唐)孔颖达疏:《礼记正义》卷二十一《礼运第九》,第656—659页。
③ 金景芳:《金景芳先秦思想史讲义》,天津古籍出版社2007年版,第2页。
④ 参见吴锐:《中国思想的起源》(第二卷),山东教育出版社2003年版,第490—512页。
⑤ (晋)杜预注,(唐)孔颖达疏:《春秋左传正义》卷八,第233页。
⑥ (晋)杜预注,(唐)孔颖达疏:《春秋左传正义》卷十六,第437页。
⑦ (晋)杜预注,(唐)孔颖达疏:《春秋左传正义》卷十九上,第522页。

《哀公》六年:《夏书》曰:"惟彼陶唐,帅彼天常。有此翼方,今失其
行。乱其纪纲,乃灭而亡。"①

从上面我们可以看出,《夏书》呈现了当时夏代的政教观念,杜预注说,《夏
书》,逸书也。这些书一般都是当时口耳相传,后被记载到了《左传》中。后来
《尚书》也有夏代的历史记载,这也说明了夏代作为中华文明、文化形成历程
中扮演着承上启下的重要角色。

实际上,根据很多的传世文献,我们可以得知,夏代在政治教化、人文传
统的方面也非常重视,而这些理念与做法被后来的商、周所继承和发展,成
为上古时期政教观念、人文传统的重要奠基时期。可以说,在礼制形成的过
程中,唐尧、虞舜奠定了后代仪礼的重要基础,如《尚书·舜典》就说:"(舜)
修五礼"②,随后,由三个不同显贵家族为中心的统治集团分别建立的夏、
商、周三朝,它们为了巩固自己的既得利益,将宗法制度与国家政权相结合,
丰富完善了一系列基于宗法制的礼仪规范。当然,这个礼制建立是个渐进
的过程。其中,夏代更多保留的是原始习俗与道德,如《礼记·表记》所言:
"夏道尊命,事鬼敬神而远之,近人而忠焉。先禄而后威,先赏而后罚,亲而
不尊。"③

随着夏代人文精神的兴起,夏代的礼乐文明也随之得以发展,根据传世文
献的记载,夏代的人文传统、礼乐文明有了相当的发展。在《礼记》中,就有很
多篇章都系统地记载了虞、夏、商、周四代礼乐文明的传承情况,比如:

《檀弓》:有虞氏瓦棺,夏后氏堲周,殷人棺椁,周人墙置翣。周人以
殷人之棺椁葬长殇,以夏后氏之堲周葬中殇、下殇,以有虞氏之瓦棺葬无
服之殇。④

《明堂位》:鸾车,有虞氏之路也。钩车,夏后氏之路也。大路,殷路
也。乘路,周路也。⑤

---

① (晋)杜预注,(唐)孔颖达疏:《春秋左传正义》卷五十八,第 1637 页。
② (汉)孔安国传,(唐)孔颖达疏:《尚书正义》卷三《舜典第二》,第 60 页。
③ (汉)郑玄注,(唐)孔颖达疏:《礼记正义》卷五十四《表记第三十二》,第 1484 页。
④ (汉)郑玄注,(唐)孔颖达疏:《礼记正义》卷六《檀弓上第三》,第 177—178 页。
⑤ (汉)郑玄注,(唐)孔颖达疏:《礼记正义》卷三十一《明堂位第十四》,第 944 页。

《明堂位》:有虞氏之两敦,夏后氏之四连,殷之六瑚,周之八簋。俎,有虞氏以梡,夏后氏以嶡,殷以椇,周以房俎。夏后氏以楬豆,殷玉豆,周献豆。有虞氏服韨,夏后氏山,殷火,周龙章。有虞氏祭首,夏后氏祭心,殷祭肝,周祭肺。夏后氏尚明水,殷尚醴,周尚酒。有虞氏官五十,夏后氏官百,殷二百,周三百。有虞氏之绥,夏后氏之绸练,殷之崇牙,周之璧翣。凡四代之服、器、官,鲁兼用之。①

从这些记载中,我们可以看出夏代礼乐文明的兴盛。夏代的礼乐文明不仅仅包括宗教祭祀,也包括日常的礼仪等细节,而这些在虞与商周之间具有承上启下的重要意义。正是因为如此,夏代作为中华文明早期发展的重要阶段,被《礼记》盛推为与商周一样的"小康社会"。其文曰:

今大道既隐,天下为家。各亲其亲,各子其子,货力为己。大人世及以为礼,城郭沟池以为固。礼义以为纪,以正君臣,以笃父子,以睦兄弟,以和夫妇,以设制度,以立田里,以贤勇知,以功为己。故谋用是作,而兵由此起。禹、汤、文、武、成王、周公,由此其选也。此六君子者,未有不谨于礼者也。以著其义,以考其信,著有过,刑仁讲让,示民有常。如有不由此者,在势者去,众以为殃。是谓小康。②

《礼记》所记主要是孔子的观点,在孔子看来,夏代以前的黄帝、尧舜等时代是"大同社会",没有阶级,没有私心,人与人之间都充满了温情。尽管孔子认为夏、商、周进入了有私、有等级的社会,但整个社会还是因为有礼乐等级的约束,显得非常有序,人们都能够按照礼仪的规定行事。

对于夏代的礼乐文化特征特质,孔子曾经将它与尧舜、商周做了比较,这在《礼记》中有所呈现:

《表记》:子曰:"夏道尊命,事鬼敬神而远之,近人而忠焉,先禄而后威,先赏而后罚,亲而不尊。其民之敝,蠢而愚,乔而野,朴而不文。殷人尊神,率民以事神,先鬼而后礼,先罚而后赏,尊而不亲。其民之敝,荡而

① (汉)郑玄注,(唐)孔颖达疏:《礼记正义》卷三十一《明堂位第十四》,第950—953页。
② (汉)郑玄注,(唐)孔颖达疏:《礼记正义》卷二十一《礼运第九》,第660—661页。

不静,胜而无耻。周人尊礼尚施,事鬼敬神而远之,近人而忠焉,其赏罚用爵列,亲而不尊。其民之敝,利而巧,文而不惭,贼而蔽。"子曰:"夏道未渎辞,不求备、不大望于民,民未厌其亲。殷人未渎礼,而求备于民。周人强民,未渎神,而赏爵刑罚穷矣。"子曰:"虞、夏之道,寡怨于民。殷、周之道,不胜其敝。"子曰:"虞、夏之质,殷、周之文至矣。虞、夏之文,不胜其质。殷、周之质,不胜其文。"①

在孔子看来,夏代尽管尊崇天命,但是"事鬼敬神而远之",反而强调人的忠诚、仁爱。美中不足的是夏人质朴,"朴而不文"。孔子认为,"虞、夏之道,寡怨于民",这就说明夏代具有很强的人文精神,颇有仁爱、民本的思想,这对于后来都有深远的影响。更为主要的是,夏朝开始有了正式的学校,这些都是人文精神、礼乐文化传承的重要场所,如孟子就曾说道:"设为庠序学校以教之。庠者,养也。校者,教也。序者,射也。夏曰校,殷曰序,周曰庠,学则三代共之,皆所以明人伦也。"②《礼记·明堂位》也提到了"夏后氏之序"③,《礼记·王制》"东序""西序"等都说明夏代学校教育很发达,这为人文礼乐的传承和发展提供了重要的保障。

到了殷商时期,他们非常崇拜鬼神,但也继承了夏代的人文礼乐传统而强调礼仪,根据《礼记·表记》的记载,殷商颇为重视礼仪,"殷人尊神,率民以事神,先鬼而后礼。"另外,在《礼记》的其他篇章中也记载了大量殷商继承虞、夏时期礼仪的情形:

《檀弓》:夏后氏尚黑,大事敛用昏,戎事乘骊,牲用玄。殷人尚白,大事敛用日中,戎事乘翰,牲用白。周人尚赤,大事敛用日出,戎事乘騵,牲用骍。④

《明堂位》:有虞氏之旂,夏后氏之绥,殷之大白,周之大赤。⑤

《明堂位》:夏后氏骆马黑鬣,殷人白马黑首,周人黄马蕃鬣。夏后氏

---

① (汉)郑玄注,(唐)孔颖达疏:《礼记正义》卷五十四《表记第三十二》,第1484—1487页。
② (清)焦循:《孟子正义》卷十《滕文公上》,中华书局1987年版,第343页。
③ (汉)郑玄注,(唐)孔颖达疏:《礼记正义》卷三十一《明堂位第十四》,第948页。
④ (汉)郑玄注,(唐)孔颖达疏:《礼记正义》卷六《檀弓上第三》,第179页。
⑤ (汉)郑玄注,(唐)孔颖达疏:《礼记正义》卷三十一《明堂位第十四》,第944页。

牲尚黑,殷白牡,周骍刚。泰,有虞氏之尊也。山罍,夏后氏之尊也。着,
殷尊也。牺、象,周尊也。爵,夏后氏以琖,殷以斝,周以爵。灌尊,夏后氏
以鸡夷。殷以斝,周以黄目。其勺,夏后氏以龙勺,殷以疏勺,周以蒲勺。
土鼓,蒉桴,苇龠,伊耆氏之乐也。拊搏,玉磬,揩击,大琴,大瑟,中琴,小
瑟,四代之乐器也。鲁公之庙,文世室也。武公之庙,武世室也。①

《祭法》:有虞氏禘黄帝而郊喾,祖颛顼而宗尧。夏后氏亦禘黄帝而
郊鲧,祖颛顼而宗禹。殷人禘喾而郊冥,祖契而宗汤。周人禘喾而郊稷,
祖文王而宗武王。②

《祭义》:郊之祭,大报天,而主日,配以月。夏后氏祭其闇,殷人祭
其阳,周人祭日,以朝及闇。……昔者有虞氏贵德而尚齿,夏后氏贵爵
而尚齿,殷人贵富而尚齿,周人贵亲而尚齿。虞、夏、殷、周,天下之盛王
也,未有遗年者。年之贵乎天下久矣,次乎事亲也。是故朝廷同爵则
尚齿。③

从上面的引文可以看出,殷商时期虽然重视鬼神祭祀,但是对于礼仪也非常重
视,在继承虞夏礼仪的基础上做了新的发展,并建立了一系列的规定礼仪规
范。在某种程度上来说,礼乐只不过是当时殷商巫史沟通神人的重要仪式,而
巫史沟通神人则是礼乐的行为目的。这一点正如余英时所言:"早期的礼乐
是和巫互为表里的;礼乐是巫的表象,巫则是礼乐的内在动力。"④所以,这些
礼仪的存在和完善很大程度上是为了当时巫史与神灵沟通的需要,为了更
好地服务于巫史这个神职阶层,进而服务于王权统治。总的来说,殷商继承
了以往的礼乐文明,并有所发展。夏商时期礼乐文化的发展,使得上古以来
巫史文化一变而为礼乐文化,至少可以说在商代末期,这种礼乐文化已经相
当兴盛和完善。正是由于夏商时期已经建立并且运行着礼乐制度,这就使
得后来的"周公制礼作乐"成为可能。也就是说,传统文献认为周公是西周

① (汉)郑玄注,(唐)孔颖达疏:《礼记正义》卷三十一《明堂位第十四》,第945—947页。
② (汉)郑玄注,(唐)孔颖达疏:《礼记正义》卷四十六《祭法第二十三》,第1292页。
③ (汉)郑玄注,(唐)孔颖达疏:《礼记正义》卷四十七《祭义第二十四》,第1322、1336—1337页。
④ 余英时:《论天人之际:中国古代思想起源试探》,中华书局2014年版,第26页。

礼乐制度的建立者,但实际上他只不过是对虞、夏、商以往礼制的继承和改造。

可以说,从现有的文献来看,夏商两代很多的礼乐文化传统都开始形成,而这些传统后来也都被记载于儒家经典之中,构成了儒家经典的基本内容及思想,更是构成了儒家学说的基础与底色。比如夏、商时期尤其是商代非常注重祭祀,他们将自己的祖先视为上帝,亦即将祖先神话为上帝,这正如张光直在其《中国青铜时代》一书中指出:"事实上,卜辞中的上帝与先祖的分别并无严格清楚的界限,而我觉得殷人的'帝'很可能是先祖的统称或是先祖观念的一个抽象。"①如果按照《史记》的记载,夏、商两朝国君及尧、舜一般都以"帝"相称,之后到了周灭商之后,才"贬帝号,号为王"②。这种天命观、宗教意识的转变,反映了对人道的重视。

另外,在夏商时代官学教育已经开始盛行,孟子说夏商周三代"设为庠序学校以教之。庠者,养也。校者,教也。序者,射也。夏曰校,殷曰序,周曰庠,学则三代共之,皆所以明人伦也。"③可以看出,夏商已经重视人伦道德的教育,这对于后来儒家的起源、"六经"的传承有重要的奠基作用。根据孟子的记载,商代的学校教育已经盛行,除了有"学""序"之外,还有《礼记·明堂位》记载的"瞽宗,殷学也"④,根据汉人注解,瞽宗本是乐人的宗庙,后成为学乐的场所。由于学校教育的作用,商人也有典册产生,《尚书·多士》称:"惟殷先人,有册有典"⑤,尽管没有明确文献记载"六经"始于商代。但也有很多证据证明,商代与"六经"的形成关系甚密。比如,关于《周易》八卦的起源,一般都有很多种解释,但很多都是证据不足,难以形成共识。就《易》来说,我们知道相传古代有三种,即《连山》《归藏》《周易》。《周易》只是其中之一。其中《连山》产生于夏代,《归藏》产生于商代。这就说明至少夏、商、两周人们就已经开始用《易》进行占卜预测了。当然,那只是古人的传说。我们至今也缺

---

① 张光直:《中国青铜时代》,生活·读书·新知三联书店 1983 年版,第 264 页。
② (汉)司马迁:《史记》卷三《殷本纪第三》,第 108—109 页。
③ (清)焦循:《孟子正义》卷十《滕文公上》,第 343 页。
④ (汉)郑玄注,(唐)孔颖达疏:《礼记正义》卷三十一《明堂位第十四》,第 948 页
⑤ (汉)孔安国传,(唐)孔颖达疏:《尚书正义》卷十六《多士之十六》,第 426 页。

乏足够的传世文献来表明夏、商时期的人们,已经开始利用《连山》《归藏》进行占卜。此外,《尚书》中记载了大量有关夏商时代的历史与人事。《诗经》也保留了对商代历史文化的记载。《左传》中也有很多对夏商时期传说与历史的回忆。

另外,在夏、商时期,根据传世文献以及出土的甲骨、金文,可以看出,当时已经盛行着天神、自然、祖先的崇拜,"天""帝""上帝""天命"等神权称谓比较流行,这对于当时王权的稳固有重要的价值和意义。其中殷商时期最流行"帝",而周代更盛行"天",由此表明当时在宗教信仰上,曾经发生过由"帝"向"天"的转变。而"帝""天"等这些具有超越的存在为"六经"中的制度与价值提供了终极依据,并最终演变为儒家学派的核心范畴。当然,在商、周时期的天命观中,对鬼神的崇信程度有很大的不同,对于殷商而言,他们改变了夏代"事鬼神而远之"、神权、王权分立的局面,采取了对鬼神更加亲近的态度,即《礼记·表记》中所说"殷人尊神,率民以事神,先鬼而后礼"①,神权先于王权,让王权依附于神权。

总之,在夏商时期,尽管巫史文化是主导,但是这一时期礼乐诗书也得到了一定的重视。当然,这些只不过是人神之间沟通的手段与工具,其本身所蕴含的人文精神价值并没有得到足够的重视。这一点正如吕思勉先生所说:

> 诗书礼乐,追原其始,盖与神教关系甚深。礼者,祀神之仪;乐所以娱神,诗即其歌辞;书则教中典册也。②

相比周代来说,诗、书、礼、乐在夏商时期不过是神道设教的重要手段和工具,并没有发挥其应有的人文作用。当时不管是负责沟通神灵的巫史,还是专门的神职人员都具备很多礼仪技能,比如在《周礼·春官宗伯下》有关于"神"职人员的记载:

> 凡以神仕者,掌三辰之法,以犹鬼神示之居,辨其各物。以冬日至致天神人鬼,以夏日至致地示物魅,以禬国之凶荒、民之札丧。③

---

① (汉)郑玄注,(唐)孔颖达疏:《礼记正义》卷五十四《表记第三十二》,第1485页。
② 吕思勉:《先秦学术概论》,东方出版中心1985年版,第61页。
③ (汉)郑玄注,(唐)贾公彦疏:《周礼注疏》卷二十七《春官宗伯下》,第739—740页。

家宗人,如都宗人之数。凡以神士者无数,以其艺为之贵贱之等。①
对于这里出现的"神",郑玄曾有注解:"以神士者,男巫之俊,有学问才知者。
艺,谓礼、乐、射、御、书、数。高者为上士,次之为中士,又次之为下士。"②从这
里可以看出,当时的神职人员,亦即巫史这个阶层,他们的等级、职业技能主要
体现为礼、乐、射、御、书、数等六艺技能,而《诗》《书》《礼》《乐》早期的文本传
承、教育在当时自然也算是重要的体现了。

四、西周礼乐文明与"六经"王官之学的形成及发展

德国学者雅斯贝尔斯提出了"轴心时代",他在 1949 年出版的《历史的起
源与目标》中说,公元前 800 年至公元前 200 年之间,尤其是公元前 600 年至
前 300 年间,是人类文明的"轴心时代",在轴心时代里,各个文明都出现了伟
大的精神导师———古希腊有苏格拉底、柏拉图、亚里士多德,以色列有犹太
教的先知们,古印度有释迦牟尼,中国有孔子、老子……他们提出的思想原则
塑造了不同的文化传统,也一直影响着人类的生活。然而,孔子作为中国经
学传统的开创者,并不是"六经"的创造者,而是传述者。可以说,对中国文
化传统产生深远影响的"六经",并非产生于"轴心时代",而是"前轴心时
代"尤其是西周时代,就是说中国两千多年的文化传统始于"前轴心时代",
而非"轴心时代"。

西周建国之后,作为宇宙万物与价值的最高依据——帝,此时逐渐被
"天"所取代,天不但是当时人们心中的至上神,更是国家祭祀的对象、万事万
物的主宰,而这种观念自然奠定了"六经"中"天"的崇高地位,这一点李申在
《中国儒教史》也曾说道:

在商周之际,天和上帝已经成了同实异名的概念,而天也就逐渐成了
至上神的称号,成了人们崇拜和国家祭祀的最高对象。人们认为,一切国

---

① (汉)郑玄注,(唐)贾公彦疏:《周礼注疏》卷十七《春官宗伯第三》,第 449 页。
② (汉)郑玄注,(唐)贾公彦疏:《周礼注疏》卷十七《春官宗伯第三》,第 449 页。

家的、社会的和人生的大事，都是天在主宰着、在决定着。我们在儒经《尚书》中，在儒经《诗经》及其他著作中，都会感受到当时人们对天或上帝的尊崇和虔敬。这传统的天或上帝，是儒教的天和上帝的前身。①

在商周之际，随着宗教观念的演进以及人文精神的张扬，人们越来越注重人的存在，但是在国家统治层面，"神道设教"依旧是维护社会政治的重要手段，所以统治阶层在意识形态的建构的时候，并没有放弃对"帝""天"的崇敬。由于周代脱胎殷商，所以并没有沿袭他们所尊崇的、具有象征意义的"帝"，而是以"天"作为最高主宰。这样一来，"天也就逐渐成了至上神的称号，成了人们崇拜和国家祭祀的最高对象"。由于儒家经典及学说主要形成于西周时代，所以经典充满了"人们对天或上帝的尊崇和虔敬"。对于商周之际，帝到天的转变，郭沫若也在其《先秦天道观之进展》中说道：

> 殷时代是已经有至上身的观点的，起初称为"帝"，后来称为"上帝"，大约在殷周之际的时候又称为"天"：因为天的称谓在周初的《周书》中已经屡见，在周初彝铭如《大丰簋》和《大盂鼎》上也是屡见，那是因袭了殷末人无疑。由卜辞看来可知殷人的至上神是有意志的一种人格神，上帝能够命令，上帝有好恶，一切天时上的风雨晦冥，人事上的吉凶祸福，如年岁的丰啬，战争的胜败，城邑的建筑，官吏的黜陟，都是由天所主宰。②

周人对于"天"的信仰源于商人对"帝"的崇拜，故在周人看来"天"如同殷商的"上帝"一样都是天地万物的根源，也是一切吉凶祸福的主宰。比如在《尚书·尧典》中，周人反复强调天命至上的观念，还有很多篇目都在强调上天至高无上、君王替天行道的思想，比如夏启伐有扈氏③、商汤伐夏桀④、周武王灭

---

① 李申：《中国儒教史》（上卷），上海人民出版社1997年版，第11页。
② 郭沫若：《先秦天道观之进展》，商务印书馆1936年版，第81页。
③ 《尚书·甘誓》："有扈氏威侮五行，怠弃三正，天用剿绝其命。今予惟恭行天之罚。"参见（汉）孔安国传，（唐）孔颖达疏：《尚书正义》卷七《甘誓第二》，第173页。
④ 《尚书·汤誓》："王曰：'格尔众庶，悉听朕言！非台小子，敢行称乱。有夏多罪，天命殛之。……夏氏有罪，予畏上帝，不敢不正。"参见（汉）孔安国传，（唐）孔颖达疏：《尚书正义》卷八《汤誓第一》，第190—191页。

商①、盘庚迁殷、周公教育周成王与康叔等等,都提到了上天是万事万物、社会秩序的本源。

随着周人推翻商人建立了周政权,这在当时影响甚大,如何为新政权的合法性、合理性建构一套意识形态就显得非常重要,其中最为关键的问题就是如何看待流行的天命问题。对此,《尚书》记载,周人在建国之后,反复强调周取代了商,天命发生了转移,主要是由于商王失德而周人有德。如《尚书·牧誓》中周武王认为商纣王有三种失德行为:一是"惟妇言是用"②,只听宠妃妲己的话;"昏弃厥肆祀弗答",就是不重视各种祭祀;"乃维四方之多罪逋逃,是崇是长",任用各种罪犯,而不用贤能。另外,在《尚书·酒诰》中,周公也强调周人之所以战胜商,就是因为商纣王放纵自己,导致了天命不佑,所谓"天非虐,惟民自速辜"③。相反,在这种情况下,周人开始强调人的主观性,而淡化天命,并反复强调人的道德修为,如《召诰》中就反复称说敬德的重要性。"德"成为超越天命最重要的价值标准。对于周人天命观的转变,劳思光先生曾分析道:

> 天神命运诸观念,在原始社会中固无所不在,而古民族亦未有全不信天神者。周人自不例外。然周人因强调人之主宰地位,对天神与人之关系,亦有一新看法,此即所谓"德"观念。"德"为超天人之价值标准,故天亦只能"唯德是辅";换言之,天意或天命亦须服从此共同标准。……此即表示周人虽不废天命观念,然力求置天命于自觉意识之决定下。天命归于有德,而是否能敬德,则是人可自作主宰者。于是,人对于天命,并非处于完全被动承受之地位;反之,人通过"德",即可以决定天命之归向矣。④

在《尚书》中,周人利用天人感应的观念宣扬天子的统治是天经地义的同时,

① 《尚书·牧誓》:"今予发惟恭行天之罚。"参见(汉)孔安国传,(唐)孔颖达疏:《尚书正义》卷十一《牧誓第四》,第286页。
② (汉)孔安国传,(唐)孔颖达疏:《尚书正义》卷十一《牧誓第四》,第285—286页。
③ (汉)孔安国传,(唐)孔颖达疏:《尚书正义》卷十四《酒诰第十二》,第380页。
④ 劳思光:《新编中国哲学史》,广西师范大学出版社2005年版,第55页。

也反复强调如何在现实社会中"以德治国"。"德"成为他们信仰的核心价值所在。周人不仅将"德"的践行指向统治阶层自身境界的提升,还指向对民众的关爱之上,这就是民本观念。他们这样的思想预设就是,上天不仅是宇宙万物的创造者,也是人类社会的创造者。而作为社会的主体——人民,他们的意志就是上天的意志,即古人常说的"民意就是天意"。如《尚书·皋陶谟》中所说:"天聪明,自我民聪明。天明畏,自我民明威。达于上下,敬哉有土!"①《尚书·泰誓》中也说:"天视自我民视,天听自我民听。百姓有过,在予一人。"②这样的话还有很多,如"民之所欲,天必从之"③,这些都说明人民的意志就是上天意志的体现。周人之所以这么重视人民,就是因为他们是一切物质生产的主体和上层建筑存在的前提,更是国家政权存在和稳定的基石。由于民意就是天意,所以作为统治阶层就要以民为本作为治国的根本,为人民服务,人民满意了,上天自然就满意了,政权由此获得了稳定。可以看出,《尚书》将以天子为核心的统治阶层对上天的敬畏,转化为统治阶层对上天的化身——人民的敬畏。

具体怎么体现对上天的敬畏呢?《尚书》强调作为天子大臣、统治阶层都要以民为本、以德治国。这个"德"在《尚书》中有很多内涵:首先体现为敬畏天命,凡事都不可以胡作非为、违背天命。其次便是爱民,教化百姓、除暴安良。再次就是修身,提升自己的道德境界,包括要行善、对人宽容、讲求孝悌(《孝经》中说:"五刑之属三千,而罪莫大于不孝"④)。最后便是用贤良、远小人,《尚书》中所强调的"以德治国"的理念,它的立足点就是以民为本,核心就是提升统治阶层自己的德行。只有这样,才可以享受到人民的爱戴,进而得到上天的佑护。

总之,殷商的灭亡,让周人在夏商信仰观念的基础上作了极大的调整,敬畏天地鬼神,但又远离的态度,这也是孔子所说的"敬鬼神而远之"⑤,亦即将

---

① (汉)孔安国传,(唐)孔颖达疏:《尚书正义》卷四《皋陶谟第三》,第109—110页。
② (汉)孔安国传,(唐)孔颖达疏:《尚书正义》卷十一《泰誓中第二》,第277页。
③ (汉)孔安国传,(唐)孔颖达疏:《尚书正义》卷十一《泰誓上第一》,第274页。
④ (唐)李隆基注,(宋)邢昺疏:《孝经注疏》卷六《五刑章第十一》,第40页。
⑤ (魏)何晏注,(宋)邢昺疏:《论语注疏》卷六《雍也》,第76页。

敬畏的心态转化为对民生的关注,并将以德治国作为基本的治国理念。在《尚书》中,周人宣扬这种天命、民本、德治三位一体的政治理念,一方面肯定了王权的神圣性、合法性,促使各级诸侯、统治阶层以及百姓服从并听命于天子的统治;另一方面也强调了上天是万事万物的根据,天子只不过是替天行道的,而人民则是上天的化身,民意就是天意。所以,《尚书》的政治理念在宣扬天子、王权至高无上的同时,也极大地利用"民意就是天意"的思想限制了以天子为核心的王权体系,迫使他们积极的以民为本,注重修身养德,以德配天。对于商周之际天命观的转移及其本质,刘蔚华先生就曾指出:

> 周人在殷亡教训的强烈震撼下,萌动忧患意识,见成而思败,在观念中升腾出较为抽象的天命观,取代了对天帝的信仰。……周人把遵从天命具体化为"敬德保民",要求治人者"以德配天",将如何对待"德"和"民"看成是同"天命"相通的。……这无异于宣告神圣的"天命"实际就在人世间,从而使神学的天转换为世俗的天,存在于冥冥中的神秘之天转换为可以在人为中体现的文化之天。因而他对价值本源的寻求,也随之世俗化与现实化了,进一步突出了内求务实的特点。这是对天命论的一个重大突破,一种温和的使人不易察觉的改造。这个精神上突破的重大作用,主要在于肯定了价值本源在人,而不全在天或神,开启了"神本"向"人本"转化的思路。①

的确,随着周人的成功,以往殷人重视以"帝"为超越存在的宇宙价值观就自然不适应现实需要,所以周人将一种抽象化的"天"取代了人格化的"帝",并将这抽象化的天赋予了新的内涵,即要求统治者"以德配天""以民为本"。这样一来,殷商之际的价值观念,实现了从"神本"向"人本"的转换,价值建构上也开始由外求于上帝,转化为内求于自己,即通过重民、修德的方式获得长久的统治。周人的这些思想,反映在《尚书》的诏、诰、誓命等篇章中。后来,孔子继承了周人的思想,并在裁剪、编辑《尚书》中保留加工了这些思想,这也反

---

① 刘蔚华:《孔子的儒学体系》,载杨朝明、修建军主编:《孔子与孔门弟子研究》,齐鲁书社2004年版,第2—3页。

映了孔子"述而不作"的缘由所在。另外,周人对"德"的强调有两重意思:一方面体现了"修德"的必然性,应为是天命、民意的需要;一方面体现了"修德"的合理性,只有修德才能享有天命王权、老百姓的拥护。总之,周人实现了宇宙观、价值观的范式转换,而《尚书》整个书中贯穿了这种敬天、民本、尚德的观念,这种思想成为中国古代政治思想的基本逻辑和基本架构。周初所建构的这种新的天命观一直成为周人的基本观念,即使到了春秋战国时期,这种思想一直影响很大。后来,再经过孔子、孟子等人的宣扬,"敬天保民""以民为本""以德治国"成为一种基本的政治观念。

可以说,周人在灭商之后,对整个宗教观念、意识形态做了系统的调整和重新解释,在周人看来,殷商人所奉行的人格化上帝是不存在的,以抽象化的"天"取代了对殷商对"天帝""上帝"的信仰,如成王在《康诰》中讲:"我西土惟时怙冒,闻于上帝,帝休。天乃大命文王,殪戎殷,诞受厥命,越厥邦厥民,惟时叙。"①在这里就可以看出,成王用"天"取代了"帝"。与此同时,成王、周公等人将天命开始具体化为"敬德保民",要求统治者"以德配天",亦即将德、民都看成是天命的重要内涵,所谓"顺天应人""天视自我民视,天听自我民听"②。可以说,周人的价值从商人的重神转变为重德,即不再完全听命于上天,而是强调自我的道德修行。这样一来,以往中国的价值取向也就是从周代开始实现了外求转化为内求,这在某种程度上就避免了中国价值观念走向完全宗教化的道路,相反周人将宇宙观、价值观与世俗社会紧密结合,也为后来孔子传承成王、周公等人的思想奠定了基础。

汉唐之际的儒学一般视为周孔之道。的确,经由周公所奠定的"六经"及王官之学,其后孔子的整理、诠释,从而实现了经学的范式转换。所以,西周时期所形成的"六经"文本及其思想,这对于孔子及春秋战国时期的经学具有重要的意义,更是对汉唐之际的经学都有重要的价值与意义。可以说,西周时期所形成的"六经"文本,不仅仅是周公所处时代思想文化的荟萃,更是对上古

---

① (汉)孔安国传,(唐)孔颖达疏:《尚书正义》卷十四《康诰第十一》,第360页。
② (汉)孔安国传,(唐)孔颖达疏:《尚书正义》卷十一《泰誓中第二》,第277页。

以来宗教、哲学、政治、思想文化的一种集大成。总之,中国的礼乐制度及其经典主要产生于周代,而夏商在当时只是过渡、奠基阶段,所以夏商周时期最大的变化莫过于商周之际了。正如王国维所说:"夏、殷间政治与文物之变革,不似殷、周间之剧烈矣。"①的确,经过夏商两代的积累,到了周代很多制度、文化都有了新的变化,而周代正是在夏商的基础上做了进一步的整合、调整与优化,并形成了自己独具特色的、集大成的礼乐文化体系。这一点正如《论语·八佾》中讲:"子曰:周监于二代,郁郁乎文哉! 吾从周。"②

一般都认为西周的礼乐知识体系乃周公所创制,由于诗书礼乐又是儒家学说的基础,所以刘歆、班固称儒家"祖述尧舜,宪章文武,宗师仲尼",而孔子本人也多次称颂周公,这就表明尧、舜、禹、汤、文、武、周公这些人都是儒家思想的重要奠基人。换言之,作为"六经"体系完善最重要的促成者——周公,他在"六经"之学的行程中扮演着至关重要的角色。比如就《礼》来说,周公对礼乐颇为重视,如《史记》记载:

> 《史记·周本纪》:(周公)既绌殷命,袭淮夷,归在丰,作《周官》。兴正礼乐,度制于是改,而民和睦,颂声兴。③

> 《史记·鲁周公世家》:成王在丰,天下已安,周之官政未次序,于是周公作《周官》,官别其宜。④

一般都认为,这里的《周官》即后来的《周礼》。《尚书》"周官"孔安国注曰:"言周家设官分职用人之法。"⑤这与《周礼》的内容基本吻合,亦即《周礼》所言便是各级各类官职及其职责。

又比如就音乐来说,相传西周继承了自黄帝、尧舜以及夏商的乐舞,即《云门》《大章》《大韶》《大夏》《大濩》,加上西周新创的《大武》,成为六代乐

---

① 王国维:《王国维手定观堂集林》卷十《殷周制度论》,浙江教育出版社 2014 年版,第248 页。

② (魏)何晏注,(宋)邢昺疏:《论语注疏》卷三《八佾》,第 36 页。

③ (汉)司马迁:《史记》卷四《周本纪第四》,第 133 页。

④ (汉)司马迁:《史记》卷三十三《鲁周公世家第三》,第 1522 页。

⑤ (汉)孔安国传,(唐)孔颖达疏:《尚书正义》卷十八《周公第二十二》,第 480 页。

舞,简称"六乐"①。其实,西周"乐"颇为庞杂,根据《周礼·春官》记载,掌管"乐"的大司乐以下,共有奏乐、唱歌、舞蹈以及其他工作的人员共一千五百人。当然,"乐"的存在是配合"礼"的,礼乐之间相辅相成,如《乐记》所言:"乐者为同,礼者为异。同则相亲,异则相敬。"②

又比如就《尚书》来说,西周在前代的基础上做了进一步的丰富、完善。《尚书》最早的雏形源于上古三皇五帝,当时有左史、右史专门负责记载帝王言行,如《汉书·艺文志》就说:

> 古之王者世有史官。君举必书,所以慎言行,昭法式也。左史记言,右史记事,事为《春秋》,言为《尚书》,帝王靡不同之。③

当时的左史、右史所记载的文献成为后来《尚书》雏形,由此也可以说史官制度产生很早(甚至有说法,黄帝时代就已经存在了)。史官制度在西周时期得到了进一步的完善,史官们的分工更加精细和专业,有了大史、小史、内史、外史、左史、右史、御史、女史等职官,每个职官都只负责其中的一项事务,这在《周礼》中就有详细的记载。在西周,史官中的左右史继续专门负责记载帝王宫廷事务,其中所记载的君王事迹的文本成为后来的《春秋》,而言语之类的文本就成为后来的《尚书》。这一时期,所形成的《尚书》诸篇,加入了很多西周当代的重要典籍篇章。比如,现在流传的《尚书·周书》的大部分都是周公之作,《牧誓》《大诰》《康诰》《酒诰》《梓材》《召诰》《洛诰》《多士》《无逸》《多方》等。《春秋》与《尚书》之间的区别在于体例不同,而不是内容。《春秋》注重以编年的形式记载帝王事迹,而《尚书》则是以纪事本末的形式来记载帝王事迹,两者在内容有交叉之处。

总之,周公最为孔子所称道,毕竟他笃行仁孝,治国安邦,兼顾"内圣外王之道",堪称是儒家的人格理想。周公作为西周礼乐文明体系最重要的建立者。他通过继承和完善尧舜以来的礼乐文明的宗教、仪式、文化等形式,从而促成了"六经"之学体系的形成以及它们的传承与完善。换言之,周公的制礼

---

① (汉)郑玄注,(唐)贾公彦疏:《周礼注疏》卷二十二《春官宗伯下》,第 584 页。
② (汉)郑玄注,(唐)孔颖达疏:《礼记正义》卷三十七《乐记第十九》,第 1085 页。
③ (汉)班固:《汉书》卷三十《艺文志第十》,第 1715 页。

作乐直接促成了"六经"之学的形成和完善。对此正如当代学者所言：

> 制礼作乐还促使了文献职事和文献制度的发展。"史"是最早的文献职官，是甲骨卜辞的载录者和保存者。殷商史职转为周人服务后，在制礼作乐过程中起着十分重要的作用。至少到西周中晚期，已经有了"太史寮"这样专门的史官衙门，不同文献的撰制、载录、保存等，往往分属不同的职事。史官之外，"大祝"掌六辞、卜官掌三易、宗伯"陈天下之谟"，等等，皆各有文献之职事。此外，西周乐人也是制礼作乐的重要力量，他们是乐舞、歌谣等文献的创造者和传播者，尤其"大师"一职，还从事着以诗书礼乐教授"国子"的工作。西周的文献意识首先来自代殷而王天下的合法性的诉求，周人将"典册"看成是具有权力合法性的依据，为此，西周建立了较为完整的文献制度：在周王宗庙中设有天室、图室、盟府等文献典藏之所，周庙之外，各府衙亦有文献收纳机构。太史所掌文献被区分为"典""法""则""书""策""事"等，这些文献有可能被用来对贵族、官员进行考核。西周还有采诗制度，所采集之诗由太师加工整理，用于礼乐之中。西周设立了各种学宫，通过教学，举行乡饮、乡射等礼仪，来传播"诗""书""礼""乐"，培育子弟。在学宫之中已经形成了一整套的关于乐德、乐教、乐舞的理论，促进了文献的传播和阐释。[1]

周公的制礼作乐成为西周礼乐文明体系建构的重要方式，更是"六经"体系形成和完善的重要契机。以往"巫史集团"中的"史""大祝"开始成为《春秋》《周易》等经典的"载录者和保存者"；宗伯则成为《尚书》文献记载的职掌者；"西周乐人"则成为《诗经》《乐经》早期的编纂者；而西周的"采诗制度"则直接促成了《诗经》的丰富和完善。不仅如此，当时的西周王室还设立了各种学宫来传播、研习这些经典，从而促成了"六经"之学不断的传承、丰富和完善。

换言之，西周建立之后，为了吸取夏商灭亡的经验教训，并进而培养自己的统治接班人，从而产生了王官之学。根据已经出土的周代青铜器，西周早期就已经在王城和各诸侯国设立了学校，周王设立的"大学"叫"辟雍"，诸侯设

---

[1] 过常宝：《制礼作乐与西周文献的生成》，中国社会科学出版社 2015 年版，绪言第 3 页。

立的"大学"叫"泮宫",除了大学之外,还有小学。总的来说,西周奉行学在官府、官师政教合一的原则,具体情形如章学诚所言:

> 古者政教不分,官私合一,有官斯有法,故法具于官;有官斯有书,故官守其书;有书斯有学,故师传其学;有学斯有业,故弟子习其业。官守学业皆出于一,而天下以同文为治,故私门无著述文字。①

在章学诚看来,王室的王官之学控制着意识形态,指引着文献的收集、整理、编撰与教学,其中自然有影响后世的"六经"。所以,"六经"真正被编辑、整理、研习并被列为官学,成为王官之学的基本教材是在西周建国之后。如《礼记·文王世子》记载:

> 春诵夏弦,大师诏之。瞽宗秋学《礼》,执礼者诏之。冬读《书》,典书者诏之。《礼》在瞽宗,《书》在上庠。②

其中"春诵夏弦",分别是春诵《诗》,夏弦《乐》,秋学《礼》,而冬则读《书》,《诗》《书》《礼》《乐》成为当时朝廷教育的重要科目内容。不仅如此,当时朝廷将研习《诗》《书》《礼》《乐》优异与否,作为贵族子弟选优、进爵、受禄的重要依据,《礼记·王制》记载:

> 乐正崇四术,立四教。顺先王《诗》《书》《礼》《乐》以造士。春秋教以《礼》《乐》,冬夏教以《诗》《书》。王大子、王子、群后之大子、卿大夫、元士之嫡子,国之俊选,皆造焉。凡入学以齿。将出学,小胥、大胥、小乐正简不帅教者,以告于大乐正,大乐正以告于王。王命三公、九卿、大夫、元士皆入学。不变,王亲视学。不变,王三日不举。屏之远方,西方曰棘,东方曰寄,终身不齿。大乐正论造士之秀者,以告于王,而升诸司马,曰"进士"。③

其中的"四术""四教",都是指以《诗》《书》《礼》《乐》作为教学内容来培养人才,用来进行贵族教育,这是西周礼乐教化的重要制度。《周礼·大司徒》也说道:"以乡三物教万民而宾兴之:一曰六德,知、仁、圣、义、忠、和;二曰六行,

---

① (清)章学诚:《校雠通义》,北京古籍出版社 1956 年版。
② (汉)郑玄注,(唐)孔颖达疏:《礼记正义》卷二十《文王世子第八》,第 626 页。
③ (汉)郑玄注,(唐)孔颖达疏:《礼记正义》卷十三《王制》,第 404 页。

孝、友、睦、姻、任、恤;三曰六艺,礼、乐、射、御、书、数"①,这也是礼乐教化。

在西周早期王官之学的体系中,一般都是《诗》《书》《礼》《乐》,并没有《易》与《春秋》。此二书之所以没有列入官学,郭伟川先生的解释比较符合情理,他认为:

> 西周初年,《易》仍为周天子借龟卜以问天之工具,为王室所专秘,不欲普及。因此《易》不列学官而列于礼官,夏《连山》、商《归藏》以及周《易》,概属于《周礼·春官宗伯·太卜》所统,故上庠未列《易》以授诸士,可以理解。

> 至于周初无《春秋》,盖《春秋》者,史也。周初历时未久,当时尚未成史,则无以言《春秋》。但西周中后期乃至东周,周室史官借竹简以纪年纪事,这便是"史",实为周之《春秋》。古本《竹简纪年》中记述自黄帝至夏、商二代,在周而言,实即古史,亦即古之《春秋》。《纪年》自武王至幽王之部分,可视为西周之《春秋》。故笔者认为,《庄子·天运篇》中,孔子、老子称为"六经"之一的《春秋》,应指西周及前代古史而言。至于后世流传孔子所撰之《春秋》,只是《春秋》而已,并非《庄子·天运》中,孔子、老子所指之《春秋》。②

《易》作为周天子与天神沟通、祭祀的重要手段,道理精微,是王权的象征,故为王室所秘藏,自然不能列入官学,与贵族子弟所分享。至于《春秋》,主要是用来记言记事,重在保存史料,周初应当保存有夏、商历史文献,但没有周代自己的历史文献可以用来教育贵族子弟,如郭伟川所说"周初历时未久,当时尚未成史,则无以言《春秋》",何况《春秋》属于官方历史档案,并非任何人都可以观瞻。正如宋马端临《文献通考》引金华应氏所云:"乐正崇四术以教士,则先王之《诗》《书》《礼》《乐》,其设教固已久。《易》虽用于卜筮,而精微之理非初学所语;《春秋》虽公其记载,而策书亦非民庶所得尽窥。"③

《易》与《春秋》什么时候被列为官学,并没有明确的时间记载。但至少在

---

① (汉)郑玄注,(唐)贾公彦疏:《周礼注疏》卷九《地官司徒第二》,第266页。
② 郭伟川:《先秦六经与中国主体文化》,北京图书馆出版社2007年版,第3页。
③ (宋)马端临:《文献通考》卷一百七十《经籍考一》,中华书局1986年版,第1502页。

孔子之前,它们已经被列入官学了。如《左传·昭公二年》记载:晋侯派韩宣子出使鲁国,"观书于太史氏,见《易象》与鲁《春秋》"①。而且"春秋"在当时乃是各国编年史的一种通称,它们在当时已经被作为历史记载或贵族教育的重要文献了。所以总的来说,在孔子之前,《诗》《书》《礼》《乐》《易》《春秋》作为"六经"已经发展得非常成熟了,并在各个诸侯国中广泛传播,为朝野上下所诵习,成为之后诸子百家思想的共同源头,而孔子所扮演的角色便是传承先王之道,整齐"六经"典籍。

如果说西周早期奠定了《诗》《书》《礼》《乐》的学术传统,那么很多经学观念也由此而奠定。进而言之,在西周早期,建立了系统的礼乐体系,同时将尧、舜、禹、汤、文、武、周公视为圣王而加以膜拜,使之成为王道秩序的建立者与政治典范。正是由于西周以来礼乐体系的完善,礼乐及其精神成为社会的基本规范、人伦道德,更是成为"六经"的基本内容及思想精髓;另外,礼乐精神所体现的亲亲、尊尊之思想,自然也成为"六经"的基本主体。换句话说,支撑西周礼乐文化知识系统的是上古以来传承、并在当时形成的"六经"及其礼乐知识体系,同时也形成了官师政教合一的传统。

西周礼乐文明的兴起,实际上是将上古包括夏商时期的宗教巫术、礼乐传统做了一定的改造,将视野转向人文关怀,这不仅仅体现在宗教信仰层面,也体现在社会政治领域。当然,西周宗教与人文的交汇点,我们可以看成是国家大事的"礼",如《左传》所言的"国之大事,在祀与戎",以及"礼"中最重要的祭祀。正如在《礼记·祭统》中说道:

> 凡治人之道,莫急于礼。礼有五经,莫重于祭。夫祭者,非物自外至者也,自中出生于心也。心怵而奉之以礼,是故唯贤者能尽祭之义。贤者之祭也,必受其福,非世所谓福也。福者,备也,备者,百顺之名也,无所不顺者谓之备。言内尽于己,而外顺于道也。忠臣以事其君,孝子以事其亲,其本一也。上则顺于鬼神,外则顺于君长,内则以孝于亲,如此之谓备。唯贤者能备,能备然后能祭。是故贤者之祭也,致其诚信,与其忠敬,

① (晋)杜预注,(唐)孔颖达疏:《春秋左传正义》卷四十二,第1172页。

奉之以物,道之以礼,安之以乐,参之以时,明荐之而已矣,不求其为。此
孝子之心也。祭者,所以追养继孝也。①

从上可见,尽管西周建立了一套系统的礼乐文化体系,但实际上它并没有完全
放弃夏商文化及文明体系,比如各种祭祀礼仪基本上沿袭了殷商旧制,《礼
记·曲礼下》说:"天子祭天地,祭四方,祭山川,祭五祀,岁遍"②,这是周代礼
制,而郑玄注解认为"此盖殷时制也"。总体来说,西周建立的礼乐体系与之
前殷商一脉相承,"西周的思想世界与殷商的思想世界,实际上同多而异
少"③。换句话说,自上古以来的巫史文化到了商周之际开始转化为礼乐文
化,周公"制礼作乐"也自然有了现实基础,随即周代礼乐文化相对以往来说
无疑有了很多全新的变化,这正如学者研究所认为的:

> 从孔子所讲三代之礼的关系和礼乐文化与巫史文化的关系这两方面
> 来看,《礼记·明堂位》说周公"制礼作乐,颁度量",实是在礼乐旧制度的
> 基础上有所变革。这种变革,可以说从夏商时代的巫史文化为主导,而一
> 变而为礼乐文化为主导。这种变革的表征,一是巫觋之类职官地位的下
> 降。二是卜筮内容的减少,而不是像殷商时代事事皆卜。周代卜筮的内
> 容,据现在所能见到的材料,重点集中在人事的吉凶,卜雨卜年之类殊为
> 少见。据《洪范》所记"汝则有大疑,谋及乃心,谋及卿士,谋及庶人,谋及
> 卜筮",卜筮的结果虽然仍为决定性的,但需要参考多方面的意见。三是
> 祭祀中礼仪性的内容大大增加。不同的祭祀对象,皆有不同的献祭方式,
> 而各种祭祀仪式和器物皆有礼仪的规定,而社会上层人士相见、饮酒等也
> 有一套礼的规定。殷人是否有这一套,不得而知,但周人的这一套规定显
> 然非常完备。从这些方面来看,鬼神、巫术之类已经没有礼乐重要,而巫
> 觋文化已经退居次要地位,礼乐文化则为主导。④

西周在夏商巫史文化、礼乐文化的基础对之做了进一步的改造,使得周文化

---

① (汉)郑玄注,(唐)孔颖达疏:《礼记正义》卷四十九《祭统第二十五》,第1345—1346页。
② (汉)郑玄注,(唐)孔颖达疏:《礼记正义》卷五《曲礼下》,第153页。
③ 葛兆光:《中国思想史·七世纪前中国的知识、思想与信仰世界》,复旦大学出版社1997
年版,第33页。
④ 张立文主编,陆玉林著:《中国学术通史(先秦卷)》,人民出版社2004年版,第26页。

"从夏商时代的巫史文化为主导,而一变而为礼乐文化为主导",在宗教、人事的各个环节,利礼仪性的规定越来越多,而鬼神、巫术一类的则退居次要地位,这样周代礼乐文化体系基本上建立起来了。商周两种文化也表现出基本的不同来,"巫史文化是以宗教及相应的神灵、巫术、祭祀等为核心,而礼乐文化则是以政治、道德为核心"①。

当然,也不能否认从夏商到周代的礼乐文化的转型过程中,还有很多延续性,比如,宗庙祭祀方面。在周人的宗庙祭祀之中,对祖先的崇敬依旧是对传统鬼神观念、神道设教思想的继承和发展,这不仅仅体现在《诗经·颂》部分对祖先的追思,更为主要的是周代专门制定了祭祀礼仪来祭祀这些先烈,正如《礼记·祭法》中所言:

> 夫圣王之制祭祀也,法施于民则祀之,以死勤事则祀之,以劳定国则祀之,能御大菑则祀之,能捍大患则祀之。是故厉山氏之有天下也,其子曰农,能殖百谷。夏之衰也,周弃继之,故祀以为稷。共工氏之霸九州也,其子曰后土,能平九州,故祀之以为社。帝喾能序星辰以著众,尧能赏均刑法以义终,舜勤众事而野死,鲧障鸿水而殛死,禹能修鲧之功,黄帝正名百物以明民共财,颛顼能修之,契为司徒而民成,冥勤其官而水死,汤以宽治民而除其虐,文王以文治,武王以武功去民之灾,此皆有功烈于民者也。及夫日、月、星辰,民所瞻仰也,山林、川谷、丘、陵,民所取材用也。非此族也,不在祀典。②

从上可以看出,在西周时期人们对天地鬼神的敬畏,在很大程度上已经转化为对祖先神灵的供奉与祭奠,其中也包括那些对社会发展作出巨大贡献的英雄人物,比如厉山氏、共工氏、农、弃、帝喾、尧、舜、禹、汤、文王、武王等,这些人都"有功烈于民者"。当时民众对人杰英雄、祖先鬼神的祭祀,除了宗教信仰的需要之外,也是教化后代弟子的必然。需要值得关注的是,周人的宗庙祭祀与商人不同之处在于,商人的祭祀对象主要是"帝",而周人则尊崇天,并将祖宗

---

① 张立文主编,陆玉林著:《中国学术通史(先秦卷)》,人民出版社 2004 年版,第 30 页。
② (汉)郑玄注,(唐)孔颖达疏:《礼记正义》卷四十六《祭法第二十三》,第 1387 页。

人鬼列为了重要的祭祀对象。周人在祭祀祖先的过程中,所吟唱使用的祭祀歌曲等成为后来《诗经》中《雅》《颂》的重要组成部分,正如有的学者研究所认为:

> 《诗》是周代礼乐制度的组成部分,是推行宗法礼乐精神的物质载体,集中体现了周代社会的礼乐精神。周初的《雅》《颂》诗也是从原始礼仪中的宗教祭祀歌直接发展而来的。周人祭天、祭地,尤其重视祭祖。"禴""祠""烝""尝"是每年四季在宗庙中为先祖举行的祭礼,夏天又还要为先祖举行盛大的合祭,叫做"祫"和"禘"。但由《诗》可见,周人的祭祖仪式乐歌显然有追祖颂宗,法效圣王,确立周邦神授思想的政治目的。①

周人在夏商等基础上进一步丰富了祭祀、礼乐传统,而与之同步发展的"祭祖仪式乐歌"显然也得到了极大的发展,并最终成为后来《诗经》中《雅》《颂》的重要组成部分,更是奠定了《诗经》的精神与基本主题。

总而言之,西周建国之后,为了强化其统治教化,在统治阶层的努力下,继承并完善了以往的经典文本尤其是"六经",周公对于"六经"的形成可以说是具有重要的奠基意义。"六经"的渊源乃是殷周时期的朝廷典策,以之作为政教日用。后来,周公在夏商礼乐知识体系的基础上做了进一步的优化整顿,从而形成了"六经"知识体系。正如章学诚所言:

> "六经"皆史也。古人不著书,古人未尝离事而言理。"六经"皆先王之政典也。②

> 若夫"六经",皆先王得位行道,经纬世宙之迹,而非托于空言,故以夫子之圣,犹且述而不作。③

> 古之所谓经,乃三代盛时典章法度见于政教行事之实,而非圣人有意作为文字以传后世也。④

---

① 王妍:《经学以前的〈诗经〉》,东方出版社 2007 年版,第 30 页。
② (清)章学诚:《文史通义》卷一《易教上》,上海古籍出版社 2015 年版,第 1 页。
③ (清)章学诚:《文史通义》卷一《易教上》,上海古籍出版社 2015 年版,第 3 页。
④ (清)章学诚:《文史通义》卷一《经解上》,上海古籍出版社 2015 年版,第 28 页。

  "六经"皆器也。《易》之为书,所以开物成务,掌于春官太卜,则固有官守而列于掌故矣。《书》在外史,《诗》领大师,礼自宗伯,乐有司成,《春秋》各有国史。三代以前,《诗》《书》六艺未尝不以教人。①

  古者政教不分,官私合一,有官斯有法,故法具于官;有官斯有书,故官守其书;有书斯有学,故师传其学;有学斯有业,故弟子习其业。②

周公有德有位,"集羲、轩、尧、舜以来之大成",即周朝继承了夏、商两代的文化积淀,而制礼作乐,创造出三代以来的盛世景象,并以《诗》《书》《礼》《乐》六艺作政教典制,可以说是官师、政教合一。后刘师培汲取了章学诚的思想,认为"六经皆周公旧典":

  西周之时,尊崇"六经"。自文王治《易》作象文爻词(辞),周公制礼作乐,复损益前制,制为冠婚、丧祭、朝聘、射乡之礼,而辒轩陈诗观风。史官记言、记动,仍仿古代圣王之制。故《易经》掌于太卜,《书经》《春秋》掌于太史、外史,《诗经》掌于太师,《礼经》掌于宗伯,《乐经》掌于大司乐。有官斯有法,故法具于官。有法斯有书,故官守其书。而《礼》《乐》《诗》《书》复备学校教民之用,诸侯各邦亦奉"六经"为典枲。因职官不备,或以史官兼掌之,诚以成周一代之史,悉范围于"六经"之中也。又周公之时,作《周官经》以明六官之职守。又作《尔雅·释诂》一篇,明古今言语之异同,以备外史达书名之用,故周公者集周代学术之大成者也。"六经"皆周公旧典,足证孔子以前久有"六经"矣。故周末诸子,若管子、墨子咸见"六经"。盖周室末修之"六经",固与孔子已修之"六经"不同也。……东周之时,治"六经"者,非仅孔子一家。若孔子"六经"之学,则大抵得之史官。③

刘师培在章学诚学说的基础上,进一步丰富完善了"六经"起源于王官之学的说法,他将周代官师政教合一的体制与"六经"的源起紧密联系在一起,而孔子之"六经"则是继承了周代王官之学,并加以修正之。对此,熊十力先生亦

①　(清)章学诚:《文史通义》卷二《原道中》,上海古籍出版社2015年版,第36页。
②　(清)章学诚:《校雠通义》,北京古籍出版社1956年版。
③　(清)刘师培著,陈居渊注:《经学教科书》,上海古籍出版社2006年版,第15页。

有此言:"夫子实起于鲁,溯周公之坠绪,祖述尧、舜,宪章文、武,上律天时,下袭水土,于是删《诗》《书》,演《易传》,考《礼》正《乐》,作《春秋》,《六艺》之统纪复明,群言淆乱折中于圣。而后,天道明,人伦正,王道备矣。猗与休哉! 允为万世教主也。"[1]

五、王官之学的衰微及经学思想观念的演变

春秋时期,战争也日益频仍,各国为了自己的利益,开始从各个方面强化自己的实力,礼乐制度日益瓦解。与此同时,随着官学的衰微,私学日益兴盛,各国的学者、官员对于"六经"、礼乐、仁义等都结合各自的需要进行了全新的解释。比如管仲、子产等政治家淡化对"六经"、道德教化的关注,而注重对礼法、事功思想的强调。老子作为当时的思想家,鉴于官学衰微、社会文化变迁,也开始从理论层次上思考传统人文精神、礼乐教化的价值和意义,他一方面极力批判那种急功近利的做法,同时也反对仁义伪善的行为,希望统治阶层能够效法天道自然,使社会治理回归正道。可以说,到了春秋时期,官学的衰微及四处散布,"学在官府"的局面被打破,以至于春秋各国不再完全遵守天子官学的统一思想与制度理念,都纷纷发展自己的学术思想,民间私学开始兴起。

在西周瓦解之后,开始进入了春秋战国时代,当时周王室开始衰微,由此也导致了大一统思想、王官之学的衰微,由此掌握在王室中的"六经"之学也随之被分化,这一点正如《庄子·天下篇》中所言:

《诗》以道志,《书》以道事,《礼》以道行,《乐》以道和,《易》以道阴阳,《春秋》以道名分。其数散于天下而设于中国者,百家之学时或称而道之。天下大乱,贤圣不明,道德不一,天下多得一察焉以自好。譬如耳目鼻口,皆有所明,不能相通。犹百家众技也,皆有所长,时有所用。虽然,不该不遍,一曲之士也。判天地之美,析万物之理,察古人之全,寡能

> 备于天地之美,称神明之容。是故内圣外王之道,暗而不明,郁而不发,天
> 下之人各为其所欲焉,以自为方。悲夫! 百家往而不反,必不合矣。①

正是由于春秋时期,开始进入了纷繁芜杂的战乱之中,"天下大乱,贤圣不明,
道德不一",如此一来"六经"也开始分散于各个诸侯国之中,它们被学者所掌
握,但不能够会通为一,由此造成了春秋以后"六经"之学的分裂、诸子百家开
始诞生。可以说,进入东周,学在官府、政教合一的制度遭到破坏,《尚书》《春
秋》等文献散佚到各地,官学也分为了不同的流派,根据《汉书·艺文志》的记
载有"九流十家"之多,但它们都源于官学。

在这种情况下,以往存在于官方的《诗经》《尚书》《仪礼》《乐经》《春秋》
等政教典籍也开始被各国学者们所掌握,并从不同的角度进行整理、诠释,出
现了《道德经》《墨子》《左传》《管子》《庄子》《孟子》《韩非子》等新的思想文
本,形成了儒、道、阴阳、法、名、墨、纵横、杂、农等百家争鸣的局面,正如《汉
书·艺文志》所说:

> 王道既微,诸侯力政,时君世主,好恶殊方,是以九家之术蜂出并作,
> 各引一端,崇其所善,以此驰说,取合诸侯。②

在当时的情况下,各家为了自己的思想权威性,一般都会借助《诗经》《尚书》
等固有的经典作各种整理、诠释,由此产生了一批与经典相关的著述,比如孔
子《易传》《书序》,子夏《诗序》《仪礼·丧服传》,墨子《经说》,左丘明《春秋
左氏传》等。当然,在春秋时期诸子百家并没有大规模的产生和兴起,只有儒
家、墨家、道教等诸家而已。这三家的分歧主要就是对礼乐文化传统认知的偏
差,正如余英时先生所言:"先秦最先出现的三学派——儒、墨、道——都是在
礼乐传统中成长和发展起来的,而它们之间的思想分歧也源于对待'礼乐'的
态度各不相同。"③当然,周平王的东迁,出现了"天子失学,学在四夷"的局
面,不过从另一方面来说,随着中国王官之学从黄河流域的西部开始东移,加
上王权衰微,东方各国都积极发展符合本国需要的思想文化,由此促成了春秋

---

① (清)王先谦:《庄子集解》卷八《天下第三十三》,中华书局 1987 年版,第 288 页。

② (汉)班固:《汉书》卷三十《艺文志第十》,第 1746 页。

③ 余英时:《论天人之际:中国古代思想起源试探》,中华书局 2014 年版,第 17 页。

和战国时期学术思想的繁荣。

在当时的情形下,各国也继续着《诗经》《尚书》的创作,《春秋》的编撰,《周易》的演绎发展以及礼乐制度的因革损益等工作,这些对于这对于"六经"文本及思想的丰富完善奠定了重要的基础。比如《诗经》,周史官作《缁衣》,以表彰郑武公,《毛诗序》称:"《缁衣》,美武公也。父子并为周司徒。"秦人作《小戎》,以赞美秦襄公征伐戎之事,《毛诗序》就说:"《小戎》,美襄公也。备其兵甲以讨西戎,西戎方强而征伐不休,国人则矜其车甲,妇人能闵其君子焉。"郑人作《叔于田》《太叔于田》来讽刺郑庄公,《毛诗序》对于这两首诗都说道:"刺庄公也。叔处于京,缮甲治兵,以出于田,国人说而归之。"这些例子都说明,当时不仅是周天子,连各国臣民们也都继续创作《诗经》,这为后来《诗经》的选编、删定提供了更加丰富的文本准备。

又如《尚书》的编撰,周平王为了表彰晋文侯仇的功绩,而作《文侯之命》。《书序》曰:"平王锡晋文侯秬鬯、圭瓒,作《文侯之命》。"又如鲁僖公三十三年,秦国攻打晋国,但是最终全军覆没,秦穆公于是自责,并作《秦誓》。对此《书序》就说道:"秦穆公伐郑,晋襄公帅师败诸崤,还归,作《秦誓》。"这就表明孔子删定《尚书》之前,《尚书》文本内容依旧处于在不断地完善之中。

再如孔子《春秋》编撰之前的各国史书也多有发展,秦初开始有了自己的《史》,对此《史记·秦本纪》记载说:"(秦文公)十三年,初有《史》以纪事,民多化者。"另外,《左传》鲁宣公二年记载,晋灵公不君,由于宰相赵盾多次谏议,反而遭到了攻杀,后来赵盾出逃,从弟赵穿杀了灵公,赵盾回朝。当时史官董狐记载此事,称"赵盾弑其君",这种不畏强权、秉笔直书的精神得到了孔子的赞赏,称董狐"古之良史也,书法不隐"。董狐的精神和做法得到了孔子的重视,后来孔子《春秋》作"晋赵盾弑其君夷皋",便是对董狐史学的继承与发展。

以上事例表明,尽管王权衰微导致了官学下移,但与此同时,"六经"之学并没有中止,它的思想和方法得到了各国的继承和发展。就《诗》《书》来说,据《左传》所载,当时人们言说一般都会援引《诗》《书》以作为经典依据,来阐发自己的思想。比如:

子木曰:"夫独无族姻乎?"对曰:"虽有,而用楚材实多。归生闻之:'善为国者,赏不僭而刑不滥。'赏僭,则惧及淫人;刑滥,则惧及善人。若不幸而过,宁僭无滥。与其失善,宁其利淫。无善人,则国从之。《诗》曰:'人之云亡,邦国殄瘁。'无善人之谓也。故《夏书》曰:'与其杀不辜,宁失不经。'惧失善也。《商颂》有之曰:'不僭不滥,不敢怠皇,命于下国,封建厥福。'此汤所以获天福也。古之治民者,劝赏而畏刑,恤民不倦。"①

韩宣子之适楚也,楚人弗逆。公子弃疾及晋竟,晋侯将亦弗逆。叔向曰:"楚辟我衷,若何效辟?《诗》曰:'尔之教矣,民胥效矣。'从我而已,焉用效人之辟?《书》曰:'圣作则。'无宁以善人为则,而则人之辟乎?匹夫为善,民犹则之,况国君乎?"晋侯说,乃逆之。②

《诗》《书》在《左传》中出现的频率很高,说明在春秋中前期在诸侯各国之中广泛流行,并成为当时流行的经典。比如在《左传》中记载宴会赋诗 23 次,共赋诗 64 首,歌诗一次;非宴会赋诗 8 次,赋诗 9 首;记述孔子引诗评论时事与时人 5 次,引诗 6 首;作者引诗评论时事与时人 28 次,引诗 36 首;记述作诗 4 首;直述作者作诗意图的 9 首;其他引诗 98 首。还不包括逸诗。③《诗经》在当时如此广泛传播,以至孔子都对孔鲤说:"不学《诗》,无以言。"④

不仅《诗》《书》常常一并出现,就连诗、书、礼、乐也常常被并提,比如《左传》僖公二十七年载:

于是乎蒐于被庐,作三军。谋元帅。赵衰曰:"郤縠可。臣亟闻其言矣,说礼、乐而敦《诗》《书》。《诗》《书》,义之府也;礼、乐,德之则也。德、义,利之本也。《夏书》曰:'赋纳以言,明试以功,车服以庸。'君其试之。"及使郤縠将中军,郤溱佐之;使狐偃将上军,让于狐毛而佐之;命赵衰为卿,让于栾枝、先轸。⑤

---

① (晋)杜预注,(唐)孔颖达疏:《春秋左传正义》卷三十七《襄公二十六年》,第 1043—1044 页。
② (晋)杜预注,(唐)孔颖达疏:《春秋左传正义》卷四十三,第 1232 页。
③ 袁长江:《先秦两汉诗经研究论稿》,学苑出版社 1999 年版,第 2 页。
④ (魏)何晏注,(宋)邢昺疏:《论语注疏》卷八《泰伯》,第 104 页。
⑤ (晋)杜预注,(唐)孔颖达疏:《春秋左传正义》卷十七,第 436—437 页。

春秋中前期,随着礼坏乐崩,人们在无序、彷徨的时候,反而更加重视具有权威性、神圣性的"六经"作为经典依据,来宣扬自己的思想、表达自己的意愿。正如有的学者所言:"《诗》《书》《礼》《乐》及《易》不仅是被作为教材,而且在引述和论证的过程中,人们已经逐渐赋予其权威性经典的意义。这虽然是一个礼坏乐崩的时代,但是当人们将社会的动荡无秩序归因于礼、乐秩序的坏亡之际,恰恰又赋予礼、乐以神圣性,赋予《诗》《书》以权威性。这种推崇,无补于救世,却提供了诗、书、礼、乐及《易》足以修身、经世的观念的基础。"①

《诗》《书》《礼》《乐》在春秋时期非常盛行,它们的价值被广泛认可。人们的言行是否合乎它们的价值观念,尤其其中所承载的圣人之道、礼乐精神,依旧是人们评价人事对错是非的重要标准。比如,《左传》隐公十一年记载,郑庄公打败许国之后,让许叔居住在东鄙,君子就评价说郑庄公知礼,其文曰:

> 君子谓郑庄公于是乎有礼。礼,经国家,定社稷,序民人,利后嗣者也。许无刑而伐之,服而舍之,度德而处之,量力而行之,相时而动,无累后人,可谓知礼矣。②

君子认为郑庄公有礼,主要是因为他打败了许国,但并没占领其土地,只是惩罚许国的国君,对之进行道德教化,这个评判的依据便是周礼。不仅如此,人们还经常引用《诗》《书》《礼》《乐》中的章句来作以人事价值的评判标准,比如《左传》鲁僖公九年(前 651 年)记载:

> 冬,十月,里克杀奚齐于次。书曰:"杀其君之子",未葬也。荀息将死之,人曰:"不如立卓子而辅之。"荀息立公子卓以葬。十一月,里克杀公子卓于朝。荀息死之。君子曰:"《诗》所谓'白圭之玷,尚可磨也;斯言之玷,不可为也',荀息有焉。"③

晋国的荀息注重信义,但却沦为了政治牺牲品,但其重信义、忠义的德行还是得到了君子的高度评价,所以引《诗》以表扬他。这就说明用《诗经》评价为人处世,要比自己的评判更具有权威性和象征意义,由此可见《诗经》的价值得

① 张立文主编,陆玉林著:《中国学术通史(先秦卷)》,人民出版社 2004 年版,第 459 页。
② (晋)杜预注,(唐)孔颖达疏:《春秋左传正义》卷四,第 126—127 页。
③ (晋)杜预注,(唐)孔颖达疏:《春秋左传正义》卷十三,第 359 页。

到了普遍的认可。

又如，公子重耳准备接纳秦女怀嬴为妻子，他就问子犯和子余（赵衰），不过赵衰就引用《礼志》对之进行谏议，对此《国语·晋语四》记载云：

> 公子谓子犯曰："何如？"对曰："将夺其国，何有于妻，唯秦所命从也。"谓子余曰："何如？"对曰："《礼志》有之曰：'将有请于人，必先有入焉。欲人之爱己也，必先爱人。欲人之从己也，必先从人。无德于人，而求用于人，罪也。'今将婚媾以从秦，受好以爱之，听从以德之，惧其未可也，又何疑焉？"乃归女而纳币，且逆之。①

赵衰对于公子重耳准备娶妻的做法，及引用《礼志》提出了自己的建议，认为要想得到他人的帮助，就想要有所付出，"将有请于人，必先有入焉"。《礼志》尽管不是后来的《礼》经，但是它是很重要的礼书，与后来的《仪礼》《礼记》或许有一定的内在关联，故从而得到了广泛的认同。

另外，值得关注的是，在孔子之前，随着春秋社会文化的变迁，当时的"六经"之学已经开始有了很大的转型，并不仅仅传承官方的理念，而是结合当时社会政治、思想文化的需求，有了新的解释和思想建构。随着周王室的衰微，人们的思想观念尤其是人们的天命观发生了很大的变化，人们更加理性的对待天命，不再完全受天命的左右，而是相信在天人之间有一个稳定的规则支配着一切，这就是"天道"。由此也表明，春秋时期，随着官方意识形态的衰微，人们能够更加客观真实的反映天人关系中的最高主宰及其特征，这自然说明了思想观念的进步。对此，李申《中国儒教史》也如此说道：

> 从天命进到天道，表现了人类思维的进步和提高，反映了古人对世界认识的深化，人们已经认识到自然现象的某些规则性，特别是天体运行的某些规则性，但是，人们仍然把有规则的天象视作天意的表达，视作人间吉凶祸福的主宰，而把它称之为"天道"。……对于中国古代思想影响深远的"人道本于天道"观念，"法天而治"的观念，其始点就是春秋时代人

---

① 《国语》卷十《晋语四》，上海古籍出版社 2015 年版，第 239 页。

们对天道的认识。①

天道较天命来说,更加客观、真实地表明了自然社会规律的客观性,因为天道是人们"把有规则的天象视作天意的表达,视作人间吉凶祸福的主宰"。春秋时期,从天命观到天道观的转变,突显了人的主体地位的上升,人们更加认识到人的价值与意义,并由此认定个人在社会政治、思想文化演变过程中的主导地位。由此也促使人们在社会政治治理、人际关系的处理时,更加强调一种互利性、互惠性,更加强调彼此之间的诚信、道德自觉。当然,出于"神道设教"、强化道德必然性的需要,人们基本上没有放弃对天道、天命的尊崇,仍旧强调"人道本于天道""法天而治",尽管这种思维方式与以往一脉相承,但是思想内涵却有了很大的变化。

我们知道,"六经"的传播、传承并非固化,而是随着周王室的衰微,开始散步各方,并可能有很多个版本,由于春秋时代,新天道观、"法天而治"思想的出现,人们更加注重人的主体道德自觉,故在春秋时代所流行的"六经"学观念中,对"人道"即个体道德境界提升的要求要远远高于对"天道"的强调。比如子产关于"天道远,人道迩"论题的实例便是典型,《左传》昭公十八年(前524年)记载:

> 夏,五月,火始昏见。丙子,风。梓慎曰:"是谓融风,火之始也。七日,其火作乎?"戊寅,风甚。壬午,大甚。宋、卫、陈、郑皆火。梓慎登大庭氏之库以望之,曰:"宋、卫、陈、郑也。"数日,皆来告火。裨灶曰:"不用吾言,郑又将火。"郑人请用之。子产不可。子大叔曰:"宝,以保民也。若有火,国几亡。可以救亡,子何爱焉?"子产曰:"天道远,人道迩,非所及也,何以知之? 灶焉知天道? 是亦多言矣,岂不或信?"遂不与,亦不复火。②

这段话说的是:在昭公十八年的夏天刮起了大风,鲁国的梓慎就预言说,要发生火灾。果然,宋、卫、陈、郑四个国家都发生了火灾。其实,在这次火灾的头

---

① 李申:《中国儒教史》(上卷),上海人民出版社1997年版,第97页。

② (晋)杜预注,(唐)孔颖达疏:《春秋左传正义》卷四十八,第1372—1373页。

一年,有彗星进入了大火星区域,梓慎就曾预言,宋、卫、陈、郑四国要发生火灾。当时梓慎就请求子产拿出国家的金玉宝器来让他进行禳祭,可以免除火灾。子产没有同意,结果这次就发生了火灾。这一次,发生了火灾之后,梓慎又劝子产拿出金玉宝器,让他祈福免灾。子产又没有同意,同时回答说"天道远,人道迩,非所及也"的话,在他看来,天道深远,不是一般人所能知,即使是裨灶也不足以知道。后来杜预就曾注解说:"传言天道难明,虽裨灶犹不足以尽知之。"子产在天道、人道之间,更强调人道,在他看来人道更重要。火灾之后,子产"袚禳于四方,振除火灾,礼也。"只是依礼行事。昭公十九年,郑国发生水灾,国人请求祭祀龙以禳除水灾,子产断然拒绝说:"吾无求于龙,龙亦无求于我。"从子产的这些言行都充分体现了他重天道不如重人道的思想倾向。

另外,在春秋时代,尽管传统的礼乐秩序日渐紊乱,但是人们对于道德、伦理依旧保持一定的敬畏,人们多借助经典解释来发表自己对道德伦理的关注,如僖公五年(前655年),晋侯复假道于虞以伐虢。当时的宫之奇就曾劝诫说道:

> 臣闻之,鬼神非人实亲,惟德是依。故《周书》曰:"皇天无亲,惟德是辅。"又曰:"黍稷非馨,明德惟馨。"又曰:"民不易物,惟德繄物。"如是,则非德民不和,神不享矣。神所冯依,将在德矣。若晋取虞,而明德以荐馨香,神其吐之乎?①

宫之奇劝诫统治者一定不要迷信天命,而是要专注于人事,当然这个人事并不仅仅对民生的关注,而是统治阶层自身的道德问题。换言之,从西周以来,人们过分关注的天命意识开始淡化,而代之以人们对自我命运的把握,尤其强调统治者个人的道德对命运、国运的影响力。毕竟,在春秋时代,随着礼乐秩序的紊乱,制度化对君王的约束受到了极大的削弱,以君主为核心的统治阶层出现了整体上的道德滑坡。当时的人文道德氛围尤其是以君主为核心的统治阶层的道德普遍沦丧,私欲横流,在这种情况下,在士大夫眼中,提升君王德行是

---

① (晋)杜预注,(唐)孔颖达疏:《春秋左传正义》卷十二,第344页。

改变社会政治最重要的手段,所以在《左传》昭公二十年所载的一段历史就充分说明了这一点:

> 齐侯疥,遂痁,期而不瘳。诸侯之宾问疾者多在。梁丘据与裔款言于公曰:"吾事鬼神丰,于先君有加矣。今君疾病,为诸侯忧,是祝、史之罪也。诸侯不知,其谓我不敬,君盍诛于祝固、史嚚以辞宾?"公说,告晏子。晏子曰:"日宋之盟,屈建问范会之德于赵武。赵武曰:'夫子之家事治,言于晋国,竭情无私。其祝、史祭祀,陈信不愧;其家事无猜,其祝、史不祈。'建以语康王。康王曰:'神、人无怨,宜夫子之光辅五君,以为诸侯主也。'"公曰:"据与款谓寡人能事鬼神,故欲诛于祝、史,子称是语,何故?"对曰:"若有德之君,外内不废,上下无怨,动无违事,其祝、史荐信,无愧心矣。是以鬼神用飨,国受其福,祝、史与焉。其所以蕃祉老寿者,为信君使也,其言忠信于鬼神。其适遇淫君,外内颇邪,上下怨疾,动作辟违,从欲厌私。高台深池,撞钟舞女。斩刈民力,输掠其聚,以成其违,不恤后人。暴虐淫从,肆行非度,无所还忌,不思谤讟,不惮鬼神。神怒民痛,无悛于心。其祝、史荐信,是言罪也;其盖失数美,是矫诬也。进退无辞,则虚以求媚。是以鬼神不飨其国以祸之,祝、史与焉。所以天昏孤疾者,为暴君使也,其言僭嫚于鬼神。"公曰:"然则若之何?"对曰:"不可为也:山林之木,衡鹿守之;泽之萑蒲,舟鲛守之;薮之薪蒸,虞候守之。海之盐蜃,祈望守之。县鄙之人,入从其政;逼介之关,暴征其私;承嗣大夫,强易其贿。布常无艺,征敛无度;宫室日更,淫乐不违。内宠之妾,肆夺于市;外宠之臣,僭令于鄙。私欲养求,不给则应。民人苦病,夫妇皆诅。祝有益也,诅亦有损。聊、摄以东,姑、尤以西,其为人也多矣。虽其善祝,岂能胜亿兆人之诅?君若欲诛于祝、史,修德而后可。"公说,使有司宽政,毁关,去禁,薄敛,已责。①

这段历史主要说明的是,齐侯因为私欲而导致生病,由此想罪责祝史。晏子则借此分析了君王、国家衰乱的原因,他认为祝史所代表的上天、神灵的力量已

---

① (晋)杜预注,(唐)孔颖达疏:《春秋左传正义》卷四十九,第1396—1399页。

经不再那么重要,相比较而言,君王自己的德行则是自身祸患、国家紊乱的根本所在。

总之,在春秋时期,"六经"已经开始在各国广泛传播,很多诸侯国的君臣都对"六经"及其内容、价值有了深刻理解,并将之作为治国理政、教书育人的重要文本,如《国语·楚语上》中记载了楚庄王曾命令士亹做太傅,他去请教贤大夫申叔时,申叔时就对士亹谈及教育太子的内容,其中就涉及了"六经"及其评价,其曰:

> 庄王使士亹傅太子箴,辞曰:"臣不才,无能益焉。"王曰:"赖子之善善之也。"对曰:"夫善在太子,太子欲善,善人将至;若不欲善,善则不用。故尧有丹朱,舜有商均,启有五观,汤有太甲,文王有管、蔡。是五王者,皆有元德也,而有奸子。夫岂不欲其善,不能故也。若民烦,可教训。蛮、夷、戎、狄,其不宾也久矣,中国所不能用也。"王卒使傅之。
>
> 问于申叔时,叔时曰:"教之春秋,而为之耸善而抑恶焉,以戒劝其心;教之世,而为之昭明德而废幽昏焉,以休惧其动;教之诗,而为之导广显德,以耀明其志;教之礼,使知上下之则;教之乐,以疏其秽而镇其浮;教之令,使访物官;教之语,使明其德,而知先王之务用明德于民也;教之故志,使知废兴者,而戒惧焉;教之训典,使知族类,行比义焉。若是而不从,动而不悛,则文咏物以行之,求贤良以翼之。悛而不摄,则身勤之,多训典刑以纳之,务慎惇笃以固之。摄而不彻,则明施舍以导之忠,明久长以道之信,明度量以道之义,明等级以道之礼,明恭俭以道之孝,明敬戒以道之事,明慈爱以道之仁,明昭利以道之文,明除害以道之武,明精意以道之罚,明正德以道之赏,明齐肃以耀之临。若是而不济,不可为也。且夫诵《诗》以辅相之,威仪以先后之,体貌以左右之,明行以宣翼之,制节义以动行之,恭敬以临监之,勤勉以劝之,孝顺以纳之,忠信以发之,德音以扬之,教备而不从者,非人也。其可兴乎!夫子践位则退,自退则敬,否则报。"①

---

① 《国语》卷十七《楚语上》,上海古籍出版社 2015 年版,第 354—356 页。

从上可以看出,楚庄王时期,南方已经对"六经"之学有了深刻的了解和认知,并将之作为治国安邦、政治教化的重要文本,当时的申叔时作为楚国的贤大夫,他认为《春秋》的作用在于惩恶扬善,"以戒劝其心";《诗经》培养他的道德情感和意志;《礼》使人知道"上下之则";《乐》则是疏导人的情欲,让人变得沉静;《训典》作为《尚书》的主要内容,主要是让人知道族类亲疏,以义行事。尽管这个地方没有明确提出《周易》《尚书》,但他们却对"六经"的本旨有着准确的把握和诠释。

就当时流行的礼乐来说,尽管"礼坏乐崩"愈演愈烈,但很多人依旧奉行礼乐而没有背弃之。当然,由于礼乐日益衰微,人们对于它们的内涵及价值意义日渐淡忘。例如,《左传》昭公五年(前537年)记载了女叔齐的言行:

> 公如晋,自郊劳至于赠贿,无失礼。晋侯谓女叔齐曰:"鲁侯不亦善于礼乎?"对曰:"鲁侯焉知礼!"公曰:"何为?自郊劳至于赠贿,礼无违者,何故不知?"对曰:"是仪也,不可谓礼。礼所以守其国,行其政令,无失其民者也。今政令在家,不能取也。有子家羁,弗能用也。奸大国之盟,陵虐小国。利人之难,不知其私。公室四分,民食于他。思莫在公,不图其终。为国君,难将及身,不恤其所。礼之本末,将于此乎在,而屑屑焉习仪以亟。言善于礼,不亦远乎?"君子谓:"叔侯于是乎知礼。"

> 晋韩宣子如楚送女,叔向为介。郑子皮、子大叔劳诸索氏。大叔谓叔向曰:"楚王汰侈已甚,子其戒之!"叔向曰:"汰侈已甚,身之灾也,焉能及人?若奉吾币帛,慎吾威仪,守之以信,行之以礼,敬始而思终,终无不复,从而不失仪,敬而不失威,道之以训辞,奉之以旧法,考之以先王,度之以二国,虽汰侈,若我何?"[①]

在这里,叔向对鲁侯的行为,发表了对礼的看法,在他看来礼有礼和仪的区别。礼的本质在于制度、思想,而仪则注重具体的仪式。昭公五年孔子才十四岁,说明礼坏乐崩尽管成为事实,但也有人对礼、仪之间的区别,有着清晰的认知。换言之,礼的本质已经淡忘,人们多注重形式上的东西,也正是因为如此,孔子

---

① (晋)杜预注,(唐)孔颖达疏:《春秋左传正义》卷四十三,第1215—1217页。

后来就说了"人而不仁如礼何？人而不仁如乐何"的观点,便是针对这种形式化礼治的批判。

总之,虽然在春秋时期王官之学日渐衰微,但是作为王官之学的载体——"六经"及其价值并没有因此而被彻底忽略,相反随着社会文化的变迁,人们对于"六经"及其价值越来越有更加深刻的认知与理解,尤其是其中所蕴含的纲常名教、人伦道德方面的思想,更是得到了人们的普遍关注与认可。换言之,这也是当时王官之学亦即经学的新发展。当然,与之相对的是,基于"六经"诠释而形成的各种思想也开始出现,比如管学、老学等。可以说,春秋时期的经学发展,推动了王官之学的传承,自然也为春秋战国时期诸子百家的发生、发展奠定了重要的学术思想基础。

六、"六经"诠释的多元化与管子、老子的经学及思想

尽管在春秋时期,朝野上下对"六经"还是颇为尊崇,并积极宣扬以"六经"为核心的仁义礼乐的精神。但与此同时,为了应对当时社会政治治理出现的乱局,以管子、子产等为代表的法家们开始从现实的社会政治、思想文化入手,积极对传统宗教信仰、道德规范、价值体系、政治制度等进行改造,由此强化政令、刑罚在社会治理中的地位和作用。当然,也引发严重的社会政治、道德教化等问题。在这种情况下,以老子为代表的道家则开始反思法家的做法,开始从相反的方向探究治国之道,将远古的历史时代作为政治的理想,并提出了很多超越现实的思想。不论是管子、子产,还是老子等人其实都是对礼乐传统的纠偏,都其实背离了上古三代以来的人文传统与礼乐精神。在这种情况下,孔子结合上古三代以来的宗教信仰、价值体系、道德规范、政治治理提出了自己的思想。

管子尽管被视为法家,实际上他的思想之中也包含着很多道家、儒家、法家、阴阳五行家等的观念,这就不能不说管仲实乃杂家,特点便是兼采众长,为我所用。所以,在管子的思想中,既有后来道家强调的道,还有儒家强调的仁义礼智信,还有法家着重强调的礼法思想等。所以这里我们重点探究其经学

思想的整体特点。可以说,管仲之学实际上也是对王官之学的继承与发展,算是春秋时期较早的系统阐释,发展了王官之学及经学。

在管子的思想中,最高的范畴是"道",它是万事万物的总名,如其所言"道之所言者一也,而用之者异"①,道是万事万物的源泉,如其所言:

> 欲王天下而失天之道,天下不可得而王也。得天之道,其事若自然;失天之道,虽立不安。其道既得,莫知其为之。其功既成,莫知其释之。藏之无形,天之道也。疑今者,察之古,不知来者,视之往。万事之生也,异趣而同归,古今一也。②

> 道也者,通乎无上,详乎无穷,运乎诸生。是故辩于一言,察于一治,政于一事者,可以曲说,而不可以广举。圣人由此知言之不可兼也。故博为之治而计其意,知事之不可兼也,故名为之说而况其功。③

> 虚无无形谓之道,化育万物谓之德,君臣父子人间之事谓之义。登降揖让,贵贱有等,亲疏之体,谓之礼。简物小末一道,杀僇禁诛谓之法。④

道是天地之道,是万事万物的支配者,道无影无形,"通乎无上,详乎无穷,运乎诸生"却客观存在,主导着天地万物的化生、事功,所以要想获得天下,就要言行需要符合天地之道。另外,在管仲看来,"德"是"道"的外在体现,它化育万物。另外,君臣父子之间的观择为"义",等级有序为"礼",选择事物,使万物统一于道的禁令是为"法"。总之,道、义、礼、法实则就是"道"在现实社会中的具体展现。

在周人看来,重视天地之道,重视天命,而天命的体现即是民心、民意。所以,管仲也认为重视民生这是政治兴盛的关键。这个思想其实就是对西周初年"以德配天"思想的继承和发展,正如其所说:

> 政之所兴,在顺民心;政之所废,在逆民心。民恶忧劳,我佚乐之;民

---

① （唐）房玄龄注,（明）刘绩补注,刘晓艺校点:《管子》卷一《形势第二》,上海古籍出版社2015年版,第8页。

② （战国）管子:《管子》卷一《形势第二》,第9页。

③ （唐）房玄龄注,（明）刘绩补注,刘晓艺校点:《管子》卷四《宙合第十一》,第72页。

④ （唐）房玄龄注,（明）刘绩补注,刘晓艺校点:《管子》卷十三《心术上第三十六》,第263页。

恶贫贱,我富贵之;民恶危坠,我存安之;民恶灭绝,我生育之。能佚乐
之,则民为之忧劳;能富贵之,则民为之贫贱;能存安之,则民为之危坠;
能生育之,则民为之灭绝。故刑罚不足以畏其意,杀戮不足以服其心。
故刑罚繁而意不恐,则令不行矣;杀戮众而心不服,则上位危矣。故从
其四欲,则远者自亲;行其四恶,则近者叛之。故知予之为取者,政之
宝也。①

管子重视民心、民意,尤其是注重民生事业,与民同心同欲,只有这样才能获得
民众的服从,才能够政治兴旺。对于治国,管仲非常突出君主的主导及表率作
用,《管子·五辅》中说道:"为人君者中正而无私,为人臣者忠信而不党"②,
他强调国君应当中正、公平,"中正者,治之本也"③。在管子看来,政治就是中
正之意,"政者,正也。正也者,所以正定万物之命也。是故圣人精德立中以
生正,明正以治国,故正者所以止过而逮不及也。过与不及也,皆非正也,非正
则伤国一也"④。值得关注的是,管仲在其思想中也提到了仁德,这对后来孔
子仁学、重德的思想有直接的影响作用,如其所谓:

君之所慎者四:一曰大德不至仁,不可以授国柄;二曰见贤不能让,不
可与尊位;三曰罚避亲贵,不可使主兵;四曰不好本事,不务地利而轻赋
敛,不可与都邑。此四务者,安危之本。⑤

通之以道,畜之以惠,亲之以仁,养之以义,报之以德,结之以信,接之
以礼,和之以乐,期之以事,攻之以官,发之以力,威之以诚。一举而上下
得终,再举而民无不从,三举而地辟散成,四举而农佚粟十,五举而务轻金
九,六举而絜知事变,七举而外内为用,八举而胜行威立,九举而帝事
成形。⑥

在管子看来,尽管农业、事功非常重要,但是顺从天地之道,应当拥有仁、义是

---

① (唐)房玄龄注,(明)刘绩补注,刘晓艺校点:《管子》卷一《牧民第一》,第2页。
② (唐)房玄龄注,(明)刘绩补注,刘晓艺校点:《管子》卷三《五辅第十》,第60页。
③ (唐)房玄龄注,(明)刘绩补注,刘晓艺校点:《管子》卷一《立政第四》,第70页。
④ (唐)房玄龄注,(明)刘绩补注,刘晓艺校点:《管子》卷六《法法第十六》,第104页。
⑤ (唐)房玄龄注,(明)刘绩补注,刘晓艺校点:《管子》卷一《立政第四》,第17页。
⑥ (唐)房玄龄注,(明)刘绩补注,刘晓艺校点:《管子》卷三《幼官第八》,第39页。

成功最重要的品质。除此之外,让贤、诚信、重视礼乐等这些都是为官非常重要的德行。这些品质德行都被后来的孔子所认同和尊崇,由此可见管子的思想成为孔子思想的重要源泉之一。可以说在《管子》之中,管仲多次强调仁义忠信孝悌等后来儒家所强调的思想。

> 仁从中出,义从外作。仁,故不以天下为利;义,故不以天下为名。仁,故不代王;义,故七十而致政。是故圣人上德而下功,尊道而贱物。道德当身,故不以物惑。是故身在草茅之中,而无慑意。南面听天下,而无骄色。如此而后可以为天下王。所以谓德,不动而疾,不相告而知,不为而成,不召而至,是德也。故天不动,四时云下而万物化;君不动,政令陈下而万功成;心不动,使四肢耳目而万物情。寡交多亲,谓之知人;寡事成功,谓之知用;闻一言以贯万物,谓之知道;多言而不当,不如其寡也。博学而不自反,必有邪。孝弟者,仁之祖也;忠信者,交之庆也。内不考孝弟,外不正忠信,泽其四经而诵学者,是亡其身者也。①

管子在这里强调仁义孝悌忠信之德,并认为孝悌是仁的根本,"孝弟者,仁之祖也",这与后来《论语》中所强调"孝悌为仁之本"的思想一脉相承。另外,管仲认为仁义是实现王道的根本所在,"如此而后可以为天下王"。总之,在管子看来,孝悌忠信不讲,不但不能成功,反而是导致身亡,"是亡其身者也"。当然,在仁义礼智信等德行之中,管仲更重视礼义,他将礼义廉耻视为国之四维,他认为如果不重视礼义就有可能导致国家灭亡。

尽管管仲强调礼义统治的重要性,但他也强调法的必要性,他认为这是治国的必要手段,只有这样才能推动礼乐的进行,如其所谓:

> 凡牧民者,欲民之可御也。欲民之可御,则法不可不审。法者,将立朝廷者也。将立朝廷者,则爵服不可不贵也。爵服加于不义,则民贱其爵服。民贱其爵服,则人主不尊。人主不尊,则令不行矣。②

---

① (唐)房玄龄注,(明)刘绩补注,刘晓艺校点:《管子》卷十《戒第二十六》,第184—185页。

② (唐)房玄龄注,(明)刘绩补注,刘晓艺校点:《管子》卷一《权修第三》,第15页。

管仲认为人们只有仁义道德还不行,还有礼法的约束和限制,方可以促使他们被迫的服从,尊重朝廷,这样才可以使得社会政治处于有序的状态。不仅如此,管子甚至将"法"视为仁义礼乐的根源所在,他说:

> 所谓仁义礼乐者,皆出于法,此先圣之所以一民者也。《周书》曰:国法,法不一,则有国者不祥。民不道法,则不祥。国更立法以典民,则祥;群臣不用礼义教训,则不祥;百官服事者离法而治,则不祥。故曰:法者,不可不恒也。存亡治乱之所从出,圣君所以为天下大仪也。君臣上下贵贱皆发焉。故曰:法者,不可恒也。[1]

管子将仁义礼乐视为"法"的派生品,认为法是古圣先王治国安邦的重要方式。不仅如此,他还引用《周书》来强调只有国家有法,方可以"祥",否则就会不祥。所以,管仲强调一定要实行"法",它既是存亡治乱的根本,也是圣君治国、天下有序的根本所在。

总的来说,管仲的思想非常务实,既有儒家的仁义道德,又有后来法家的礼法制度,是一个综合的事功思想体系。这一点正如《管子·五辅第十》所言:"德有六兴,义有七体,礼有八经,法有五务,权有三度"[2]。由于在《管子》之中,管仲反复强调礼法的重要性,所以被后世视为法家的先驱。可以说,管仲作为春秋早期,鉴于当时礼乐紊乱的现实,开始积极以"尊王攘夷"为旗帜,辅佐齐桓公维护了当时的社会政治秩序。不仅如此,更是结合当时的社会现实,对王官之学做了一定的修正,结合对"六经"之学的诠释推动了礼法的发展,这自然为随后法家学说的发生与发展奠定了重要的学术思想基础。

老子作为春秋时期道家的创始人,其学术源于官学,如《汉书·艺文志》所言:"道家者流,盖出于史官。"[3]尽管《老子》一书作为老子的著述经由传承而有后人的很多修正,但他依旧是研究老子思想最重要的文本依据。

---

① (唐)房玄龄注,(明)刘绩补注,刘晓艺校点:《管子》卷十五《任法第四十五》,第313页。
② (唐)房玄龄注,(明)刘绩补注,刘晓艺校点:《管子》卷三《五辅第十》,第58页。
③ (汉)班固:《汉书》卷三十《艺文志第十》,第1732页。

　　道德仁义、礼乐教化是老子时代依旧流行的话语,所以他也积极面对,并提出了自己的理解和看法。不过,他对道德仁义、礼乐教化持批判的态度,他认为:

　　　　五色令人目盲,五音令人耳聋,五味令人口爽,驰骋畋猎令人心发狂,难得之货令人行妨。是以圣人为腹不为目,故去彼取此。①

五色、五音、五味并不是实指,而是泛指纷繁芜杂的事项、动听的音乐、精美的食物等,这应该与春秋时代物质文明的极大发展有直接的关系,在某种程度上也是指礼乐及相关事项的繁杂。老子认为这些都会刺激人的欲望,让人们堕落。所以,最好的做法是遵循大道,摒弃外在的刺激和约束,回归自然。所以,在老子看来,真正的道德仁义、礼乐教化是一种自然的状态,一种大爱,而不是虚伪偏私的,如:

　　　　天地不仁,以万物为刍狗。圣人不仁,以百姓为刍狗。天地之间,其犹橐籥乎? 虚而不屈,动而愈出。多言数穷,不如守中。②

　　　　上善若水,水善利万物而不争,处众人之所恶,故几于道。居善地,心善渊,与善仁,言善信,正善治,事善能,动善时。夫唯不争,故无尤。③

　　　　大道废,有仁义。慧智出,有大伪。六亲不和,有孝慈。国家昏乱,有忠臣。④

老子对道德仁义、礼乐教化的存在并不反对,道德仁义、孝悌忠信、礼乐教化的存在,就是因为"大道"废弃了,人伦关系废弃了。所以,他希望人人仁善、诚信,"与善仁,言善信",只是不希望过分强调利用,而是希望人们回归"大道""自然",采取一种中庸、平和、自然的态度,像水一般,"上善若水,水善利万物而不争"。又如其所谓:"人法地,地法天,天法道,道法自然。"⑤

　　总之,在老子看来,真正尊崇道德仁义、礼乐忠信的人应当是一种效法自

---

　　① (汉)河上公、(三国)王弼注,刘思禾校点:《老子》第十二章,上海古籍出版社 2013 年版,第 26 页。

　　② (汉)河上公、(三国)王弼注,刘思禾校点:《老子》第五章,第 11 页。

　　③ (汉)河上公、(三国)王弼注,刘思禾校点:《老子》第八章,第 17 页。

　　④ (汉)河上公、(三国)王弼注,刘思禾校点:《老子》第十八章,第 39 页。

　　⑤ (汉)河上公、(三国)王弼注,刘思禾校点:《老子》第二十五章,第 52 页。

然、去其浮华,如其所言:

> 上德不德,是以有德;下德不失德,是以无德。上德无为而无以为,下德无为而有以为。上仁为之而无以为,上义为之而有以为,上礼为之而莫之以应,则攘臂而扔之。故失道而后德,失德而后仁,失仁而后义,失义而后礼。夫礼者,忠信之薄而乱之首。前识者,道之华而愚之始。是以大丈夫处其厚,不居其薄。处其实,不居其华。故去彼取此。①

从这一句来看,如果单纯看这一句的话,似乎是老子对道德仁义、礼乐教化的批判,实际上这也表明了正是由于社会紊乱,真正的道德仁义已经崩溃瓦解,而虚假的道德仁义、礼乐教化干扰了人的自然本性。所以,老子强调真正有道德的人应当是不以表现为目的,不是刻意有所作为,这样才是真正的道德仁义。正如后来庄子所说,假如人们真的有道德、有仁义的话,那些仁义礼乐就根本没有存在的价值和意义,如《庄子·马蹄》中所言:"道德不废,安取仁义? 性情不离,安用礼乐? 五色不乱,孰为文采? 五声不乱,孰应六律?"可以说,老子这种鉴于当时道德仁义、礼乐教化的虚伪化,他希望人们应当有真心的道德仁义、礼乐教化,只有这样才能符合"道",实现真正的天下大治。这种思想与之后孔子所言的"仁"实际上有异曲同工之妙。孔子也认为,只有真正发自内心的仁、敬,才是礼、才是孝,如《论语·八佾》载孔子云:"人而不仁如礼何,人而不仁如乐何?"《为政篇》载孔子云:子曰:"今之孝者,是谓能养。至于犬马,皆能有养。不敬,何以别乎?"

纵观来看,老子作为当时的史官,从历史发展的角度来深入探究了治国理念,提出了最高明的治国者一定要无为而治方可以天下大治,这种思想并不是针对儒家,而是针对老子同时代及其之前的管仲、子产等刚健有为的政治家们,因为他们强调对礼法、纲常的极端运用,以改变世道人心,从而服从于霸权思想的做法。同时也是针对西周以来由于礼乐文明、道德教化崩溃之后,道德仁义不断退化,并最终走向虚伪的现象,而不是对儒家学说的批判,毕竟老子

---

① (汉)河上公、(三国)王弼注,刘思禾校点:《老子》第三十八章,第78页。

早于孔子①。何况,从《老子》核心思想来看亦是如此。所以正如有的学者在解释《老子》第十九章"绝圣弃智,民利百倍;绝仁弃义,民复孝慈;绝巧弃利,盗贼无有;此三者,以为文不足。故令有所属,见素抱朴少私寡欲"时就这样说道:

> 从《老子》的核心思想来说,目的本来就不在反儒家上;其次,"圣"未必就是指"圣人",即便指"圣人",也未必是儒家所推崇的"尧舜"这样的最高人格范型;在此,帛书甲乙本与王弼通行本同,皆作"绝圣弃智"。不能因为竹简本出土了,就完全抛弃帛书本这一依据。②

《老子》一书中所构建的圣人形象,是一个秉承"道"而治国的理想统治者,如《老子》第五十七章所言:"故圣人云:我无为而民自化,我好静而民自正,我无事而民自富,我无欲而民自朴"。如果从历史发展的角度来看,老子早于孔子,但是他的思想并非针对孔子,而是针对老子之前西周末期以来很多礼坏乐

---

① 这涉及儒道两家产生的时间问题,即谁先谁后,学术界一直有争论,直到今天依旧是众说纷纭,几无定论。在中国古代,《史记》认为老子就是周王室"守藏史"老聃,他应该早于孔子。另外,孔子也曾经向老子问学求教,这一公案也见于《庄子》《史记》《礼记》《吕氏春秋》等典籍之中,所以老子早于孔子为学术界所公认。当然也有不同的意见,尤其是近现代以来梁启超、冯友兰、范文澜、侯外庐等人认为老子晚于孔子,《老子》乃战国时期的书籍。比如梁启超在其《儒家哲学》一书中就说道:"道家向来认为出在孔前,或与孔子同时,依我看来,都不大对。《老子》五千言,历来认为孔子以前的作品,我一向很怀疑,时间愈长,愈觉确实。……孔子学说,最主要者为'仁'。仁之一字,孔子以前,无人道及,《诗》及《尚书》二十八篇,皆不曾提到,以仁为人生观的中心,这是孔子最大发明,孔子所以伟大,亦全在此。《老子》书中,讲仁的地方就很多,'失德而后仁,失仁而后义',这全为孔子而发,假使孔子不先讲仁,老子亦用不着破他了。此外压到仁字的地方还很多,如'天地不仁,以万物为刍狗','上仁为之而无以为','大道废有仁义','绝仁弃义,民复孝慈'等语,可知老子之作实在孔子的'仁'字盛行以后。不唯如此,义之一字,孔子所不讲,孔子只讲智、仁、勇。仁义对举,是孟子的发明。而《老子》书中,讲仁义的地方亦很多,可知不唯不在孔子之前,许在孟子以后。孟子辟异端,他书皆引,未引《老子》一句,其故可想而知。这种地方,离开事迹的考据,专从文字下手,虽觉甚空,然仍不失为有利的佐证。此外,尚贤,是墨子所主张的,《墨子》有《尚贤》篇,而老子有'不尚贤使民不争'一语。天道鬼神,是墨子所信仰的,墨子有《天志》篇、《明鬼》篇,而老子有'以道莅天下其鬼不神'一语。旁的不问,专从思想系统入手,《老子》一书,似在孔子以后,墨子以后,甚至于孟子以后啊。从前说九流各家,道家最古,儒家次之,其说非是。应当以儒家为最古,道家亦儒家盛行后一种反动,为儒家之对敌的学派。"参见梁启超:《儒家哲学》,北京大学出版社2010年版,第41页。梁启超的观点尽管在近现代影响甚大,但现在也日渐得不到学者的认可,这种观点日渐衰微。

② 黄朴民、林光华:《老子解读》,中国人民大学出版社2011年版,第98页。

崩、人伦废弃的社会现象,尤其是一些假仁假义,并只重物质而忽视人文关怀的事功政治。

可以说,老子和管仲等人一样,面对日益混乱的社会秩序,他们也积极反思社会政治、思想文化的现状,并从根源上探究问题所在,并希望从中找出解决问题的办法。为此,老子提出了自己的思想体系,其中"道"就是其思想体系的最高范畴,《老子》开篇就说道:

> 道可道,非常道。名可名,非常名。无名,天地之始;有名,万物之母。故常无欲,以观其妙;常有欲,以观其徼。此两者同出而异名,同谓之玄。玄之又玄,众妙之门。①

> 有物混成,先天地生。寂兮寥兮,独立不改,周行而不殆,可以为天下母。吾不知其名,字之曰道,强为之名曰大。大曰逝,逝曰远,远曰反。故道大,天大,地大,王亦大。域中有四大,而王居其一焉。人法地,地法天,天法道,道法自然。②

在老子眼中,道无所不在,无处不在,但是它不可见,也不可说,它是天地万物的渊源,也是天地万物的主宰,"天地之始""万物之母"。老子对道的解说,并非是历史上的第一次,在此之前春秋时期的管子、子产等很多人都对"道"有所言说,只不过老子对道的认知更加的虚玄、高远,"玄之又玄,众妙之门",更加的形而上。也正是因为如此,后世将老子定为道家学派的创始人。

由于老子是史官,而史官的职责在于探究历史沿革变迁的根源,服务于政治,对此正如《汉书·艺文志》所言:"道家者流,盖出于史官,历记成败存亡祸福古今之道,然后知秉要执本,清虚以自守,卑弱以自持,此君人南面之术也。"③"道"作为老子思想的核心范畴,是一切思想包括政治思想的根源,所以老子强调无为之治,《老子》第二章就说道:

> 天下皆知美之为美,斯恶矣;皆知善之为善,斯不善已。故有无相生,难易相成,长短相形,高下相盈,音声相和,前后相随。是以圣人处无为之

① (汉)河上公、(三国)王弼注,刘思禾校点:《老子》第一章,第1页。
② (汉)河上公、(三国)王弼注,刘思禾校点:《老子》第二十五章,第52页。
③ (汉)班固:《汉书》卷三十《艺文志第十》,第1732页。

事,行不言之教。万物作焉而不辞。生而不有,为而不恃,功成而弗居。夫唯弗居,是以不去。①

是以圣人无为,故无败,无执故无失。民之从事,常于几成而败之。慎终如始,则无败事。是以圣人欲不欲,不贵难得之货,学不学,复众人之所过,以辅万物之自然,而不敢为。②

爱民治国,能无知乎? 天门开阖,能无雌乎? 明白四达,能无为乎? 生之蓄之。生而不有,为而不恃,长而不宰,是谓玄德。③

圣人无常心,以百姓心为心。善者,吾善之,不善者,吾亦善之,德善。信者,吾信之,不信者,吾亦信之,德信。圣人在天下,歙歙为天下浑其心,圣人皆孩之。④

"道"法自然,既然一切的存在都是相对的、辩证的,所以老子认为政治治理应当顺其自然,不要人为干预,作为最有境界的统治者"圣人"更是"处无为之事,行不言之教","辅万物之自然而不敢为"。即使取得了无上成绩,也要"生而不有,危而不恃,长而不宰"。老子认为最理想的统治者和理想社会,应当是统治者虚静无为,毫无私心,"圣人无常心,以百姓心为心",并且道德光大,能够包容一切,"不善者,吾亦善之""不信者,吾亦信之"。这样一来,天下进入一种真诚自然的大治状态,"圣人在天下歙歙,为天下浑其心,圣人皆孩之"。

老子的"无为"与管子、子产等政治家所奉行的刚健有为、富国强兵形成了对立,实则是对他们极端的政治理念和功利思想的一种纠偏,所以老子的无为思想及其无为政治理念,并不是无所不作,而是希望以一种"中庸"的心态处理人与自然、人与社会、人与人之间的关系,所谓"多言数穷,不如守中"⑤。所以,老子提出了很多具体的做法,包括"不尚贤""不贵难得之货",反对战争等思想,如其云:

① (汉)河上公、(三国)王弼注,刘思禾校点:《老子》第二章,第4页。
② (汉)河上公、(三国)王弼注,刘思禾校点:《老子》第六十四章,第165页。
③ (汉)河上公、(三国)王弼注,刘思禾校点:《老子》第十章,第21页。
④ (汉)河上公、(三国)王弼注,刘思禾校点:《老子》第四十九章,第118页。
⑤ (汉)河上公、(三国)王弼注,刘思禾校点:《老子》第五章,第11页。

不尚贤,使民不争。不贵难得之货,使民不为盗。不见可欲,使民心不乱。是以圣人之治,虚其心,实其腹,弱其志,强其骨,常使民无知无欲,使夫智者不敢为也。为无为,则无不治。①

以道佐人主者,不以兵强天下。其事好还。师之所处,荆棘生焉。大军之后,必有凶年。善者果而已,不敢以取强。果而勿矜,果而勿伐,果而勿骄,果而不得已,果而勿强。物壮则老,是谓不道,不道早已。②

夫佳兵者不祥之器,物或恶之,故有道者不处。君子居则贵左,用兵则贵右。兵者不祥之器,非君子之器,不得已而用之,恬淡为上。胜而不美,而美之者,是乐杀人。夫乐杀人者,则不可得志于天下矣! 吉事尚左,凶事尚右。偏将军居左,上将军居右,言以丧礼处之。杀人之众,以悲哀泣之;战胜,以丧礼处之。③

以上引文中的"尚贤"并不是后来儒家的专利,而是管子、子产等春秋时代流行的政治思想,"不尚贤"视为了平息争夺,因为在老子看来,贤能的存在加速了争夺,所以统治者应当"常使民无知无欲",亦即不要进行各种事功的做法,以免使得社会物欲横流,人心丧乱。另外,老子尤其反对借助战争来获得好处的做法,认为战争带来了巨大的危害,"师之所处,荆棘生焉;大军之后,必有凶年","夫乐杀人者,则不可得之于天下"。老子的这些政治思想,实际上是针对春秋时各国积极变法改革、积极富国强军等系列事功的做法。反过来讲,老子对事功、战争的反对,实际上也是西周王官之学人本主义、民本思想的展现,这对之后的孔子注重以人为本、以民为本的思想具有直接的影响作用。

尽管春秋时期,"六经"之学依旧得到各个诸侯国的重视和传承,但与此同时,我们不能否认由于管仲、子产、老子等人的出现,他们开始积极的批判甚至否定西周以来仁义礼乐传统的合理性和价值意义,如管仲极力强调礼法对社会治理的价值和意义,而老子则极力批判礼乐文明,希望抛弃仁义道德,而回归自然的状态。这些两极化思想的出现,在某种程度上来说,是对尧、舜、

---

① (汉)河上公、(三国)王弼注,刘思禾校点:《老子》第三章,第7页。
② (汉)河上公、(三国)王弼注,刘思禾校点:《老子》第三十章,第63页。
③ (汉)河上公、(三国)王弼注,刘思禾校点:《老子》第三十一章,第65页。

汤、文、武、周公以来所奠定的人文精神、礼乐文明的极大冲击。在这种情况下,孔子以传道者的身份自居,开始积极的秉承周公之道,并汇集上古三代以来的思想进而对"六经"之学做了全新的诠释,进而创立了儒家学派。孔子儒家学派的产生,实际上是对西周礼乐文化的传承和改造,其目的就是希望传承自尧舜以来的仁义礼乐之道,恢复尧、舜、禹、汤、文、武周公所宣扬的仁义、礼乐之精神。正是由于孔子积极倡导仁义精神,批判管子、子产等人的政、法之思想,从而使尧舜以来的仁义礼乐之精神得以继续传承,并开始进入了新的人文精神发展的时代。

本讲小结

需要关注的是,不论是周公,还是孔子,他们在今古文经学家眼中,分别是经学的开启者。实际上并非如此,他们都只不过是经学的传述者而已,"六经"奠基于尧舜甚至更早。我们通过考古文物可以得知,在中国早先的文明起源中,各区域文明就已经存在着礼乐祭祀的传统,而这些思想与内容后来被炎黄、尧舜、夏商周等所继承发展,并最终成为"六经"中最重要的思想组成部分。

人类的早期离不开宗教,而宗教信仰伴随着礼乐的兴发,这些礼乐的观念与仪式实则是后来巫史文化、礼乐文化的源头所在。正如有学者研究认为:"由礼、乐、射、御、书、数构成的六艺教育,中心是礼、乐,它形成于奴隶社会时期,其发生则可以上溯到原始社会。"①随着巫史文化、礼乐文化的更替、演进,形成了西周礼乐文化体系,其中"六经"便是礼乐文化体系的重要载体。换句话说,上古的宗教信仰是"六经"观念形成的渊薮。

在西周,王官之学本身便是上古以来学术思想的集大成,而"六经"及经学只不过是他们传承上古文明、文化的具体表现罢了。作为西周的统治阶层,他们不仅改造了上古以来的思想文化及知识体系,进而形成了以"六经"、礼

---

① 陈学恂主编:《中国教育史研究·先秦分卷》,华东师范大学出版社 2009 年版,第 4 页。

乐文化为表现形式的意识形态。换言之,由于周代是礼乐文化,所以支撑其精神的自然是礼、乐、诗、书等知识体系,以及承载这些知识的"六经"文本。由于西周政治、伦理、教化、知识具有官师政教合一的特征,所谓"有官斯有法,故法具于官;有法斯有书,故官守其书;有书斯有学,故师传其学;有学斯有业,故弟子习其业。官守学业,皆出于一,而天下以同文为治,故私门无著述文字"①。所以,当时的王官之学实则是以传授诗、书、礼、乐之类的人文知识为主。王官之学作为西周时期的重要文化形态,不仅在知识、价值传承方面发挥了重要的作用,更是借此传承了上古以来的政治、文化理念,这自然也为春秋战国时期儒家、道家等诸子百家的兴起提供了丰富的思想资源,更是中华文化、文明兴起的思想母体与精神渊薮。

---

① （清）章学诚:《校雠通义》,北京古籍出版社1956年版。

第三讲　孔子与"六经"的传承、发展

　　"六经"的产生是一个漫长的历史过程,这个过程之中基于当时先民在生产、生活的经验积累与总结,并且经过官方或集体的力量进行选择、整理、重新解释,以用来作为政治、社会、思想、文化、教育等方面可资凭借的基本典籍。一般认为,在西周初年,周公制礼作乐,随后形成了以"六经"为核心的官学体系,并以诗、书、礼、乐来教育贵族子弟。随着周王室的衰微,王官之学开始衰微,"六经"之学也开始在民间广泛传播。

　　在春秋时期,"六经"之学已经广泛传播,其所承载的价值体系也得到了各国的广泛认可。孔子鉴于当时官学衰微,开始"六经"的整理、诠释,对此司马迁《史记·孔子世家》、班固《汉书》也都有比较详细的记载。从历史文献记载来看,"六经"并不是孔子创作,而是他在前人的基础上做的整理、编次,以及基于新的文本进行了自己的理解与诠释,从而形成了《易传》《书序》《春秋》《孝经》等经典,以及自己独特的思想体系,是为儒学的兴起。孔子对"六经"的整理、诠释,以及形成了独具特色的经学思想体系,我们可以称之为儒学化经学,是为对西周王官之学的继承与发展。儒学化的经学,经孔子弟子曾子、子夏、孟子、荀子等人的传承发展,最终成为春秋战国时期的显学,这也为汉代儒家经学的官学化奠定了重要的学术思想基础。

一、孔子整理《诗经》

　　根据《史记》《汉书》的记载,孔子曾经将三千篇的《诗经》进行整理,从而形成了三百零五篇,流传于后世的《诗经》文本。这个观点在中国古代一直占有主导地位,实际上,孔子删定《诗经》之前,《诗经》三百多篇的文本已经存在,并流传于各国,孔子所作的工作只不过是整理、编次。孔子不仅整理、编次了《诗经》305篇,而且还对他进行了诠释,提出了自己的诗学思想,如兴观群怨、思无邪等的观点,这在中国古代产生了深远的影响。

对于孔子与《诗经》的关系,我们首先要明白《诗经》的雏形是从哪里来的? 对此,班固《汉书》、何休《春秋公羊传注疏》、陆德明《经典释文》都有记载,它们都认为《诗经》原本是周王室"采诗"的结果:

> 孟春之月,群居者将散,行人振木铎徇于路以采诗,献之大师,比其音律,以闻于天子,故曰王者不窥牖户而知天下。[1]

> 《书》曰:"诗言志,歌詠(咏)言。"故哀乐之心,感而歌詠之声发。诵其言,谓之诗;詠其声,谓之歌。故古有采诗之官,王者所以观风俗,知得失,自考正也。孔子纯取周诗,上采殷,下取鲁,凡三百五篇。[2]

> 男女有所怨恨,相从而歌。饥者歌其食,劳者歌其事。男年六十、女年五十无子者,官衣食之,使之民间求诗。乡移于邑,邑移于国,国以闻于天子。[3]

> 诗者,所以言志,吟詠性情,以讽其上者也。古有采诗之官,王者巡守,则陈诗以观民风,知得失,自考正也。[4]

班固、何休、陆德明等人都认为周朝有"采诗"制度,并基于这个制度产生了《诗经》雏形。也就是说,在西周时期,周王室为了了解各个诸侯国的民生疾苦,或者为了考察各个诸侯国的执政情况,就通过这种"采诗"的形式来了解各地情况。具体做法就是,在每年的春季,朝廷从民间召集那些无依无靠的男女,朝廷发给他们生活补助,让他们带着木铎,沿着民间道路,到处去搜集反映民生、民情的诗歌。搜集完之后,就一级一级地汇总、上传,最后传到周王室,

---

① （汉）班固:《汉书》卷二十四上《食货志第四上》,中华书局1962年版,第1123页。
② （汉）班固:《汉书》卷三十《艺文志第十》,第1708页。
③ （汉）何休:《春秋公羊传注疏》卷十六,北京大学出版社1999年版,第361页。
④ （唐）陆德明:《经典释文》卷一《序录》,中华书局1983年版,第9页。

朝廷的太师就对上报来的诗歌进行编辑、整理,选择有代表性的献给周天子。周天子便是通过这些各个诸侯国的诗歌,来了解各个诸侯国的民间疾苦、了解百姓的心声,王室甚至将这些诗歌作为评判诸侯们治国理政好坏的依据,好的就奖赏,不好的就要惩罚。

从这些史料可以看出,当时"采诗"制度的确存在,所采集的诗歌,对于了解当时各个诸侯国的民风、民情起到了重要作用,极大地强化周天子的权力和周朝的政治秩序。这些从各地采集来的诗歌,就是"十五国风"的重要来源。所以,我们从《诗经》的十五国风中就可以看到,很多诗歌都是关于各地民众婚姻、家庭、征战、农业之类的描述,这一类诗歌,学者们将之称为"正风"。另外,在国风中有相当一部分反映的都是民众悲欢离合以及对现实社会的不满。实际上,这些不满情绪,很大程度上是春秋时期战争不断、劳役与兵役繁重所导致的,后来学者就将这些表达不满的"国风"称为"变风",比如《豳风·七月》《唐风·鸨羽》①《邶风·击鼓》②等。

在西周时期,除了"采诗"外,还"献诗"。根据《国语》的记载,当时的公卿、大夫、士各级官吏都有"献诗"的责任,从而形成了《诗经》大小雅的基本来源。

> 天子听政,使公卿至于列士献诗,瞽献典,史献书,师箴,瞍赋,矇诵,百工谏,庶人传语,近臣尽规,亲戚补察,瞽史教诲,耆艾修之,而后王斟酌焉,是以事行而不悖。③

献诗就是当时公卿、大夫、士根据自己的生活、所见所闻而创作的诗歌,这些诗

---

① 《唐风·鸨羽》说的是一位男子听从官府的派遣,从事繁重的劳役,以至于自己背井离乡,整天奔波在外,顾不上种自己家的农田,更顾不上赡养父母和关心自己的妻子儿女。全诗云:"肃肃鸨羽,集于苞栩。王事靡盬,不能艺稷黍。父母何怙? 悠悠苍天,曷其有所? 肃肃鸨翼,集于苞棘。王事靡盬,不能艺黍稷。父母何食? 悠悠苍天,曷其有极? 肃肃鸨行,集于苞桑,王事靡盬,不能艺稻粱。父母何尝? 悠悠苍天,曷其有常?"

② 《邶风·击鼓》:"击鼓其镗,踊跃用兵。土国城漕,我独南行。从孙子仲,平陈与宋。不我以归,忧心有忡。爰居爰处? 爰丧其马? 于以求之? 于林之下。死生契阔,与子成说。执子之手,与子偕老。于嗟阔兮,不我活兮。于嗟洵兮,不我信兮。"

③ 《国语》卷一《周语》,中华书局 2007 年版,第 10 页。

歌很多反映的都是自己的生活或者政治经历及感受①,这些诗歌一般都构成了《小雅》;还有很多诗歌是歌颂周王室,或者歌颂自己祖先的②,这些诗歌一般构成了《大雅》。《小雅》《大雅》中比较正面或者歌功颂德的,后世一般将他们称为"正雅"。其中也有很多公卿大夫士发表自己对现实社会政治不满的③,这些就是后世所说的"变雅"。总之,贵族所献的诗歌,基本上构成了今本《诗经》中的《小雅》《大雅》两部分。

除"采诗""献诗"之外,还有周太师等人所作的诗歌,这就是"作诗",这些所作的诗歌就是《颂》部分。《颂》主要是祭祀祖先时,歌颂祖先的诗歌。

总之,周王室通过"采诗""献诗""作诗"等形式,创作了大量的诗歌,墨子认为当时有"诵诗三百,弦诗三百,歌舞三百,舞诗三百"④的盛况,而《史记·孔子世家》也有"古者诗三千篇"⑤的说法。这里的三百、三千其实都是约数,而非确数,表示非常的多,说明当时诗歌在周朝非常繁盛。

对于《诗经》文本的产生,根据司马迁《史记》的记载,说在春秋时期孔子

---

① 比如《小雅·鹿鸣》主要写的是主人大宴宾客的快乐场景:"呦呦鹿鸣,食野之苹。我有嘉宾,鼓瑟吹笙。吹笙鼓簧,承筐是将。人之好我,示我周行。呦呦鹿鸣,食野之蒿。我有嘉宾,德音孔昭。视民不恌,君子是则是效。我有旨酒,嘉宾式燕以敖。呦呦鹿鸣,食野之芩。我有嘉宾,鼓瑟鼓琴。鼓瑟鼓琴,和乐且湛。我有旨酒,以燕乐嘉宾之心。"又比如《小雅·出车》写的是一位南仲的大夫奉命讨伐玁狁而凯旋归来的经历。全诗这样写道:"我出我车,于彼牧矣。自天子所,谓我来矣。召彼仆夫,谓之载矣。王事多难,维其棘矣。我出我车,于彼郊矣。设此旐矣,建彼旄矣。彼旟旐斯,胡不旆旆?忧心悄悄,仆夫况瘁。王命南仲,往城于方。出车彭彭,旗旐央央。天子命我,城彼朔方。赫赫南仲,玁狁于襄。昔我往矣,黍稷方华。今我来思,雨雪载途。王事多难,不遑启居。岂不怀归?畏此简书。喓喓草虫,趯趯阜螽。未见君子,忧心忡忡。既见君子,我心则降。赫赫南仲,薄伐西戎。春日迟迟,卉木萋萋。仓庚喈喈,采蘩祁祁。执讯获丑,薄言还归。赫赫南仲,玁狁于夷。"
② 比如《大雅·皇矣》就歌颂周朝早期的统治者王季的崇高德行,全诗曰:"维此王季,帝度其心。貊其德音,其德克明。克明克类,克长克君。王此大邦,克顺克比。比于文王,其德靡悔。既受帝祉,施于孙子。"
③ 比如《小雅·节南山》便是如此,其中有曰:"节彼南山,维石岩岩。赫赫师尹,民具尔瞻!不吊昊天,乱靡有定,式月斯生!俾民不宁,忧心如酲。谁秉国成?不自为政,卒劳百姓!"
④ (清)孙诒让:《墨子闲诂》卷十二《公孟第四十八》,中华书局 2001 年版,第 456 页。
⑤ (汉)司马迁:《史记》卷四十七《孔子世家第十七》,第 1936 页。

在三千多篇诗歌的基础上,进行删定,从而产生了《诗经》305 篇的版本①。后来,班固《汉书·艺文志》、王充《论衡·正说》、赵岐《孟子题辞解》、郑玄《六艺论·诗论》、魏徵《隋书·经籍志》等都继承了司马迁的这个说法②。当然,他们都没有明确说三千多篇《诗》到孔子删为 305 篇这个过程,只是笼统说孔子删定为 305 篇《诗经》。这样一来,中国古人一般都认为孔子删诗,即孔子在三千篇《诗》的基础上删定为 305 篇。

孔子与《诗经》之间到底是什么关系呢? 实际上孔子并没有将三千篇诗歌删定而成《诗经》305 篇。因为在孔子之前,《诗经》305 篇的文本应当已经存在了,孔子做的工作只不过是整理解读而已。为什么这样说呢? 有几点需要注意。

(1)在孔子之前,已经在周太师等人的努力下形成了一个《诗经》原本③,这个原本在各国统一流行,以至于当时的诸侯、卿、大夫、士对之都有一定的记诵与理解,否则在孔子之前不会有各个阶层的人都会在不同场合熟练地"赋诗言志";反过来讲,当时的各级贵族都在不同场合熟练地、心照不宣地借助《诗经》篇章含蓄表达自己的意向,说明一个比较固定的《诗经》文本已经广泛传播并为人们所认同接受。如《左传》襄公二十九年(前 544 年)记载,当时吴公子季札曾到鲁国观赏周代音乐,鲁国乐工为他演奏的十五《国风》,这些《国风》的名称与编排顺序,和今天所传的本子基本一致,说明当时《诗经》已经被编辑成册;何况,当时孔子才八岁,也说明《诗经》非孔子所删定。

---

① (汉)司马迁:《史记》卷四十七《孔子世家第十七》:"古者诗三千余篇,及至孔子,去其重,取可施于礼义,上采契后稷,中述殷周之盛,至幽厉之缺,始于衽席,故曰:'《关雎》之乱以为《风》始,《鹿鸣》为《小雅》始,《文王》为《大雅》始,《清庙》为《颂》始。'三百五篇孔子皆弦歌之,以求合《韶》《武》《雅》《颂》之音。礼乐自此可得而述,以备王道,成六艺。"第 1936—1937 页。

② 班固《汉书·艺文志》云:"古有采诗之官,王者所以观风俗,知得失,自考正也。孔子纯取周诗,上采殷,下取鲁,凡三百五篇。遭秦而全者,以其讽诵,不独在竹帛故也。"王充《论衡·正说篇》云:"《诗经》旧时亦数千篇,孔子删去复重,正而存三百篇。"赵岐《孟子题辞解》云:"孔子自卫反鲁,然后乐正,《雅》《颂》各得其所。乃删《诗》,定《书》,系《周易》,作《春秋》。"郑玄《六艺论·诗论》云:"鲁僖间,《商颂》不在数矣。孔子删诗,录此五章。"

③ 今人袁长江在其《先秦两汉诗经研究论稿》中也认为"孔子之前确实存在一种各国统一的《诗经》本子,这就是太师所教子弟和乐工用的本子。这是一个统一的权威性的本子,出自周太师之手"。参见袁长江:《先秦两汉诗经研究论稿》,学苑出版社 1999 年版,第 69 页。

（2）孔子本人也在《论语》中多次对弟子强调"不学诗，无以言"，他还曾说："诵诗三百，使于四方，不能专对，虽多亦奚以为？""《诗》三百，一言以蔽之，思无邪"等等。孔子曾多次提到《诗》三百，这就说明在孔子那个时代《诗经》三百篇的文本已经存在。不仅如此，孔子还让自己的弟子们反复诵习《诗经》，并要求活学活用。这就表明，与孔子同时代的各个诸侯国的卿大夫士们都懂《诗经》，"赋诗言志"已经是当时很流行的一种表达方式，否则孔子弟子学会了《诗经》，到哪里去运用呢？

（3）在孔子之前，当时各个诸侯国无论是外交还是宴飨等场合，都已经流行"赋诗言志"的习惯，而当时所赋的那些诗篇，大多出自今本《诗经》。这也说明孔子删诗之前，《诗经》已经存在了。

（4）在春秋战国一直到汉代，经常在人们的著作中出现很多逸诗（就是后世《诗经》文本中没有的诗篇），这就说明孔子曾经整理了在各诸侯国流传的诸多《诗经》文本中的一个，从而形成了孔子版的《诗经》定本。那些在春秋一直到汉代出现的逸诗，有可能就是《诗经》的其他文本，这些文本与孔子文本并行于世。

总之，孔子作为儒家的创始人，最有可能的情形就是，他面对春秋时期流传比较多且杂乱的《诗经》文本，选择了一种为底本，以其他版本为参校本进行系统整理，比如纠正诗篇中字词、诗篇顺序、重复芜杂等，最终形成了一个孔子版的《诗经》文本。这正如司马迁《史记·孔子世家》所说"古者诗三千余篇，及至孔子，去其重，取可施于礼义""三百五篇，孔子皆弦歌之，以求合《韶》《武》《雅》《颂》之音"。经过孔子的整理、编次，形成了一个新的《诗经》文本，正如《论语·子罕》记载，孔子说"吾自卫反鲁，然后乐正，《雅》《颂》各得其所"。孔子用他整理后的《诗经》文本教育弟子，这个《诗经》文本也随即在儒家弟子中传承，并经过春秋战国数百年的传承、修订、完善，最终在时代得以确定。秦始皇时代虽然焚诗书，但由于儒家版《诗经》大概已经被《诗经》博士及弟子们背诵记住，并在汉代建立后重新被写录了下来。总之，孔子前后有多个《诗经》文本，孔子作为儒家学派的创始人，整理了周太师的《诗经》文本，并形成了新的儒家版《诗经》文本，这个文本尽管不是《诗经》原本、定本，但却是汉代甚至是我们今天《诗经》的祖本。①

二、孔子删定《尚书》

《尚书》这个名称最早见于《墨子·明鬼下》："故《尚书·夏书》,其次商、周之书,语数鬼神之有也。"②不过,先秦时期一般都称呼为"书",很少有"尚书"连称的。"尚书"这个名称流行是在西汉后期,《书经》一词也开始汉代,《诗经》也是如此。

为什么叫"尚书",一般都认为"尚"是"上古"的意思,加上《尚书》内容主要讲的就是夏商周三代的事情,所以一般都将它理解为有关上古帝王的书籍,或者上古时期的历史档案。比如,东汉王充、唐代孔颖达、今人刘起釪等都这样认为③。简单一点讲,《尚书》就是上古时期的皇家档案,这个观点自古以来成为最主流的观点。也有学者产生了疑问,并提出了新的观点。现代学者何新就认为,《尚书》不是普通的皇家档案,它与宗庙祭祀有关的宝典:

> 愚意以为,《尚书》者,乃"太尚"(宗社)所藏华夏先祖之史传政典文献也。尚,古堂字。太堂,即"太尚",亦即明堂太室,是上古国家宗社之所在。④

何新认为,"尚书"的"尚",不是"上古"的意思,而是通古代的"堂"字,"尚书"

---

①　持同样观点的还有戴维先生,他在其《诗经研究史》一书中也说道:"从歌谣演变成诗,起码经过了诸侯国太师之手的删削整理,'国以闻于天子'的才是诗。诗汇集于周太师之手,太师比其音律,分类而成编,《诗经》也就编订成了。《诗经》虽编订成了,但并不是一个定本,除以前一些为人所广泛接受并应用的诗篇外,应该是没有增删的,这从时人引用一些逸诗就可以推论出。直到周王室衰微得无力再收诗编诗,才结束收诗编诗的局面。后来由于流传很多本子,孔子就重订了一个。随着儒家的不断壮大,孔订本就演变成所谓定本了,但现在流传的《毛诗》却非孔子时的旧观了。"戴维:《诗经研究史》,湖南教育出版社2001年版,第6—7页。

②　(清)孙诒让:《墨子闲诂》卷十二《公孟第四十八》,第242页。

③　王充《论衡·正说》中就说:"《尚书》者,以为上古帝王之书;或以为上所为,下所书,授事相实而为名。"唐代孔颖达《尚书正义》中也说,"尚书"就是"上代以来之书"。刘起釪在其《尚书学史》中说道:"'尚'只是上古的意思。用今天语言来说,《尚书》就是'上古的史书'。实际是古代原保存在官府档案中的文献史料,经后人加以编汇的。"参见刘起釪:《尚书学史》,中华书局1989年版,第8—9页。

④　何新:《尚书新解:大政宪典》,时事出版社2007年版,第2页。

即"堂书"。"堂"是什么呢?"堂"不是大堂的堂,而是"太堂"的简称,是夏商周时期的"明堂太室",这个地方是当时王室进行宗庙祭祀、会见诸侯、进行重大政治活动的地方。这个地方所藏的文献是最神圣、尊贵的文献。这个地方的文献不仅包括《尚书》,还有关于宗教祭祀的《诗经》(《大雅》就是祭祀天地、祖先的歌词)礼制的文书。

的确,从现存《尚书》的内容来看,这些文献不是关于祭祀天地鬼神、祖先的,就是尧、舜、夏、商、周的天子们的诰命文书、战争誓词等。之所以神圣重要?那是因为尧舜夏商周时期,任何天子做的事情都要有个宗教祭祀程序,比如先祭拜完天帝、祖先之后,然后发布这些命令文书。这就是向臣民来表示,天子的任何诏令、誓词都是天意,天子说的话、做的事情都是替天行道。所以,中国古代皇帝所发布的圣旨都会提到"奉天承运",就是说这是天意。由此可以看出,"尚书"的确是与上古宗庙祭祀有一定的关系,它是国家宗庙所藏的史书政典,而不是简单的宫廷档案了。何新的观点很有新意,值得我们参考。

《尚书》究竟是怎么来的呢?中国古代一般都认同孔子第十一代孙为汉代学者孔安国①的说法。孔安国在《尚书·序》中认为《尚书》可以追溯到传说中的三皇五帝,后来经过夏商周的发展,产生了三千多篇古书,后来孔子将这些古书删减到一百篇左右。《尚书·序》说:

> 古者伏牺氏之王天下也,始画八卦,造书契,以代结绳之政,由是文籍生焉。伏牺、神农、黄帝之书,谓之《三坟》,言大道也。少昊、颛顼、高辛、唐、虞之书,谓之《五典》,言常道也。至于夏、商、周之书,虽设教不伦,雅诰奥义,其归一揆。是故历代宝之,以为大训。……先君孔子,生于周末,睹史籍之烦文,惧览之者不一,遂乃定《礼》《乐》,明旧章……讨论《坟》《典》,断自唐虞以下,讫于周。芟夷烦乱,翦截浮辞,举其宏纲,撮其机要,足以垂世立教,典、谟、训、诰、誓、命之文凡百篇。所以恢弘至道,示人

---

① 孔安国是孔子的第十一代孙,他曾向当时的伏生学习,伏生是汉代今文《尚书》的开山祖师。他学识非常渊博,精通经学。相传汉景帝之子鲁恭王拆除孔子旧宅的时候,在墙壁中出土了古文《尚书》,它比汉代通行的今文《尚书》多出十六篇。于是,孔安国将古文改写为当时通行的隶书,并为之作"传",成为"尚书古文学"的开创者。今传《尚书孔氏传》,一称《孔安国尚书传》,明清学者定为后人伪托。

主以轨范也。帝王之制，坦然明白，可举而行，三千之徒并受其义。①

孔安国认为，伏羲不仅创造了八卦，也创造了文字，取代了结绳记事，从此以后书籍就产生了。在这之后，伏羲、神农、黄帝的三皇时代所产生的书籍，叫《三坟》，《三坟》讲的都是天地间的大道。少昊、颛顼、高辛、唐尧、虞舜的五帝时代所产生的书籍，叫《五典》，讲的是人间之平常道理。到了夏、商、周时期，产生了更多的政治典籍，大约有三千多篇，这些篇目又多又繁杂。到了春秋时代，孔子就删繁就简，保留了一百篇。然后用这个作为教科书，来教育他的弟子们。这就是孔子《尚书》的产生过程。在中国古代，学者都认同这个观点。

尽管孔安国的说法不一定正确，但《尚书》的确产生很早，是上古三代最重要的史书。我们来看一下《汉书·艺文志》的记载：

> 古之王者世有史官。君举必书，所以慎言行，昭法式也。左史记言，右史记事，事为《春秋》，言为《尚书》，帝王靡不同之。②

班固的《汉书》认为古代的王都有史官，大王、天子的一举一动、一言一行都由这些史官记载。到了周代，这个史官制度就非常完善了。当时的史官分工也很细，比如在宫廷的史官就分为左史、右史、大史、小史、外史、御史、女史等。其中左史负责记载说话，右史负责记载事情。史官所记载的话编辑成书就是《尚书》，所记载的事情编辑成书就是《春秋》。当时在宫廷的老师，就从那些《尚书》中选择一些篇章来教育贵族子弟，如《礼记·王制》就记载说：

> 乐正崇四术，立四教，顺先王《诗》《书》《礼》《乐》以造士。春秋教以《礼》《乐》，冬夏教以《诗》《书》。③

从这段话我们可以看出，当时周王室的官员，利用精选出来的《尚书》篇目教育王子和贵族子弟，以便将他们培养成未来的政治接班人。到了春秋时期，礼坏乐崩，《尚书》也流散到了各地诸侯国，孔子就对这些《尚书》进行重新编排，形成孔子版的一百篇《尚书》文本，并用它来教育弟子们。

---

① （汉）孔安国传，（唐）孔颖达疏：《尚书正义》卷一《尚书·序》，第1—11页。
② （汉）班固：《汉书》卷三十《艺文志第十》，第1715页。
③ （汉）郑玄注，（唐）孔颖达疏：《礼记正义》卷十三《王制》，第404页。

关于孔子删《尚书》的事情,司马迁《史记·孔子世家》①、班固《汉书·艺文志》②、魏徵《隋书·经籍志》③等都有记载,他们都强调说,孔子为了传承周代礼乐文化,曾经整理、删定过《尚书》。不仅如此,他们还都认为《尚书》中每一篇文章前面的《小序》也是孔子所作,这些《序》主要是为了说明每一篇为什么作的原因和背景。《尚书·牧誓》的《小序》就说:"武王戎车三百两,虎贲三百人,与受战于牧野,作《牧誓》。"④《尚书·洪范》的《小序》就说:"武王胜殷,杀受,立武庚,以箕子归,作《洪范》。"⑤总之,在中国古代,学者都认为,后世所传的《尚书》是孔子所删定的,其中《尚书》前面的《序》也是孔子所作。

三、孔子修订《仪礼》

这里的《礼》指的是《仪礼》,"六经"之一。《仪礼》原来称《礼》,在汉代又被称为《礼经》《士礼》或《礼记》,到了魏晋时期,才被改称为《仪礼》。

《仪礼》的成书在三礼之中最为久远,在三礼中出现的年代也最早,当时具体成书的年代,历代多有争议,至今没有定论。关于《仪礼》的成书一般有三种说法。

1. 周公所作说

汉代古文经学家多持此说,后唐陆德明、孔颖达、贾公彦,宋代郑樵、朱熹,清胡培翚皆认同这一说法。周公制礼作乐是毫无疑问的历史事实,但《仪礼》为周公所作的说法,却缺乏文献上的有力支持,所以认同此说的学者越来

---

① （汉）司马迁:《史记》卷四十七《孔子世家第十七》:"孔子之时,周室微,而《礼》《乐》废,《诗》《书》阙,追迹三代之礼,序《书》传,上纪唐虞之际,下至秦繆(穆),编次其事。……故《书》传、《礼记》自孔氏。"第1935—1936页。

② （汉）班固:《汉书》卷三十《艺文志第十》:"《书》之所起远矣,至孔子篡(纂)焉,上断于尧,下讫于秦,凡百篇,而为之序,言其作意",第1706页。

③ （唐）魏徵等:《隋书》卷三十二《经籍一》:"《书》之所兴,盖与文字俱起。孔子观《书》周室,得虞、夏、商、周四代之典,删其善者,上自虞,下至周,为百篇,编而序之。"中华书局1997年版,第914页。

④ （汉）孔安国传,（唐）孔颖达疏:《尚书正义》卷十一《牧誓第四》,第281页。

⑤ （汉）孔安国传,（唐）孔颖达疏:《尚书正义》卷十二《洪范第六》,第296页。

越少。

2. 孔子所作说

司马迁《史记》中最先提到，班固《汉书》也认同此说。司马迁在《史记·孔子世家》《儒林列传》中分别做了记载：

> 孔子之时，周室微而礼、乐废，《诗》《书》缺。追迹三代之礼，序《书》《传》，上纪唐虞之际，下至秦缪，编次其事。曰："夏礼，吾能言之，杞不足征也；殷礼，吾能言之，宋不足征也。足则吾能征之矣。"观殷夏所损益，曰"后虽百世可知也"。以一文一质，周监二代，郁郁乎文哉！吾从周。故《书》《传》《礼》《记》自孔氏。①

> 夫周室衰而《关雎》作，幽厉微而《礼》《乐》坏。诸侯恣行，政由强国，故孔子闵王路废而邪道兴，于是论次《诗》《书》，修起《礼》《乐》。②

司马迁认为孔子所处的春秋时代礼坏乐崩。在这种情况下，孔子希望恢复西周的礼乐文化，于是他就对西周王官之学的《礼》做了修订，司马迁在这里没有明白，只是说"《书》《传》《礼》《记》自孔氏""修起《礼》《乐》"，这里的"修起"是整理恢复的意思。那就是说，孔子整理恢复了《仪礼》，后来班固在其《儒林传》中也明确说孔子"缀周之《礼》"③，也就是对《仪礼》进行编辑整理。

后代学者大都采信了司马迁、班固的说法，这就成为中国古代最有影响力的说法。的确，《仪礼》的最后编定与孔子有一定的关系，这也可以从其他文献中获得证明。比如经过文献对比，《礼记》中的很多文字都出自《仪礼》，《孟子》《荀子》引述《仪礼》的文字也很多。由此可以看出，《仪礼》的成书在《礼记》《孟子》《荀子》之前的春秋时期。此外，《仪礼》之中还有经、记、传的区别，三者的成书年代有所不同，这可能是孔子撰定《仪礼》之后，又由儒学弟子

---

① （汉）司马迁：《史记》卷四十七《孔子世家十七》，第 1935—1936 页。

② （汉）司马迁：《史记》卷一百二十一《儒林列传第六十一》，第 3115 页。

③ （汉）班固：《汉书》卷八十八《儒林传第五十八》："自卫反鲁，然后《乐》正，《雅》《颂》各得其所。究观古今之篇籍，乃称曰：'大哉！尧之为君也，唯天为大，唯尧则之，巍巍乎其有成功也，焕乎其有文章也。'又曰：'周监于二世，郁郁乎文哉！吾从周。'于是叙《书》，则断《尧典》；称《乐》，则法《韶舞》；论《诗》，则首《周南》。缀周之《礼》。因《鲁春秋》举十二公行事，绳之以文武之道，成一王法，至获麟而止。盖晚而好《易》，读之韦编三绝，而为之《传》。皆因近圣之事，以立先王之教，故曰：'述而不作，信而好古，下学而上达，知我者其天乎！'"

进行增饰的结果。

3. 战国末或汉代儒者所作说

此说最先兴起于宋代"疑经惑传"的学者,宋人乐史和郑樵均认为《仪礼》并非出于周公,郑樵甚至认为"《仪礼》一书,盖晚出无疑"[1]。清人姚际恒更认为《仪礼》既非周公所作,也非孔子作,而是"春秋以后儒者所作"[2]。近代以来古史辨派更是否定《仪礼》与周公、孔子的关系。当然,这些说法在中国古代并不占有主导地位,不过在近代以来得到了很多学者的认可,至今依然有很大的影响。

总的来看,孔子编撰《仪礼》更有文献学上的说服力,另外,《仪礼》之中还有经、记、传的分别,三者的成书年代有所不同,这可能是孔子编撰完《仪礼》之后,又由儒学弟子进行增饰的结果。

四、孔子《易传》

《周易》作为十三经之首,是中国古代思想文化的源泉,也是中国史学的源头。正如《四库全书》评价说:"《易》道广大,无所不包,旁及天文、地理、乐律、兵法、韵学、算术,以逮方外之炉火,皆可援《易》以为说,而好异者又援以入《易》,故《易》说愈繁。"在清人看来,《周易》所蕴含的道理实在是太广泛了,无所不包,天文、地理、乐律、兵法、音韵学、算术、炼丹、中医、科技等古代传统文化、思想,包括文学、历史、哲学等都与《周易》有直接或间接的关系。总之一句话,《周易》是中国古代一切学术文化当然也是史学的思想源泉。《周易》本来是占卜的书,从孔子作《易传》之后,开始转化为哲学著述,并在汉代成为群经之首,进而成为中华文化的理论基石与思想源泉。

《周易》成书很早,古人一般都认为组成《周易》的八卦是由中国神话传说人物伏羲发明的。伏羲是中华民族传说中的人文始祖,是中国古籍中记载的

---

[1] (宋)郑樵:《六经奥论》卷五《三礼总辨》,摛藻堂四库全书荟要影印本。

[2] (清)姚际恒:《仪礼通论》,中国社会科学出版社1998年版,第10页。

最早的王。相传伏羲天资聪明智慧超常,他对各种事情都很好奇,善于观察,并利用简单的符号来描述当时的宇宙自然与人类社会,这就是八卦的产生。对于伏羲画八卦,《易传·系辞》就有记载:

> 古者包牺氏之王天下也,仰则观象于天,俯则观法于地,观鸟兽之文,与地之宜,近取诸身,远取诸物,于是始作八卦,以通神明之德,以类万物之情。①

这句话中的包牺氏,又作伏羲氏、宓羲氏、庖羲氏、包羲氏、伏戏氏等。意思是说,上古的时候,伏羲做了天下的大王之后,抬头观看天象,低头考察地理,观察飞鸟走兽与各种土壤及在不同土壤所生长的不同植物。总之,根据远近不同的东西和生物,创作了八卦。

根据《史记》《汉书》记载,在商周之际,周文王被商纣王囚禁在羑里(在今河南汤阴一带)。狱中文王将八卦两两相重合,演化成了六十四卦。他还将六十四卦分为上下两篇,其中上篇三十卦,下篇三十四卦。并为他们分别撰写了卦爻辞,以表明吉凶祸福。

在周代很长一段时间内,《周易》六十四卦都被用来占卜。到了春秋时期,孔子鉴于当时世道衰微、礼坏乐崩,于是他整理"六经",希望传承、弘扬西周的礼乐文化。他对《周易》非常重视,曾经反复研读《周易》,《论语》《史记》都记载说孔子读《易》"韦编三绝",意思是说,多次阅读《周易》,以至于把编排《周易》竹简的牛皮绳子都磨断了好多次,这里的"三"应当是虚数,泛指很多次。后来,孔子作了《易传》七种十篇,来分析《易经》所蕴含的哲理。从而《周易》就从占卜的书籍,变成了一部哲学著作。

据《史记》记载,六十四卦则是周文王所演②、孔子作《易传》,班固《汉书》继承此司马迁之说,加以总结认为:

> 《易》曰:"宓戏氏仰观象于天,俯观法于地。观鸟兽之文与地之宜,

---

① (魏)王弼注,(唐)孔颖达疏:《周易正义》卷八《系辞下》,中华书局1999年版,第298页。

② (汉)司马迁:《史记》卷四《周本纪第四》第3218页载:"西伯盖即位五十年,其囚羑里,盖益《易》之八卦为六十四卦。"《史记》卷一百二十七《日者列传第六十七》:"自伏羲作八卦,周文王演三百八十四爻而天下治。"

近取诸身,远取诸物。于是始作八卦,以通神明之德,以类万物之情。"至于殷周之际,纣在上位,逆天暴物。文王以诸侯顺命而行道,天人之占可得而效,于是重《易》六爻,作上下篇。孔氏为之《彖》《象》《系辞》《文言》《序卦》之属十篇。故曰:"《易》道深矣!人更三圣,世历三古。"及秦燔书,而《易》为筮卜之事,传者不绝。①

汉代班固在总结《周易》形成历史的时候,就说《周易》的产生经历了上古、中古和近古三个时代。也就是说,上古时期,伏羲创造了八卦。到了中古时期,周文王又将八卦推演为六十四卦,并为六十卦作卦爻辞。近古时期,孔子晚年作《易传》"七种十篇"。司马迁、班固的说法在中国古代影响非常深远。

当然,从宋代开始,开始有学者怀疑《周易》尤其是《易传》成书的说法,比如欧阳修就认为从《易传》的内容和修辞来看,不像是孔子所作。欧阳修之后,清人姚际恒《易传通论》、康有为《新学伪经考》等都认为《易传》不是孔子所作。

近现代以来,学者们对《周易》经传有了全新的认识。对于《易经》,学者一般都认为它发源于商周之际的祭祀占卜,因为《周礼·春官·太卜》中就记载说太卜"掌三易之法,一曰《连山》,二曰《归藏》,三曰《周易》。其经卦皆八,其别皆六十有四"。当时掌管占卜的官员太卜、太祝、太史等人,将每次《周易》占卜的结果都记录下来,并对它们进行分析总结,看有多少应验,有多少不应验。将已经应验的卜辞挑选出来,作为以后占卜的参考或依据。经过若干年的积累与传承,最终形成了《易经》六十四卦。可以说,《易经》是当时商周之际王室祭祀占卜结果的总结,成书于巫觋之手,年代应当在商周之际。1929 年,顾颉刚在其《周易卦爻辞中的故事》一文中,通过对《易经》中王亥丧牛于易、高宗伐鬼方、帝乙归妹、箕子之明夷、康侯用锡马蕃庶等历史事实进行考证,认为《周易》经文卦爻辞"著作年代当在西周初叶"②。

---

① (汉)班固:《汉书》卷三十《艺文志第十》,第 1704 页。
② 顾颉刚:《周易卦爻辞中的故事》,载《燕京学报》1929 年第 6 期,又载《古史辨》第三册上编。后来李学勤先生在其《周易探源》一书中对顾颉刚的结论又做了进一步的论证,并认为"经文的形成很可能在周初,不会晚于西周中叶。顾颉刚先生的观点,看来是可信的"。参见李学勤:《周易探源》,巴蜀书社 2005 年版,第 18 页。

尽管现代人因为《易经》乃是太卜、太史等人完成，但是我们也不能否认古人的说法，即《易经》由伏羲、周文王等人完成。毕竟，这两种说法并不矛盾，可能在商周之际，《易经》的成书有很多人操作，周文王也是关键性的人物之一。后来被视为了代表。这正如中国文字的起源被看成是仓颉造字一样的道理。

关于《易传》，近现代很多学者都认为《易传》并不是孔子所作，而是战国时期很多儒家学者对《周易》研究的汇集。但近年来，越来越多的学者根据传世文献和出土文献，进一步肯定了《易传》其实就是孔子所作。就传世文献来说，如《史记》中就说孔子喜欢读《易》，曾经"韦编三绝"。一些出土的文献也证明了孔子曾经作《易传》。1972 年 12 月出土的长沙马王堆三号汉墓的帛书《周易》中。就有一篇《要》的文章记载道："夫子老而好《易》，居则在席，行则在橐。"这里的"橐"是口袋的意思，古代一般都用来装书。居则在席，行则在橐，是个互文修辞手法，意在强调晚年的孔子，无论是坐卧起居，都随身带着《周易》，都在钻研《周易》。这个记载和《史记》"孔子晚而喜《易》"，"读《易》，韦编三绝"意思相近，这就说明孔子晚年对《周易》非常偏爱，并最终写出了相关的著述。总而言之，无论是从传世文献来看，还是从出土文献来看，孔子都曾经做过《易传》。

至于《文言》《系辞》中为什么有"子曰"这样的句子，那是因为孔子后传弟子不断传承、整理《周易》的结果，对此廖名春先生的观点比较合理，他说：

总的说来，《易传》的思想源于孔子，孔子与《易传》有着密切的关系。但战国时期孔子后学对《易传》各篇也作了许多创造、发挥工作。因此，《易传》的作者主要应是孔子及其后学。[①]

实际上，《易传》的成书模式，是先秦时期文献形成的基本模式。比如《孝经》《左传》《尚书》《诗经》等都有原本和今天定本的形成过程。所以，我们认为，孔子曾经撰写过《易传》原本，后来又经过儒家后传弟子的编辑，形成了今天的模样，尽管如此，《易传》基本上还是孔子本人的思想。

---

① 廖名春：《〈周易〉经传十五讲》，北京大学出版社 2004 年版，第 220 页。

以上就是《周易》经、传两部分的成书过程。其中最值得关注的是三个人,首先是伏羲,他画了八卦,通过简单的符号来表示宇宙自然、人类社会复杂的存在与哲理;其次就是周文王,是他将八卦推演为六十四卦,并写了卦爻辞,使《周易》开始变成一部实用的书籍,即可以用来占卜算命,服务于人类;再次就是孔子,正是孔子作《易传》,使得《周易》由一部占卜算命的书,转化为一部深厚的哲学著作。在中国古代很多史学家都重视《周易》,比如我们常说的史学两司马,都很重视《周易》,他们都将易学思想运用到史学著述之中。后世的很多学者也借助《周易》对思想文化作出新的发展,比如魏晋玄学、宋明理学的建构,都离不开《周易》,而玄学、理学的产生又对当时的史学产生了直接的影响。总之,《周易》作为史学经典中的经典,对于我国各个时期思想文化的发展都起到了至关重要的作用。

五、孔子作《春秋》

《春秋》是中国现存最早的一部编年体史书。全书使用的是鲁国的纪年,主要记载了鲁国和其他各国的历史,所以《春秋》也可以说是我国第一部中国通史。实际上,《春秋》本来是天子之书,夏商周三代都有传承、发展。我们现在说的《春秋》一般都指的是孔子根据鲁国的宫廷史书①,又参考春秋其他国家的史书编纂而作,也就是孔子《春秋》一书。由于这部书融入了孔子自己的政治理念与编纂思想,所以后世把《春秋》看成是儒家经典之一。

孔子作《春秋》是古代的常识,但实际上在孔子之前《春秋》一书早已经存在。《春秋》作为一种史学体裁产生非常早,在上古三代已经出现,和《尚书》同时产生,属于天子之书。对此汉代班固、唐代刘知幾就曾分别说过:

> 古之王者,世有史官。君举必书,所以慎言行,昭法式也。左史记言,右史记事。事为《春秋》,言为《尚书》,帝王靡不同之。②

---

① 《左传》昭公二年记载,晋大夫韩起访问鲁国,"观书于太史氏,见《易象》与《鲁春秋》"。参见(晋)杜预注,(唐)孔颖达疏:《春秋左传正义》卷四十二,第 1172 页。
② (汉)班固:《汉书》卷三十《艺文志第十》,第 1715 页。

　　《春秋》家者,其先出于三代。按《汲冢璅语》,记太丁时事,目为《夏殷春秋》。孔子曰:"疏通知远,《书》之教也;属辞比事,《春秋》之教也。"知《春秋》始作,与《尚书》同时。①

从班固、刘知幾的看法就可以看出,《春秋》和《尚书》是同时产生的,它们都是上古三代用来记载帝王言行事迹的。其中《春秋》是由右史记载,内容主要是有关帝王军事、政治、宗教等方面的大事;《尚书》由左史记载,内容主要是帝王言语、诏令、奏议之类。

　　《春秋》和《尚书》的产生,在目的上基本一致,"君举必书,所以慎言行,昭法式也"。一方面记载天子言行事迹,用来备忘;或者用来教育贵族子弟,如何治国理政;另一方面也是总结经验教训,以供后人学习参考,这就是我们常说的"以史为鉴"。这样一来,作为帝王天子,就非常注重自己的言行,因为一言一行、无论好坏都有历史记录。所以,《春秋》《尚书》从一产生,就有了规范言行、惩恶扬善的政教功能,这对后来中国史书的编纂思想与史学功能都有深远的影响。以至于后代国君和臣子一般都非常注重自己的言行举止,更重视历史。他们都希望永垂青史,而不希望在"青史"上留下污点。为此,一些君臣采取不正当的手段,比如篡改史书、不设史官、官修史书等形式来维护自己的光辉形象②。

　　《春秋》作为史书形式,在夏商周三代尤其是周代得到了丰富和完善。在周代,不仅周王室有《春秋》,当时各个诸侯国都有自己类似周王室"春秋"的史书,比如墨子就曾说"吾见百国春秋"③,如"周之春秋""燕之春秋""宋之春秋""齐之春秋"等④,它们都被用来记载周王室或诸侯国的宗教、军事、政治、战争等大事。还有一些诸侯,虽然也有"春秋"一样的史书,但也不叫"春

　　① （唐）刘知幾:《史通》卷一《内篇·六家第一》,辽宁教育出版社1997年版,第2页。

　　② 如李世民、秦桧等人官修正史,篡改国史等;诸葛亮不设史官,《三国志》卷三十三《后主禅》载:"又国不置史,注记无官,是以行事多遗,灾异靡书。诸葛亮虽达于为政,凡此之类,犹有未周焉。"参见（晋）陈寿撰、（南朝宋）裴松之注:《三国志·蜀书》卷三《后主禅》,中华书局1964年版,第902页。

　　③ （唐）魏徵等:《隋书》卷四十二《李德林传》,中华书局1973年版,第1197页。

　　④ （清）孙诒让:《墨子闲诂》卷八《明鬼下第三十一》,第226、230、232、233页。

秋"，比如晋国称为"乘"（我们后来还常说史乘、野乘、乘籍等），楚国称为"梼杌"（本义是树木横断面上的年轮，年轮引申为历史，比较恰当）。尽管彼此名称不同，但它们和《春秋》的性质是一样，都是记载诸侯军国大事的，正如《孟子·离娄下》所说："晋之《乘》，楚之《梼杌》，鲁之《春秋》，一也。"①

从这个发展历程来看，在孔子之前，夏、商、周时代的《春秋》，是当时天子或诸侯国都流行的史书形式，被用来记载有关天子或诸侯国宗教、政治、军事、战争等大事。到了孔子时代，他根据鲁国史书作《春秋》一书。从此之后，尤其是在战国时期，《春秋》开始由一个史书通称转化为儒家经典的专称了。

孔子为什么要作《春秋》呢？传说鲁哀公十四年，鲁国有个猎户捕捉到了一只独角兽，不知道为什么就把它给杀了。孔子知道后，就去看望，认出了这个独角兽就是传说中的麒麟。麒麟在上古时期一直被认为是祥瑞（吉祥之物），只有盛世才出现。而麒麟在春秋乱世出现，这并不说明当时就是盛世，反而表明盛世很难出现了。孔子由此非常感慨，认为自己所向往的周代礼乐文明很难实现了，于是他就以鲁国的宫廷史书为基础，吸收各国历史，编撰了《春秋》这部书，融入了自己所信仰的周代仁义礼乐之精神。所以这部书后来也被称为"麟经"，或"麟史"。

这怎么理解呢？实际上，孔子作《春秋》是为了拯救世道人心，更是为了传承周代礼乐文明。最早记载孔子修撰《春秋》的是孟子。孟子交代了孔子为什么作《春秋》？对此，《孟子·滕文公下》中说：

> 世衰道微，邪说暴行有作，臣弑其君者有之，子弑其父者有之。孔子惧，作《春秋》。……孔子成《春秋》而乱臣贼子惧。②

意思是说，孔子所处的时代，世道衰微、礼坏乐崩，各种邪说盛行、战争暴乱时有发生，臣下杀害君上、晚辈杀害长辈的事情也常常发生，社会政治秩序、人伦道德规范都陷入了一片混乱之中。孔子面对这种社会现状担心社会政治会更加混乱，于是根据鲁国国史，编撰了《春秋》一书，以此来规范君臣言行。……

---

① （清）焦循：《孟子正义》卷十六《离娄下》，第 574 页。
② （清）焦循：《孟子正义》卷十三《滕文公下》，第 452、459 页。

孔子《春秋》成书以后,乱臣贼子非常害怕被记载在史册上,从而遭受后人的非议,于是以下犯上、违反礼制的事情减少了很多。对此,后来的司马迁也认同了孟子的这一说法①,随后班固、何休、杜预等人也继承了这一说法。可以说,孔子作《春秋》是中国古代的基本观点,孔子《春秋》是对上古《春秋》及其精神的传承与发展。

孔子是什么时候作《春秋》的呢? 一般学者都认为是在孔子晚年。《春秋》记载事情的最后截止时间是鲁哀公十四年(前 481 年)。后来《公羊传》《穀梁传》中所解释的经文也都到此为止。而《左传》中的历史记载虽然到鲁哀公十六年"夏四月己丑,孔丘卒",但后来学者研究认为鲁哀公十五年、十六年两年的历史记载,是左丘明之后的学者所续,历史上称之为"续经",不是原本《左传》所固有。所以,根据《春秋》三传记载来看,孔子作《春秋》应当距孔子去世只有两年的时间,即孔子在七十一岁的时候,完成了《春秋》的编撰。

六、孔子的经学贡献及其影响

在经学的传承、发展过程中,孔子扮演着承上启下的重要角色。一方面,他继承、发展了周公所奠定的王官之学;另一方面,他借助经学诠释的形式,传承、发展了上古三代以来的人文精神与治国理念。可以说,在"六经"的发展历程中,周公、孔子都非常值得关注。其中,周公有德有位,是"六经"文本的初步确立者,并将之立为官学,而孔子则主要是"六经"的传述者。即使是孔

---

① 司马迁《史记》卷十四《十二诸侯年表第二》云:"是以孔子明王道,干七十余君,莫能用,故西观周室,论史记旧闻,兴于鲁而次《春秋》,上记隐,下至哀之获麟,约其辞文,去其烦重,以制义法,王道备,人事浃。七十子之徒口受其传指,为有所刺讥褒讳挹损之文辞不可以书见也。"司马迁《史记》卷四十七《孔子世家第十七》也记载云:"子曰:'弗乎弗乎,君子病没世而名不称焉。吾道不行矣,吾何以自见于后世哉?'乃因史记作《春秋》,上至隐公,下讫哀公十四年,十二公。据鲁,亲周,故殷,运之三代。约其文辞而指博。故吴楚之君自称王,而《春秋》贬之曰'子',践土之会实召周天子,而《春秋》讳之曰'天王狩于河阳',推此类以绳当世。贬损之义,后有王者举而开之。《春秋》之义行,则天下乱臣贼子惧焉。孔子在位听讼,文辞有可与人共者,弗独有也。至于为《春秋》,笔则笔,削则削,子夏之徒不能赞一辞。弟子受《春秋》,孔子曰:'后世知丘者以《春秋》,而罪丘者亦以《春秋》。'"

子创立了儒学,其思想也主要是对周公礼乐思想的继承与发展。

当然,孔子的经学并不仅仅具有学术意义,也具有文化意义。孔子通过教育的形式,将具有贵族属性的学术——"六经"之学,转变为人人都可以学习、思考的大众学说,从而使得"六经"之学及其价值在孔子之后具有更加广阔的发展空间与认同感。对此正如钱穆所说:

> 孔子本以《诗》《书》、礼、乐设教,但此等本皆为王官之学。如《诗》,本掌于王官。天子祭天祀祖时必加以《颂》,宴飨诸侯歌《大雅》,其他场合歌《小雅》、歌《国风》。此即所谓礼、乐,创自周公,递有因袭。在王朝与列国,各有官主之。可见乐之有《诗》,本属政府主管,故为王官学。《书》乃起于宗庙祝史记载政府之事,其文辞亦由政府掌管。春秋列国皆有史,亦即皆有《书》,墨子所谓"百国宝书"是也。故《诗》《书》、礼、乐,皆为"王官学"。以今语释之,即是政府中学问。古代是贵族政府,故王官学换言之即是当时之"贵族学"。古代封建世袭,惟贵族得为王官,亦惟贵族始掌握学术。社会平民初无学术可言。到后来,王官学逐渐流入平民社会,平民社会亦有学问,则为"平民学",此乃所谓"家人言",即"百家言"。《汉书·艺文志》中所谓王官之学流而为百家,若以现代人观念讲述,即是当时之贵族学渐变而为平民学。亦可谓当时之平民学,乃由贵族学转变过来。此乃中国古代文化史上一极大进步。一切学问下流至民间,于是而有社会私家之学。此乃当时一惊天动地之大事。而此一大事,实自孔子一人开始。自有孔子,而中国始有私家讲学。孔子在中国文化史上之伟大处,即此亦其一端。①

孔子不仅整理"六经",而且从人文角度出发,更加突显"六经"的道德理性、人文精神,这其实也是孔子仁学的主要特质。这个仁学突出孝道,突出人与人之间的真实情感,改变了之前基于制度对人心、人性的约束,从而实现了"六经"价值与意义的范式转换。也就是说,从"六经"产生之初,它所承载的主要是礼乐制度,突出的是等级、规范,而孔子的"六经"之学则突出道德自觉、突出

---

① 钱穆:《讲堂遗录:中国学术思想十八讲》,九州出版社 2010 年版,第 73 页。

人心人性,从而将周代的礼学转化为孔子的仁学。换言之,孔子的经学诠释强调"德义",他所说的"德义"实际上兼顾了"仁"和"礼"两个维度,而仁、礼在孔子思想之中是相反相成、不可分割的一个整体。不过,后来孔子的两大传承者孟子、荀子分别就仁、礼两个维度进行传承、发展,进而奠定了秦代以后的基本经学范式。可以说,孔子之后,后代所谓的经学才真正发生。不论是汉学、宋学的经学流派,还是其他的经学分派,其目的都是为了更好地理解中国经学发展的状况。如果追本溯源,可以上推到孔子及后传弟子,如清人陈玉澍所言:

> 无曾子则无宋儒之道学,无卜子则无汉儒之经学。宋儒之言道学者,必由子思、孟子而溯源于曾子;汉儒之言经学者,必由荀、毛、公、谷而溯源于卜子。是孔子为宋学、汉学之始祖,而曾子、卜子为宋学、汉学之大宗也。[1]

在陈玉澍看来,孔子是汉、宋两种经学范式产生的始祖,随后他的弟子子夏、曾子分别发展了其诠释理念,从而促成了经学诠释理念的分化,进而产生了汉宋两种经学范式。的确,孔子后传弟子曾子、子思、孟子注重道德、心性之学,故成为后来宋学范式的滥觞;另外的子夏、荀子等人则注重礼法、道问学,故为后来汉学范式奠定了重要基础。汉宋虽然是两种经学解释的方式,实际上也是两种不同文化模式下的思想体系,它对中国古代的政治文化、思想观念、社会发展各方面都影响深远。

孔子并不仅仅只是整理编次了"六经",更为主要的是借助"六经"建构了新的思想体系,即儒学,从而实现了"六经"价值的当代转换。儒学不仅是一种学术思想体系,也是一种文化体系,它更突出了人文性,较西周时期突出制度而言,它更加突出了道德自觉,所以在某种意义上来说,孔子不仅建构了新的经学体系,建构了新的文化体系,由此成为中华文化发展史上具有里程碑式的人物,对此正如柳诒徵言:"孔子者,中国文化之中心也,无孔子则无中国文化。自孔子以前数千年之文化,赖孔子而传;自孔子以后数千年之文化,赖孔

---

① （清）陈玉澍:《卜子年谱·自叙》,民国四年上虞罗氏排印"雪堂丛刻"本。

子而开。"①今人郭伟川先生也总结说:

> 孔子在中国文化史上的重要性,正在于其上承文王、周公之道统,下启孟轲、荀卿之学术,才使先秦"六经"之源流得以赓续,并成为中国传统文化的主体,对促进民族的融合和国家的统一,作出了不可磨灭之贡献。故孔子之被尊奉为古之至圣先师、今之文化伟人,实有其前因后果。②

总体来看,孔子所整理、诠释"六经",不仅传承了周文王、周公的政统、学统,更是开启了新的文化形式,使得中国礼乐文明、人文精神得到进一步的彰显,这也为中华文化的传承、发展提供了新的动力与方向。

进而言之,孔子尽管在经典诠释的时候,强调自己"述而不作,信而好古",但实际上他并没有停留在古籍整理、学说建构的阶段,而是借助对经典的整理、诠释,对上古以来的文化体系进行了深入思考,通过儒学的形式,对传统的文化进行了传承、发展。换言之,孔子通过"述而不作""寓作于述"的形式,整理编纂了"六经",对尧、舜、禹、汤、文、武、成王、周公等人的思想进行了传承、整合,重建道统与学统,从而形成了儒学和全新的文化哲学体系。孔子在前人的基础上更加强调"道德",亦即孔子仁学不仅仅实现了对西周"人本"思想的继承和深化,更是将人本思想内在化为道德自省,进一步避免了中国文化走向宗教化的道路。可以说,孔子注重内求的"尊德"与同时代苏格拉底注重外求的"爱智"形成了鲜明的对比。所以,在孔子的努力下,中华文化更加强调道德伦理与人性仁爱,而西方文化却在苏格拉底、希腊的影响下,更加强调探究物性及对自然的征服。

总之,孔子借助对"六经"的诠释,建构了仁学、儒学,同时也建构了新的哲学文化类型,毕竟它的存在影响了中国两千多年的历史。由此可以说,孔子实现了中国哲学的突破。对此劳思光先生也曾说道:"在时间次序上说,孔子是第一个提出哲学理论的人;在学说内容上说,孔子所提出之理论,实际上成为中国哲学思想之主流,而且决定中国文化传统之特征。因此,中国哲学史之

---

① 柳诒徵:《中国文化史》上册,第二十五章"孔子",北京师范大学出版社 2016 年版。
② 郭伟川:《先秦六经与中国主体文化》,北京图书馆出版社 2007 年版,自序第 7 页。

研究,必须由孔子之研究开始。"①的确,孔子的儒学汲取了以往历史、"六经"与文化的精神,从而建构了儒学思想体系。此后,儒学理论在随后历史中成为显学,使得孔子也成为中国文化传统的真正塑造者。

本讲小结

孔子整理"六经",在中国经学史上具有重要的地位,在经学解释学史上也有开创意义。作为经学解释学史上最重要的人物,他不仅仅创立了儒家学说,而且对于之前王官之学的核心——"六经"都有自己的理解,并根据自己的价值判定与思想旨趣做了删定、编辑及诠释,从而形成儒学化的经学体系。孔子在经学解释上提出的很多原则、思想与方法,都为后来诸家诸派的经学解释提供了重要的思想资源。可以说,作为儒家学派的创始人,他对经学范式的确立,不仅体现为在他对"六经"的诠释理念以及《易传》《春秋》等经典文本的编撰上,更是体现在儒家后传弟子们对孔子思想的传承、进而编撰成书的《书序》《诗序》《礼记》《左传》《公羊传》《穀梁传》等诠释上,从而诠释中建构了自己的范式。换言之,孔子的经学在中国历史上具有范式的意义,不仅体现为对于汉学有一定的启发意义,而且对后来的宋学也有重要的奠基作用。所以,我们在探究孔子经学的时候,就要兼顾汉学、宋学两个维度。正因如此,孔子去世之后,他的弟子子夏、曾子两人就由此成为这两派宗师级别的人物。

另外,孔子将"六经"的价值由本体之"天",转化为本体之"仁",亦即改变了商周时期对宇宙神祇、礼乐制度的崇尚,进一步转向了对人本身的尊崇,从而实现了经典的意义与重心转变。在某种程度上而言,孔子对以往流行的"道"有了全新的理解与认知,并将仁融入"道"之中,使得圣人之"道"也有了新的内涵与思想。所以,孔子所说的"志于道",这个道虽然依旧是尧、舜、禹、汤、文、武、周公所倡导的王道,但在孔子这里开始有了全新的理解与解释,并实现了中华文化模式的开创者,也就是说,"六经"自孔子之后,开始由先王政

---

① 劳思光:《新编中国哲学史》,广西师范大学出版社 2005 年版,第 75 页。

典转化为儒家之言,"六经"之学自然成为儒家之道的知识体系。如马宗霍所云:"未修订以前,六艺但为政典;已修订以后,六艺乃有义例。政典备,可见一王之法;义例定,遂成一家之言。"①孔子将"六经"作为儒家学说的基础,而儒家之学的盛行,才真正奠定了中华民族文化的根基与思想源泉。正如徐复观先生所言:

> 孔子之学,从文献上说,概括了后来之所谓"六经",所以他才真正可以说集古代文化的大成。同时,他并转化了传统的价值观念,创发了新的价值观念,所以他才真正可以说是后来文化的源泉。②

美国学者史华兹也说:"作为一位'文化英雄',孔子所拥有的独一无二的地位的确是罕见的,在任何其他古代文明之中均找不到恰当的对等人物,尽管人们能在诸如佛教与基督教这类特殊的宗教传统中找见类似的对等人物。……许多在中国历史中寻求智慧、以'传统'为取向的现代中国人,仍然把孔子看成是'中国思想'(Chinese mind)或中国文化的基本价值取向之精髓的体现。"③总之,作为儒家学派的创始人——孔子,以复兴三代文明为理想,对之前"六经"作了较为系统的整合与诠释,赋予了这些经典以新的伦理政治理念,使之成为儒家学说的源头。可以说,孔子借助整理、诠释"六经"所建构的思想学说,最终成为儒学及中华民族文化的根基与思想源泉。

---

① 马宗霍:《中国经学史》,上海书店出版社 1984 年版。
② 徐复观:《徐复观论经学史二种》,上海书店出版社 2005 年版,第 26 页。
③ [美]本杰明·史华兹:《古代中国的思想世界》,程钢译,江苏人民出版社 2003 年版,第61 页。

第四讲　春秋战国的经学

　　春秋时期,战争日益频仍,各国为了自己的利益,开始从各个方面强化自己的实力,礼乐制度日益瓦解。与此同时,随着官学的衰微,私学日益兴盛,各国的学者、官员对于"六经"、礼乐、仁义等都结合各自的需要进行了全新的解释。例如,管仲、子产等政治家淡化对"六经"、道德教化的关注,而注重对礼法、事功思想的强调。老子作为当时的思想家,鉴于官学衰微、社会文化变迁,也开始从理论层次上思考传统人文精神、礼乐教化的价值和意义,他一方面极力批判那种急功近利的做法,同时也反对仁义伪善的行为,希望统治阶层能够效法天道自然,使社会治理回归正道。可以说,在春秋战国时期,王室日渐衰微,由此也导致了王官之学的衰微,而掌握在王室中的"六经"之学也随之被分化,成为诸子百家思想的重要源头,这一点正如《庄子·天下篇》中所言:

　　　　《诗》以道志,《书》以道事,《礼》以道行,《乐》以道和,《易》以道阴阳,《春秋》以道名分。其数散于天下而设于中国者,百家之学,时或称而道之。天下大乱,贤圣不明,道德不一,天下多得一察焉以自好。譬如耳、目、鼻、口,皆有所明,不能相通,犹百家众技也,皆有所长,时有所用,虽然不该不遍,一曲之士也。判天地之美,析万物之理,察古人之全,能备于天地之美,称神明之容,是故内圣外王之道,暗而不明,郁而不发,天下之人各为其所欲焉,以自为方。悲夫! 百家往而不反,必不合矣。①

正是由于春秋时期,开始进入了纷繁芜杂的战乱之中,"天下大乱,贤圣不明,道德不一",如此一来"六经"也开始分散于各个诸侯国之中,它们被学者所掌

---

　　①　(清)王先谦:《庄子集解》卷八《天下第三十三》,中华书局1987年版,第288页。

握，但不能够会通为一，由此造成了春秋以后"六经"之学的分裂、诸子百家开始诞生。可以说，到了春秋战国时期，学在官府、政教合一的制度遭到破坏，《尚书》《春秋》等文献散佚到各地，官学也分为了不同的流派，根据《汉书·艺文志》的记载有"九流十家"之多，但它们都源于官学。当然，孔子之后，其经学得到了众弟子如子夏、曾子、孟子、荀子等人的传承和发展，使得儒家经学成为春秋战国时期的显学。

一、子夏的经学传承及其意义

子夏（前507—前420年），姓卜名商，春秋时晋国人，孔子弟子，"孔门十哲"之一。他少时家贫，苦学入仕，曾做过鲁国太宰。孔子死后，他来到魏国的西河（今山西河津）讲学。授徒三百，当时的李克、吴起、田子方、李悝、段干木、公羊高等都是他的学生，连魏文侯都"问乐于子夏"，尊他为师。子夏作为孔子及门子，他对孔子经学的传承更是发挥了举足轻重的作用①。

（一）子夏对孔子经学的传承、发展

子夏在孔子的弟子中，以"文学"（即经学）著称，是"孔门十哲"之一，小孔子四十四岁。子夏是孔子去世后，最为重要的经学传承者和推广者，对此《史记·儒林列传》就曾记载说道：

> 自孔子卒后，七十子之徒散游诸侯，大者为师傅、卿相，小者友教士大夫，或隐而不见。故子路居卫，子张居陈，澹台子羽居楚，子夏居西河，子贡终于齐。如田子方、段干木、吴起、禽滑釐之属，皆受业于子夏之伦，为王者师。是时，独魏文侯好学。②

从《史记》的记载可以看出，孔子至孟子的中间期，对孔子经学及思想传播贡献最大的莫过于子夏。魏文侯作为魏国的开国国君，他在子夏的影响下，积极的变法图强，使魏国成为当时的强国。也正是因为魏文侯，魏地出现了儒学繁

---

① 高培华：《卜子夏考论》，社会科学文献出版社2012年版；杨朝明：《子夏及其传经之学考论》，载杨朝明、修建军主编：《孔子与孔门弟子研究》，齐鲁书社2004年版，第460—478页。

② （汉）司马迁：《史记》卷一百二十一《儒林列传第六十一》，第3116页。

盛的局面。

子夏对于"六经"的传授与诠释,其成绩在孔门弟子中最为显著。随着汉唐之际流行章句注疏经学,子夏被视为汉唐经注之学的源头。东汉徐防上疏朝廷说:"臣闻《诗》《书》《礼》《乐》,定自孔子。发明章句,始于子夏。其后诸家分析,各有异说。"①南宋洪迈更是具体分析说:

> 孔子弟子惟子夏于诸经独有书,虽传记杂言未可尽信,然要为与他人不同矣。于《易》则有传,于《诗》则有序。而《毛诗》之学,一云子夏授高行子,四传而至小毛公;一云子夏传曾申,五传而至大毛公。于《礼》则有《仪礼·丧服》一篇,马融、王肃诸儒多为之训说。于《春秋》,所云"不能赞一辞",盖亦尝从事于斯矣,公羊高实受之于子夏,穀梁赤者,《风俗通》亦云子夏门人。于《论语》,则郑康成以为仲弓、子夏等所撰定也。后汉徐防上疏曰:"《诗》《书》《礼》《乐》,定自孔子,发明章句,始于子夏。"斯其证云。②

在洪迈看来,孔门弟子唯有子夏于"六经"皆有传授与诠释,并开启了汉代章句之学。后清人朱彝尊也认同徐防、洪迈所说,他也曾说:

> 洪氏申明子夏传经之功,可谓得其要矣。《韩非子》:自孔子之死,有子张之儒,有子思之儒,有颜氏之儒,有孟氏之儒,有漆雕氏之儒,有仲良氏之儒,有公孙氏之儒,有乐正氏之儒。而子夏之门人,若高行子、曾申、公羊高、穀梁赤,传《诗》及《春秋》者反不与焉,不得其解也。③

朱彝尊肯定了徐防、洪迈的说法。可以说徐防、洪迈认为"六经"皆传自子夏,成为古代传统学术中的非常具有代表性说法。晚清康有为也说:"传经之学,子夏为多。"又说:"传经之功,子夏为多。"④

关于子夏对诸经的传授,古代有很多文献都有记载。如子夏传承《易》

---

① （南朝宋）范晔:《后汉书》卷四十四《徐防传》,中华书局 1965 年版,第 1500 页。
② （宋）洪迈撰,穆公校点:《容斋随笔》上《容斋续笔》卷十四《子夏经学》,上海古籍出版社 2015 年版,第 262—263 页。
③ （清）朱彝尊:《经义考》卷五《卜子商易传伪本》提要,上海古籍出版社 2010 年版,第 62 页。
④ （清）康有为:《康南海先生口说·学术源流七》,中山大学出版社 1985 年版,第 13 页。

学,据《说苑》《孔子家语》等都有子夏向孔子学《易》的记载,说明子夏与《易》的传承有关联。《孔子家语·六本》记载:

> 孔子读《易》,至于《损》《益》,喟然而叹。子夏避席问曰:"夫子何叹焉?"孔子曰:"夫自损者必有益之,自益者必有决之,吾是以叹也。"子夏曰:"然则学者不可以益乎?"子曰:"非道益之谓也,道弥益而身弥损。夫学者损其自多,以虚受人,故能成其满。博也天道,成而必变,凡持满而能久者,未尝有也。故曰自贤者,天下之善言不得闻于耳矣。昔尧治天下之位,犹允恭以持之,克让以接下,是以千岁而益盛,迄今而逾彰。夏桀、昆吾自满而无极,亢意而不节,斩刈黎民如草芥焉。天下讨之,如诛匹夫,是以千载而恶著,迄今而不灭满也。如在舆,遇三人则下之,遇二人则式之。调其盈虚,不令自满,所以能久也。"子夏曰:"商请志之,而终身奉行焉。"①

这里充分展现了孔子对《周易》中损、益两卦的解读,强调谦受益,满招损。为了解读这两卦,孔子还援引历史史实证明其说:尧治理天下,因为注重谦让,"千岁而益盛";夏桀、昆吾自满放纵,使得天下讨之,"如诛匹夫"。孔子的解读得到了子夏的认可。不仅如此,子夏还曾经作《易传》,尽管此书一般被认为是最早的《易》学研究著述,但却被后世学者一再认为是伪书。正如四库馆臣所言:"说《易》之家最古者,莫若是书,其伪中生伪,至一至再而未已者,亦莫若是书。"②子夏传承《易》学可能性极大,从子夏的姓氏,我们可以得知,其先祖是以王官为职、占卜为业的"卜官"。③ 郑樵《通志·氏族略》中也说道:

> 卜氏,《周礼》"卜人氏"也。鲁有卜楚邱,晋有卜偃,楚有卜徒父,皆以卜命之。其后遂以为氏,如仲尼弟子卜商之徒是也。④

由于在周代学术官守、官师合一、世卿世禄的制度下,父子相继、世守其业。而

---

① 《孔子家语》卷四《六本》,王国轩、王国梅译注,中华书局 2009 年版,第 131—132 页。
② (清)永瑢等:《四库全书总目》卷一《子夏易传》提要,中华书局 1965 年版,第 1 页。关于此书的作者、传本与内容,我国台湾地区学者徐芹庭先生做了较为详细的论述。参见徐芹庭:《汉易阐微》,中国书店 2010 年版,第 85—110 页。
③ 参见高培华:《卜子夏考论》,社会科学文献出版社 2012 年版,第 54 页。
④ (宋)郑樵撰,王树民点校:《通志》卷二十八《氏族略》,中华书局 1995 年版,第 159 页。

子夏姓卜,据此可知子夏是卜官的后代。到了春秋时期,子夏的家道中落,但其家学渊源,也使其对占卜之学、易学等有一定的了解。孔子晚年探究《易》学,子夏精通经学,自然也得到了孔子之真传。关于《子夏易传》的作者是否就是子夏,很多学者对之进行了考辨,其中刘大钧先生结合出土文献更是旁征博引,有力地论证了《子夏易传》并非伪作而是子夏所作的史实,他研究后就说道:"若以今本与近年出土之上博楚竹书《周易》及马王堆帛书《易经》及其他古籍对比而考察《子夏易传》之文字,更可知其确为学有渊源的先秦古《易》传本无疑也。"①

子夏对《诗》也有自己独到的理解,并得到孔子的赞赏,如《论语·八佾》载:子夏与孔子论《诗》,孔子很受启发,说:"起予者商也! 始可与言《诗》已矣。"另据《汉书·艺文志》载:"有毛公之学,自谓子夏所传。"②即汉代《毛诗》为子夏所传。不仅如此,《毛诗序》也是子夏所作,如《郑志》记载郑玄语云:"此《序》子夏所为,亲受圣人,足自明矣。"③三国吴人陆玑在其《毛诗草木鸟兽虫鱼疏》一书中也说:"孔子删《诗》,授卜商,商为之序。"④后来学者一般都认为《毛诗序》为子夏所作。此外,《新唐书·艺文志》载:"《韩诗》,卜商《序》,韩婴《注》,二十二卷。"⑤亦即《韩诗序》也为子夏所作。这些记载都证明了子夏在《诗经》传承史上具有承上启下的重要作用。

有关子夏研习《尚书》的材料不多,但在《尚书大传·略说》中记载有子夏研习《尚书》,以及孔子对子夏读《书》的评价,其曰:

> 子夏读《书》毕,见夫子,夫子问焉:"子何为于《书》?"对曰:"《书》之论事也,昭昭如日月之明,离离若参辰之错行,上有尧、舜之道,下有三王之义,商所受于夫子者,志之弗敢忘也。虽退而穷居河济之间、深山之中,壤室编蓬为户,于中弹琴,咏先王之道,则可发愤慷慨矣。"……孔子愀然

---

① 刘大钧:《今古文义易学流变述略——兼论〈子夏易传〉真伪》,《周易研究》2006 年第6 期。

② (汉)班固:《汉书》卷三十《艺文志第十》,第 1708 页。

③ (魏)郑小同:《郑志》卷上。

④ (三国吴)陆玑:《毛诗草木鸟兽虫鱼疏》卷下《毛诗》,中华书局 1985 年版,第 70 页。

⑤ (宋)欧阳修、宋祁等:《新唐书》卷五十七《艺文志》,中华书局 1975 年版,第 1429 页。

变容曰："嘻！子殆可与言《书》矣。虽然，见其表，未见其里，窥其门，未
入其中。"①

这段话在《孔丛子》《韩诗外传》中也有记载，这些都说明子夏曾研习《尚书》，
尽管他认真体悟到了《尚书》精髓，但孔子依旧认为他理解不够深刻。但足以
证明子夏很好地传承了孔子《尚书》学的思想与方法，成为孔门《尚书》学的著
名弟子。

对于《礼》，子夏曾经作《丧服传》，解释了《仪礼·丧服》的内容，他的解
释主要是根据尊尊、亲亲、名分、出入、长幼等原则，对丧服的等级、服丧的时期
等礼仪做了详细的说明。对于乐，《礼记·乐记》记载了魏文侯对子夏说自己
对古乐没有兴趣，于是子夏就为魏文侯讲解了乐的价值和意义，并区分了古乐
和新乐的异同。其文曰：

"今夫新乐，进俯退俯，奸声以滥，溺而不止，及优、侏儒，獶杂子女，
不知父子。乐终，不可以语，不可以道古。此新乐之发也。今君之所问者
乐也，所好者音也。夫乐者，与音相近而不同。"文侯曰："敢问何如？"

子夏对曰："夫古者，天地顺而四时当，民有德而五谷昌，疾疢不作而
无妖祥，此之谓大当。然后圣人作为父子君臣，以为纪纲。纪纲既正，天
下大定。天下大定，然后正六律，和五声，弦歌《诗·颂》，此之谓德音，德
音之谓乐。《诗》云：'莫其德音，其德克明。克明克类，克长克君。王此
大邦，克顺克俾。俾于文王，其德靡悔。既受帝祉，施于孙子。'此之谓
也。今君之所好者，其溺音乎？"文侯曰："敢问溺音何从出也？"

子夏对曰："郑音好滥淫志，宋音燕女溺志，卫音趋数烦志，齐音敖辟
乔志。此四者皆淫于色而害于德，是以祭祀弗用也。《诗》云：'肃雍和
鸣，先祖是听。'夫肃，肃敬也；雍，雍和也。夫敬以和，何事不行？ 为人君
者，谨其所好恶而已矣。君好之，则臣为之。上行之，则民从之。《诗》
云：'诱民孔易。'此之谓也。然后，圣人作为鼗、鼓、椌、楬、埙、篪。此六

---

① （汉）伏胜撰，（汉）郑玄注，（清）陈寿祺辑校：《尚书大传》卷三，中华书局1985年版，第
131—132页。

者,德音之音也。然后钟、磬、竽、瑟以和之,干、戚、旄、狄以舞之。此所以
祭先王之庙也,所以献、酬、酳、酢也,所以官序贵贱各得其宜也,所以示后
世有尊卑长幼之序也。钟声铿,铿以立号,号以立横,横以立武。君子听
钟声,则思武臣。石声磬,磬以立辨,辨以致死。君子听磬声,则思死封疆
之臣。丝声哀,哀以立廉,廉以立志。君子听琴瑟之声,则思志义之臣。
竹声滥,滥以立会,会以聚众。君子听竽、笙、箫、管之声,则思畜聚之臣。
鼓鼙之声欢,欢以立动,动以进众。君子听鼓鼙之声,则思将帅之臣。君
子之听音,非听其铿枪而已也,彼亦有所合之也。"①

从上面可以看出,子夏对音乐颇有理解,并具有很高的造诣。在他看来,音乐
非常重要,不仅关系人们的心情表达,更为主要的是,它与人伦道德、社会秩序
息息相关。好的音乐,可以让人们家庭和睦、社会有序,所以上古的音乐成就
了王道社会。不好的音乐,会使得风气败坏、社会政治混乱,所以现在的音乐
让社会失序。总之,音乐是秩序的重要保障,所以它应当与礼制一样受到重
视,统治阶层应该利用它来治国理政,从而实现理想的王道社会。

　　对于子夏参与并传承孔子《春秋》一说,更是得到了古人的一致认同。如
《史记·孔子世家》说孔子修《春秋》,"笔则笔,削则削,子夏之徒不能赞一
辞"②。说明孔子修《春秋》,子夏曾参与,在这里以子夏来说孔子《春秋》,这
就说明子夏经学造诣水平之高。如果从后来很多的传世文献记载来看,子夏
的确对《春秋》有深刻的认知与体悟,如《韩非子·外储说右上》云:

　　　　患之可除,在子夏之说《春秋》也。……子夏曰:"《春秋》之记臣杀
　　君、子杀父者以十数矣,皆非一日之积也,有渐而以至矣。凡奸者,行久而
　　成积,积成而力多,力多而能杀,故明主蚤绝之。"③

董仲舒的《春秋繁露·俞序》也说道:

　　　　卫子夏言:"有国家者不可不学《春秋》,不学《春秋》,则无以见前后

① 　(汉)郑玄注,(唐)孔颖达疏:《礼记正义》卷三十九《乐记》,第 1122—1129 页。
② 　(汉)司马迁:《史记》卷四十七《孔子世家第十七》,第 1944 页。
③ 　(清)王先慎撰,钟哲点校:《韩非子集解》卷十三《外储说右上第三十四》,中华书局
1998 年版,第 309、314 页。

> 旁侧之危,则不知国之大柄、君之重任也。故或胁穷失国,撜杀于位,一朝至尔。苟能述《春秋》之法,致行其道,岂徒除祸哉? 乃尧舜之德也。"

> 故子夏言《春秋》重人,诸讥皆本此。或奢侈使人愤怨,或暴虐贼害人,终皆祸及身。①

刘向的《说苑·复恩》也记载云:

> 子夏曰:"《春秋》者,记君不君、臣不臣、父不父、子不子者也。此非一日之事也,有渐以至焉。"②

从这些都可以看出,子夏对于《春秋》有着深刻的理解与感悟,认为《春秋》不仅可以修身,也可以治国,他对《春秋》所说的等级礼乐精神颇为认同,这与孔子所宣扬的重礼、复周的思想颇有一脉相承之处。

另外,据很多文献记载,子夏对《春秋》的传承,主要是《春秋公羊传》与《春秋穀梁传》。如东汉何休《公羊传解诂》引戴宏《公羊传序》记载了子夏一系传承《公羊传》的谱系:

> 子夏传与公羊高,高传与其子平,平传与其子地,地传与其子敢,敢传与其子寿。至汉景帝时,寿乃与齐人胡毋子都著于竹帛。③

戴宏是汉安帝、顺帝时期的人物,虽然与公羊寿、胡毋子都不是同时代的人,但都是汉代的人,所记载的应该更符合历史。对于《穀梁传》的传承,如应劭《风俗通义·佚文》称:"穀梁氏,穀梁赤,子夏门人。"④唐代杨士勋《春秋穀梁传疏》也说:"穀梁子名淑,字元始,受经于子夏,为经作传,以授荀卿。"

总的来说,正是由于子夏的传承,促成了孔子经学的传承和发展,并为孔子到汉代之间的传承与发展起到了桥梁的作用,更为"汉学"范式的发生奠定了学术思想基础。正如清人陈玉澍在《卜子年谱》中所言:"无曾子则无宋儒之道学,无卜子则无汉儒之经学。宋儒之言道学者,必由子思、孟子而溯源于曾子;汉儒之言经学者,必由荀、毛、公、谷而溯源于卜子。是孔子为宋学、汉学

---

① (清)苏舆撰,钟哲点校:《春秋繁露义证》,中华书局1992年版,第160—163页。

② (汉)刘向撰,向宗鲁校证:《说苑校证》卷六《复恩》,中华书局1987年版,第142页。

③ (汉)何休:《春秋公羊传注疏》,第1页。

④ (汉)应劭撰,王礼器校注:《风俗通义校注·佚文》,中华书局1981年版,第550页。

之始祖,而曾子、卜子为宋学、汉学之大宗也。"①

(二)子夏经学的学术渊源及其思想

子夏在经学方面取得了很大的成绩,在经学诠释方面,他强调"章句"之学。此"章句"一词来自《后汉书·徐防传》:"臣闻《诗》《书》《礼》《乐》定自孔子,发明章句始于子夏。"②由于章句之学不仅是汉学的主要表现形式,也是宋学的重要表现形式,所以子夏对于经学的发展具有十分重要的引领作用。

子夏在经学诠释上有自己独到的观点,并由此得到了孔子的高度称赞。如《论语·八佾》载,子夏曾与孔子论诗,对老师的思想颇有领悟,由此得到了老师的高度评价:

> 子夏问曰:"'巧笑倩兮,美目盼兮,素以为绚兮。'何谓也?"子曰:"绘事后素。"曰:"礼后乎?"子曰:"起予者商也! 始可与言诗已矣。"③

在这里,子夏就《诗经·卫风·硕人》中的诗句请教孔子,孔子回答说:"绘事后素。"意思是说,绘画须先有素底然后再施加彩绘。子夏据此就想到了"礼"和"仁"的关系,认为以仁为素底、然后行礼。孔子听了之后非常高兴,认为这种解读非常好,还启发了他本人。从这可以看出,子夏借助《诗经》准确诠释了孔子的仁学思想,即先仁后礼的思想。孔子在周游列国和回鲁国之后,更加强调仁的思想,认为仁是礼乐的根本,而礼乐是外在展现。他曾说:"人而不仁,如礼何? 人而不仁,如乐何?"④子夏一语中的,无疑得到了老师的高度评价。最为重要的是,古人一般都认为子夏序《诗》,由于《毛诗序》是《诗经》解读的重要方式,强化了诗教的意义,故子夏在《诗经》学史上具有开创范式的重要意义。

子夏重视经学,尤其注重经学的现实意义,如《论语·子张》中记载:"子夏曰:'百工居肆,以成其事,君子学以致其道。'"⑤在子夏看来,君子通过学

---

① (清)陈玉澍:《卜子年谱·自叙》,民国四年上虞罗氏排印"雪堂丛刻"本。
② (南朝宋)范晔:《后汉书》卷四十四《徐防传》,第1500页。
③ (魏)何晏注,(宋)邢昺疏:《论语注疏》卷三《八佾》,第32—33页。
④ (魏)何晏注,(宋)邢昺疏:《论语注疏》卷三《八佾》,第30页。
⑤ (魏)何晏注,(宋)邢昺疏:《论语注疏》卷十九《子张》,第257页。

习之后,一定要"致其道",即学以致用,这其实是孔子儒家学而优则仕思想的具体展现。这样的例子还有很多,比如:

> 子夏曰:"《春秋》之记臣杀君,子杀父者,以十数矣,皆非一日之积也,有渐而至矣。"凡奸者行久而成积,积成而力多,力多而能杀,故明主蚤绝之。今田常之为乱,有渐见矣而君不诛,晏子不使其君禁侵陵之臣,而使其主行惠,故简公受其祸,故子夏曰:"善持势者,蚤绝奸之萌。"①

> 子夏言:"有国家者,不可不学《春秋》。不学《春秋》则无以见前后旁侧之危,则不知国之大柄,君之重任也。故或胁穷失国,掩杀于位,一朝至尔。苟能述《春秋》之法,致行其道,岂徒除祸哉?乃尧舜之德也。"②

在这两段史料中,子夏认为《春秋》所记载的很多事件的发生都是渐渐发生的,所以在现实社会中为政者一定要防微杜渐。另外,他强调治理国家的人一定要学习《春秋》,其中有很多治国安邦之道可供借鉴。总之,子夏对《春秋》的解读注重其对政治治理的借鉴,换言之,子夏经学的解释非常强调经世致用,而非简单地阅读章句。

子夏经学是其儒学思想建构的重要方式,也正是因为如此,子夏结合时代的需要对孔子经学做了传承与诠释,从而发展了孔子儒学,成为孔子之后儒学的重要传承者,对此正如梁启超所言:

> 当孔子之在世,其学未见重于时君也。及魏文侯,受经子夏,继以段干木、田子方,于是儒教始大于西河。文侯初置博士官,实为以国力推行孔学之始,儒教第一功臣,舍斯人无属矣。③

的确,孔子周游列国,但是其学未能得到各国国君的重视和实践,但是子夏继承和发展了孔子儒学并得到了魏文侯君臣的认同和实践,从而使得儒学在孔子之后得以在三晋地区传播、发展,并创立了西河学派,由此极大地光大了儒学。

---

① (清)王先慎撰,钟哲点校:《韩非子集解》卷十三《外储说右上第三十四》,第314页。
② (清)苏舆撰,钟哲点校:《春秋繁露义证》,第160—161页。
③ 梁启超:《论中国学术思想变迁之大势》,上海古籍出版社2001年版,第54页。

（三）子夏"西河学派"经学的礼法化

既然子夏对"六经"传承作出了这么大的贡献，《韩非子》所记载的，孔子去世后，儒分为八派，为什么没有子夏之儒？韩非子之所以没有将子夏列为儒门一派，是因为子夏所传承的经学，一部分弟子在战国时期演变为法家。故在韩非子看来，子夏非儒门正宗，故不列入。据《史记·儒林列传》记载，在孔子去世之后，他到魏国西河讲学，当时的田子方、段干木、吴起、禽滑釐等人皆受业于子夏。

> 如田子方、段干木、吴起、禽滑釐之属，皆受业于子夏之伦。为王者师，是时独魏文侯好学，后陵迟以至于始皇。[①]

由于魏文侯礼贤下士，并以师礼事之，当时的李悝、吴起都受到子夏之学的影响。李悝（也作李克）后来被视为战国法家的开山鼻祖，他曾受业于子夏弟子曾申。而后来魏人商鞅的学术渊源便出自李悝。《史记》记载说商鞅曾携李悝《法经》从魏国到秦国，以之作为变法的理论思想。之后的荀子、李斯、韩非等人也是子夏之后传弟子。就此而言，法家源于儒家，钱穆先生就曾说："法原（源）于儒。"[②]郭沫若也曾说：

> 李悝、吴起、商鞅都出于儒家的子夏，是所谓"子夏氏之儒"……因此，前期法家，在我看来是渊源于子夏氏。子夏氏之儒在儒中是注重礼制的一派，礼制与法制只是时代演进上的新旧名词而已。[③]

由于法家早期的人物李悝、吴起、商鞅都曾师从子夏，并进而将子夏重"礼"的学说改造为礼法思想，从而形成了法家早期的思想。由此可以说，子夏是"春秋战国之际孔门中由儒学礼治思想过渡到法家政术思想的一位枢纽人物"[④]。

尽管子夏之学成为战国时期的法家思想之源泉，并被列为法家思想的先驱。但是我们不能否认，子夏是春秋战国时期儒家经典及其学说的重要传承者。当然，子夏经学已经有一定的礼法化倾向，但最终加剧这种学术倾向的是

---

① （汉）司马迁：《史记》卷一百二十一《儒林列传第六十一》，第3116页。
② 钱穆：《先秦诸子系年·自序》，商务印书馆2005年版，第46页。
③ 郭沫若：《十批判书·前期发家的批判》，东方出版社1996年版，第357—358页。
④ 何新：《孔子年谱》，时事出版社2007年版，第164页。

荀子。如《荀子·王霸》中就说：

> 国无礼则不正。礼之所以正国也,譬之:犹衡之于轻重也,犹绳墨之
> 于曲直也,犹规矩之于方圆也,既错之而人莫之能诬也。①

在这里,荀子对礼的认知发生了改变,他认为礼具有很强约束力和成文法的特质,这较《礼记》所言的自然礼俗有很大的改变,如《礼记·礼器》就说:"礼也者,合于天时,设于地财,顺于鬼神,合于人心,理万物者也。"②

　　总的来说,孔子去世之后,其学术思想开始分化,其弟子曾子设教武城,其学三传而至孟子,最终形成了注重内圣的思孟学派;而子夏则教授于西河,其学三传而至荀子。这样一来,曾子、孟子一系与子夏、荀子一系分别成为孔子内圣、外王两大派别的代表。在某种程度上来说,这既是儒学的发展演化,更是经学的发展演化。毕竟,后来解经者,注重内省的一派形成了"六经注我"的方式,而注重外求的则形成了"我注六经",汉学、宋学自然由此而发生。

二、墨子的经学与兼爱非攻

　　墨家的主要代表人物是墨子,他出生于鲁国。其生卒年,《后汉书》认为墨子与孔子孙子子思同时,清人孙诒让在其《墨子年表》中认为墨子生于周定王元年(前468年),卒于周安王二十六年(前376年),基本上也是肯定了《后汉书》的观点。

　　墨子一生十分坎坷、困苦,后为宋国大夫。他在早年曾受业于儒家,《淮南子·要略》中就说道:"墨子学儒者之业,受孔子之术,以为其礼烦扰而不说,厚葬靡财而贫民,服伤生而害事,故背周道而用夏政。"③表明墨子尽管学于儒家,但是对儒家提倡的礼乐制度并不完全赞同,于是推崇比较简化的礼乐形式,而这与夏代礼乐类似。清末孙诒让对此也评价说他"于礼则法夏而绌

---

① (清)王先谦:《荀子集解》卷七《王霸篇第十一》,中华书局1988年版,第209—210页。
② (汉)郑玄注,(唐)孔颖达疏:《礼记正义》卷二十二《乐器》,第717页。
③ 何宁:《淮南子集释》卷二十一《要略》,中华书局1998年版,第1459页。

周"①。当然,墨子并没有完全放弃周礼,只不过希望化繁为简,托名为夏政罢了。总之,墨子脱胎于儒家,但他之所以要创立新的学派,很大程度上是因为儒家自身发展的弊端问题。这一点正如胡适在其《中国哲学史大纲》中所说:

> 儒家自孔子死后,那一般孔门弟子不能传孔子学说的大端,都去讲究那丧葬小节。请看《礼记·檀弓篇》所记孔门大弟子子游、曾子的种种故事,那(哪)一桩不是争一个极小极琐碎的礼节?(如"曾子吊于负夏",及"曾子衣裘而吊","子游裼裘而吊"诸条)。再看一部《仪礼》那种繁琐的礼仪,真可令今人骇怪。墨子生在鲁国,眼见这种种怪现状,怪不得他要反对儒家,自创一种新学派。②

在胡适看来,墨子因为孔子弟子们不能继承孔子思想的主体,而追逐于细枝末节,所谓"争一个极小极琐碎的礼节",从而使得礼仪还是异常繁琐,不能适应那个时代,所以墨子删繁就简,创立了墨家学派。这样看来,似乎墨家学派实际上就是儒家学派的简化版而已。当然,我们不能简单理解,墨子不仅对儒家学说做了传承,还对此做了适应时代需求的改造。墨子的学说离不开儒学,更离不开"六经"的传承诠释,其在思想上与儒家颇有近似之处,《韩非子·显学篇》就说:"孔子、墨子俱道尧舜,而取舍不同。"③另外,墨家在思想诠释的时候,多次引证《诗经》《尚书》中的语句,如《尚贤》引述《周颂》《吕刑》《非命》引述《泰誓》等等都是如此,所以探究墨子对"六经"的传承、诠释及其思想,对于理解墨子思想有着非常重要的价值和意义。

(一)墨子对"六经"的援引、诠释

墨子学养深厚,对"六经"之学颇为精通,故在《墨子》一书中大量援引了"六经"中的章句,以服务其学说。比如墨子对《尚书》语句的援引:

> 故先民以时生财,固本而用财,则财足。故虽上世之圣王,岂能使五谷常收而旱水不至哉?然而无冻饿之民者,何也?其力时急而自养俭也。故《夏书》曰:"禹七年水。"《殷书》曰:"汤五年旱。"此其离凶饿甚矣,然

---

① (清)孙诒让:《墨子闲诂·墨子后语》卷上《墨子传略第一》,第 683 页。
② 胡适:《中国哲学史大纲》,"民国学术经典文库"本,东方出版社 1996 年,第 130 页。
③ (清)王先慎撰,钟哲点校:《韩非子集解》卷十九《显学第五十》,第 457 页。

而民不冻饿者,何也? 其生财密,其用之节也。故食无备粟,不可以待凶饥;库无备兵,虽有义不能征无义;城郭不备全,不可以自守;心无备虑,不可以应卒。……且夫食者,圣人之所宝也。故《周书》曰:"国无三年之食者,国非其国也;家无三年之食者,子非其子也。"此之谓国备。①

在这里墨子引用《尚书》中《夏书》《殷书》中的部分章句,认为大禹时期遭遇了七年的水灾、商汤时期遭遇了五年的旱灾,但那时都没有饿死的人,原因就在于禹、汤都使用财富很节俭,而且有忧患意识,平时储备财物。所以,墨子以此来告诫人们一定要有储备,以防万一。尤其是粮食的储备更显得重要,为此他还引用《尚书·周书》中的语句来证实自己的思想,希望人们当有忧患意识,这种思想也是对《尚书》忧患意识的继承和发展。

对于治国模式,墨子强调圣贤政治。他曾多次引用《尚书》中的语句、史实来证明"尚贤"的重要性,如其所言:"且以尚贤为政之本者,亦岂独子墨子之言哉? 此圣王之道,先王之书《竖年》之言也。传曰:'求圣君哲人,以裨辅而身。'《汤誓》曰:'聿求元圣,与之戮力同心,以治天下。'则此言圣之不失,以尚贤使能为政也。"②这里墨子引用《尚书·汤誓》中的语句③,来强调尚贤的重要性。不仅如此,墨子还曾多次援引《诗经》语句来阐发他的"尚贤""尚同"的思想。比如:

诗曰:"告女忧恤,诲女序爵,孰能执热,鲜不用濯?"则此语古者国君、诸侯之不可以不执善承嗣辅佐也。譬之犹执热之有濯也,将休其手焉。古者圣王唯毋得贤人而使之,班爵以贵之,裂地以封之,终身不厌。贤人唯毋得明君而事之,竭四肢之力以任君之事,终身不倦。若有美善则归之上。是以美善在上,而所怨谤在下;宁乐在君,忧戚在臣。故古者圣王之为政若此。④

是以先王之书《周颂》之道曰:"载来见彼王,曰求厥章。"则此语古者

---

① (清)孙诒让:《墨子闲诂》卷一《七患第五》,第28—30页。
② (清)孙诒让:《墨子闲诂》卷二《尚贤中第九》,第56—57页。
③ 这里的语句并非出自《尚书·汤誓》,伪古文《尚书》将其列入《汤诰》篇中。
④ (清)孙诒让:《墨子闲诂》卷二《尚贤中第九》,第51—53页。

国君诸侯之以春秋来朝聘天子之廷,受天子之严教,退而治国,政之所加,莫敢不宾。当此之时,本无有敢纷天子之教者。《诗》曰:"我马维骆,六辔沃若,载驰载驱,周爰咨度。"又曰:"我马维骐,六辔如丝,载驰载驱,周爰咨谋。"即此语也。古者国君、诸侯之闻见善与不善也,皆驰驱以告天子,是以赏当贤,罚当暴,不杀不辜,不失有罪,则此尚同之功也。是故子墨子曰:"今天下之王公、大人、士君子,请将欲富其国家,众其人民,治其刑政,定其社稷,当若尚同之不可不察,此之本也。"①

在第一段史料中,墨子分别援引了《诗经·大雅·桑柔》篇中的诗句,认为作为国君、诸侯一定要亲近善待贤能,就好比对待拿了热东西的手,然后用冷水洗涤一样对待贤人,让贤人感到关爱。换言之,国君应该给予贤能相应的爵位、土地和待遇,贤能得到礼遇后自然会"竭四肢之力以任君之事,终身不倦"。在第二段史料中,墨子援引《诗经·周颂·载见》与《小雅·皇皇者华》,认为古代的国君、诸侯在治理国家的时候,严格遵守天子的政令;当遇到好与不好的事情,都也要"驰驱以告天子",以确保赏罚公平。这在某种意义上是对君王权威的一种维护,肯定了中央集权的重要性。所以,墨子认为治理国家一定要注重"尚同"的精神。

对于《礼》,墨子也提出了很多新的思想,他认为西周礼乐过于繁琐,所谓"繁饰礼乐以淫人,久丧伪哀以谩亲"(《非儒下》),所以他强调简化礼仪。对于《乐》而言,在古代,乐与礼相配,一并被作为治国安邦的重要手段。但是墨子认为"圣王不为乐",音乐并不是为了治国。如其所言:

程繁问于子墨子曰:"夫子曰:'圣王不为乐。'昔诸侯倦于听治,息于钟鼓之乐;士大夫倦于听治,息于竽瑟之乐;农夫春耕夏耘,秋敛冬藏,息于聆缶之乐。今夫子曰:'圣王不为乐',此譬之犹马驾而不税,弓张而不弛,无乃非有血气者之所不能至邪?"

子墨子曰:"昔者尧舜有茅茨者,且以为礼,且以为乐;汤放桀于大水,环天下自立以为王,事成功立,无大后患,因先王之乐,又自作乐,命曰

---

① (清)孙诒让:《墨子闲诂》卷三《尚同中第十二》,第88—90页。

《护》,又修《九招》;武王胜殷杀纣,环天下自立以为王,事成功立,无大后患,因先王之乐,又自作乐,命曰《象》;周成王因先王之乐,命曰《驺虞》。周成王之治天下也,不若武王,武王之治天下也,不若成汤,成汤之治天下也,不若尧舜。故其乐逾繁者,其治逾寡。自此观之,乐非所以治天下也。"①

墨子认为真正的圣王并不作乐,在他看来,从尧舜一直到周成王尽管音乐发展越来越繁盛,但是治理天下的功绩也越少,所谓"乐逾繁者,其治逾寡"。在墨子看来,既然音乐制作得越复杂,治理国家的功绩就越少,那么作为君王就应该减省音乐的制作,这样就可以实现天下的大治。墨子这种减省礼乐的思想与孔子儒学重视礼乐并不一致,也可以说是对孔子礼乐思想的改造。

总的来说,墨子援引《尚书》《诗经》来论证自己的兼相爱、尚贤、尚同的思想,实现了对《诗》《书》思想的继承与发展。毕竟,《诗》《书》所言主要是上古三代的王道理想,这对于墨子有着极为重要的经典佐证的价值。只不过,墨子强调平民平等、兼相爱、节用等思想,这与当时儒家所倡导的重视礼乐多有不同。总之,墨子对于"六经"之学持一种非常功利的态度,而非简单地传承"六经"、孔子之学,而是采取更加结合自身阶层状况进行了改造与理论化的设计,而这些思想自然也遭到了后来孟子的非议。

(二)墨子的经学诠释及其思想建构

在墨子的思想之中,其最高的哲学范畴依旧是"天",天是万物、社会及价值的主宰。所以,他认为治国者一定要重视"天道""法天"。如其所言:

> 然则奚以为治法而可? 故曰莫若法天。天之行广而无私,其施厚而不德,其明久而不衰,故圣王法之。既以天为法,动作有为,必度于天,天之所欲则为之,天所不欲则止。然而天何欲何恶者也? 天必欲人之相爱相利,而不欲人之相恶相贼也。奚以知天之欲人之相爱相利,而不欲人之相恶相贼也? 以其兼而爱之,兼而利之也。奚以知天兼而爱之兼而利之也? 以其兼而有之,兼而食之也。

---

① (清)孙诒让:《墨子闲诂》卷一《三辩第七》,第38—41页。

今天下无小大国，皆天之邑也。人无幼长贵贱，皆天之臣也。此以莫不刍牛羊、豢犬猪，洁为酒醴粢盛，以敬事天，此不为兼而有之，兼而食之邪？天苟兼而有食之，夫奚为其不欲人之相爱相利也！故曰：爱人利人者，天必福之；恶人贼人者，天必祸之。曰：杀不辜者，得不祥焉。夫岂不以人之相杀，而天与祸乎？是以天欲人相爱相利，而不欲人相恶相贼也。①

在墨子看来，上天是一切的主宰，"今天下无小大国，皆天之邑也。人无幼长贵贱，皆天之臣也"。同时，上天也是一切福祸、治国的主宰，所以作为臣民一定要秉承天道行事方可以获得上天的福佑。墨子认为，人只有"法天"，人与人之间"相爱相利"，上天才能福佑之，否则"恶人贼人者，天必祸之"。

墨子对天、天道的重视，并以"法天"为逻辑出发点，提出了"相爱相利""兼相爱"的思想，如其所云：

天下之乱物具此而已矣。察此何自起？皆起不相爱。若使天下兼相爱，爱人若爱其身，犹有不孝者乎？视父兄与君若其身，恶施不孝？犹有不慈者乎？视弟子与臣若其身，恶施不慈？故不孝不慈亡有。犹有盗贼乎？故视人之室若其室，谁窃？视人身若其身，谁贼？故盗贼亡有。犹有大夫之相乱家、诸侯之相攻国者乎？视人家若其家，谁乱？视人国若其国，谁攻？故大夫之相乱家、诸侯之相攻国者亡有。若使天下兼相爱，国与国不相攻，家与家不相乱，盗贼无有，君臣父子皆能孝慈，若此则天下治。故圣人以治天下为事者，恶得不禁恶而劝爱？故天下兼相爱则治，相恶则乱。故子墨子曰：不可以不劝爱人者，此也。②

故兼者，圣王之道也，王公大人之所以安也，万民衣食之所以足也。故君子莫若审兼而务行之。为人君必惠，为人臣必忠，为人父必慈，为人子必孝，为人兄必友，为人弟必悌。故君子莫若欲为惠君、忠臣、慈父、孝子、友兄、悌弟，当若兼之不可不行也。此圣王之道，而万民之大利也。③

① （清）孙诒让：《墨子闲诂》卷一《法仪第四》，第22—23页。
② （清）孙诒让：《墨子闲诂》卷四《兼相爱上第十四》，第100—101页。
③ （清）孙诒让：《墨子闲诂》卷四《兼相爱下第十六》，第127页。

墨子认为社会混乱的重要原因就源于人与人"不相爱"。所以,他认为只要天下人都能够"兼相爱",就不会出现那些不慈、不孝、盗贼、相攻的混乱局面,天下就会大治,五伦关系和谐有序。所以,在墨子看来,兼相爱是圣王治理天下的大道。兼相爱实际上是对《尚书》王道社会思想的继承与发展。正是因为如此,"兼爱"一直被视为墨家思想体系的核心和本质特征,正如清人张惠言《墨子经说解》也说:"墨之本在兼爱。"①墨子的兼爱,在本质上其实就是强调爱无等差,强调人要超越宗法制、礼乐制度,互助互利,这种博爱的思想,无疑是对孔子仁学的继承和发展,只不过陷入一种理想的境地,由此对儒家所强调的礼乐等级秩序产生了解构作用。对此,《孟子·滕文公下》就记载了孟子批判墨子和杨朱思想的话:"杨氏为我,是无君也。墨氏兼爱,是无父也。无父无君,是禽兽也。"②对此正如有学者所言:"墨家兼爱就是要打破家族本位,代之以社会本位;打破人与人之间原有的贫富、贵贱的地位,代之以新的彼此平等的地位。这显然是一种理想主义的爱。"③

尚贤也是墨子"兼相爱"思想的重要政治实践,这也是对《尚书》尧舜重视贤能、孔子选贤与能思想的继承和发展。如其所言:

> 子墨子言曰:"今者王公大人为政于国家者,皆欲国家之富,人民之众,刑政之治。然而不得富而得贫,不得众而得寡,不得治而得乱,则是本失其所欲,得其所恶,是其故何也?"子墨子言曰:"是在王公大人为政于国家者,不能以尚贤事能为政也。是故国有贤良之士众,则国家之治厚;贤良之士寡,则国家之治薄。故大人之务,将在于众贤而已。"④

> 子墨子言曰:"今王公大人之君人民,主社稷,治国家,欲修保而勿失,胡不察尚贤为政之本也?何以知尚贤之为政本也?曰:自贵且智者为政乎愚且贱者则治,用愚贱者为政乎贵且智者则乱,是以知尚贤之为政本也。"⑤

---

① (清)张惠言:《墨子经说解》,《墨子闲诂·墨子附录》,第 678 页。
② 《孟子正义》卷十三《滕文公下》,第 456 页。
③ 胡晓明主编,薛柏成著:《墨子讲读》,华东师范大学出版社 2010 年版,第 67 页。
④ (清)孙诒让:《墨子闲诂》卷二《尚贤上第八》,第 43—44 页。
⑤ (清)孙诒让:《墨子闲诂》卷二《尚贤中第九》,第 49 页。

墨子反复强调"尚贤"是治国安邦的根本所在,也是统治者"欲国家之富,人民之众"的重要方式。这与"刑政之治"政治方式所导致的"不得富而得贫,不得众而得寡,不得治而得乱"后果形成了鲜明的对比。其中"刑政之治"其实也是对墨子那个时代李悝、吴起等人所推行的政治理念的批判。所以,墨子反复强调"尚贤之为政本""尚贤者,天、鬼、百姓之利而政事之本也"①,这种尚贤思想实则是对儒家选贤与能、为政以德学说的继承和宣扬。另外,究其根源,墨子所言的"尚贤"就是其"兼爱"思想在政治中的具体实施,如其所言:

> 故古圣王以审以尚贤使能为政,而取法于天。虽天亦不辩贫富贵贱、远迩亲疏,贤者举而尚之,不肖者抑而废之。然则富贵为贤以得其赏者,谁也? 曰:若昔者三代圣王尧、舜、禹、汤、文、武者是也。所以得其赏何也? 曰:其为政乎天下也,兼而爱之,从而利之,又率天下之万民以尚尊天事鬼,爱利万民,是故天鬼赏之,立为天子,以为民父母,万民从而誉之曰"圣王",至今不已。则此富贵为贤以得其赏者也。②

墨子认为古代的圣王能够效法天道,慎重地选拔贤能之人来治理国家,"以尚贤使能为政,而取法于天",在贤能之人的治理之下,统治者对于民众,就会"兼而爱之,从而利之"。反过来讲,统治者也由于兼爱而得到了民众的拥护、尊崇,并被尊为"圣王",世代享受民众的奉祀。墨子认为上古三代的尧、舜、禹、汤、文、武都是尚贤政治的典范,"尚贤者也,与尧、舜、禹、汤、文、武之道同矣"③。总之,尚贤充分体现了墨子的圣贤意识、民本思想,这也与后来孟子所强调的仁政理念颇有一脉相承性。

当然,墨子在强调"尚贤",并非一切都仅仅为了服务于民众,更多的是为了实现以天子、君主为核心的等级有序的社会政治秩序。所以,墨子在尚贤的基础上提出了"尚同"的思想。如其所言:

> 国君者,国之仁人也。国君发政国之百姓,言曰:"闻善而不善,必以告天子。天子之所是皆是之,天子之所非皆非之。去若不善言,学天子之

---

① （清）孙诒让:《墨子闲诂》卷二《尚贤下第十》,第73页。
② （清）孙诒让:《墨子闲诂》卷二《尚贤中第九》,第60页。
③ （清）孙诒让:《墨子闲诂》卷二《尚贤下第十》,第66页。

善言;去若不善行,学天子之善行。"则天下何说以乱哉? 察天下之所以治者,何也? 天子唯能壹同天下之义,是以天下治也。①

无君臣上下长幼之节,父子兄弟之礼,是以天下乱焉。明乎民之无正长以一同天下之义,而天下乱也,是故选择天下贤良圣知辩慧之人,立以为天子,使从事乎一同天下之义。天子既已立矣,以为唯其耳目之请,不能独一同天下之义,是故选择天下赞阅贤良圣知辩慧之人,置以为三公,与从事乎一同天下之义。②

天下既以治,天子又总天下之义,以尚同于天。故当尚同之为说也,尚用之天子,可以治天下矣;中用之诸侯,可用而治其国矣;小用之家君,可而治其家矣。是故大用之治天下而不窕,小用之治一国一家而不横者,若道之谓也。故曰:治天下之国若治一家,使天下之民若使一夫。意独子墨子有此,而先王无此其有邪? 则亦然也。圣王皆以尚同为政,故天下治。何以知其然也? 于先王之书也《大誓》之言然,曰:"小人见奸巧乃闻,不言也,发罪钧。"此言见淫辟不以告者,其罪亦犹淫辟者也。……是以子墨子曰:今天下王公大人士君子,中情将欲为仁义,求为上士,上欲中圣王之道,下欲中国家百姓之利,故当尚同之说而不可不察。尚同为政之本,而治要也。③

从上面墨子的话语来看,他所说的"尚同"实则是对"尚贤"思想的补充,其目的就是为了统一天下的教化、政令、思想于天子,也就是在贤能之人的治理下建构一个以天子为核心的有序的理想社会。可以说,在墨子的政治学说中,"兼爱"是一个目标、理想,"尚同"是在现实中的政治落实,希望建构一个以天子为核心的中央集权体制,而落实这一个政治状态的保障就是"尚贤"。无论是"尚贤",还是"尚同",其实都是对《尚书》、孔子儒家圣贤政治、大同社会思想的继承和发挥。另外,墨子的这一思想与当时的法家有一定的相通性。

---

① (清)孙诒让:《墨子闲诂》卷三《尚同上第十一》,第76页。
② (清)孙诒让:《墨子闲诂》卷三《尚同中第十二》,第78—79页。
③ (清)孙诒让:《墨子闲诂》卷三《尚同下第十三》,第95—96、98页。

　　总的来说,墨子作为儒家学说的传人,他在孔子儒家仁学思想的基础上,提出了"兼爱"的学说,作为治国的基本理念。墨子的"兼相爱"是一种没有亲疏远近、社会分别的普遍之爱,这与孔子爱有等差、亲亲尊尊有本质的差别。"尚贤"则实际上是墨子"法天""相爱相利"、兼爱思想在政治上的具体实践。当然,我们也不能否认,墨子的这种政治理想的出现,与战国初期激烈的社会冲突、频繁的兼并战争等有直接的关系。鉴于这种社会现实,墨子在政治、经济、文化等多个领域提出了自己的学说,而这些学说无疑具有很强的现实性,但也具有很强的理想性。

三、商鞅的经学观及其事功思想

　　到了战国中期,各国争夺越来越激烈,各国都开始进行变革,以期富国强兵。这一时期,秦国也开始任用商鞅进行变法,并依据成为当时富裕强大的国家。商鞅(约前 395—前 338 年),卫国国君的后裔,姬姓公孙氏,故又称卫鞅、公孙鞅,卫国(今河南安阳)人。后因在河西之战中立功获封商于十五邑,号为商君,故称之为商鞅。他主持的变法史称"商鞅变法"。商鞅作为战国时期变法的代表,他对于传统的王官之学并不完全认同,反而认为它们是发展强大的羁绊,故对"六经"之学发表了自己批判性的观点。尽管如此,"六经"之学在当时依然是最有影响力的话语体系,故他在建构自己思想体系的时候,也不可避免地利用经学诠释的形式,建构了自己功利性的学说体系。

(一)商鞅对"六经"之学的批判及思想

　　商鞅认为《诗》《书》《礼》《乐》等"六经"之学不仅对国家发展无益,而且还会削弱国力使人民贫乏。

> 《诗》《书》、礼、乐、善、修、仁、廉、辩、慧,国有十者,上无使战守。国以十者治,敌至必削,不至必贫。国去此十者,敌不敢至,虽至必却。兴兵而伐,必取;按兵不伐,必富。国好力者以难攻,以难攻者必兴;好辩者以易攻,以易攻者必危。……虽有《诗》《书》,乡一束,家一员,独无益于治

也，非所以反之之术也，故先王反之于农战。①

　　国有礼、有乐、有《诗》、有《书》、有善、有修、有孝、有弟、有廉、有辩，国有十者，上无使战，必削至亡；国无十者，上有使战，必兴至王。国以善民治奸民者，必乱至削；国以奸民治善民者，必治至疆。国用《诗》《书》、礼、乐、孝、悌、善、修治者，敌至必削，国不至必贫。国不用八者治，敌不敢至，虽至必却。兴兵而伐，必取，取必能有之；按兵而不攻，必富。②

在商鞅看来，《诗》《书》《礼》《乐》等"六经"为代表的儒家之学不但不能治国，反而还会导致削弱，甚至是亡国。相反，如果不推行"六经"、儒家之学就会兴盛强国，"国有十者，上无使战，必削至亡；国无十者，上有使战，必兴至王"。不仅如此，商鞅甚至把《诗》《书》《礼》《乐》及儒家之道比喻成祸国殃民的"虱害"，如其所言：

　　六虱：曰礼乐，曰诗书，曰修善，曰孝弟，曰诚信，曰贞廉，曰仁义，曰非兵，曰羞战。国有十二者，上无使农战，必贫至削。十二者成群，此谓君之治不胜其臣，官之治不胜其民，此谓六虱胜其政也。十二者成朴，必削。是故兴国不用十二者，故其国多力而天下莫能犯也。③

商鞅认为《诗》《书》《礼》《乐》及儒家之道就是导致国弱危困的渊薮，所以他希望摒弃这些，国家自然强大。总之，商鞅以非常功利的态度看待"六经"、儒家之学，尤其是将儒家之学所宣扬的礼乐文明看成是富国强兵的阻碍，并极力批判之，如其所云：

　　辩慧，乱之赞也；礼乐，淫佚之征也；慈仁，过之母也；任举，奸之鼠也。乱有赞则行，淫佚有征则用，过有母则生，奸有鼠则不止。八者有群，民胜其政；国无八者，政胜其民。民胜其政，国弱；政胜其民，兵疆。故国有八者，上无以使守战，必削至亡；国无八者，上有以使守战，必兴至王。④

　　仁者能仁于人，而不能使人仁；义者能爱于人，而不能使人相爱；是以

①　蒋礼鸿：《商君书锥指》卷一《农战第三》，中华书局1986年，第23—24页。
②　蒋礼鸿：《商君书锥指》卷一《去疆第四》，第29—30页。
③　蒋礼鸿：《商君书锥指》卷三《靳令第十三》，第80页。
④　蒋礼鸿：《商君书锥指》卷二《说民第五》，第35—36页。

知仁义之不足以治天下也。圣人有必信之性，又有使天下不得不信之法。所谓义者，为人臣忠，为人子孝，少长有礼，男女有别，非其义也。饿不苟食，死不苟生，此乃有法之常也。圣王者不贵义而贵法，法必明，令必行，则已矣。①

商鞅认为礼乐是导致民众放松淫佚的原因，仁慈是犯罪的根源，举贤则成了罪恶的庇护所。所以"仁义之不足以治天下"。儒家之学在商鞅眼中，成了落后、亡国的代表，所谓"国有八者，上无以使守战，必削至亡"。可以说，商鞅对儒家所宣扬的礼乐文明颇为排斥，希望淡化儒学的影响，以求利用法家之术来富国强兵，所谓"圣王者不贵义而贵法，法必明，令必行"。

总之，商鞅尽管生活在王官之学盛行的卫国，但是当他进入秦国之后，由于秦国在社会文化上落后于东方各国，这种缺乏传统礼乐文化积淀与传统羁绊的土壤，促使了商鞅提出更加功利、旨在打破王官之学束缚的文化政策，以期服务于当时秦国的政治需要，而这对于急切富国强兵的秦国来说，无疑得到了各方比较积极地回应。

（二）商鞅推重礼法及其政治理念

"六经"为核心的儒家学说在当时各国已经有了广泛传播，不可能彻底消除，秦国也不例外。于是，商鞅对当时盛行的仁义、礼法加以变革利用，希望能够"变废为宝""化腐朽为神奇"。所以，商鞅在实行变法之前，与当时的反对派进行了辩驳，在他看来礼法是治国安邦的重要方式，"法者，所以爱民也；礼者，所以便事也"。当然，商鞅所强调的礼法乃是结合时代的需要进行改造之后的礼法，其曰：

前世不同教，何古之法？帝王不相复，何礼之循？伏羲、神农教而不诛，黄帝、尧、舜诛而不怒。及至文、武，各当时而立法，因事而制礼；礼法以时而定，制令各顺其宜，兵甲器备各便其用。臣故曰："治世不一道，便国不必法古。"汤、武之王也，不循古而兴，商夏之灭也，不易礼而亡。然

---

① 蒋礼鸿：《商君书锥指》卷四《画策第十八》，第113页。

则反古者未可必非,循礼者未足多是也。①

商鞅在劝说秦孝公变法的时候,认为上古三代以来,只有结合当时的社会需要进行变革礼法才能够兴国安邦。否则,就如同夏商一样而灭亡。所以,商鞅强调"因事而制礼,礼法以时而定"。不过,商鞅在实际的政治推行中,并非专用礼法,而是采取非常严苛的赏罚制度,并将他们与当时的爵禄、民生紧密结合起来,以达到富国强兵的目的。

> 罚重,爵尊;赏轻,刑威。爵尊,上爱民;刑威,民死上。故兴国行罚则民利,用赏则上重。法详则刑繁,法繁则刑省。②

商鞅之所以强调"严刑酷法",在他看来这都是人的本性使然。他认为人的本性安于享乐、好名好利,只有这样方可以治理国家。

> 民之性,饥而求食,劳而求佚,苦则索乐,辱则求荣,此民之情也。民之求利,失礼之法,求名,失性之常。奚以论其然也? 今夫盗贼上犯君上之所禁,而下失臣子之礼,故名辱而身危,犹不止者,利也。其上世之士,衣不煖肤,食不满肠,苦其志意,劳其四肢,伤其五脏,而益裕广耳,非生之常也,而为之者,名也。故曰:"名利之所凑,则民道之。"主操名利之柄而能致功名者,数也。圣人审权以操柄,审数以使民。数者,臣主之术而国之要也。③

商鞅认为:人的本性就是追求吃喝玩乐、安于享受,为了自己的私利而违背礼法的束缚,破坏社会的安定,"上犯君上之所禁,而下失臣子之礼"。当然,人们也会因为追求名利,也会忍受"衣不暖肤,食不满肠,苦其志意"的苦难。这样一来,所谓君主就可以通过掌握名利予夺的方式,管理控制民众,由此可见商鞅治国之道的基本预设在于人性的丑恶,故采取非常功利、务实的重视礼法的实施。

在商鞅的政治思想中,他非常强调君主的主导地位,在他看来,君主是一个国家治乱与否的关键所在,所以作为国君一定要注意自己的言行,"慎法

---

① 蒋礼鸿:《商君书锥指》卷一《更法第一》,第4—5页。
② 蒋礼鸿:《商君书锥指》卷二《说民第五》,第37页。
③ 蒋礼鸿:《商君书锥指》卷二《算地第六》,第45—46页。

制",所谓:

> 凡人臣之事君也,多以主所好事君。君好法则臣以法事君,君好言则臣以言事君。君好法,则端直之士在前;君好言,则毁誉之臣在侧。①
>
> 故明主慎法制,言不中法者不听也,行不中法者不高也,事不中法者不为也。言中法,则辩之;事中法,则为之;行中法,则高之。故国治而地广,兵疆而主尊。此治之至也。人君者不可不察也。

在商鞅看来,人臣辅佐君主都是以君主的喜好为之,所以作为君主一定要喜好法治,那么臣民就会"以法事君"。当然,作为君主一定要"慎法制",明察秋毫,这样才能使国家政治清明,国富兵强。"慎法"本是儒家的观念,《尚书》就强调"明德慎罚"。《尚书·康诰》中就记载周公对康王说:"惟乃丕显考文王,克明德慎罚。"但商鞅的"慎法"与王官之学、儒学所言的"慎法"颇有不同。毕竟,王官之学、儒家更加强调"明德",而"慎法"只不过是辅助而已,并非主导的方式。

总之,商鞅作为秦国发展历程中非常重要的推动者,他对传统的思想文化资源尤其是对于东方各国流行的王官之学进行了回应,重建秦国自身的政治思想体系,也可以说是思想文化体系。从某种意义上来说,随着商鞅变法的推进,秦国进一步弱化了王官之学的影响力及人文精神,强化了制度对于人的约束与管控,这对于后来秦朝推行法家学说奠定了重要的思想基础。不过,法家学说作为一种比较外在约束的制度文化来说,是当时春秋战国时期社会政治紊乱的必然选择,但随着汉代大一统国家建立之后,注重内在约束与道德自觉的儒家学说又开始登上了历史的舞台。

四、庄子的经学诠释及对儒学的批判

庄子(约前 369—前 286 年),名周,字子休(一说子沐),战国时期宋国蒙(今安徽蒙城,又说今河南商丘)人。他是战国时期道家学派的代表人物,老

---

① 蒋礼鸿:《商君书锥指》卷三《修权第十四》,第 84 页。

子哲学思想的继承者和发展者。后世将他与老子并称为"老庄",他们的哲学为"老庄哲学"。在庄子的时代,诸子百家的思想开始盛行。这一时期与儒家学说争鸣的如墨子、杨朱、公孙龙子、惠施等也都开始表达自己的观点,庄子自然也不例外。

(一)庄子对"六经"的传承、诠释及思想

尽管在《庄子》一书中,庄子曾引述《诗经》《尚书》等经典来论证自己的说法,并一度肯定"六经"的价值和意义,比如庄子认为《春秋》是经世之书,代表了古圣先王的思想,所谓"《春秋》经世,先王之志,圣人议而不辩"①。但庄子作为道家的重要继承人,他与同时代的孟子相比,对"六经"多持贬斥的态度,如在《庄子·徐无鬼》一篇中有云:

> 徐无鬼出,女商曰:"先生独何以说吾君乎?吾所以说吾君者,横说之则以《诗》《书》《礼》《乐》,从说之则《金板》《六弢》,奉事而大有功者不可为数,而吾君未尝启齿。今先生何以说吾君,使吾君说若此乎?"徐无鬼曰:"吾直告之吾相狗马耳。"②

在这段史料中,我们可以看出,《诗》《书》《礼》《乐》在当时已经不被国君们重视,甚至不如声色狗马之物,要想获得国君的喜悦,就必须谈事功之学方有所作为。《庄子》此中所引在某种程度上也是对"六经"的贬低。实际上,庄子不仅对"六经",他对于承载"道"的经典都持鄙弃的态度。

> 世之所贵道者,书也,书不过语,语有贵也。语之所贵者,意也,意有所随。意之所随者,不可以言传也,而世因贵言传书。世虽贵之,我犹不足贵也,为其贵非其贵也。……然则君之所读者,古人之糟魄已夫!③

庄子认为世人都尊崇书本上所承载的"道",并进而重视承载"道"的"书"——经典。但是在庄子看来,尽管经典所记载的语言,传达了圣人之道,但却不能完全表达古人之意。所以,庄子认为世人所注重的经典,在他看来实则是"古人之糟魄"。由此可见,庄子更注重经典所表达的"意"、精神,而不仅

---

① 《庄子·齐物论》。
② (清)王先谦:《庄子集解》卷六《徐无鬼第二十四》,第209—210页。
③ (清)王先谦:《庄子集解》卷四《天道第十三》,第120页。

仅是它的本义、章句。

当然，庄子轻视"六经"、圣人经典，但并不是彻底否定之，而是强调一定要探究"六经"、圣人经典背后的"大道"，这是最关键的。为了说明这个道理，庄子例举了孔子、老聃的交流来说明此意。

> 孔子谓老聃曰："丘治《诗》《书》《礼》《乐》《易》《春秋》'六经'，自以为久矣，孰知其故矣，以奸者七十二君，论先王之道而明周、召之迹，一君无所钩用。甚矣夫！人之难说也，道之难明邪！"老子曰："幸矣，子之不遇治世之君也！夫'六经'，先王之陈迹也，岂其所以迹哉！今子之所言，犹迹也。夫迹，履之所出，而迹岂履哉！夫白鶂之相视，眸子不运而风化；虫，雄鸣于上风，雌应于下风而风化。类自为雌雄，故风化。性不可易，命不可变，时不可止，道不可壅。苟得其道，无自而不可；失焉者，无自而可。"孔子不出三月，复见，曰："丘得之矣。乌鹊孺，鱼傅沫，细要者化，有弟而兄啼。久矣夫，丘不与化为人！不与化为人，安能化人！"老子曰："可。丘得之矣。"①

庄子引说孔子、老子的对话，来说明"六经"所言都是"先王之陈迹"，而不是先王的大道。所以，获取"六经"背后所言的"大道"才是熟读"六经"、古圣先王治国之道的根本所在。实际上，庄子认为当时援引"六经"之学的诸子百家都是只知道注重一端，而忽略了"六经"的整体本旨：

> 《诗》《书》《礼》《乐》者，邹、鲁之士、搢绅先生多能明之。《诗》以道志，《书》以道事，《礼》以道行，《乐》以道和，《易》以道阴阳，《春秋》以道名分。其数散于天下而设于中国者，百家之学时或称而道之。天下大乱，贤圣不明，道德不一，天下多得一察焉以自好。譬如耳目鼻口，皆有所明，不能相通。犹百家众技也，皆有所长，时有所用。虽然，不该不遍，一曲之士也。判天地之美，析万物之理，察古人之全，寡能备于天地之美，称神明之容。是故内圣外王之道，暗而不明，郁而不发，天下之人各为其所欲焉，以自为方。悲夫！百家往而不反，必不合矣。后世之学者，不幸不见天地

---

① （清）王先谦：《庄子集解》卷四《天运第十四》，第130—131页。

之纯,古人之大体,道术将为天下裂。①

在这里庄子认为《诗》《书》《礼》《乐》《易》《春秋》本来承载天地之大道,但是后世学者只是掌握一端而发明之,以至于大道不明,"天下大乱,贤圣不明,道德不一,天下多得一察焉以自好"。在庄子看来,正是由于百家所言将特殊当成一般,所以迷失了自我,"不见天地之纯"。言外之意,百家都不能真正领悟"道",只有庄子能够秉承"正道"。

总的来看,庄子对于"六经"的诠释,并不是追求其本身的史实记载、文本本义,而是强调"六经"背后所承载的"大道",亦即"六经"所言的天地万物、社会治理的精神所在,而不是经典本身,如其所言:"筌者所以在鱼,得鱼而忘筌;蹄者所以在兔,得兔而忘蹄;言者所以在意,得意而忘言"②。庄子"得意而忘言"这种经典诠释的方法,与同时代孟子所言的"以意逆志"颇有一致之处。当然,庄子所言的经典"大道"并非儒家所言的圣人之道,而是老子所言的"至人之道",这种"道"强调效法天道自然、强调无为而治。

(二)庄子的经学诠释与思想建构

庄子肯定并继承了老子道的思想,并在老子思想的基础上进一步发展了道之体用的思想,他认为"道"是一种先于天地自然之前的存在。

> 夫道,有情有信,无为无形;可传而不可受,可得而不可见;自本自根,未有天地,自古以固存;神鬼神帝,生天生地;在太极之先而不为高,在六极之下而不为深,先天地生而不为久,长于上古而不为老。③

在庄子看来,道的性质就是一种无始无终、"无为无形"的存在。在政治理念上,庄子与老子一样,以道治国,现实中追求一种无为的做法,他认为只有这样才符合天地之大道。

> 天地虽大,其化均也;万物虽多,其治一也;人卒虽众,其主君也。君原于德而成于天,故曰:玄古之君天下,无为也,天德而已矣。以道观言而天下之君正,以道观分而君臣之义明,以道观能而天下之官治,以道泛观

---

① (清)王先谦:《庄子集解》卷八《天下第三十三》,中华书局1987年版,第288页。
② (清)王先谦:《庄子集解》卷七《外物第二十六》,第244页。
③ (清)王先谦:《庄子集解》卷二《大宗师第六》,第59—60页。

而万物之应备。①

　　无为名尸，无为谋府；无为事任，无为知主。体尽无穷，而游无朕，尽其所受于天，而无见得，亦虚而已。至人之用心若镜，不将不迎，应而不藏，故能胜物而不伤。②

庄子强调要秉承自然本性，以道治国，不要有所作为，就像"至人"一样，"不将不迎，应而不藏，故能胜物而不伤"。庄子追求一种极致的境界，所谓"至人无己，神人无功，圣人无名"③，如其所言：

　　夫大道不称，大辩不言，大仁不仁，大廉不嗛，大勇不忮。道昭而不道，言辩而不及，仁常而不成，廉清而不信，勇忮而不成。五者园而几向方矣。故知止其所不知，至矣。孰知不言之辩，不道之道？若有能知，此之谓天府。注焉而不满，酌焉而不竭，而不知其所由来，此之谓葆光。④

　　吾意善治天下者不然。彼民有常性，织而衣，耕而食，是谓同德；一而不党，命曰天放。故至德之世，其行填填，其视颠颠。当是时也，山无蹊隧，泽无舟梁；万物群生，连属其乡；禽兽成群，草木遂长。是故禽兽可系羁而游，鸟鹊之巢可攀援而窥。夫至德之世，国与禽兽居，族与万物并，恶乎知君子小人哉！同乎无知，其德不离；同乎无欲，是谓素朴。素朴而民性得矣。及至圣人，蹩躠为仁，踶跂为义，而天下始疑矣；澶漫为乐，摘僻为礼，而天下始分矣。故纯朴不残，孰为牺樽！白玉不毁，孰为珪璋！道德不废，安取仁义！性情不离，安用礼乐！五色不乱，孰为文采！五声不乱，孰应六律！夫残朴以为器，工匠之罪也；毁道德以为仁义，圣人之过也。⑤

庄子所言的政治学说追求的是一种至道、至德的状态。这实际上继承并发展了老子追求真正的仁义、礼义的思想，强调只有极致的状态，也就是大道、大

---

① （清）王先谦：《庄子集解》卷三《天地第十二》，第 99 页。
② （清）王先谦：《庄子集解》卷二《应帝王第七》，第 75 页。
③ （清）王先谦：《庄子集解》卷一《逍遥游第一》，第 4 页。
④ （清）王先谦：《庄子集解》卷一《齐物论第二》，第 21 页。
⑤ （清）王先谦：《庄子集解》卷三《马蹄第九》，第 82—83 页。

仁、大廉、大勇才是最好的。只有在这种情况下,人们才真正的保持了自己的本性,人与自然、人与社会都融为一体,无知无欲,摒弃了一切的礼法、仁义,没有纷争,没有烦恼,这样自然不需要圣人的出现、仁义礼乐的存在,"道德不废,安取仁义!性情不离,安用礼乐!五色不乱,孰为文采!五声不乱,孰应六律!"在庄子看来,圣人出现之后,所推行的仁义礼乐违背了大道、人性的本旨,也造成了天下混乱与好利,言外之意他极力反对圣人政治。如其所言:

> 及至圣人,屈折礼乐以匡天下之形,县跂仁义以慰天下之心,而民乃始蹑跂好知,争归于利,不可止也。此亦圣人之过也。①

> 圣人之利天下也少,而害天下也多。……圣人不死,大盗不止。虽重圣人而治天下,则是重利盗跖也。②

在庄子看来,正是由于圣人、仁义的存在而导致了天下的混乱、纷争,所以他希望绝圣弃智,从而回归自然、天道,由此就可以根除纷争、混乱,所谓"通乎道,合乎德,退仁义,宾礼乐,至人之心有所定矣"③。

庄子在宣扬自我学说的时候,对儒家、墨家、法家等的学说都有批判,就儒家来说,庄子批判儒家宣扬、践行仁义礼乐的做法,这实则与同时代孟子的倡导针锋相对。不仅如此,在庄子看来,仁义也并非人之本性,他说:

> 今世之仁人,蒿目而忧世之患;不仁之人,决性命之情而饕富贵。故意仁义其非人情乎!自三代以下者,天下何其嚣嚣也?且夫待钩绳规矩而正者,是削其性;待绳约胶漆而固者,是侵其德也;屈折礼乐,呴俞仁义,以慰天下之心者,此失其常然也。天下有常然。常然者,曲者不以钩,直者不以绳,圆者不以规,方者不以矩,附离不以胶漆,约束不以纆索。故天下诱然皆生,而不知其所以生;同焉皆得,而不知其所以得。故古今不二,不可亏也。则仁义又奚连连如胶漆纆索,而游乎道德之间为哉?使天下惑也!

> 夫小惑易方,大惑易性,何以知其然邪?自虞氏招仁义以挠天下也,

---

① (清)王先谦:《庄子集解》卷三《马蹄第九》,第84页。
② (清)王先谦:《庄子集解》卷三《胠箧第十》,第86页。
③ (清)王先谦:《庄子集解》卷四《天道第十三》,第120页。

> 天下莫不奔命于仁义,是非以仁义易其性与? 故尝试论之,自三代以下
> 者,天下莫不以物易其性矣。小人则以身殉利,士则以身殉名,大夫则以
> 身殉家,圣人则以身殉天下。故此数子者,事业不同,名声异号,其于伤性
> 以身为殉,一也。①

在庄子看来,仁义并非人的本性,正是因为如此,所以三代以来人们都为了名
利而"嚣嚣"。庄子还利用譬喻来说明,正是由于仁义非人之本性,如果执着
于用仁义来规范人的行为,就会使天下人迷惑不已,所谓"仁义又奚连连如胶
漆纆索,而游乎道德之间为哉? 使天下惑也"。所以,庄子认为自虞舜以来,
推崇仁义治理天下扰乱了天下人的本性,甚至伤害了人们求生的本性。庄子
的这种思想与孟子认为的仁义礼智为人之本性的道理截然相反,由此也可以
看出他对儒家包括其他诸子所奉行的仁义礼乐、刚健有为并不认同,而是希望
人们能够回归到一种自然的状态,这其实是对老子思想的继承与发展。

五、孟子对"六经"的推尊、诠释及其思想

孟子作为曾子、子思一派的传人,在战国中期影响非常大。孟子(前
372—前289年),战国时期鲁国人。中国古代著名思想家,教育家,战国时期
儒家代表人物。生卒年月因史传未记载而有许多的说法,其中又以《孟氏宗
谱》上所记载的生于周烈王四年(前372年)、卒于周赧王二十六年(前289
年)的说法为多数学者所采用,如胡适就采用此说。孟子在十五六岁时,他到
达鲁国后,曾拜入孔子之孙子思的门下,但根据史书考证发现子思去世时离孟
子出生还早几十年,所以还是如《史记》中所记载的受业于子思的门人的说法
比较可信。孟子远祖是鲁国贵族孟孙氏,后家道衰微,从鲁国迁居邹国。

孟子是儒家最重要的代表人物之一,但孟子的地位在宋代以前并不是很
高。自中唐的韩愈著《原道》,把孟子列为先秦儒家中唯一继承孔子"道统"的
人物开始,出现了一个孟子的"升格运动",孟子其人其书的地位逐渐上升。

---

① (清)王先谦:《庄子集解》卷三《骈拇第八》,第79—80页。

宋神宗熙宁四年(1071年),《孟子》一书首次被列入科举考试科目之中。元丰六年(1083年),孟子首次被官方追封为"邹国公",翌年配享孔庙。以后《孟子》一书升格为儒家经典,南宋朱熹又把《孟子》与《论语》《大学》《中庸》合为"四书",其实际地位更在"五经"之上。元朝至顺元年(1330年),孟子被加封为"亚圣公",以后就称为"亚圣",地位仅次于孔子。

(一)孟子对"六经"的推尊、传承

孟子继承了子思的思想,继续发扬孔子、子思的儒学精神。对于"六经",孟子最为关注的为《诗》《书》《礼》与《春秋》。赵岐《孟子题辞解》中说孟子"师孔子之孙子思,治儒术之道,通五经,尤长于《诗》《书》"[1]。

就孟子对《诗经》的推尊、传承来说。《孟子》大量援引了《诗》《书》中的语言,作为立说的理论依据,以此来传承孔子的学说。正如司马迁在《史记·孟子荀卿列传》中说孟子:"退而与万章之徒序《诗》《书》,述仲尼之意,作《孟子》七篇。"这其实点明了《孟子》七篇所言都是《诗》《书》、孔子的儒学精神。孟子对《诗经》的重视,与战国中期学者不重视《诗经》形成了鲜明的对比。正如袁长江先生所言:

> 这个时期(战国中期)群雄争霸,诸子蜂起,社会激荡。随着周王室降为一般诸侯,礼乐制度彻底崩坏了。作为诗乐合一的《诗经》,只剩了诗文,而没有了乐章。人们虽然对诗文还熟悉,但多数不用。从孔门学习文献的墨子,其文章中只用了六首诗,并且字句多舛误。《庄子》仅用一诗,还是逸诗,只有《孟子》中引用了三十首诗。这是先秦用《诗》最少的时代。因为其他学派不信从《诗》《书》,作为儒家辩士的孟子也无法用诗和其他学派辩说,只能在用"王政"说服国君时,或和弟子谈论时引用,有时也作为间接辩说时加强论据之用。并且随意性很大。这时人们只知有诗文,不知有诗乐。由于距《诗经》选编年代已久远,有时引用时也解说一下诗句,但一般都脱离原诗文而只说引用之义。[2]

---

① (汉)赵岐:《孟子注疏·孟子题辞解》,北京大学出版社1999年版,第5页。
② 袁长江:《先秦两汉诗经研究论稿》,学苑出版社1999年版,第33页。

在战国中后期,《诗经》已经开始被人们所淡忘,这也说明它所承载的礼乐传统被人们所忽视、摒弃。只有坚持信念的儒家学者如孟子等人还坚持学习《诗经》、引用《诗经》,成为"先秦用《诗》最少的时代"。孟子对《诗经》颇为重视,他曾援引《诗经》来建构新的思想体系,这对于《诗经》、孔子儒学的传承有着至关重要的价值和意义。到了战国后期,诗经的传习者仍然少得可怜,只有荀子、韩非、《吕氏春秋》《晏子春秋》《战国策》等有所引用①。可以说,在战国中后期,《诗经》学进入了衰微的时代,日渐被人遗忘,但正是儒家学者孟子、荀子等人对《诗经》的重视,使得它得以传扬和发展,并最终成为汉代经学的主体所在。

　　孟子重视《诗经》,也精通《尚书》,他在周游列国,游说自己学说失败后,就回去自己的祖国,开始整理、诠释《诗经》《尚书》等"六经",进而建构了自己的思想体系,也完成了《孟子》这部书。对此,《史记·孟子荀卿列传》中说得很清楚:

　　　　孟轲,邹人也。受业子思之门人。道既通,游事齐宣王,宣王不能用。适梁,梁惠王不果所言,则见以为迂远而阔于事情。当是之时,秦用商君,富国强兵;楚、魏用吴起,战胜弱敌;齐威王、宣王用孙子、田忌之徒,而诸侯东面朝齐。天下方务于合从连横,以攻伐为贤,而孟轲乃述唐、虞、三代之德,是以所如者不合。退而与万章之徒序《诗》《书》,述仲尼之意,作《孟子》七篇。②

大体意思是说,孟子到处游说各国的诸侯,向他们宣扬唐尧、虞舜以及上古三代的王道理想,但是孟子所处的时代崇尚武力、实力,如当时秦国用商鞅,实现了富国强兵;楚国、魏国用吴起,打了很多的胜仗;齐威王、齐宣王用孙膑、田忌等人,也在东方称霸一时。不仅如此,孟子所处的时代,墨家(代表人物墨子,主张兼爱非攻,即天下相互友爱、不要战争)、纵横家(苏秦、张仪、公孙衍,宣

---

　　① 据今人统计,《韩非子》5 次引诗 3 首,用于论证问题;《吕氏春秋》引诗 15 首,引逸诗 4 首;《晏子春秋》引诗 19 首,引逸诗 1 首,也与《韩非子》相差不多。《战国策》引诗 5 次,涉及 4 首诗,此外还 4 引逸诗,多为游说论理。《荀子》引诗最多,32 篇中有 27 篇 76 次引用《诗经》中的诗句,另外 8 次引逸诗。参见袁长江:《先秦两汉诗经研究论稿》,学苑出版社 1999 年版,第 34 页。
　　② (汉)司马迁:《史记》卷七十四《孟子荀卿列传第十四》,第 2343 页。

扬合纵连横之术)、杨朱学派(代表人物杨朱,主张为我,孟子说他"拔一毛而利天下,不为也")以及法家学说(如李悝、商鞅等人,主张耕战、刑法)等各家学派,纷纷迎合当时诸侯国眼前的需要,宣扬自己的学说,在当时影响非常受欢迎,这对孟子宣扬仁政王道学说无疑有极大的冲击作用。正是以上两种社会政治、思想文化方面的原因,所以孟子的学说最终没有在当时真正推行。于是,孟子在晚年回到自己的故乡,总结反思自己的思想,并与万章、公孙丑等弟子整理《诗》《书》等儒家经典,传承孔子思想,并作《孟子》七篇。以上这些,可以看成是《孟子》的成书以及孟子思想形成的历史背景。

在《孟子》一书中,孟子曾引用《尚书》二十多次,主要是来宣扬自己的民本思想、仁政理念,比如《孟子·梁惠王下》记载:

> 齐人伐燕,取之。诸侯将谋救燕,宣王曰:"诸侯多谋伐寡人者,何以待之?"孟子对曰:"臣闻七十里为政于天下者,汤是也。未闻以千里畏人者也。《书》曰:'汤一征,自葛始。'天下信之,东面而征西夷怨,南面而征北狄怨,曰:'奚为后我'?民望之,若大旱之望云霓也。归市者不止,耕者不变,诛其君而吊其民,若时雨降,民大悦。《书》曰:'徯我后,后来其苏。'今燕虐其民,王往而征之,民以为将拯己于水火之中也,箪食壶浆,以迎王师。若杀其兄父,系累其子弟,毁其宗庙,迁其重器,如之何其可也?天下固畏齐之强也,今又倍地而不行仁政,是动天下之兵也。王速出令,反其旄倪,止其重器,谋于燕众,置君而后去之,则犹可及止也。"①

齐宣王准备讨伐燕国,就咨询孟子要不要征伐。孟子就借助《尚书》中记载的商汤征伐夏朝的事情,来宣扬民众对贤明君王的渴望,借此向梁惠王宣扬一定要以民为本,只有这样民众才会期待。总而言之,孟子对于《尚书》非常重视,他的目的就是希望重建上古三代的理想政治,并由此建构了基于人性本善的政治理念。正是因为如此,孟子在唐宋时期得到了理学家们的关注与重视,并借助思孟学派的思想建构了系统的理学思想体系,从而影响了中国近世数百年。

---

① (汉)赵岐:《孟子注疏》卷二下《梁惠王章句下》,第57—58页。

　　尽管在《孟子》一书中没有一字提到《周易》，但是后代很多思想家认为孟子是精通《周易》的。如宋代理学奠基人二程就说："知《易》者，莫若孟子。"①"由《孟子》可以观《易》。"②清人焦循说："《孟子》全书，全是发明《周易》变通之义。"③"孟子深于《易》，悉于圣人通变神化之道。"④

　　对于《春秋》，孟子特别予以关注，也正是因为如此，后人在孟子的基础上进一步发掘《春秋》的价值，并使之在后代发挥了不可估量的作用。孟子之所以推尊孔子《春秋》学，乃是因为在他看来孔子所作的《春秋》有巨大的历史意义，所谓"昔者禹抑洪水而天下平，周公兼夷狄驱猛兽而百姓宁，孔子成《春秋》而乱臣贼子惧"⑤。孟子将孔子《春秋》学与大禹治水、周公兼夷狄相提并论，说明孔子《春秋》学在维护传统儒家礼制与社会政治秩序方面所具有的突出价值。故孟子说："《春秋》，天子之事也。"⑥表明《春秋》已经不是一部简单的史书，而是代表着天子在匡扶治乱了。后公羊学与董仲舒都继承了孔子这一思想，司马迁在其《太史公自序》中就总结道：

　　　　昔孔子何为而作《春秋》哉？太史公曰：余闻董生曰："周道衰废，孔子为鲁司寇，诸侯害之，大夫壅之。孔子知言之不用，道之不行也，是非二百四十二年之中，以为天下仪表，贬天子，退诸侯，讨大夫，以达王事而已矣。"子曰："我欲载之空言，不如见之于行事之深切著明也。"夫《春秋》，上明三王之道，下辨人事之纪，别嫌疑，明是非，定犹豫，善善恶恶，贤贤贱不肖，存亡国，继绝世，补敝起废，王道之大者也。⑦

正是因为孟子对孔子《春秋》思想的表彰与诠释，这自然为后世继承并发展孔子《春秋》学提供了重要的思想渊源与理论依据，为后世《春秋》学的发展奠定了坚实的基础。总的来看，孟子对于"六经"的贡献，主要宣扬的侧重点在于

---

①　（宋）程颢、程颐：《程氏遗书》卷二十五。
②　（宋）程颢、程颐：《程氏外书》卷三。
③　（清）焦循：《孟子正义》卷十五《离娄上》，第 532 页。
④　（清）焦循：《孟子正义》卷十五《离娄上》，第 525 页。
⑤　（清）焦循：《孟子正义》卷十三《滕文公下》，第 459 页。
⑥　（清）焦循：《孟子正义》卷十三《滕文公下》，第 452 页。
⑦　（汉）司马迁：《史记》卷一百三十《太史公自序第七十》，第 3297 页。

《诗》《书》与《春秋》。他特别强调孔子作《春秋》的价值与意义,这其实赋予了《春秋》在中国古代经学史上的崇高地位,随着司马迁《史记》重申这一观念,《春秋》之学随之得到朝野的高度重视,不仅如此,后来汉代董仲舒、宋代二程、朱熹等人都极力推尊孟子的《春秋》学思想,可以说是影响深远。

(二)孟子经学诠释的思想与方法

孟子对于儒家经学影响最为深远的主要是他的经学思想与儒学理论。在经学解释理论方面,孟子对于经学的理解与解释上,提出了一些原则与方法对后世影响非常深远,如"知人论世"与"以意逆志"的经典解释理论。对于孟子的经学解释,已经有很多学者作了一定的梳理和分析①,这对于我们继续分析、理解孟子经学思想提供了重要的帮助。

孟子对《诗经》学上的贡献莫过于他所创立的一些解释学理论,如"自得""以意逆志""知人论世"等理论。自得的理论,来源于《孟子·离娄下》:"君子深造之以道,欲其自得之也。"意思是说,君子遵循一定的方法来深入学习,是希望自己能够获得真理,提升能力,实现理想人格。自得,就是通过思考,对知识深有体悟,从而转化为自己固有的知识体系和价值观念,转化为一种能力,也可以理解为知识与能力的关系。

以意逆志,就是跳出作品语言文字的束缚,用自己的思想观念去体悟或揣摩作品与作者的思想旨趣。它来源于《孟子·万章上》:

> 咸丘蒙曰:"舜之不臣尧,则吾既得闻命矣。诗云:'普天之下,莫非王土;率土之滨,莫非王臣。'而舜既为天子矣,敢问瞽瞍之非臣如何?"曰:"是诗也,非是之谓也。劳于王事,而不得养父母也。曰此莫非王事,我独贤劳也。故说诗者,不以文害辞,不以辞害志,以意逆志,是为得之。如以辞而已矣,《云汉》之诗曰:'周余黎民,靡有孑遗。'信斯言也,是周无遗民也。"②

文中的"不以文害辞,不以辞害志,以意逆志",这就是孟子对解读《诗经》的基

---

① 董洪利:《孟子研究》,江苏古籍出版社 1997 年版;黄俊杰:《孟子》,生活·读书·新知三联书店 2013 年版。

② (清)焦循:《孟子正义》卷十八《万章上》,第 637—638 页。

本观点，赵岐《孟子注》解释道：

> 文，诗之文章，所引以兴事也。辞，诗人所歌咏之辞。志，诗人志所欲之事。意，学者之心意也。孟子言说诗者当本之志，不可以文害其辞，文不显乃反显也。不可以辞害其志。辞曰："周余黎民，靡有孑遗。"志在忧旱，灾民无孑然遗脱不遭旱灾者，非无民也。人情不远，以己之意，逆诗人之志，是为得其实矣。①

赵岐所述，孟子认为"周余黎民，靡有孑遗"解读为"周无遗民"是错误的，以己意解经或者继续延续了春秋以来"断章取义"的做法会导致过度诠释《诗经》本意的错误。

相比孟子很主观的"以意逆志"解释《诗经》之法，孟子又提出了"知人论世"的解经之法，他认为通过这种方式可以更加客观真实地反映文本作者所要表达的本意。"知人论世"一语出自《孟子·万章下》：

> 孟子谓万章曰："一乡之善士斯友一乡之善士；一国之善士斯友一国之善士；天下之善士斯友天下之善士。以友天下之善士为未足，又尚论古之人，颂其诗，读其书，不知其人可乎？是以论其世也，是尚友也。"②

这句话的意思是说，孟子对万章说："一乡中的优秀人物，和这一乡的优秀人物交朋友；一国中的优秀人物，和这一国的优秀人物交朋友；天下的优秀人物，和天下的优秀人物交朋友。认为同天下的优秀人物交朋友还不够，就又上溯历史，评论古代的人物。吟诵他们的诗，读他们的著作，（但）不了解他们的为人，行吗？所以还要研究他们在那个时代的所作所为。这就是同古人交朋友。"知人论世，意思是要想了解作品，就必须了解作者和他所处的时代，这样才能客观而真确地把握作品的思想内容。这个观点近代以来的很多学者都强调，比如钱穆在其《中国史学名著》一书就反复强调说，要想了解一部史书，就要先了解这部书的作者及其所处的时代。陈寅恪先生也有"同情之了解"的观点，都是如此。毕竟，中国古人写书的目的是为了明道、传道、行道，服务于

---

① （清）焦循：《孟子正义》卷十八《万章上》，第 638 页。
② （清）焦循：《孟子正义》卷二十一《万章下》，第 725—726 页。

现实社会政治。

可以说,孟子解读《诗经》的方法,相对于当时诸子解读《诗经》之法来说,无疑具有开新的作用,这对于后来学者解读《诗经》及其他经书也有重要的启示意义,对此戴维《诗经研究史》总结说道:

> 孟子论诗对后世的重大影响,主要是由于他的亚圣思想,其次才是他诗论的合理内核所决定的。当其时,诸子百家断章取义的用诗,大多是死抠诗句字义,这也是《史》脱离乐的必然结果。孟子就是反对咸丘蒙辈以文害辞、以辞害志的诗论才提出他的"以意逆志"的著名诗论,在当时确有振聋发聩的作用,给《诗经》学带进了活跃的清新空气。他的知人论世的观点,本是有见于"以意逆志"观点之失,以求补救其不足的。也许"以意逆志"的观点,是他知人论世的主观发展,但不管怎样,以意逆志与知人论世两者是相辅而行的,而最后仍然是孟子以其主观来论诗的。"王者之迹息而《诗》亡",孟子有见于齐桓晋文之事,是霸业非王道,《诗》教的温柔敦厚不存,《诗》也就亡了。孟子王者之迹的观点客观上给判断《诗》提供一种王世系的方法,至汉郑玄作《诗谱》,无疑也是这种断代方法的运用。①

孟子解经旨在跳出当时经学解释工具化的模式,希望能够真正意义上了解经典本身的意义,尤其是圣人创作经典时的本意,唯有如此才能真正发掘其内在的价值,真正实现经典价值的时代转换。可以说,孟子的经学思想,是其儒学思想的基础与前提,更是其政治思想的源泉。总之,孟子的"以意逆志""知人论世"是基于王道谈论《诗经》的诗学理论,使得孟子《诗经》学及经学史上在中国历史上具有里程碑式的意义。正如今人刘毓庆、郭万金先生所说:

> 孟子《诗》学的核心是王道政治,其所提出的"王迹熄而《诗》亡""知人论世""以意逆志"等理论,无不是围绕着王道政治而展开的。这种将《诗》作与时代政治相联系、并追求诗人之"志"与解释者之"意"融合的解读理论,对于春秋以来断章取义的引诗模式,以及高叟之类拘泥于语言

---

① 戴维:《诗经研究史》,湖南教育出版社 2001 年版,第 41 页。

文字的解经方式,无疑是一种带根本性的否定,这在《诗》学诠释史上,是带有划时代意义的。其对后世《诗经》诠释学影响之大,也是不言而喻的。①

孟子《诗经》学的这些思想主要是针对当时"断章取义""拘泥于语言文字的解经方式"来说的,这在中国古代《诗经》诠释学史上有深远的影响,同时也有非常重要的经学影响,也就是说,将经学与社会政治现实相结合,发挥经学经世致用的价值与意义。

(三)孟子经学诠释与其思想体系的建构

孟子在经学思想史上的贡献不仅在于传承"六经",提出经学解释理论,而是在于继承了孔子、子思的思想,以人性论为基础,将外在社会政治规范转化为内心的自觉意识,进一步发展出对后来儒家学说产生深远影响的"性善论""民本""仁政"等思想观念,极力宣扬王道政治。蔡元培先生在总结孟子的历史功绩时说:

> 孟子者,承孔子之后,而能为北方思想之继承者也。其于先圣学说益推阐之,以应世用。而亦有几许创见:(一)承子思性说而确言性善;(二)循仁之本义而配之以义,以为实行道德之作用;(三)以养气之说论究仁义之极致及效力,发前人所未发;(四)本仁义而言王道,以明经国之大法。②

孟子重点发扬了孔子仁的学说,并将仁的学说建立在人性本善的基础上,并以此为基点为人格道德的提升提出了仁义、养气等方法,并将这种人伦道德作为社会政治理想的根基,即"本仁义而言王道",而孟子的这种伦理、政治理念在儒学史上具有开创作用。

总的来说,孟子是孔子之后传承孔子学说的最重要学者之一。正如蔡元培所说:"孟子承孔子、子思之学说而推阐之,其精深虽不及子思,而博大翔实

---

① 刘毓庆、郭万金:《从文学到经学:先秦两汉诗经学史论》,华东师范大学出版社 2009 年版,第 140 页。

② 蔡元培:《中国伦理学史》,人民出版社 2008 年版,第 19 页。

则过之,其品格又足以相副,信不愧为儒家巨子。"①对此我国台湾地区学者陈荣捷先生也有相同的论述:

> 论及孔孟间最大的不同,乃在于他们的学说。虽然大体来说,孟子的主张源于孔子,然而,在儒家的中心思想,也就是人性问题上面,孟子却向前跨了一大步,此种新的理论连带地也波及其他方面的思想。孔子的观念中最多只蕴涵着:人性是善的,孟子却毅然宣称人性本善。而且,他还进而将整个哲学体系奠基在此一纲领上,这也是前无古人的。②

陈荣捷先生肯定了孟子思想来源于孔子,但超越于孔子思想的历史功绩。孟子以人性为基点来探讨人伦道德、社会政治,这种思维开启了后世以人性论为基础发展儒学的趋向。尽管孟子的思想在汉唐之际并没有受到足够的重视,但随着佛教之学在中古时期的传播与影响,最终使得中唐时期的韩愈、李翱等人也开始注重从人性出发来探究治国安邦之术,而这与之后的宋明理学家们的学术思维基本一致,可以说孟子尤其是思孟学派是中国古代后期儒家经学思想的基石。

关于思孟学派的形成与传承,已经有很多学者对之进行探讨③,但这个问题的明晰关系到他们在当时经学史上的作用与贡献。作为思孟学派的关键人物,子思、孟子最早是《荀子·非十二子》将之放在一起并提的:

> 略法先王而不知其统,犹然而材剧志大,闻见杂博。案往旧造说,谓之五行,甚僻违而无类,幽隐而无说,闭约而无解。案饰其辞而祇敬之曰:此真先君子之言也。子思唱之,孟轲和之,世俗之沟犹瞀儒,嚾嚾然不知其所非也,遂受而传之,以为仲尼、子游为兹厚于后世,是则子思、孟轲之罪也。④

荀子将子思、孟子放在一起,乃是因为两人都畅谈五行之说,并直接引发了当时俗儒的追捧。荀子此言,无疑是对子思、孟子思想的反感。尽管如此,在这

① 蔡元培:《中国伦理学史》,人民出版社 2008 年版,第 22 页。
② 陈荣捷编著:《中国哲学文献选编》,杨儒宾等译,江苏教育出版社 2006 年版,第 66 页。
③ 梁涛:《郭店竹简与思孟学派》,中国人民大学出版社 2008 年版,第 35 页。
④ (清)王先谦:《荀子集解》卷三《非十二子篇第六》,第 94—95 页。

里我们可以看出，在荀子眼中，子思、孟子属于一类学者。但在荀子稍后的韩非子并没有将子思、孟子放在一起，而是独立成派，《韩非子·显学》云：

> 世之显学，儒、墨也。儒之所至，孔丘也。墨之所至，墨翟也。自孔子之死也，有子张之儒，有子思之儒，有颜氏之儒，有孟氏之儒，有漆雕氏之儒，有仲良氏之儒，有孙氏之儒，有乐正氏之儒。自墨子之死也，有相里氏之墨，有相夫氏之墨，有邓陵氏之墨。故孔、墨之后，儒分为八，墨离为三，取舍相反不同，而皆自谓真孔、墨，孔、墨不可复生，将谁使定后世之学乎？①

在这里，韩非子并没有将子思、孟子放在一起，而是将之看成两个独立的儒学流派，这就说明他们之间尽管有共同性，但也有区别。同时，也可以看出，在战国中后期，子思学派、孟氏学派在当时影响甚大，各自拥有众多的门徒。到了汉代，司马迁在其《史记·孟子荀卿列传》中说："孟轲，邹人也。受业于子思之门人。"②司马迁认为孟子私淑孔子，受业于子思门人，这就肯定了子思、孟子之间的师承关系：孟子当为子思的再传弟子。正是因为子思学派、孟子学派思想有一定的内在关联，彼此也有师承关系，所以后人将其视为一个学派。

六、荀子推崇"六经"、诠释及其礼法思想

荀子（约前313—前238年），本名况，字卿，因避西汉宣帝刘询讳，因"荀"与"孙"二字古音相通，故又称孙卿，时人尊称"荀卿"。荀子曾三次出任齐国稷下学宫的祭酒，后为楚兰陵（今山东兰陵）令。荀子对先秦、两汉经学以及儒家思想的发展都起到了直接的影响作用③。荀子兼通诸经，汉人应劭《风俗通义》中称："孙卿善为《诗》《礼》《易》《春秋》。"④清儒汪中著有《荀卿子通论》，认为"荀卿之学，出于孔氏，而尤有功于诸经"，他通过考证文献后强调：

① （清）王先慎撰，钟哲点校：《韩非子集解》卷十九《显学第五十》，第456—457页。
② （汉）司马迁：《史记》卷七十四《孟子荀卿列传第十四》，第2343页。
③ 王冉冉：《试论荀子在经学发生史上的地位》，曲阜师范大学硕士学位论文，2009年。
④ （汉）应劭撰，王利器校注：《风俗通义校注》卷七《穷通》，第322页。

"盖自七十子之徒既殁,汉诸儒未兴,中更战国暴秦之乱,六艺之传,赖以不绝者,荀卿也。"①汪中认为荀子是七十子之后"六经"之学最重要的传承人,开启了汉代经学。可以说,荀子在战国百家争鸣的过程中,作为当时齐国稷下学宫的学术领袖,他以继承孔子思想为标的,会通诸家学说,建构了自己的思想体系,上接孔孟、下开秦汉,是中国古代经学史上从先秦到秦汉的一个至为关键的人物。

(一)荀子与"六经"之学的传承

荀子在经学传承史上具有承上启下的重要作用,尤其是对于礼学、《诗经》传承具有重要的贡献,对此正如清人范家相在其《诗沈》一书论及:

> 古儒者之名,盛于始而替于后者,在汉莫如扬雄,在周莫如荀子,实则荀非扬比也。古《礼》多传于荀,如《劝学》《三年问》等篇,几于有大醇而无小疵矣。而传《诗》之功尤莫大于圣门,鲁申公少从楚元王,事浮丘伯学《诗》,而浮丘伯受《诗》于荀子。毛苌之学受之毛亨,而亨亦受之荀子。惟《齐》《韩》不知所传,先儒谓《韩》之《外传》引荀最多,疑其亦出于荀,而《齐诗》亦可知矣。《汉志》言三百篇遭秦而存者,以讽诵不徒在竹帛也。然四家之外,不闻别有诗家,设非荀门弟子则《诗》之存否殆未可知,后学何由得而讽诵之乎? 太史公曰:"威宣之际,孟子、孙卿咸道夫子之业,润色之,以学显于当时。"②

范家相认为在周代是非常重要的儒者。在先秦两汉,儒家礼学主要靠荀子而传承。另外,《诗经》中《鲁诗》《毛诗》更是得到荀子的传承。另外,《韩诗》因引用荀子之语最多,"疑其亦出于荀"。

就《礼》《乐》而言,荀子对礼仪、礼义颇为重视,认为它是修身、治国的重要手段,其云:

> 礼者,人道之极也。然而不法礼,不足礼,谓之无方之民;法礼,足礼,谓之有方之士。礼之中焉,能思索,谓之能虑;礼之中焉,能勿易,谓之能

---

① (清)汪中:《述学·荀卿子通论》,辽宁教育出版社 2000 年版,第 77、78 页。
② (清)范家相:《诗沈》卷二《总论下·荀子》,清光绪十三年墨润堂本。

固。能虑能固，加好者焉，斯圣人矣。故天者，高之极也；地者，下之极也；无穷者，广之极也；圣人者，道之极也。故学者，固学为圣人也，非特学为无方之民也。

礼者，以财物为用，以贵贱为文，以多少为异，以隆杀为要。文理繁，情用省，是礼之隆也；文理省，情用繁，是礼之杀也；文理情用，相为内外，表里并行而杂，是礼之中流也。故君子上致其隆，下尽其杀，而中处其中；步骤、驰骋、厉骛不外是矣。是君子之坛宇、宫庭也。人有是，士君子也；外是，民也；于是其中焉，方皇、周挟，曲得其次序，是圣人也。故厚者，礼之积也；大者，礼之广也；高者，礼之隆也；明者，礼之尽也。《诗》曰："礼仪卒度，笑语卒获。"此之谓也。①

荀子重视礼乐，将礼乐视为修己治人的重要手段。不仅如此，荀子在后世礼乐文化传承上也扮演着至关重要的角色。对于荀子与后世《礼》学的关系而言，汪中曾有总结：

荀卿所学，本长于礼。《儒林传》云："东海兰陵孟卿善为《礼》《春秋》，授后苍、疏广。"刘向《叙》云："兰陵多善为学，盖以荀卿也。长老至今称之，曰：兰陵人喜字为卿，盖以法荀卿。"又二戴《礼》并传自孟卿，《大戴·曾子立事篇》载《修身》《大略》二篇文，《小戴·乐记》《三年问》《乡饮酒义》篇载《礼论》《乐论》篇文。由是言之，曲台之礼，荀卿之支与余裔也。②

在汪中看来，荀子传大、小戴《礼记》于后人。对于《乐》，《荀子》一书中也多次记载了荀子传习乐经、评论乐的思想，说明荀子对《乐》经的传承也有一定的贡献。

就荀子对《诗经》的传承来说，汪中对前代的文献及记载做了梳理和分析，他在其《荀子通论》一书中对荀子的《诗经》传承之功做了揭示：

《经典叙录·毛诗》："徐整云：子夏授高行子，高行子授薛仓子，薛仓

---

① 　（清）王先谦：《荀子集解》卷十三《礼论篇第十九》，第356—358页。

② 　（清）汪中：《述学·荀卿子通论》，第78页。

子授帛妙子,帛妙子授河间大毛公,毛公为《诗故训》传于家,以授赵人小毛公。一云:子夏传曾申,申传魏人李克,克传鲁人孟仲子,孟仲子传根牟子,根牟子传赵人孙卿子,孙卿子传鲁人大毛公。"由是言之,《毛诗》,荀卿子之传也。《汉书·楚元王交传》:"少时尝与鲁穆生、白生、申公同受《诗》于浮邱伯。伯者,孙卿门人也。"《盐铁论》云:"包邱子(原注:包邱子即浮邱伯)与李斯俱事荀卿。"刘向《叙》云:"浮邱伯受业为名儒。"《汉书·儒林传》:"申公,鲁人也,少与楚元王交,俱事齐人浮邱伯受《诗》。"……由是言之,《鲁诗》,荀卿子之传也。《韩诗》之存者,外传而已,其引荀卿子以说《诗》者四十有四。由是言之,《韩诗》,荀卿子之别子也。①

汪中根据《经典叙录》中所引徐整记载的《毛诗》传承谱系,认为《毛诗》传承经由荀子而得以传承而来。另外,汪中又根据《汉书》《盐铁论》等文献又确定《鲁诗》也是经由荀子而传承。此外,对于《韩诗》,汪中认为"《韩诗》之存者,《外传》而已,其引荀卿子以说《诗》者四十有四。由是言之,《韩诗》,荀卿子之别子也"。总之,汪中考证后认为,《毛诗》《鲁诗》《韩诗》都是荀子所传。这种说法基于历史文献的记载,脉络清晰,证据充分,比较可信。今人马积高先生研究后也认为:"子夏的《诗》学经数传而至荀子,再由荀子而衍为《毛诗》《鲁诗》《韩诗》是可能的"②。荀子不仅传承了孔子《诗经》学,更是在其基础上对孔子《诗经》学做了发展,并极力宣扬《诗经》在道德教化方面的社会政治功能。

就《尚书》而言,荀子虽然援引《尚书》中的史实较多,但引证《尚书》中的原话较少。如引《康诰》六处,《洪范》《吕刑》各两处,《泰誓》一处等。尽管如此,荀子对《尚书》所表达的王道政治理念基本上予以继承,并提出了自己的王道理想。

就孔子《春秋》学而言,汪中也根据历史文献记载,确认《左传》《公羊传》

---

① (清)汪中:《述学·荀卿子通论》,第77页。
② 马积高:《荀学源流》,上海古籍出版社2000年版,第152页。

《穀梁传》也都经由荀子而得以传承：

> 《经典叙录》云："左邱明作《传》以授曾申，申传卫人吴起，起传其子期，期传楚人铎椒，椒传赵人虞卿，卿传同郡荀卿，名况，况传武威（原注：武威据《史记·张丞相传》当作阳武）张苍，苍传洛阳贾谊。"由是言之，《左氏春秋》，荀氏之传也。《儒林传》云："瑕邱江公受《穀梁春秋》及《诗》于鲁申公，传子，至孙为博士。"由是言之，《穀梁春秋》，荀卿子之传也。①

汪中根据《经典释文》所言，认为汉代《左传》学得自荀子。另外，他又根据《汉书》认为《穀梁传》也是荀子所传。当然，我们需要强调的是《春秋》三传的传承经历了很多时代、很多人，荀子只不过是其中颇为重要的学者之一罢了。

总的来说，荀子是先秦时期集大成的思想家，其"学出于孔氏，而尤有功于诸经"；"汉诸儒未兴……六艺之传赖以不绝者，荀卿也"（汪中《荀卿子通论》）。相对孟子而言，荀子更注重礼、乐教化。荀子在经学的传承上功劳甚巨，可以说他是孟子之后于经学传承最为有功者。马宗霍也说："盖深于经学，孟、荀所同，然孟子虽醇乎醇，而身殁之后，大道虽绌，徒党旋尽，传经之功，宜莫能与荀卿比隆矣。"②

（二）荀子经学诠释的思想与方法

荀子极力强调儒家经典的价值，认为儒家经典是圣王安邦治国的宝典。所以，作为学者一定要研习《诗》《书》等"六经"之学：

> 圣人也者，道之管也。天下之道管是矣，百王之道一是矣，故《诗》《书》《礼》《乐》之道归是矣。《诗》言是，其志也；《书》言是，其事也；《礼》言是，其行也；《乐》言是，其和也；《春秋》言是，其微也。……天下之道毕是矣。乡是者臧，倍是者亡。乡是如不臧，倍是如不亡者，自古及今，未尝有也。③

> 学恶乎始？恶乎终？曰：其数则始乎诵经，终乎读礼；其义则始乎为

---

① （清）汪中：《述学·荀卿子通论》，第77—78页。
② 马宗霍：《中国经学史》第四篇《秦火以前之经学》，上海书店1984年版，第26页。
③ （清）王先谦：《荀子集解》卷四《儒效篇第八》，第133—134页。

士,终乎为圣人。真积力久则入,学至乎没而后止也。故学数有终,若其义则不可须臾舍也。为之,人也;舍之,禽兽也。故《书》者,政事之纪也;《诗》者,中声之所止也;《礼》者,法之大分,类之纲纪也,故学至乎《礼》而止矣。夫是之谓道德之极。《礼》之敬文也,《乐》之中和也,《诗》《书》之博也,《春秋》之微也,在天地之间者毕矣。①

在荀子看来,五经有不同的价值和功能,借助五经不仅可以治国安邦,还可以改变个体的道德品行,"其义,则始乎为士,终乎为圣人"。可以说,荀子极力强调五经的作用,其实是对孔子、子夏、孟子等儒学大师经学思想体系的肯定与继承。不仅如此,荀子还将五经视为是圣人之道的载体:《诗》是圣人之志的表达,《书》是圣人政事的记载,《礼》是圣人行为的记录,《乐》是圣人情怀的表述,《春秋》是圣人微言大义的体现。总之,在荀子看来,深刻体悟"六经",就可以明白天地之间的所有道理了。

在荀子看来,"六经"所承载的都是先王之礼法,所以只有对礼法有了清晰的认知,这样才能深刻领悟"六经"之义:

学莫便乎近其人。学之经莫速乎好其人,隆礼次之。上不能好其人,下不能隆礼,安特将学杂识志,顺《诗》《书》而已耳,则末世穷年,不免为陋儒而已。将原先王,本仁义,则礼正其经纬蹊径也。若挈裘领,诎五指而顿之,顺者不可胜数也。不道礼宪,以《诗》《书》为之,譬之犹以指测河也,以戈舂黍也,以锥飧壶也,不可以得之矣。故隆礼,虽未明,法士也;不隆礼,虽察辨,散儒也。②

荀子认为,研习"六经"最好的办法就是接触贤人。如若没有,那么就要重视礼法,如果不能领悟"六经"所强调的礼法之意,那么就是一个"陋儒";另外,如果学习了"六经",还不能使自己遵守礼法,那么就是一个"散儒"。总之,在荀子看来,礼法乃是"六经"之本根,是为人修身的重要路径。不仅如此,在荀子的思想体系中非常注重礼制,"礼"是荀子思想体系的核心所在,"礼"的本

---

① (清)王先谦:《荀子集解》卷一《劝学篇第一》,第11—12页。
② (清)王先谦:《荀子集解》卷一《劝学篇第一》,第14—17页。

质其实就是社会法度、规范与政治秩序。

在经学传习的方式上,荀子非常注重师法、师承,这对于汉代经学师法、家法的流行影响非常大。如《荀子·修身》中云:

> 礼者,所以正身也;师者,所以正礼也。无礼何以正身?无师吾安知礼之为是也?礼然而然,则是情安礼也;师云而云,则是知若师也。情安礼,知若师,则是圣人也。故非礼,是无法也;非师,是无师也。不是师法而好自用,譬之是犹以盲辨色,以聋辨声也,舍乱妄无为也。故学也者,礼法也。夫师,以身为正仪而贵自安者也。诗云:"不识不知,顺帝之则。"此之谓也。①

荀子重视尊师重道,重视师法、师承,《荀子·大略》中也云:"言而不称师谓之畔,教而不称师谓之倍。倍畔之人,明君不内,朝士大夫遇诸涂不与言。""国将兴,必贵师而重傅,贵师而重傅,则法度存。国将衰,必贱师而轻傅;贱师而轻傅,则人有快;人有快则法度坏。"之所以如此,源于战国以前,学在官府,民间经学的传承多口耳相传,师的作用与地位非常重要,师不同则学有所不同,所以荀子注重师法、师承,这对于汉代讲经论道多从师法、家法无疑是影响深远的。荀子之所以如此为学,其实也是子夏一派的经学特征,正如蔡元培在谈及荀子思想渊源时说:

> 汉儒述毛诗传授系统,自子夏至荀子,而荀子书中尝并称仲尼、子弓。子弓者,馯臂子弓也。尝受《易》于商瞿,而实为子夏之门人。荀子为子夏学派,殆无疑义。子夏治文学,发明章句。故荀子著书,多根据经训,粹然存学者之态度焉。②

荀子在学术派别上属于子夏一派,《论语》认为子夏精通"文学",所谓文学,即经学。子夏经学特点在于章句之学,所以荀子基本上继承了子夏学说的特征,注重经传训诂,体现了他非常注重家法、师法,这对于汉代注经之学自然影响很大。

---

① (清)王先谦:《荀子集解》卷一《修身篇第二》,第33—34页。
② 蔡元培:《中国伦理学史》,人民出版社2008年版,第23页。

(三)荀子经学诠释及其儒学建构

为了建构新的思想体系,荀子对孔子之后的儒家经学进行总结,他将战国时期各家学术分为六派,每派各以两人为代表,他认为这六派十二子以邪说怪谈,不得圣人之义,故他立志:"上则法舜、禹之制,下则法仲尼、子弓之义,以务息十二子之说。"在荀子看来,孔子、子弓才是真正的圣人,其他像子思、孟子、子游、子夏等人都不是真正的儒家传人。对于子思、孟子一派,他在其《荀子·非十二子》有云:

> 略法先王而不知其统,犹然而材剧志大,闻见杂博。案往旧造说,谓之五行,甚僻违而无类,幽隐而无说,闭约而无解。案饰其辞而祗敬之曰:此真先君子之言也。子思唱之,孟轲和之,世俗之沟犹瞀儒,嚾嚾然不知其所非也,遂受而传之,以为仲尼、子游为兹厚于后世。是则子思、孟轲之罪也。①

荀子认为思孟学派"闻见杂博",使得儒学发展陷入了新的困境,"子思、孟轲之罪"。不仅如此,荀子还批评孔门弟子子张、子游、子夏。他认为此三家之学,只是貌似而非圣人真传,并称之以"贱儒"。他说:

> 弟佗其冠,神禫其辞,禹行而舜趋,是子张氏之贱儒也。正其衣冠,齐其颜色,嗛然而终日不言,是子夏氏之贱儒也。偷儒惮事,无廉耻而耆饮食,必曰君子固不用力,是子游氏之贱儒也。②

荀子认为子张、子夏、子游等人都貌似尊崇孔子儒家之道,实则是徒有其表的"贱儒"。荀子对儒家后学的批判,旨在改变他们学说中的偏颇,进而重申孔子学说的精神,建构一个适合当时社会政治需要的新学说。

在荀子的思想体系之中,"礼"是颇为重要的思想内涵,他认为"礼"是个人修身、治国的重要方式,他说:

> 宜于时通,利以处穷,礼信是也。凡用血气、志意、知虑,由礼则治通,不由礼则勃乱提僈;食饮、衣服、居处、动静,由礼则和节,不由礼则触陷生

---

① (清)王先谦:《荀子集解》卷三《非十二子篇第六》,第94—95页。
② (清)王先谦:《荀子集解》卷三《非十二子篇第六》,第104—105页。

疾;容貌、态度、进退、趋行,由礼则雅,不由礼则夷固辟违,庸众而野。故人无礼则不生,事无礼则不成,国家无礼则不宁。《诗》曰:"礼仪卒度,笑语卒获。"此之谓也。①

礼者,人之所履也,失所履,则颠蹶陷溺。所失微而其为乱大者,礼也。礼之于正国家也,如权衡之于轻重也,如绳墨之于曲直也。故人无礼不生,事无礼不成,国家无礼不宁。②

在荀子看来,"礼"是衣食住行、身心安泰的重要保障,更是个人修身、完善的重要方式。不仅如此,礼也是做事、治国的重要保证,"人无礼者不生,事无礼者不成,国家无礼者不宁"。

在荀子看来,由于人情都有奢侈淫逸的恶习,所以古圣先王根据人情制订了礼义以统摄人情,从而实现天下的公平有序,如其所言:

人之情,食欲有刍豢,衣欲有文绣,行欲有舆马,又欲夫余财蓄积之富也,然而穷年累世不知不足,是人之情也。……况夫先王之道,仁义之统,《诗》《书》《礼》《乐》之分乎。彼固为天下之大虑也,将为天下生民之属长虑顾后而保万世也,其流长矣,其温厚矣,其功盛姚远矣,非孰修为之君子莫之能知也。故曰:短绠不可以汲深井之泉,知不几者不可与及圣人之言。夫《诗》《书》《礼》《乐》之分,固非庸人之所知也。……夫贵为天子,富有天下,是人情之所同欲也。然则从人之欲则势不能容,物不能赡也。故先王案为之制礼义以分之,使有贵贱之等,长幼之差,知愚、能不能之分,皆使人载其事而各得其宜,然后使谷禄多少厚薄之称,是夫群居和一之道也。故仁人在上,则农以力尽田,贾以察尽财,百工以巧尽械器,士大夫以上至于公侯,莫不以仁厚知能尽官职,夫是之谓至平。故或禄天下而不自以为多,或监门御旅、抱关击柝而不自以为寡。故曰:"斩而齐,枉而顺,不同而一。"夫是之谓人伦。《诗》曰:"受小共大共,为下国骏蒙。"此之谓也。③

---

① （清）王先谦:《荀子集解》卷一《修身篇第二》,第 22—23 页。
② （清）王先谦:《荀子集解》卷十九《大略篇第二十七》,第 495 页。
③ （清）王先谦:《荀子集解》卷二《荣辱篇第四》,第 67—71 页。

荀子认为人情因为有衣食住行的诉求,而且"累世不知不足",在这种情况下古圣先王根据人情制订了礼义,使贵贱、长幼、智愚都有了分别,所谓"先王案为之制礼义以分之,使有贵贱之等,长幼之差,知愚、能不能之分,皆使人载其事,而各得其宜"。当然,仁人先王也保证了社会的公平:人尽其能,物尽其用。在这里我们尽管看到荀子强调人情的不同,强调礼义的重要性,但是他将这种分别建构在仁人、古圣先王的统摄之下,而并非就礼义而言礼义。故荀子的思想,先仁义,后礼法。另外,在荀子看来,《诗》《书》《礼》《乐》则是古圣先王这种强调分别观念的具体展现,亦即它们既突显了先王的仁义,又强调礼义的分别。总之,由于荀子认为人与生俱来就想满足欲望,若欲望得不到满足便会发生争执,因此主张人性本恶,须要由圣王及礼法的教化,来"化性起伪"使人格提高。可以说,荀子之所以强调礼制,因为其学说的逻辑起点是人性本恶,人性恶故导致了社会政治的混乱与无序:

> 人之性恶,其善者伪也。今人之性,生而有好利焉,顺是,故争夺生而辞让亡焉;生而有疾恶焉,顺是,故残贼生而忠信亡焉;生而有耳目之欲,有好声色焉,顺是,故淫乱生而礼义文理亡焉。然则从人之性,顺人之情,必出于争夺,合于犯分乱理而归于暴。故必将有师法之化,礼义之道,然后出于辞让,合于文理而归于治。用此观之,然则人之性恶明矣,其善者伪也。故枸木必将待檃栝、烝、矫然后直,钝金必将待砻、厉然后利。今人之性恶,必将待师法然后正,得礼义然后治。今人无师法则偏险而不正,无礼义则悖乱而不治。古者圣王以人之性恶,以为偏险而不正,悖乱而不治,是以为之起礼义,制法度,以矫饰人之情性而正之,以扰化人之情性而导之也,始皆出于治,合于道者也。①

在荀子看来"人之性恶",所以产生了各种争夺,进而导致了仁义礼乐的丧亡。要改变这种争夺混乱的状况,就必须通过礼义教化使恶人向善,所谓"必将有师法之化,礼义之道,然后出于辞让,合于文理而归于治"。他认为,儒家经典与礼法是治国安邦、道德教化的重要手段,也正是这一点促进了经学与礼法在

---

① (清)王先谦:《荀子集解》卷十七《性恶篇第二十三》,第434—435页。

当时的发展。

另外,荀子尽管批判子思、孟子等人,但是他对思孟学派的思想也多有汲取,比如对"心""诚""敬""内省"的重视,如说:

> 君子养心莫善于诚,致诚则无它事矣,唯仁之为守,唯义之为行。诚心守仁则形,形则神,神则能化矣;诚心行义则理,理则明,明则能变矣。变化代兴,谓之天德。天不言而人推其高焉,地不言而人推其厚焉,四时不言而百姓期焉。夫此有常,以至其诚者也。君子至德,嘿然而喻,未施而亲,不怒而威。夫此顺命,以慎其独者也。善之为道者,不诚则不独,不独则不形,不形则虽作于心,见于色,出于言,民犹若未从也,虽从必疑。天地为大矣,不诚则不能化万物;圣人为知矣,不诚则不能化万民;父子为亲矣,不诚则疏;君上为尊矣,不诚则卑。夫诚者,君子之所守也,而政事之本也。①

荀子对心性的重视,与思孟学派颇有一致之处,荀子也强调"诚",认为"诚心"是养心的重要方式。不仅如此,他还提到了"慎独"的观念,"夫此顺命,以慎其独者也"。总之,在荀子看来,只有至诚,才能明悟天地之道,才能践行礼乐仁义,更是完成政治治理的关键,"夫诚者,君子之所守也,而政事之本也"。

在荀子的思想中,他不仅重视礼法、刑罚等,也重视仁义、心性、道德、养心、诚信等思想。在他看来,只有具备这些品德才能称得上是大儒:

> 法先王,统礼义,一制度,以浅持博,以古持今,以一持万,苟仁义之类也,虽在鸟兽之中,若别白黑,倚物怪变,所未尝闻也,所未尝见也,卒然起一方,则举统类而应之,无所儗怎,张法而度之,则晻然若合符节,是大儒者也。②

> 彼王者不然,仁眇天下,义眇天下,威眇天下。仁眇天下,故天下莫不亲也;义眇天下,故天下莫不贵也;威眇天下,故天下莫敢敌也。以不敌之威,辅服人之道,故不战而胜,不攻而得,甲兵不劳而天下服。是知王道

---

① （清）王先谦:《荀子集解》卷二《不苟篇第三》,第46—48页。
② （清）王先谦:《荀子集解》卷四《儒效篇第八》,第140页。

者也。①

  何谓衡？曰：道。故心不可以不知道。心不知道，则不可道而可非道。人孰欲得恣而守其所不可，以禁其所可？以其不可道之心取人，则必合于不道人，而不知合于道人。以其不可道之心，与不道人论道人，乱之本也。夫何以知？曰：心知道，然后可道；可道，然后能守道以禁非道。以其可道之心取人，则合于道人，而不合于不道之人矣。以其可道之心，与道人论非道，治之要也。何患不知？故治之要在于知道。人何以知道？曰：心。心何以知？曰：虚壹而静。②

总之，荀子秉承孔子学说的精神，对道德仁义、礼义规范都有所重视，可以说兼采了曾子、子思、孟子一派的思想，也兼采了子夏注重礼法的思想，并进而由孔子之学规范之，从而形成了新的儒学思想体系。总之，荀子之学是对孔子之后儒学各派之学的整合，是新时期儒学的再发展。换言之，荀子注重经学传承，注重家法、师法。荀子不仅在经学传承上，其功甚巨，在儒学思想上也多有创获，他是先秦时期孔子之后与孟子对儒学最有理论贡献之人。荀子通过对春秋战国时期的诸子之学进行批判，并在其基础上融会贯通，建构了荀学思想体系。

  荀子的思想偏向经验以及人事方面，是从社会脉络方面出发，重视社会秩序，反对神秘主义的思想，而更重视人为的努力。孔子中心思想为"仁"，孟子中心思想为"义"，荀子继二人后提出"礼"，重视对社会上人们行为的规范，这在某种意义上基本继承了孔孟的思想体系。如果就儒家"内圣外王"的思想体系而言，孟子偏重的是"内圣"一面，并最终开启了后代儒家心性之学的传统；而荀子则注重"外王"问题，极大地突出了"礼义"，更加从现实出发，最终在他的影响下，战国法家成为主导学说。对此正如李泽厚先生所言：

  与孟子大讲"仁义"偏重内在心理的发掘不同，荀子重新强调了外在规范的约束。"礼"本来就是一种外在的规定、约束和要求，孔子以"仁"

---

① （清）王先谦：《荀子集解》卷五《王制篇第九》，第158页。
② （清）王先谦：《荀子集解》卷十五《解蔽篇第二十一》，第394—395页。

释"礼",企图为这种古老的外在规范寻求某种心理依据;孟子发展这一线索而成为内在论的人生哲学,而颇不重视礼乐本身的外在的社会强制性的规范功能。荀子批评孟子"略法先王而不知其统",也即指此而言;即是说,孟子不知道古代的"礼"对社会人群从而也对个体修身所必须具有的客观的纲纪统领作用。在这里,孔孟荀的共同处是,充分注意了作为群体的人类社会的秩序规范(外)与作为个体人性的主观心理结构(内)相互适应这个重大问题,也即是所谓人性论问题。他们的差异处是,孔子只提出仁学的文化心理结构,孟子发展了这个结构中的心理和个体人格价值的方面(李先生注释说,这其实指的就是孔子仁学中的血缘基础和个体人格方面),它由内而外。荀子则强调发挥了治国平天下的群体秩序规范的方面,亦即强调阐解"礼"作为准绳尺度的方面(李先生注释说,这其实指的就是孔子仁学结构中的人道主义),它由外而内。①

与孔子注重仁、礼并行,孟子注重仁、义不同,荀子将思想重心转向社会政治制度的规范上,而不是孔孟所宣扬的内在自觉,也正是因为以此作为出发点,荀子提出了人性本恶,强调社会政治制度即礼制对人的约束作用,尽管孔子、孟子、荀子的儒学精神一脉相承,但是就学说的侧重点而言已经有了很大的不同。由于荀子过于强调礼法,使得其弟子韩非、李斯等人在其基础上,更加注重礼法对人的约束作用,最终使得法家学说成为官方意识形态。但也正是在这种思想的指导下,秦国国政"刻薄少恩",缺乏关爱,使得众叛亲离,最终迅速瓦解。

总的来看,孟子、荀子作为孔子之后最有影响力的传承者,他们彼此的思想不同,主要根源于对社会政治的不同思考,由于时代的变迁,荀子所处的时代与孔孟所处的时代有很大的不同,社会政治、思想文化的新需要决定了荀子必须结合时代的需要建构出新的思想体系,这才能够继续传承儒家经学之精神,为现实社会政治服务。可以说,正是由于荀子在孔子、孟子及七十子的基础上发展了儒家的学说,使得孔子儒学在先秦时期得以传承不绝,这一点正如

---

① 李泽厚:《中国古代思想史论》,天津社会科学院出版社 2003 年版,第 100 页。

唐人杨倞所言：

> 昔周公稽古三五之道，损益夏、殷之典，制礼作乐，以仁义理天下，其德化刑政存乎《诗》。至于幽、厉失道，始变风变雅作矣。平王东迁，诸侯力政。逮五霸之后，则王道不绝如线。故仲尼定礼乐，作《春秋》，然后三代遗风弛而复张，而无时无位，功烈不得被于天下，但门人传述而已。陵夷至于战国，于是申、商苛虐，孙、吴变诈，以族论罪，杀人盈城。谈说者又以慎、墨、苏、张为宗，则孔氏之道几乎息矣，有志之士所为痛心疾首也。故孟轲阐其前，荀卿振其后。观其立言指事，根极理要，敷陈往古，掎挈当世，拨乱兴理，易于反掌，真名世之士，王者之师。又其书亦所以羽翼"六经"，增光孔氏，非徒诸子之言也。盖周公制作之，仲尼祖述之，荀、孟赞成之，所以胶固王道，至深至备，虽春秋之四夷交侵，战国之三纲弛绝，斯道竟不坠矣。①

荀子的学说在很多主张上与孔子、孟子相异，是由于社会文化的变迁，不得不促使他结合当时社会政治、思想文化的需要，对既有的儒家学说进行反省总结，并进而建构出适合那个时代的新儒学思想体系。就此来说，荀子不但继承并发展了周、孔、孟以来儒学的精神，更为主要的是结合时代的需要对儒学做了发展完善，进而保证了儒学传承不绝，而不至于失传。总之，荀子作为战国时期最重要的儒家，并没有局限于儒学正统思想的厘正，而是结合当时社会政治发展的现实，注重兼采众长，以期成就一家之学。所以，荀子不仅批判修正孔子之后的儒家学说，也对先秦时期出现的诸子百家学说给予了批判性的总结和探讨，以期融合儒家与百家之说，进而成就一个兼采众长的新儒家学说体系。对此郭沫若也如此认为：

> 荀子是先秦诸子中最后一位大师，他不仅集了儒家的大成，而且可以说是集了百家的大成的。汉人所传的《诗》《书》《易》《礼》以及《春秋》的传授系统，无论直接或间接，差不多都和荀卿有关，虽不必都是事实，但也并不是全无可能。因为他既是一位儒家的大师，而他为学的程序又是

---

① （唐）杨倞：《注荀子·序》，载（清）王先谦：《荀子集解·荀子序》，第51页。

"始乎诵经,终乎读礼",六艺之传自然有他的影响在里面了。但公正地说来,他实在可以称为杂家的祖宗,他是把百家的学说差不多都融汇贯通了。①

所以,我们在极力肯定荀子乃是战国时期儒家的重要代表的同时,也应当认识到荀子已经不仅局限于儒者的身份,而希望以一个超越百代、为后世立法的学者出现。荀子在其学术思想体系中,不仅立足于周代官学、儒学的正统,对以往儒家学者如子张、子夏、子游、子思、孟子等都有批判,而且对先秦诸子如老子、庄子、申子、环渊、慎到、惠施、宋钘、墨翟等都有非议,希望兼采众长并超越百家,重建一个全新的、适应战国社会政治需要的新学说体系。可以说,荀子是战国后期儒家经学传授中的一位非常重要的人物。这正如有的学者所言:"中国历史的最大分水岭是秦始皇,中国学术的重大分水岭就是荀子。荀子在秦始皇之后一千余年间,实际影响远比孟子要大。此后,由于佛教的文化冲击,到了韩愈排列正统位次之后,到了程朱理学成为占主导地位的意识形态之后,孟子的影响和地位才渐渐超过了荀子。"②儒家学说正是由于荀子的努力得以继续传承,并发扬光大,从而得以在两汉乃至宋初千余年的时间里发展壮大。更为主要的是,荀子对儒学的发展,促成了礼法学思想在汉唐之际得到高度重视。荀学虽然在宋明之际受到忽视,但实际上它在两千多年的经学史、思想史中一直处于基石与内核的地位。

本讲小结

春秋战国时期,经学的发展充满了曲折,这在很大程度上源于春秋战国时期的历史状况。经学作为王官之学的重要呈现,这一时期虽然并没有被完全抛弃,相反而在各个诸侯国中传承、发展。但从整体上来看,王官之学在春秋战国时期,已经开始陷入了衰微的状态,这种式微体现为其主导地位的严重弱

---

① 郭沫若:《十批判书·荀子的批判》,东方出版社1996年版,第218页。
② 安继民注译:《荀子》,中州古籍出版社2008年版,前言第7页。

化。相比较而言,与王官之学相关的各种思想开始出现,人们已经不完全遵守
王官之学所传扬的礼学及其政治思想、价值体系等,而是从不同角度探究新的
学说以及治国理念、价值体系。尽管如此,作为王官之学的"六经"之学在这
一时期也得到了广泛的传播,基于经典诠释的经学已经为各国的统治阶层及
学者所掌握,并作为基本的价值观念而被广泛认可,对此《左传》所记载的《周
易》《诗经》《尚书》等的经典诠释都充分体现了这一点。与此同时,基于王官
之学出现了各种学派,比如道家、儒家、阴阳家、法家、名家、纵横家、杂家等。
如此一来,传统的经学诠释融入了各种思想观念,从而促使了传统经学被改造
与重建,并形成了诸子百家之学。诸子百家之学出现,标志着中国的思想文化
进入了新的阶段。

　　作为诸子百家中的儒家,较其他诸家诸派而言,更加注重对传统王官之学
的尊崇。当然,这种尊崇并不是简单地复古,更不是墨守。孔子、子夏、曾子、
孟子、荀子等人结合时代的需要及自己的学术旨趣,基于对王官"六经"之学
的传承、诠释,建构了新的学派——儒学,并基于对王道理念的推崇与"六经"
之学,建构了系统的知识体系,实现了王官之学的传承与发展,并产生了一些
新的经典,比如《易传》《孝经》《论语》《孟子》《礼记》《春秋三传》等。可以
说,儒学是王官之学发展的新阶段,只不过它已经融入了新的观念。进入战国
时期,阴阳五行学说开始深入儒家经典之中,这也为汉代经学的阴阳五行化奠
定了重要的学术思想基础。

　　需要关注的是,作为轴心时代的春秋战国时期,虽然一直强调老子、孔子
实现了哲学的突破,但必须强调的是,这种突破是对上古三代,特别是西周王
官之学的继承与发展,更是对以往经学范式的重新建构,从而形成了新的经学
范式。孔子所确立的儒学化经学,在某种意义上来说便是一种新的思想文化
体系,也是一种新的经学范式。这种体系既是对传统礼制的肯定,更是对上古
以来人文精神的进一步彰显,该体系通过经学诠释的形式实现了秩序与人文
的有机结合,从而实现了以礼为特征、以仁为内核的儒家礼乐文化体系。随着
子夏、曾子、孟子、荀子等人的出现,这种体系在完善中逐渐分化,逐渐成为后
世汉学、宋学两种经学范式的学术思想基础。

第五讲　"焚书坑儒"与秦汉之际的经学

秦统一中国在历史上具有重要的意义,正如柳诒徵所言:"盖嬴政称皇帝之年,实前此二千数百年之结局,亦为后此二千数百年之起点,不可谓非历史一大关键。"①也就是说,秦代在中国历史上具有承上启下的重要地位,一方面结束了之前两千多年的历史,另一方面又开启了之后两千多年的中国历史,尤其是在政治制度等方面。

由于秦统一不久,就很快灭亡,这给之后的汉代统治者提供了重要的历史借鉴。尤其是在意识形态领域,汉代统治者从开始重视利民便民的黄老之学,转向具有中庸特质的儒家学说,由此促使儒学成为中华文明两千多年的文化主导。经学作为儒学的重要表现形式,在秦代并没有得到应有的重视,秦代延续了商鞅以来批判、忽视"六经"之学的传统,并发生了"焚书坑儒"事件,成为中国古代批判、诋毁经学的反面教材。当然,秦朝的"焚书坑儒"并不是第一次发生②,而且它所造成的损失也并非史书记载的那样严重。对此,《剑桥中国秦汉史》就曾反复强调说,"焚书所引起的实际损失,可能没有历来想象的那样严重"③。只不过,"焚书坑儒"后来被儒生们放大,成为中国经学史、儒学史上影响最为深远的文化政治事件。

不可否认,焚书坑儒在中国历史上尤其是在经学史上影响非常大,直接造成了经学传承、发展短暂的中断,也正是这次政治性的文化举措,导致了"六

---

① 柳诒徵:《中国文化史》(上卷),东方出版中心 1988 年版,第 289 页。
② 在商鞅时期就有焚禁《诗》《书》的先例。
③ 〔英〕崔瑞德、鲁惟一:《剑桥中国秦汉史》,中国社会科学出版社 1992 年版,第 86 页。

经"的残缺与解释的多样性,这便是汉代今古文经学产生及论争的直接根源。当然,我们也不能过分夸大"焚书坑儒"的影响,一方面并没有彻底造成儒学的灭亡,另一方面也促使秦汉时期儒家经学得到新的调整,为天人感应经学思想体系的诞生埋下了伏笔。

一、秦的大一统与焚书坑儒的发生

秦始皇统一天下之前,法家就已经得势,由此对儒家学说及其文献产生了极大的破坏作用。此后秦始皇下令"焚书坑儒"。我们先看一下"焚书",对此,《史记·秦始皇本纪》记载了这一事件的整个经过:

> 始皇置酒咸阳宫,博士七十人前为寿。仆射周青臣进颂曰:"他时秦地不过千里,赖陛下神灵明圣,平定海内,放逐蛮夷,日月所照,莫不宾服。以诸侯为郡县,人人自安乐,无战争之患,传之万世。自上古不及陛下威德。"始皇悦。博士齐人淳于越进曰:"臣闻殷周之王千余岁,封子弟功臣,自为枝辅。今陛下有海内,而子弟为匹夫,卒有田常、六卿之臣,无辅拂,何以相救哉? 事不师古而能长久者,非所闻也。今青臣又面谀以重陛下之过,非忠臣。"始皇下其议。丞相李斯曰:"五帝不相复,三代不相袭,各以治,非其相反,时变异也。今陛下创大业,建万世之功,固非愚儒所知。且越言乃三代之事,何足法也? 异时诸侯并争,厚招游学。今天下已定,法令出一,百姓当家则力农工,士则学习法令辟禁。今诸生不师今而学古,以非当世,惑乱黔首。丞相臣斯昧死言:古者天下散乱,莫之能一,是以诸侯并作,语皆道古以害今,饰虚言以乱实,人善其所私学,以非上之所建立。今皇帝并有天下,别黑白而定一尊。私学而相与非法教,人闻令下,则各以其学议之,入则心非,出则巷议,夸主以为名,异取以为高,率群下以造谤。如此弗禁,则主势降乎上,党与成乎下。禁之便。臣请史官非秦记皆烧之。非博士官所职,天下敢有藏《诗》《书》、百家语者,悉诣守、尉杂烧之。有敢偶语《诗》《书》者弃市。以古非今者族。吏见知不举者与同罪。令下三十日不烧,黥为城旦。所不去者,医药卜筮种树之书。若

欲有学法令,以吏为师。"制曰:"可。"①

从上面我们可以看出,秦始皇"焚书"只不过是维护统治的必要政治举措。事件的起因在于朝臣仆射周青臣与博士淳于越争论关于秦统一后政治制度建设问题,由于争论不下。丞相李斯作为法家的代表,对淳于越所言的儒学理论持鄙薄态度,认为"人善其所私学,以非上之所建立",并由此建议秦始皇采取统一思想的举措,实则是要禁止以儒家学说为代表的百家学说的流传。此建议得到了秦始皇的采纳,并付诸实施。实际上,秦始皇统一思想无可厚非,秦统一天下之后,思想统一也必然趋势。秦朝为了避免分封制导致王侯争权夺利,就推行了"郡县制";统一了文字、货币、度量衡等,这些都是大一统王朝巩固统治的基本举措。"焚书坑儒"的发生,只不过是统一思想文化的一种手段,本质上是为了统一思想、维护秩序。

就"焚书"而言,根据《史记·秦始皇本纪》的记载,我们可以看出所谓的"焚书"包括了"焚烧书籍"与"禁止言论"两方面,具体如下:第一,经部、子部文献类:"非博士官所职,天下敢有藏《诗》《书》、百家语者,悉诣守、尉杂烧之","有敢偶语《诗》《书》,弃市"。"若欲有学法令,以吏为师",儒、道、名、墨等诸家学说在民间被禁,唯法令可学,鼓励向"吏"学习各种法令。第二,史部文献类:"史官非《秦记》皆烧之",因为当时的史书主要为史官所收藏,所以经过此次焚书,诸侯国的史书几乎不存,以至于连司马迁本人撰写《史记》也缺乏各国史料,《史记·六国年表序》:"惜哉!惜哉!独有《秦记》,又不载日月,其文略不具。"②第三,技术实用性较强的文献被保存下来,如"医药、卜筮、种树之书",自然还有法家、兵家等都不在禁毁之列。

可以说,所以这次"焚书"针对的文献不仅包括周朝流行的王官之学,也是儒家所推崇的"六经"之学,也包括百家之学等"私学"。秦始皇的这次"焚书",并不是心血来潮,而是秦孝公时期商鞅"燔诗书而明法令"政策的继续和扩大。这也进一步表明了,秦朝在统一六国之后,将自己的意识形态——法家

---

① (汉)司马迁:《史记》卷六《秦始皇本纪第六》,第254—255页。
② (汉)司马迁:《史记》卷十五《六国年表第三》,第686页。

学说推广到了全境,以此来取代东方六国所流行的王官之学、"六经"之学。

当然,秦始皇这次"焚书"持续的时间比较短,损毁也非常有限。对此,撰写《剑桥中国秦汉史》的英国学者研究认为:

> 简而言之,焚书所引起的实际损失,可能没有像历来想象的那样严重。虽然取缔直到公元前 191 年汉代时才撤销,但它的实施不大可能超过五年,即从公元前 213 年颁行禁令至前 208 年(当时秦帝国正摇摇欲坠)李斯死亡的这段时间。甚至可以设想,焚书对文献的损害不如公元前 206 年造成的损害,当时造反者焚毁了咸阳的秦的宫殿。① 他(项羽)洗劫了城市,焚毁了宫殿,由此造成的文献损失甚至可能大于以前官方焚书的损失②。

英国学者的观点,从客观公正地角度分析了焚书事件,在他们看来焚书是客观存在的,但是其影响非常有限,一是时间短,二是范围有限定,尤其是随着秦王朝的分崩离析,焚书并没有得到长时间的贯彻。相反,秦末项羽对秦王宫的焚烧,却直接造成了大量儒家经典的损毁。

对于"坑儒",《史记·秦始皇本纪》也做了记载,其曰:

> 侯生卢生相与谋曰:"始皇为人,天性刚戾自用,起诸侯,并天下,意得欲从,以为自古莫及己。专任狱吏,狱吏得亲幸。博士虽七十人,特备员弗用。丞相诸大臣皆受成事,倚辨于上。上乐以刑杀为威,天下畏罪持禄,莫敢尽忠。上不闻过而日骄,下慑伏谩欺以取容。秦法,不得兼方不验,辄死。然候星气者至三百人,皆良士,畏忌讳谀,不敢端言其过。天下之事无小大皆决于上,上至以衡石量书,日夜有呈,不中呈不得休息。贪于权势至如此,未可为求仙药。"于是乃亡去。始皇闻亡,乃大怒曰:"吾前收天下书不中用者尽去之。悉召文学方术士甚众,欲以兴太平,方士欲练以求奇药。今闻韩众去不报,徐市等费以巨万计,终不得药,徒奸利相告日闻。卢生等吾尊赐之甚厚,今乃诽谤我,以重吾不德也。诸生在咸阳

---

① [英]崔瑞德、鲁惟一:《剑桥中国秦汉史》,中国社会科学出版社 1992 年版,第 86 页。
② [英]崔瑞德、鲁惟一:《剑桥中国秦汉史》,中国社会科学出版社 1992 年版,第 101 页。

者,吾使人廉问,或为妖言以乱黔首。"于是使御史悉案问诸生,诸生传相告引,乃自除,犯禁者四百六十余人,皆坑之咸阳,使天下知之,以惩后。益发谪徙边。始皇长子扶苏谏曰:"天下初定,远方黔首未集,诸生皆诵法孔子,今上皆重法绳之,臣恐天下不安。唯上察之。"始皇怒,使扶苏北监蒙恬于上郡。①

《秦始皇本纪》中记载,在秦始皇"收天下书不中用者尽去之"以后,又"悉召文学方术士甚众,欲以兴太平",其中的"文学"就是后世所言的经学,说明当时的儒士在政治上还是相当的活跃。随着秦始皇以法治国的推行,很多政策为时人所不满,当时就有儒生非议朝政,于是将卢生等四百多人坑杀于咸阳。这就是在后世影响深远的"坑儒"事件。

实际上,"焚书"与"坑儒"这两起文化政治事件,并非同时发生,而是一前一后,只是后儒学者多将它们相提并论,以此突显秦始皇在儒家文化传承上所造成的巨大损失。就"坑儒"来说,当时所坑杀的儒生,主要是非议朝政的儒生,共有四百六十多人。据历史文献记载,所坑杀的这些儒生,并非是传承儒家经学的读书人,而是有儒学背景的方士。根据《史记》记载,面对"坑儒"的发生,当时秦始皇的长子扶苏就曾进谏朝廷。扶苏建议不要重法惩罚这些方士的根本原因,并不是这些人不该受到惩罚,而是因为这些人都有儒学的背景,都是"诵法孔子"的,如果诛杀这些人,就会造成天下的动荡不安。由此可见,儒家学派在秦国的势力还是很强大的,以至太子都有所顾忌。当然扶苏本人也非常尊崇儒家学说,所以对秦始皇的做法表示不满。

总之,秦统一六国之后,需要从政治、制度、思想文化等各个方面进行统一,以便更好地维护大一统秩序,而"焚书坑儒"的发生也是维护统治的重要手段。当然,无论是"焚书"还是"坑儒",尤其是被后世夸大其词的"坑儒",但其实被坑杀的都是术士,与儒生基本无关。司马迁《史记》明确地指出:"及至秦之季世,焚诗书,坑术士。"②《汉书》也说:"及至秦始皇兼天下,燔《诗》

①　(汉)司马迁:《史记》卷六《秦始皇本纪第六》,第 258 页。
②　(汉)司马迁:《史记》卷一百二十一《儒林列传第六十一》,第 3116 页。

《书》,杀术士,六学从此缺矣。"①司马迁、班固他们离"坑儒"事件最近,记载应该最为真切,从他们的记载可以看出,"坑儒"和儒生根本就没有多大关系。但是在东晋年间,梅赜献《古文尚书》,这是一部伪书,它附有孔安国所作的《尚书序》,《序》中却说:"及秦始皇灭先代典籍,焚书坑儒,天下学士,逃难解散"②。这时,梅赜的伪《古文尚书》第一次将《史记》《汉书》所说"焚诗书、坑术士",改写成了"焚书坑儒"。南北朝之后,伪《古文尚书》被定为官书,"焚书坑儒"的说法也由此确定,历代沿袭,成为定论。"焚书坑儒"也成为秦始皇的一大罪状,遭到儒家学者的批判与非议。当然,我们不排除秦始皇所坑杀的"方士"中有一些是具有儒学背景,或者儒学化的方士。退一步讲,即便秦王朝坑杀的那些术士都是纯儒,然区区几百人,怎么能够灭绝战国以来影响最大的学派——儒学。何况,当时秦代的儒家经学的重镇与中心在齐鲁地区,很难想象在当时的历史条件下,一纸"焚书坑儒"令就能将远离京师的儒生斩尽杀绝,能将民间的藏书尤其是当时最大的学派儒学的经典全部烧毁。所以,我们通过文献记载可以确信"焚书坑儒"的实际效果并不太大,最多只具有一种象征意义。

二、焚书坑儒与"六经"之学的传承、发展

由于秦始皇"焚书坑儒"在中国古代影响深远,这种极端举措被后世历朝历代视为典型,尤其在后世儒者看来这无疑是一种文化灾难,隋朝牛弘就提出"五厄"之说,他认为中国古代的书籍经历了五场灾难,一是秦始皇焚书,二是西汉末赤眉起义军入关,三是董卓移都,四是刘石乱华,五是魏师入郢。实际上,随着儒学被确立为官方之学之后,"焚书坑儒"更是被儒生们视为千古大难,如汉代的刘歆、班固等人就对此事件进行大张挞伐。由于刘歆、班固都属于古文经学家,他们尊奉的古文经主要是秦"焚书"之后遗留下来的残余,或

---

① (汉)班固:《汉书》卷八十八《儒林传第五十八》,第3592页。
② (汉)孔安国传,(唐)孔颖达疏:《尚书正义》卷一《尚书序》,第11页。

是流传于民间的文献。所以,他们对秦始皇"焚书坑儒"耿耿于怀。以至于后世都沿袭刘歆的说法,都认为"焚书坑儒"对儒学经学产生了毁灭性的打击。

经学的发展受到前所未有的冲击,尤其是两汉时期随着经学地位的剧升,使得儒生们对秦始皇"焚书坑儒"所造成的损失颇为不满,于是肆意夸大其严重后果,以至于有失历史本来面目。不过,东汉王充在其《论衡·语增篇》中做了客观的评价:

> 《传》语曰:"秦始皇帝燔烧《诗》《书》,坑杀儒士。"言燔烧《诗》《书》,灭去《五经》文书也;坑杀儒士者,言其皆挟经传文书之人也。烧其书,坑其人,《诗》《书》绝矣。言燔烧《诗》《书》,坑杀儒士,实也;言其欲灭《诗》《书》,故坑杀其人,非其诚,又增之也。……燔《诗》《书》,起淳于越之谏;坑儒士,起自诸生为妖言,见坑者四百六十七人。《传》增言坑杀儒士,欲绝《诗》《书》,又言尽坑之,此非其实,而又增之。①

王充认为秦始皇的确焚烧《诗》《书》,坑杀儒士,这些都是历史事实。但如果说,秦始皇为了彻底消灭《诗经》《尚书》,坑杀那些研习经书的儒生,那就不是真实的了,而是后人夸大的结果,"言其欲灭《诗》《书》,故坑杀其人,非其诚,又增之也"。总之,在他看来,没有必要过分渲染秦始皇焚书坑儒的巨大危害,很多传言都是言过其实,不可以尽信,所谓"此非其实,而又增之"。

就客观历史情势来说,秦始皇"焚书坑儒"并没有对于儒家经学的传承与发展造成根本性的损害。如《汉书·儒林列传》记载云:

> 及至秦始皇兼天下,燔《诗》《书》,杀术士,六学从此缺矣。陈涉之王也,鲁诸儒持孔氏礼器往归之,于是孔甲为涉博士,卒与俱死。陈涉起匹夫,驱谪戍以立号,不满岁而灭亡,其事至微浅,然而搢绅先生负礼器往委质为臣者,何也?以秦禁其业,积怨而发愤于陈王也。及高皇帝诛项籍,引兵围鲁,鲁中诸儒尚讲诵习礼乐,弦歌之音不绝,岂非圣人遗化好学之国哉?于是诸儒始得修其经学,讲习大射乡饮之礼。②

---

① (汉)王充撰,黄晖校释:《论衡校释》卷七《语增篇》,第354—356页。
② (汉)班固:《汉书》卷八十八《儒林传第五十八》,第3592页。

从上面的史料我们可以看出,秦始皇尽管开始"燔《诗》《书》,杀术士",使得经学开始陷入阙略状态,但没有从根本上杜绝、根除经学的传承和发展。在秦末陈涉起义称王之后,孔子第八代孙孔甲就成为陈涉的博士,继续负责传扬孔子儒家经学。秦末虽然战乱不断,但是鲁中诸儒毅然"讲诵习礼乐,弦歌之音不绝",这就说明孔子儒家经学虽然受到秦始皇政治的戕害,但没有彻底泯灭,在楚汉战争期间,齐鲁大地的儒生们继续诵习儒家经典、习礼弦歌不绝。秦灭亡之后,汉代经学的传承主要依赖秦朝所立的经学博士,比如伏生传承《尚书》、张苍传承《春秋》、申培传承《诗经》、叔孙通传承礼学,等等。

实际上,秦汉之际,真正直接对先王典籍或者说儒家经典造成破坏的,首属项羽。项羽曾经焚烧秦朝皇宫,被烧毁包括宫廷藏书。清人刘大魁作《焚书辨》,就直接指出:"书之焚非李斯之罪,而项籍之罪也。"①据《史记·项羽本纪》记载,"项羽引兵西屠咸阳,杀秦降王子婴,烧秦宫室,火三月不灭"②。秦王朝所收集的各国珍贵藏书,也就因此而付之一炬。

秦始皇"焚书坑儒"至今还有误解,我们须尊重历史的史实,客观公正地看待此事。不仅如此,秦始皇"焚书坑儒"有其负面作用的同时,也对儒家经学的传承与发展有一定的积极刺激意义。比如汉代以后,人们更加注重经书文献的整理、考辨;也注重从全新的角度来解释经书,并发展其价值和意义;更加注重儒学与时俱进的变革,如叔孙通、董仲舒等,使得经学更加迎合当时社会政治的需要。

为什么会发生秦始皇"焚书坑儒"事件?"焚书坑儒"虽然源于一次朝臣实行郡县制还是分封制的争论,即制度建设的问题。但实际是秦国长期以来思想文化领域中不同学派的争夺。也就是说,在战国时期颇有影响的两派法家、儒家之间的名利之争或曰话语权的争夺。

焚书坑儒表明,在儒法争夺过程中,法家在秦朝时取胜。法家之所以取胜也是历史发展的必然结果。就其内在原因而言,这是自春秋战国以来儒学式

---

① (汉)李斯撰,张中义等辑注:《李斯子·焚书辨》,中州书画社1981年版,第160页。
② (汉)司马迁:《史记》卷七《项羽本纪第七》,第315页。

微、法家兴盛的必然结果。正如汉代刘歆所云：

> 孔子之道抑，而孙吴之术兴。陵夷至于暴秦，燔经书，杀儒士，设挟书之法，行是古之罪，道术由是遂灭。①

班固也说：

> 天下并争于战国，儒术既绌焉，然齐鲁之间学者独弗废，至于威、宣之际，孟子、孙卿之列咸遵夫子之业而润色之，以学显于当世。及至秦始皇兼天下，燔《诗》《书》，杀术士，六学从此缺焉。②

其中的孙、吴，指的是荀子和吴起的法家之学，说明从战国时期开始法家学说大兴，而儒家学说走向低迷。在当时，唯有齐鲁之地的学者能够继承并发展孔子学说，并且由孟子、荀子等延续下来。即使如此，当时荀子中的一支也发生了演变，并最终发展为法家思想，并大兴于世，以至于在秦代，被秦始皇立为官学，成为官方意识形态。而以孟子为代表的《诗》《书》一派则是遭到贬抑。

如果我们换个角度来说，秦始皇时期所推行的李斯的法家思想，追本溯源也是儒家学说的一种变异。实际上，春秋战国时期的法家如李悝、吴起、商鞅、荀卿、韩非子、李斯等人其实都是子夏乃至孔子儒家学派的后学，只是他们根据历史时代的需要，对儒家学说进行改造，突出儒家礼法层面，而忽略了仁义道德在社会政治中的价值与意义，从而最终形成了基于制度、法律考量的学说体系。只是在战国乱世之中，秦国为了统一世道人心，采取了颇为极端的举措，实行严刑酷法，将法家学说更加极端化，泯灭了人心人性，最终使得秦国遭受二世而亡的恶果。所以，如果从深层次来看的话，儒法之争，实际上也可以看成是春秋战国以来儒学内部不同学派之间的斗争而已。孟子所代表的仁义之学为荀子礼法之学所击败，之后荀子之学成为显学，不仅在秦始皇时代占有主导地位，即使在汉唐之际，也一直被奉为官方意识形态。

此外，秦始皇实行"焚书坑儒"，推行以吏为师，在本质上也是上古三代以来官师政教合一的一种表现。只是不同的是，秦始皇"以法为教，以吏为师"，

---

① （汉）班固：《汉书》卷三十六《刘歆传》，第 1968 页。
② （汉）班固：《汉书》卷八十八《儒林传第五十八》，第 3591—3592 页。

将法家学说极端化,忽略民生,而极力张扬皇权,正如《韩非子》所云:"故明主之国,无书简之文,以法为教;无先王之语,以吏为师。"①秦始皇张扬皇权,而忽视民生民本思想,使得在秦国建立大一统帝国之后,做了很多丰功伟绩,但也失去了民心、民众的支持,最终导致了皇权的崩溃。

三、秦汉之际的经学与刘邦的经学观

秦朝短暂统一全国建立了一系列影响后世的政治制度,但是在思想文化领域并没有建构出一个系统的意识形态,战国时期所形成的诸子百家学说依然在社会上流传。大体上来说,在汉代前期,在社会政治领域是"汉承秦制"②。但在思想文化领域,由于秦始皇时代,对儒家学说颇为抵触,更有"焚书坑儒"的举措,使得汉代初年的儒家经学依旧处于被压制的状态,而诸子百家学说,尤其是兵家、法家、纵横家、道家、阴阳家、儒家等都比较盛行③。这一点正如东汉王充所言:"秦虽无道,不燔诸子。诸子尺书文篇具在。"④这种多元并存的思想文化格局,促使了朝廷在汉代初年推行黄老之术,实则是对当时文化现状的一种默认。

汉初,朝廷的工作重心还是在于巩固统治,完善中央集权。刘邦本为粗野之人,其统治集团也多为军人,文化事业并没有得到重视,这一时期兵家、法家等学者多占据要职。正如司马迁所云:"自汉兴至孝文二十余年,会天下初定,将相公卿皆军吏。"⑤可以说,从汉初到汉武帝前期,都是子学非常盛行的时代。而此时期的陆贾、叔孙通、贾谊等儒者所作的努力,对于儒学的复兴并没有产生多大的作用。即使是受到刘邦重要的叔孙通制定汉代礼仪,也是维护皇权的权宜之计,对此《史记》记载:

> 叔孙通者,薛人也。……及项梁之薛,叔孙通从之。败于定陶,从怀

---

① (清)王先慎撰,钟哲点校:《韩非子集解》卷十九《五蠹第四十九》,第452页。
② (南朝宋)范晔:《后汉书》卷四十上《班彪列传第三十上》,第1323页。
③ 侯外庐等:《中国思想通史》(第2卷),人民出版社1957年版(2004年重印),第57页。
④ (汉)王充撰,黄晖校释:《论衡校释》卷二十八《书解篇》,第1159页。
⑤ (汉)司马迁:《史记》卷九十六《张丞相列传第三十六》,第2681页。

王。怀王为义帝,从长沙,叔孙通留事项王。汉二年,汉王从五诸侯入彭城,叔孙通降汉王。汉王败而西,因竟从汉。……汉五年,已并天下,诸侯共尊汉王为皇帝于定陶,叔孙通就其仪号。高帝悉去秦苛仪法,为简易。群臣饮酒争功,醉或妄呼,拔剑击柱,高帝患之。叔孙通知上益厌之也,说上曰:"夫儒者难与进取,可与守成。臣愿征鲁诸生,与臣弟子共起朝仪。"高帝曰:"得无难乎?"叔孙通曰:"……臣愿颇采古礼,与秦仪杂就之。"上曰:"可试为之,令易知,度吾所能行为之。"于是叔孙通使征鲁诸生三十余人。鲁有两生不肯行,曰:"公所事者且十主,皆面谀以得亲贵。……吾不忍为公所为。公所为不合古,吾不行。公往矣,无污我!"叔孙通笑曰:"若真鄙儒也,不知时变。"遂与所征三十人西,及上左右为学者与其弟子百馀人为绵蕝野外。习之月馀,叔孙通曰:"上可试观。"上既观,使行礼,曰:"吾能为此。"乃令群臣习肄,会十月。汉七年,长乐宫成,诸侯群臣皆朝十月。仪:先平明,谒者治礼,引以次入殿门,廷中陈车骑步卒卫宫,设兵张旗志。传言"趋"。殿下郎中夹陛,陛数百人。功臣列侯诸将军军吏以次陈西方,东乡;文官丞相以下陈东方,西乡。大行设九宾,胪传。于是皇帝辇出房,百官执职传警,引诸侯王以下至吏六百石以次奉贺。自诸侯王以下莫不振恐肃敬。至礼毕,复置法酒。诸侍坐殿上皆伏抑首,以尊卑次起上寿。觞九行,谒者言"罢酒"。御史执法举不如仪者辄引去。竟朝置酒,无敢讙哗失礼者。于是高帝曰:"吾乃今日知为皇帝之贵也。"乃拜叔孙通为太常,赐金五百斤。……叔孙通出,皆以五百斤赐诸生。诸生乃皆喜曰:"叔孙生诚圣人也,知当世之要务。"①

在汉高祖刘邦时期,虽然鲁中仍旧有儒学传承,朝廷也选用儒士叔孙通为太常并制定礼仪,但叔孙通也是"颇采古礼,与秦仪杂就之"②,因为这一时期尚有"干戈平定"之事,陈豨、卢绾、韩信、黥布等人的相继叛乱,使得刘邦仍忙于巩固统治,没有时间发展文化教育。不仅如此,刘邦本人对儒生非常厌恶,据

---

① (汉)司马迁:《史记》卷九十九《刘敬叔孙通列传第三十九》,第 2720—2724 页。
② (汉)司马迁:《史记》卷九十九《刘敬叔孙通列传第三十九》,第 2722 页。

《史记·郦生陆贾列传》载："沛公不好儒。诸客冠儒冠来者,沛公辄解其冠,溲溺其中。"[1]说明刘邦非常厌恶儒生,自然对儒学也没有好感。此后的汉惠帝、文帝时期,朝政都为开国功臣所把持,加上文帝"好刑名",所以儒学依旧没有得到应有的重视。之后的景帝,也不好儒。对此,《汉书·儒林列传》记载:

> 叔孙通作汉礼仪,因为奉常,诸弟子共定者,咸为选首,然后喟然兴于学。然尚有干戈,平定四海,亦未皇庠序之事也。孝惠、高后时,公卿皆武力功臣。孝文时颇登用,然孝文本好刑名之言。及至孝景,不任儒,窦太后又好黄老术,故诸博士具官待问,未有进者。[2]

刘邦之后的惠帝、文帝、景帝都不重视儒学,汉武帝时期垂帘听政的窦太后,也只好黄老之学,儒学在此时并没有真正推行。总的来看,汉武帝亲政以前,流行于统治阶层在思想崇尚上比较杂乱,兵家、法家、道家、阴阳家、儒家等在当时政治文化中并行发展,其中儒道相争尤为激烈[3]。在 1972 年山东银雀山汉墓中所出土的西汉早期竹简与 1973 年长沙马王堆三号汉墓所出土的西汉前期帛书,都没有儒家经典,反而主要是兵家、道家、法家、阴阳家等的典籍,这就有力地证明了当时统治思想的主流所在。等到窦太后去世,汉武帝亲政,儒学开始大规模推行,并最终成为正统思想。

虽然,在秦汉之际,儒家经学有得到应有的重视,但是它始终没有因此中断,而是断断续续地在民间传播,汉朝统治者对此也有一定的关注。可以说,在秦汉之际,经学的传播并没有终止,相反,在战乱的政治变局中,很多地方依旧存在着经学研习、传承的情形。即使是朝廷,虽不大用儒士,但也设立经学博士。如《史记·儒林列传》记载:

---

① (汉)司马迁:《史记》卷九十七《郦生陆贾列传第三十七》,第 2692 页。

② (汉)班固:《汉书》卷八十八《儒林传第五十八》,第 3592 页。

③ 正如《史记·老子申韩列传》中所云:"世之学老子者则绌儒学,儒学亦绌老子。道不同不相为谋,岂谓是耶?"近人侯外庐先生也研究认为:"汉初文景武三世,儒道争霸相当厉害,尤其通过了政权的争夺,更加惨酷,罢黜废杀,互相报复。文景虽立博士,但并不甚好儒,似在道家政派气壮之时采取折衷政策,直到武帝初,和窦太后斗争,开始犹两面而倚重于儒,窦氏死后,才清算了道家,立出法度。"参见侯外庐等:《中国思想通史》(第 2 卷),人民出版社 1957 年版(2004 年重印),第 61 页。

　　及至秦之季世，焚《诗》《书》，坑术士，六艺从此缺焉。陈涉之王也，而鲁诸儒持孔氏之礼器往归陈王。于是孔甲为陈涉博士，卒与涉俱死。陈涉起匹夫，驱瓦合适戍，旬月以王楚，不满半岁竟灭亡，其事至微浅，然而缙绅先生之徒负孔子礼器往委质为臣者，何也？以秦焚其业，积怨而发愤于陈王也。

　　及高皇帝诛项籍，举兵围鲁，鲁中诸儒尚讲诵习礼乐，弦歌之音不绝，岂非圣人之遗化，好礼乐之国哉？……汉兴，然后诸儒始得修其经艺，讲习大射乡饮之礼。叔孙通作汉礼仪，因为太常，诸生弟子共定者，咸为选首……孝惠、吕后时，公卿皆武力有功之臣。孝文时颇征用，然孝文帝本好刑名之言。及至孝景，不任儒者，而窦太后又好黄老之术，故诸博士具官待问，未有进者。①

秦末战乱之际，儒家经学并没有根绝，陈涉称王以后也继续支持经术、儒学。在齐鲁一带儒家经学继续传承、发展，"鲁中诸儒尚讲诵习礼乐，弦歌之音不绝"。当时各地的管理者，实则是对儒家经学的发展采取了默认的态度。刘邦并没有放弃对旧有礼乐的尊崇，所以在其平定三秦之后，便及时恢复了秦时旧有的礼仪，如《史记·封禅书》中所言道：

　　二年，东击项籍而还入关，问："故秦时上帝祠何帝也？"对曰："四帝，有白、青、黄、赤帝之祠。"高祖曰："吾闻天有五帝，而有四，何也？"莫知其说。于是高祖曰："吾知之矣，乃待我而具五也。"乃立黑帝祠，命曰北畤。有司进祠，上不亲往。悉召故秦祝官，复置太祝、太宰，如其故仪礼。因令县为公社。下诏曰："吾甚重祠而敬祭。今上帝之祭及山川诸神当祠者，各以其时礼祠之如故。"②

楚汉之争的第二年（前205年），刘邦在平定三秦之际，就立黑帝祠。并置有太祝、太宰，从而恢复了旧有的仪礼。同时，刘邦还让各职能部门按照旧有的礼仪，祭祀上帝及山川诸神。一定程度上表明，刘邦重视礼仪，实则是承认了

---

① （汉）司马迁：《史记》卷一百二十一《儒林列传第六十一》，第3116—3117页。
② （汉）司马迁：《史记》卷二十八《封禅书第六》，第1378页。

儒家经学的一定价值。不仅如此,刘邦还任用秦博士叔孙通建立汉代礼仪,并重用很多儒生。对此,《史记》记载云:"乃拜叔孙通为太常,赐金五百斤。叔孙通因进曰:'诸弟子儒生随臣久矣,与臣共为仪,愿陛下官之。'高帝悉以为郎。"①叔孙通是薛人,《史记索隐》解释说,"薛,县名,属鲁国"②,那就说明叔孙通也是鲁人。叔孙通作为儒家的学者并没有因循守旧,而是与时俱进地对孔子儒学结合当时社会政治、思想文化的现实情况,对以往的礼仪做了调整,从而形成了汉代初年的礼仪制度。当然,我们不能否认,刘邦对秦经学博士叔孙通的任用并借助他建立汉朝的礼仪出于非常务实的目的,但从客观效果上推进了秦汉之际儒家经学的传承与发展。

刘邦不仅重视礼仪的恢复,他还推崇礼乐,以此来彰显自己的武功,对此《汉书·礼乐志》记载云:

> 高(祖)庙奏《武德》《文始》《五行》之舞;孝文庙奏《昭德》《文始》《四时》《五行》之舞;孝武庙奏《盛德》《文始》《四时》《五行》之舞。《武德舞》者,高祖四年作,以象天下乐己行武以除乱也。《文始舞》者,曰本舜《招舞》也,高祖六年更名曰《文始》,以示不相袭也。《五行舞》者,本周舞也,秦始皇二十六年更名曰《五行》也。③

刘邦于公元前203年曾经作《武德》舞乐,以此来彰显自己的武功之盛。嗣后的文帝、武帝等都是如此。这就表明汉高祖刘邦在其建立政权的过程中,非常重视礼乐在其政权巩固、发展中的价值和意义。换言之,刘邦继承了传统礼乐的精神,这也为儒家经学价值的再发挥奠定了重要的基础。不仅如此,前195年,汉高祖经过山东的时候,还专门以太牢礼祭祀孔子,《史记·孔子世家》记载:

> 孔子葬鲁城北泗上,弟子皆服三年。三年心丧毕,相诀而去,则哭,各复尽哀;或复留。唯子赣庐于冢上,凡六年,然后去。弟子及鲁人往从冢而家者百有余室,因命曰孔里。鲁世世相传以岁时奉祠孔子冢,而诸儒亦

---

① (汉)司马迁:《史记》卷九十九《刘敬叔孙通列传第三十九》,第2724页。
② (汉)司马迁:《史记》卷九十九《刘敬叔孙通列传第三十九》,第2721页。
③ (汉)班固:《汉书》卷二十二《礼乐志第二》,第1044页。

讲礼乡饮大射于孔子冢。孔子冢大一顷。故所居堂弟子内,后世因庙藏
孔子衣冠琴车书,至于汉二百余年不绝。高皇帝过鲁,以太牢祠焉。诸侯
卿相至,常先谒然后从政。①

刘邦成为周秦以来对孔子颇为尊崇的君王,尽管刘邦祭孔在当时没有形成国
家制度,但是意义重大,这被视为汉代尊孔崇儒的开始,如罗振玉就曾说:"自
嬴秦并六国,烧诗书,坑术士,重法吏,二世而亡天下。及炎汉兴,高祖十二年
行过鲁以太牢祀孔子,为两汉尊崇儒术之始。"②可以说,在秦汉之际,由于刘
邦对礼乐、儒家经学的宽容利用,这对于儒家经学的发展提供了重要的政治保
障。这就使得儒家经学并没有因为战乱而消亡,反而由于刘邦等人的重视而
得以继续传承、发展。

当然,汉初经学的复兴离不开刘邦集团中儒士的力量。在刘邦统治集团
中有一些知晓经术且掌握权力之人,他们在保存和弘扬经学上扮演着重要的
角色。根据《史记》《汉书》记载,如(张)良"尝学《礼》淮阳"③,陆贾更是精通
《诗》《书》,《史记·陆贾传》云:

> 高祖大悦,拜贾为太中大夫。陆生时时前说称《诗》《书》。高帝骂之
> 曰:"乃公居马上而得之,安事《诗》《书》!"陆生曰:"居马上得之,宁可以
> 马上治之乎?且汤、武逆取而以顺守之,文武并用,长久之术也。昔者吴
> 王夫差、智伯极武而亡,秦任刑法不变,卒灭赵氏。乡使秦已并天下,行
> 仁义,法先圣,陛下安得而有之?"高帝不怿而有惭色,乃谓陆生曰:"试
> 为我著秦所以失天下,吾所以得之者何,及古成败之国。"陆生乃粗述存
> 亡之征,凡著十二篇。每奏一篇,高帝未尝不称善,左右呼万岁,号其书
> 曰《新语》。④

可以看出,作为汉初三杰之一的张良,对经学有一定的认知,这对于刘邦重视、
利用儒学有一定的影响力。另外,陆贾作为刘邦统治集团中的一员,精通儒

---

① (汉)司马迁:《史记》卷四十七《孔子世家第十七》,第 1945—1946 页。
② 罗振玉:《罗振玉自述·本朝学术源流概略》,安徽文艺出版社 2013 年版,第 211 页。
③ (汉)司马迁:《史记》卷五十五《留侯世家第二十五》,第 2034 页。
④ (汉)司马迁:《史记》卷九十七《郦生陆贾列传第三十七》,第 2698 页。

经,奉行儒家治国安邦的理念,并积极向刘邦阐释儒家之道。而刘邦本人尽管信奉武力,但最终也在陆贾的论辩下,承认了治国依靠儒术的道理,来阅读陆贾《新语》并肯定它的价值,进而在现实中任用叔孙通等人来治国安邦。

刘邦之后的惠帝,他同样对儒家经学秉承旧例,任命孔子后代孔襄为"孝惠皇帝博士"①。不仅如此,据皇甫谧《高士传》记载,汉惠帝还曾亲自看望汉代易学宗师田何,"惠帝时,何年老家贫,守道不仕,帝亲幸其庐以受业,终为《易》者宗"②。嗣后的文帝虽然"好刑名之言"③,但开始征用文学之士,也设立了很多博士。《汉旧仪》就说道:"孝文帝时,博士七十余人,朝服玄端,章甫冠。"④后来刘歆《移让太常博士书》中也说道:"(孝文皇帝时)天下众书往往颇出,皆诸子传说,犹广立于学官,为置博士。"⑤东汉赵岐《孟子章句题辞》也说道:"孝文帝欲广文学之路,《论语》《孝经》《孟子》《尔雅》皆置博士。"⑥总的来看,汉文帝时期,经学开始得到普遍的重视。总之,秦汉之际经学的传承、发展主要依赖当时的博士,这不仅包括秦代的博士,也包括汉代初年的博士,比如汉文帝时期的贾谊等人。

就汉代初年"六经"的传承来说,也是不绝如缕,比如《史记》《汉书》中曾多处记载当时"六经"的传承与师法家法的历史。比如《诗经》传承及其师承关系,《史记·儒林列传》记载道:

> 高祖过鲁,申公以弟子从师入见高祖于鲁南宫。吕太后时,申公游学长安,与刘郢同师。(《汉书》云:吕太后时,浮丘伯在长安,楚元王遣子郢与申公俱卒学。⑦)……(申公)归鲁,退居家教,终身不出门,复谢绝宾

---

① (汉)司马迁:《史记》卷四十七《孔子世家第十七》,第1947页。
② (晋)皇甫谧:《高士·田何》,上海古籍出版社2014年版,第176页。宋清秀等《中国学术编年·两汉卷》认为汉惠帝见田何当为"惠帝元年",即前194年。参见宋清秀、包礼祥、曾礼军撰,梅新林、俞樟华主编:《中国学术编年·两汉卷》,华东师范大学出版社2013年版,第35页。
③ (汉)司马迁:《史记》卷一百二十一《儒林列传第六十一》,第3117页。
④ (汉)卫宏:《汉旧仪附补遗》卷上,中华书局1985年版,第22页。
⑤ (汉)班固:《汉书》卷三十六《刘歆传》,第1969页。
⑥ (清)焦循:《孟子正义》卷一《孟子题辞》,第17页。
⑦ (汉)班固:《汉书》卷八十八《申公传》,第3608页。

客……弟子自远方至受业者百余人。①

申公作为当时鲁《诗》的传承者,得到了高祖、吕后等统治者的认可,并在鲁地培养了很多弟子。其实,不只是申培一人,汉初乃至前期的"六经"得到博士及诸儒的研习,从而得到了有效的传承,并为汉武帝时期经学的大发展和官学化奠定了重要的学术思想基础,如《汉书·儒林传》所言:

> 汉兴,言《易》自淄川田生;言《书》自济南伏生;言《诗》,于鲁则申培公,于齐则辕固生,燕则韩太傅;言《礼》则鲁高堂生;言《春秋》,于齐则胡毋生,于赵则董仲舒。及窦太后崩,武安君田蚡为丞相,黜黄老、刑名百家之言,延文学儒者以百数,而公孙弘以治《春秋》为丞相封侯,天下学士靡然乡风矣。②

可以说,秦汉之际由于"六经"之学并没有因为战乱、汉初政治文化的变迁而发生中断,而是在儒士尤其是秦汉之际的博士们的努力下不绝如缕地传承着,最终为西汉中期汉武帝时期推行儒学、促成其官学化奠定了重要的学术思想基础。

对于"六经"在汉代初年的传承情况,自古以来很多学者都对之做了系统而深入的梳理,这些都表明"六经"之学在当时具有很强的连续性,如清人刘师培在《经学教科书》中对以往古籍的记载进行了系统的整理:

> 秦政焚经,以《易》为卜筮之书,传者不绝。汉兴以来,田何传商瞿之《易》,以授王同、丁宽、周王孙,而杨何诸人受业王同,复由杨何授司马谈、京房。(别一京房。)丁宽治《田氏易》,复从周王孙问古义,以授砀人田王孙,复由田王孙授孟喜、施雠,由是《易经》有施、孟之学。③

> 秦政焚经,唯济南伏生传《尚书》。伏生传晁错、张生,张生授千乘欧阳生,欧阳生授倪宽,宽授欧阳生之子,世传其业至于曾孙欧阳高,是谓《尚书》欧阳氏之学。又有夏侯都尉受业于张生,以授族子始昌,始昌传族子胜,是为《尚书》大夏侯之学。胜授从子建,又别为小夏侯之学。西

---

① (汉)司马迁:《史记》卷一百二十一《儒林列传第六十一》,第3120—3121页。
② (汉)班固:《汉书》卷八十八《儒林传第五十八》,第3593页。
③ (清)刘师培著,陈居渊注:《经学教科书》,上海古籍出版社2006年版,第31页。

汉之世,三家咸立于学官。然所传之书,仅二十八篇,是为今文《尚书》,乃《尚书》中之齐学也。东汉之世,欧阳氏世为帝师,故欧阳氏之学于东京为最盛。①

西汉之初,《诗》有齐、鲁、韩、毛四家。自浮丘伯受业荀卿,而申培、白生、穆生、楚元王咸受业浮丘伯,号为《鲁诗》。……自齐人辕固以《诗》教授作为《诗传》,号为《齐诗》。固授夏侯始昌,始昌传后苍,苍传翼奉、萧望之、匡衡,师丹、满昌、匡伯,咸传匡衡之学。……自燕人韩婴作《诗》内外传数万言,号为《韩诗》。贲生及赵子受之,赵传蔡谊,谊传食子公、王吉。……西汉之时,三家咸立学官。自河间毛亨受《诗》荀卿,以传毛苌,号为《毛诗》。苌授贯长卿,四传而为谢曼卿,曼卿授卫弘、贾徽。……此汉代《诗经》传授之大略也。②

秦政焚书,《礼经》缺坏。西汉之初,高堂生传《士礼》十七篇,(即今《仪礼》。)而鲁徐生善为容。景帝之时,河间献王得《古礼》,计《古文礼》五十六篇,《记》百三十一篇,其七十篇与高堂生同而文字多异。③

根据刘师培的总结,在秦汉之际,"六经"基本上都有师承传承,并没有完全受到当时社会政治、思想文化的太多影响。正是由于"六经"这种不中断的传承,为汉代初年经学的发展奠定了重要的学术基础。当然,由于"六经"的传承很大程度上依靠记诵,加上汉代初年朝廷长期推行黄老之术,这对于儒家经学的传扬造成了一定的干扰,从而引发了西汉中后期所出现的今古文之争的问题。值得关注的是,"六经"之学之所以在汉代初年得到了传承和朝廷的重视,很大程度上是因为当时儒士阶层也积极根据社会政治、思想文化建设的需要,积极地对所传承的"六经"作适当的诠释和解读,这就保证了经学得以发展,并最终在汉武帝时期得到了朝廷的高度认可,进而获得了官学的地位。

总之,汉代初年,经学得到了一定的重视,与此同时儒学也随着社会文化的变迁产生了新的思想和变化。叔孙通对于礼仪的强调和改造,对于儒学的

① (清)刘师培著,陈居渊注:《经学教科书》,上海古籍出版社2006年版,第35页。
② (清)刘师培著,陈居渊注:《经学教科书》,上海古籍出版社2006年版,第40页。
③ (清)刘师培著,陈居渊注:《经学教科书》,上海古籍出版社2006年版,第49页。

推行有重要的意义,这也算是儒家学说在汉代的复兴,此举颇有意义,当时儒生将他视为"圣人"。"叔孙生诚圣人也,知当世之要务。"①正是由于叔孙通能够根据汉代初年的政治文化形式而变通儒学,促使儒学在汉代初年得到传承、发展,他本人由此被司马迁视为汉代儒宗,如《史记·叔孙通传》的太史公曰:"叔孙通希世度务,制礼进退,与时变化,卒为汉家儒宗。"②当然,也有很多人尤其是儒者对叔孙通变通礼仪的做法嗤之以鼻,如司马光《资治通鉴》中评价说道:

> 礼之为物大矣!用之于身,则动静有法而百行备焉;用之于家,则内外有别而九族睦焉;用之于乡,则长幼有伦而俗化美焉;用之于国,则君臣有叙而政治成焉;用之于天下,则诸侯顺服而纪纲正焉。岂直几席之上、户庭之间得之而不乱哉!夫以高祖之明达,闻陆贾之言而称善,睹叔孙之仪而叹息;然所以不能肩于三代之王者,病于不学而已。当是之时,得大儒而佐之,与之以礼为天下,其功烈岂若是而止哉!惜夫,叔孙生之器小也!徒窃礼之糠秕,以依世、谐俗、取宠而已,遂使先王之礼沦没而不振,以迄于今,岂不痛甚矣哉!是以扬子讥之曰:"昔者鲁有大臣,史失其名,曰:'何如其大也!'曰:'叔孙通欲制君臣之仪,召先生于鲁,所不能致者二人。'曰:'若是,则仲尼之开迹诸侯也非邪?'曰:'仲尼开迹,以自用也。如委己而从人,虽有规矩、准绳,焉得而用之!'"善乎扬子之言也!夫大儒者,恶肯毁其规矩、准绳以趋一时之功哉!③

司马光对叔孙通变通礼仪的做法颇为不满,认为他气象狭小,只是窃取了仪礼的部分,哗众取宠而已,这样做的结果就是导致了先王礼仪的衰亡,"徒窃礼之糠秕,以依世、谐俗、取宠而已,遂使先王之礼沦没而不振"。不仅如此,司马光还援引汉代扬雄的话来批判叔孙通,认为他丝毫没有儒者应有的骨气,不仅屈尊于皇权,还利用先王礼仪获得名利。在司马光看来,叔孙通这种做法无

---

① (汉)司马迁:《史记》卷九十九《刘敬叔孙通列传第三十九》,第 2724 页。
② (汉)司马迁:《史记》卷九十九《刘敬叔孙通列传第三十九》,第 2726 页。
③ (宋)司马光:《资治通鉴》卷十一《汉纪四·臣光曰》,中华书局 1956 年版,第 375—376 页。

疑是小人之所为,败坏了先王的礼仪精神。实际而言,相对于秦代对经学、礼仪的废弛而言,叔孙通此举无疑是对儒学的继承和价值转换。换言之,叔孙通对儒家经学价值的认识和解读,实则也是对儒家经学的一种诠释和改造。这为嗣后汉文帝、景帝重视利用儒学提供了重要的思想基础,也为汉武帝时继续独尊儒术提供了重要的推动作用。另外,刘邦对陆贾态度的转变,并最终认同儒学价值观在皇权政治之中的意义,这在汉代经学史上具有重要的影响。如果说叔孙通从实践上对当时的皇权维护起到了重要的推动作用,而陆贾则是从理论层面进一步论证了儒学在皇权政治中的重要意义,这为后来文帝、景帝乃至武帝利用、推尊儒学及制度化提供了重要的铺垫。

总的来看,在秦汉之际,儒家经学并没有因战乱而被废弃,相反它的价值与意义也因为战乱而被人们所重新认识,所以在刘邦时代秩序重建的过程中,儒学的诸多观念又得到了统治阶层的认可,从而促使儒学再次回到历史的主要舞台,而叔孙通将儒学的礼仪化便是典型。受到刘邦的影响,此后的文帝、景帝也加强了对儒家经学的重视,并继承发展了高祖刘邦时代很多的做法与思想。这对于汉武帝时期儒学地位的彰显,提供了必要的学术思想基础。

本讲小结

秦汉之际,是中国经学发展颇为重要的一段时期。这一段时期,可以说是中国古代思想文化的大转折,一方面秦朝完成了先秦时期的政治大一统,改变了西周以来混乱的政治局面;另一方面秦朝将本国的法家学说推广到全国,实现了文化上的大一统。这种政治文化的统一,尽管时间很短,但是在中国政治文化史上有十分重要的意义。政治意义暂且不论,就文化意义上来说,虽然秦朝利用法家学说一统天下,"以吏为师",但这也是先秦时期尤其是春秋战国时期思想文化发展的必然,是当时特殊的政治混乱的必然选择。但实际上,从秦汉之际儒家经学在传承方面不绝如缕,这就说明了王官之学、"六经"之学依然得到了原来东方六国尤其是齐鲁大地的尊崇。相比较而言,法家学说自然并没有在王官之学、"六经"之学长期盛行的东方六国所在的区域得到普遍的认同,缺乏文化认同的政治统一自然略显脆弱,随着秦始皇严苛政策的推行,最终导致了王朝的崩溃。

　　秦始皇"焚书坑儒"并不能说明秦朝对儒家经学的彻底摒弃,秦始皇时期所设立的博士官制度对于推动经学的传承、发展起到了一定的作用。从睡虎地秦墓竹简的记载来看,秦始皇时期也非常重视孝道,如秦简《法律答问》中说:"免老告人以为不孝,谒杀,当三环之不? 不当环,亟执勿失。"①意思是说,那些因年龄很大被国家免除服役的老人,如果他控告自己的儿子不孝顺,应当执行死刑,还需要经过多次审核吗? 回答是:不需要反复查证、审核了,立即受理执行死刑就是了。因为在秦代,对于别的死刑一般都要经过多次审核,然后执行,所以叫"三环"。但对于不孝的行为,如果构成了死罪,明确规定不需要多次审核,立即执行死刑。由此可见,秦代对待不孝之人,是非常严酷的,而且没有商量的余地。另外,秦代法律还规定,父亲杀死或打伤儿子、妻妾以及奴仆,官府都不追究。但是儿子去控告自己的父亲,奴仆、妻妾去控告自己的主人,官府不但不受理,反而还认定控告者有罪,《法律答问》中说:"子告父母,臣妾告主,非公室告,勿听。何谓'非公室'告? 主擅杀、刑、髡其子、臣妾,是谓'非公室告',勿听。而行告,告者罪。"②这里的"非公室告",是指与公共利益没有关系的控告,只是家庭内部事务的诉讼。整个句子的大体意思是说,子女控告父母和臣仆、妻妾控告主子私自用刑,这些都是家庭内部纠纷,官府不会受理。如果这些人继续控告自己父母、主子的话,控告者有罪。从这我们就可以看出,秦代用法律的形式维护孝道,维护了父权家长制的权益,并对不孝、不敬之人给予严惩。从这也说明,秦代并非没有仁义、忠孝,只不过孝道、孝行从属于法律而已。

　　总的来说,秦汉之际的经学,在中国古代处于发展的低谷时期,但这一时期,刘邦等统治阶层仍对博士官、儒者非常重视,这种重视也说明了王官之学、

---

①　赵进瑜:《睡虎地秦墓竹简·法律答问》,睡虎地秦墓竹简整理小组 1978 年发布,第195 页。

②　赵进瑜:《睡虎地秦墓竹简·法律答问》,睡虎地秦墓竹简整理小组 1978 年发布,第196 页。

"六经"之学在中原传播了数百年依然有非常广泛的民众基础。另外,需要注意的是,儒家经学在秦汉之际都发生了巨大的变化,其中叔孙通对儒家经学理解及实践的变革,实际上代表了儒学乃至经学发展的基本方向。随着秦汉建立之后,新的政治体制尤其是郡县制和官僚制代替了分封制和世卿世禄制度,需要新的意识形态相适应。在汉武帝时期,当董仲舒结合阴阳五行学说改造儒家经学发展模式的时候,便充分体现了这一点。同时,这也表明了经学自上古发展到秦汉之际,经历了多次变革及其诠释理念与方法上的演变,最终为汉代经学体系的建构奠定了重要的学术思想基础。虽然秦汉之际,只不过是先秦与两汉学术发展中的过渡阶段而已,但其无疑非常重要。

第六讲　两汉的官方经学

在汉代前期,重视黄老之学,但儒家经学一直传承不绝。汉武帝时期,开始"罢黜百家,独尊儒术",由此经学开始兴起,即今文经学的兴起,这是当时官方经学的基本形式。其中,所谓的今文经,就是秦汉时期流传,并用汉代通行隶书所写的经书。与今文经相对的则是古文经,是今文经学流行的时候,从民间发现用六国文字所写的经文。两汉时期,官学基本上都是今文经学。王莽时代古文经学也曾被立为官学,但时间很短。东汉后期,今文经学日渐衰微,而古文经学开始兴起,并在当时产生了极大的影响。在东汉末年,郑玄一统今古文经学,遍注群经,形成了郑学。郑学促成了古文经学的兴起,而且郑学成为中古时期盛行的重要经学形式。

一、汉初黄老之术与经学的传承

汉代初年,为了恢复被长期战争的破坏,开始休养生息,推行黄老之术①。由于黄老之术的推行,民众安居乐业,促成了汉初文景之治的出现。正如《史记·平准书》中所言:

> 汉兴七十余年之间,国家无事,非遇水旱之灾,民则人给家足,都鄙廪庾皆满,而府库余货财。京师之钱累巨万,贯朽而不可校。太仓之粟陈陈

---

① 《中国学术思想编年·秦汉卷》一书中就认为"真正将黄老学说确立为政治统治指导思想的,是汉文帝"。参见郑杰文、李梅:《中国学术思想编年·秦汉卷》,陕西师范大学出版社2005年版,导言第9页。

相因,充溢露积于外,至腐败不可食。①

文景时期,统治学说依旧是黄老之学,当时社会经济的大发展,人们丰衣足食,朝廷也有很多的积蓄。这说明,经历了春秋战国时期长达数百年的战乱,人们需要宽松的政策,而汉初黄老之术的盛行,满足了当时的社会政治需要,推动了社会政治的发展。

汉初黄老之术的推行,对于当时各种思想文化的并存和发展也有极大的作用。儒家经学逐渐得到了朝廷的重视,对此《汉书·艺文志》记载云:

> 昔仲尼没而微言绝,七十子丧而大义乖。故《春秋》分为五,《诗》分为四,《易》有数家之传。战国从衡,真伪分争,诸子之言纷然殽乱。至秦患之,乃燔灭文章,以愚黔首。汉兴,改秦之败,大收篇籍,广开献书之路。迄孝武世,书缺简脱,礼坏乐崩,圣上喟然而称曰:"朕甚闵焉!"于是建藏书之策,置写书之官,下及诸子传说,皆充秘府。②

从中可以看出,在汉代初年朝廷尽管推行黄老之术,对思想文化还是采取了多元并举的态度,如采取了很多搜集图书的工作,"改秦之败,大收篇籍,广开献书之路",这就使得经书、经学得到了一定的复兴,对此史书都有多处记载:

> 周道既废,秦拨去古文,焚灭《诗》《书》,故明堂石室金匮玉板图籍散乱。汉兴,萧何次律令,韩信申军法,张仓为章程,叔孙通定礼仪,则文学彬彬稍进,《诗》《书》往往间出。自曹参荐盖公言黄老,而贾谊、朝错明申韩,公孙弘以儒显,百年之间,天下遗文古事靡不毕集。③

> 河间献王德以孝景前二年立,修学好古,实事求是。从民得善书,必为好写与之,留其真,加金帛赐以招之。繇是四方道术之人不远千里,或有先祖旧书,多奉以奏献王者,故得书多,与汉朝等。是时,淮南王安亦好书,所招致率多浮辩。献王所得书皆古文先秦旧书,《周官》《尚书》《礼》《礼记》《孟子》《老子》之属,皆经传说记,七十子之徒所论。其学举六艺,立《毛氏诗》《左氏春秋》博士。修礼乐,被服儒术,造次必于儒者。山

---

① (汉)司马迁:《史记》卷三十《平准书第八》,第 1420 页。
② (汉)班固:《汉书》卷三十《艺文志第十》,第 1701 页。
③ (汉)班固:《汉书》卷六十二《司马迁传第三十二》,第 2723 页。

东诸儒多从而游。①

汉初随着朝廷的重视,很多儒经开始出现,"《诗》《书》往往间出"。加上叔孙通、贾谊、晁错等人的努力,儒经、经学开始得到重视,"百年之间,天下遗文古事靡不毕集"。汉文帝派晁错受《尚书》,并让博士作《王制》,又设置了《论语》《孝经》《尔雅》《孟子》的博士。这一时期五经的收藏、传承也在民间没有止息。河间献王之所以爱好古籍、古经,与当时朝廷的政策有一定的关系,为后世保存了很多古经,为汉武帝时期经学的传承、发展奠定了基础。

根据史书记载,汉初黄老之术的奉行者,除了曹参,还有陈平、司马谈、刘德等人。其中,曹参执政期间,朝廷颁行了"除挟书律"。《汉书·惠帝纪》载:"三月甲子,皇帝冠,赦天下。省法令妨吏民者,除挟书律。"②颜师古《汉书注》引应劭曰:"挟,藏也。"也就是说,朝廷不仅废除了限制民众藏书的禁令,还广泛收集篇章、书籍。《汉书·艺文志》曰:"汉兴,改秦之败,大收篇籍,广开献书之路。"③吕祖谦《大事记解题》卷九备注说:"此曹相国之政也。"换言之,由于汉初奉行黄老之术,并解除了藏书有罪的律令之外,还广泛收集书籍,这对于儒经传世、经学的发展自然有促进作用,对此正如刘汝霖《汉晋学术编年》中所言:

> 秦时燔灭文章以愚黔首,下令敢有挟书者族,六艺自此缺。于是好古之士,或藏之山崖屋壁,如鲁淹中空壁藏《古经》,伏生藏《尚书》,河间人颜芝藏《孝经》,山岩藏《周官》。或以口授诸生徒,如公羊寿传《春秋》,高生堂传《仪礼》。高祖因秦律,未遑除去。是年三月,惠帝乃下令除之,于是壁藏者纷纷出世,而口授者亦得书之于简策。各书多有残缺,惟《易》为卜筮之书,不在禁列,传者不绝,《诗》则讽诵不在竹帛,故俱能遭秦而全。惠帝此令为儒学兴起创造宽松的学术环境,此后民间儒家经典传授之风日盛。④

---

① （汉）班固:《汉书》卷五十三《景十三王传第二十三》,第 2410 页。
② （汉）班固:《汉书》卷二《惠帝纪第二》,第 90 页。
③ （汉）班固:《汉书》卷三十《艺文志第十》,第 1701 页。
④ 刘汝霖:《汉晋学术编年》,著者书店 1932—1933 年版。

从这我们可以看出,秦始皇焚书坑儒造成了儒家经典的残缺,"六艺自此缺",影响了经学的传承与发展。汉代初年,在废除"挟书律"之后,民间的藏书就纷纷再现,儒家经学实际上在汉惠帝时期就慢慢开始复兴了。

另外,汉初黄老之术的盛行对于汉代解经之法有一定的影响。黄老之术源于战国黄老学派,强调无为而治,其思想注重"道",并结合阴阳学说,宣扬无为而治。由于它对阴阳五行学说非常重视,这对于汉代前期阴阳五行学说的传扬、盛行有直接的推动作用。到汉武帝时期,经学家们注重阴阳五行学说,并用它来解读儒家经典且建构全新的儒学思想体系,这很大程度上是黄老学说影响的结果。

总之,汉代初年的黄老之学,尽管在一定程度上影响了经学的传承与发展,但是并没有造成实质性的影响。相反,朝廷不仅重视儒家经典,而且还在汉惠帝时期废除了挟书律,为儒家经典及思想的传播提供了条件。黄老之学的盛行也为之后解经之法及经学思想的转变提供了重要的思想资源。由此,为董仲舒利用阴阳五行解释经典,建构天人感应思想体系奠定了重要的学术思想基础。

二、汉武帝"罢黜百家,独尊儒术"

黄老之术在促成了汉初经济社会与发展的同时,也隐含着很多的新的问题产生,如纲常伦理的颓坏、人们欲望的膨胀,这对于社会维护稳定具有极大的破坏性,对此正如史书所言:

> 当此之时,网疏而民富,役财骄溢,或至兼并。豪党之徒,以武断于乡曲。宗室有土公卿大夫以下,争于奢侈,室庐舆服僭于上,无限度。物盛而衰,固其变也。①

当时财富充足,激发了人们的贪欲,以至于兼并横行,豪族横行于乡里。公卿大夫都竞相奢侈,以至于在住宅、车乘、服饰等方面僭越礼制,由此引发了社会

---

① (汉)司马迁:《史记》卷三十《平准书第八》,第1420页。

衰乱的危机,促使朝廷致力于思想文化上的革新。

汉武帝在位前期,垂帘听政的窦太后只喜黄老之学,儒学在此时并没有真正推行,流行于统治阶层在思想崇尚上比较杂乱,兵家、法家、道家、阴阳家、儒家等在当时社会政治中并行发展,其中儒道相争尤为激烈。① 在 1972 年山东银雀山汉墓中所出土的西汉早期竹简与 1973 年长沙马王堆三号汉墓所出土的西汉前期帛书,都没有儒家经典,反而主要是兵家、道家、法家、阴阳家等学派的典籍。窦太后去世,汉武帝亲政后,儒学才开始大规模推行,并最终成为正统思想。

汉代主流思想真正发生变化,是在窦太后去世及汉武帝当政时期。也就是在这个时期,儒家经典及其思想才逐渐成为正统思想。对此《汉书·儒林传》记载云:

> 及窦太后崩,武安君田蚡为丞相,黜黄老、刑名百家之言,延文学儒者以百数,而公孙弘以治《春秋》为丞相封侯,天下学士靡然向风矣。②

汉武帝之所以极力推尊儒学,与秦始皇推尊法家的本旨如出一辙,都是为了扩张并巩固皇权统治,维护社会政治秩序。不同的是,汉武帝所推尊的是儒学,而且是经过董仲舒等人改造后的儒学,与战国时期的儒学有着巨大的不同。汉武帝推行儒家经学的本旨,董仲舒在其《举贤良对策》中就有相应的揭示:

> 《春秋》大一统者,天地之常经,古今之通谊也。今师异道,人异论,百家殊方,指意不同,是以上亡以持一统;法制数变,下不知所守。臣愚以为诸不在六艺之科、孔子之术者,皆绝其道,勿使并进。邪辟之说灭息,然后统纪可一而法度可明,民知所从矣。③

董仲舒所言,主要是针对自汉以来统治阶层多种思想观念并行的现实而发。

---

① 对此正如《史记·老子申韩列传》中所云:"世之学老子者则绌儒学,儒学亦绌老子。道不同不相为谋,岂谓是耶?"近人侯外庐先生也研究认为:"汉初文景武三世,儒道争霸相当厉害,尤其通过了政权的争夺,更加惨酷,罢黜废杀,互相报复。文景虽立博士,但并不甚好儒,似在道家政派气壮之时采取折中政策,直到武帝初,和窦太后斗争,开始犹两面而倚重于儒,窦氏死后,才清算了道家,立出法度。"参见侯外庐等:《中国思想通史》(第 2 卷),人民出版社 1957 年版(2004 年重印),第 61 页。

② (汉)班固:《汉书》卷八十八《儒林传第五十八》,第 3593 页。

③ (汉)班固:《汉书》卷五十六《董仲舒传第二十六》,第 2523 页。

在他看来,统一思想,目的是为了使皇帝可以"持一统",下层臣民可以"有所守"。具体方案便是,要以儒术来统一汉初流行的兵家、道家、法家、纵横家等"异端",如其所说"不在六艺之科、孔子之术者,皆绝其道,勿使并进"。汉武帝采信了董仲舒的建议,实行了影响深远的"罢黜百家,独尊儒术"政策,预示着儒学开始走向上层政治舞台。董仲舒为了给汉武帝提供这样做的理论依据,便借助阴阳五行学说,对《春秋》重新解释,宣扬大一统思想,由此奠定了汉代经学思想发展的新模式。可以说,董仲舒是先秦子学向汉代经学转型的关键人物。

汉武帝对经学重视,并不是独尊它,而是儒法并用,如有学者所言,"汉武帝的政治运作,在显性模式上确认了经学的地位,在隐性模式上确认了刑名法术的地位,这是一元主义的经学文化专制与政治专制的表里结合,从而形成了'霸王道杂之'、外儒而内法、霸实而王虚的基本政治理念"①。可以说,经学在汉武帝统治中起到了重要的辅助作用,但并没有真正成为思想的主导。随后的汉昭帝、宣帝也并不全用儒术,而是儒法并用,如汉宣帝曾说"汉家自有制度,本以霸王道杂之,奈何纯(任)德教,用周政乎?"②

可以说,汉武帝实行"罢黜百家,独尊儒术",并不是废黜百家的学说,儒学也并非随着政令的颁布,立刻在社会政治、思想文化中建立起主导地位。经学成为汉代学术思想的主导这是一个逐渐的过程。正如皮锡瑞《经学历史》所云:

> 武帝罢黜百家,表章"六经",孔教已定于一尊矣。然武帝、宣帝皆好刑名,不专重儒。盖宽饶以法律为《诗》《书》,不尽用经术也。元、成以后,刑名渐废。上无异教,下无异学。③

儒学逐渐主导化的过程中,作为儒学的重要表现形式——经学也逐渐成为当时的基本学术形态。汉武帝罢黜了汉初以来所立的传记博士,只尊立五经博

① 边家珍:《汉代经学发展史论》,中国文史出版社 2003 年版,第 79 页。

② (汉)班固:《汉书》卷九《元帝纪第九》,第 277 页。

③ (清)皮锡瑞撰,周予同注释:《经学历史》四《经学极盛时代》,中华书局 2008 年版,第103 页。

士。这样一来，当时的读书人，只要通晓儒家经典就可以获得官禄。如此一来，极大地推动了儒家经学的繁盛，更是将儒学确立为汉代意识形态奠定了重要的学术思想基础。

随着汉武帝的重视，经学开始成为当时朝野上下一直关注的知识思想体系，到了元帝、成帝时期，儒学开始成为主导性学说，经学成为主流知识体系。如皮锡瑞所云：

> 经学自汉元、成至后汉，为极盛时代。其所以极盛者，汉初不任儒者，武帝始以公孙弘为丞相，封侯，天下学士靡然乡风。元帝尤好儒生，韦、匡、贡、薛，并致辅相。自后公卿之位，未有不从经术进者。青紫拾芥之语，车服稽古之荣。黄金满籝，不如教子一经。以累世之通显，动一时之羡慕。后汉桓氏代为师傅；杨氏世作三公。宰相须用读书人，由汉武开其端，元、成及光武、明、章继其轨。经学所以极盛者，此其一。

> 武帝为博士官，置弟子五十人，复其身。昭帝增满百人。宣帝末，增倍之。元帝好儒，能通一经者，皆复。数年，以用度不足，更为设员千人，郡国置五经百石卒史。成帝增弟子员三千人。平帝时，增元士之子得受业如弟子，勿以为员。岁课甲乙丙科，为郎中、太子舍人、文学掌故。后世生员科举之法，实本于此。经生即不得大用，而亦得有出身，是以四海之内，学校如林。汉末太学诸生至三万人，为古来未有之盛事。经学所以极盛者，又其一。

> 汉崇经术，实能见之施行。武帝罢黜百家，表章"六经"，孔教已定于一尊矣。然武帝、宣帝皆好刑名，不专重儒。盖宽饶谓以法律为《诗》《书》，不尽用经术也。元、成以后，刑名渐废。上无异教，下无异学。皇帝诏书，群臣奏议，莫不援引经义，以为据依。国有大疑，辄引《春秋》为断。一时循吏多能推明经意，移易风化，号为以经术饰吏事。汉治近古，实由于此。①

由此可见，汉武帝所开启的"罢黜百家，独尊儒术"，并没有在当时取得显著的

① （清）皮锡瑞撰，周予同注释：《经学历史》四《经学极盛时代》，第101、103页。

效应,经过两三代的积累,到元成时期,从政治选官、人文教化、道德风尚才有了非常巨大的变化,儒家经学成为社会中的主导,所谓"元、成以后,刑名渐废。上无异教,下无异学。皇帝诏书,群臣奏议,莫不援引经义,以为据依"。西汉中后期,董仲舒学说中作为官方意识形态得到进一步的发展,董仲舒对《春秋》经学诠释的思想与方法开始影响到了学者们对《周易》《诗经》《尚书》等其他经典的诠释。正如有学者所言:"董的思想体系,以阴阳五行为基础,吸收法家、墨家、名家、道家黄老思想,形成综合与扬弃各家的一大思想体系,在整个汉代四百年间,覆盖与支配了易学、诗学、尚书学等各学术思想领域,成为一时代性的思想与思潮。"①

汉成帝时期,自汉初以来搜集的典籍越来越多,以至于皇家图书馆的藏书开始出现散乱、朽烂的情形,于是成帝命刘向整理典籍,这在经学史上具有重要的意义。到了西汉哀帝时期,刘歆继承父亲刘向继续整理典籍,他兼习今古文之学,但尤重古文经书并倡导将《古文尚书》《毛诗》《周官》《左氏春秋》等立为官学,由此掀起了今古文之争的序幕,而今古文之争在当时并没有改变今文经学所占据的主导地位。王莽执政后,企图纠正了西汉末年的弊政,对今古文经学采取兼容并包的态度,由此赢得了当时儒士大夫的赞赏与支持,直接推动了今古文经学继续向前发展。虽然王莽以今古文经学尤其是《周礼》思想为基础进行的托古改制最终失败,但却是古文经学兴起的前兆。

三、刘歆与古文经学的发展及官学化

整个汉代,今古文之学并行贯穿于始终。在西汉中前期,没有今文经学、古文经学的称法,更没有今古文经学相争的事实,由于刘歆、王莽的倡导,才出现今古文经学之争。此时今古文之争的焦点主要集中于《尚书》和《左传》。

古文经学的提出与刘歆有直接的关系。史书记载,刘歆"少以通《诗》《书》,能属文,召",成年后更是博通五经六艺,诸家百家之学,《汉书·刘歆

---

① 金春峰:《汉代思想史》,中国社会科学出版社 2006 年版,序言第 4 页。

传》云：

> 河平中，受诏与父向领校秘书，讲六艺传记，诸子、诗赋、术数、方技，无所不究。向死后，歆复为中垒校尉。哀帝初即位，大司马王莽举歆宗室有材行，为侍中太中大夫，迁骑都尉、奉车光禄大夫，贵幸。复领五经，卒父前业。歆乃集六艺群书，种别为《七略》。语在《艺文志》。歆及向始皆治《易》，宣帝时，诏向受《穀梁春秋》，十余年，大明习。及歆校秘书，见古文《春秋左氏传》，歆大好之。时丞相史尹咸以能治《左氏》，与歆共校经传，歆略从咸，及丞相翟方进受，质问大义。初《左氏传》多古字古言，学者传训故而已，及歆治《左氏》，引传文以解经，转相发明，由是章句义理备焉。……及歆亲近，欲建立《左氏春秋》及《毛诗》《逸礼》《古文尚书》皆列于学官。哀帝令歆与五经博士讲论其义，诸博士或不肯置对，歆因移书太常博士，责让之。①

刘歆从小受到了儒学教育，并兼通诸子百家之学，后又与父亲刘向参与了整理皇家藏书的工作。他注重儒家经典的研习，尤其是今文经学。但后来随着校雠宫廷藏书，发现了当时所传的今文经与皇家所藏的古文经有所不同。尤其是他发现《春秋左氏传》对于《春秋》的解释，在思想上多与孔子所言相近，便以此来解释《春秋》。不仅如此，他希望能够将皇家所藏的《毛诗》《逸礼》《古文尚书》等立为官学。但由于今文经学已经根深蒂固，虽然今文经学家们自知有所不足，但仍不肯让步。所以，刘歆并未如愿，故"移书"责让今文博士，即汉代经学史上有名的《移让太常博士书》，由此掀开了今古文经学之争的序幕。《汉书·楚元王传》记载了刘歆的说法：

> 往者缀学之士不思废绝之阙，苟因陋就寡，分文析字，烦言碎辞，学者罢老且不能究其一艺。信口说而背传记，是末师而非往古，至于国家将有大事，若立辟雍、封禅、巡狩之仪，则幽冥而莫知其原。犹欲保残守缺，挟恐见破之私意，而无从善服义之公心，或怀妒嫉，不考情实，雷同相从，随

---

① （汉）班固：《汉书》卷三十六《刘歆传》，第 1967 页。

声是非,抑此三学,以《尚书》为不备,谓《左氏》为不传《春秋》,岂不哀哉!①

在刘歆看来,今文经学有诸多弊端,比如繁琐,"分文析字,烦言碎辞",不能探究经文及事实的本源,以至远离国家的重大需要;更为主要的是,出于对既得名利的维护,今文经学家极力抵制古文经学的存在。其中的"抑此三学",指的就是今文学者不同意立《左传》《逸礼》《古文尚书》为博士。实际上,刘歆的举动致使"诸儒皆怨恨",并反击他,刘歆为自保故自求外放他地,今文经学无疑在当时占有绝对优势。

刘歆立古文经学为官学的意愿最终实现得益于王莽。据《汉书·儒林传》记载,王莽也曾研习《礼经》,苍梧陈钦子佚"以《左氏》授王莽"②,可以说是今古文经学兼通,并曾与刘歆共为黄门郎,彼此有所交游。所以,王莽当政后,便筵请刘歆为国师。王莽此举也是为了获取更多的政治支持,对于当时的今古文经学所采取的是兼容并包的态度,据《汉书·王莽传》《平帝纪》记载:

> 是岁,莽奏起明堂、辟雍、灵台,为学者筑舍万区,作市、常满仓,制度甚盛。立《乐经》,益博士员,经各五人。征天下通一艺教授十一人以上,及有《逸礼》《古书》《毛诗》《周官》《尔雅》、天文、图谶、钟律、月令、兵法、《史篇》文字,通知其意者,皆诣公车。网罗天下异能之士,至者前后千数,皆令记说廷中,将令正乖谬,壹异说云。③

> 羲和刘歆等四人使治明堂、辟雍,令汉与文王灵台、周公作洛同符。太仆王恽等八人使行风俗,宣明德化,万国齐同。皆封为列侯。征天下通知逸经、古记、天文、历算、钟律、小学、《史篇》、方术、《本草》,及以《五经》《论语》《孝经》《尔雅》教授者,在所为驾一封轺传,遣诣京师。至者数千人。④

王莽对于汉代经学的发展可谓是功劳卓著,太学因他而真正建立起来,有了基

---

① (汉)班固:《汉书》卷三十六《刘歆传》,第 1970 页。
② (汉)班固:《汉书》卷八十八《儒林传第五十八》,第 3620 页。
③ (汉)班固:《汉书》卷九十九上《王莽传第六十九上》,第 4069 页。
④ (汉)班固:《汉书》卷十二《平帝纪第十二》,第 359 页。

本的馆舍建制。另外,王莽也优待天下儒士,为之提供食宿与交通便利。更为主要的是,王莽将今古文经学并重,直接推动了古文经学在当时的发展,由此奠定了古文经学在东汉时期兴起的思想文化基础。据《汉书·儒林传》记载:

> 初,《书》唯有欧阳,《礼》后,《易》杨,《春秋》公羊而已。至孝宣世,复立大、小夏侯《尚书》,大小戴《礼》,施、孟、梁丘《易》,《穀梁》春秋。至元帝世,复立京氏《易》。平帝时,又立《左氏春秋》《毛诗》《逸礼》《古文尚书》,所以罔罗遗失,兼而存之,是在其中矣。①

汉平帝时期,朝政为王莽所把持,这时所立古文经实为王莽所为。也正是王莽的作用,古文经学至此得到了真正的肯定与发展。不仅如此,王莽还对汉武帝以来,繁琐的五经章句训诂之学也作了简省,《论衡·效力篇》记载"王莽之时,省《五经》章句皆为二十万。"②说明他对于今文经学的发展也是功不可没的。正是在王莽统治时期,今古文经学都得到了迅猛的发展,以服务于当时的社会政治。

四、两汉之际经学注解的谶纬化

两汉之际,尽管没有发生秦始皇时期"焚书坑儒"那样的事件,但政治更迭对当时儒家经学的冲击也非常的大,不仅造成了经书的散乱,同时也造成了思想的混杂。对此正如《后汉书》中的记载云:

> 昔王莽、更始之际,天下散乱,礼乐分崩,典文残落。及光武中兴,爱好经术,未及下车,而先访儒雅,采求阙文,补缀漏逸。先是四方学士多怀协图书,遁逃林薮。自是莫不抱负坟策,云会京师,范升、陈元、郑兴、杜林、卫宏、刘昆、桓荣之徒,继踵而集。于是立五经博士,各以家法教授,《易》有施、孟、梁丘、京氏,《尚书》欧阳、大小夏侯,《诗》齐、鲁、韩,《礼》大小戴,《春秋》严、颜,凡十四博士,太常差次总领焉。建武五年,乃修起

---

① (汉)班固:《汉书》卷八十八《儒林传第五十八》,第 3621 页。
② (汉)王充撰,黄晖校释:《论衡校释》卷十三《效力篇》,第 583 页。

太学,稽式古典,笾豆干戚之容,备之于列,服方领习矩步者,委它乎其中。①

两汉之际由于王莽篡改引发的一系列动乱,使得经学发展受到了极大的冲击,"礼乐分崩,典文残落"。东汉建立之后,光武帝本人"爱好经术",访求各地儒雅,极力宣扬儒学,由此使得各地儒生相继汇集于洛阳,"自是莫不抱负坟策,云会京师"。于是,光武帝仿效汉武帝的故事,重立五经博士,从而使得经学继续传承和发展。

东汉初,仍是西汉经学的继续与发展时期,这一时期经学的谶纬化是其主要特征。什么叫谶纬?四库馆臣解释曰:"儒者多称谶纬,其实谶自谶,纬自纬,非一类也。谶者,诡为隐语,预决吉凶。……纬者,经之支流,衍及旁义。"②说明谶纬彼此不同,谶指的是关于吉凶祸福的预言。如据《史记·秦始皇本纪》记载,燕人卢生从海上得到一谶语,说"亡秦者胡也"③,这就是谶。而纬则相对于经而言,指对经书所作的神秘解释。谶纬之学的兴盛,与董仲舒天人感应的经学思想体系有一定的关系。

经学的谶纬化,其实就是将阴阳五行学说、天人感应思想甚至是各种方术融入经书的注解之中,来神化孔子与经书,以实现经学比附政治的目的。谶纬之学在两汉之际,随着阴阳五行学、天人感应之学的流行,儒者便以神化、比附的方式来解读经典,使得经学解释更加远离圣人本意,对此正如有的学者所言:

> 谶纬是汉代经学发展史上一个较为特殊的现象。它的形成、它的内容及思想实质,都与今文经学有内在的联系。……从本质上说,谶纬是以天人感应为理论基础、以阴阳五行为诠释手段、以经学与神学合一为根本理念的一种独特的学术现象,它应被视为今文经学的一般形态,尽管其本身亦体现为一种学术文化的历史运动。④

---

① (南朝宋)范晔:《后汉书》卷七十九上《儒林列传第六十九上》,第2545页。
② (清)永瑢等:《四库全书总目》卷六《易纬坤灵图》提要,第47页。
③ (汉)司马迁:《史记》卷六《秦始皇本纪第六》,第252页。
④ 边家珍:《汉代经学发展史论》,中国文史出版社2003年版,第195页。

实际上,谶纬之学是两汉经学尤其是今文经学发展的必然结果。毕竟,西汉今文经学主要的理论基础是阴阳五行学说,而阴阳五行学说则经过董仲舒等人的推动,建构出了一套天人感应的思想体系。而谶纬之学则在天人感应学说的基础上,演化成为经学与神学相结合的一种独特的学术形态。

在东汉前期,当时的光武帝刘秀、明帝刘庄、章帝刘炟都喜好谶纬。尤其是在明帝、章帝时期,谶纬之学肆行,当时儒者注解五经都不离谶纬之说。可以说,自汉武帝以来今文经学发展为图谶之学已经成为显学,经学的发展进入了谶纬化的阶段,据《后汉书·方术列传》《隋书·经籍志》记载:

> 汉自武帝颇好方术,天下怀协道艺之士,莫不负策抵掌,顺风而届焉。后王莽矫用符命,及光武尤信谶言,士之赴趣时宜者,皆驰骋穿凿,争谈之也。故王梁、孙咸名应图箓,越登槐鼎之任,郑兴、贾逵以附同称显,桓谭、尹敏以乖忤沦败,自是习为内学,尚奇文,贵异数,不乏于时矣。是以通儒硕生,忿其奸妄不经,奏议慷慨,以为宜见藏摈。子长亦云:"观阴阳之书,使人拘而多忌。"盖为此也。①

> 起王莽好符命,光武以图谶兴,遂盛行于世。汉时,又诏东平王苍,正五经章句,皆命从谶。俗儒趋时,益为其学,篇卷第目,转加增广。言五经者,皆凭谶为说。唯孔安国、毛公、王璜、贾逵之徒独非之,相承以为妖妄,乱中庸之典。故因汉鲁恭王、河间献王所得古文,参而考之,以成其义,谓之"古学"。当世之儒,又非毁之,竟不得行。②

从上面的史料可以看出,谶纬之学兴发于汉武帝,经过王莽、光武帝的推动,到了明帝、章帝时期达到了极盛,朝野上下形成了言谶纬之学的风气。而这一时期,今古文经学的斗争依旧没有止息,如汉光武帝时期,尚书令韩歆上书,希望立古文经的《费氏易》《左氏春秋》为博士③,汉光武帝为此还组织公卿大夫、博士讨论,虽然古文经学胜利,《左氏春秋》暂立为博士,但很快就废除。汉章帝时期,又有贾逵争立《左氏春秋》,虽然受到重视,但章帝没有将之立为学

---

① （南朝宋）范晔:《后汉书》卷八十二上《方术列传第七十二上》,第 2705 页。
② （唐）魏徵等:《隋书》卷三十二《经籍一》,第 941 页。
③ （南朝宋）范晔:《后汉书》卷三十六《范升传》,第 1228 页。

官。这些都说明,东汉开始,随着研习古文经学的增多,这些人并逐渐形成一定的势力,并在政治上产生了一定的影响,且受到朝廷的重视,但相比今文经学而言,他们还处于弱势地位。

可以说,东汉明帝、章帝时期,谶纬之学走向了极端,而这一时期兴起的古文经学也不断对今文经学提出挑战。加上谶纬之学中的灾异遣告、五德终始等理论对王权产生了一定的消解作用,于是到了汉章帝时期,朝廷便召开了白虎观会议,希望对今古文经学的解释及思想进行规范,从而统一经学、统一思想,以此来维护王权。在白虎观会议上,儒者们肯定并发扬今古文经学中维护王权的经义与宗旨,大量地运用经书中礼仪制度来规范尊卑贵贱、三纲五常,加强了维护王权的内容与思想,并对于《春秋》公羊学中的一些灾异遣告、五德终始等有损于王权的思想进行了修订,并予以重新解释。此次会议,暂时平息了今古文之争,统一了思想,对于巩固皇权具有重要的意义。

白虎通会议没有从根本上解决今古文之争,但却让学者们意识到兼采两家之长才是今后经学发展的必由之路。所以,这一时期的贾逵、马融等经学家,在经学解释上开始注重兼采众长,超越今古文之学及家法、师法的限制,以及超越"六经"之间的隔阂,来探求经义。马融对《周易》《尚书》《诗经》、"三礼"、"三传"、《孝经》等经典进行综合研究,同时也对《老子》《淮南子》《离骚》等进行研习,这种儒道会通的研究思路与方法对之后郑玄经学会通古今、兼采众长有直接的影响作用。

五、党锢之祸与官方经学的衰落

汉和帝时期,外戚与宦官专权,联手打击经学为代表的朝臣士大夫,从而酿成了"党锢之祸"。由于"党人"多是研习经书的儒学之士,他们在社会政治、人文教化方面扮演着重要的角色,发挥着重要的作用。党锢之祸导致很多儒士大夫遭到了迫害,是"秦始皇焚书坑儒后学林的又一次浩劫,不仅当时经学界元气大伤,经学的发展、经学之士的思想意识亦受到显著而深远的影响。

从此经学之士作为一种特定的社会政治力量,也就变得无足轻重了"①。党锢之祸对当时经学有很大的打击,对经学产生最为直接的影响便是,经学的思想与内容开始与现实社会政治脱节,游离于社会政治的边缘。

党锢之祸直接促使今文经学的衰落,在衰落之中的今文经学为了适应新的社会政治,需要更新自己的理论学说,其中代表性的人物便是东汉后期的何休。何休(129—182年),字邵公,任城樊县(今山东曲阜)人。其父何豹曾位列九卿。何休从小聪颖,"精研六经,世儒无及者"②。后在太傅陈蕃的荐举下,参与朝政。党锢之祸中,陈蕃与宦官斗争中落败,何休受到牵连,终身不得做官。于是,何休潜心经学,"覃思不窥门十有七年",并撰《春秋公羊解诂》一书,后"又注训《孝经》《论语》、风角七分,皆经纬典谟,不与守文同说。又以《春秋》驳汉事六百余条,妙得《公羊》本意。休善历算,与其师博士羊弼,追述李育意以难二传,作《公羊墨守》《左氏膏肓》《穀梁废疾》。"③言《公羊》之义不可攻,如墨翟之守城也。何休力主《公羊》学,撰写多部著述来宣扬《春秋》大义,而认为《左传》《穀梁》都有弊端,不足为信。党锢解禁之后,何休乃重回朝廷,任谏议大夫,并卒于任上。

何休所撰著述唯有《春秋公羊解诂》一书传于后世,其余皆相继散佚。《春秋公羊解诂》乃是在谶纬之学日益衰微的情况下,何休是为了重振《公羊》学而作。正如何休在其《自序》中所云:

> 传《春秋》者非一。本据乱而作,其中多非常异义可怪之论,说者疑惑,至有倍经、任意、反传为庋者。其势虽问不得不广,是以讲诵师言至于百万犹有不解,时加让嘲辞,援引他经失其句读,以无为有,甚可闵笑者,不可胜记也。是以治古学贵文章者,谓之俗儒,至使贾逵缘隙奋笔,以为《公羊》可夺,《左氏》可兴。……余窃悲之久矣。往者略依胡毋生《条例》,多得其正,故遂隐括使就绳墨焉。④

① 边家珍:《汉代经学发展史论》,中国文史出版社2003年版,第281页。
② (南朝宋)范晔:《后汉书》卷七十九下《何休传》,第2582页。
③ (南朝宋)范晔:《后汉书》卷七十九下《何休传》,第2583页。
④ (汉)何休:《春秋公羊传注疏·序》,第3—7页。

在何休看来，《春秋》乃是乱世之作，西汉以来的今文经师不得其义，"是以讲诵师言至于百万，犹有不解"，也正是因为今文经学繁琐且又不得其解的做法，遭到了古文经学家们的嘲讽，并由此认为《春秋左传》才是传达《春秋》本义的真正经典，而《公羊春秋》则不是，所谓"《公羊》可夺，《左氏》可兴"。鉴于此，何休希望恢复《公羊》学的主导地位。何休在这种情形下，吸收了胡毋生、董仲舒、严彭祖、颜安乐、羊弼（其师）等人《公羊》学的精华，继续对《春秋》中的春秋笔法与微言大义进行研究，除了提出了"三科九旨"[1]之说，还极力发挥大一统、君权神授、三纲五常等理论，著成了流传千古的名作《春秋公羊经传解诂》一书，重新恢复了《公羊》学的地位。总之，《春秋公羊解诂》乃是在谶纬之学日益衰微的情况下，何休试图重振《公羊》学而作。

何休作为今文经学的重要代表，他在解经方面有自己的特点，这在一定程度上既是门户之见所致，另外也是时代学术发展的必然结果。何休解经最大的特点在于，兼治古今、博采众长。在东汉时期，尽管朝廷所设立的五经博士即官学依旧是今文经学，但实际上在学术界占优势地位的是古文经学派。不仅如此，郑众、桓谭、贾逵、马融、许慎、服虔、郑玄等人在治经方面不仅仅局限于一经之学，而强调兼治古今、博采众长。在这种学术背景之下，何休要想抗衡古文经学，就必须在坚持师法、家法的基础上，以兼采众长之法来注解《公羊传》，对此黄朴民先生在《何休评传》一书也认为"何休不专守于《公羊》颜氏学，是有确凿依据的"[2]。何休注解《公羊传》并没有受限于董仲舒及颜氏一派，而是兼采众长，自成一家，由此奠定他在《春秋》学史上的地位。对此正如黄朴民先生所言：何休之学"一方面博采综合了汉初胡毋生、董仲舒，西汉中期颜安乐、严彭祖，东汉时期李育、羊弼的《公羊》学，而以胡、董、颜之学为主体；另一方面又是'不与守文同说'，不完全等同于胡、董、颜、严、李、羊任何一家，而是善于综合各家之精华，创自己的完整体系。"[3]当然，由于何休大量

---

① 何休在《文谥例》中说："新周，故宋，以《春秋》当新王，此一科三旨也。所见异词，所闻异词，所传闻异词，此二科六旨也。内其国而外诸夏，内诸夏而外四夷，此三科九旨也。"参见（晋）杜预注，（唐）孔颖达疏：《春秋左传正义》卷一，第 5 页。

② 黄朴民：《何休评传》，南京大学出版社 1998 年版，第 43 页。

③ 黄朴民：《何休评传》，南京大学出版社 1998 年版，第 44 页。

运用谶纬之学来解读《公羊传》，遭到了后人的批判，如苏轼说："三家之《传》，迂诞奇怪之说，《公羊》为多，而何休又从而附成之。后之言《春秋》者，黜周王鲁之学与夫谶纬之书者，皆祖《公羊》。公羊无明文，何休因其近似而附成之。愚以为何休，《公羊》之罪人也。"①

实际上，到了东汉中后期，随着皇权的衰落，经学开始中衰，何休等人抵挡不住今文经学衰落的现实。于是出现了今古文并驾齐驱之景象，师法、家法也渐渐淡化，如汉和帝末年，司空徐防上书就提及了这种现象：

> 伏见太学试博士弟子，皆以意说，不修家法，私相容隐，开生奸路。每有策试，辄兴诤讼，论议纷错，互相是非。……今不依章句，妄生穿凿，以尊师为非义，意说为得理，轻侮道术，寖以成俗，诚非诏书实选本意。②

说明当时今古文经学中的师法、家法渐渐随着王权的衰落，制度管理的松散，今古文之间彼此的界限也渐渐混淆。正是由于今古文经学之间的界限与师承关系的混乱，由此形成了兼通群经的儒者出现，如当时的何休、许慎、马融、贾逵、郑玄等人都是如此，今古文之争渐渐消弭，师法、家法也渐渐混同，而郑玄的出现则最终消除了今古文之间的差异，实现了经学的"小一统"。

需要注意的是，作为依附皇权的今文经学，随着东汉中后期皇权的衰落，儒学的权威地位开始逐渐下降。到了东汉后期，诸子之学又开始渐渐活跃起来。如当时的古文学家马融，他对老庄之学也多有涉猎。如他因困顿而受到权贵征召，马融不从。继而后悔，便谓其友人曰：

> 古人有言："左手据天下之图，右手刎其喉，愚夫不为。"所以然者，生贵于天下也。今以曲俗咫尺之羞，灭无赀之躯，殆非老、庄所谓也。③

马融看来，因为好名节而不去征召，使得肉体受损，这不是老庄的精神。说明他在人生观、价值观方面，开始私相认同老庄思想。不仅如此，他除了注解儒家经典之外，还注解了《老子》《淮南子》《离骚》等，而这些对于魏晋时期老庄

---

① （宋）苏轼撰，张春林编：《苏轼全集上·论春秋变周之文》，中国文史出版社 1999 年版，第 477 页。
② （南朝宋）范晔：《后汉书》卷四十四《徐防传》，第 1500—1501 页。
③ （南朝宋）范晔：《后汉书》卷六十上《马融列传第五十上》，第 1953 页。

玄学的兴起起到了一定的推动作用。

总之,经过党锢之祸,今文经学开始衰微,很多经师为了保存性命,开始逃避政治,闭门不出,如经学大师郑玄便拒绝朝廷征召,闭门不出,与弟子讲习经学,注解经书。党锢之祸影响至深,到了魏晋时期,很多儒者依旧心有余悸,刻意逃避政治,间接地加剧了汉末魏晋时期儒学的衰微,老庄玄学的兴起。

本讲小结

儒学发展到了汉代,得到了皇权的高度认同,尤其是经历了秦汉之际法家、阴阳家、黄老之术等思想观念流行之后,董仲舒等人结合当时政治体制的需要,兼采众家之长,借助经学尤其是《春秋》学诠释的形式,建构了适合大一统汉朝所需要的意识形态。在经学解释方法上,更为主要的是在经学思想体系上,董仲舒将阴阳五行、天人感应、灾异符命等思想贯注于儒家经典的解释中,经过官方的推广,这些思想扩散到社会政治、风俗民情、思想文化等各个层面,对后世产生了深远的影响。可以说,汉代经学脱胎于先秦,尤其是对孔子、荀子思想的继承与发展,孟子的思想在这一时期相对比较边缘。而孔子、荀子的思想随着经学的昌盛,得到全新的发展,董仲舒则是孔、荀思想在汉代的集大成者。董仲舒借助阴阳五行学说,重新诠释了《春秋》学的思想,维护王权的同时也对王权实行了一定的规范。最为重要的是,董仲舒创造了新的经学诠释的模式,并将其贯注到其他经书的注解之中,并最终成为汉代经学中的主导思想。

金春峰在其《汉代思想史》序言中说道:"任何一个时代的思想与文化,其灵魂或指导思想,必定是哲学。汉代,居思想主导地位的是儒家、是经学。"①汉代经学是中国经学发展史上的一个重要阶段,作为当时的主导——今文经学所建构起来的宇宙观、价值观成为后代经学思想的基本内容,并为后代所继承和发展,后代学者在他们的基础上结合时代的需要与学术思潮,建构出了符

① 金春峰:《汉代思想史》,中国社会科学出版社 2006 年版,第 1 页。

合本时代需要的新思想。两汉是我国古代社会的一个强盛时期,在社会政治、思想文化进一步丰富、完善了先秦以来的制度文化,在经学领域更是进一步建构了有别于前代经学体系,对中国古代的思想文化产生了深远的影响。这正如徐复观先生所言:

> 　　两汉思想,对先秦思想而言,实系学术上的巨大演变。不仅千余年来,政治社会的格局,皆由两汉所奠定。所以严格地说,不了解两汉,便不能彻底了解近代。即就学术思想而言,以经学史学为中心,再加以文学作辅翼,亦无不由两汉树立其骨干,后人承其绪余,而略有发展。一般人视为与汉相对立的宋明理学,也承继了汉儒所完成的阴阳五行的宇宙观、人生观;而对天人性命的追求,实亦顺承汉儒所追求的方向。①

两汉经学作为当时学术思想的核心,重新塑造了政治、社会理念,承继了先秦孔子、孟子、荀子及诸多学者对经学的贡献,并借助阴阳五行学说对儒学做了重新诠释,建立了天人感应的思想体系,对后来魏晋玄学、宋明理学都产生了影响,"与汉相对立的宋明理学,也承继了汉儒所完成的阴阳五行的宇宙观、人生观;而对天人性命的追求,实亦顺承汉儒所追求的方向",即使是后来张大"汉学"的清代学者,也在某种程度上吸取了汉儒很多解经的思想与方法,对以往经学做了细致而微的总结和拓展。这些都不能不说,汉代在中国经学发展史上具有里程碑式的意义。

---

①　徐复观:《两汉思想史》(第二卷),华东师范大学出版社2001年版,自序第1页。

第七讲　两汉古文经学的传承与郑玄经学

　　经学发展到东汉末期,今文与古文依旧互争长短,今文经学渐处于弱势状态。相比而言,古文经学经过长期的发展与积累,已经开始逐渐为学者们所关注,并开始发展壮大。今古文之争始于刘歆整理群书和王莽立古文经为官学之后。东汉时期今古文之争日渐频繁,并产生了一大批的古文经学家及其著述。到了东汉末年,郑玄作为经学大师,他兼通今、古文经学,吸收众家之长,来注解今古文经书,从而打破了今古文经学的师法、家法的界限,实现了今古文经学的融通。随着郑玄经学的盛行,今古文之争也渐渐终结。与此同时,随着老庄学说的盛行,经学也将迎来一个新的发展时期。

一、两汉古文经的发现及其内容

　　两汉被立为官学的一直是今文经,虽然古文经也曾在王莽时代被立为官学,但时间非常短暂。虽然如此,是引发了东汉时期今古文经学的论争,并产生了贾逵、马融、郑玄等人及一大批的古文经学家和著述。

　　就易学来说,两汉时期的易学主要是孔子六传弟子田何所传,后来田何的后传弟子施雠、孟喜、梁丘贺、京房等四家被立为官学,而且他们研究的一般都是象数易学。相比而言,汉代古文易学的代表主要是费直、高相两家。当然,费直、高相二人也是田何一支所传,只是他们研究易学注重思想义理,尤其注重利用《易传》解读《易经》。

　　(一)《尚书》

　　就《尚书》学来说,汉代今文《尚书》主要是秦博士伏生所传,随后伏生所传的欧阳、大小夏侯三家被立为官学。在今文《尚书》学在社会上大行其道的时候,人们又从各地陆续发现了先秦古文字书写的古文《尚书》。它们与今文《尚书》相比,无论是在书写字体(六国文字、隶书)、篇章文字(编次、卷数、内容)、解读方式上(传承大义与附会政治)等都有很大不同,这被称为古文《尚书》。其实,这种差别不仅仅体现在今古文《尚书》之间,在《春秋》《诗经》《论语》《孝经》等经典上都有体现。就汉代所出现的古文《尚书》而言,主要有以下几个版本值得关注。

1. 河间献王刘德传本

河间献王刘德(汉景帝之子),他喜欢搜求古书、古玩,收集了很多先秦时期的古书,比如古文《周礼》《礼记》《老子》《孟子》等都有。其中也包括古文《尚书》,他还将这些古书献给朝廷。①

2. 孔宅壁中书或孔安国古文《尚书》

这个主要是鲁恭王刘余(汉景帝之子),他在汉武帝时期,拆孔子旧宅之时,从墙壁中发现了《尚书》《礼记》《论语》《孝经》等古书,一共几十篇。后来孔子的十一世孙孔安国得到了这些书,并对其进行研究,其中古文《尚书》与当时社会上流行的伏生《尚书》29篇不一样,多出了16篇,即共45篇。今古文《尚书》在文字上也有不同,相差700字左右。孔安国就将这些古书进行校勘,随后将这些古书包括古文《尚书》献给朝廷,希望立为博士,但因朝廷内部政治斗争,未能列入官学。② 这些古书就一直放在皇家图书馆。

---

① 《汉书·景十三王传》记载:"河间献王德以孝景前二年立,修学好古,实事求是。从民得善书,必为好写与之,留其真,加金帛赐以招之。繇(由)是四方道术之人不远千里,或有先祖旧书,多奉以奏献王者,故得书多,与汉朝等。是时,淮南王安亦好书,所招致率多浮辩。献王所得书皆古文先秦旧书,《周官》《尚书》《礼》《礼记》《孟子》《老子》之属,皆经传说记,七十子之徒所论。其学举六艺,立《毛氏诗》《左氏春秋》博士。修礼乐,被服儒术,造次必于儒者。山东诸儒多从而游。"(汉)班固:《汉书》卷五十三《景十三王传第二十三》,第2410页。

② 《汉书·艺文志》记载:"《古文尚书》者,出孔子壁中。武帝末,鲁共王坏孔子宅,欲以广其宫,而得《古文尚书》及《礼记》《论语》《孝经》凡数十篇,皆古字也。……孔安国者,孔子后也,悉得其书,以考二十九篇,得多十六篇。安国献之。遭巫蛊事,未列学官。"(汉)班固:《汉书》卷三十《艺文志第十》,第1706页。又据《汉书·儒林传》记载:"孔氏有《古文尚书》,孔安国以今文读之,因以起其家逸《书》,得十余篇,盖《尚书》兹多于是矣。遭巫蛊,未列于学官。安国为谏大夫,授都朝尉,而司马迁亦从问故。迁书载《尧典》《禹贡》《洪范》《微子》《金縢》诸篇,多古文说。"(汉)班固:《汉书》卷八十八《儒林传第五十八》,第3607页。

3. 张霸"百两篇"本

张霸是汉成帝时期的人,山东儒生。"百两篇"是一部他自己伪造的书。他曾经将伏生《尚书》29 篇,分解拆开,又利用《左传》《书序》中语句,伪造了102 篇《尚书》①。其篇目正好和《史书》《汉书》记载孔子删订百篇《尚书》的说法吻合,以至于一时没有人怀疑,并一度被立为官学,时称"百两篇"。后来,此书由于作伪的手法低劣,很快被识别出来,张霸也被关进监狱。但汉成帝觉得他也是个人才,就放了他,此伪书也没有禁止,并在民间流传。

4. 皇家宫廷"中秘本"

中秘,指的就是宫廷藏书。由于汉代重视儒学,并收集了大量的先秦古书,在汉成帝、汉哀帝时期,宫廷的藏书已经非常多,而且缺乏整理,很多都朽坏了。于是朝廷就命刘向、刘歆父子整理这些古书。刘向将宫廷所藏的古文《尚书》(一般都认为这个是孔安国在汉武帝时期所献)与今文《尚书》相同的部分进行了校勘,将今文、古文《尚书》共有的 29 篇中的《盘庚》《泰誓》分别分为上中下 3 篇,把本来合为一体的《顾命》《康王之诰》分为 2 篇,这样多出了 5 篇,于是原来古文《尚书》29 篇,就变成了 34 篇。他又将古文《尚书》较今之多出的 16 篇中《九共篇》分为 9 篇,由此增加了 8 篇,于是多出来的古文《尚书》16 篇又变成了 24 篇。这样孔安国所上的古文《尚书》就变成了 58 篇。刘歆的这种做法,并没有改变古文《尚书》的内容,只是根据内容长短进行分割,增加了篇数而已。刘歆喜欢古文经学,他曾建议汉哀帝将古文《尚书》立为官学。由于今文《尚书》博士大都位高权重,极为反对,所以最终没有被立为官学。后来王莽篡位,由于刘歆和王莽关系非常好,于是古文《尚书》一度被立

---

① 《汉书·孔安国传》载:"世所传'百两篇'者,出东莱张霸。分析合二十九篇以为数十,又采《左氏传》《书叙》为作首尾,凡百二篇。篇或数简,文意浅陋。成帝时求其古文者,霸以能为《百两》征,以中书校之,非是。"(汉)班固:《汉书》卷八十八《儒林传第五十八》,第 3607 页。《论衡·佚文篇》载:"孝武皇帝封弟为鲁恭王,恭王坏孔子宅以为宫。得佚《尚书》百篇、《礼》三百、《春秋》三十篇、《论语》二十一篇。闻弦歌之声,惧,复封涂。上言武帝,武帝遣吏发取,……孝成皇帝读《百篇尚书》,博士郎吏莫能晓知,征天下能为《尚书》者。东海张霸通《左氏春秋》,案百篇序,以《左氏》训诂,造作百二篇,具成奏上。成帝出秘《尚书》以考校之,无一字相应者。成帝下霸于吏。吏当器幸大不谨敬。成帝奇霸之才,赦其辜,亦不灭其经,故《百二尚书》传在民间。"(汉)王充撰,黄晖校释:《论衡校释》卷二十《佚文篇》,第 860—862 页。

为官学。东汉建立,古文《尚书》官学博士又被废除。

5. 扶风杜林传本

杜林(? —147 年),字伯山,东汉扶风(今陕西兴平)人。《汉书》记载,他曾在西州一个地方得到油漆所写的古文《尚书》一卷①。后来杜林将这个古文《尚书》和孔安国所传的进行校勘后②,就传授给弟子。杜林所传的古文《尚书》与东汉欧阳、大小夏侯三家今文《尚书》,并行于世。后来,由于东汉的古文经学大家如贾逵、马融、郑玄等人都为杜林所传的古文《尚书》作注解,于是杜林古文《尚书》在社会上非常流行,影响也非常大。③

6. 郑玄注解本

郑玄是东汉的经学大师,他无论是在汉代经学史上,还是在中国古代经学史上都有崇高的地位。郑玄的先祖是山东大族,到郑玄出生时家道衰落。他成年后就到处拜师,研究经学。郑玄不像当时人墨守师法、家法,而是喜欢超越今古文的束缚,融会贯通,自成一家,并由此形成了一个新的学派——郑学。在他晚年的时候,为五经作注,并成为当时最受欢迎的经书注解本,以至于其他经学流派都渐渐消亡了。比如,郑玄为费直古文《易》作注后,而今文经的施、孟、梁丘三家《易》便废止了;为古文《尚书》作注后,今文经的欧阳、大小夏侯三家《尚书》便散佚了,即使之前流行的贾逵、马融古文注解也逐渐式微;为古文经的《毛诗》作注后,今文经的齐、鲁、韩三家《诗》也就不显赫了。总而言之,郑学的出现,使经学的发展进入了一个新时代,晚清的皮锡瑞《经学历史》

---

① 《后汉书·杜林列传》记载:"河南郑兴、东海卫宏等,皆长于古学。兴尝师事刘歆,林既遇之,欣然言曰:'林得兴等固谐矣,使宏得林,且有以益之。'及宏见林,暗然而服。济南徐巡,始师事宏,后皆更受林学。林前于西州得漆书《古文尚书》一卷,常宝爱之,虽遭难困,握持不离身。出以示宏等曰:'林流离兵乱,常恐斯经将绝。何意东海卫子、济南徐生复能传之,是道竟不坠于地也。古文虽不合时务,然愿诸生无悔所学。'宏、巡益重之,于是古文遂行。"(南朝宋)范晔:《后汉书》卷二十七《杜林传》,第936—937页。
② 根据清人王鸣盛《尚书后案》的观点,杜林所传授的《尚书》,是从孔安国《古文尚书》脱胎而来。这个观点,在清代颇有影响。
③ 《后汉书·儒林列传》:"(光武)中兴,北海牟融习《大夏侯尚书》,东海王良习《小夏侯尚书》,沛国桓荣习《欧阳尚书》。荣世习相传授,东京最盛。扶风杜林传《古文尚书》,林同郡贾逵为之作训,马融作传,郑玄注解,由是《古文尚书》遂显于世。"(南朝宋)范晔:《后汉书》卷七十九《儒林列传第六十九上》,第2566页。

将之称为经学的"统一时代",即各家各派的经学都为郑玄经学所统一。

郑玄对于《尚书》的注解,主要是以杜林所传的古文《尚书》为根本,然后吸收了当时欧阳、大小夏侯的今文《尚书》,作《尚书注》,郑玄所注的部分,主要是和伏生今文《尚书》相同的部分,多出来的 16 篇并没有进行作注,此后古文《尚书》大兴,今文《尚书》逐渐消失,古文 16 篇也散佚。

由上可以得出,在汉代的《尚书》传本,大体上为两个系统:一是伏生所传的今文《尚书》,二是西汉孔安国和东汉杜林所传的古文《尚书》系统。今古文《尚书》之间有很大的不同,近人经学史家周予同先生认为,经今古文之间有几点不同:"它们的不同,不仅在于所书写的字,而且字句有不同,篇章有不同,书籍有不同,书籍中的意义有大不同;因之,学统不同,宗派不同,对于古代制度以及人物批评各各不同;而且对于经书中的中心人物,孔子,各具完全不同的观念。"①今文《尚书》由于在经义解释上注重与现实社会政治的需要相结合,为现实统治辩解,从而得到皇权的支持,有汉一代一直居于统治地位。而古文《尚书》由于存在文本真伪的问题,加上它的研究方法主要是训诂、考证,所以一直在民间流传。尽管在西汉哀帝时期,刘歆推崇古文《尚书》,并受到王莽的支持而被立为官学,但随着王莽的失败,古文《尚书》的官学地位很快被废除。所以,整个汉朝,官学博士几乎都是今文《尚书》的天下,而古文《尚书》一直在民间传播,直到东汉后期才开始大行于世。

(二)《诗经》

就《诗经》来说,汉代古文《诗经》主要是《毛诗》,创始人为鲁人毛亨(大毛公)、赵人毛苌(小毛公)。大毛公曾为《毛诗》作传,即《毛诗故训传》,简称《毛传》。《毛传》依据《诗序》解诗,言简意赅,与当时的今文三家诗相比,《毛诗》的解释很少有迷信神学的内容。在西汉末期,《毛诗》一度被立为官学,但随着王莽失败,《毛诗》也失去官学地位。到了东汉章帝时期,《毛诗》又得到了朝野的重视。

在东汉末年,郑玄兼通今、古文经学,他吸收今古文《诗经》学的成果,为

---

① 朱维铮编校:《周予同经学史论》,上海人民出版社 2010 年版,第 1 页。

《毛传》作笺注,即《毛诗传笺》,此举实现了今古文《诗经》学的合流,《毛传郑笺》成为《诗经》学史上的第一个里程碑。《毛传郑笺》兴起之后,三家《诗》也逐渐衰亡,《齐诗》亡于曹魏,《鲁诗》亡于西晋,《韩诗》大约亡于北宋而仅存《外传》。这一点正如傅斯年《诗经讲义稿》中所言:"《毛诗》起于西汉晚年,通达于王莽,盛行于东汉,成就于郑笺,从此三家衰微,毛遂为《诗》学之专宗。"①

(三)《仪礼》

就《仪礼》来说,一般认为古文《仪礼》出自鲁淹中(巷名也)或孔壁中。《汉书·艺文志》就记载:

> 《礼》古经者,出于鲁淹中及孔氏,与十七篇文相似,多三十九篇。及《明堂阴阳》,《王史氏记》所见,多天子、诸侯、卿大夫之制,虽不能备,犹瘉(后)仓等推《士礼》而致于天子之说。②

古文《仪礼》出自鲁国淹中和孔氏家的墙壁中,一共为 56 篇,较今文《仪礼》17篇多出 39 篇。这 56 篇古文《仪礼》包含了天子、诸侯、卿大夫、士四个阶层的礼仪,应当是孔子编订的《仪礼》原本,只不过后来流传过程中大量篇章都散逸了,只剩下《士礼》17 篇。在王莽时期,古文《仪礼》56 篇曾被立为官学,但东汉初年又被废除。由于古文《仪礼》在汉代学术界有争议,加上东汉郑玄为《仪礼》作注的时候也没有为多出的 39 篇作注,以至于这 39 篇渐渐散佚了,学者就把这散佚的 39 篇古文《仪礼》称为《逸礼》。

(四)《周礼》

就《周礼》来说,虽然这部书在先秦时期并没有流传,也没有关于它的记载,但是它也是典型的古文经。它首次出现是在汉景帝时期,根据《汉书·景十三王传》的《河间献王传》的记载:

> 河间献王德以孝景前二年立,修学好古,实事求是。从民间得善书,必为好写与之,留其真,加金帛以招之。繇是四方道术之人不远千里,或

---

① 傅斯年:《诗经讲义稿》(含《中国古代文学史讲义》),中国人民大学出版社 2004 年版,第 8 页。

② (汉)班固:《汉书》卷三十《艺文志第十》,第 1710 页。

> 有先祖旧书,多奉以奏献王者,故得书多,与汉朝等。……献王所得书皆古文先秦旧书,《周官》《尚书》《礼》《礼记》《孟子》《老子》之属,皆经传说记,七十子之徒所论。①

河间献王刘德是汉景帝之子,他喜欢古书,并从民间收集了大量的先秦古书,以至于他的藏书与皇家藏书差不多,他所收集的古书中就有《周官》即《周礼》。至于河间献王刘德从哪里得到这部《周礼》的,陆德明《经典释文》则认为是从一个叫"李氏"那里获得:

> 景帝时,河间献王好古,得古《礼》献之。或曰:河间献王开献书之路,时有李氏上《周官》五篇,失《事官》一篇,乃购千金不得,取《考工记》以补之。②

对此《隋书·经籍志》也有此说:

> 而汉时有李氏得《周官》。《周官》盖周公所制官政之法,上于河间献王,独阙《冬官》一篇。献王购以千金不得,遂取《考工记》以补其处,合成六篇奏之。③

从上可以看出,河间献王刘德从李氏的手中获得了 5 篇《周礼》,但缺少《冬官》,于是用《考工记》补充,凑成 6 篇,这就是今本《周礼》的大体内容与框架,后来他将所收集的这部古书献给了朝廷。在汉成帝时期,刘向、刘歆父子整理朝廷秘府藏书时,发现了古文《周礼》,并将之著录于《别录》之中。王莽时期,由于刘歆的努力,《周礼》被立为官学。不久,新莽灭亡,《周礼》被废除。尽管如此,刘歆的《周礼》学,经过杜子春的传播。之后的郑众、贾逵、马融、郑玄等人都开始重视《周礼》,并为它作注解,其中郑玄的贡献最大。

(五)《春秋》

就《春秋》来说,作为《春秋》的三部解释经典《公羊传》《穀梁传》《左传》。其中,《公羊传》《穀梁传》一直被认为是孔子弟子子夏所传,经过几代人的口耳相传,到了汉景帝时期被书写在了简帛上,后来又相继被立为官学,两书都

---

① (汉)班固:《汉书》卷五十三《景十三王传第二十三》,第 2410 页。
② (唐)陆德明:《经典释文》卷一《序录》,第 11 页。
③ (唐)魏徵等:《隋书》卷三十二《经籍一》,第 925 页。

是今文经学。《左传》只有在王莽、汉光武帝时期被立为博士,之后被废。在东汉明帝之后,开始形成了《春秋》三传并立的局面。不过,有汉一代,《公羊传》最为兴盛,地位也最为稳固。

《左传》虽然不像《公羊传》《穀梁传》那样被立为官学。但实际上,由于《左传》本身丰富的历史事实和深厚的思想底蕴,一直得到了朝野上下的重视。《汉书·儒林传》记载:

> 汉兴,北平侯张苍及梁太傅贾谊、京兆尹张敞、大中大夫刘公子皆修《春秋左氏传》。谊为《左氏传》训故,授赵人贯公,为河间献王博士,子长卿为荡阴令,授清河张禹长子。禹与萧望之同时为御史,数为望之言《左氏》,望之善之,上书数以称说。后望之为太子太傅,荐禹于宣帝,征禹待诏,未及问,会疾死。授尹更始,更始传子咸及翟方进、胡常。常授黎阳贾护季君,哀帝时待诏为郎,授苍梧陈钦子佚,以《左氏》授王莽,至将军。而刘歆从尹咸及翟方进受。由是,言《左氏》者本之贾护、刘歆。①

据以上史料可知,西汉《左传》尽管一直没有被立为官方博士,但研习的人众多且不乏高官,如梁太傅贾谊、京兆尹张敞、太中大夫刘公子、太子太傅萧望之、将军王莽、丞相尹咸、翟方进。汉景帝时期的河间献王刘德还将《毛氏诗》《左传》立为地方博士。而刘歆是《左传》兴起非常关键的一个人物。在刘歆之前,官僚学者们研究《左传》一般也是了解历史、讲解大义;流行则致力于《左传》的讲解传承,并推动王莽将《左传》立为了官学。

刘歆研究《左传》,曾向尹咸、翟方进等人请教,相互探讨,并开始用它来解读经书《春秋》。同时,刘歆将《左氏春秋》改名为《左氏春秋传》,将它看成是和《公羊传》《穀梁传》一样解释《春秋》的经传之书②,希望朝廷将它立为博士。在刘歆的积极努力下,《左传》和《毛诗》《逸礼》《古文尚书》都被王莽立为官学博士,《左传》由此成为儒家经典之一。东汉时期的《左传》学,一般都出自刘歆。比如郑众便是师从刘歆学习《左传》。更为主要的是,受到刘歆的

---

① （汉）班固:《汉书》卷八十八《儒林传第五十八》,第 3620 页。

② 《汉书·刘歆传》云:"初,《左氏传》多古字古言,学者传诂故而已。及歆治《左氏》,引传文以解经,转相发明,由是章句义理备焉。"（汉）班固:《汉书》卷三十六《刘歆传》,第 1967 页。

影响,东汉班固将《左氏春秋》改称为《左氏传》或《春秋左氏传》,简称《左传》,这就标志着《左传》作为《春秋》的传文开始得到了官方的认可,正式成为经书之一。从此以后,这个名称一直沿用至今。

(六)《论语》

就《论语》来说,汉代的《论语》主要有三个版本:一是《鲁论语》20 篇;二是《齐论语》22 篇,它与《鲁论》内容差不多,但多出《问王》《知道》2 篇;三是《古论语》21 篇,它在孔子家墙壁中被发现的、用古文字所写①。《古论语》没有《齐论语》多出的《问王》《知道》2 篇,但是它将第 20 篇《尧曰》中"子张问"那一段分了出来,形成了单独的另一篇《子张》。本来《论语》第 19 篇就是《子张》,于是全书就有了 2 篇《子张》。《古论语》实际上是孔子家族传抄本,有孔安国、马融二家为它作注,后曹魏何晏《论语集解》又以它为底本,进行注解②。有学者研究认为,在年代上而言,"《齐论》《鲁论》的出现要晚于《古论》"③。《古论语》不仅在卷次与《齐论》《鲁论》不同,在文字上,也有 400 多字不同。

(七)《孝经》

就《孝经》而言,汉代所说的今文《孝经》,是秦人颜芝所藏。汉代建立后,他的儿子颜贞献给朝廷,共 18 章。《隋书·经籍志》对此有记载:

遭秦焚书,(《孝经》)为河间人颜芝所藏。汉初,芝子贞出之,凡十八章,而长孙氏、博士江翁、少府后仓、谏议大夫翼奋、安昌侯张禹,皆名

---

① 《汉书·艺文志》云:"武帝末,鲁共王坏孔子宅,欲以广其宫,而得《古文尚书》及《礼记》《论语》《孝经》,凡数十篇,皆古字也。"(汉)班固:《汉书》卷八十八《儒林传第五十八》,第3607 页。

② 何晏《论语集解·序》中也说道:"鲁共王时,尝欲以孔子宅为宫,坏,得《古文论语》。《齐论》有《问王》《知道》,多于《鲁论》二篇。《古论》亦无此二篇,分《尧曰》下章'子张问'以为一篇,有两《子张》,凡二十一篇,篇次不与齐、《鲁》(论)同。安昌侯张禹本受《鲁论》、兼讲《齐》说,善者从之,号曰'张侯论',为世所贵。包氏、周氏《章句》出焉。《古论》惟博士孔安国为之训解,而世不传。至顺帝时,南郡大守马融亦为之训说。汉末,大司农郑玄就《鲁论》篇章考之《齐》《古》,为之注。近故司空陈群、太常王肃、博士周生烈皆为《义说》。前世传授师说,虽有异同,不为训解,中间为之训解,至于今多矣,所见不同,互有得失。今集诸家之善,记其姓名,有不安者颇为改易,名曰《论语集解》。"(魏)何晏注,(宋)邢昺疏:《论语注疏·解经序序解》,第4—6 页。

③ 唐明贵:《〈论语〉学的形成、发展与中衰:汉魏六朝隋唐〈论语〉学研究》,中国社会科学出版社 2005 年版,第 60 页。

其学。①

颜贞所献《孝经》被朝廷用今文隶书书写了出来。之后，长孙氏、江翁、后仓、翼奋、张禹等人研究学习它，并成为当时《孝经》学专家。这就是汉代的今文《孝经》。

就古文《孝经》来说，根据孔安国《古文孝经·序》和《汉书·艺文志》的记载可以得知，古文《孝经》至少有两个版本：第一个版本，在汉武帝初年，河间献王刘德得到一本古文《孝经》，共 18 章，献给朝廷后，当时的博士官都曾经传授、学习。另外一个版本：在汉武帝末年，鲁恭王刘余拆迁孔子家旧宅，从墙壁中发现了一个石函，石函中有一个竹简，上面有用"蝌蚪文"写着古文《孝经》二十二章，此本后被鲁国三老孔子惠所收藏。在西汉昭帝时期，孔子惠将这些古文《孝经》献给朝廷。朝廷就用隶书誊写多份，其中一份交给孔子惠，一份交给侍中霍光，并藏于宫廷图书馆中。

后来，孔安国获得了朝廷所藏的古文《孝经》，并为它作注，一共二十二章。孔安国所用的古文《孝经》其实就是从孔壁中发现，鲁国三老孔子惠所献的蝌蚪文《孝经》。对此《隋书·经籍志》记载说："又有《古文孝经》，与《古文尚书》同出，而长孙有《闺门》一章，其余经文，大较相似，篇简缺解，又有衍出三章，并前合为二十二章，孔安国为之传。"②孔安国所注古文《孝经》在后代影响很大。

另外，在汉成帝时期，刘向奉命整理宫廷藏书，发现了古文《孝经》，于是他就采用颜芝所传的今文《孝经》与孔安国所传古文《孝经》进行互相对比、校勘，吸收了两家优长，然后整理出了一个十八章《孝经》的新文本。对此《隋书·经籍志》就记载说："刘向典校经籍，以颜本比古文，除其繁惑，以十八章为定。"③就是说，刘向经过整理，而产生新的《孝经》文本，它既不同于颜芝的今文《孝经》本，也不同于孔安国的古文《孝经》本，而是吸收了今、古文两个版本的优长，所确定的《孝经》新文本。

---

① （唐）魏徵等：《隋书》卷三十二《经籍一》，第 935 页。
② （唐）魏徵等：《隋书》卷三十二《经籍一》，第 935 页。
③ （唐）魏徵等：《隋书》卷三十二《经籍一》，第 935 页。

刘向《孝经》新文本之后，郑众、马融、郑玄等大儒都为它作注释。随着郑玄《孝经》注本在后世的大行其道，刘向所确立的《孝经》新文本，也就变成了汉代以后最流行的文本，其实也是我们今天所使用的文本。（所以，后世常说郑玄今文《孝经》本，常误以为是颜芝所传的今文《孝经》，其实并不是，而是刘向《孝经》新文本。）

二、今古文经学之间的异同及其根源

（一）古文经的来源

古文经主要是用先秦六国文字书写的儒家经典，主要产生于汉景帝时代，大多从民间发现。大体的来源有三个：

第一，鲁恭王拆孔宅而得的孔壁中书。根据《汉书·艺文志》记载，当时孔壁中有"古文《尚书》及《礼记》《论语》《孝经》，凡数十篇"。[1]

第二，河间献王刘德从民间征集来的先秦古书。根据《汉书·河间献王传》记载："献王所得书，皆古文先秦旧书，《周官》《尚书》《礼》《礼记》《孟子》《老子》之属，皆经传说记，七十子之徒所论。其学举六艺，立《毛氏诗》《左氏春秋》博士。"[2]

第三，汉朝皇家图书馆所搜集的。根据《史记·太史公自序》所言："周道既废，秦拨去古文，焚灭《诗》《书》，故明堂石室金匮玉版图籍散乱。汉兴，萧何次律令，韩信申军法，张苍为章程，叔孙通定礼仪，则文学彬彬稍进，《诗》《书》往往间出矣。自曹参荐盖公言黄老，而贾生、朝错明申韩，公孙弘以儒显，百年之间，天下遗文古事靡不毕集。"[3]

此外，还有其他时期在民间发现的古文经，根据《论衡·正说》记载："至孝宣皇帝之时，河内女子发老屋，得逸《易》《礼》《尚书》各一篇，奏之。宣帝

① （汉）班固：《汉书》卷八十八《儒林传第五十八》，第3607页。
② （汉）班固：《汉书》卷五十三《景十三王传第二十三》，第2410页。
③ （汉）班固：《汉书》卷六十二《司马迁传第三十二》，第2723页。

下示博士,然后《易》《礼》《尚书》各益一篇,而《尚书》二十九篇始定矣。"①

（二）今、古文经学的区别

皮锡瑞在《经学历史》中总结云:"两汉经学有今古文之分。今古文所以分,其先由于文字之异。……非惟文字不同,而说解亦异亦。"②另外,还有廖平、周予同等人作了较为详细的研究,现将周予同先生的总结迻录于下③。

表1　今古文经学特点差异表

今文学	古文学
1. 崇奉孔子	崇奉周公
2. 尊孔子是"受命"的"素王"	尊孔子为先师
3. 认孔子是哲学家、教育家	认孔子是史学家
4. 以孔子为"托古改制"	以孔子为"信而好古、述而不作"
5. 以"六经"为孔子作	以"六经"为古代史料
6. 以《春秋公羊传》为主	以《周礼》为主
7. 为经学派	为史学派
8. 经传授多可考	经的传授不大可考
9. 西汉都立为学官	西汉多行于民间
10. 盛行于西汉	盛行于东汉
11. 斥古文经传是刘歆伪造之作	斥今文经传是秦火残缺之余
12. 今存《仪礼》《公羊》《穀梁》(?)、《小戴礼记》(?)和《韩诗外传》	今存《毛诗》《周礼》《左传》
13. 信谶纬,以为孔子微言大义间有所存	斥谶纬为诬妄

今人孙钦善先生在前人的基础上进一步分析今古文经学的异同,并归结为三点:一是经书写本不同,二是说解不同,三是宗旨不同④。

1. 经书写本不同

这主要表现在三个方面:第一,书写字体不同。今文经是汉代著于竹帛的

① （汉）王充撰,黄晖校释:《论衡校释》卷二十八《正说篇》,第1124页。
② （清）皮锡瑞撰,周予同注释:《经学历史》三《经学昌明时代》,第87—88页。
③ 朱维铮编:《周予同经学史论著选集》(增订版),上海人民出版社1996年版,第9页。
④ 孙钦善:《中国古文献学史简编》,北京大学出版社2008年版,第43页。

隶书写本,而古文经则是先秦保存下来的用六国文字抄写的古本。第二,彼此有异文,即文字或语句不同。今古文经书写本的不同,不仅表现在文字形体的差别上,还表现在用字的差别上。如颜师古在注《汉书》中引桓谭《新论》云:"古《孝经》千八百七十二字,今异者四百余字。"又《论语》,今文齐、鲁两家与古文也有多处不同,在唐陆德明《经典释文》中多有记载。第三,篇章不同。如同样是注解《春秋》,古文《左传》与今文《公羊》《穀梁》中注解的经文不同,《左传》注解的经文有哀公十五年、十六年,而《公羊》《穀梁》没有,只到哀公十四年为止。又如《论语》,今文鲁《论语》二十篇,而古文《论语》按照何晏《论语集解序》所云:《古论》"分《尧曰》下章'子张问'以为一篇,有两《子张》,凡二十一篇。篇次不与齐、鲁《论》同。"①

2. 说解不同

这是今古文作为不同学派的主要区别所在。今古文家说解内容的不同,不仅表现在训诂名物方面,尤其表现在事实典制方面。说解的侧重点不同,今文家认为"六经"皆孔子所作,用以垂教万世,或托古改制,于是多阐发其中的"微言大义",并掺杂谶言阴阳;古文则认为"六经"皆史,孔子述而不作,于是说解侧重章句训诂、名物典制。说解侧重点的不同,是由两家宗旨不同所决定的。

3. 宗旨不同

今文家标榜"经世致用",即强调经书的直接的、简单的实用目的。如皮锡瑞所云,今文家以《禹贡》治河,《洪范》察变,《春秋》治狱,《诗经》当谏书。不仅如此,今文家多言阴阳灾异,神化王权,为现实社会政治服务,说解多牵强附会。而古文家多追求注重经典本身的意义,注重训诂考证,虽有附会,但较今文经学要好得多。

(三)今古文经学差异的根源

正是由于今古文文本上的不同,从而造成了彼此之间的差异。文字、章句上的差异,更多地表现在思想上、旨趣上的差异。这样就产生了非常复杂的经

---

① （魏）何晏注,（宋）邢昺疏:《论语注疏·解经序序解》,第4页。

学解释,造就了复杂的家法、师法,而家法、师法也给经学的传承、发展带了极大的困扰。正如蒋善国先生所言:

> 汉代经师说经,各有经说,最初的动机,只是为了说明经义,可是后来由于经文有了今、古文的不同,渐产生了不同的经说。出于今文经师之口的,认为是今文经说;出于古文经师之口的,认为是古文经说。《尚书》今文经原分欧阳、大小夏侯三家,经说当然不能没有出入;《古文尚书》虽只一家,可是经说也多因经师而有不同。《尚书》今、古文经说的盛衰与今、古文经的盛衰是一致的。今文经说在西汉时大盛,因而今文经也在西汉时大盛;古文经说在东汉时大盛,因而古文经在东汉时大盛。当时由经师说经而演成师法;由同一师法,而演成家法。如家法破坏,师法和经说也都跟着受到了破坏。惟由于《古文尚书》没有长期立学,只有师法,没有家法。大概西汉多重师法,东汉多重家法;西汉由没有家法而到家法的完成,东汉由完成的家法而到家法的破坏。这种家法在西汉宣帝末年渐渐形成,到东汉章帝时,渐趋破坏,最末,郑玄混一今、古文经说,家法遂完全废掉了。①

在蒋善国先生看来,今古文之间的差异源于秦汉时期经典版本的差异,经典差异本身并没有影响经典的传承与解释,只不过作为儒家学说与王权结合之后,经典是权力与利益的象征,所以造成了两汉时期今古文之争。今古文之争产生的真正根源在于孔子去世之后,春秋战国时期儒家学说各派尤其是齐地、鲁地的学者对于儒家经典及其思想的理解不同,而最终引发了后世关于圣人与经典真实意图的不同解读,从而形成了今文经学的不同,对此清人刘师培所云:

> 大抵两汉之时,经文有今文、古文之分,今文多属齐学,古文多属鲁学。今文家言多以经术饰吏治,又详于礼制,喜言灾异、五行;古文家详于训诂,穷声音、文字之原。各有偏长,不可诬也。②

---

① 蒋善国:《尚书综述》,上海古籍出版社1988年版,第94页。
② (清)刘师培:《经学教科书·序例》,岳麓书社2013年版,第1页。

正如张涛先生研究认为"从一定意义上讲,今古文之争实际上源于齐学与鲁学之争"①。今人王葆玹先生研究也强调道:

> 若是从地域分歧的角度追溯其学术渊源,可看出今古文经学争论乃是根植于齐地儒学与鲁地儒学的差别。进一步说,战国时代的齐鲁两地儒者不是独立的,秦人是齐人的盟友,鲁地儒学则为楚人所膺服。在战国晚期,秦灭周王朝,楚灭鲁国,形成齐秦儒学与楚鲁儒学对峙的局面。此一局面即是今古文经学之争的起源。②

这种说法有一定的道理。毕竟,经学在春秋战国时期的传习,由于各个诸侯国所尚不同,并直接造成了经学思想与方法上的差异。所以,从学术思想内涵与地域文化的角度来看,由于齐学与鲁学的学术旨趣与学术宗尚不同,是导致了汉代今古文经学之争的历史根源。也就是说,在汉代,经学分为齐学、鲁学、古文经学三派,在此三派中鲁学与古文经学较近,齐学多为今文经学,由此可以看出所谓的今古文经学之争实则是齐学与鲁学之争无疑是正确的。最为主要的是,在汉代经学与官禄相结合,使得今古文经学之争变得更加的复杂与激烈,并贯穿于汉代经学发展的始终。

三、两汉古文经学的传承与发展

古文经学作为汉代经学发展的一个重要支脉始于西汉,发展在两汉之际,刘歆、王莽对古文经学的兴起起到了重要的推动作用,王莽将古文经学官学化,培养了很多的古文经学家。这为两汉今古文经学之争埋下了伏笔。终汉之世,共出现了四次较大的今古文经学的争论:第一次,西汉哀帝时期,刘歆与太常博士争立《左传》《毛诗》《逸礼》《古文尚书》;第二次,东汉光武帝时期,有古文学家韩歆、陈元与今文学家范升争立《费氏易》《左传》;第三次,东汉章帝时期,古文家贾逵《左氏》学与今文家李育《公羊》学之争;第四次,东汉末

① 张涛:《经学与汉代社会》,河北人民出版社 2001 年版,第 68 页。
② 王葆玹:《今古文经学新论》(增订版),中国社会科学出版社 1997 年版,第 19 页。

桓、灵帝时期,古文家郑玄与今文家何休之间争论《左传》《公羊》优劣。

刘歆不仅开启了今古文之争,更导致了如何对待儒家经典及其思想的问题。今古文之争不仅仅是名利之争,也是关系儒学自身的发展问题。从整体上来看,这种争论对于儒家经学的传承有重要的意义。到了东汉初年,古文经学的官学地位虽然被废弃,但其发展并没有停止,反而经由杜子春、郑兴、郑众、贾徽、贾逵等人传承发展,在东汉进入了黄金时期。据《汉书·儒林传》记载:

> 昔王莽更始之际,天下散乱,礼乐分崩,典文残落。及光武中兴,爱好经术,未及下车,而先访儒雅,采求阙文,补缀漏逸。先是四方学士多怀挟图书,遁逃林薮。自是莫不抱负坟策,云会京师,范升、陈元、郑兴、杜林、卫宏、刘昆、桓荣之徒,继踵而集。于是立五经博士,各以家法教授,《易》有施、孟、梁丘、京氏,《尚书》欧阳、大小夏侯,《诗》齐、鲁、韩,《礼》大小戴,《春秋》严、颜,凡十四博士。太常差次总领焉。建武五年,乃修起太学,稽式古典,笾豆干戚之容,备之于列,服方领习矩步者,委它乎其中。①

在汉光武帝所召集的七位经学大师中,其中古文经学家有四位:《左氏》学的陈元、郑兴,古文《尚书》学的杜林与《毛诗》学的卫宏。可见,今古文之争虽然日益激烈,但并没有影响朝廷对他们的重视与笼络。在汉章帝鉴于今古文之争的白热化,皇帝专门在白虎观召开了一次大规模的今古文经学的探讨会,希望消除今古文之间的隔阂,讨论的结果由班固总结编成《白虎通义》一书,也称《白虎通》。白虎通会议虽然没有从根本上解决今古文之争,但却让学者们看到了古文经学的价值与意义,此后经学研究开始进入了今古文兼采的时代。随后贾逵、马融等经学家,开始超越师法、家法及今古文经学的界限,兼采众长来研究群经。

可以说,今古文之争推动了经学的发展,最显著地就是经学繁琐的章句训诂的形式遭到了质疑与修正。据史书记载,今文经学发展到汉章帝时,"一经

---

① （南朝宋）范晔:《后汉书》卷七十九上《儒林列传第六十九上》,第 2545 页。

说至百余万言,大师众至千余人"①,"学者罢老且不能究其一艺"②。这样繁琐支离的经学不仅遭到学者,甚至引起统治者的不满。例如刘歆、王莽、汉光武帝等都曾对此有所批评,并希望能够简省经义说解,如《论衡·效力篇》记载:"王莽之时,省《五经》章句皆为二十万。"③在这某种意义上来说,这都于当时基于繁琐形式服务于皇权的今文经学来说,无疑具有一定的限制意义。

此外,两汉之际盛行的谶纬之学,东汉前期日渐兴盛,以至于经学服务于现实社会政治、思想文化的功能受到削弱,奇谈怪论充斥着经义说解之中,这影响了经学为皇权的服务。汉章帝基于今古文的异同及现实考量,通过白虎通会议平息今古文之争的形式,改造了今文经学谶纬化的趋势,也修正了古文经学过于学术化的倾向,由此使今古文经学回归到服务于政治的正常轨道上来。从某种意义上来说,白虎通会议,今文经学尤其是谶纬之学的话语权受到了限制,古文经学开始发展壮大。

纵观来看,古文经学自西汉开始传承发展。到了两汉之际被立为官学,开始正式登上历史舞台。随着东汉刘秀政权对古文经学的重视,古文经学家成为当时儒经的重要传承者,经过郑兴、杜林、卫宏、陈元、郑众、贾逵、马融、郑玄等师徒的传授、宣扬,古文经学在东汉一派繁荣,如史书记载:

> 建武中,范升传《孟氏易》,以授杨政,而陈元、郑众皆传《费氏易》,其后马融亦为其传。融授郑玄,玄作《易注》,荀爽又作《易传》,自是《费氏》兴而《京氏》遂衰。④

> 群寮林以名德用,甚尊惮之。京师士大夫,咸推其博洽。河南郑兴、东海卫宏等,皆长于古学。兴尝师事刘歆,林既遇之,欣然言曰:"林得兴等固谐矣,使宏得林,且有以益之。"及宏见林,暗然而服。济南徐巡,始师事宏,后皆更受林学。林前于西州得漆书《古文尚书》一卷,常宝爱之,虽遭难困,握持不离身。出以示宏等曰:"林流离兵乱,常恐斯经将绝。

---

① (汉)班固:《汉书》卷八十八《儒林传第五十八》,第 3620 页。
② (汉)班固:《汉书》卷三十六《刘歆传》,第 1970 页。
③ (汉)王充撰,黄晖校释:《论衡校释》卷十三《效力篇》,第 583 页。
④ (南朝宋)范晔:《后汉书》卷七十九上《孙期传》,第 2554 页。

何意东海卫子、济南徐生复能传之，是道竟不坠于地也。古文虽不合时务，然愿诸生无悔所学。"宏、巡益重之，于是古文遂行。①

卫宏，字敬仲，东海人也。少与河南郑兴俱好古学。初，九江谢曼卿善《毛诗》，乃为其训。宏从曼卿受学，因作《毛诗序》，善得风、雅之旨，于今传于世。后从大司空杜林更受《古文尚书》，为作《训旨》。时济南徐巡师事宏，后从林受学，亦以儒显，由是古学大兴。光武以为议郎。宏作《汉旧仪》四篇，以载西京杂事；又著赋、颂、诔七首，皆传于世。中兴后，郑众、贾逵传《毛诗》，后马融作《毛诗传》，郑玄作《毛诗笺》。②

逵数为帝言《古文尚书》与经传《尔雅》诂训相应，诏令撰欧阳、大小夏侯《尚书》、古文同异。逵集为三卷，帝善之。复令撰齐、鲁、韩《诗》与毛氏异同。并作《周官解故》。迁逵为卫士令。八年，乃诏诸儒各选高才生，受《左氏》《穀梁春秋》《古文尚书》《毛诗》，由是四经遂行于世。皆拜逵所选弟子及门生为千乘王国郎，朝夕受业黄门署，学者皆欣欣羡慕焉。③

经过古文经学家们的传承、宣扬，古文经学得到了朝廷的关注和支持，也赢得了越来越多读书人的参与，发展势头非常迅猛。相比之下，今文经学由于牵强附会、章句之学的束缚，以至于在东汉时期，尽管朝廷所设立的五经博士是今文经学，但实际上在学术界占优势地位的是古文经学派。不仅如此，郑众、桓谭、贾逵、马融、许慎、服虔、郑玄等人在治经方面不仅仅局限于一经之学，而强调兼治古今、博采众长。

四、郑玄会通今古文经学及其意义

郑玄(127—200 年)，字康成，北海高密(今山东高密)人。其学兼通今古文经学。《汉书》本传记载，郑玄曾"受业师事京兆第五元，先始通《京氏易》

---

①　(南朝宋)范晔：《后汉书》卷二十七《杜林传》，第936—937页。
②　(南朝宋)范晔：《后汉书》卷七十九下《卫宏传》，第2575—2576页。
③　(南朝宋)范晔：《后汉书》卷三十六《贾逵传》，第1239页。

《公羊春秋》《三统历》《九章算术》。又从东郡张恭祖受《周官》《礼记》《左氏春秋》《韩诗》《古文尚书》"①。之后又与"能通古今学,好研精而不守章句"②的卢植同事马融,后学满而归,马融为此曾说:"郑生今去,吾道东矣。"③后郑玄各地游学十余年,回到家乡,聚众讲学,弟子数百千人。党锢之祸后,闭门不出,潜心研习经学。"时任城何休好《公羊》学,遂著《公羊墨守》《左氏膏肓》《穀梁废疾》。玄乃《发墨守》《针膏肓》《起废疾》。休见而叹曰:'康成入吾室,操吾矛,以伐我乎!'"④朝廷屡次征召,不往。后虽被迫与袁绍合作,但不久便卒,享年七十四岁。

郑玄作为东汉末年的经学大师,他鉴于汉代经学的发展特点,即家法林立、章句繁琐、谶纬弥漫、学者徒劳而少功的情况,便会通诸家之说,遍注群经,希望能够统一今古文注解,以此来统一思想。于是他注《周易》用古文费氏《易》,兼采今文易学;注《尚书》兼采古今经文;笺注《诗经》,则以古文《毛诗》为基础,兼采今文齐鲁韩三家《诗》;注《论语》则是以《鲁论》为基础,兼采《齐论》与《古论》;注《孝经》多用今文说,兼采古文《孝经》。郑玄这种兼采今古的做法,基本上平息两汉今古文之争的局面,实现了经学的大一统。郑玄的经学著述有几十种之多。但大都亡佚了,留存至今的只有《周礼注》《仪礼注》《礼记注》与《毛诗笺》四种了。郑玄最大的经学成就是编辑注解了"三礼",并对后世产生了深远的影响。关于郑玄经学及其特征如下。

1. 郑玄《易》学

在东汉时期,费氏《易》学得到了长足的发展。东汉的陈元、郑众、马融、郑玄、荀爽等人都非常重视此学,在与今文《易》学的对抗中,逐渐处于上风。据《后汉书·儒林传》云:"陈元、郑众皆传费氏《易》,其后马融亦为其传。融授郑玄,玄作《易注》,荀爽又作《易传》,自是费氏兴,而京氏遂衰。"⑤其中,郑

① (南朝宋)范晔:《后汉书》卷三十五《郑玄传》,第 1207 页。
② (南朝宋)范晔:《后汉书》卷六十四《卢植传》,第 2113 页。
③ (南朝宋)范晔:《后汉书》卷三十五《郑玄传》,第 1207 页。
④ (南朝宋)范晔:《后汉书》卷三十五《郑玄传》,第 1207—1208 页。
⑤ (南朝宋)范晔:《后汉书》卷七十九上《孙期传》,第 2554 页。

玄在费直以传解经的思路下，将《彖》《象》两传分别附在六十四卦经文之后。后魏晋的王弼则又将《文言传》附在《乾》《坤》两卦之后，由此直接奠定了后世《易》学文本的雏形。郑玄不仅对《周易》文本进行了编订，与此同时他还吸收了今古文《易》学解释上的优长，撰《周易注》，此书成为中古时期《易》注解的经典之作。

2. 郑玄《尚书》学

东汉今文《尚书》因为繁琐的章句训诂之学和荒诞不经的谶纬迷信，使得朝廷开始倾向于简洁的古文《尚书》，但由于今文《尚书》博士、经学世家、累世公卿的极力反对，古文《尚书》没有被立为官学，人们依旧墨守今文《尚书》，但在民间古文《尚书》，即郑玄所注解的古文《尚书》(《尚书注》)，因为它打破了师法、家法的门户之见，吸收各家之长，择善而取，所以非常简洁，故在东汉后期盛行于世。

3. 郑玄《诗经》学

郑玄兼通今、古文经学，他吸收今古文《诗经》学的成果，为《毛传》作笺注，即《毛诗传笺》，此举实现了今古文《诗经》学的合流，《毛传郑笺》成为《诗经》学史上的第一个里程碑。《毛传郑笺》兴起之后，三家《诗》也逐渐衰亡，《齐诗》亡于曹魏，《鲁诗》亡于西晋，《韩诗》大约亡于北宋而仅存《外传》。这一点正如傅斯年《诗经讲义稿》中所言："《毛诗》起于西汉晚年，通达于王莽，盛行于东汉，成就于郑笺，从此三家衰微，毛遂为《诗》学之专宗。"[①]

4. 郑玄"三礼"学

两汉经学最值得一提的是，郑玄对三礼学的贡献，皮锡瑞就曾评价说："郑于礼最精，而有功于礼经最大。"[②]在郑玄之前，人们对于三礼的研究多分家分派，并没有三礼学的概念，但经过郑玄对三礼的整理与注解，奠定了后来三礼学的基础与框架。可以说，从郑玄注解三礼之后，三礼学开始盛行于世，后代研究《礼》学者多以此为基础。具体而言，郑玄曾师从马融为学，他在贾

---

① 傅斯年：《诗经讲义稿》(含《中国古代文学史讲义》)，中国人民大学出版社 2004 年版，第 8 页。

② (清)皮锡瑞：《清人经解丛编·经学通论》，华夏出版社 2011 年版，第 256 页。

逵、马融、卢植等人的基础上,遍考众说,兼采今古,注三礼,他第一次将《周礼》排在三礼之首,提升了《周礼》的地位;《仪礼》经过郑玄今古文本进行对勘、整理,兼采古今优长,由此确定了《仪礼》十七篇定本。《礼记》本依附于《仪礼》,自郑注后,开始与《周礼》《仪礼》鼎足而立。郑玄在三礼学史上具有承上启下的重要地位,其礼学自成体系,人称"郑学"。

5. 郑玄《论语》学

郑玄治学超越门派、古今的偏见,兼采各家所长,对《论语》进行重新注解,从而形成了《论语注》一书。随着郑玄《论语注》的流行,其他《论语》注解本逐渐衰微不传。遗憾的是,郑玄《论语注》在唐五代已经亡佚,仅在敦煌和日本发现了一些唐写本的残卷,大致保存着十之六七的内容。

6. 郑玄《孝经》学

在汉代,孔安国、刘向、郑玄对《孝经》的整理与研究,在《孝经》学史上有深远的影响,其中尤其是郑玄对《孝经》的注解对后世影响更为深远,是中国古代最流行的《孝经》注解本。郑玄以刘向整理本为基础,吸收西汉以来今古文《孝经》学的成就,对《孝经》作注。另外,郑玄对孝道也作了探讨,他肯定了孝道是天经地义的真理,他说:"夫孝者,盖三才之经纬,五行之纲纪。若无孝,则三才不成,五行僭序。是以在天则曰至德,在地则曰愍德,施之于人则曰孝德。故下文言,夫孝者,天之经,地之义,人之行,三德同体而异名,盖孝之殊途。经者,不易之称,故曰《孝经》。"①郑玄认为孝道是贯通天、地、人的常理,它的存在是合理而且是非常必要的,它对于规范人的道德行为、治国安邦都有重要的价值和意义。

总的来说,郑玄基于东汉以来贾逵、马融等人的古文经学思想与方法,他以古文经学为主体,兼采今文经学的优长,注解注重简洁、通畅、精要,旨在统一诸家之说,形成一个折中的文本,从而统一了经学的认识与思想。也正是因为如此,郑玄不仅在汉代经学史乃至在中国古代经学史上都占有重要的地位,正如范晔所评价的:

---

① 《敦煌本孝经序》,载汪受宽:《孝经译注》,上海古籍出版社1998年版,第106页。

自秦焚"六经",圣文埃灭。汉兴,诸儒颇修艺文,及东京,学者亦各名家。而守文之徒,滞固所禀,异端纷纭,互相诡激,遂令经有数家,家有数说,章句多者或乃百余万言,学徒劳而少功,后生疑而莫正。郑玄括囊大典,网罗众家,删裁繁诬,刊改漏失,自是学者略知所归。①

经过郑玄的注解,今古文之间的门户之别被打破,章句浩繁的情况也消失了,汉代经学以崭新的形态出现在世人面前,进而为后人所肯定,由此也奠定了郑玄在经学史上的崇高地位,皮锡瑞将此称为经学的"小统一时代"②。当然,也正是因为郑玄兼采众家、融会贯通,实现了今古文经学的整合,由此使得经学本身失去了"百家争鸣"一般的活力与动力,这对于汉代经学的衰亡有一定的关系,正如皮锡瑞所言"郑学盛而汉学衰",他说:

郑君博学多师,今古文道通为一,见当时两家相攻击,意欲参合其学,自成一家之言,虽以古学为宗,亦兼采今学以附益其义。学者苦其时家法繁杂,见郑君闳通博大,无所不包,众论翕然归之,不复舍此趋彼。于是郑《易注》行而施、孟、梁丘、京之《易》不行矣;郑《书注》行而欧阳、大小夏侯之《书》不行矣;郑《诗笺》行而鲁、齐韩之《诗》不行矣;郑《礼注》行而大小戴之《礼》不行矣;郑《论语注》行而齐、鲁《论语》不行矣。重以鼎足分争,经籍道息。汉学衰废,不能尽咎郑君;而郑采今古文,不复分别,使两汉家法亡不可考,则亦不能无失。故经学至郑君一变。③

皮锡瑞认为郑玄整合了今古文之学,使得经学失去了自身调节的功能,从而导致经学的衰落。当然,这只是一家之言。郑玄兼采众家,统一经学是时代历史发展的必然。此后经学的衰落并不能归因于郑玄,今文经学章句的繁琐、汉末皇权的衰落、进步思想家对神学观念的批判④,都是经学衰微的因素。不过,郑玄一统经学,消弭了今古文之间的争论,消除了师法、家法的区别,也推动了汉代经学的衰微,所谓"汉学衰废,不能尽咎郑君;而郑采今古文,不复分别,

---

① (南朝宋)范晔:《后汉书》卷三十五《郑玄传》,第 1212—1213 页。
② (清)皮锡瑞撰,周予同注释:《经学历史》五《经学中衰时代》,第 151 页。
③ (清)皮锡瑞撰,周予同注释:《经学历史》五《经学中衰时代》,第 149 页。
④ 边家珍:《汉代经学发展史论》,中国文史出版社 2003 年版,第 334 页。

使两汉家法亡不可考,则亦不能无失"。所以在某种程度上来说,本来已经衰落的汉代经学,由于郑玄的作用使之更加的衰落,并最终为新的经学形态——魏晋玄学所替代。

本讲小结

汉代古文经学的出现,是儒学在汉代受重视后的必然结果。它表明儒家经学在经历秦朝短期的禁断之后,又迎来了春天。实际上,秦朝对经学的限制,只是体现了地域性文化成为全国性文化过程中的冲突,冲突除了有文化因素之外,也有自身的传统问题。在秦朝统一六国之后,将秦国一直奉行的法家学说作为统一的意识形态,并没有得到原东方六国的认可,从而造成文化认同、政治认同的失败,导致秦成为一个短命王朝。在汉代今古文经学得到朝廷重视,则从另一方面表明东方六国所奉行的传统文化,亦即原来周代的王官之学依然有强大的生命力。也就是说,周代的王官之学得到了新政权两汉的重视,并以新的形式接续了这种文化传统,并通过经学的形式使之发扬光大。

两汉时期古文经学的出现与发展,是当时经学大兴之后的产物,更是儒学兴盛之后所出现的一种文化现象与政治现象。毕竟,今古文经学之争虽然涉及文本、师承、家法等方面的论争,但这其实也关系如何认识、传承儒家学说的问题。今古文之争涉及儒学正统性之争,以及治国理念的争论。今古文之争虽然导致了儒家经学发展的分离,但是有汉一代,今文经学始终居于主导地位,但也因为古文经学的存在,而促使了儒学的发展处于一种张力之中,而没有彻底滑向另一个极端。

今古文经学的融合以及郑玄经学的出现,是两汉时期官方经学发展、兴盛与衰微的必然结果,更是皇权由兴盛到衰微转变的历史标志。今古文经学的融通,并不是意味着古文经学的兴盛,而是经学经过百余年的今文学建构,转而开始恢复它历史的本来面目。毕竟,今文经学的出现是意识形态重建的必然结果,更是秦汉之际思想观念发展的必然选择,也体现了儒学本身所具有的延展性、包容性以及可诠释性。郑玄作为今古文经学融通的代表,他开启了经学发展的新时代,在某种意义上来说是对上古三代以来王官之学的继承与发展。古文经相对于今文经来说,更接近先秦时期儒家经学的本来面目,更能突显孔子经学的本质所在。

第八讲　魏晋南北朝的经学

　　魏晋南北朝在中国经学史上具有承上启下的重要地位,这一时期的学者继承并发展了秦汉的经学,他们利用玄学进一步改造并推动了古文经学的发展,从而形成了玄学化的经学,更为主要的是他们借助老庄之学及玄学建构了新的儒学思想体系。与此同时,随着佛教学说的大兴,也促成了义疏之学的兴起以及新儒学的理论建构。可以说,魏晋南北朝时期的新经学是对秦汉经学的传承与发展,在儒学理论上更是借助经学注解的形式实现了儒释道三家思想的融通,而这些后被隋唐诸儒比如刘焯、刘炫、陆德明、孔颖达、韩愈等人所继承发展,甚至被宋明诸儒所汲取,由此这一阶段在经学史上具有重要地位。

　　可以说,经学在魏晋南北朝时期不仅没有中断,反而在思想、方法及理论上都得到了极大的提升。不仅如此,经学作为这一时期文化的基石与核心,也促进文学、史学、艺术等的传承与发展。从中华文化的传承与发展角度来看,魏晋南北朝时期无疑是非常辉煌的一段。魏晋玄学、南北朝的义疏之学,并不是经学的反动,更不是历史的中断,而是持续不断地传承、发展与延续。正如龚鹏程先生在其《唐代思潮》中说道,以往学者一般都认为魏晋玄学乃是对两汉繁琐经学及儒学名教的反对,进而形成了玄远的清谈和崇尚自然的老庄之学,由此出现了"断裂的历史观"。实际上并非如此,龚先生认为魏晋南北朝与秦汉之间是前后相继、传承发展的关系,而非断裂与反动。他说:

　　　　当时学界论魏晋,主要是谈它的玄学,认为那是对汉代繁琐经学及儒学名教的反动,所以一时之间,玄远的清谈和崇尚自然的老庄才会蔚为新潮。我很怀疑这种"时代新变"的解释。我觉得这也是断裂的历史观,只强调历史的断裂与变动,不免忽略了历史的延续性与发展性;且深受近代革命史观之影响，以革命、打倒、反叛、挣脱桎梏为依归，忽略了魏晋南北朝学术内部丰富的面貌。因此，我一方面采用另一种魏晋论述，即章太炎所谓的"五朝学"，说魏晋南北朝思想学术不应用玄学一词来概括，应注意其间经学、礼学、史学仍极发达的事实。另一方面，由此事实来辨明魏晋南北朝并非两汉儒学传统的反动，而是延续与发展。不但如此，宋代理学，也与汉魏南北朝思想有这种延续发展的关系。①

龚鹏程先生认为，以往学者认为魏晋兴起的玄学是对汉代经学的反动，从而促成了清谈与老庄之学的兴盛，这种观点并非正确。对此章权才先生也曾说道："所谓玄学，就是发端于汉代，流行于魏晋南北朝时期，以儒家思想为主体，综合了道家有关思想的、以探讨宇宙本体为主要内容并跟现实政治息息相关的一种政治哲学。把玄学简单归结为道学，或者简单说成是两汉经学的反动，都是不足取的。"②毕竟，在魏晋时期经学、礼学、史学都非常发达，而这些实际上是对两汉儒学、经学的延续与发展，即使后来的宋代理学也深受这种思潮的影响。王弼易学后来受到宋代诸儒比如胡瑗、程颐等人的大力推崇与传承；而南北朝时期皇侃、熊安生等人的义疏之学也被唐代孔颖达《五经正义》所继承。这些都可以说明魏晋南北朝时期的经学是秦汉与隋唐乃至宋代经学发展的桥梁。不仅经学如此，即使是儒学也是如此。比如老庄玄学、南北朝佛学化的义疏之学都对宋代理学的建构提供了重要的思想资源。总之，魏晋南北朝时期的经学基本上摆脱了秦汉经学的繁琐，而进入了简洁义理经学的阶段，并在这种经学形式下建构了更加系统的儒学理论，这为后来隋唐经学、宋明理学提供了重要的学术思想资源。

一、魏蜀吴时期经学的发展及古文经学的兴起

汉魏之际，经学的发展受到了当时社会政治动荡、思想文化多元的极大影

---

① 龚鹏程：《唐代思潮》，商务印书馆 2007 年版，第 1 页。
② 章权才：《魏晋南北朝隋唐经学史》，广东人民出版社 1996 年版，第 85 页。

响,整体状况出现中衰。但在三国时期,经学并没有中断,而是持续不断地传承与发展。就曹魏、蜀汉、孙吴三个统治区域而言,其中以曹魏统治下的经学相对比较兴盛。这一时期郑玄之学最为流行于三国各地,如刘师培在《经学教科书》中所云:

> 郑君博稽六艺,粗览传记,所治各经,不名一师,参酌今古文,与博士之经不尽合,然尊崇纬书,不背功令。又以著述浩富,弟子众多,故汉魏之间,盛行郑氏一家之学。①

郑玄之学的盛行,是今古文经学融合后的必然产物,它是汉代经学发展的必然结果,由此也标志着古文经学的兴起与发展。正如王国维所言:"自后汉以来,民间古学渐盛,至于官学抗行,逮魏初复立大学。暨于正始,古文诸经盖已尽立于学官。……是魏时学官所立诸经,已为贾、马、郑、王之学。"②

1. 曹魏经学

三国时期的魏国,在曹操偏重法家学说,属于法儒并用。如西晋傅玄所言:"近者魏武好法术,而天下贵刑名。"③刘勰《文心雕龙》说:"魏之初霸,术兼名法。"④虽然曹操在其诗文之中也多次援引儒家经典如《诗经》《左传》《论语》等来表达自己的思想,政治思想也是兼采多家,以实用为主。田汉云先生就认为:"曹操的政治思想是复杂的,大体上是以兼综儒、道、法三家为特色。"⑤曹操无论是对待刑名法术之学,还是经学都只不过是出于实用的心态。比如在建安八年(203年)曹操打败袁绍之后,就下诏说道:"丧乱已来,十有五年,后生者不见仁义礼让之风,吾甚伤之。其令郡国,各修文学,县满五百户置校官,选其乡之后,造而教学之。庶几先王之道不废,而有以益于天下。"⑥从这可以看出,曹操鉴于东汉后期战乱不断所导致的文化紊乱,他希望通过扶持

① 刘师培:《刘申叔遗书》,江苏古籍出版社1997年版,第487页。
② 王国维:《王国维手定观堂集林》卷十六《魏石经考三》,浙江教育出版社2014年版,第396页。
③ (唐)房玄龄等:《晋书》卷四十七《傅玄传》,中华书局1974年版,第1317页。
④ (南朝梁)刘勰撰,黄叔琳等注:《增订文心雕龙校注》卷四《论说第十八》,中华书局2000年版,第246页。
⑤ 田汉云:《六朝经学与玄学》,南京出版社2003年版,第69页。
⑥ (晋)陈寿撰,(南朝宋)裴松之注:《三国志·魏书》卷一《武帝操》,第24页。

经学,来移风易俗,巩固其政治权力。

曹操之后的魏文帝曹丕、魏明帝曹叡、齐王曹芳、高贵乡公曹髦等人都非常重视经学,如曹丕选拔精通经学的官吏、重视经学教育。《三国志·魏志》记载魏文帝"令郡国所选,勿拘老幼,儒通经术,吏达文法,到皆试用"①,"立太学,制五经课试之法,置《春秋榖梁》博士。"②曹丕本人还重视经学,撰写经学文章近百篇,随后他将他的文章与诸儒经学文章,以类相从,凡千余篇,编为《皇览》。曹叡曾下诏强调选拔人才,以经学为先,"尊儒贵学,王教之本也。自顷儒官或非其人,将何以宣明圣道? ……申勅郡国,贡士以经学为先"③。曹芳本人精通《论语》,还曾多次派人祭祀孔子。高贵乡公曹髦也精通经学,还多次与博士们谈论郑玄经学。在曹魏帝王的影响下,当时的朝野大臣荀彧、钟繇、华歆、王朗、高堂隆、董遇、薛夏、隗禧、王肃等也都非常重视经学,且颇有造诣。

总之,曹魏时期,君臣都重视经学,无疑是想借助经学来维护自己的皇权体系,维护纲常名教、人伦道德。正始以后,随着清谈、玄学的盛行,经学也受到了极大的冲击,公卿大夫研习经学的人越来越少,正如《南史·儒林列传序》称:"洎魏正始以来,更尚玄虚,公卿士大夫,罕通经业。"④这一时期也兴起了一批玄学化的经学,比如玄学的代表王弼,他的易学摒弃两汉象数易学,专言义理,推动了义理易学的兴起与发展。

2. 蜀汉经学

蜀地在两汉时期曾经出现过扬雄、张霸等经学大家。刘备统治时期,其国策与曹魏颇为相似,也是儒法并用。注重以刑名法术之学来治理社会,但与此同时也注重基于实用的态度推行儒家教化、重视经学。刘备本人曾受业于古文经学家卢植,注重利用经学来治理蜀国,他曾任命了一大批精通今古文经学儒士,如周群、杜琼、谯周、尹默、李撰等人。这些精通经学的儒生不仅帮助刘

---

① (晋)陈寿撰,(南朝宋)裴松之注:《三国志·魏书》卷二《文帝丕》,第79页。
② (晋)陈寿撰,(南朝宋)裴松之注:《三国志·魏书》卷二《文帝丕》,第84页。
③ (晋)陈寿撰,(南朝宋)裴松之注:《三国志·魏书》卷三《明帝叡》,第94页。
④ (唐)李延寿:《南史》卷七十一《儒林列传序》,中华书局1975年版,第1730页。

备治国理政,也在蜀地传承经学、发展儒学。比如《三国志》记载尹默时云:

> 尹默字思潜,梓潼涪人也。益部多贵今文而不崇章句,默知其不博,乃远游荆州,从司马德操、宋仲子等受古学,皆通诸经史,又专精于《左氏春秋》,自刘歆条例,郑众、贾逵父子、陈元、服虔注说,咸略诵述,不复按本。先主定益州,领牧,以为劝学从事。及立太子,以默为仆,以《左氏传》授后主。①

尹默本人精通今古文经学,尤其对《左传》学很用心。后来,他曾作为太子刘禅的老师,传授《左传》学。另外还有侨居巴蜀的儒家经学之士,如许慈"南阳人也,师事刘熙,善郑氏学,治《易》《尚书》《三礼》《毛诗》《论语》。建安中,与许靖等俱自交州入蜀"②,又有魏郡的胡潜,他与许慈"并为博士,与孟光、来敏等典掌旧文"③。

刘备、诸葛亮对经学之士的重用,使得巴蜀荟集了一些各地的经学之士服务于蜀汉政权。蜀国的经学发展,在其前期基本延续两汉官学今文经学的传统,随后古文经学开始大行于世,本地的学者如杨充、尹默、李撰等人都曾外出学习古文经学,加上来蜀地定居的也多为古文经学家,所以由此形成了蜀国今古文经学并存且偏重古文经学的基本格局,而蜀汉的古文经学主要流行的是郑玄之学。从这也说明了东汉以后,郑玄之学不仅在曹魏盛行,也开始向南方传播,日渐成为当时最有影响力的经学流派。

3. 孙吴经学

孙吴在孙策、孙权统治时期,尤其注重儒家经学,这与孙氏兄弟自重视并研习儒家经典有极大的关系。如裴松之注《三国志》引《江表传》记载:

> 《江表传》曰:初,权谓蒙及蒋钦曰:"卿今并当涂掌事,宜学问以自开益。"蒙曰:"在军中常苦多务,恐不容复读书。"权曰:"孤岂欲卿治经为博士邪? 但当令涉猎见往事耳。卿言多务孰若孤,孤少时历《诗》《书》《礼记》《左传》《国语》,惟不读《易》。至统事以来,省三史、诸家兵书,自以

---

① (晋)陈寿撰,(南朝宋)裴松之注:《三国志·蜀书》卷十二《尹默传》,第1026页。

② (晋)陈寿撰,(南朝宋)裴松之注:《三国志·蜀书》卷十二《许慈传》,第1022—1023页。

③ (晋)陈寿撰,(南朝宋)裴松之注:《三国志·蜀书》卷十二《许慈传》,第1023页。

为大有所益。如卿二人,意性朗悟,学必得之,宁当不为乎? 宜急读《孙子》《六韬》《左传》《国语》及三史。孔子言'终日不食,终夜不寝以思,无益,不如学也。'光武当兵马之务,手不释卷。孟德亦自谓老而好学。卿何独不自勉勖邪?"蒙始就学,笃志不倦,其所览见,旧儒不胜。后鲁肃上代周瑜,过蒙言议,常欲受屈。肃拊蒙背曰:"吾谓大弟但有武略耳,至于今者,学识英博,非复吴下阿蒙。"蒙曰:"士别三日,即更刮目相待。大兄今论,何一称穰侯乎?"①

孙权自幼熟读《诗》《书》《礼记》《左传》等经书,并对其他史书、兵法了然于胸,在他的影响下当时的名将吕蒙也饱读诗书。当然,无论是孙权,还是吕蒙,他们研习经学的目的主要是从中汲取治国安邦之术,并非为了传承儒学。另外,孙权对于皇族子弟的教育,多非常注重儒家经学。后来即位的孙权少子孙休即位,是为吴景帝,他更是注重经学教化。他曾下诏:

> 古者建国,教学为先,所以道世治性,为时养器也。自建兴以来,时事多故,吏民颇以目前趋务,去本就末,不循古道。夫所尚不淳,则伤化败俗,其案古置学官,立五经博士,核取应选,加其宠禄,科见吏之中及将吏子弟有志好者,各令就业。一岁课试,差其品第,加以位赏。使见之者乐其荣,闻之者羡其誉。以敦王化,以隆风俗。②

孙休尽管在位时间不长,所推行的政策影响有限,但是他借鉴西汉治国方略,"置学官,立五经博士",对经学优秀的贵族官僚子弟给予高官厚禄,一方面为孙吴培养了更多的治国人才,另一方面对于推行王道教化、移风易俗作出贡献。在孙吴统治者的鼓励和推动下,当时众多的经学家汲汲于经学研究,比如张昭、步骘、严畯、薛综、程秉、阚泽、张纮、杨固、虞翻、陆绩、韦昭、士燮等,这些经学名家实则是对东汉经学的继承与发展,"孙吴经学名家大体出自江淮、吴会和交州地区,论其学术源流,与东汉经学一脉相承"③。

---

① （晋）陈寿撰,（南朝宋）裴松之注:《三国志·吴书》卷九《吕蒙传》注引,第1274—1275页。
② （晋）陈寿撰,（南朝宋）裴松之注:《三国志·吴书》卷三《孙休传》,第1158页。
③ 田汉云:《六朝经学与玄学》,南京出版社2003年版,第100页。

三国时期的孙吴,在经学方面的成就也非常的显著。在孙吴经学界中,在朝廷的影响下,学者们多研习古文经学,其中《春秋左传》尤其得到时人的关注,如当时的孙策、孙权兄弟与张昭、诸葛瑾、张纮等人都精通《左传》,这自然和当时较为动荡的社会政局有很大的关系。文经中《毛诗》也是众多学者关注的经典之一,如陆玑所作的《毛诗草木鸟兽虫鱼疏》在后代影响很大。另外,值得提及的还有虞翻的易学。虞翻(164—233 年),字仲翔,会稽郡余姚(今浙江余姚)人,他出生于易学世家,主要著述有《易注》与《老子》《论语》《国语》训注,以及驳正宋忠《太玄注》的《明杨》《释宋》。虞翻《易注》已佚,主要存于唐李鼎祚《周易集解》中。

总的来看,三国时期经学在两汉的基础上得到了进一步的传承与发展。比较而言,曹魏的经学最为兴盛,次为孙吴,次为蜀汉。这一时期古文经学尤其是郑玄之学开始成为主导,经学由此进入了一个新的阶段。这一时期的经学规模与两汉相比不够浑厚,正如马端临所云:"自初平之元,至建安之末,天下分崩,人怀苟且,纪纲既衰,儒道尤甚。"①三国时期的分立与战争并没有导致经学传承的中断,更没有停滞,反而他们将东汉时期的古文经学进一步推进,并在此基础上作了新的传承与发展,甚至出现了思想与方法上的新突破。

二、郑玄、王肃经学之争的内容及其本质

郑玄经学实现了汉代经学的小一统,在一定程度上消除了今古文经学之间的争论,由此在汉末盛极一时。郑玄之学虽然在魏晋时期有很多的拥护者,但也有不少质疑与责难。例如,曹魏的王粲、蒋济,蜀汉的李譔,孙吴的虞翻等人,都对郑玄所作的经注提出了批驳意见,其中以王肃的影响最大。郑玄之学受到王肃的挑战与质疑,从而形成了经学史上的郑王经学之争。郑王之争,实则是对两汉经学尤其是东汉以来今古文之争的继续与发展,同时也是话语权、名利之争。当然,王肃对郑玄之学的批驳,并非单纯的经学之争,更是世家大

① (元)马端临:《文献通考》卷四十一《学校考二》,山东画报出版社 2004 年版,第 30 页。

族之间争夺权利的体现,由于支持王肃的司马氏取得胜利,使王肃之学盛极一时。但随着司马氏皇权在东晋时期的衰微,郑玄之学又开始兴起。

汉魏之际,随着郑玄、王肃的推动,古文经学被立为官学,进而取代了两汉时期今文经学占主导的局面,成为曹魏时期的经学主流。王国维对此所作的考证及其所作的总结:

> 试取魏时诸博士考之,邯郸淳传古文《尚书》者也,乐详、周生烈传《左氏春秋》者也,宋均、田琼皆亲受业于郑玄,张融、马照亦私淑郑氏者也,苏林、张揖通古今字指,则亦古文学家也。余如高堂隆上书述古文《尚书》《周官》《左氏春秋》,赵怡、淳于俊、庾峻等亦称述郑学,其可考者如此,则无考者可知。又以高贵乡公幸太学问答考之,所问之《易》则郑注也,所讲之《书》则贾逵、马融、郑玄、王肃之注也,所问之《礼》则小戴《记》,盖亦郑玄、王肃注也。《王肃传》明言其所注诸经皆列于学官,则郑注五经亦列于学官可知。然则魏时所立诸经,已非汉代至今文学,而为贾、马、郑、王之古文学矣。①

王国维对魏晋官学进行了系统考证后认为:曹魏经学博士们所研习的《尚书》《左传》《周官》《周易》《礼记》等皆是古文经;但是朝廷立为官学的,虽然有郑玄之学、王肃之学的分别,但整体上都属于古文经学这个大系统。不仅如此,在曹魏正始年间,朝廷还在太学用古文、小篆、隶书三种字体来刊刻石经,让当时学子们学习,以垂法于后世。可以说,经过王莽、东汉时期的大发展,古文经学终于在曹魏时期取代了今文经学,成为官方学说。不仅如此,古文经学随后一直持续发展,直到宋代"经学变古"的出现。

王肃(195—256 年)是曹魏时期的经学家,学术造诣颇深。他幼年曾研习郑玄之学,但后来偏向古文经学,推崇东汉贾逵、马融之学。王肃与其父王朗都是当时的经学大师,他们的经学著述后来都被立为官学。《三国志·王肃传》记载:

> 肃善贾、马之学,而不好郑氏,采会同异,为《尚书》《诗》《论语》《三

---

① 王国维:《汉魏博士考》,载《王国维遗书》第一册,上海书店 1983 年版,第 203 页。

礼》《左氏》解,及撰定父朗所作《易传》,皆列于学官。①

王肃精通古文经学,但是不喜欢郑玄经学,于是他自己遍注群经,撰有《周易例》《春秋例》《毛诗注》《礼记注》《春秋注》《尔雅注》等,还有一部集中体现王肃经学思想但备受争议的《孔子家语注》②。王肃的父亲王朗也是古文经家,他所撰的《易传》,曾被齐王曹芳下诏"令学者得以课试"③。

王肃经学主要成就体现在旧有的古文经学成就的基础上,根据时代的需要,重新注解了诸经,其中他对郑玄之学的批驳尤其得到了后世的关注。汉魏之际,郑玄之学大行,王肃也曾研习郑玄之学。王肃在《孔子家语·序》中自述道:

> 郑氏学行五十载矣,自肃成童,始志于学,而学郑氏学矣。然寻文责实,考其上下,义理不安,违错者多,是以夺而易之。④

王肃之学源于郑玄,但鉴于郑学"义理不安,违错者多",故王肃打算整顿郑学,重振斯文,于是遍注群经。王肃之学在西晋时期盛极一时,不过郑学、王学之争并没有因此止息。郑学、王学之后学彼此互相攻讦不断,如孙晁、孙毓等主王学而驳斥郑学,孙炎、马昭等人则力主郑学而批判王学。

王肃的经学之所以在当时风靡一时,与司马氏的支持分不开。曹魏时期,曹魏皇族支持郑玄之学,如曹髦便倾向于郑玄经学。而当时的王肃之学则得到了司马氏的支持。由于王肃是司马昭的岳父,所以王肃之学获得了司马氏的支持,司马氏家族是东汉河内望族。王肃与郑玄的经学之争,其实也是当时曹魏与司马氏两大集团之间政治斗争的一个重要体现。正如近人蒙思明所

---

① (晋)陈寿撰,(南朝宋)裴松之注:《三国志·魏书》卷十三《王肃传》,第 419 页。

② 对于《孔子家语》的真伪问题,历代多有学者考辨。参见(清)朱彝尊:《经义考》卷二百七十八《孔子家语》引,第 5019 页。1973 年在河北定县出土的竹简《儒家者言》与今本《孔子家语》内容相近。李学勤先生分析认为,今本《孔子家语》可能是王肃根据孔氏后人家传资料编纂而成。参见李学勤:《竹简〈家语〉与汉魏孔氏家学》,《孔子研究》1987 年第 2 期。田汉云先生认为:"大体言之,它由孔子后裔搜集秦汉间学者有关孔子活动的传说逐步积累、整理而成。"参见田汉云:《六朝经学与玄学》,南京出版社 2003 年版,第 84 页。

③ (晋)陈寿:《三国志·魏志》卷四《齐王芳》。

④ (晋)王肃:《孔子家语解》序,载《全上古三代秦汉三国六朝文》第 3 册《三国》,河北教育出版社 1997 年版,第 235 页。

言:"司马懿和曹爽的斗争与曹爽之被杀,显然是一次大规模的世族斗争。"①
如曹爽集团中,据《三国志·魏志》中记载,何晏乃"何进孙也,母尹氏为太祖
夫人,晏长于宫省,又尚公主"②,邓飏乃"邓禹后也"③,毕轨"子尚公主"④,桓
范"世为冠族"⑤。而司马懿集团中,据记载也皆是世族家庭。随着曹氏集团
的落败,司马氏的登台,代表司马氏世族集团利益的王肃经学自然得到了尊
崇,并被立为当时的官学。

到了东晋时期,王学衰亡,郑学又得以复盛,并被立为官学。从两晋时期
的官学格局,我们可以从中看到王、郑之学争锋的情况,根据《晋书·职官志》
的记载说:

> 晋初承魏制,置博士十九人。及咸宁四年,武帝初立国子学,定置国
> 子祭酒、博士各一人,助教十五人,以教生徒。博士皆取履行清淳,通明典
> 义者,若散骑常侍、中书侍郎、太子中庶子以上,乃得召试。

> 及江左初,减为九人。元帝末,增《仪礼》《春秋公羊》博士各一人,合
> 为十一人。后又增为十六人,不复分掌《五经》,而谓之太学博士也。孝
> 武太元十年,损国子助教员为十人。⑥

西晋共置经学博士十九人;但到了东晋之初,经学博士减为九人。对此,《晋
书·荀崧传》《南齐书·陆澄传》中对经学博士具体情况有比较详细的记载,具
体来说便是:西晋十九博士分别为郑玄、王朗之《易》,伪孔安国、郑玄、王肃之
《书》,郑玄、王肃之《诗》,王肃之《仪礼》,王肃之《礼记》,郑玄、王肃之《周官》,
服虔、王肃、杜预之《春秋左传》,郑玄、王肃之《论语》,郑玄之《孝经》,何休之
《公羊传》,糜信之《榖梁传》。东晋之初的九博士分别是王朗之《易》,伪孔安国、
郑玄之《书》,郑玄之《诗》《周官》《论语》《孝经》,服虔、杜预之《春秋左传》。

王肃与郑玄的经学之争还是汉代今古文经学之争的延续与反复。不同的

---

① 蒙思明:《魏晋南北朝的社会》,上海人民出版社 2006 年版,第 154 页。
② (晋)陈寿撰,(南朝宋)裴松之注:《三国志·魏书》卷九《曹爽传》,第 292 页。
③ (晋)陈寿撰,(南朝宋)裴松之注:《三国志·魏书》卷九《曹爽传》,第 288 页。
④ (晋)陈寿撰,(南朝宋)裴松之注:《三国志·魏书》卷九《曹爽传》,第 289 页。
⑤ (晋)陈寿撰,(南朝宋)裴松之注:《三国志·魏书》卷九《曹爽传》,第 290 页。
⑥ (唐)房玄龄等:《晋书》卷二十四《职官志》,第 736 页。

是,争论的结果王肃的经学暂时取代了郑玄的经学。王肃经学的盛行,在形式
上依旧是汉代训诂章句、今古文混杂的延续和深入。正如皮锡瑞所云:

> 王肃之学,亦兼通今古文。……故其驳郑,或以今文说驳郑之古文,
> 或以古文说驳郑之今文。不知汉学重在专门;郑君杂糅今古,近人议其败
> 坏家法;肃欲攻郑,正宜分别家法,各还其旧,而辨郑之非;则汉学复明,郑
> 学自废矣。乃肃不惟不知分别,反效郑君而尤甚焉。①

由于王肃在批驳郑学时,也是今古杂陈,超越门户,使得今古文经学并存的局
面得以延续,并没有从根本上兴复古文经学,所以王肃经学实则是郑玄今古文
经学杂糅的继续与深化。所谓"不惟不知分别,反效郑君而尤甚焉"。不过,
王肃经学的出现流推行,推动了汉代经学向魏晋经学的转型。一方面,促使了
郑玄之学的衰落,如皮锡瑞所评定的"郑学出而汉学衰,王肃出而郑学亦
衰"②。另一方面,王肃的经学思想中,对于道家的学说开始认同,并极力协调
儒、道两者之间的关系,旨在以道统儒,这无疑促使了曹魏时期玄学的盛行。
而正始之后,王弼为代表的玄学开始走向前台,王弼经学的玄学化,是当时的
需要和体现,这一时期也兴起了很多以玄学解读经学的著述,如何晏《论语集
解》。王弼以玄学解读儒家经典,预示着经学的玄学化开始成为经学发展过
程的另一种表现形式。

三、魏晋玄学兴起下的经学传承、诠释及其范式意义

在魏晋时期,世家大族日益强大,他们并不积极入世,反而在贵族之中开始
盛行着一股清谈的风气。由于清谈的话题与治国安邦没有多大关系,多是赏心
悦耳、轻松雅致的内容。清谈的内容多是从《老子》《庄子》《周易》"三玄"③中
汲取玄虚高远的话题,是为玄学。清谈的流行,也使得经学更加边缘化,当时

---

① (清)皮锡瑞著,周予同注释:《经学历史》五《经学中衰时代》,第 155 页。
② (清)皮锡瑞著,周予同注释:《经学历史》五《经学中衰时代》,第 155 页。
③ (隋)颜之推:《颜氏家训》卷三《勉学篇第八》中国华侨出版社 2014 年版,第 124 页。书
中云:"其清谈雅论,剖玄析微,宾主往复,娱心悦耳,非济世成俗之要也。泊于梁世,兹风复阐,
《庄》《老》《周易》总谓三玄。"

的儒家经学也成为权贵们的闲谈之资。魏晋时期玄学的兴起,也极大地影响了人们对经学的兴趣。实际上,不仅魏晋如此,南北朝时期也受到了一定的影响,对此《晋书·儒林列传序》《南史·儒林列传序》都有记载:

> 惠帝缵戎,朝昏政弛,衅起宫掖,祸成藩翰。惟怀逮愍,丧乱弘多,衣冠礼乐,扫地俱尽。……有晋始自中朝,迄于江左,莫不崇饰华竞,祖述虚玄,摈阙里之典经,习正始之余论,指礼法为流俗,目纵诞以清高,遂使宪章弛废,名教颓毁,五胡乘间而竞逐,二京继踵以沦胥,运极道消,可为长叹息者矣。①

> 自两汉登贤,咸资经术。泊魏正始以后,更尚玄虚,公卿士庶,罕通经业。时荀顗、挚虞之徒,虽议创制,未有能易俗移风者也。自是中原横溃,衣冠道尽。逮江左草创,日不暇给,以迄宋、齐,国学时或开置,而劝课未博,建之不能十年,盖取文具而已。是时乡里莫或开馆,公卿罕通经术,朝廷大儒,独学而弗肯养众,后生孤陋,拥经而无所讲习,大道之郁也久矣乎。②

从这两部史书记载,我们可以看出,魏晋时期随着玄学的盛行,公卿大夫包括一般人,都"罕通经业",传统的礼法也备受人们指责。在这种情形下,传统的纲常名教、人伦道德都受到了极大的冲击,由此反过来又促成了玄学、佛学在中原的盛行,后来《新唐书》更是说道,"魏晋浮华,古道湮替,历载三百,士大夫耻为章句"③。

魏晋时期玄学之所以盛行,也与世家大族的强大及维护自己的利益有直接的关系。这也与魏晋之际曹氏、司马氏的权力斗争有直接的关系,导致了儒士阶层的焦虑与不满情绪。玄学的盛行对于世家大族、儒士阶层有重要的现实意义。对此正如唐长孺所分析的:

> 一是重新发挥老子无为而治的主张,指导怎样作一个最高统治者,这种政治主张随着门阀的发展与巩固,实质上是要削弱君权,放任世家大族

---

① （唐）房玄龄等:《晋书》卷九十一《儒林列传序》,第 2346 页。
② （唐）李延寿:《南史》卷七十一《儒林列传序》,第 1730 页。
③ （宋）欧阳修、宋祁等:《新唐书》卷二百《元澹传》,第 5693 页。

享受其特权;二是一些不得意的士人,以愤世嫉俗的心情提出"自然"来反抗当局所提倡的名教。①

世家大族作为这一时期社会政治的主导,对于曹氏、司马氏巩固统治而宣扬的君臣等级理念非常不感兴趣,反而对调养生息的天人之学、老庄之学非常关心。于是,他们便推崇老庄之学,希望当时皇权能够像西汉初年一样,推行黄老政治。曹魏时期的政治斗争,促使儒士阶层比如竹林七贤处于生存危险与秩序重建的焦虑之中,故借助玄学来展现自己、表达自己的存在。在这种情形下,玄学更加兴盛,又对当时的经学产生了直接的影响。实际上,魏晋玄学虽然盛行于魏晋时期,但它并非始于为正始年间,其渊源甚早,它是对汉代清谈或说黄老之学的延续。对此,吕思勉先生也说:"清谈之风,世皆以为起于魏之正始,亦非其实也。秦、汉之世,黄老、老庄之学,传授迄未尝绝。其中如杨厚、范升、马融、虞翻,皆儒家,而或修黄老教授,或为《老子》训注;升与向长所习,亦以《易》《老》并称;此已道魏、晋玄谈之先河。"②由此可以看出,秦汉时期的黄老之学为玄学的重要思想渊源,而杨厚、范升、马融、虞翻等今古文学家兼习黄老之学,以此来注解儒家经典,实则是为魏晋时期玄学兴盛的重要铺垫。

玄学的盛行,虽然促成了老庄之学的盛行,但这一时期的儒士阶层们并没有彻底抛弃对经学的关注与研习,如玄学的重要代表人物王弼、何晏两人,根据《隋书》《唐书》等史志目录的记载,王弼著有《老子注》《老子指略》之外,还有《周易注》《周易略例》《大衍论》《论语释疑》等经学著述;何晏除了《老子道德论》《魏晋谥议》《乐悬》《官族论》与《何晏集》之外,还有《论语集解》《孝经注》等。这些都说明魏晋玄学家们不仅偏爱老庄之学,也对当时的经学给予了一定的关注。三玄之一的《周易》,也成为老庄之学与儒学的桥梁,备受学者们关注,由此促成了易学、经学理论的大力发展。对此,正如林丽真先生所说:

---

① 唐长孺:《魏晋南北朝史论丛》(外一种),河北教育出版社 2000 年版,第 310 页。
② 吕思勉:《两晋南北朝史》,上海古籍出版社 2005 年版,第 1235 页。

　　魏晋清谈论辩之主题应该含有《诗》《书》《易》《礼》《春秋》诸经中的论题，以及马融、郑玄、荆州学派、何晏、王弼等新旧经说之异同说法才是。唯于诸经中，最能发人深思，复待阐发玄理者，首推《易经》。因为《周易》之经、传中实蕴藏著不少值得深思细究的"天道论""性命论"课题，其内容之广袤与丰富，自成魏晋谈辩题材的重要来源。譬如"易数术论"，以管辂为代表的谈辩场合，即不下十数起；"言象意论"，自魏至晋二百年间，皆清言不息；"易本体论"，包括易大衍、易太极或易体方面的论难，亦皆引人注目；"易象论"，殆以"易无互体论"及"易象妙于见形论"等为著，参与其论者亦复不少。魏晋时代热衷于这些谈辩主题，而较能博取时誉者，概有管辂、荀粲、何晏、裴徽、钟毓、钟会、王弼、荀融、嵇康、阮籍、荀顗、欧阳建、纪瞻、顾荣、殷浩、刘惔、孙盛、王濛、张凭等人；其他好《易》、能《易》、说《易》者，亦不胜枚举。他们或持汉《易》旧说，颇擅占验卦变；或持疑辨精神，兼综象数与义理；或独发新义，廓清象占，直探《易》玄。总之，喜谈者多，立场必杂；而立场的不同，更激发了谈辩的热烈；因此好谈《易》理之风也延续最久，至南朝颜之推，乃定为"三玄"之一。①

老庄之学为玄学家们提供了形而上的思辨，但是他们的言谈内容并不能超越具体的社会存在，而儒家经典所蕴含的社会政治、人伦道德方面的哲理与思想，自然为玄学家们清谈提供了基本内容。这在某种程度上也造成了儒道之间的会通。换言之，玄学的盛行，并不意味着儒家经学的废弃，正如有的学者所言："玄学家并没有完全摒弃儒教，而常常以会通儒道为己任。论证孔孟贵名教与老庄明自然，两者'将毋同'，即没有什么不同，是六朝玄学的基本内容。"②也正是玄学家们兼顾形上的本体与形下的存在，使得经学思想由此得到了提升。而在儒家经典中，《周易》由于在形而上方面的丰富资源，尤为受到玄学家的钟爱。他们不仅汲取了汉代易学精髓，更主要的是探究《易传》中的众多命题，如天道人事、易学本体论、言意之辨、性命论、易象论等，可以说是

---

①　林丽真：《魏晋清谈主题之研究》，台北花木兰文化出版社2008年版，第47页。

②　孙述圻：《六朝思想史》，南京出版社1992年版，第262页。

象数与义理并行发展,也正是在这种热烈的探讨与论辩中,《易》学成为当时的显学之一,也正是在这种思想氛围中,产生了在中国古代影响深远的王弼易学。

魏晋时期除了易学基于玄学得到大力发展之外,当时的《礼》学也受到了时人的关注,其中凶礼中的丧礼、吉礼中的祭礼、嘉礼中的婚礼等都受到一定的重视,而丧礼在当时最为兴盛。在经学中,《仪礼》中的《丧服》篇最受关注,因为它是关于丧服等级、样式及服丧者的身份规定,所以受到当时世家大族的格外重视,以至于在三礼各篇中最受重视,注解论著也最多。丧礼之所以如此受推崇,主要是因为汉魏以来,政局不稳,战争不断,生死离别之事时有发生,人们对丧礼的关注是自然而然的事情。加上当时世家大族也借助丧服礼制来辨别亲疏关系,来维护家族的稳定。与之相关的是,世家大族为了维系自己的血缘关系,多推崇孝道,希望强化家族的伦理道德,所以《孝经》《论语》便成为他们经常研习的经典,据《隋书·经籍志》记载,如王弼有《论语释疑》,何晏有《论语集解》《孝经注》,郭象、孙绰、张凭等人都有《论语》《孝经》方面的著述。

魏晋时期玄学的发展,出现了一大批的代表,如何晏、王弼、郭象等人,其中尤其以何晏、王弼在经学史上的影响最大。何晏、王弼尽管深受老庄玄学的影响,但他们并没有摒弃礼法,不是范宁、干宝等人所批判的"王、何蔑弃典文,不遵礼度,游辞浮说,波荡后生"[1],"以庄、老为宗,而绌六经"[2]。可以说,何、王两人没有放弃对儒学、经学的探讨,反而借助玄学对经学作出了很多具有范式意义的贡献。比如,王弼在注解《周易》的时候,利用取义说、一爻为主说、自然无为说、动息则静说、得意忘象说等思想与方法,这些都改变了汉代象数易学的传统。更为主要的是,王弼还借助老庄之学从宇宙本体的高度探讨了儒家的纲常名教、人伦道德,对于后世理学家胡瑗、程颐都产生了直接影响。正如朱伯崑所说,"程氏《易》学继王弼之后,将义理学派推向了一个新的阶段,在《易》学史上有其划时代的意义,特别是程颐的《易》学为宋明理学奠定

---

① (唐)房玄龄等:《晋书》卷七十五《范宁传》,第 1984 页。

② (晋)干宝:《晋纪·总论》,转引自金振华等:《文史合璧·魏晋南北朝卷》,苏州大学出版社 2016 年版,第 121 页。

了理论基础"①。正如四库馆臣所评价的,面对汉代以来繁琐的注疏之学,"王弼乘其敝而攻之,遂能排击汉儒,自标新学"②。何晏所撰的《论语集解》也一改旧风气,通过新的体例与思想来解读《论语》,对当时和后世《论语》学及经学都产生了深远的影响,正如钱大昕所说:"自古以经训专门者,列于儒林,若辅嗣之《易》,平叔之《论语》,当时重之,更数千载不废。"③总之,魏晋玄学家在经学上并不仅仅改变了汉儒注重章句训诂的解经方法,更是对儒学思想体系有了直接的影响,比如本体论、宇宙论等思想。可以说,魏晋玄学作为一种经学范式,它在思想体系上与汉代经学思想有巨大的不同,正如陈荣捷先生所说的:

> 汉代思想的重大特色是天人之间的感应及其交互影响,因此汉代思想是极为关心自然现象的。但相反的,魏晋的形上学派却直透现象,进而找寻时空之外的实体。④

也就是说,与汉代经学尤其是董仲舒天人感应的思想体系不同,魏晋玄学重在透过现象来追求本质所在,借助对经典的注解来探究本质与现象之间的关系,注重哲学形而上学,而非具体的知识与制度。玄学家王弼、何晏则是在古文经学的基础上,以玄学来解读儒家经典,他们是魏晋时期的新经学家,与汉代经学家不同的是,他们将儒家思想与老庄思想进行整合,来探究本体与现象之间的关系⑤。他们对于本体与现象的探究,即对万事万物本体论的探讨,是对两汉时期所流行的阴阳五行学说的超越。因为董仲舒所建构的天人感应为理论基础的理论体系,旨在探究宇宙论,天与人之间的关系。所以玄学派经学在思想体系上,实际上由两汉的宇宙论转向本体论的探究,这为儒学理论的深化,甚至是宋明理学的建立奠定了理论基础。

---

① 朱伯崑:《易学哲学史》(中),北京大学出版社1988年版,第184页。
② (清)永瑢等:《四库全书总目》卷一《周易正义》提要,第3页。
③ (清)钱大昕:《潜研堂集·文集》卷二《何晏论》,清嘉庆十一年刻本,第17页。
④ 陈荣捷编著:《中国哲学文献选编》,杨儒宾等译,江苏教育出版社2006年版,第286页。
⑤ 对此汤用彤先生也说:"王弼注《易》,何晏撰《论语集解》,虽可谓为新经学家,而其精神与汉时大异。"参见汤用彤:《儒学·佛学·玄学》,江苏文艺出版社2009年版,第260页。

四、两晋经学的传承、发展与玄学化经学的兴盛

就两晋时期的经学来说，三国时曹魏、蜀汉、孙吴的经学家成为西晋经学发展的主要力量。例如，曹魏的皇甫谧、杜预、裴秀、裴頠、徐苗、张华、荀勖、傅玄、范隆、挚虞、王接、张轨、董景道、刘沈；蜀汉的谯周及其门人陈寿、李虔、罗宪；孙吴则有范平、顾荣、陆机、陆云等人。在西晋时期，北方经学无论是在数量上，还是在思想方法上都胜于南方。此时中国经济重心在北方，文化优势明显，人才众多，玄学也盛行于北方。西晋建立之后，朝廷力主王肃之学，将王学立为官学，王肃之学盛行。与此同时，曹魏正始年间（240—249 年）兴起的玄学，在西晋时期达到鼎盛。在东晋时期，司马氏家族势力开始衰微，皇权衰弱，世族强大，"王与马共天下"，皇权支持的王肃之学式微，而世家大族所推崇的郑玄之学开始盛行，并被立为官学。另外，东晋相对于西晋来说，其经学的最大变化，就是三礼学的兴盛。

具体来说，西晋在立国之初，君臣就如何治国安邦这个问题进行了广泛地讨论，他们多主张推尊儒家经学，其中尤其以驸马都尉傅玄的意见最具代表性。傅玄（217—278 年），字休奕，北地郡泥阳（今陕西耀州区东南）人，西晋初年的文学家、思想家，出身于官宦家庭，祖父傅燮，东汉汉阳太守。父亲傅干，魏扶风太守。傅玄作为庶族士人，依靠修明经学跻身仕途，并得到了司马氏集团的任用。对于当时的社会政治状况，傅玄提出了一系列推重儒家经学的建议：

> 臣闻先王之临天下也，明其大教，长其义节，道化隆于上，清议行于下，上下相奉，人怀义心。亡秦荡灭先王之制，以法术相御，而义心亡矣。近者魏武好法术，而天下贵刑名；魏文慕通达，而天下贱守节。其后纲维不摄，而虚无放诞之论盈于朝野，使天下无复清议，而亡秦之病复发于今。陛下圣德，龙兴受禅，弘尧舜之化，开正直之路，体夏禹之至俭，综殷周之典文，臣咏谈而已，将又奚言！惟未举清远有礼之臣，以敦风节；未退虚鄙，以惩不恪，臣是以犹敢有言。①

---

① （唐）房玄龄等：《晋书》卷四十七《傅玄传》，第 1317—1318 页。

傅玄认为，朝廷不应当继续秦、魏武帝曹操时期所推行的刑名法术，而是应当崇尚道德教化，推行礼制，移风易俗，改变魏晋"纲维不摄，而虚无放诞之论，盈于朝野"的风气，从而敦化人心，兴复尧舜之王道政治。为此，傅玄又进一步提出了实践该目标的具体举措，比如尊崇经学，以经术作为标准选拔官吏。傅玄的建议符合当时社会政治的需要而得到了朝廷的认可，并付诸实施。

不仅如此，朝廷还加强了太学教育，遴选博士教授讲读经学。与此同时，朝廷还加强了礼制建设，《晋书·礼志》记载云：

> 汉兴，承秦灭学之后，制度多未能复古。历东、西京四百余年，故往往改变。魏氏承汉末大乱，旧章殄灭，命侍中王粲、尚书卫觊草创朝仪。及晋国建，文帝又命荀顗因魏代前事，撰为新礼，参考今古，更其节文，羊祜、任恺、庾峻、应贞并共刊定，成百六十五篇，奏之。太康初，尚书仆射朱整奏付尚书郎挚虞讨论之。①

西晋政府对汉魏时期的礼制进行了梳理，"参考今古，更其节文"，准备重新制定新的礼仪，并最终由羊祜、任恺、庾峻、应贞等人撰成了新礼仪一百六十五篇，上奏给朝廷。之后又有尚书郎挚虞主持讨论。在挚虞看来，"隆礼以率教，邦国之大务也"，所制定的新礼，少有变革，较为完备。但礼制之中，由于丧礼"篇章焚散，去圣弥远"，故最难确定。而传世《丧服》，其作者、仪节，历代众说纷纭，缺乏定论。所以希望以王景侯所撰的《丧服变除》为本，使"类统明正，以断疑争"，从而统一认识。经过挚虞等人对新礼的增删审订，元康元年奏报朝廷，并得以批准颁行。

西晋永嘉之乱之后，今文经学受到了极大的冲击，并加速了衰微。其中，《易》学中梁丘、施、高相继亡佚，而孟、京、费三家亦无传人；欧阳、大小夏侯《尚书》学也亡佚；《齐诗》不过江东，《韩诗》虽存，无有传者；《公羊》《穀梁》渐衰。大体而言，西汉以来的今文经学几乎衰亡，而此时古文经学得到了长足的发展，其中代表性的著作则是杜预的《春秋左传集解》。

杜预（222—285 年），字元凯，西晋京兆杜陵（今陕西西安东南）人，魏幽

---

① （唐）房玄龄等：《晋书》卷十九《礼志上》，第 581 页。

州刺史杜恕之子。杜预曾历任河南尹、度支尚书、镇南大将军、都督荆州诸军事等职。他在《春秋》三传中,极力推尊《左传》,并自认为有《左传》癖。他在《春秋左传集解序》中认为只有《左传》才是专门解释《春秋》的著作,"左丘明受经于仲尼,以为经者,不刊之书也,故传"①。在他看来,尽管历史上有刘歆、贾徽、贾逵、许惠卿、颍容等十数家解释《左传》,但是都没有真正了悟《左传》大义,如其所谓:

> 古今言《左氏春秋》者多矣,今其遗文可见者十数家,大体转相祖述,进不成为错综经文以尽其变,退不守丘明之《传》。于丘明之《传》有所不通,皆没而不说,而更肤引《公羊》《穀梁》,适足自乱。②

于是,他在前人的基础上,重新解释《左传》,"特举刘、贾、许、颍之违,以见同异。分经之年与传之年相附,比其义类,各随而解之,名曰《经传集解》"③。杜预《春秋左氏经传集解》的最大特点在于,他吸收了以往《春秋》注解的优长,以非常约简的字词来解释《春秋》,对《左传》中的名物、礼制注解得非常简明清晰。这较今古文经学的繁杂解释有所不同。

杜预《左传集解》在当时很有影响,在东晋初年,《左传》杜预注与服虔注并立于官学,各置博士员。在南北朝时期,南朝传习杜《注》和服《注》的学者,每每互相揭短,有人贬杜而褒服,有人作《申杜难服》以答之。例如,《陈书》称:"自梁代诸儒相传为《左氏》学者,皆以贾逵、服虔之义难驳杜预。"④实际上,在南朝传习杜注的更多。在北朝主要流行的是服虔的注解。到了隋朝,杜注更加盛行,服注渐渐衰微。到了唐代,杜注取代服注,进而被立为官学。

东晋经学在中古时期相对较弱,儒家经学并没有得到多大发展,《晋书·儒林传序》中有云:

> 元帝运钟百六,光启中兴,贺、荀、刁、杜诸贤并稽古博文,财成礼度。虽尊儒劝学亟降于纶言,东序西胶未闻于弦诵。明皇聪睿,雅爱流略,简

---

① (晋)杜预注,(唐)孔颖达疏:《春秋左传正义》卷一《春秋左氏传序》,第12页。
② (晋)杜预注,(唐)孔颖达疏:《春秋左传正义》卷一《春秋左氏传序》,第22页。
③ (晋)杜预注,(唐)孔颖达疏:《春秋左传正义》卷一《春秋左氏传序》,第23—24页。
④ (唐)姚思廉:《陈书》卷三十三《王元规传》,中华书局1972年版,第449页。

文玄嘿,敦悦丘坟,乃招集学徒,弘奖风烈,并时艰祚促,未能详备。有晋始自中朝,迄于江左,莫不崇饰华竞,祖述虚玄,摈阙里之典经,习正始之余论,指礼法为流俗,目纵诞以清高,遂使宪章弛废,名教颓毁,五胡乘间而竞逐,二京继踵以沦胥,运极道消,可为长叹息者矣。①

由此可知,司马睿虽然重建司马氏政权,建立东晋,但经过西晋末年战乱尤其是永嘉之乱,"渠阁文籍,靡有孑遗"②。东晋国内各种矛盾的并存,国内战乱与内讧不断,元帝、明帝时的王敦之乱,成帝时的苏峻之乱,安帝时的桓玄篡权,使得历任帝王虽然有复兴经学的举措,但"时艰祚促,未能详备",加之玄学盛行,朝野上下"莫不崇饰华竞,祖述虚玄,摈阙里之典经,习正始之余论,指礼法为流俗,目纵诞以清高",经学的发展与复兴艰难,以至于"宪章弛废,名教颓毁"。

西晋灭亡之后,王肃失去官学的地位,而郑学由此得以复兴。东晋初年,群经注解尤其以郑玄之学最为盛行,如《晋书·荀崧传》中记载:

时方修学校,简省博士,置《周易》王氏,《尚书》郑氏,《古文尚书》孔氏,《毛诗》郑氏,《周官》《礼记》郑氏,《春秋左传》杜氏、服氏,《论语》《孝经》郑氏博士各一人,凡九人,其《仪礼》《公羊》《穀梁》及郑《易》皆省不置。③

郑玄作注解的《尚书》《毛诗》《周礼》《礼记》《论语》《孝经》都被置为官学,之后又由于荀崧上书请求,奏请"宜为郑《易》置博士一人,郑《仪礼》博士一人,《春秋公羊》博士一人,《穀梁》博士一人",其中除了《穀梁》"肤浅不足置博士,余如奏"。这样一来,《周易》《毛诗》《尚书》《三礼》《论语》《孝经》都成为官学,郑玄之学处于被尊崇的地位。而与郑氏之学伴行的唯有王弼《周易》,孔安国《古文尚书》,杜预、服虔《春秋左传》。东晋经学发展的格局依旧是东汉五经十四博士的余绪,正如皮锡瑞所言:"晋所立博士,无一为汉十四博士

---

① (唐)房玄龄等:《晋书》卷九十一《儒林传序》,第2346页。
② (唐)魏徵等:《隋书》卷三十二《经籍一》,第906页。
③ (唐)房玄龄等:《晋书》卷七十五《荀崧传》,第1976—1977页。

所传者,而今文之师法遂绝。"①今文经学的衰亡,玄学在东晋的兴盛,当时"世尚《庄》《老》,莫肯用心儒训""洙泗邈远,风雅弥替。后生放任,不复宪章典谟"②,由此标志着玄学在思想体系上取代了汉代谶纬之经学。

东晋时期玄学更加盛行,经学注解由此也更加玄学化。不仅如此,还改变了汉代经学注重章句训诂、典章制度发展的大方向,由此也促成了今古文经学的会通融合。毕竟,玄学超越了今古文两家在经典文本、解释方式、门户门派之间的论争,它直接指向经典乃至圣人所传承的思想,以此来明道悟道。王葆玹先生在其《今古文经学新论》一书中也认为:

> 玄学的兴盛导致了今古文经学融合,融合的时间是在西晋中期,而到东晋晚期,这种融合的局面才出现在国学之中。玄学早已兴盛,但一直到东晋武帝时,博士不复分掌五经,提倡通学,何晏、王弼的学说才得以向官方学说渗透。③

曹魏时期王肃、王弼、何晏、郭象等人已经开启了此风,而此时更加流行,尤其以何晏、王弼在经学史上的影响最大。实际上,从两晋时期郭象、缪播、缪协、栾肇、李充、江熙等人注解《论语》来看,他们都非常注重对玄学的关注与利用,"诸家进一步发扬了何晏、王弼以来援玄释《论》之做法,从而使魏晋以来盛行的无为而治、性分说、圣人之质等玄学思想以及本末、有无、名实等玄学概念都被应用于《论语》阐释中,将该时期《论语》注疏进一步推向玄学化"④。例如,郭象在其《论语体略·宪问》中解释"修己以安百姓,尧舜其犹病诸?"时云:"今尧舜非修之也,万物自无为而治,若天之自高,地之自厚,日月之明,云行雨施而已,故能夷畅条达,曲成不遗而无病也。"⑤这都说明经学注解受到玄学的深刻影响,并使经学注解玄学化。

西晋灭亡到北魏统一北方期间,在南方为东晋,在北方则由匈奴、鲜卑、

---

① (清)皮锡瑞著,周予同注释:《经学历史》五《经学中衰时代》,第160页。

② (南朝梁)沈约:《宋书》卷十四《礼志》,中华书局1974年版,第363页。

③ 王葆玹:《今古文经学新论》(增订版),中国社会科学出版社1997年版,引论第55页。

④ 焦桂美:《南北朝经学史》,上海古籍出版社2009年版,第84页。

⑤ (晋)郭象:《论语体略》,转引自(清)马国翰:《玉函山房辑佚书》,广陵古籍刻印社1990年版,第355页。

羯、氐、羌五个民族。各族在中国北方的黄河流域先后建立了十六个政权,分别指前凉、后凉、南凉、西凉、北凉、前赵、后赵、前秦、后秦、西秦、前燕、后燕、南燕、北燕、夏、成汉,历称"十六国"。这一时期从 304 年刘渊及李雄分别建立汉赵(史称前赵)及成汉起,至 439 年北魏拓跋焘(太武帝)灭北凉为止。十六国之名称,源于北魏崔鸿所撰的《十六国春秋》。五胡十六国基本上都是少数民族政权。这些少数民族在入主中原之前,一般都属于部落组织,从事游牧涉猎,在社会组织、生产方式、思想文化方面都远落后于中原汉族。为了维护自己的统治,安定社会人心,维护政权合理性与合法性,都无一例外地选择了儒家经学。这种主动汉化的选择,实则是现实的迫切需要,而从客观上促进了十六国时期经学的复兴与繁荣,后来北朝经学在一定程度上就是对五胡十六国经学的继承与发展。

五、南北朝经学的传承、异同及义疏经学的兴起

南北朝时期(420—589 年)是中国历史上的分裂时期,从 420 年刘裕代东晋建立刘宋开始,到 589 年隋灭陈而结束。南朝包含刘宋、南齐、南梁、南陈四朝;北朝(439—581 年)则包含北魏、东魏、西魏、北齐和北周五朝。南北两方虽各有朝代更迭,但总体处于南北对峙状态,故称为南北朝。就经学而言,南朝经学重魏晋玄学传统,而北朝经学则重汉末古文传统。所谓南北之不同,亦是相对而言,由于南北交流频繁,南北又没有绝对之不同。

(一)南朝经学

就南朝经学来说,宋、齐时期的儒家经学发展非常缓慢,梁则最为兴盛,陈继承之,但最为衰微。据《陈书·儒林传》记载:

> 魏、晋浮荡,儒教沦歇,公卿士庶,罕通经业矣。宋、齐之间,国学时复开置。梁武帝开五馆,建国学,总以《五经》教授,经各置助教云。武帝或纡銮驾,临幸庠序,释奠先师,躬亲试胄,申之宴语,劳之束帛,济济焉斯盖一代之盛矣。高祖创业开基,承前代离乱,衣冠殄尽,寇贼未宁,既日不暇给,弗遑劝课。世祖以降,稍置学官,虽博延生徒,成业盖寡。今之采缀,

盖亦梁之遗儒云。①

南朝宋、齐两朝经学并没有显著变化,梁代经学由于梁武帝的影响与作用,为南朝最盛,而陈则延承梁代的余绪,并没有显著变化。需要关注的是,玄学在南朝刘宋时期元嘉十六年(439 年)被立为官学,其地位还高于当时的儒学。根据《南史·宋本纪》《建康实录》的记载,在宋明帝泰始六年(470 年)又设置了总明观,其中有玄、儒、文、史四科,每一科置学士十人。由此可见,玄学高于当时儒学,备受朝廷重视。在当时的玄、儒两科中,如易学玄学科为王弼,儒学科则为郑玄。

梁朝经学的兴盛表现在,无论是皇室、诸王、贵族子弟,还是各州郡县,都在朝廷的要求下,设立学校,研习经学。由此直接促使南朝梁成为汉以后经学最为兴盛的时期。梁代经学与开国皇帝梁武帝萧衍自身喜好、精通经学有极大的关系。《梁书·武帝纪》说他自少笃学儒玄,勤于著述,所谓:"少而笃学,洞达儒玄,虽万机多务,犹卷不缀手,燃烛则光,常至戊夜。"②其撰有《制旨孝经义》《周易讲疏》《六十四卦义》《系辞义》《文言义》《序卦义》《乐社义》《毛诗答问》《春秋答问》《尚书大义》《中庸讲疏》《孔子正言》及《老子讲疏》,凡二百余卷。他还经常为群臣解答经学问题,"王侯朝臣皆奉表质疑,高祖皆为解释"③,成为当时著名的经学研究大师,为此姚思廉《梁书》称赞说他:"正先儒之迷,开古圣之旨"④。萧衍在位四十六年间成为当时儒家经学发展的黄金时期。

(二)北朝经学

北魏经学也非常兴盛。北周建立后,更进一步加强经学,出现了北朝经学发展的新高潮。北朝经学由于统治者的重视,并最终得以发展兴盛,并有超越南朝之势,如《隋书·儒林列传》所云:

自晋室分崩,中原丧乱,五胡交争,经籍道尽。魏氏发迹代阴,经营河

---

① (唐)姚思廉:《陈书》卷三十三《儒林传序》,第 433—434 页。
② (唐)姚思廉:《梁书》卷三《武帝纪下》,中华书局 1973 年版,第 96 页。
③ (唐)姚思廉:《梁书》卷三《武帝纪下》,第 96 页。
④ (唐)姚思廉:《梁书》卷三《武帝纪下》,第 96 页。

朔,得之马上,兹道未弘。暨夫太和之后,盛修文教,搢绅硕学,济济盈朝,
缝掖巨儒,往往杰出,其雅诰奥义,宋及齐、梁不能尚也。①

在北朝经学中,北魏颇为重要,北魏孝文帝太和以后,为了赢得中原儒士大夫
的认同,主动汉化、儒化,最终促成了经学的兴盛。随后,北魏分裂为东魏、西
魏,进而继承的是北齐、北周,其中北周的经学在周世宗宇文毓、周武帝宇文邕
等人持续努力下,使得北周经学发展形成了北朝的一个高潮时期。如《周
书·儒林传序》记载:

> 自有魏道消,海内板荡,彝伦攸斁,戎马生郊。先王之旧章,往圣之遗
> 训,扫地尽矣。及太祖受命,雅好经术。求阙文于三古,得至理于千载,黜
> 魏、晋之制度,复姬旦之茂典。卢景宣学通群艺,修五礼之缺;长孙绍远才
> 称洽闻,正六乐之坏。由是朝章渐备,学者向风。世宗纂历,敦尚学艺。
> 内有崇文之观,外重成均之职。握素怀铅重席解颐之士,间出于朝廷;圆
> 冠方领执经负笈之生,著录于京邑。济济焉足以逾于向时矣。洎高祖保
> 定三年,乃下诏尊太傅燕公为三老。帝于是服衮冕,乘碧辂,陈文物,备礼
> 容,清跸而临太学。祖割以食之,奉觞以酳之。斯固一世之盛事也。其后
> 命辀轩以致玉帛,征沈重于南荆。及定山东,降至尊而劳万乘,待熊生以
> 殊礼。是以天下慕向,文教远覃。衣儒者之服,挟先王之道,开黉舍延学
> 徒者比肩;励从师之志,守专门之业,辞亲戚甘勤苦者成市。虽遗风盛业,
> 不逮魏、晋之辰,而风移俗变,抑亦近代之美也。②

正是北周太祖、世宗、武帝对经学的大力弘扬与推进,使得当时风俗为之一变,
再现了北魏孝文帝、宣武帝时期的经学鼎盛之局面。为了兴复儒家经学,周武
帝明确规定儒学为首,道教、佛教次之的先后次序,并在周武帝建德三年(574
年),进一步摧毁佛道,所谓"断佛、道二教,经像悉毁,罢沙门、道士,并令还
民。并禁诸淫祠,礼典所不载者,尽除之"③,以此来挤压佛道的发展空间,促
进儒家经学的发展。经过北周几代帝王的努力,经学实现了北魏之后少有的

---

① (唐)魏徵等:《隋书》卷七十五《儒林传序》,第 1705 页。
② (唐)令狐德棻等:《周书》卷四十五《儒林传序》,中华书局 1971 年版,第 805—806 页。
③ (唐)令狐德棻等:《周书》卷五《武帝纪上》,第 85 页。

繁荣景象。另外,北朝时期的经学当以徐遵明、刘献之、熊安生等人为大宗,他们都推尊并传承郑玄之学。如焦桂美所言:"自徐遵明、刘献之出,北朝师学几于一统,而统一于徐、刘之门即统一于郑、何汉学,此北朝经学之主流也。"[1]"其(熊安生)学上承徐遵明、李铉,下传马光、贾公彦等。熊氏既是北朝礼学的集大成者,由是南北朝隋唐经学发展中具有纽带作用的重要人物。"[2]

(三)南北经学的异同

整体上来看,南北朝经学在发展上互有优长,当时的统治者重视经学并将经学作为治国安邦、笼络人才的重要手段。尤其是作为文化相对落后的北朝更是如此,以至于北朝经学在一定意义上超越了南朝。正如清人赵翼《廿二史劄记》所认为的:"北朝偏安窃据之国,亦知以经术为重,在上者既以此取士,士亦争务于此以应上之求,故北朝经学较南朝稍盛,实上之人有以作兴之也。"[3]相比而言,"南朝经学本不如北,兼以上之人不以此为重,故习业益少。统计数朝,惟萧齐之初及梁武四十余年间,儒学稍盛。"[4]尽管南北经学在发展势头上,南北互不相让,互有优长。

南北朝时期的经学,由于彼此的传统不同,推崇的儒家经典不同,朝廷的重视程度不同,思想文化的倾向不同,开始呈现出了南北朝的差异。唐李延寿《北史·儒林列传》所云:

> 大抵南北所为章句,好尚互有不同。江左,《周易》则王辅嗣,《尚书》则孔安国,《左传》则杜元凯。河洛,《左传》则服子慎,《尚书》《周易》则郑康成。《诗》则并主于毛公,《礼》则同遵于郑氏。[5]

《北史》基本上概括了当时南北经学的大体情况,北朝推尊服虔《左传》、郑玄《尚书》《周易》。据《世说新语》所言,郑玄、服虔《春秋》学本为一家,所以推

① 焦桂美:《南北朝经学史》,上海古籍出版社 2009 年版,第 41 页。
② 焦桂美:《南北朝经学史》,上海古籍出版社 2009 年版,第 382 页。
③ (清)赵翼:《廿二史劄记》卷十五《魏齐周隋书并北史·北朝经学》,凤凰出版社 2008 年版,第 213 页。
④ (清)赵翼:《廿二史劄记》卷十五《魏齐周隋书并北史·南朝经学》,凤凰出版社 2008 年版,第 213 页。
⑤ (唐)李延寿:《北史》卷八十一《儒林列传序》,中华书局 1974 年版,第 2709 页。

尊服虔，便是推尊郑玄①，由此可以看出北朝所尊几乎为郑玄之学。南朝则推尊深受玄学影响的王弼《周易》、伪孔安国《尚书》、杜预《左传》。由于彼此所秉承的经学传统不同，故形成了南北不同的经学风尚，如《隋书·儒林列传序》称："大抵南人约简，得其英华；北学深芜，穷其枝叶，考其终始。"②对于这句话的理解，周一良先生解释说：

> 北方受两汉以来章句训诂之学的影响，治学偏于掌握琐细具体知识，涉及面广，所谓渊综广博，穷其枝叶。南方则在魏晋玄学和新传入的佛教思想影响下，偏重于分析思辨，追寻所以然的道理，即所谓清通简要，得其英华。③

这其实也是刘师培所言："北儒学崇实际，喜以训诂章句说经；南人学尚夸夸，喜以义理说经。"④主要原因是，魏晋以来，玄学在南朝较为盛行，如王弼《周易》、伪孔传《尚书》、杜预《左传》在经解上都深受玄学的影响，它们流行于南方，对当时的经学注解产生了一定的影响。玄学注重明理，追求简要，而非训诂章句、典章制度。可以说，就经学传承与注解特点上，北朝更加注重汉学传统，注重章句训诂之学，比较纯正。但由于南朝深受玄学、佛学的冲击与影响，在经学规模上要弱于北朝。但如果就经学思想与儒学理论方面来说，南朝远胜于北朝。毕竟，他们在玄学、佛学的影响下，经学解释的思想与方法、儒学理论上都比两汉时期有了质的飞跃。隋统一南北之后，虽然在政治上北方统一了南方，但在经学、文化上，南学统一北学，成为经学的主流。

南朝、北朝经学之差异主要是学问性质，而不是地域上划分，所以南北之间的区别并不是泾渭分明，而是互相融通，以至于南中有北、北中有南，这一点正如日本学者本田成之所说：

> 所谓南学、北学，因是从学问的性质上说，不是从地域上说的。不待

---

① （南朝宋）刘义庆《世说新语》卷上之下《文学四》载："郑玄欲注《春秋传》，尚未成，时行与服子慎遇，宿客舍，先未相识。服在外车上与人说已注《传》意，玄听之良久，多与己同。玄就车与语曰：'吾久欲注，尚未了；听君向言，多与吾同；今当尽以所注与君。'遂为服氏注。"
② （唐）魏徵等：《隋书》卷七十五《儒林传序》，第1706页。
③ 周一良：《魏晋南北朝史论集》，北京大学出版社1997年版，第418页。
④ （清）刘师培：《国学发微（外五种）·南北学派不同论》，广陵书社2013年版，第228页。

说，南人也有习北学的，北人也有习南学的。崔灵恩原是北人而归于南，
沈重原是南人而归于北者。颜之推也是南人而仕于北的。……褚晖、顾
彪、鲁世达、张冲皆南人，为隋之炀帝所重。伪孔古文底费甝的《义
疏》……是北魏时输入于北方的。据《隋书·经籍志》，《易》在南朝有郑、
王二注，列于国学，但在北齐唯传郑义，至隋而王注始盛行，郑学浸微矣。
《书》在南方讲郑、孔二家，在北齐只传郑义，至隋虽孔、郑并行，然郑氏甚
微。《春秋》北方唯传《左氏》服义，至隋而杜氏盛行，服义浸微。郑、服衰
而伪孔、王、杜之所以盛行的，皆是隋时。①

南北朝经学之间没有泾渭分明的差别，表明当时南北之间的思想文化的交流
一直没有间断，随着社会政治的发展，为统一提供了非常重要的前提和基础。
隋代统一了南北，经学也实现了南北一统，这与南北朝时期经学的南北交流有
着不可分割的密切联系。在隋代统一之前，经学随着南北文化的交流也渐趋
融合。马宗霍在其《中国经学史》一书中讲道："在隋之前，北儒之来南者，有
崔灵恩、卢广、孙详、蒋显；南儒之北往者，有沈重、戚衮亦两度入北""是南北
学之沟通，其来已早。"②另外，在北朝末年，大量的南方儒士迁居北方，如姚文
安、秦道静、苏宽等人初学服虔《左传》注，后改习杜预注，打破了北朝汉学一
统的局面。不仅如此，北朝末期的房晖远、刘炫等人，除了研习郑玄之学外，还
兼通南方玄儒之学。如刘炫等自许"《周礼》《礼记》《毛诗》《尚书》《公羊》
《左传》《孝经》《论语》，孔、郑、王、何、服、杜等注，凡十三家，虽义有精粗，并
堪讲授"③。可以说，到了北朝末年儒者兼通群经、沟通南北已经成为一种趋
势。也正是因为如此，南北经学之间在喜好宗尚、注解方法上也渐趋彼此认
同、交融，南北之间的门户壁垒也渐渐被淡化，随着隋朝统一南北，就经学内在
发展理路而言，南北统一也就成为必然。

　　南北朝时期经学最大的共同之处是三礼之学非常兴盛，南北朝时期，

---

　　① ［日］本田成之：《中国经学史》第五章《三国六朝的经学》，孙俍工译，上海书店出版社
2001年版，第199—200页。
　　② 马宗霍：《中国经学史》第九篇《隋唐之经学》，第90页。
　　③ （唐）李延寿：《北史》卷八十二《刘炫传》，第2764页。

《礼》学兴盛，相比而言，南朝比北朝更盛，如孔颖达《礼记正义·序》中所云："大、小二戴，共氏而分门；王、郑两家，同经而异注。爰从晋、宋，逮于周、隋，其传《礼》业者，江左尤盛。"①对于南朝礼学的兴盛，马宗霍在其经学史中总结云：

> 经学之最可称者，要推三礼。故《南史·儒林传》何佟之、司马筠、崔灵恩、孔佥、沈峻、皇侃、沈洙、戚衮、郑灼之徒，或曰少好三礼，或曰尤明三礼，或曰尤精三礼，或曰尤长三礼，或曰通三礼，或曰善三礼，或曰受三礼。而晋陵张崖、吴郡陆诩、吴兴沈德威、会稽贺德基，亦俱以《礼》学自命。三礼之中，又有特精者，如沈峻之于《周官》，见举于陆倕（陆倕与徐勉书荐峻曰："《周官》一书，为群经源本，此学不传，多历年世，助教沈峻，特精此书，谓宜即用此人，令其专此一学。"勉从之）贺德基之于《礼记》，见美于时论。《仪礼》则专家尤众。鲍泉于《仪礼》号最明。分类撰著者有明山宾《吉礼仪注》《礼仪》《孝经丧礼服仪》、司马褧《嘉礼仪注》、严植之《凶礼仪注》、贺玚《宾礼仪注》，而沈不害则总著《五礼仪》。②

在南北朝时期，他们都宗郑玄三礼之学。三礼之学中，《礼记》最多。另外，这一时期有关《丧服》的注疏也非常的多。如我国台湾学者牟润孙所言："玄儒兼通之士，多治三礼，而尤好言《丧服》。《丧服》为治三礼之学所当讲求之一部分，自不待言。魏晋南北朝时，《丧服》之学最为发达，为经学谈辩中极流行之论题。"③南北朝时期之所以三礼学兴盛，与当时社会政治现状息息相关，这一时期世家大族依旧是社会政治的主导，为了维护皇权的独尊，各朝皇帝都推崇讲求等级制度、王权独尊的三礼之学，这对于稳固皇权、压制世家大族有重要的现实意义。不仅如此，重视三礼学对于朝廷、地方秩序的稳固也是必不可少的。当时不仅皇室，世家大族也非常注重三礼之学，他们更关注的是自身利益的稳固，为了维系世家大族内部的宗族血缘关系，这就不能依靠刚性的法

①　（汉）郑玄注，（唐）孔颖达疏：《礼记正义·序》，第3页。
②　马宗霍：《中国经学史》第八篇"南北朝之经学"，上海书店出版社2001年版，第79页。
③　牟润孙：《论魏晋以来之崇尚谈辩及其影响》，载《注史斋丛稿》，中华书局1987年版，第330页。

律,而是需要柔性的礼制来进行调节,所以《礼记》《孝经》中有关规定贵族、大夫、士的礼仪尤其得到了世家大族的推崇和应用。此外,随着佛教、道教的盛行,在经济利益尤其是在思想观念上对于传统的皇权独尊、礼仪道德、尊卑等级、民风习俗都有极大的消解作用。当时的皇权与世家大族都在强调礼制,南朝的梁武帝虽然注重佛学,但依旧强调经学的作用,北朝中的北魏太武帝拓跋焘、北周武帝宇文邕甚至强令禁止佛教,弘扬儒家经学。可以说,无论是从制度仪礼上,还是从信仰价值观上,三礼都以其具有皇权独尊、等级有序、人伦道德的特质而得到王权与世家大族的推崇和应用,这就是魏晋南北朝时期三礼之学盛行的真正原因所在。

(四)义疏学的兴起

此外,南北朝时期兴起了一种新的经学解释的体裁——义疏学。义疏学是对汉晋章句训诂之学的继承与发展。义疏之学是受佛教讲解之法的影响而形成的,义疏学的特点,就是在经、传、注的基础上,对儒家经典所作的思想阐发。魏晋时期,传注之学盛行。但从南北朝时期开始,义疏之学大兴,而开此风气者当为北朝经学大家徐遵明,据《魏书·儒林传》载:"(徐)遵明每临讲坐,必持经执疏,然后敷陈,其学徒至今浸以成俗。"[1]徐遵明的弟子很多,他们多仿效他撰写义疏,《北齐书·儒林传》载:"诸儒如权会、李铉、刁柔、熊安生、刘轨思、马敬德之徒,多自出义疏。"[2]由于徐遵明弟子们对其学的传习,推动了义疏之学在北朝的大兴。

可以说,在汉魏之际,经典注解的形式主要是传、注、记等形式,经学注解之学非常兴盛。南北朝时期的经学基本上继承了汉魏注解的特点,只是受到魏晋玄谈、佛教讲经的影响,经学研习的方式逐渐由注解、注疏的形式,转变为讲论的形式,落实到文献便是义疏之学的盛行。关于南北朝经学讲论,比如南朝宋明帝与群臣在清暑殿讲论《周易》、齐文惠太子讲论《孝经》与崇正殿、梁武帝与群臣讲论《五经》、北魏孝武帝于显阳殿讲论《孝经》、李郁讲《礼记》,

---

① (北齐)魏收:《魏书》卷八十四《徐遵明传》,中华书局 1974 年版,第 1855 页。

② (唐)李延寿:《北史》卷八十一《儒林列传序》,第 2709 页。

还有严植之、神君、戚衮、皇侃等人也聚众讲论经学。

关于义疏之作，根据《南史·儒林列传》《北史·儒林列传》以及经师本传的记载，有伏曼容《论语义》，崔灵恩《三礼义宗》《左氏经传义》《公羊穀梁文句义》，沈文阿《春秋义记》《礼记义记》《孝经义记》《论语义记》，孔子祛《尚书义》，皇侃《论语义》《礼记义》，顾越之《丧服疏义》《毛诗疏义》《孝经疏义》《论语疏义》，周弘正《周易讲疏》《论语疏》《孝经疏》，刘献之《三礼大义》《毛诗序义》，徐遵明《春秋义章》，李铉《孝经义疏》《论语义疏》《毛诗疏义》《三礼义疏》《周易义例》，熊安生《周礼义疏》《礼记义疏》《孝经义》，等等。这些义疏之作，对于唐孔安国编撰《五经义疏》（《五经正义》）有所继承与发展。换句话说，南北朝时期的义疏之学是对两汉、魏晋经学解释继承与发展，更是汲取佛老之后的思想创新，这自然也为唐宋经学的变古与新儒学理论的建构提供了重要的学术思想基础。

本讲小结

魏晋南北朝时期的经学开始进入了新的发展阶段，这一时期的经学开始呈现出新的发展趋向与特征。两汉时期的今文经学开始衰微，古文经学开始被重视，并成为魏晋南北朝时期的官学，得到朝野上下的普遍重视。这种转变不仅仅是文本的改变，也是解释思想与方法以及治国理念的转变。这种转变源于玄学与佛学对经学的冲击与挑战。这就使得这一时期的经学更加注重跳出两汉时期繁琐的章句训诂之学来探究，探究其中内在的思想与义理。

需要注意的是，这一时期的经学在佛老之学的影响下，开始积极探究新的思想。这种思想包括了天人关系、人性理论、治国理政的思想等。比如，王弼《周易注》开始强调探究现象与本质的关系，考察新的治道思想。佛教的因果报应也开始融入经学的解释之中，并成为儒家思想重要组成部分。由于佛教的传入，为了能够在中土广泛传播，由此推动了"格义"之学的兴起，进而推动了经学义疏之学的出现与盛行。义疏之学是经学发展的新阶段，不仅体现为解经形式与特征，更是体现为其思想内涵的变化。从文化学的角度来看，魏晋南北朝时期正是中西(当时印度被指为西方)文化之间冲突最为剧烈的时期,经学作为中国传统的文化形态在应对佛教文化的挑战,最大限度地表现出了包容性与可塑性,形成了义疏之学。当然,儒学也开始在佛教的影响下,在治学的重心与理念上发生了重大的变化。尤其是在治国理念上,经学的诠释不仅强调传统的纲常名教,亦即三礼之学的讲解与实践,以此来维护世家大族的利益之外;经学还在佛教的影响下,开始强调人心人性,开始注重道德提升及对人性的关照,由此推动了中古时期经学的思想转型,这自然为中唐时期韩愈、李翱等人的新儒学建构提供了丰富的学术思想基础。

魏晋南北朝时期的经学是两汉与隋唐乃至宋明理学的重要桥梁,没有魏晋南北朝时期经学与佛学、玄学的深入融合,也很难出现唐代《五经正义》以及中唐经学的思想转型,更难以出现宋明理学的先驱——韩愈、李翱等人的新儒学思想。可以说,魏晋南北朝与两汉的经学存在着延续、发展的关系,即使是孔颖达《五经正义》也是对汉魏南北朝经学及思想的继承与发展。另外,魏晋南北朝时期诸儒在老庄之学、佛学的影响下,对两汉经学的研究方法、经学思想乃至儒学都做了传承、发展,如王弼、何晏等玄学化经学便是典范,正如有学者所言:

> 王弼、何晏等人不仅援老庄之说以释经,更推动了解经方法由尚训诂向重义理的转变。两汉章句训诂之学,至王、何而变,得意忘言的义理之学成为经学的主流。在通经入仕之路被堵塞的政治环境中,在章句训诂发展到极致的学术背景下,引道入儒的研经之法,简明训诂、阐述大义的解经方法对陷入困顿的经学来说无疑是一种新的尝试。①

王弼、何晏等人在老庄之学的影响下对儒家经典做了全新的理解、诠释,并借助佛老之学对两汉经学方法、思想做了巨大更新,提出了很多具有划时代意义的经学理念,如"得意忘言"便是典范,这无疑推动了经学义理之学的兴起。在南北朝时期,义疏之学则是在佛学的影响下而产生,由此产生了孔颖达《五经正义》。当然,我们也不能否认,魏晋南北朝经学较前代两汉,还是后世宋

---

① 庄大钧、石静:《魏晋南北朝经学学术编年》,凤凰出版社 2015 年版,第 1 页。

学,略显得衰弱,没有出现像郑玄、王肃、朱熹这样遍注群经的经学大家,在经学的统一上始终也没有形成高度一致。所以,皮锡瑞将魏晋时期视为"经学中衰时代",南北朝视为"经学分立时代"也有一定的道理。但是,我们也应认识到,随着玄学、佛学的盛行,经学在解经方法、经学思想甚至是儒学理念上都有了质的飞跃,为后世宋明理学的发展提供了丰富的思想资源。

第九讲　隋唐之际的经学一统与
《五经正义》的编纂

　　隋统一南北,隋文帝杨坚开始复兴经学,崇尚儒学,由此开启经学兴盛的局面。文帝晚年,好刑名之学,不尚经儒,学校废弃,使得经学衰落。隋炀帝即位之后,重开学校,重视儒家经学,经学兴盛有过于其父。但在隋炀帝后期,穷兵黩武,骄奢淫逸,社会政治动荡不安,经学也随之衰微。唐太宗时期,孔颖达奉敕编纂《五经正义》,此后这部书被颁布天下,成为科举考试必读书目,由此唐代经学进入了统一的时代。对此,皮锡瑞《经学历史》就评价道:

　　　　自《正义》《定本》颁之国胄,用以取士,天下奉为圭臬,唐至宋初数百年,士子皆谨守官书、莫敢异议矣。故论经学,为统一最久时代。①

皮锡瑞认为从唐代经学经由唐太宗的努力进入了统一时代,如果按照时间计算的话,当为唐太宗(627—649年)孔颖达主持的"五经正义""五经定本"开始,到宋仁宗(1022—1063年)庆历之际"经学变古"为止,历经了四百多年。

　　隋唐时期政治上,北方兴起的关陇贵族统一了天下,但是南方的经学却最终成为主导,即南学统一了北学。此后,南北各家各派的经学,经由孔颖达《五经正义》而统一。孔颖达的经学兼及今古文经学、南学北学,甚至还有对佛老之学思想与方法的汲取,这对于中唐经学的转向提供了思想基础。

---

　　① （清)皮锡瑞撰,周予同注释:《经学历史》七《经学统一时代》,第207页。

一、隋代经学的发展与南北学的统一

隋统一前,不仅政治上割据分裂,经学上也是众说纷纭。对此,隋初大儒房晖远就曾说道:"江南、河北,义例不同,博士不能遍涉。学生皆持其所短,称己所长,博士各各自疑,所以久而不决也。"①经学思想的不同,对于巩固统治无疑不利。隋统一南北之后,便着手统一经学,以统一思想。经过隋文帝、隋炀帝父子两代的努力,隋代在经学方面取得了巨大的成绩。关于隋代经学的大体发展情况,据唐魏徵等《隋书·经籍志》所载:

> 自正朔不一,将三百年,师说纷纶,无所取正。高祖膺期纂历,平一寰宇,顿天纲以掩之,贲旌帛以礼之,设好爵以縻之,于是四海九州强学待问之士靡不毕集焉。天子乃整万乘,率百僚,遵问道之仪,观释奠之礼。博士罄悬河之辩,侍中竭重席之奥,考正亡逸,研核异同,积滞群疑,涣然冰释。于是超擢奇隽,厚赏诸儒,京邑达乎四方,皆启黉校。齐、鲁、赵、魏,学者尤多,负笈追师,不远千里,讲诵之声,道路不绝。中州儒雅之盛,自汉、魏以来,一时而已。及高祖暮年,精华稍竭,不悦儒术,专尚刑名,执政之徒,咸非笃好。既仁寿间,遂废天下之学,唯存国子一所,弟子七十二人。
>
> 炀帝即位,复开庠序,国子郡县之学,盛于开皇之初。征辟儒生,远近毕至,使相与讲论得失于东都之下,纳言定其差次,一以闻奏焉。于时旧儒多已凋亡,二刘拔萃出类,学通南北,博极今古,后生钻仰,莫之能测。所制诸经义疏,搢绅咸师宗之。既而外事四夷,戎马不息,师徒怠散,盗贼群起,礼义不足以防君子,刑罚不足以威小人,空有建学之名,而无弘道之实。其风渐坠,以至灭亡,方领矩步之徒,亦多转死沟壑。凡有经籍,自此皆湮没于煨尘矣。遂使后进之士不复闻《诗》《书》之言,皆怀攘夺之心,相与陷于不义。《传》曰:"学者将植,不学者将落。"然则盛衰是系,兴亡

---

① （唐）魏徵等:《隋书》卷七十五《房晖远传》,第1716—1717页。

攸在，有国有家者可不慎欤！诸儒有身没道存，遗风可想，皆采其余论，缀
之于此篇云。①

由此可知，隋文帝、隋炀帝对经学都非常重视，从而为隋代经学的兴盛起到了
重要的推动作用。隋文帝厚待各方儒士，并亲自参与各种经学讲论的活动，各
地儒士纷纷前往长安效力。隋王朝兴建学校，征召各地儒士，经学讲论在当时
非常兴盛。可以说，随着隋朝的统一，南北经学也趋于统一。但由于当时的官
学为南学诸儒所把持，故南学成为当时经学之主导，而北学被边缘化。这里所
说的南学、北学并不是地域概念，而是就经学特征而言，正如皮锡瑞所言，"经
学统一之后，有南学，无北学。南学北学，以所学之宗主分之，非以其人之居址
分之也"②。

隋代经学大师几乎都是南北朝时期的遗民。他们受征召，相继进入朝廷，
共同探究、传授经学。《隋书·马光传》载："开皇初，高祖征山东义学之士，光
与张仲让、孔笼、窦士荣、张黑奴、刘祖仁等俱至，并授太学博士，时人号为'六
儒'。"③另外，隋文帝选拔俊秀，厚尚诸儒，各地经师也纷纭而至，其中"齐、
鲁、赵、魏，学者尤多，负笈追师，不远千里，讲诵之声，道路不绝"，以至出现了
"中州儒雅之盛，自汉、魏以来，一时而已"的经学繁荣局面。虽然隋文帝后
期，不重经学，但并没有影响南北经学的交融。之后即位的隋炀帝，"复开庠
序，国子郡县之学，盛于开皇之初"。不仅如此，还搜集整理典籍，并以经史子
集四部分类法，取代了之前甲乙丙丁分类法，四部分类法确定了经学为主的文
献基础，对后世影响深远。

政治上的南北统一，对于经学的南北交流、合流起到了促进作用。当时经
师在注解、研习经书时多注重南北之学的兼通，如房晖远、马光、张文诩、刘焯、
刘炫等虽是北朝遗民，但在经学研习上注重贯通南北，博通今古。房晖远"治
三礼、春秋三传、《诗》《书》《周易》，兼善图纬，恒以教授为务，远方负笈而从

---

① （唐）魏徵等：《隋书》卷七十五《儒林传序》，第 1706—1707 页。
② （清）皮锡瑞撰，周予同注释：《经学历史》七《经学统一时代》，第 196 页。
③ （唐）魏徵等：《隋书》卷七十五《马光传》，第 1717 页。

者,动以千计","诸儒莫不推其通博"①。马光"图书、谶纬,莫不毕览,尤明三礼,为儒者所宗","剖析疑滞,虽辞非俊辨,而理义弘赡,论者莫测其浅深,咸共推服"②。而刘焯、刘炫博通群经古今更是为时人所推服。

《隋书·经籍志》记载了隋代各经尊尚、研习的情况。《周易》"梁、陈,郑玄、王弼二注列于国学。齐代,唯传郑义。至隋,王注盛行,郑学浸微";于《尚书》"梁、陈所讲,有孔、郑二家。齐代,唯传郑义。至隋,孔、郑并行,而郑氏甚微";于《春秋》"晋时,杜预又为经传集解。《穀梁》范宁注,《公羊》何休注,《左氏》服虔、杜预注,俱立国学,然《公羊》《穀梁》但试读文而不能通其义,后学三传通讲,而《左氏》唯传服义。至隋,杜氏盛行,服义及《公羊》《穀梁》浸微",另外《诗经》宗毛传郑笺,三礼也宗郑玄之学。隋代《周易》王弼注、《尚书》伪孔传、《春秋》杜预注盛行,虽然郑玄的《诗经》笺注、三礼仍然行于世,但整体而言郑玄之学至此开始衰微,这也体现了南学在当时的盛行。

隋代经学的统一只是形式上的南学盛、北学衰,实际上并没有实现南北学说思想的整合统一,即隋代并没有真正实现经学统一,这种形式上的统一只是隋唐时期经学统一的过渡形态。其原因在于,虽然隋文帝杨坚统一了南北,但是杨坚作为关陇集团的一员,仍坚持关陇本位的政策,不允许山东与江南儒家经学之士参与政权核心,这些儒士虽纷纷加入隋政权,但并没有进入核心权力层。隋朝真正成为汉族正统政权的努力是由隋炀帝杨广完成的。杨广曾经担任扬州总管十余年,他切身感触南朝文化的深厚,他的皇后、近侍多为南方士族,这些因素促使他接纳江左文化。他继承皇位之后,重用原来担任他幕僚的南方士人,同时也起用一些山东士族,并首设进士科,完善了科举制,也正是因为杨广采取真正主动汉化的政策,使得汉族文化很快成为隋朝的主导文化。但由于隋朝时间短促,没有完成南北之学的整合。但隋朝在儒家经学复兴与整合所做的努力,为唐代儒家经学的繁荣奠定了重要的基础。

另外,正是因为当时南北学之间的分歧依旧存在,隋文帝、隋炀帝又对佛

---

① （唐）魏徵等:《隋书》卷七十五《房晖远传》,第1716—1717页。
② （唐）魏徵等:《隋书》卷七十五《马光传》。

教非常崇信,使得儒释道三家并存成为当时思想文化的基本格局,当时儒者渐渐认同此种格局,并提出了三教融合的主张。大儒王通"三教可一"的主张,其实就是这种文化格局的重要体现。总的来说,隋朝经学与儒学在一定程度上还是得到了重视与发展,这为唐代儒家经学的统一与转型作了重要的准备。

二、二刘、王通的经学及其思想

在隋代经学中,以刘焯、刘炫二人的影响最大。刘焯(544—610年),字士元,信都人。少与河间刘炫交游,结盟为友,并同受《诗经》于刘轨思,受《左传》于郭懋,受《礼》于熊安生。刘炫(581—?),字光伯,河间人。两人都兼通南北,学贯古今。刘焯著有《五经述议》等,刘炫也有《论语》《孝经》《春秋》《尚书》《毛诗》述义,《五经正名》等书,另外两人都尊信孔传伪《古文尚书》。由于二人精通经学,学贯古今南北,为当时所推服,并尊为"二刘"。如《隋书·刘焯传》《刘炫传》称:

> (刘焯)贾、马、王、郑所传章句,多所是非。《九章算术》《周髀》《七曜历书》十余部,推步日月之经,量度山海之术,莫不核其根本,穷其秘奥。著《稽极》十卷,《历书》十卷,《五经述义》,并行于世。刘炫聪明博学,名亚于焯,故时人称"二刘"焉。天下名儒后进,质疑受业,不远千里而至者,不可胜数。论者以为数百年已来,博学通儒,无能出其右者。[1]

> (刘)炫自为《状》曰:"《周礼》《礼记》《毛诗》《尚书》《公羊》《左传》《孝经》《论语》孔、郑、王、何、服、杜等注,凡十三家,虽义有精粗,并堪讲授。……"著《论语述议》十卷,《春秋攻昧》十卷,《五经正名》十二卷,《孝经述议》五卷,《春秋述议》四十卷,《尚书述议》二十卷,《毛诗述议》四十卷,《注诗序》一卷,《算术》一卷,并行于世。[2]

刘焯、刘炫二人虽然为北人,但其经学却兼通南北、古今,是南北朝隋时期的经

---

[1] (唐)魏徵等:《隋书》卷七十五《刘焯传》,第1719页。
[2] (唐)魏徵等:《隋书》卷七十五《刘炫传》,第1720、1723页。

学大师。赵翼《廿二史劄记》中也说："周、隋间以刘炫、刘焯为大宗。"①在经学的继承与传扬上，其功不可没，如上所言"天下名儒后进，质疑受业，不远千里而至者，不可胜数，论者以为数百年已来，博学通儒，无能出其右者"。《隋书·儒林传》也称赞他们说："二刘拔萃出类，学通南北，博极古今。后生钻仰，莫之能测。所制诸经义疏，搢绅咸师宗之。"②

刘焯、刘炫的经解之作，为之后唐代孔颖达撰《五经正义》提供了重要的学术思想基础。孔颖达《毛诗正义序》云："其近代为义疏者，有全缓、何胤、舒瑗、刘轨思、刘丑、刘焯、刘炫等。然焯、炫并聪颖特，达文而又儒，擢秀干于一时，骋绝辔于千里，固诸儒之所揖让，日下之无双，于其所作疏内特为殊绝。今奉敕删定，故据以为本。"③可见，孔颖达撰《毛诗正义》以二刘义疏为本。又据孔颖达《尚书正义》称："近至隋初，始流河朔，其为正义者，蔡大宝、巢猗、费甝、顾彪、刘焯、刘炫等。其诸公旨趣，多或因循怙释注文，义皆浅略，惟刘焯、刘炫最为详雅。……今奉明敕，考定是非。谨罄庸愚，竭所闻见。"④孔颖达所撰《尚书正义》也是以二刘义疏为本。

王通（约580—617年），字仲淹，绛州龙门（今山西万荣县通化镇）人，隋朝秀才，任蜀郡司户书佐。曾向隋文帝上"太平十二策"，没有被采用，于是回归乡里。隋炀帝即位，依旧在乡里，以讲学著述为业，往来受业者，不可胜数，为隋末大儒。据说唐朝的开国元勋如房玄龄、魏徵、薛收、李靖、杜如晦、温大雅等人都向他问学。王通著述有《续书》《续诗》《礼论》《乐论》《易赞》《元经》，合称《王氏六经》，共百余卷。唐末，其书几乎都亡佚不存。仅《中说》一书传世，为王通门徒搜集整理，记载王通与门人交游对答之语，后人多有怀疑⑤。

---

① （清）赵翼：《廿二史劄记》卷十五《魏齐周隋书并北史·北朝经学》，凤凰出版社2008年版，第213页。
② （唐）魏徵等：《隋书》卷七十五《儒林传序》，第1707页。
③ （汉）毛亨传，郑玄笺注，（唐）孔颖达：《毛诗正义·序》，北京大学出版社1999年版，第3页。
④ （汉）孔安国传，（唐）孔颖达疏：《尚书正义·序》，北京大学出版社1999年版，第3页。
⑤ 如宋代宋咸、王明清、司马光等人，针对前人的怀疑，钱穆先生认为："文中子王通，乃隋代大儒，后人以与董仲舒、扬雄、韩愈并尊。然其人《隋书》无传，其所为《中说》，又多伪羼。其人其书，遂多疑辨，若沦为可有可无之列。惟余读其书，确有反映出王通当时之特征，决非后人所能伪撰。"参见钱穆：《中国学术思想史论丛》（卷四），安徽教育出版社2004年版，第1页。

　　王通研习儒家经学的终极目标,旨在现实中推行夏商周三代的王道政治,他曾说:"不以三代之法统天下,终危邦也。如不得已,其两汉之制乎? 不以两汉之制辅天下者,诚乱也已。"①在他看来,三代的王道政治才是治国安邦的终极理想,但如果不能实行,退而求其次,用两汉制度来治理国家也是可行的。他希望在社会中推行道德教化,实行孟子所言的仁政。

　　鉴于当时社会文化中儒释道三教并行的现状,主张儒释道"三教可一",如《中书》云:

　　　　程元曰:"三教何如?"子曰:"政恶多门久矣。"曰:"废之何如?"子曰:"非尔所及也。真君、建德之事,适足推波助澜,纵风止燎尔。"子读《洪范》《说议》曰:"三教于是乎可一矣。"②

王通主张儒释道可以融通,可以发挥其治国安邦的作用。他认为佛老并不是社会治乱的根源,问题在于个人的运用。如《中书》所言:

　　　　子曰:《诗》《书》盛而秦世灭,非仲尼之罪也;虚玄长而晋室乱,非老庄之罪也;斋戒修而梁国亡,非释迦之罪也。《易》不云乎,"苟非其人,道不虚行"。③

在王通看来,诗书兴盛与否,并不是治国安邦的所在,玄学、佛教的兴盛也不是晋与梁亡国的原因,国家是否治理,与人有很大的关系,而不是学说本身。言外之意,只要运用好了儒释道三教一样可以治国安邦。

　　王通对于经学的贡献一方面在于传习并传播经学,另一方面他对经学理论有了新的认识,对后人颇有启发,他主张经学解释上,舍弃传注,直接探寻经文大义。如在其《中说·六篇》中有云:

　　　　子曰:"史之失,自迁、固始也,记繁而志寡;《春秋》之失,自歆、向始也,弃经而任传。"子曰:"盖九师兴而《易》道微,三《传》作而《春秋》散。"贾琼曰:"何谓也?"子曰:"白黑相渝,能无微乎? 是非相扰,能无散乎? 故齐、韩、毛、郑,《诗》之末也;大戴、小戴,《礼》之衰也。《书》残于古、

① (隋)王通:《中说》卷十《关朗篇》,辽宁教育出版社2001年版,第46页。
② (隋)王通:《中说》卷五《问易篇》,第22页。
③ (隋)王通:《中说》卷四《周公篇》,第18页。

今,《诗》失于齐、鲁。汝知之乎?"贾琼曰:"然则无师无传可乎?"子曰:

"神而明之,存乎其人,苟非其人,道不虚行。必也传又不可废也。"①

王通认为正是各种传注蛊乱了经文本旨,使得圣人之道不能尽传。在他看来,经传不足以传承圣人之道,能否传道不在于经传,而在于经传研习的主体。这种轻视传注,而强调个体解读经典的主体性,实则是孟子"以意逆志"的继续与发挥,这种舍传求经的思想对于后世有重要的启发意义,是宋代"六经注我"的思想源泉之一。

王通对于中古时期经学传承与理论更新有巨大的贡献,成为中古非常重要的儒家经学家,为宋明理学的先驱人物之一。正如唐末皮日休所云,孔孟之后,"可继孟氏"者,唯文中子王氏②(王通死后,该门徒弟子私谥其为"文中子先生"),"夫孟子、荀卿翼传孔道以至于文中子。……文中之道,旷百祀而得室授者,唯昌黎文公之文"③。北宋初,理学"三先生"之一的石介,更是将王通视为尧舜、孔孟思想的正宗嫡传,所谓"周公、孔子、孟轲、扬雄、文中子、吏部之道,尧、舜、禹、汤、文、武之道也"④。理学集大成者朱熹也说:"孔子殁,七十子丧。杨、墨之徒出,孟子明孔子之道以正之,而后其说不得肆。千有余年,诸生皆诵说孔子,而独荀卿、扬雄、王通、韩愈,号为以道鸣者。"⑤由此可知王通思想影响作用之大。

三、唐初重视经学与《五经定本》的编纂

唐高祖李渊时期,奉行三教并立的政策,李渊还以老子作为其祖先,在先后次序上将道教放在首位,其次儒学,再次佛教,并广建寺观,招收僧道。唐高

---

① (隋)王通:《中说》卷二《天地篇》,第9—10页。

② 皮日休:《文中子碑》,载(宋)姚铉编:《唐文粹》卷五十一,吉林人民出版社1998年版,第563页。

③ 皮日休:《请韩文公配飨太学书》,载(宋)姚铉编:《唐文粹》卷二十六上,第305页。

④ (宋)石介:《怪说中》,转引自四川大学古籍整理研究所编:《全宋文》第15册卷六二六《石介》,巴蜀书社1991年版,第280页。

⑤ (宋)朱熹:《朱子文集(第七册)》卷十二《杂著·白鹿书堂策问》,商务印书馆1936年版,第449页。

祖认为三教并用,皆有助于道德教化、社会治理。他于武德七年(624 年)所作《兴学敕》云:"三教虽异,善归一揆。"①

唐太宗即位之后,崇尚经学,重视儒学,他曾经对诸臣说道:"朕今所好者,惟在尧、舜之道,周、孔之教,以为如鸟有翼,如鱼依水,失之必死,不可暂无耳。"②于是,唐太宗大力兴建国学馆舍,召集天下儒士,奖励其官禄布帛,唐代初年出现了经学兴盛的局面。据《贞观政要》记载:

> 贞观二年,诏停周公为先圣,始立孔子庙堂于国学,稽式旧典,以仲尼为先圣,颜子为先师,两边俎豆干戚之容,始备于兹矣。是岁大收天下儒士,赐帛给传,令诣京师,擢以不次,布在廊庙者甚众。学生通一大经以上,咸得署吏。国学增筑学舍四百余间,国子、太学、四门、广文亦增置生员,其书、算各置博士、学生,以备众艺。太宗又数幸国学,令祭酒、司业、博士讲论,毕,各赐以束帛。四方儒生负书而至者,盖以千数。俄而吐蕃及高昌、高丽、新罗等诸夷酋长,亦遣子弟请入于学。于是国学之内,鼓箧升讲筵者,几至万人,儒学之兴,古昔未有也。③

贞观二年(628 年),唐太宗诏令停止周公为先圣的称呼,改称孔子为先圣,颜子为先师,抬高了孔子的地位。还广建馆舍,增加生员、博士的名额,广泛招纳天下经师儒生,将经学讲习与官禄相结合。于是四方儒士齐集,甚至是周边国家也派子弟来学习,所谓"儒学之兴,古昔未有"。

贞观四年(630 年),唐太宗鉴于魏晋以来政权更替、国家战乱,造成的经书文本错谬的现状,决定考订五经,统一经文。于是诏命前中书侍郎颜师古来考订五经文字,据唐人吴兢《贞观政要》记载:

> 贞观四年,太宗以经籍去圣久远,文字讹谬,诏前中书侍郎颜师古于秘书省考定五经。及功毕,复诏尚书左仆射房玄龄集诸儒重加详议。时诸儒传习师说,舛谬已久,皆共非之,异端蜂起。而师古辄引晋、宋已

① (宋)宋敏求:《赐学官冑子诏》,转引自李希泌主编:《唐大诏令集补编(下册)》卷二十四,上海古籍出版社 2003 年版,第 1112 页。

② (唐)吴兢:《贞观政要·慎所好》,北京燕山出版社 1995 年版,第 217 页。

③ (唐)吴兢:《贞观政要·崇儒学》,北京燕山出版社 1995 年版,第 241—242 页。

来古本,随方晓答,援据详明,皆出其意表,诸儒莫不叹服。太宗称善者久之,赐帛五百匹,加授通直散骑常侍,颁其所定书于天下,令学者习焉。①

其实颜师古考订五经文字,确立统一文本,并没有得到群儒的支持,相反,当时遭到了众多儒士的激烈反对,颜师古不得不引用晋宋旧文予以回应。由此可以看出,经学经文的统一,依旧面临着很多的困难。尽管如此,《五经定本》还是在激烈的争论中确定下来,并颁行全国。"自《五经定本》出,而后经籍无异义。"②

颜师古《五经定本》的编纂,其实是对魏晋南北朝、隋代以来五经版本与文字的校勘整理工作,其目的是改变中古以来由于割据混战、儒学多门、以讹传讹所造成的经学繁杂错谬的状况,经过校勘整理,最终确定了《周易》《尚书》(今文、伪古文混合本)、《毛诗》《礼记》《左传》等五经定本,也为孔颖达等奉敕编纂《五经正义》奠定了重要的文献基础。

《五经定本》编定成之后,唐太宗除了命颜师古考订五经文字,还命令孔颖达等编纂《五经正义》。贞观七年(633年),朝廷将《五经定本》颁发全国各级学校与机构进行学习,"颁其所定书(指《五经定本》)于天下,令学者习焉"③。稍后,孔颖达等奉敕编纂《五经正义》,也是以"五经定本"作为其底本的。颜校的"五经定本"以封建王朝法定的经典形式,颁行全国,作为中央官学至地方州县各级学校的标准教科书,成为朝廷取士的圭臬。此后至宋代数百年间,士人谨守,无有异议。这是空前的盛举,对于学习者来说,克服了研习经学而无所适从的苦恼。《五经定本》实现了从汉代以来经学文本的大一统,也为此后孔颖达编纂《五经正义》提供了重要的文本基础。

四、《五经正义》的内容、思想及其方法

李世民为了统一当时经学南北的不同,以及众说纷纭的状态,更为主要的

---

① （唐）吴兢:《贞观政要·崇儒学》,北京燕山出版社1995年版,第243页。
② 马宗霍:《中国经学史》第九篇《隋唐之经学》,第94页。
③ （唐）吴兢:《贞观政要·崇儒学》,北京燕山出版社1995年版,第243页。

目的是为了通过统一经学,来统一当时的思想。于是,唐王朝进行了自汉代以来最大一次的由官方主持的经学整理与勘定工作,这就是敕命宰相孔颖达编纂《五经正义》,而这部书所依据的重要文献就是之前的陆德明《经典释文》①与颜师古《五经定本》。

孔颖达(574—648 年),字仲达②,冀州衡水(今河北衡水)人。据《新唐书·宰相世系表》记载,孔颖达乃是孔子第三十三代孙。孔颖达"八岁就学,日诵千余言。及长,尤明《左氏传》《郑氏尚书》《王氏易》《毛诗》《礼记》"③,他曾受业于同郡的大儒刘焯。隋大业初年,"举明经高第",孔颖达被授予河内郡博士。太宗"十八学士"之一。贞观年间,孔颖达历任给事中、太子中允、国子司业等职,参与《隋书》的修撰。贞观十一年(637 年),他与群臣修订《五礼》,即《大唐新礼》。贞观十二年,又任国子祭酒,孔颖达奉命撰有《孝经义疏》。同年,奉敕主持编纂《五经正义》。

《五经正义》是对汉魏南北朝以来经传注疏的整理与编纂。编撰的目的是因为汉魏以来经传注疏繁杂,众说纷纭,难有统一,朝廷希望借助经学的统一实现思想统一,巩固皇权下的中央集权政治。

《五经正义》的编纂,并非孔颖达一人所为,据《五经正义·序》所载,整个编纂过程,编纂人员加上复查审核的,众多儒者参与其中。《周易正义》的编纂人有马嘉运、赵乾叶等;《尚书正义》有王德韶、李子云等;《毛诗正义》有王德韶、齐威等;《礼记正义》有朱子奢、李善信、贾公彦、柳士宣、范文颥、张权等;《春秋左氏传》有谷那律、杨士勋、朱长才等。《五经正义》的编纂也非一次性完成,而是经历了大体三个阶段。第一个阶段,从贞观十二年(638 年)开

---

① 《经典释文》是隋唐时期的经学家陆德明所撰,全书共 30 卷。这部书对《周易》《尚书》《毛诗》《周礼》《仪礼》《礼记》《春秋左传》《公羊传》《穀梁传》《孝经》《论语》《老子》《庄子》《尔雅》等十四部经典所作的音义注解。《经典释文》对所注之书,一般都标明书名、章节,然后摘录字句,注释音义,它对绝大多数字都标明反切或直音。全书共收录汉魏六朝时期二百三十余家的各种音义。这对于我们了解中古时期的经学具有重要的学术价值。

② 孔颖达的字"两唐书",都作"仲达",申屠炉明先生认为根据于志宁《孔颖达碑》,应当为"冲远",因为于志宁为孔颖达同时代人。于志宁:《孔颖达碑》,见(清)王昶:《金石萃编》卷七。参见申屠炉明:《孔颖达 颜师古评传》,南京大学出版社 2006 年版,第 1 页。

③ (后晋)刘昫:《旧唐书》卷七十三《孔颖达传》,中华书局 1975 年版,第 2601 页。

始,到贞观十四年(640年),《五经正义》初步完成。但是,《五经正义》的初次编纂本遭到了时人的众多批评,于是在贞观十六年(642年)再由孔颖达负责复审。第二个阶段,除了原来参与人员之外,又有很多儒者参与审核,如参与《周易正义》审核的有苏德融、赵弘智等;《尚书正义》有隋德素、王士雄等;《诗经正义》有贾普曜等;《礼记正义》有周玄远、赵君赞、王士雄等;《春秋左氏传》有马嘉运、苏德融、隋德素等。审核《五经正义》的工作还未完,孔颖达就去世了。之后,其他儒者又作了些补充工作。第三个阶段,修订工作延续到了唐高宗永徽二年(651年),这一年朝廷又诏定馆阁博士会审《五经正义》,最后由于志宁、张行成、高季辅三位宰相增删确定,然后于永徽四年(653年)正式颁行全国。前后经历了大概16年时间。

对于《五经正义》各个部分的编纂情况,在编撰的序言中都有记载。现将之汉唐之际五经学的大体传衍进行梳理,以此考察《五经正义》编撰对前代经学的继承脉络。

1.《周易正义》的编纂

汉唐之际《周易》的传衍情况大体是:在汉代,《周易》以其讲天道人事,注重形而上的发挥,这符合汉代所流行阴阳五行学说,故被汉儒视为五经之首。其中著名的注解者:西汉有的孟喜、京房、费直等人,东汉有荀爽、马融、郑玄等人。这一阶段,象数充斥着《周易》的注解。到了魏晋时期,王弼、韩康伯继承费直古文《易》学的传统,注重义理解释,一扫汉代象数的繁琐与芜杂,开启了《易》学发展的新纪元。南北朝时期,北朝多尊崇郑玄注解的《周易》,而南朝多尊崇王弼《周易注》。隋代之后,王弼注流行,而郑玄之学衰微。孔颖达撰《周易正义》,认为王弼《周易》注解"独冠古今",便"以辅嗣为本,去其华而取其实"[1],并吸收了韩康伯对《易传》的注解。尽管如此,孔颖达《周易正义》主王弼义理《易》学,但并不排斥象数。

2.《尚书正义》的编纂

汉代主要是伏生所传《尚书》,之后又有欧阳、大小夏侯之学,今文经学盛

---

[1]　(魏)王弼注,(唐)孔颖达疏:《周易正义·序》,北京大学出版社1999年版,第2—3页。

行于两汉。进入魏晋,古文经学兴盛,出现了孔安国所传的《古文尚书》。魏晋之际,《古文尚书》亡佚。东晋元帝时,豫章内史梅赜奉上孔安国的《尚书传》及《古文尚书》58 篇,并被朝廷立为官学。南北朝时期,北朝前期盛行郑玄《尚书注》,到后期"伪孔传"传入北方。南朝则将郑玄之学与"伪孔传"并立为官学。陆德明《经典释文》也采用《伪古文尚书》。隋代,《伪孔传》通行全国,注解很多,其中刘焯、刘炫"最为详雅"①,而刘炫编定的《孔传尚书》则成为颜师古《五经定本》的底本。孔颖达撰《尚书正义》便以二刘所注的《伪古文尚书》为依据。

3.《毛诗正义》的编纂

汉代所传者有齐、鲁、韩、毛四家。其中,齐、鲁、韩三家为今文学,且在西汉被立为官学,而《毛诗》一家在东汉被立为官学。东汉时期,《毛诗》兴盛,当时著名学者卫宏、郑众、贾逵、马融、郑玄等人都研习《毛诗》。其中尤其以郑玄的《毛诗》笺注影响最大。魏晋南北朝隋唐时期,齐、鲁、韩三家渐渐衰亡,而毛传郑笺则一直被研习,所以唐初孔颖达撰《毛诗正义》,采用毛传郑笺也是顺理成章。孔颖达等编纂的《诗经正义》是以毛传郑笺为底本,注解所依据的主要是刘焯《毛诗义疏》与刘炫《毛诗述义》。

4.《礼记正义》的编纂

在此之前,《礼记》作为先秦、秦汉时期的《礼》学汇编,在汉代主要有戴德、戴胜、庆普三家传本,并皆立为官学。东汉时期郑玄为三礼作注。郑玄所撰的《礼记注》,内容翔实,考证精当。为魏晋南北朝、隋代诸儒所研习,并产生了众多的义疏之作。到了孔颖达时期,"其见于世者,唯皇、熊二家而已"②,即在初唐时期盛行于世的只有皇侃、熊安生两家。于是,孔颖达撰《礼记正义》便以皇侃为底本,以熊安生的注本为参考,而成《礼记正义》。

5.《春秋左传正义》的编纂

汉代所传的《春秋》学有五家,《左传》《公羊》《穀梁》《邹氏传》《夹氏

---

① (汉)孔安国传,(唐)孔颖达疏:《尚书正义·序》,北京大学出版社 1999 年版,第 3 页。
② (汉)郑玄注,(唐)孔颖达疏:《礼记正义·序》,北京大学出版社 2014 年版,第 3 页。

传》。实际上有汉一代,唯有《公羊》《穀梁》盛行。《左传》在东汉开始兴盛,诸多儒者开始研习《左传》。与此同时,还围绕着它今古文学家发生了几次争论。东汉末年,郑玄、服虔对《左传》的注解,影响最大。西晋杜预在刘歆、贾逵等前人的基础上,作《春秋经传集解》,它产生之后,盛行于南北朝隋唐时期。南北朝时期,又有沈文阿、苏宽、刘炫等人为《左传》作义疏。而孔颖达撰写《春秋左传正义》便是以刘炫的义疏为根据,兼采沈文阿的成果而成。

关于《五经正义》的编纂原则与方法,基本上是采取"疏不破注"的原则,所作的义疏不超出所选底本的注解范围。如《毛诗正义》,对《毛传》与《郑笺》之间的异同分歧不做评判。《礼记正义》以皇侃、熊安生的义疏为底本,但如果皇、熊二人的疏解与郑玄的《礼记注》有分歧,则以郑玄之说为主。《春秋左传正义》对刘炫驳郑杜预注错误的成果,一概不予采用,以杜预注为主。由于限于各部分编纂者的学养和水平,《五经正义》各部分有高下之别,如宋代的朱熹就评判说,"五经疏,《周礼》最好,《诗》《礼记》次之,《书》《易》为下"①。清人钱大昕则认为:"唐初《正义》……义据闳深,则《诗》《礼》为上,《春秋》次之,《易》《书》为下。"②总的来看,《五经正义》以"疏不破注"为编撰原则,其目的是为了保持汉魏时期原注的完整,另外也吸收了汉魏以来玄学、佛学的影响,经学注解中所出现的新思想、新观念。所以所谓的"疏不破注"其实是对汉魏晋经学的因袭,对南北朝隋唐经学的兼容,内容上训诂、义理兼采。孔颖达《五经正义》在经学史上的地位,上承汉学,下启宋学。

五、《五经正义》与唐初的政治文化大一统

《五经正义》的特点在于,对汉魏时期的注解作了进一步的疏通解释,方便了人们对经文、经义的认识与理解,有利于经学的传习与儒家精神的弘扬。《五经正义》作为汉魏以来训诂之学的集大成之作,保存了汉魏时期的经传训

---

① （宋）王应麟:《困学纪闻》卷八《经说》,上海古籍出版社 2015 年版,第 290 页。
② （清）钱大昕:《潜研堂文集》卷九,商务印书馆 1935 年版,第 122 页。

诂的成果,对于经书中的名物、典制作了详细的疏通,这对于古代的政治、文化、思想、社会习俗等传承起到了重要的保存作用。它保存了大量的古籍与训诂,使得汉唐之际亡佚的古书、训诂,因此而为后人得以窥其原貌。

孔颖达《五经正义》编纂完成后,开始发挥重要的社会政治功能。它的出现消除了魏晋以来,经学传习多门、章句繁杂的弊端,通过折中南、北之学,形成了统一的注疏之学。《五经正义》经由官方颁行之后,被用作科举考试的必读书目,士子诵经与应试科举,必须以此为定本,为正确合理的解释,不得有新的观念,这在一定程度上统一了经学、统一了思想。自《五经正义》颁行之后,朝廷以之成为士子习经与科举考试的统一标准,从唐初到宋代中前期的三四百年里,基本上实现了中古经学的统一。正如皮锡瑞所言:"自《正义》《定本》颁之国胄,用以取士,天下奉为圭臬。唐至宋初数百年,士子皆谨守官书,莫敢异议矣。故论经学,为统一最久时代。"①

孔颖达《五经正义》在思想文化上的一统作用,不仅体现在经学注解上的统一,更是汉魏以来思想文化的统一。因为在《五经正义》之中,不仅兼取了汉魏以来各家各派的经书注解,同时还吸收了道家、佛学的很多理论。可以说,儒、释、道三家的分歧在这里也得到了比较好的折中,这样一来,以经学统一为基础实现了思想文化上的统一。

在《五经正义》编纂成书之后不久,又有唐代贾公彦以郑注为本,为《周礼》《仪礼》作疏;杨士勋以范宁注为本,为《穀梁》作疏。另有唐玄宗于开元七年(719年),为《孝经》所作的注解。唐代后期,又有徐彦以何休注为本,为《公羊》作疏。还有李鼎祚的《周易集解》,影响都非常的大。这些著述的产生,反映了经学统一的必要性与延续性。从现存的十三经注疏来看,唐疏占有十家。开元八年(720年),国子司业李元瓘建议,将《周易》《尚书》《诗经》、三礼、三传合为九经,并以之取士。九经以篇幅之长短,被分为大中小三等:《礼记》《左传》为大经;《毛诗》《周礼》《仪礼》为中经;《周易》《尚书》《公羊》《穀梁》为小经,由于这九经在唐代先后皆有统一疏文产生,并为科举考试采用,

---

① (清)皮锡瑞撰,周予同注释:《经学历史》七《经学统一时代》,第207页。

这对于唐代经学与思想的统一起到了重要的促进作用。不仅如此,唐文宗开成二年(836年),有根据国子祭酒郑覃的建议,将九经刻于石碑之上,立于京师国子监,谓之"开成石经"。

从中古经学发展史的角度来看,《五经定本》与《五经正义》在一定程度上促成了唐初经学的一统,作为中古经学的集大成之作,汇集了汉魏以来经传注疏的精华,为经学的继续发展奠定了新的基础。《五经正义》主要是以古文经学为基础,而西汉以来今文经学遭到摒弃。如《隋书·经籍志》所言:

> 汉代有郜氏、袁氏说。汉末,郎中郗萌,集图纬谶杂占为五十篇,谓之《春秋灾异》。宋均、郑玄并为谶律之注。然其文辞浅俗,颠倒舛谬,不类圣人之旨。相传疑世人造为之后,或者又加点窜,非其实录。起王莽好符命,光武以图谶兴,遂盛行于世。汉时,又诏东平王苍,正五经章句,皆命从谶。俗儒趋时,益为其学,篇卷第目,转加增广。言五经者,皆凭谶为说,唯孔安国、毛公、王璜、贾逵之徒独非之,相承以为妖妄,乱中庸之典。故因汉鲁恭王、河间献王所得古文,参而考之,以成其义,谓之"古学"。当世之儒,又非毁之,竟不得行。魏代王肃,推引古学,以难其义。王弼、杜预从而明之,自是古学稍立。至宋大明中,始禁图谶。梁天监已后,又重其制。及高祖受禅,禁之逾切。炀帝即位,乃发使四出,搜天下书籍与谶纬相涉者,皆焚之,为吏所纠者至死。自是无复其学,秘府之内亦多散亡。今录其见存,列于"六经"之下,以备异说。①

谶纬之学兴起于西汉,并直接影响到了当时的经学注解,尤其在两汉之际,王莽、刘秀等人皆好谶纬之学,经学大师郑玄也援引谶纬注解经书。尽管有孔安国、毛公、王璜、贾逵等古文经学家进行抵制,并倡导古文经学,但"当世之儒,又非毁之,竟不得行"。魏晋之后,王肃、王弼、杜预等人皆为古文经作注,极力排击谶纬之学。南北朝隋唐时期,谶纬之学遭到朝廷持续的打压,并最终在隋唐之际衰落不振。而孔颖达《五经正义》的编纂,实则是对古文经学的继承和发扬,标志着今古文经学在汉魏以来的对抗中,最终取得胜利,并由此成为

---

① (唐)魏徵等:《隋书》卷三十二《经籍一》,第941页。

官方的意识形态。

从《五经正义》的本质上讲,不仅是一次重要经学行为①,而且是一次重要的政治行为。唐太宗通过笼络汉族儒家学者编纂《五经正义》,统一了经学解释,在一定程度上是通过皇权的力量统一了思想。当时山东、江南世家大族文化优势的根本就是儒家经学,限制了他们的儒家经学的发展,也就是限制了他们的话语权。《五经正义》代表着皇权的意志,在它颁行全国之后,无论是经学研究还是科举考试,都以此为标准,其形成一种社会价值观和舆论的标准,在一定程度上限制了山东、江南世家大族的文化优势,其实也就是限制了他们的发展。可以说,唐太宗通过思想上的统一来规范当时的世家大族,使得李氏集团的统治得到稳固。

进而言之,唐代关陇集团延续了北周、隋的统治,维护了自己的统治,改变自身的文化劣势,笼络当时山东和江南的汉族世家大族的支持,于是开始推崇儒家经学,并最终通过编纂《五经正义》统一了思想与政治认知。尽管李氏所代表的关陇集团夺去了政权,但当时最有影响的门阀世族是以崔、郑、卢、王为代表的山东高门以及南方士人,他们长时间显赫不衰的资本并不只是门第,而是因为有很高的文化修养。唐太宗一方面信任的仍是长孙无忌等纯正的关陇集团中的人物;另一方面任用的山东世族魏徵、虞世南等人笼络人心,扩大统治基础。在李世民的权力体系中,既保证了关陇集团的核心利益,又获得了尊重山东世家大族和汉文化的美名。当时关陇集团与山东、江南的世家大族仍是较为对立,故在贞观十三年,唐太宗敕修《氏族志》的时候,就强行将皇族放在第一位。一千年以后,清代的皇帝也同样,一方面任用满族贵族掌握核心权力,但同时也重视儒家文化,实现了权力巩固;另一方面还获得了汉族的好感,并通过发展经学统一思想。

唐太宗时期,不管重视儒家经学的动机是什么,从客观上讲,在一定程度

① 孔颖达奉朝廷之命编纂《五经正义》,以此作为考试定本。由于科举考试是当时统一思想最重要的方式,《五经正义》由此对当时的儒家经学都有积极的统一作用。隋代经学实现了南北一统,尤其是南学占有主导地位。唐代继承了隋代的经学传统,继续突出南学,以至于南方经学继续占有主动地位。

上促进了当时儒家经学的统一,毕竟,儒家经学对于政治统治很有帮助。所以,唐太宗时期,大力发展儒家经学。为了统一思想,唐太宗就命令颜师古主持编纂了《五经定本》,统一了儒家经典的版本,孔颖达主持编纂了《五经正义》,统一了对儒家经典的解释,这样就从文本和思想两个方面完成了经学的统一工作。

本讲小结

隋朝的建立,结束了两汉以后数百年的分裂局面,并从文化上建构新的意识形态,以满足社会政治的需要。经学作为传统学术的主导与基石,得到了新的重视与审视。隋朝尽管做了诸多工作,但并没有真正完成南北文化的整合。唐代则隋朝的基础上,进一步推动了这一项工作,其中就包括《五经定本》《五经正义》的编纂。其中,《五经正义》的编纂带有明显的"经世致用"的痕迹,首先取决于孔颖达本人的意志,他始终不忘儒士经世致用的身份意识,《贞观政要》曾几多次记载其利用见太宗、太子等统治者的机会予以"规谏",宣扬为政之道①。当孔颖达主持编纂《五经正义》的时候,他借此机会来表达自己的治国之道以及对思想文化发展的思考。

当然,《五经正义》更是作为服务于皇权的工具,它的基本理路便是对礼制的推尊。中古时期礼学非常发达,郑玄三礼学受到朝野上下的一直推尊,它不仅对于皇权有非常重要的价值与意义,而且对世家大族巩固身利益与稳定社会地位都有极为重要的作用。具体而言,《春秋》三传义疏,即孔颖达《春秋左传正义》、徐彦《春秋公羊传注疏》、杨士勋《春秋穀梁注疏》,都对涉及《春秋》礼制的地方都给予非常详细的训释。他们除了以三传之文互相注解之外,更征引《周礼》《礼仪》《礼记》三礼来作以解释,而三礼之中尤以《礼记》为

---

① 《贞观政要》记载:"贞观中,太子承乾数亏礼度,侈纵日甚,太子左庶子于志宁撰《谏苑》二十卷讽之。是时太子右庶子孔颖达每犯颜进谏。承乾乳母遂安夫人谓颖达曰:'太子长成,何宜屡得面折?'对曰:'蒙国厚恩,死无所恨。'谏诤愈切。承乾令撰《孝经义疏》,颖达又因文见意,愈广规谏之道。"参见(唐)吴兢:《贞观政要·规谏太子》,北京燕山出版社 1995 年版,第 153—154 页。

最。今人对此三《疏》作以统计,其中《左氏》孔《疏》征引《礼记》及《周礼》的次数皆多达四百余次,《仪礼》则有一百四十余次;《公羊》徐《疏》征引《礼记》一百五十余次,《周礼》二十余次,《仪礼》三十余次;《穀梁》杨《疏》则征引《礼记》五十余次,《周易》二十余次,《仪礼》则十余次。总计三疏所征引三礼中,皆以《礼记》为多,《仪礼》最少。① 另外,《尚书正义》《诗经正义》主要取自隋代大儒刘焯、刘炫义疏之学,而"二刘"都曾师从北朝礼学大儒熊安生,两种义疏贯注着礼学;《礼记正义》则直接取自熊安生。可以说此五种经书,除了《周易》之外,皆非常注重礼制之学,可以说古文经学至此达到极盛。总之,《五经正义》对礼制非常重视,它既是中古以来礼制之学的集大成之作,更为主要的是巩固了皇权政治与世家大族的利益,礼制在当时的社会政治中发挥着非常重要的作用。故日本学者本田成之评价《五经正义》时说:"要之,《五经正义》除《易》外,虽有老庄、佛教的影响,然大体是六朝以来研究名物制度之学。"②

---

① 江右瑜:《唐代〈春秋〉义疏之学研究——以诠解方法与态度为中心》,台北花木兰文化出版社 2009 年版,第 34 页。

② [日]本田成之:《中国经学史》第六章《唐宋元明的经学》,孙俍工译,上海书店出版社 2001 年版,第 213—214 页。

第十讲　安史之乱的爆发与唐代经学的转型

　　安史之乱是唐代社会、文化发展的一个重要分水岭。安史之乱的爆发并非一朝一夕，而是唐代社会矛盾积累的必然结果。安史之乱促成了中唐社会政治、思想文化的巨大调整。就经学而言，在武则天、唐玄宗时期经学得到了一定的传承与发展，但因科举制度重视进士科，经学日渐衰微。加之孔颖达《五经正义》日渐墨守、思想固化，难以适应社会文化的变迁，也间接导致思想文化界、意识形态领域的紊乱。

　　安史之乱导致了人们对传统经学的质疑，并极力希望改变旧有经学及其思想的束缚，通过重新解释儒家经典来发展适应社会政治需要的新经学。在这种情况之下，啖助、赵匡等人纷纷将目光放在了《春秋》之学上，希望通过重新审视儒家经典，重新解释圣人之道，进而重建新的经学思想体系，以服务于社会政治。与此同时，佛老之学开始进入新的发展阶段，佛禅、道玄在思想理论上实现了范式转换，这对于传统的儒家经学来说都是极大的挑战。在这种情形下，韩愈、李翱、柳宗元等人重新审视传统经学，开始重视"四书"，重视心性理命的探讨，这对于宋代理学的奠基无疑有重要的启示意义。不过，晚唐五代时期，中唐所兴起来的新经学并没有得到朝野的重视，以至于经学陷入了墨守与衰微状态，直到北宋中期经学的"变古"，才改变了这些现状。

一、武则天时代的政治与经学衰微

　　武则天时期，对当时的儒家经学并不太重视，对学校教育更是缺乏浓厚的

兴趣。嗣圣元年(684年),陈子昂在《谏政理书》中就曾说道:

> 陛下方欲兴崇大化,而不知国家太学之废积岁月矣,堂宇芜秽,殆无人踪,诗书礼乐,罕闻习者。①

可以看出,武则天对太学不太重视,以至于诗书礼乐等儒家经学之业也渐渐废弛。在武则天晚年的时候,凤阁舍人韦嗣立曾上书总结了武则天早年轻视太学、儒学的情形,他说:

> 国家自永淳已来,二十余载,国学废散,胄子衰缺,时轻儒学之官,莫存章句之选。贵门后进,竞以侥倖升班;寒族常流,复因凌替弛业。考试之际,秀茂罕登,驱之临人,何以从政?②

武则天执政之后,对太学诸经颇为轻慢,"国学废散,胄子衰缺"。实际上,这一时期的武则天注重权力的维护,对儒家经学并不太用心。当时太学陷入废弛的状态,不仅人才缺乏,而且诗书礼乐等"六经"之学也很少有人记诵、学习。可以说,在武则天时代,不仅经学废弛,而且还有一大批学者开始对唐代初年以来的经学统一持怀疑态度,具体来说便是对《五经正义》所代表的章句训诂之学持怀疑态度。比如,王元感、刘知幾等人。

就王元感而言,他是濮州鄄城(今属山东)人。以明经高第入京,从事传授。武后时,曾任直弘文馆、四门博士等。所撰《尚书纠缪》十卷、《春秋振滞》二十卷、《礼记绳愆》三十卷。这些经学著述主要是批判朝廷经学,批判《五经正义》。长安三年(703年),王元感上表献书,朝廷就召集两馆学士、成均博士对他的观点进行议论。王元感的思想,得到了魏知古、徐坚、刘知幾、张思敬等人的赞赏,希望朝廷下诏表扬之:

> (魏知古、徐坚、刘知幾、张思敬等人)连表荐之。寻下诏曰:"王元感质性温敏,博闻强记,手不释卷,老而弥笃。掎前达之失,究先圣之旨,是谓儒宗,不可多得。可太子司议郎,兼崇贤馆学士。"魏知古尝称其所撰书曰:"信可谓五经之指南也。"③

---

① (唐)陈子昂:《陈子昂集》卷九《谏政理书》,中华书局1960年版,第213页。
② (后晋)刘昫:《旧唐书》卷八十八《韦嗣立传》,第2866页。
③ (后晋)刘昫:《旧唐书》卷一百八十九下《王元感传》,第4963页。

王元感撰《尚书纠缪》《春秋振滞》和《礼记绳愆》三书,对以往经说提出怀疑和纠正。面对这种与《五经正义》立异的态度,武则天便命令弘文、崇贤两馆的学士博士对此三书进行考核。尽管王元感遭到当时专守先儒章句旧说的学士祝钦明、郭山恽、李宪等人的责难,但他却能够"随方应答,竟之不屈"。而当时魏知古、徐坚、刘知幾等人则对王元感的疑经表示支持,表明当时的疑经之风已有一定的影响。此后,《五经正义》渐渐不为世人所重视,儒家经学界也渐渐形成了一股怀疑经注、崇尚新说的风气。在某种意义上来说,《五经正义》所代表的李唐关陇本位的权势地位也逐渐被动摇。

不仅经由明经科做官的王元感怀疑《五经正义》,当时颇有影响的史学家刘知幾也对当时的经传注疏之学思想体系表达了自己的怀疑。他曾在其《史通·自叙》中表达了对经学的反感之情:

> 予幼奉庭训,早游文学。年在纨绮,便受《古文尚书》。每苦其辞艰琐,难为讽读。虽屡逢捶挞,而其业不成。尝闻家君为诸兄讲《春秋左氏传》,每废《书》而听。逮讲毕,即为诸兄说之。因窃叹曰:"若使书皆如此,吾不复倦矣。"先君奇其意,于是始授以《左氏》,期年而讲诵都毕。于是年甫十有二矣。所讲虽未能深解,而大义略举。父兄欲令博观义疏,精此一经。辞以获麟已后,未见其事,乞且观余部,以广异闻。次又读《史》《汉》《三国志》。既欲知古今沿革,历数相承,于是触类而观,不假师训。自汉中兴已降,迄乎皇家实录,年十有七,而窥览略周。①

在刘知幾看来,唐初推行的章句注疏之学,不但影响人们自由发表见解,更禁锢了人们的思想。所以,在他小的时候,尽管他很用心学习《古文尚书》,但是因文本内容诘屈聱牙,连注解也繁琐不堪,以至于他难以继续进行经学的学习。刘知幾为了表达自己对当时经学的不满,他还专门在其《史通》一书中撰有《惑经》《申左》两章。

在武则天时代,经学日渐衰微的同时,文学日渐兴盛。武则天为了巩固自

---

① (唐)刘知幾撰,(清)浦起龙通释:《史通》卷十《自叙》,上海古籍出版社 2015 年版,第 260 页。

己的权力,推动科举考试,希望通过科举取士的形式,笼络更多的庶族地主人才,以此对抗李唐王朝的关陇集团世族。对此,陈寅恪先生就曾说过:

> 李唐皇室者,唐代三百年统治之中心也,自高祖、太宗创业至高宗统御之前期,其将相文武大臣大抵承西魏、北周及隋以来之世业,即宇文泰"关中本位政策"下所结集团之后裔也。①

武则天推行科举制,是为了进一步摧垮关陇集团的势力,想通过没有与关陇集团有直接关系的进士阶层组成新的官僚集团,建立属于自己的统治集团。这样一来,科举制度推动下,文官体制渐渐由新进的科举士人组成,李唐王室"关中本位政策"遭到了破坏,其势力也逐渐收缩,这一点陈寅恪先生也给予了说明:

> (武则天)大崇文章之选,破格用人,于是进士之科为全国干进者竞趋之鹄的。当时山东、江左人民之中,有虽工于为文,但以不预关中团体之故,致遭屏抑者,亦因此政治变革之际会,得以上升朝列,而西魏、北周、杨隋及唐初将相旧家之政权尊位,遂不得不为此新兴阶级所攘夺替代。②

可以说,武则天掌握皇权之后,为了巩固自己的统治,急需得到世家大族的支持,尤其是江南、山东世家大族的支持,希望以此对抗关陇集团世族。武则天除了积极拉拢固有的外戚集团,江南、山东世族之外,为了笼络更多的庶族地主进入权力阶层,武则天开始通过改革科举考试来实现这一目的。据史书记载:

> 初国家自显庆以来,高宗圣躬多不康,而武太后任事,参决大政,与天子并。太后颇涉文史,好雕虫之艺。永隆中,始以文章选士。及永淳之后,太后君天下二十余年,当时公卿百辟,无不以文章因循,浸久浸以成风,以至开元、天宝之中,上承高祖、太宗之遗烈,下继四圣理平之化,贤人在朝,良将在边,家给户足,人无苦窳,四夷来同,海内晏然。虽有宏猷上

---

① 陈寅恪:《唐代政治史述论稿》,上海古籍出版社1997年版,第18页。
② 陈寅恪:《唐代政治史述论稿》,上海古籍出版社1997年版,第18页。

略无所措,奇谋雄武无所奋。百余年间,生育长养,不知金鼓之声,烽燧之
光,以至于老。故太平君子,唯门调户选,征文射策,以取禄位,此行已立
身之美者也。父教其子,兄教其弟,无所易业。大者登台阁,小者任郡县,
资身奉家,各得其足。五尺童子,耻不言文墨焉。是以进士为士林华选,
四方观听,希其风采。每岁得第之人,不浃辰而周闻天下。故忠贤隽彦韬
才毓行者,咸出于是。而桀奸无良者,或有焉,故是非相陵,毁称相腾,或
扇结钩党,私为盟歃,以取科第,而声名动天下;或钩摭隐慝,嘲为篇咏,以
列于道路,迭相谈訾,无所不至焉。①

武则天利用科举考试,网罗了一大批庶族地主出身的官僚,对其执政起到了重
要作用。

武则天扩大进士科,以至于文学之士看重进士科,而不屑于明经,经学的
发展由此受到影响。在当时,"进士为士林华选",读书人多以注重文学,很少
注重经学,经学所发挥的道德教化受到削弱,社会风气也开始渐渐颓败。可以
说,唐高宗与武则天时期,经学开始衰微。在高宗本人就淡于经术,而重文史。
武则天主政期间,更是如此,以至于生徒不复以经学为意,学校由此衰落。如
《旧唐书·儒学传序》云:

古称儒学家者流,本出于司徒之官,可以正君臣,明贵贱,美教化,移
风俗……近代重文轻儒,或参以法律,儒道既丧,淳风大衰,故近理国多劣
于前古。……高宗嗣位,政教渐衰,薄于儒术,尤重文史。于是醇浓日去,
华兢日彰,犹火销膏而莫之觉也。及则天称制,以权道临下,不吝官爵,取
悦当时。……因是生徒不复以经学为意,唯苟希侥悻。二十年间,学校顿
时隳废矣。②

从上述记载可以看出,高宗、武则天时期,不注重政治教化,对儒学比较淡漠,
经学由此受到冲击,以至衰落。经学的发展受到阻碍只是一方面,更为主要的
是这对当时的社会政治、思想文化风气产生了很大的负面影响,推行以诗赋为

---

① (唐)沈既济:《词科论》,转引自周绍良主编:《全唐文新编》卷四七六,吉林文史出版社
2000年版,第5565页。

② (后晋)刘昫:《旧唐书》卷一百八十九上《儒学列传序》,第4939、4942页。

主的进士科大行其道,改变了之前注重经术的儒学,很多具有文学背景的士子进入官场,而忽视道德教化、政治治理。武则天时期由于不重视经学,又崇信佛老之学,以至于经学所承载的纲常名教、人伦道德受到了极大的漠视与消解。而这些都直接导致了纲常伦理、社会秩序的紊乱,为安史之乱的爆发埋下了伏笔。

二、唐玄宗对经学的重视与经学发展的兴盛

经过了唐高宗、武则天时期的冲击,唐玄宗时期,经学已经非常的衰微。唐玄宗着手恢复儒家经学,除了奖赏经生,还要求各地举荐优秀儒生,儒家经学由此逐渐恢复。唐玄宗本人对经学的发展也颇有贡献。根据《唐会要》《唐大诏令集》以及《旧唐书·玄宗本纪》《新唐书·艺文志》等文献的记载,唐玄宗时期的朝廷经学活动主要表现在以下方面。

第一,唐玄宗亲自注解《孝经》。唐代《孝经》的传承主要是郑玄今文《孝经》与孔安国古文《孝经》两家,但是孔安国古文《孝经》曾一度亡佚,随即又在隋代重现,故有很多学者认为其为伪书。于是在唐玄宗的主持下,于开元七年(719年)就《孝经》的问题展开争论。其中左庶子刘知幾支持孔安国古文《孝经》,而贬斥郑玄今文《孝经》为伪。国子祭酒司马贞则力主郑玄今文《孝经》,并以孔安国古文《孝经》为伪。最后,唐玄宗采取司马贞的观点,以郑玄今文《孝经》为本,兼采孔安国古文《孝经》,以及韦昭、王肃、虞翻、刘劭、刘炫、陆澄等六家《孝经》学,为《孝经》作注,撰成了《御制孝经注》一书,并于天宝二年(743年)颁行天下。唐玄宗《孝经》注本成为中国古代流传最广的文本,取代了之前流行的郑玄今文《孝经》注本。

第二,订正《尚书》文字,以古文从今文。唐代孔颖达奉敕撰定《五经正义》,其中《尚书正义》便是以梅赜的伪古文《尚书》为经,以刘焯、刘炫伪古文《尚书》义疏为主,进行注解。《尚书正义》作为《五经正义》的一部分,是汉代以后《尚书》学的又一个具有里程碑意义的总结性著作,梅赜所献的伪古文《尚书》因此以官方学说的形式确定下来,对后世产生了深远的影响。从此之

后，孔颖达《尚书正义》大行于世，而"马、郑之《注》与汉魏六朝经师遗说皆亡"①。但是到了唐玄宗开元十四年（726年），唐玄宗在阅读《尚书·洪范篇》"无偏无颇，遵王之义；无有作好，遵王之道"等句子的时候，认为"无偏无颇"的"颇"字，在句法上和后面的"遵王之义"的"义"不押韵，于是认为"颇"有可能是错误的。他又根据《周易·泰卦·九三爻》之爻辞"无平不陂"的"陂"有"颇"的音，但是在字义上颇为近似。于是，他认为《尚书·洪范篇》中的"颇"当系"陂"之误。于是，在这一年的八月十四日下诏将《洪范篇》中的"无颇"改为"无陂"。这一改动，后来学者基本遵循。

唐玄宗除了以身作则振兴经学之外，更为主要的是，他在政治理念上注重以儒学作为治国安邦的指导思想。他曾于开元二十七年（739年）下制曰："弘我王化，在乎儒术。孰能发挥此道，启迪含灵，则生人已来，未有如夫子者也。"②并将孔子追谥为"文宣王"，褒奖"十哲"。可以说，唐玄宗前期，儒家经学再度复兴，《新唐书·儒林传序》云：

> 玄宗诏群臣及府郡举通经士，而褚无量、马怀素等劝讲禁中，天子尊礼，不敢尽臣之。置集贤院部分典籍、乾元殿博汇群书至六万卷，经籍大备，又称开元焉。禄山之祸，两京所藏，一为炎埃，官膳私褚，丧脱几尽，章甫之徒，劫为缦胡。于是嗣帝区区救乱未之得，安暇语贞观、开元事哉？自杨绾、郑余庆、郑覃等以大儒辅政，议优学科，先经谊，黜进士，后文辞，亦弗能克也。文宗定《五经》，镵之石，张参等是正讹文，寥寥一二可纪。由是观之，始未尝不成于艰难，而后败于易也。③

唐代官方经学可以说在唐太宗时期达到鼎盛。但由于安史之乱的爆发，儒家经学的复兴局面再度受到了冲击与破坏，尽管之后有杨绾、郑余庆、郑覃等人的倡导革新，唐文宗刊刻经文于石碑，但这些努力并没有使儒家经学的兴盛局面再度出现。

---

① 江竹虚：《五经源流变迁考·孔子事迹考》，上海古籍出版社2008年版，第62页。
② （后晋）刘昫：《旧唐书》卷二十四《仪礼志》，第920页。
③ （宋）欧阳修、宋祁等：《新唐书》卷一百九十八《儒学上序》，第5637页。

三、安史之乱与经学观念的反省

安史之乱是唐由盛而衰的转折点。从表面看,安史之乱似乎是中晚唐混乱局势的导火线,实际上并非如此,即使没有安史之乱,唐王朝的社会政治形势也会发生重大的变化,这种政治紊乱从武则天时代已经开始酝酿,已经对当时的纲常名教、人伦道德造成了极大的破坏。

安史之乱后,朝野儒士大夫们纷纷从思想观念上进行反思,很多人都认为经学的衰微是导致战乱爆发的重要原因。比如,唐代宗宝应二年(763年)六月,礼部侍郎杨绾上书批判科举制只是注重文赋,而轻视经义道德的弊端:

> 近炀帝始置进士之科,当时犹试策而已。至高宗朝,刘思立为考功员外郎,又奏进士加杂文,明经填帖,从此积弊,浸转成俗。幼能就学,皆诵当代之诗;长而博文,不越诸家之集。递相党与,用致虚声,"六经"则未尝开卷,三史则皆同挂壁。况复征以孔门之道,责其君子之儒者哉!

> 祖习既深,奔竞为务。矜能者曾无愧色,勇进者但欲凌人,以毁讟为常谈,以向背为己任。投刺干谒,驱驰于要津;露才扬己,喧腾于当代。古之贤良方正,岂有如此者乎! 朝之公卿,以此待士,家之长老,以此垂训。欲其返淳朴,怀礼让,守忠信,识廉隅,何可得也! 譬之于水,其流已浊,若不澄本,何当复清。方今圣德御天,再宁寰宇,四海之内,颙颙向化,皆延颈举踵,思圣朝之理也。不以此时而理之,则太平之政又乖矣。……望请依古制,县令察孝廉,审知其乡闾有孝友信义廉耻之行,加以经业,才堪策试者,以孝廉为名,荐之于州。刺史当以礼待之,试其所通之学,其通者送名于省。自县至省,不得令举人辄自陈牒。比来有到状保辩识牒等,一切并停。其所习经,取《左传》《公羊》《穀梁》《礼记》《周礼》《仪礼》《尚书》《毛诗》《周易》,任通一经,务取深义奥旨,通诸家之义。试日,差诸司有儒学者对问,每经问义十条,问毕对策三道。其策皆问古今理体及当时要务,取堪行用者。其经义并策全通为上第,望付吏部便与官;其经义通八、

策通二为中第,与出身;下第罢归。①

杨绾看来,科举制由于诗赋与帖经的加入,导致诗赋取士的士子崇尚,鄙视明经科,研习经传之士非常少。士子多投诗赋之中,经学无人关注,所谓"六经则未尝开卷,《三史》则皆同挂壁"。经学的衰微,直接导致了经学所承载的名教道德被忽视,致使道德风尚日益颓废,道德礼让不得而行。他希望朝廷改革科举制度,加强道德教化,并通过各州县举孝廉和通晓群经之士的形式,来获得更多道德高尚的人才。

杨绾的奏疏得到了皇帝的关注,并下发给朝廷官员进行讨论,给事中李广、给事中李栖筠、尚书左丞贾至、京兆尹兼御史大夫严武等人的观点与杨绾相同,如尚书左丞贾至所云:

> 谨按夏之政尚忠,殷之政尚敬,周之政尚文,然则文与忠敬,皆统人之行也。且夫谥号述行,美极人文,人文兴则忠敬存焉。是故前代以文取士,本文行也,由辞以观行,则及辞也。宣父称颜子不迁怒,不贰过,谓之好学。至乎修《春秋》,则游、夏之徒不能措一辞,不亦明乎! 间者礼部取人,有乖斯义。《易》曰:"观乎人文以化成天下。"《关雎》之义曰:"先王以是经夫妇,成孝敬,厚人伦,美教化,移风俗,盖王政之所由废兴也。"故延陵听《诗》,知诸侯之存亡。今试学者以帖字为精通,不穷旨义,岂能知迁怒贰过之道乎? 考文者以声病为是非,唯择浮艳,岂能知移风易俗化天下之事乎? 是以上失其源而下袭其流,波荡不知所止,先王之道,莫能行也。夫先王之道消,则小人之道长;小人之道长,则乱臣贼子生焉。臣弑其君,子弑其父,非一朝一夕之故,其所由来者渐矣。渐者何? 谓忠信之凌颓,耻尚之失所,末学之驰骋,儒道之不举,四者皆取士之失也。②

贾至也认为加强道德教化,移风易俗离不开对儒家经学的重视。只有效法先王之道,才可以敦化世风,抑制日益颓坏的社会风气。杨绾的建议得到了朝廷的认可,并付诸实践。之后,杨绾又多次上疏,希望进一步加强儒家经学在道

---

① （后晋）刘昫:《旧唐书》卷一百一十九《杨绾传》,第 3431 页。
② （后晋）刘昫:《旧唐书》卷一百一十九《杨绾传》,第 3432 页。

德教化方面的作用。可以说,杨绾等人推动了科举制度的改革,尤其是促使朝野对经学的重视,加强道德教化,改变浇薄的世风。在中唐时期的经学发展历程中,杨绾的贡献较大。正如《旧唐书·论赞》所评价的:"善人为邦百年,即可胜残去杀,杨绾入相数日,遽致移风易俗。周、召、伊、傅、萧、张、房、杜,历代为相之显者,蔑闻斯道也。"①《旧唐书》认为杨绾作为宰相,在移风易俗方面作出了突出贡献,而这其中自然包括他在推崇经学上所作的努力。

在杨绾之后,陆贽接替了他宰相的位置,继续倡导经学教育与科举制度的改革,认为儒生不仅要精通一经,而是要兼通五经。不仅要熟知经典内容,更重要的是通经致用。所以在陆贽主持科举考试时,录取了韩愈、李观、李绛、欧阳詹等著名的儒士,这在当时被称为"龙虎榜"。可以说,杨绾、陆贽对科举制度进行改革,目的就是想改变过去注重诗文与记诵经文的局面。

到了唐顺宗时期,朝廷任用王伾、王叔文为翰林学士,在韩泰、韩晔、柳宗元、刘禹锡、陈谏、凌准、程异、韦执宜等人支持下改革德宗以来的弊政,贬斥贪官,废除宫市,停止盐铁进钱和地方进奉,并试图收回宦官兵权,史称"永贞革新"。这次改革在一定程度上就是儒家思想的一次现实实践,目的就是为了强化皇权,稳定社会秩序。但是由于顺宗病危改革夭折。

在安史之乱以后,儒士大夫们极力倡导要重视经学,重视儒家人伦道德、纲常名教。针对明经科强调的记诵之学进行批判,如柳冕(约730—804年)在给权德舆(759—818年)的信中写道:

> 冕白:昔仲弓问为政,子曰:"先有司。"有司之政,在于举士。是以三代尚德,尊其教化,故其人贤;西汉尚儒,明其理乱,故其人智;后汉尚章句,师其传习,故其人守名节;魏晋尚姓,美其氏族,故其人矜伐;隋氏尚吏道,贵其官位,故其人寡廉耻。唐承隋法,不改其理,此天所以待圣主正之。何者?进士以诗赋取人,不先理道;明经以墨义考试,不本儒意;选人以书判殿最,不尊人物。故吏道之理天下,天下奔竞而无廉耻者,以教之者末也。阁下岂不谓然乎?

① (后晋)刘昫:《旧唐书》卷一百一十九《列传第六十九·论赞》,第3446—3447页。

自顷有司试明经,奏请每经问义十道,五道全写疏,五道全写注。其有明圣人之道,尽"六经"之意,而不能诵疏与注,一切弃之。恐清识之士,无由而进;腐生竖子,比肩登第,不亦失乎?阁下因纵容启明主,稍革其弊,奏为二等。其有明"六经"义义,合先王之道者,以为第一等;其有精于疏注者,与精于诵疏者,以为次等;不登此二科者,以为下等,不亦善乎?且明"六经"之义,合先王之道,君子之儒,教之本也;明"六经"之注与"六经"之疏,小人之儒,教之末也。今者先章句之学,后君子之儒,以求清识之士,不亦难乎?是以天下至大,仕人之众,而人物殄瘁,廉耻不兴者,亦在取士之道未尽其术也。诚能革其弊,尊其本,举君子之儒先于理行者,俾之入仕,即清识君子也;俾之立朝,即王公大人也。一年得一二十人,十年得一二百人,三十年得五六百人,即海内人物,不以盛乎?昔唐虞之盛也,十六族而已;周之兴也,十乱而已;汉之王也,三杰而已;太宗之圣也,十八学士而已。岂多乎哉?今海内人物,喁然思理。推而广之,以风天下,即天下之士,靡然而至矣。是则由于有司以化天下,天下之士,得无廉耻乎?①

柳冕认为科举考试,注重经注与疏解的记诵,这对于圣人之道、经义的传承无疑有重要的价值和意义。但是,很多因为记诵经传注疏的士子进入官场之后,缺乏道德识见与实践能力,不仅不能解决现实社会问题,更不能因势利导,进而有助于道德世风的敦化。在柳冕看来,单纯强调记诵,而忽视了经义与儒学之经世本意,使得世风低迷,以至于三代以来的道德廉耻由此丧尽。柳冕表面上是在指责"明经"科对士人思想的桎梏,其实是对孔颖达《五经正义》所代表的经传注疏之学的不满,而这对后来"啖赵学派"、韩愈、李翱等人的新经学的出现埋下了伏笔。

总之,安史之乱是唐代社会发展的重要分水岭,也是唐代经学转型的分水岭。安史之乱之后,面对社会政治危机,唐政权做了很多应对与革新,在经学领域,促使了儒士大夫们在观念上、注解上做了很多的创新。大体上来说,在

---

① (宋)姚铉编:《唐文粹》八十三《与权德舆书》(柳冕撰),第846页。

安史之乱以前,经学的发展基本上是整理、整合的工作,即通过国家的意志统一汉魏以来经学混乱的局面,即通过《五经正义》的形式实现经学的再一次统一,尽管这种统一是比较松散的,但在一定程度上改变了诸多门派、诸多地域上的纷争。唐朝前期的意识形态领域中,除了儒家经学之外,佛老之学也得到了朝廷的重视,思想文化领域、意识形态领域出现了儒释道三家并存的局面。孔颖达《五经正义》所代表的经传注疏之学注重知识的传承与梳理,而不重视思想的阐发,以至于经学在面对佛禅、道玄高深的人性学说的时难以应对。安史之乱的爆发,为朝野重新整合思想文化、意识形态提供了契机,而儒释道三家思想并存也为儒家经学的转型,提供了丰富的思想理论资源。

四、啖赵学派与唐代经学注解的调整

啖赵学派是中唐时期在经学界非常有影响的学派,其是主要研究《春秋》经传之学,希望借助《春秋》学来表达"尊王攘夷"的思想。主要代表人物有啖助、赵匡、陆质(淳)等。啖助(724—770 年)为学兼通群经,长于《春秋》学,他曾以十年的工夫,撰成了《春秋集传》《春秋统例》。这些著述后来被其弟子赵匡、陆淳等加以完善。由于他们的经学思想具有内在的一致性,后人将他们称为"啖赵学派",其思想主要保存在陆淳编定的《春秋集传纂例》一书之中。

在经学解释方法上,啖赵诸子倡导兼容并包,而不是墨守家法、师法,强调要摆脱《春秋》三传和孔颖达《春秋左传正义》的束缚,希望直接从《春秋》中阐发圣人的微言大义。在形式上就是摆脱章句训诂之学的束缚,主张思想义理之学。"啖赵学派"开启了唐宋时期"疑经惑传"的经学思潮,即对被视为经书的《春秋》三传和解释《春秋》的孔颖达《左传正义》表示怀疑,并强调舍传求经,希望重建新的解经之法。受"啖赵学派"的影响,之后的很多学者,如冯伉《三传异同》、刘轲《三传指要》、韦表微《春秋三传总例》、陈岳《春秋折衷论》等人,他们在经学注解上多是舍传求经、以意逆志(即不遵循《春秋》三传的解释,根据自己的理解来解释《春秋》),从而使得"疑经惑传"之思潮得到继续发展。一时之间,《春秋》学成为中晚唐和五代时期的显学。宋代学者也对

"啖赵学派"的解经方法非常赞赏,并积极推广,为宋代理学的兴起和建立奠定了重要的学术思想基础。

实际上,啖赵学派的出现并不仅仅是经学发展的内在理路使然,更为主要的是现实社会政治秩序重建的需要,是王权一统、维护贵族体制的需要。唐后期经学家看来,只有重新恢复至高皇权才可以重塑贞观、开元盛世。可以说,随着现实危机的不断放大,注重社会政治秩序的儒学也开始得到了越来越多官僚士大夫的关注与推崇。"啖赵学派"看来,安史之乱以后的社会如同春秋战国时期,是一个礼坏乐崩、君不君、臣不臣、父不父、子不子的失去规范的社会。所以,啖赵学派在经典的解释上,非常强调思想义理,注重发挥《春秋》中的微言大义,极力将这些思想与当时社会中君弱臣强、人伦淆乱、信仰失落相结合,为现实社会政治、思想文化的重建提供新的借鉴。他们尤其注重阐发《春秋》中"尊王攘夷"的思想。安史之乱实际是地方势力膨胀,向皇权发起挑战,引发藩镇割据、皇权衰微的结果。另外,周边少数民族乘唐王朝内乱,便纷纷进入中原。所以"啖赵学派"希望借助阐发《春秋》中"尊王攘夷"的思想,来为现实政治提供某种借鉴。

总的来说,啖助、赵匡等人以其不惑传注、标新立异的观点,以及解读经典不拘泥于孔颖达《五经正义》的束缚,而这种以己意说经的新做法,在唐代中后期经学的发展影响很大,进而促成了中晚唐经学风气的新变化。正如《新唐书·啖助传》所云:

> 啖助在唐,名治《春秋》,摭讪三家,不本所承,自用名学,凭私臆决,尊之曰"孔子意也",赵、陆从而唱之,遂显于时。[1]

清人皮锡瑞《经学历史》对此也说:

> 唐人经说传今世者,惟陆淳本啖助、赵匡之说,作《春秋纂例》《微旨》《辨疑》。谓:左氏,六国时人,非《论语》之丘明;杂采诸书,多不可信。《公》《穀》口授,子夏所传;后人据其大义,散配经文,故多乖谬,失其纲统。此等议论,颇能发前人所未发。惟三《传》自古各自为说,无兼采三

---

① (宋)欧阳修、宋祁等:《新唐书》卷二百《啖助传》,第 5708 页。

《传》以成一书者；是开通学之途，北颛门之法矣。①

啖助、赵匡等人的《春秋》学，不拘泥于孔颖达《五经正义》的束缚，提出了很多全新的观点，他们在注解《春秋》时，摒弃门户之见，会通三传，开启之后以己意说经的新局面。近人马宗霍在其《中国经学史》一书中更是详细地表述了啖赵《春秋》学在唐代中晚期的影响，他说：

> 今可见者，惟陆质所作《春秋纂例》《辨疑》《微旨》三书。其说本之啖助、赵匡，以为《左传》解义多谬，其书乃出于孔氏门人，非《论语》之邱明。《公》《谷》口受子夏所传，密于《左氏》，但后人据其大义，散配经文，亦多乖谬，失其纲纪。此等议论，前世范升、王接、刘兆等虽尝发其端，而三传并攻，不如此甚。且诸治《春秋》者，大抵颛门名家，尊传过于尊经，苟有不通，宁言经误。啖、赵、陆氏则援经击传，自谓契于圣人之旨，故其书一出，好异者惊之。柳宗元至以得执弟子礼于陆氏为荣。同时卢仝撰《春秋摘微》，解经亦不用传，故韩愈赠仝诗，有"《春秋》三传束高阁，独抱遗经究终始"之句。成伯玙撰《毛诗指说》，述作《诗》大旨及师承次序，以《诗》众篇之《小序》，子夏惟裁初句，其余为毛公所续。亦《春秋》《毛诗》之新派也。嗣时，李翱《易诠》，论八卦之性；陆希声《易传》，削去爻象；高重《春秋经传要略》，分诸国各为书；陈岳《春秋折衷论》，以三传异同三百余条，参求其长，以通《春秋》之义，并以己意说经。而大中时陈商立《左氏》学议，以孔子修经为法家，左丘明作传为史家，杜元凯参贯经传殊失旨，其议实啖、赵有以启之。故陆龟蒙亦引啖、赵为证，与商议同。盖自大历而后，经学新说日昌，初则难疏，继则难注，既则难传，于是离传言经，所谓犹之楚而北行，马虽疾而去愈远矣。②

啖赵学派对当时的影响不仅局限于《春秋》学，也涉及《诗经》《周易》等诸经的注解当中。如当时的卢仝《春秋摘微》、成伯玙《毛诗指说》、李翱《易诠》、陆希声《易传》、高重《春秋经传要略》、陈岳《春秋折衷论》，都是啖赵学派影

---

① （清）皮锡瑞著，周予同注释：《经学历史》七《经学统一时代》，第214—215页。
② 马宗霍：《中国经学史》第九篇"隋唐之经学"，第104—105页。

响的结果。唐代大历之后,经学注解基本上沿袭了这种风尚,并最终在宋代达到顶峰。啖赵学派的这种新经学,在思想史上而言,是对当时经学思想的一种解放,使得当时儒者开始抛弃了前期恪守经传注疏之学的传统,多纷纷"疑经惑传",并从个人的理解出发来重新注解经传,形成了以己意说经的新风尚,这也开启了宋代"疑经惑传"、以己意说经的先河,正如皮锡瑞《经学通论》中所说:"今世所传,合三传为一者,自唐陆淳《春秋纂例》始,淳本啖助、赵匡之说,杂采三传以意去取,合为一书,变专门为通学,是春秋经学一大变。宋儒治《春秋》皆此一派。"(卷四《春秋》)

但是我们也不能否认,啖赵学派开启新风气的同时,也造成任意解经风气的泛滥,使得经学注解走向了偏激的一面,正如《新唐书·儒林传·论赞》中云:

> 啖助在唐,名治《春秋》,摭讪三家,不本所承,自用名学,凭私臆决,尊之曰"孔子意也",赵、陆从而唱之,遂显于时。呜呼!孔子没乃数千年,助所推著果其意乎? 其未可必也。以未可必而必之,则固;持一己之固而倡兹世,则诬。诬与固,君子所不取。助果谓可乎? 徒令后生穿凿诡辩,诟前人,舍成说,而自为纷纷,助所阶已。[1]

宋人晁公武也说:

> 予尝学《春秋》,阅古今诸儒之说多矣,大抵啖、赵以前学者,皆颛门名家。苟有不通,宁言经误,其失也固陋。啖、赵以后学者,喜援经系传,其或未明,则凭私臆决,其失也穿凿。均之失圣人之旨,而穿凿者之害为甚。[2]

在宋祁、晁公武看来,尽管啖赵学派开启了新的风气,但是这并不代表他们真正理解了孔子的思想,他们"摭讪三家,不本所承",只是凭个人的理解来解读经典,开启了之后学者"穿凿诡辩"、牵强附会的不良风气。

总的来说,啖赵学派对于经学的贡献,有功亦有过,不可一概而论,对此四

① (宋)欧阳修、宋祁等:《新唐书》卷二百《啖助传》,第5708页。
② (宋)晁公武:《郡斋读书志》卷一下《春秋微旨》提要。

库馆臣作了较为客观公正的评价,其曰:

> 助之说《春秋》,务在考三家得失,弥缝漏阙。故其论多异先儒。……其论未免一偏。故欧阳修、晁公武诸人皆不满之,而程子则称其绝出诸家,有攘异端、开正途之功。盖舍传求经,实导宋人之先路。生臆断之弊,其过不可掩,破附会之失,其功亦不可没也。①

客观而论,啖赵学派是中唐时期经学新风气的开创者,啖助、赵匡《春秋》学的特点在于确定儒家经典的权威性,而批驳后世诸儒对儒家思想的淆乱,故通过"以经驳传",来重新解释《春秋》,旨在"尊王",为现实社会秩序的重建提供某种借鉴,在经学注解上较初唐而言开创了新的风气,这种解经的方法对后代而言影响很大,在其研究理念和方法上,它为宋儒开创了一种新的解经方法,如四库馆臣所云:"舍传求经,实导宋人之先路。"啖赵诸儒"不再教人去墨守前代儒者为儒经所作的注疏,而是独立思考,去寻求对经义的解释"②,"从方法上看,啖、赵则是上乘汉儒,下启宋儒的理学"③。

五、佛老之学、古文运动与儒学的兴起

安史之乱之后,儒释道三家都在做积极调整,以适应突如其来的社会政治乱局,对于儒家来讲,除了继承并发展过去经学成就之外,还要根据现实社会政治、思想文化的需要,重建新的儒学思想体系。尤其是佛、老二教对儒家经学的挑战,使得儒家学者就必须面对这样的"危机"。佛教极力完善自己的教义与思想体系,并最终形成了有影响的几大学派。道教则排斥儒学、佛学,并汲取佛教、儒学的思想精髓,完善自己的理论体系。佛、老二教对自己的丰富完善,反过来也促进了儒家经学在"范式"上的转变,这种转变为宋代理学的诞生奠定了丰厚的思想理论基础。

就安史之乱之后的经学而言,儒家士大夫们除了作深刻的自我反思之外,

---

① （清）永瑢等：《四库全书总目》卷二十六《春秋集传纂例》提要,第 213 页。
② 李申：《隋唐三教哲学》,巴蜀书社 2007 年版,第 256 页。
③ 李申：《中国儒教史》（下卷）,上海人民出版社 2000 年版,第 16 页。

希望重新解释儒家经典之外,还有韩愈、李翱、柳宗元等人则希望吸收当时佛教、道教中的思想理论精髓来完善自我,尤其是将问题的重心转向"性与天道"方面,以应对佛老之学与现实社会需要的挑战。安史之乱后,皇帝、宰辅大臣和勋贵都越发对佛教、道教予以崇信,以至于对中古以来以儒学为本的思想文化、社会政治理念受到了极大的冲击,由此也对意识形态、中央权威都产生了极大的危害。在诸儒看来,积极倡导儒家经学的变革,重建儒学思想体系,维护社会秩序就显得十分必要。

实际上,中唐以后佛禅的兴盛与唐初以来的经学发展有直接的关系。唐立国后,除了孔颖达主持编纂的《五经正义》之外,还有贾公彦的《周礼疏》《仪礼疏》、杨士勋的《穀梁疏》、徐彦的《公羊疏》,被合称为《九经正义》。这些都被用来科举考试,当时的读书人为了应付科举考试,只能记诵,不能发挥。可以说,《九经正义》不但对经学的发展起到了阻碍作用,还束缚了人们的思想。最为主要的是,《五经正义》虽然对于复兴儒学、推广儒学有很重要的意义,但是《五经正义》所宣扬的思想基本上还是关于典章制度、治国安邦方面的内容(即常说的"外王"方面),所宣扬的都是建功立业、积极服务于皇权的思想。其中对于当时流行的佛教、道教思想吸收很少,这就忽视了对人心、人性道德伦理方面的关注,就是我们常说的终极关怀(即儒家常说的"内圣"方面)。相反,当时的佛教、道教却非常关注人的心性修养和终极关怀,关心人们的信仰、价值观,关心人们为什么活着,活着的意义是什么;在佛教看来,人人都有佛性,只要修炼就可以成佛,所以面对佛教、道教的兴盛。孔颖达《五经正义》只希望人们关注皇权的稳定、关心社会的建设,而很少谈到个人价值的实现和个人的信仰。所以在理论上,《五经正义》缺乏新意成为读书人获取功名的敲门砖,待入仕后,很多人便投身到佛教的怀抱了。以至于到了中唐时期,大量文人信仰佛教,与当时的僧侣有来往,佛禅之学由此成为唐代最为兴盛的学问。

道教形成于东汉末年,继承儒家谶纬神学传统,以炼丹养生方术来迎合向往长生不老的统治者贵族。到了晚唐,随着神仙方术的衰微,受到佛禅与儒学心性之学的兴起,一些道教学者也开始将目光落在了内在心性的修炼上,并出现了《关尹子》①《化书》《无能子》等道家、道教的经典。他们通过吸收佛禅的一些思想,也完成了自己心性论的建构,这点正如孔令宏先生所言:

> 在心性论方面,唐代禅宗吸取道教思想形成独具特色的心性论后,儒家已经不可能与它同日而语,虽然韩愈、李翱做了一些工作,但谈不上有深度的建树。到北宋时,禅宗进一步庄学化、玄学化,儒家一直没有迎头赶上。道教重玄学从唐代开始在继承庄子的心性思想的基础上,吸取禅宗和佛教其他宗派的思想,对心性进行了深入的探讨。到五代和北宋初期,内丹学经过钟离权、吕洞宾、陈抟、张伯端等人的工作而趋于成熟,取代外丹术而在道教中占据主导地位,道教心性论基本上形成了一个相对完整的体系。②

道教从炼丹以求长生转向追求内丹之学,希望通过内心的修炼改变人的状态。于是他们在传统老庄之学的基础上,吸收佛教禅宗及其他宗派的思想深入探讨心性之学,从而建构了与佛禅相并立的心性论思想体系。唐代道教外内丹学,对经学也产生一定的影响。道教的内外丹书,都非常重视对《周易》的研究、利用,他们借助《周易》象数学理论来解释炼丹程序和火候。这两种传统融合发展,形成了道教的易图学。如唐代道书《大还丹契密图》《真元妙道修丹历验钞》,以及五代道士彭晓所撰《周易参同契鼎器歌明镜图》等,都有按《周易》象数学原理解释金丹修炼的插图,这些为五代宋初图式易学的兴起奠定了重要的学术思想基础。

与中古以来佛老之学日渐兴盛相对应的是,文学也成为当时文化、文明的重要展现形式。中古时期是文学发展的黄金时期,由于这一时期经学的式微,诗文的写作一度被看成是衡量一个人才能最主要的标准。作为儒家的士大夫,文学始终是他们表达思想与情感最重要的方式,在魏晋六朝,随着王权的衰微,文学尽可能地跳出了经学的束缚,在一定程度上展现了它的独立性或个

---

① 四库馆臣认为是"唐、五代间,方士解文章者所为也"。参见(清)永瑢等:《四库全书总目》卷一百四十六《关尹子》提要。今通观其书,其中所言宇宙、心性等观点表述,确不像周代所言,更像唐宋人假托关尹子所撰。

② 孔令宏:《宋代理学与道家、道教》,中华书局 2006 年版,导论第 27 页。

性魅力。

中古以来文学理论或文学观的多次变化,在思想根源上多与各个时代儒家经学的发展状态息息相关。换句话说,文学尽管作为中古时期非常重要的艺术形式,始终不曾与儒家经学分离开来,各代的文人雅士无不涉猎儒家经学,掌握儒家经学始终被认为是士人的基本素养,这就决定了文学始终不能跳出儒家经学的束缚。加之统治阶级,也有意识地借助文学的形式来维护自己的统治,但不让文学独立发展。诸多的因素决定了中古以来的文学始终与经学保持着一定的张力,可以说文学的发展离不开经学,而经学又时时刻刻、或隐或现地决定着文学的仪轨与思想内涵。

文学与经学若即若离、不可分割的联系,在刘勰《文心雕龙》中体现得也非常明显,如《文心雕龙·序志》中就说:

> 自生人以来,未有如夫子者也。敷赞圣旨,莫若注经,而马郑诸儒,弘之已精,就有深解,未足立家。唯文章之用,实经典枝条,五礼资之以成,六典因之致用,君臣所以炳焕,军国所以昭明,详其本源,莫非经典。……于是搦笔和墨,乃始论文。①

在刘勰看来,精通经学始终是儒士大夫最重要的素养。而文章之学在他看来,则是经学最重要的辅翼,所谓"文章之用,实经典枝条",它也是维护君臣关系、国家治理、仪礼规范最重要的手段。刘勰认为,文章之学应当是经学最重要的补充,也必须以经学为依归,发挥其经世致用的价值和意义。由于进士科在隋唐受到重视,使得明经科被忽视,最终导致了一种新的价值观的产生:进士产生虽然难于明经,但是进士出身的地位明显高于明经。这在一定程度上,整个社会对文士、文学的重视多高于儒士、儒学,由此导致了当时文学的兴盛而经学的衰微。

安史之乱后,很多的朝廷官员、儒士大夫都对六朝以来盛行的文章之学提出了自己的看法,实际上也是对科举制度中进士科重视诗赋做法的一种反思。因此,在当时的儒士大夫、文人墨客中掀起了古文运动。可以说,经历了动荡,

---

① (南朝梁)刘勰撰,黄叔琳等注:《增订文心雕龙校注》卷十《序志第五十》,第610页。

儒士大夫们开始对传统的文学观念进行深刻反思,积极倡导恢复儒学。主要活动于天宝至大历时期的一些文士,如萧颖士(717—768 年)、李华(？—774年)、贾至(718—772 年)、独孤及(725—777 年)等人,以及稍晚于他们的梁肃(753—793 年)、柳冕(？—804 年)等,他们都强调宗经明道、复兴儒学。

中唐时期古文运动的兴起,无论是在文学史,还是在思想史、儒学史、经学史上都有非常重要的意义。古文运动的兴起,不是单纯的文学观念的反思问题,更为主要的是对现实社会政治、思想文化的一种思考,其产生的根本原因在于政局的紊乱,也是中唐时期儒家经学的转型,佛禅、道学之学自新促使下文士对章句之学的反思。朝廷官吏、儒士大夫都对六朝以来盛行的文章之学提出了自己的看法,对于古文运动的发展又起到了的一定的促进作用。由于受到上古以来传统文道观的影响,中唐以后文道观逐渐转向"文以载道""文以明道"的传统路径上来。而古文运动的"文以载道""文以明道",反过来又促使了儒士大夫们对儒家之道的思考与创新,这其实就是中唐时期韩愈、李翱、柳宗元、皮日休等人新儒学的重建,进而促成了中唐经学的转向。

六、韩愈、李翱与经学范式的转换

古文运动的兴起,标志着儒学的复兴进入了一个新的阶段。在这场运动中,韩愈、柳宗元二人,并不是唐代古文运动的先驱,但是却是唐代古文运动走向鼎盛的推动者,宋人董逌说"唐之古文自结始,至愈而后大成也"①。四库馆臣对此总结说:"唐自贞观以后,文士皆沿六朝之体。经开元、天宝,诗格大变,而文格犹袭旧规。元结与及始奋起涤除,萧颖士、李华左右之。其后韩、柳继起,唐之古文,遂蔚然极盛。"②而古文运动在当时并不是一个孤立的运动,也不只是一个文学运动。李申认为,它是"当时儒学复兴运动的一个部分,是儒学复兴运动的派生物"③。这主要是由于当时古文运动中文士的文章内容

---

① 董逌:《广川书跋》卷八,景印文渊阁《四库全书》影印本。
② (清)永瑢等:《四库全书总目》卷一百五十《毗陵集》提要,第 1285 页。
③ 李申:《中国儒教史》(下卷),上海人民出版社 2000 年版,第 28 页。

取自儒家经典,文章所要传播的无非是"道",即唐代古文运动的先驱梁肃所明确指出的"文本于道"①的说法。

古文运动在一定程度上促进了儒家经学的复盛和更新,但是对于"道"的重塑问题一直是文人雅士、儒士大夫们必须面对的一个问题。倡导古文运动者很多也信仰佛老之学②,如何整合儒释道三家学说,重建新的道学不仅是儒学复兴的大事是思想文化重建的一个重要课题。前面所说的,梁肃的"道"并非指单一的儒家经典,还有佛老之道。而古文运动的本质是儒学运动,这就使得古文运动家们在前人的基础上,进一步探究"道",以此来统一文士们的看法,为之后古文运动或儒学的发展确立一个新的仪轨与标准。

如何重塑新的"道",韩愈、李翱、柳宗元、刘禹锡等人都有自己的理解。韩愈作为古文运动的领袖,他在其经典之作《原道》中表达了对"道"的理解:

> 博爱之谓仁,行而宜之之谓义,由是而之焉之谓道,足乎己无待于外之谓德。仁与义为定名,道与德为虚位。故道有君子有小人,而德有凶有吉。老子之小仁义,非毁之也,其见者小也。坐井而观天,曰"天小"者,非天小也。彼以煦煦为仁,孑孑为义,其小之也则宜。其所谓道,道其所道,非吾所谓道也;其所谓德,德其所德,非吾所谓德也。凡吾所谓道德云者,合仁与义言之也,天下之公言者也。老子之所谓道德云者,去仁与义言之也,一人之私言也。③

> 夫所谓先王之教者,何也? 博爱之谓仁,行而宜之之谓义,由是而之焉之谓道,足乎己无待于外之谓德。其文,《诗》《书》《易》《春秋》;其法,礼、乐、刑、政;其民,士、农、工、商;其位,君臣、父子、师友、宾主、昆弟、夫妇;其服,丝麻;其居,宫、室;其食,粟米、果蔬、鱼肉。其为道易明,而其为教易行也。是故以之为己,则顺而祥,以之为人,则爱而公,以之为心,则和而平,以之为天下国家,无所处而不当。是故生则得其情,死则尽其常。

① 梁肃:《左补阙李翰前集序》,载(宋)姚铉编:《唐文粹》九十二,第935页。
② 如贾至、李华、独孤及、梁肃等人都是,或信佛、信道,不一而足,这就决定了古文运动家们要想重建"道"学,就必须面对他们的思想诉求,否则通过文以载道或文以明道来复兴儒学就是一个口号而已。
③ (清)吴楚材、吴调侯编选:《古文观止》卷七《原道》,中华书局2008年版,第169页。

郊焉而天神假,庙焉而人鬼飨。曰:"斯道也,何道也?"曰:"斯吾所谓之
道也,非向所谓老与佛之道也。尧以是传之舜,舜以是传之禹,禹以是传
之汤,汤以是传之文、武、周公,文、武、周公传之孔子,孔子传之孟轲,轲之
死,不得其传焉。荀与扬也,择焉而不精,语焉而不详。"①

从上可以看出,韩愈对于儒家之道的认知与理解,并不是汉唐之际流行的章句
注疏之经学,更不是"老与佛之道",而是尧舜孔孟之道,所谓孔孟之道便是以
仁义为核心的成德之学。韩愈专门提出了以思孟学派为儒学嫡传的道统论。
在他所陈述的儒家道统谱系中,"孟子师子思,子思之学盖出曾子",这样便形
成了孔子——曾子——子思——孟子一脉相承的传道谱系,由此将子思、孟子
置于孔子学说传承过程中不可替代的地位。这样一来,思孟学派作为儒家学
说的正统在这个时候被单独提出并表彰,由此开启了唐宋之后重视和诠释思
孟学派的新局面,由此也直接促成了思孟学派在唐宋时期地位的提升,这对于
学者突破旧有的学术形态,建构出新的学说思想体系无疑起到了重要的启发
和推动作用。

　　韩愈、李翱对儒学的重视,也充分体现在经学上,比如他们在啖助、赵匡等
"疑经惑传"派之后,基本上继承了啖、赵等人的怀疑圣贤的观念,他们也将从
怀疑传统的文道关系,逐步重视儒学,希望有新的儒学理论体系出现。如韩
愈、李翱的《论语笔解》就突破了《五经正义》那种"疏不破注"的观念,对很多
的字词、语义进行新的解释。为了应对佛老之学的挑战,韩愈还积极发掘《礼
记·大学》的价值,他肯定并强调《大学》中正心、诚意的根本作用,并将之作
为修身、齐家、治国、平天下的重要起点。韩愈和弟子李翱,则在韩愈的基础上
借助《礼记》中的《中庸》《乐记》为基础写出了影响深远的人性论著述《复性
书》。欧阳修曾评价说:"读翱《复性书》三篇,曰此《中庸》之义疏耳。"②李翱
不仅以对《中庸》的思想进行了极力阐发,还借用《大学》修齐治平的思想、《易
传》中闲邪存诚的观点、《论语》克己复礼的思想、《孟子》的性善论等对人性的

　　①　(清)吴楚材、吴调侯编选:《古文观止》卷七《原道》,中华书局2008年版,第171页。
　　②　(宋)欧阳修著,陈新、杜维沫选注:《欧阳修选集·读李翱文》,上海古籍出版社2016年
版,第281页。

来源、人性特征、为何复性、如何复性等问题作了深入的阐释。如他讲,"性者,天之命也""人之所以为圣人者,性也;人之所以惑其性者,情也""诚者,圣人之性也""视听言动循礼而动,所以教人忘嗜欲而归性命之道也"①等。南宋范浚评价李翱心性论时说:

> 昔李翱在唐诸儒中言道最纯,然其用心勤甚,而时人莫之知,后世亦莫之知。翱从韩愈为文章,辞彩虽下愈,而议论浑厚,如《复性书》三篇,贯穿群经,根极理要,发明圣人微旨良多,疑愈所不逮。②

李翱师从韩愈为学,虽然文采较韩愈甚远,但是他对心性论的阐述却超越韩愈。李翱在人性论方面的思想,不仅提及了后来宋儒所要阐发的很多重要概念和范畴,还提出了心性论的经典依据及建构了《中庸》学。"四书"的概念还没有在此时提出,但是借助"四书"来阐明自己的心性论思想,李翱开一代风气之先。正是因为韩愈、李翱等人的影响,唐末皮日休上书朝廷,认为"孟子之文,粲若经传"③,请求将《孟子》立为国家考试的科目之一。如果从四书学史的发展来看,韩、李是先驱,正如近人范寿康所云:

> 考汉代训诂之学的中心在于"六经",汉唐学者都把全力集注于此;而宋代义理之学的中心却在《学》《庸》《论》《孟》"四书",学者把"四书"当做理学的基本。这表示着对于经典的看法的转移,在这一点,韩李二氏之推重"四书"也可以说是开了宋学的先河。④

韩愈作为宋学先驱也得到史学大家陈寅恪先生的赞誉,他认为韩愈是"唐代文化学术史上承先启后、转旧为新关捩点之人物也"⑤。更为主要的是韩愈、李翱这种有意识的理论建构,不但对之后唐代诸儒、宋儒有重要的启示,这也可以看成是宋代新儒学的重要组成部分,正如韦政通先生所言:

> 在思想家中,扬雄很推崇孟子,然其论性,却完全不受孟子影响,其论学实多本于荀子而远于孟子。韩愈起,始肯定孟子在道统中的地位,孔、

---

① （唐）李翱:《李文公集》卷二《复性书》,上海古籍出版社 1993 年版,第 6—11 页。
② （宋）范浚:《范浚集》卷十一《答徐提干书》,浙江古籍出版社 2015 年版,第 137 页。
③ （唐）皮日休:《诸孟子为学科书》,载（宋）姚铉编:《唐文粹》二十六上,第 304 页。
④ 范寿康:《中国哲学史通论》,武汉大学出版社 2008 年版,第 256 页。
⑤ 陈寅恪:《金明馆丛稿初编》,上海古籍出版社 1980 年版,第 285 页。

孟相连而举,盖亦始于此时,但他的思想与孟子并不相契。对《孟子》《中
庸》一系的思想,首先能有相应了解,并企图据之发展为一新体系,而因
此奠定宋代新儒学一部分基础者,是李翱,即此一点,已足以使他在思想
史上占一重要地位。①

在经学思想史上,韩愈作为"四书"的真正发起者,受到佛禅的影响,对以孟子
心性之学推崇,并将之视为孔学的嫡传,以此来对抗佛禅之学的肆行。然而,
韩愈对思孟一系思想并没有作更加深入的阐释,其弟子李翱在韩愈的基础上
则对此做了进一步的解释,而这些解释最终成为宋代新儒学的重要思路。如
果从唐宋整体的经学发展历程上看,韩愈、李翱可以说是宋代新儒学的基础组
成部分。

总的来说,安史之乱使儒家经学的发展趋向衰微,但却为儒家经学、文史
之学的转向提供了历史契机。中唐时期的儒士大夫,除了力求恢复儒家经学
的发展之外,从另一个方面开始反思经学本身的发展模式问题。一方面,出现
了杨绾等人对科举考试不重经学的反思与质疑;另一方面,出现了啖助、陆淳、
赵匡等人从经学的解释方法与经学思想提出了新的看法。他们开始跳出孔颖
达《五经正义》的束缚,开启了唐宋时期"疑经惑传"经学思潮的先河。此外,
韩愈、柳宗元、李翱等人则在佛学的影响下,也开始积极探索儒学道德形而上
方面的问题,重建儒学道统,以新思想解读儒家经典,如《论语笔解》《复性书》
等,这对于宋代理学的产生与建构起到了重要的理论铺垫作用。但是,啖赵学
派、韩愈、李翱、柳宗元等人在经学变革、儒学复兴方面的努力并没有被一贯地
继承和发扬,反而被唐末战乱所打断。而且,韩愈、欧阳修等儒家学者所进行
的基于现实需要的儒学复兴运动,其指向还基本停留在对佛、老二教对政治、
伦理层面所造成破坏的批判,而不能从学理上,建构出儒学自身的宇宙论、本
体论、心性论来对抗佛、老二教肆行的源泉——佛老之学。但是,韩愈、李翱等
人变革经学、推崇儒学的精神最终在北宋中期又被宋初三先生、欧阳修、王安
石、周敦颐等人所继承和发扬,更是宋代理学的奠基人——二程建构新儒学思

---

① 韦政通:《中国思想史》,上海书店出版社 2003 年版,第 665 页。

想体系的精神源泉,同时也是二程经学与思想之重要基础。因此,二程的努力就不再限于对佛老给社会、政治、经济、伦理等方面所造成破坏的批判,而是将目光更多地投入到对佛老思想理论层面的批判,并汲取他们在宇宙本体论、道德心性修养方面的理论精髓,从而重新诠释儒家经典,建构新的儒学思想体系——理学,从而完成儒家经学的转型。

本讲小结

隋唐在中国经学史上具有承上启下的重要地位。一方面,继承、总结了汉代以来今古文经学的成就,从而形成了具有集大成意义的《五经正义》;另一方面,对中古以来兴起的佛老之学的思想精髓也有汲取,从而初步完成了对汉唐经学的梳理、总结与升华。尽管在隋唐时期,统治阶层也希望通过儒学、经学为维护大一统政治局面,但日益兴盛的佛老之学取得了皇权的更多支持,扩大了话语权力,导致佛老之学极大地消解着儒家所倡导的纲常名教、人伦道德。在思想学术意义上,加速了安史之乱的爆发。

安史之乱不仅唐王朝的政治危机,更是汉唐以来的一次文化危机,主要体现为传统经学思想上的贫乏与固守,导致了经学与现实之间处于分立的状态。可以说,安史之乱是唐代发展的重要分水岭,也是汉宋经学范式转换的界碑。大体上来看,在此以前,经学的发展基本上是整理、整合的工作,即通过国家的意志尽可能地统一汉魏以来经学混乱的局面,以一种新的经学解释来实现经学的再一次统一,尽管这种统一还是比较松散,但在一定程度上改变了诸多门派、诸多地域上的学术纷争。经学的这种统一之所以松散,是因为佛学、道家的思想广泛盛行。经学并没有在统一解释的同时,熔铸佛、老思想于其中,这就为安史之乱之后新经学的诞生提供了发展契机。安史之乱后,经学的发展开始走出汉学发展模式,注重发掘经典本身的价值和意义,而不再是墨守朝廷注解来传承圣人之道。这使得经学的发展兼顾了当时佛学、道家学说的思想,针对当时社会的乱象经学作了巨大的调整,为经学宋学范式的建立奠定了重要的学术思想基础。

自唐代中叶至宋初,中国经学史开始酝酿着一场重大的变革。这种变革除了经学史自身发展的内在原因之外,还有十分重要的社会政治原因。唐宋之际的社会经济、政治体制发生了一系列的变化,这种变化无疑对思想文化提出了新要求,进而影响到了与社会意识形态密切相关的经学领域,导致了经学史的一场重大变革。可以说,安史之乱的变化使得经学的发展开始跳出了粉饰太平、传承知识的主要功能,而转而肩负起追求秩序重建的重要任务。此时,儒家经典诠释的一个基本主题便是要重建新的社会政治秩序。这与儒家经学的本质有直接的关系,儒家经学不仅是一种以知识的研究、积累为目的的学术,更是一种规定国家体制、政治运行的社会意识形态,是指导人们日常生活的价值原则和伦理规范。儒家经学的衰落远远超出其学术史的意义,而直接影响到国家政治、社会生活秩序的维系和稳定。正是因为如此,儒家士大夫开始呼吁、倡导复兴儒学,中唐兴起了古文运动,这是复兴儒学文化思潮的开始。与此同时,啖赵学派对朝廷思想意识形态的重新思考,他们希望通过改造旧有的经学模式,来发挥经学对社会政治、思想文化的指导作用,以此来改变安史之乱对社会文化所造成的创伤。这种努力不仅立足于当时的社会政治现实,也是经学自身应对佛老之学在人们心中的影响。啖赵学派努力的结果,一方面重振礼乐制度,另一方面也吸收佛禅、道玄在道德人心方面的思想精髓,为中晚唐古文运动的发展也提供了一定的借鉴。随着中唐古文运动的兴盛,文论中"道"的地位开始突显,也正是对"道"的探究与深化,这一运动在韩愈、李翱等人的推动,儒家之"道"的内涵由原来注重典章制度开始向心性道德演进,由此开启了宋明理学发展的先河。

第十一讲　两宋的经学思想

　　在中国古代经学史上,宋代无疑是至为关键的时期,具有承上启下的历史地位。北宋是宋学范式建立与定型的时期,南宋则是宋学范式的最终确立时期。具体而言,北宋时期经学从注疏之学转向义理之学;南宋是二程洛学后传诸派经学发展的历史,也是性理经学范式确定的时期,这一时期的经学发展已经进入了一个丰富、完善的阶段,开始在二程洛学的基础上结合当时的社会政治、思想文化作了进一步的发展,并形成了湖湘学、闽学、心学、浙学等流派。随后在朱熹的努力下,最终实现了对二程之后理学诸派与以往经学的整合工作,实现了程朱理学化经学体系的最终建构。随后理学化的经学体系被确立为官学,这标志着经学宋学范式的最终确立,这对中国近世乃至东亚的儒家经学与文化都产生了深远的影响。

一、宋初三朝经学的传承、思想墨守与新变

　　就宋初三朝(太祖、太宗、真宋)的经学而言,宋人吴曾《能改斋漫录》、陆游、王应麟等儒者,以及近代以来的皮锡瑞《经学历史》、马宗霍《中国经学史》、日本本田成之《中国经学史》都认为,经学基本上处于"墨守"的发展状态。宋旧《国史》曾指出:"庆历以前,学者尚文辞,多守章句注疏之学。"[1]近人马宗霍明确地指出:"宋初经学,尤是唐学。"[2]尽管这一时期的经学为整理、

---

[1]　(宋)吴曾:《能改斋漫录》卷二《注疏之学》条引宋旧《国史》,中华书局1960年版,第28页。

[2]　马宗霍:《中国经学史》第十篇《宋之经学》,第110页。

墨守的状态,随着佛教、道教的兴盛,对儒家学说的传承、发展形成了新的挑战。越来越多的儒者注重探究儒经的思想,而不墨守旧有的思想与方法,这些学者对儒经的解释较以往有很大的创新①,并在理论体系上有了极大的突破,为庆历之后"经学变古"奠定了重要的思想基础。

在宋太祖初期,朝廷对旧有的儒家经典进行整理、校勘、考订,以利流传使用。"建隆三年,判监崔颂等上新校《礼记释文》;开宝五年,判监陈鄂与姜融等四人校《孝经》《论语》《尔雅释文》,上之;二月,李昉、知制诰李穆、扈蒙校定《尚书释文》。咸平二年十月十六日,直讲孙奭请摹印《古文尚书音义》,与新定《释文》并行,从之。是书周显德六年田敏等校勘,郭忠恕覆定古文,并书刻板。"②宋太宗时期继承了太祖整理经学的事业,端拱元年(988年)敕命崔颐正、李维、李觉等人校订《五经》,史称:

> 端拱元年三月,司业孔维等奉敕校勘孔颖达《五经正义》百八十卷,诏国子监镂板行之。《易》则维等四人校勘,李说等六人详勘,又再校,十月板成以献。《书》亦如之,二年十月以献。《春秋》则维等二人校,王炳等三人详校,邵世隆再校,淳化元年十月板成。《诗》则李觉等五人再校,毕道升等五人详勘,孔维等五人校勘,淳化三年壬辰四月以献。《礼记》则胡迪等五人校勘,纪自成等七人再校,李至等详定,淳化五年五月以献。③

太宗时代,朝廷组织对孔颖达《五经正义》进行详细校勘,然后由国子监统一印行。这在消除《五经正义》的流传谬误,利于经书的保存和流传之外,对统一当时的思想无疑也有很大的帮助,不过这种经传注疏之学在面对当时盛行的佛老之学的挑战却无力应对。宋真宗即位后,继续太祖、太宗校勘、整理经书与经义的工作。咸平元年(998年),国子监执掌李至进言认为,以往由国子

---

① 今人冯晓庭先生在其《宋初经学发展述论》一书中对此问题也作了深入的分析,值得参考。参见冯晓庭:《宋初经学发展述论》,台北万卷楼图书有限公司2001年版。

② (宋)王应麟撰,武秀成、赵庶洋校证:《玉海艺文校证》卷九《开宝校释文》,凤凰出版社2013年版,第410页。

③ (宋)王应麟撰,武秀成、赵庶洋校证:《玉海艺文校证》卷九《端拱校五经正义》,凤凰出版社2013年版,第411页。

监校勘颁行的《五经正义》，多有谬误，希望朝廷重校：

> 初，李至判国子监。上言："本监先校定诸经音疏，其间文字，讹谬尚
> 多，深虑未副仁君好古诲人之意。盖前所遣官，多专经之士，或通《春秋》
> 者未习《礼记》，或习《周易》者不通《尚书》，至于旁引经史，皆非素所传
> 习，以是之故，未得专详。伏见国子博士杜镐，直讲孙奭、崔颐正，皆苦心
> 强学，博贯《九经》，问义质疑，有所依据。望令重加勘正，除去舛谬。"①

由于宋太宗时校勘《五经正义》，所用多为"专经之士"，多通一经，贯通九经者
甚少，且校勘时不能"旁引经史"，以致校勘不精审。于是李至建议下由淹博
群经的杜镐、孙奭、崔颐正等人重校群经，"重加勘正，除去舛谬"。于是在咸
平三年(1000年)由邢昺主持校勘群经：

> 咸平三年三月癸巳，命国子祭酒邢昺等校定《周礼》《仪礼》《公羊》
> 《穀梁传正义》，又重定《孝经》《论语》《尔雅正义》。四年九月丁亥(一作
> 丁丑)，翰林侍讲学士邢昺等及直讲崔偓佺表上重校定《周礼》《仪礼》
> 《公、穀传》《孝经》《论语》《尔雅》七经疏义，凡一百六十五卷(一本云一
> 百六十三卷)。赐宴国子监。昺加一阶，余迁秩。十月九日，命摹印颁
> 行，于是《九经疏义》具矣。②

经过两次的详加校订，经传注疏基本完具。并通过大规模的刊行，经籍数量大
增，史载："咸平元年正月丁丑，刘可名上言诸经板本多误，上令(崔)颐正详
校。"③"真宗景德二年，真宗幸国子监，召从臣、学官赐座，历览书库，观群书漆
板及匠者模刻，问祭酒邢昺板数几何，昺曰：'国初印板止及四千，今仅至十
万，经史义疏悉备。'"④可以说，经过宋初三朝的搜集、整理、校勘、刊行，经学
著述无论是在质量上，还是在数量上都达到了一定的高度。这为推行儒家人

① (宋)李焘：《续资治通鉴长编》卷四十三，咸平元年正月条，中华书局1992年版，第908页。
② (宋)王应麟撰，武秀成、赵庶洋校证：《玉海艺文校证》卷九《咸平校定七经疏义》，第414页。
③ (宋)王应麟撰，武秀成、赵庶洋校证：《玉海艺文校证》卷九《端拱校定五经正义》，第411页。
④ (清)徐松辑，刘琳、刁忠民、舒大刚校点：《宋会要辑稿·职官二十八》，上海古籍出版社2014年版，第3749页。

伦教化、维护中央集权统治提供了重要的文献基础。

宋初科举取士,制度依旧沿袭唐五代的模式,重进士而轻明经。明经科场考试内容依旧是唐代以来的经传注疏,考生必须恪守注疏而不能发挥:"多士较艺之际,一有违戾注说者,即皆驳放而斥逐之。"①马端临《文献通考》曾记载的宋真宗时期科举考试的一个例子:

> 景德二年,亲试举人,得进士李迪等二百四十余人,特奏一百余人,诸科五百余人,诸科特奏七十余人。先是,迪与贾边皆有声场屋,及礼部奏名,而两人皆不与。考官取其文观之,迪赋落韵,边论"当仁不让于师",以"师"为"众",与注疏异,特奏令就御试。参知政事王旦议:"落韵者失于不详审耳;舍注疏而立异,不可辄许,恐士子从今放荡,无所准的。"遂取迪而黜边。当时朝论大率如此。②

马端临记载的是宋真宗时期的科举现象,即当时的举人贾边在解释"当仁不让于师",将"师"解释为"众",与当时的注疏不同。随即遭到了朝廷的否认,理由就是"舍注疏而立异",这样有悖于经义。这说明,宋代初年朝廷将汉唐注疏视为经典而奉行,而不能允许读书人在思想上有任何的阐发和创见。皮锡瑞对此就批评说:"笃守古义,无取新奇;各承师传,不凭胸臆;犹汉、唐注疏之遗也。"③马宗霍也认为:"唯是因袭雷同,既不出唐人《正义》之范,则宋初经学,犹是唐学,不得谓之宋学。"④

当然,宋初三朝的经学家们在整理、传承经学的同时,也不断地对传统的汉唐经学进行修正、完善,甚至有理论框架上的突破。比如作为宋初三朝经学的代表邢昺(932—1010 年)、孙奭便是如此。邢昺曾撰有《论语注疏》《尔雅注疏》与《孝经正义》,后均收入《十三经注疏》。他身处宋初三朝,受到时代经学发展的整体影响,他对经书的解释多注重名物、训诂之学,其解经基本属于汉学传统。实际上,邢昺除了详细考证经书中的名物典制之外,也对很多以往

---

① (宋)孙复:《孙明复小集·寄范天章书二》,景印文渊阁《四库全书》本,台北商务印书馆1986 年版,第 53 页。

② (元)马端临:《文献通考》卷三十《选举考三》,山东画报出版社 2004 年版,第 64 页。

③ (清)皮锡瑞著,周予同注释:《经学历史》八《经学变古时代》,第 220 页。

④ 马宗霍:《中国经学史》第十篇《宋之经学》,第 110 页。

注解不当之处进行驳正,如解释《论语·学而》中"孝悌而好犯上者鲜矣"时说道:

> 《释诂》云:"鲜,罕也。"故得为少。皇氏、熊氏以为"上"谓君亲,"犯"谓犯颜谏争。今案注云:"上"谓凡在己上者,则皇氏、熊氏违背注意,其义恐非也。①

邢昺对汉唐之际皇侃、熊埋的注解并不认同,认为他们对"上"的解释违背的经义,所以提出了疑义。这无疑打破了汉唐之际经学注解"疏不破注"的传统和原则,与当时儒者对经传的质疑与思想阐发形成了呼应。可以说,邢昺作为宋初经学的代表,他的经学特点及其思想旨趣,具有明显的过渡性质,正如四库馆臣评价其《论语正义》时所言:"今观其书,大抵翦皇氏之枝蔓而稍傅以义理,汉学、宋学兹其转关。是疏出而皇《疏》微,迨伊、洛之说出,而是疏又微。"②在四库馆臣看来,邢昺《论语正义》不仅是对皇侃《论语义疏》的修补之作,其中的一些思想阐发,较以往来说的确有了很大的进步,但是与后来二程等人的《论语》学来说,无疑在思想上显得颇为浅显,故它成为汉学、宋学的过渡之作,"汉学、宋学兹其转关"。

　　需要关注的是,宋代初年推行的三教并立的国策,极大地推动了儒释道三者的融合,这也为经学的义理化、性理化提供了重要的思想资源。当时的很多儒士大夫都参禅论道,还有佛教徒则积极吸纳儒家学说的思想进行理论上的建构工作,其中僧人智圆(976—1022年)便是其中的典型代表③。智圆主要生活在宋太宗、宋真宗时期,他自幼研习儒家经典与思想,自号中庸子。智圆认为佛学与儒学有共同之处,他为了阐明儒佛之间"理"的贯通性,就借助佛教思想对《中庸》进行了自己的诠释:

> 古先觉王升中天,降中国,中日生,证中理,谈中教。噫!释之尚中既如此,儒之尚中又如彼,中之为义大矣哉!吾友志慕真宗,旁通儒术,希中

① (魏)何晏注,(宋)邢昺疏:《论语注疏》卷一《学而》,第4页。
② (清)永瑢等:《四库全书总目》卷三十五《论语正义》提要,第291页。
③ 对于智圆的相关儒释思想,学术界有一定的研究,例如,漆侠:《宋学的发展与演变》,载《宋学的发展与演变》,河北人民出版社2004年版,第140—159页;马步飞《释智圆儒佛汇通思想研究》,陕西师范大学硕士学位论文,2011年。

为字,不亦宜乎！俾解希乎中,无空有之滞；行希乎中,无偏邪之失；事希乎中,无狂狷之咎；言希乎中,无讦佞之弊。四者备矣,修之于身,则真净之境不远而复；化之于人,则圣人之教不令而行。①

智圆认为佛教传到中国之后,所言之理都与"中"有直接的关系,所谓的"升中天,降中国,中日生,证中理,谈中教",而中道又是儒家所崇尚的核心思想。所以,他认为自己尽管身为佛教徒,但却秉承中道而行,也是非常合适的。他甚至认为,人们只有秉承中道修身,就会摒弃各种偏执,所谓"无空有之滞""无偏邪之失""无狂狷之咎""无讦佞之弊"。这样一来,就可以明心见性、践行了圣教。智圆这种对《中庸》的解释,实际上用《中庸》所宣扬的"中道""中德"消弭了儒释两家的界限。这不仅丰富了佛教理论,也极大地宣传了儒家中庸之道、"性与天道"的思想,为后来理学家建构儒学形上学提供了重要的理论思想。

智圆对儒学的认识与解释,对于经学诠释与发展起到了重要的推动作用。对此,正如陈寅恪所给予的高度评价所言：

北宋之智圆提倡中庸,甚至以僧徒而号称中庸子,并自为传以述其义(孤山《闲居编》)。其年代犹在司马君实作《中庸广义》之前,似亦于宋代新儒家为先觉。……然举此一例,已足见新儒家产生之问题,犹有未发之覆在也。②

智圆作为佛教徒,同时对儒学有深刻的认知和理解,并借助佛教对儒家学说作了自己的理解,并将《中庸》作为沟通儒佛之间的重要桥梁,这不仅极大地利用儒家学说丰富、完善了佛教理论,更是为儒家经典诠释提供了全新的思路和方法,也为儒学形上学理论的提升奠定了重要的基础。此后范仲淹、欧阳修、司马光、韩维、二程、张载等人都将《中庸》视为儒家"性与天道"、形上学的重要经典依据,由此推动了四书学知识、思想体系的形成,更为理学的建构奠定了重要的思想理论基础。

---

① (宋)释智圆：《叙继齐师字》,《闲居编》卷二十七,《卍续藏》第 56 册,第 905 页下。
② 陈寅恪：《冯友兰著〈中国哲学史〉(下册)审查报告》,后收入《金明馆丛稿二编》,上海古籍出版社 1980 年版,第 252 页。

在佛教进行自我理论更新的同时,道家、道教也积极打通儒道两家的界限,探讨它们在理论上的共同之处。比如宋初陈抟(871—989 年)在宣扬道家、道教思想的同时,也积极利用他们来解释《周易》,来建构了宇宙生成理论,便为后来理学宇宙本体论的建构提供了重要的思想借鉴①。据史料记载,陈抟提出了《先天图》《太极图》《龙图》等各种图式,将道行修炼与易学解释融为一体,开创了宋代象数易学解释学的新篇章②。

在易学解释上,陈抟最大的特点表现为以图解易,其中《先天图》是解释天地阴阳变化之象,而《易龙图》则是解释天地变化之数的。尽管《易龙图》没有传下来,但陈抟根据《系辞》所言"天地之数"与易理相贯通,作《易龙图》二十幅,以此解读与《易经》相关的数理变化。陈抟不仅对易理的发展有重要的推动作用,更是对儒学的发展起到了重要的推动作用。历史上的陈抟本是儒生,后来又师从道士何昌一,便自称道门弟子。后来他又是从了麻衣道者为学,遂又精通佛法,他曾经教诲弟子说道:

> 是以人之善恶,皆本于性田种子。能理合自己种子,则入道自捷。故《大楞伽经》以分明自性为第一禅宗。我向年入道,并未曾究心于升降水火之法,不过持定《心印经》"存无守有"二字。③

陈抟兼通儒释道三教,并积极整合三教,希望建构出一个超越儒释道的全新的思想体系。另外,陈抟虽然出世为道,但也关注现实,他听说宋太祖登基,就很高兴。另外,他的著述《易龙图》并非独创,而是体悟《周易·系辞》有心得而作。"其学主于意、言、象、数,四者不可阙一,其理具见于圣人之经。……图亦非创意以作,孔子《系辞》述之明矣。呜呼! 真穷理尽性之学也"④。《系辞》在陈抟之前一直被认为是儒家孔子所作,故陈抟所言"其理具见于圣人之

---

①　章伟文:《宋元道教易学初探》,巴蜀书社 2005 年版,第 195—282 页。

②　王铁:《关于陈抟与易学的关系的考辨》,载《宋代易学》,上海古籍出版社 2005 年版,第26—32 页;孔又专:《论陈抟易学思想的影响》,载《四川大学学报(哲学社会科学版)》2008 年第6 期。

③　《玉诠》卷五引陈抟语,载《道藏辑要》第 21 册,台北新文丰出版股份有限公司 1986 年版,第 9155—9156 页。

④　《邵雍全集·易学辨惑》,上海古籍出版社 2015 年版,第 33 页。

经"。李申先生也认为"陈抟其实也是有大志而不得志才隐居起来的儒生"①。在易学史上,陈抟一般被视为宋代易学兴起的开山人物。据史料记载,陈抟提出了《先天图》《太极图》《龙图》等各种图式,将道行修炼与易学解释融为一体,开创了宋代象数易学解释学的新篇章。

总之,宋初太祖、太宗、真宗三朝,经学上基本上未脱离唐代的窠臼,基本上还是"整理""墨守"。但这几十年时间里,儒家经学得到了朝廷的重视和宣扬,经学逐渐成为当时思想文化的主流,取代了唐代文学为主的状态。更为主要的是,这一时期,儒经的解释也颇有可观之处,除了在解释方法上有所创新,注重思想义理之外,在思想体系上,越来越多的学者也开始吸收佛禅、道玄的思想,希望重建新的儒学思想体系,以服务于新建立的王权体制。这种努力体现在陈抟、种放等人的图书易学对传统易学的突破。邢昺、孙奭虽然是宋初三朝经学注疏之学的重要代表,尽管没有在整体上突破汉唐经学范式,但他们也开始注重对汉唐经学的修正、佛老性命之学的吸纳,这对于后来范仲淹、欧阳修以及周敦颐、张载、二程等人义理经学的传承与发展奠定了重要的学术思想基础。

二、庆历之际的"经学变古"与义理经学的发展

宋初经学所秉承的整理、继承的因袭风气,一直延续到了宋仁宗庆历年间。庆历之际,"经学变古"促成了经学模式的转变。经学开始逐渐进入了宋学范式的阶段,并最终在北宋中后期确立了宋学的范式。宋学范式的建立并非一朝一夕,而是经历了唐宋以来经学发展的积淀与新变。宋仁宗庆历年是经学由汉学模式转为宋学模式的分水岭。

庆历之际的经学转变,不仅包括儒经诠释的思想与方法,还包括儒学思想体系方面。这个转变虽然发生在庆历之后,但在之前已经有一些迹象与思想积累。比如,宋初三朝经学的开新者,如陈抟、王昭素、柳开、杜镐、胡旦、穆

---

① 李申:《周易之河说解》,知识出版社1992年版,第163页。

修、王禹偁、胡瑗、孙复、石介等人都纷纷跳出章句注疏之学的束缚,对传统的经学及其思想提出质疑,并注重从经书中探究思想义理。更有甚者,他们对旧有的经典及其注疏进行修正,并用新的方法重新解读儒经,以期建立新的思想体系,正如真宗于景德四年七月对朝臣所言:"近见词人献文,多故违经旨而立说。"①可以说,庆历、嘉祐之际的"经学变古"标志着宋代经学进入了一种新的发展阶段,也预示着新的经学范式即将建立。但经学新范式的重建,并不是在庆嘉之际突变而成,而是宋初以来经学逐渐发展并演变的必然结果。

庆历到嘉祐年间经学的发展开始进入了义理之学的重要阶段。当时京师的诸多学者如范仲淹、欧阳修等人重视经书大义,地方的胡瑗、蔡襄等人也极为重视经义之学并强调经学与社会政治之间的互动性。"经学变古"也不仅仅只是体现为经学领域的变革,这种变革也蔓延到了其他领域。换句话说,"经学变古"是宋初以来文化发展、学术进步、思想转变的必然结果。

庆历之际的经学转变源于宋初以来"内忧外患"的加剧以及政治变革的需要。现实是促使政治变革的重要原因,而政治变革又需要解放思想,跳出旧有思想框架的束缚,由此经学作为意识形态主流变革的诉求成为朝野上下的一致态度。反过来,经学的变革也伴随着政治的变革同步进行。具体来说,以范仲淹、欧阳修、胡瑗、孙复、石介、王禹偁为代表的士大夫,不但对传统的选官制度、赋税财政等具体政治问题,即所谓的"祖宗之法"提出了修正方案,同时还对佛老之学、注疏之学以及浮靡的文风提出批判,而且还从经学的角度出发,对旧有的儒经作出新的诠释,以此作为变革维新的思想依据。尽管庆历新政最后以失败告终,但是他们在思想文化上的革新有极大的社会影响力,并促进了经学为代表的学术风气的转型。

庆历之际,政治上的变革,促进了经学的变革,而经学解释的内涵上也都凸显了政治变革的因素,士大夫积极借助经学解释来宣扬变革。儒经注

---

① (宋)李焘:《续资治通鉴长编》卷六十六,景德四年秋七月壬申条,中华书局1992年版,第1472页。

解,极力结合现实的需要做进一步的阐发,极力发挥经以致用的政治功用,如胡瑗《周易口义》便宣扬"变易",以为当时社会政治的变革提供思想支持。

毕竟,经学始终是意识形态的主流,政治变革需要思想的支持,也就需要已经获得朝野一致认同的经典及其经义的支持,唯有如此,方能实现政治上的真正变革。历史上王莽改革、北周六官、王安石变法、康有为变法等皆是如此。改革派的儒学士大夫秉承儒家经世致用的理念,凸显了在忧患面前的社会责任的担当意识。对此正如余英时所言:"以天下为己任可以视为宋代士的一种集体意识,并不是少数理想特别高远的士大夫所独有;它也表现在不同层次和方式上面,更非动辄便提升到秩序全面重建的最高度。"①

当时的经学界范仲淹、欧阳修与民间学者"宋初三先生"开始批判旧有注疏之学,并从思想义理的角度来重新审视、解读儒家经典。② 其中,范仲淹是庆历新政的核心人物,也是当时新经学、新儒学的先驱人物。他不仅对《周易》《春秋》等经典发表了自己的看法,并借助经学诠释的形式,建构了义理之学的范式与思想体系。他还通过援引的方式举荐人才,由此改变了庆历之际的经学风气,推动了义理之学的发展。《宋史·范仲淹》本传记载云:"仲淹门下多贤士,如胡瑗、孙复、石介、李觏之徒,纯仁皆与从游。"③宋初三先生胡瑗、孙复、石介因范仲淹的提携、举荐而得以施展才华,这对当时的经学、士风的改变都有积极的推动作用。范仲淹还曾劝张载读《中庸》,使张载走上学术之路,并成为理学名家。对此清人全祖望也曾说道:"晦翁推原学术,安定泰山而外,高平范魏公其一也。高平一生粹然无疵,而导横渠以入圣人之室,尤为有功。"④范仲淹对张载的勉励也充分表明他对道德性命之学的关注,希望借

① 余英时:《朱熹的历史世界》,生活·读书·新知三联书店2004年版,第219页。
② 参见徐洪兴:《思想的转型——理学发生过程研究》,上海人民出版社1996年版,第236—260页;张义生:《宋初三先生研究》,山东人民出版社2012年版;高明峰:《"宋初三先生"学术思想论》,《山东省青年管理干部学院学报》2010年第4期。
③ (元)脱脱等:《宋史》卷三百一十四《范纯仁传》,中华书局1977年版,第10282页。
④ (清)黄宗羲原著,全祖望补修:《宋元学案》卷首《宋元儒学案序录》,中华书局1986年版,第1页。

助《中庸》来建构出兼及内圣外王之道的新儒学思想体系①。范仲淹所推崇、交游的学者，多是当时义理之学的推动者，其所引导的张载更是对二程兄弟建构的理学产生了最为直接的影响。可以将范仲淹视为宋学兴起和发展的先驱人物，他在宋学的建立和发展历程中，具有里程碑式的意义。对此，正如钱穆在其《中国近三百年学术史·引论上》中所说："自朝廷之有高平，学校之有安定，而宋学规模遂建。后人以濂溪为宋学开山，或乃上推之于陈抟，皆非渊源之真也。"

欧阳修在庆历之际，极力倡导新的文学形式，并将经学改革作为其学术、政治的主要活动。他在"经学变古"的历程中扮演着承上启下、推波助澜的重要角色，对此漆侠先生也曾说道：

> 在对经学的探索中，（欧阳修）以大胆怀疑精神反对诸如河图洛书之类的怪妄谬说，并以谨严审慎的治学态度纠正了毛、郑二家的传笺谬注，以其义理之学取代了汉代的章句之学，对宋学的建立起了重要作用。②

欧阳修在经学、史学、文献学方面均有丰硕的成果，为宋代文献整理与研究、学术思想的繁荣和发展作出了杰出的贡献。其有关《易传》《诗序》和《周礼》等儒家经典文献的考辨在后世已成为不刊之论，《诗本义》开始注意从《诗经》本文出发，更多地从文学角度来探求本义，直接影响了《诗经》学上的一个流派，其开创性的成就最为突出。欧阳修不但是北宋中期"疑经惑传"、打破汉学传统的干将，也是庆历、嘉祐时期新经学发展的领军人物。可以说，在欧阳修的参与与引领下，经学在这一时期实现了转向。四库馆臣曾对欧阳修及其经典

---

① 范仲淹对于《中庸》思想也有自己的理解，并曾就《中庸》诚明、中和发表了自己的看法。他曾在其《南京府学生朱从道名述》中说道："然则道者何？率性之谓也。从者何？由道之谓也。臣则由乎忠，子则由乎孝，行己由乎礼，制事由乎义，保民由乎信，待物由乎仁，此道之端也。子将从之乎，然后可以言国，可以言家，可以言民，可以言物，岂不大哉？若乃诚而明之，中而和之，揖让乎圣贤，蟠极乎天地，此道之致也。必大成于心，而后可言焉。"参见（宋）范仲淹：《范文正公集》卷六《南京府学生朱从道名述》，商务印书馆1937年版，第84—85页。从这可以看出，范仲淹所注重的儒家之道，乃是思孟学派所言的"道"。这里的"道"自然包括对儒家人伦道德、纲常名教的遵循，但他更希望这种遵循是发自内心的道德自觉，所谓"诚而明之，中而和之"，唯有如此，才是真正对"道"的通达者。

② 漆侠：《宋学的发展和演变》，河北人民出版社2004年版，第216页。

之作《诗本义》评价说:"自唐以来,说《诗》者莫敢议毛、郑,虽老师宿儒亦谨守小序。至宋而新义日增,旧说俱废,推原所始,实发于修。"①欧阳修在经学思想上的转变,也直接影响了他对历史解释的思想与方法,他在历史文献的整理和编纂方面,除了继承孔子《春秋》"秉笔直书"的史学精神,提高了史料在使用过程中的准确性和客观性之外,更主要的是他继承了孔子编纂《春秋》的政治理念,亦即通过注重春秋笔法,以此突显褒贬善恶,极力宣扬纲常名教、人伦道德,最大限度地发挥儒学在社会政治、思想文化建设中的价值与意义。欧阳修的这种经史相通的作法,在当时内忧外患,尤其是儒学转型、佛禅道玄之学盛行的时代,无异对儒学的兴起、转型与主流化具有举足轻重的推动意义。

宋初三先生胡瑗、孙复、石介是庆历之际最有代表性的经学家,他们对于经学的贡献在于摒弃汉唐以来的注疏之学,宣扬义理之学,为北宋理学的建立奠定了重要的学理基础。可以说,宋代"疑经惑古"思潮的兴起,是庆历学术发展的重要特征,其中宋初三先生贡献甚巨。与三先生同时的很多学者受其影响,开始对儒家经典、历代注解及其思想体系进行怀疑。庆历前后"疑经惑传"的范围之广、内容之细、参与学者之多、影响之大,在自汉讫清经学史上具有里程碑式的意义。经过宋初三先生等人的怀疑、考辨、重释,基本上廓清了汉唐之际经学上发展的迷雾,对于宋代新儒学理论体系的建构无疑提供了重要的学术环境,使得儒家经典重新得到了尊崇,并以此为基础建构了社会政治需要的新理论体系。对此,南宋黄震曾说:

> 师道之废、正学不明,久矣。宋兴八十年,安定胡先生(瑗)、泰山孙先生(复)、徂徕石先生(介)始以其学教授,而安定之徒最盛,继而伊洛之学兴矣。本朝理学,虽至伊洛而精,实自三先生始,故晦翁有伊川不敢忘三先生之语。②

清人全祖望也曾说:

> 宋世学术之盛,安定、泰山为之先河,程、朱二先生皆以为然。安定沉

---

① (清)永瑢等:《四库全书总目》卷十五《毛诗本义》提要,第 121 页。
② (宋)黄震:《黄氏日抄》卷四十五《读诸儒书》,引自(清)黄宗羲原著,全祖望补修:《宋元学案》卷八十六《东发学案》,第 2899—2900 页。

潜，泰山高明，安定笃实，泰山刚健，各得其性禀之所近。要其力肩斯道之
传，则一也。安定似较泰山为更醇。小程子入太学，安定方居师席，一见
异之。讲堂之所得，不已盛哉！①

在二程等人建构理学之前，宋初三先生已经在前人的基础上，结合当时社会政
治、思想文化的需要，摒弃汉唐注疏之学的束缚，直接从经典中探讨圣人之道，
进一步弘扬思想义理学。他们之后"继而伊洛之学兴"，为嗣后二程等人建构
理学奠定了重要的学术思想基础。胡瑗、孙复为宋代义理之学兴起的先驱，即
"安定、泰山为之先河"。我们应该看到，范仲淹开启新的风气，但就经术方面
的贡献颇为有限，而宋初三先生在儒经解释上开始注重义理之学，并积极肯定
思孟学派在儒学史上的正宗地位，但所关注的经典受到时代的局限，主要限于
五经，虽开始对"四书"进行关注，但还未能对"四书"及"性与天道"进行深入
而系统地阐发。

　　总之，庆历经学在形式与思想上都有了非常大的变化，引领这一时期经学
发展的无疑是朝廷中的范仲淹、欧阳修等人，尤其是欧阳修对于当时经学风气
的转向有至关重要的作用。在范仲淹、欧阳修、宋初三先生积极解构汉唐注疏
之学体系并推动经学义理之学兴起的同时，晁迥、契嵩等儒家学者、佛教徒也
积极就儒道本身的理论问题进行了更加深刻的讨论，并借助释道思想进行深
化和完善，推动了各自理论的发展，更是为新儒学思想体系的建构奠定了重要
的基础。在这一时期，新儒学思想体系的建构取得了非常大的成就，刘牧在陈
抟、种放、范谔昌等人思想的基础上，不仅深化了易学理论，更是儒学思想体系
的重建提出了具有开创性的思想和方法，为之后周敦颐、张载、二程的理学建
构提供重要的思想资源和理论基础。

三、北宋中后期经学的性理化与王安石新学

（一）北宋后期经学

　　到了英宗、神宗时期，儒学的发展开始进入了新的阶段。这一时期，周敦

---

① 　（清）黄宗羲原著，全祖望补修：《宋元学案》卷首《宋元儒学案序录》，第 1 页。

颐、邵雍、张载、司马光、王安石等人在经学诠释、儒学建构方面提出了新的思想与方法。他们在中唐以来经学的基础上,汲取了佛老之学的最新成果,进一步丰富发展了经学思想与方法,这极大地推动了儒学的进步。周敦颐、邵雍、张载等人与理学奠基人二程密切的学术交游,为二程理学及洛学的兴起奠定了重要的学术思想基础。此外王安石新学对当时经学的传承与发展影响也尤为重要。王安石新学强调思想义理,更是注重性命道德之学,随着王安石新学派经学尤其是《三经新义》被立为官学之后,基本上取代了孔颖达《五经正义》所代表的汉学传统,宋学派经学传统基本上树立起来。当然,王安石新学的"博杂",具有明显的过渡阶段的属性,故受到了同时代苏轼、司马光、二程等人的批判。二程在王安石新学和汉宋诸儒经学的基础上建构了以"理"为核心的经学体系,这标志着宋学化(或曰理学化)经学体系正式建构起来。

1. 周敦颐

周敦颐(1017—1073年),字茂叔,人称濂溪先生,他曾经做过程颢、程颐的老师,不过他在当时学术界中影响并不大。后来随着二程洛学成为南宋经学的主导,加上胡宏、张栻、朱熹等人的表彰推尊,周敦颐最终确立了他"理学宗主"的地位。周敦颐的经学对后世影响最大的莫过于其易学诠释的思想与方法。北宋时期,象数易学以图书之学的形式复兴,而首倡者为陈抟。根据朱震的叙述,他是宋代图书派、象数学派,甚至是理学派易学的宗师:

> 国家龙兴,异人间出。濮上陈抟以《先天图》传种放,放传穆修,修传李之才,之才传邵雍。放以《河图》《洛书》传李溉,溉传许坚,坚传范谔昌,谔昌传刘牧。修以《太极图》传周敦颐,敦颐传程颐、程颢。是时,张载讲学于二程、邵雍之间,故雍著《皇极经世》之书,牧陈天地五十有五之数,敦颐作《通书》,程颐述《易传》,载造《太和》《三两》等篇。或明其象,或论其数,或传其辞,或兼而明之,更唱迭和,相为表里,有所未尽,以待后学。①

---

① (宋)朱震:《汉上易传·汉上易传表》,九州出版社 2012 年版,第 1 页。

朱震的说法主要从象数学的角度出发来归纳宋代易学传承谱系,将象数学视为张载、二程义理派易学之所出,自然不可尽信,正如清人全祖望所云:"汉上谓周、程、张、刘、邵氏之学出于一师,其说恐不可信。"①但是从中可以看出理学派易学传承的大体脉络。在朱震看来,陈抟所传的三类易图:先天图、河图洛书、太极图乃是宋代易学的源头所在。

《太极图说》以图象解释《周易》,开创了易学解释学史上的新阶段。"《河图》《洛书》《先天图》《太极图》的出现,是儒家易学的新发展,它开辟了易学研究的一个新方向。"②图书之学是易学史上占主导地位的流派,宋代学者对它的完善化和系统化在易学发展史上产生了深远的影响。就太极图而言,确实与道家修炼图有不可分割的内在联系,由此也反映了儒道两家在宇宙生成论方面所存在的一致性。只是与道家丹道不同的是,周敦颐将《易传》和《中庸》的思想融入宇宙生成论的解释中,提出了"立人极"的儒家人伦道德思想,由此奠定了周敦颐在儒家尤其是道学家"宗主"的地位。

2. 邵雍

邵雍(1012—1077 年)因隐居于苏门山百源之上,故被后人称为百源先生,其学派被称为"百源学派"。他终生不仕,以研究《周易》为业。他与当时的富弼、司马光、吕公著、二程等人的关系甚密。他和周敦颐、张载、程颢、程颐并称为北宋五子。邵雍之所以被视为理学的奠基人之一,在于其借助道家和道教思维方式重新解释《周易》,并探讨宇宙生成论、本体论,从而实现了儒学、道家思想的整合。正如钱穆先生所言邵雍"乃以道家途径而走向儒家之终极目标者"③。邵雍经学的宗旨是"本诸天道,质以人事"④。他以数学的形式,自天道推及人道、自先天推及后天、自物理推及性命的思路,以"心学"作为其学说的核心,将道教的天道观、认识论与儒家的人道观、价值观熔铸为一

① (清)黄宗羲原著,全祖望补修:《宋元学案》卷三十七《汉上学案》,第 1253 页。
② 李申:《周易之河说解》,知识出版社 1992 年版,第 168 页。
③ 钱穆:《中国学术思想史论丛》(五),安徽教育出版社 2004 年版,第 56 页。
④ (宋)邵雍撰,李一忻点校,郑同增订:《增广校正梅花易数》附录《宋邵康节先生行略(张崏撰)》,九州出版社 2007 年版,第 179 页。

个理论整体,文思缜密,较周敦颐太极图,在规模气象上更为宏大①。于维杰先生所言:"两宋理学家中,周、邵首倡图书象数之学,皆衍《易》而为说。然濂溪太极图,文说简略,规摹未闳,康节著《皇极经世》,始以先天卦象之数,综贯天行人事,经纬古今波澜博大,以成其内圣外王之学,遂为宋以来言图书象数之祭酒焉。"②所言甚是。

3. 张载

张载(1020—1077年),北宋理学重要的奠基人之一,是当时著名的易学家,撰有《易说》(即《横渠易说》),成书于张载晚年的《正蒙》,其中有四分之一取自《横渠易说》③,其学说主要是在《易》学的基础上建构起来的④。张载选择了标志先秦儒家世界观建立的《易传》(尤其是《系辞》)作为解说《易》理的切入点,他从《易传》的天道观出发,建立了"太虚即气"的气本论;然后用这个气本论去阐释《孟子》和《中庸》的心性论,确立了宋明理学"性与天道合一"的根本主题;接着又以"穷神知化""穷理尽性"等展开其认识论和道德论,从而使天与人、人性与天道、本体论与心性论结合起来,初步完成了对汉唐儒学隔离天人之弊的改造。⑤ 但张载从"气本论"的角度出发来确立儒学心性论的本体地位,导致出现内在逻辑矛盾,因为"气"的升降、聚散并不能作为人性的善恶、美丑的内在根据,这个内在矛盾被二程批之为"杂博"。而程颐正是在张载宇宙本体论、人性论成就的基础上,继续完善儒学本体论、心性论、工夫论,最终克服了张载"气""性"二本的矛盾,最终完成了理学理论体系的建构。

4. 司马光

司马光(1019—1086年),北宋名臣,历史学家。因其反对王安石变法,被

① 对此朱熹也曾说:"论其格局,则太极不如先天之大而详。论其义理,则先天不如太极之精而约。盖合下规模不同,而太极终在先天范围之内,又不若彼之自然,不假思虑安排也。"参见《朱熹集》卷四十六《答黄直卿》,四川教育出版社1996年版,第2254页。

② 于维杰:《〈周易〉与宋明理学》,《福州师专学报(社会科学版)》1999年第2期。

③ 胡元玲:《张载易学及道学研究——以〈横渠易说〉与〈正蒙〉为主之探讨》,台北学生书局2004年版,第54页。

④ 如朱伯崑说:"从《易说》到《正蒙》,说明张载的哲学是以其《易》学为基础而发展起来的。"参见朱伯崑:《易学哲学史》第二卷,北京大学出版社1988年版,第256页。

⑤ 丁原明:《横渠易说导读》,齐鲁书社2004年版,第23页。

视为保守派的领袖,他以史学闻名于后世,但实际上他在经学领域中的影响也甚大,对《周易》"四书"《孝经》《春秋》、三礼等都有自己的理解,还以《周易》易理为基础探讨宇宙本体论,将"虚"视为宇宙之本体,并秉承扬雄"性善恶混"的观念探究人性论及道德修养。朱熹曾将其与周敦颐、邵雍、二程、张载合称为"道学六先生"。《宋元学案》中专立有《涑水学案》,并将之视为北宋"朔学"的创始人。司马光和王安石在政治上的分歧深深的体现在他们的经学旨趣和方法上。在儒家经典的偏好上,司马光重《春秋》,并以此作《资治通鉴》。而王安石重《周礼》,并以此作《三经新义》。尽管司马光、王安石在经学诠释上、政治见解上有巨大分歧,但是都是希望借助经典诠释与思想建构的方式来维护北宋王朝的政治稳定,分歧只是侧重点有所不同而已。

整体上来看,司马光的经学具有很强的时代性和现实取向性。司马光"疑经惑传"旨在维护儒家经典的神圣性,希望正确传承圣人之道,并希望将其运用到现实社会,服务政治建设。所以,在司马光的经学思想中,注重思想阐发是其基本特征,而在思想表达之中,对政治的关注是经学解释首先要考量。故他对儒经价值的认知非常强调其政治功用,比如他曾评价《尚书》说:"窃以《尚书》者,二帝三王嘉言要道尽在其中,为政之成规,稽古之先务也。"[1]司马光公开反对佛老之学,并积极建构属于自己的"性与天道"的思想体系,但其思想框架依旧徘徊于汉唐所流行的董仲舒天人感应与性三品论,以至于二程评价说:"今日卓然不为此学者,惟范景仁与君实而,然其所执理,有出于禅学之下者。"[2]二程肯定了司马光对佛老之学排斥的坚定性,但也说出了他的学说水平并没有超越佛老之学,即司马光在儒学形上学的建构上没有多少贡献。由于司马光在当时的经学界、学术界、政治界都有极大的影响,程颐曾认为他为学纯正,成为当时最重要的人物之一,"阅人多矣!不杂者,司马、邵、张三人耳!"[3]后来,朱熹也曾对司马光高度评价,列为"六先生"之一,

---

① (宋)司马光:《司马光奏议》卷十六《乞讲〈尚书〉札子》,山西人民出版社1986年版,第171页。

② (宋)程颢、程颐:《程氏遗书》卷二上,《二程集》,中华书局1981年版,第25页。

③ (清)黄宗羲原著,全祖望补修:《宋元学案》卷七《涑水学案上》序录,第275页。

是北宋道学兴起阶段的代表人物。但为朱熹在乾道九年(1173年)在其所撰叙述"道统"的《伊洛渊源录》中,因为洛学的门户之见,又将司马光除去,所余五人即所谓北宋五子。由此可见,司马光在理学史上的地位较高。只是相较北宋五子,其学略显得博杂、浅显,不成系统。这一点正如张立文先生对之所评价的:

> "涑学"是处于"道统"边缘上的非主流学派。这从其核心话题、诠释文本与主流学派的重大差异中可见一斑。司马光一生最关心的话题是国计民生、治乱得失和以史致用,而不是天命义理与道德心性。他对理学思潮的新诠释文本《大学》《中庸》虽有所阐释,但比起他对《太玄》和《道德经》的独到研究,显然没有自家发明。特别是他的《温公疑孟》,受到了朱熹的公开批评。他在《潜虚》中提出的气质思想,也被提倡"太虚即气"的张载批评为不免"诸子之陋"。最能体现其价值理想的"中和之道",被程颐说成是为"中"字系缚。"涑学"在理学"道统"中的边缘地位,使后继者"涑水弟子"多数无法传承其学统,更别说发扬光大了。①

张立文先生所言颇有见地。的确,司马光在一生都致力于国计民生、治乱得失,他的经学诠释主要服务于其社会政治理念,尽管他也借助经典诠释来建构新的儒学思想体系,以应对王安石新学的冲击,但由于所提出的思想缺乏系统性,遭到了张载、二程等同时代理学家们的批评与质疑。这不能否认司马光及朔学对当时经学发展的贡献,一方面,司马光积极倡导义理之学,倡导更加纯粹的儒学体系,倡导礼制、纲常名教,而批判佛老之学对人伦道德的冲击;另一方面,司马光积极探索心性理命之学,对当时已经发展并兴盛的性理经学来说无疑具有重要的推动力量,这自然也为二程及洛学建构新的儒学思想体系——理学奠定了重要的学术、思想基础。

5."三苏"

与周敦颐、邵雍、张载、司马光、二程同时代的还有苏洵(1009—1066年)、苏轼(1037—1101年)、苏辙(1039—1112年)父子三人。三苏在经学、文学、

---

① 张立文:《中国学术通史·宋元明卷》第七章,人民出版社2004年版。

政治、学术思想等领域都有重要的影响。他们也是宋代蜀学的开创者和领袖，苏氏蜀学在与王安石新学、二程洛学的对立斗争中，得到了广泛传播。尤其是苏轼、苏辙兄弟，以其卓越的文章和深邃的思想显耀一时，从游者甚众，形成了颇具阵容的苏氏学派。蜀学作为北宋中期兴起的新学派，在政治、学术上都有重要的影响。蜀学经学的基本特征：一是与荆公新学、程颐洛学一样，极力发掘经典中所言的圣人之道，摒弃章句训诂之学；二是与程颐洛学不同，对于盛行的佛老之学，并没有极力排斥，反而借助它们来重新审视、诠释儒家之道。在政治理念上，蜀学不仅与当时的王安石相左，与程颐洛学也有很大的不同。

三苏在经学继续并发展了司马光对王安石新学的抵触和不满。特别是苏轼在经学上与王安石有很多的不同。苏轼《东坡书传》很多地方都对王安石"新学"持批判态度。晁公武《郡斋读书志》卷一评《东坡书传》时便说："熙宁以后，专用王氏之说进退多士，此书驳其说为多。"当然，苏轼对王学的批判并非独树一帜，新法施行，如范纯仁就做《尚书解》进献给宋神宗，以此来反对王安石变法及新学；文彦博也作《二典义》一卷、《尚书解》一卷；洛学首领程颐也作《尧典舜典解》一卷，这些都是针对王安石《新经尚书义》而发。

司马光去世之后，三苏为主的蜀学与二程为主的洛学成为政治与学术上的敌对方。由于蜀学与洛学在政治上的歧见，使得他们在经学诠释与思想建构上也表现出很多的不同。我们以蜀学的核心人物苏轼与洛学的核心人物程颐的解经思想与方法为例。苏轼易学擅长"推阐理势"，即表达个人观点而不拘泥于文句和旧说：

> 夫论经者，当以意得之，非于句义之间也。于句义之间，则破碎牵蔓之说，反能害经之意。孔子之言《易》如此，学者可以求其端矣。[①]

在这里，苏轼反对章句之学，而注重"以意得之"，这是苏轼对宋初三先生、欧阳修等人义理经学的继承与发展。对此，程颐《易传》在研究方法上和苏轼《东坡易传》非常近似，即都强调义理思想。苏轼、程颐的不同主要体现在借助经学诠释所建构的儒学体系上。比如，苏轼与程颐注重借助佛老之学解读

---

① （宋）苏轼：《东坡易传》卷七《系辞上》，吉林文史出版社 2002 年版，第 301 页。

儒家经典,但苏轼却推崇佛老之学的理念,程颐则只借用佛老之学的思维方式与理论精髓,而推崇儒家的人性本善、人伦道德与纲常名教。对于当时流行的人性学说,苏轼就以《系辞》中对人性的理解,反对孟子人性本善的道理,认为人性善只是性的一种成效,而不是性本身。苏轼突出人性的自然性,认为由性而生的情也是没有善恶的,也是自然的。他说:"情者,性之动也,溯而上至于命,沿而下至于情,无非性者。性之与情,非有善恶之别也,方其散而有为,则谓之情耳。"①苏轼的人性学说,得到了弟子们的高度推崇,秦观说:"苏氏之道,最深于性命自得之际。"②

相比较而言,程颐借助经学诠释来宣扬孟子的性本善之说,而不像苏轼那样宣扬道教人性自然的观念。同时,程颐虽然也承认"情"生于"性","自性之有动者谓之情。"③但是他认为情有善有恶,情的善恶,视其是否合乎天理而定。因此,他很注重对人情的"修治","人情不修治,则邪恶身,有道路之不修治,则荆棘生"④,他要求人们自觉地调节和控制感情欲望的活动,遏制"人欲"。可见,程颐关于"情"的观点是和"天理"观念紧密联系在一起的,与他"灭私欲,明天理"的观点完全一致。正是这样,程颐实现了人性论与伦理道德观的"对接"。所以在《东坡易传》中,我们看到更多的是由苏轼所强调的无思无为的天道推演出来无善恶之分的人性、人情,而《程氏易传》中所主张的是人性本善的至上性以及刚健有为的道德修养。可以说,苏轼所强调的人的自然属性,与程颐天道性命学说所强调人的社会属性大异其趣。

总体来看,从北宋中期,经学的发展进入了一个新的阶段,经学不仅在义理之学的基础上进一步发展,更是就经学的内容融入了新的思想。比如,学者们多注重经学注解的形式来探究性命道德之学。从宋代初年开始,陈抟、种放、王开祖、邢昺、胡瑗等人都已经就性命道德之学做了一定的考察,但一般都

---

① (宋)苏轼:《东坡易传》卷一《乾卦》,第 5 页。
② (宋)苏辙:《乐城集(下)》附录三《答傅冰老简》(秦观撰),上海古籍出版社 2009 年版,第 1834 页。
③ (宋)程颢、程颐:《程氏遗书》卷二十五,载《二程集》,中华书局 1981 年版,第 318 页。
④ (宋)程颢、程颐:《程氏经说》卷三《诗解》,载《二程集》,中华书局 1981 年版,第 1062 页。

停留在低层次的水平上,并没有系统地就儒家的宇宙论、本体论、人性论、道德修养功夫等形而上问题进行深入的探讨。周敦颐、邵雍、张载、司马光、苏轼等人已经开始借助佛教、道家的思想来探究儒家的宇宙论、本体论、人性论以及道德修养功夫等问题,但是却并没有将他们整合为一个整体。这一时期的经学强调义理之学,但在官学层面上依然将孔颖达《五经正义》视为基本经典。在这种情形下,虽然经学的义理之学已经得到了深入发展,但是宋代新儒学思想体系并没有建构起来,与之相应的经学体系更是没有建立起来。

(二)王安石新学

宋神宗即位,宋王朝面临着较以往更加严重的政治、危机与思想文化危机。在政治上,官僚机构繁复,冗官冗费日益严重,内部矛盾日趋尖锐。宋代"不抑兼并"的土地政策的实施,使得土地兼并愈演愈烈,财富的不均造成严重的社会问题。加上辽、西夏的军事威胁和侵扰,使宋王朝陷入了内外交困的境地。在思想文化领域,佛老之学肆行,儒士大夫们多参禅论道,不仅极大地消解着儒家纲常名教、人伦道德,冲击着社会秩序与价值信仰。正是在这种情形下,王安石变法与荆公新学(王安石被封为荆国公)应运而生。

王安石的变法不仅有政治经济方面的举措,更有思想文化方面的革新,其中对经学思想影响最大的莫过于对科举考试内容的改变与《三经新义》的颁行。王安石将他早期的思想都融入《三经新义》之中,促使有宋一代经学诠释在思想与方法上有了质的飞跃。王安石的经学思想并非只体现在《三经新义》之中,还有《易解》、文集等,就王安石经学诠释的思想与方法来说,主要表现为以下几个方面。

第一,王安石注重思想义理之学。王安石在解释儒家经典的时候,非常强调义理之学,并以官学的形式颁行天下,由此彻底改变了宋初以来流行的章句训诂之学,正如宋代学者王应麟所评说的:"自汉儒至于庆历间,谈经者守故训而不凿。《七经小传》出而稍尚新奇矣,至《三经义》行,视汉儒之学若土梗。"[1]《三经新义》注重义理之学,改变经学解释的汉学范式,标志着宋学范

---

① (宋)王应麟:《困学纪闻》卷八《经说》,上海古籍出版社2015年版,第201页。

式的建立。

第二,王安石利用佛老之学来解释儒家经典。王安石在解释儒经的时候,不仅重视经书的义理思想与字词的训诂考据,还采取多种解释手段来理解经典。其中,大量援引老庄、佛禅等各种思想来解读儒家经典。王安石的经学诠释中,对老庄之学的偏好①,使得老庄之学成为其诠释经学的重要角度,这对于儒、道思想的融通起到了重要的推动作用。当然,王安石的儒学体系并不够系统,理论自然也显得不够醇正,以至很多学者都将王安石之学视为"杂学",如李祥俊在其《王安石学术思想研究》中说到王学"以经学为主体,以儒学为正宗,以子学、佛学、道教思想为辅助","尚未形成一个严密的理论体系","呈现出'杂家'的特征"②。但正是王安石之学兼采众说,注重援引佛老之学解读儒经,促成了儒释道的融通与性理之学在当时的盛行,为张载、二程在其基础上建构理学奠定了重要的思想基础。

第三,王安石的经学解释非常强调政治性。王安石重视经学,不仅体现在他对经学义理之学的重视,也表现在借助儒经诠释来建构自己的政治理念与改革主张。正如有学者认为的:"王安石解经并非为了解经而解经,而是为了托古改制,并为变法创造良好的舆论环境。"③王安石在变法之际,曾引述孔孟语录,表明自己以明道为己任,希望通过重新诠释《尚书·洪范》,来重新发扬尧舜禹之道以实现太平盛世的政治理念。在群经之中,王安石最看重《周礼》,极力推尊,认为上古三代的王道盛世,"其法可施于后世","莫具乎《周官》之书"④。王安石对《周礼》的诠释,融入了他对变法的理念,同时也希望借此改变学者们的思想,亦即诠释《周礼》本为其变法做舆论准备。这正如四

---

① 司马光在《与王介甫书》中说道:"光昔者从介甫游,介甫于诸书无不观,而特好孟子与老子之言。"参见(宋)司马光:《传家集》卷六十,景印文渊阁《四库全书》本,台北商务印书馆1983年版,第534页。晁公武记载王安石注《老子》时也说道:"介甫平生最喜老子,故解释最所致意。"参见(宋)晁公武著,孙猛校证:《郡斋读书志校证》,上海古籍出版社1990年版,第471页。

② 李祥俊:《王安石学术思想研究·结语》,北京师范大学出版社2000年版,第364页。

③ 王书华:《荆公新学与二程洛学在经学领域的对立与分歧》,《河北学刊》2001年第2期。

④ (宋)王安石:《王文公文集》卷三十六《周礼义序》,上海人民出版社1974年版,第426页。

库馆臣所言:"安石之意,本以宋当积弱之后,而欲济之以富强。又惧富强之说必为儒者所排击,于是附会经义以钳儒者之口,实非真信《周礼》为可行。"①

王安石在宋代经学史上具有里程碑式的地位。王安石主持编纂的《三经新义》《字说》先后被立为官学之后,他和弟子们的经学学术形成了影响甚大的新学体系。尽管我们以往受到儒家道统谱系的左右,而认为周张二程等乃宋代经学的主导,但从历史的视野来分析,王安石及其新学派经学体系在北宋所产生的影响要远远超越周张二程等人。王安石新学的价值与意义,并不仅仅改变了当时经学解释的方法,更为主要的是借助经学诠释建构了异于汉唐乃至宋初以来诸儒的思想体系,尽管他的思想"博杂",但对于周张二程理学化经学范式的建立具有重要的启示和推动意义。

具体而言:一方面,王安石所进行的科举改革对唐宋"经学变古"起到了至关重要的作用,马端临在《文献通考·选举》概括说:"变声律为议论,变墨义为大义。"②所谓变声律为议论,即指以策论代替诗赋;变墨义为大义,即指以义理代替记诵。这是天圣以来科举改革的方向与目的,至此遂臻于成功。从宋学的立场上看,前者标志着有唐以来文章之学在科场统治的终结,后者代表了宋学对训诂之学即汉学斗争的胜利。③ 另一方面,王安石根据当时社会政治的需要,以《三经新义》为代表的新注疏著作取代了唐代的《五经正义》,这不仅对经学发展起到了统一和规范作用,而且对学术思想的发展也起到了框定和限制作用,所谓"安石《新义》行,士子以经试于有司,必宗其说,少异,辄不中程"④。尽管王安石的经学在元祐年间受到攻击,但绍圣之后,又变成了主流统治思想,《三经新义》《字说》乃至王门弟子们所撰的《易

---

① (清)永瑢等:《四库全书总目》卷十九《周礼新义》提要,第150页。
② (元)马端临:《文献通考》卷三十一《选举考四》,山东画报出版社2004年版,第84页。
③ 对于此次科场变革的过程,陈植锷在《北宋文化史述论》一书中有较为翔实的分析,参见陈植锷:《北宋文化史述论》,中国社会科学出版社1992年版,第114页。
④ (清)毕沅:《续资治通鉴》卷七十一,六月辛亥条,大众文艺出版社1998年版,第431页。同条亦载王安石晚年所作的《字说》也为"天下争传习之,而先儒之传注悉废,士亦无复自得之学。"

解》《论语解》《孟子解》等所构成的新学体系,"独行于世者六十年"①,成为当时居于主导地位的话语体系,直到靖康南渡后才慢慢发生变化。其历史地位,正如有的学者所言,"从思想史的角度审视,荆公新学是第一个成功地全面取代汉唐注经之学的义理之学。是真正居于思想界统治地位的新儒家学说"②。

总的来说,王安石及其新学派经学极大地推动了义理之学的发展,使义理之学成为当时最为流行的经学方式。此外,正是由于王安石三教并举,利用佛老之学解读儒家经典,为新经学的建构注入了新血液,在客观上提升了程颐、张载等人建构新经学理论的速度和水平,这对北宋儒学的复兴有着突出贡献。如果从两宋时期整体的经学发展状况来看,王安石的新学是产生于北宋中期,在两宋之际影响前后达六十余年。南宋人陈渊所云:"自王氏之学达于天下,其徒尊之于孔子等,动之以卓诡之行,而矜之以华丽之文,如以锦绣蒙覆陷阱,悦而从之,鲜不坠者,行之以六十余年。"③直到南宋孝宗乾道、淳熙以后才开始式微,而在理宗淳祐以后遭到彻底否定。相比较而言,与王安石新学对抗的二程洛学则借助政局转变扩大了自身的影响,在杨时、胡安国等人的努力下,高宗、孝宗时期二程洛学获得长足的发展,并最终在南宋理宗淳祐年间被确定为官学。其后,理学被元明清定为一尊的统治思想。而相伴随的是,王安石新学被作为异端邪说遭到批判,蔡上翔说南宋以后,"荆公受谤七百有余年"。但王安石"荆公新学"的历史功献甚伟。陆九渊也曾称赞说他"扫俗学之凡陋,振弊法之因循,道术必为孔、孟,勋绩必为伊、周,公之志也"④。近代以来,严复、梁启超、邓广铭等都大力表彰王安石。不论如何,王安石在当时都具有典范的意义。

---

① (宋)晁公武编,孙猛校:《郡斋读书记》卷一,上海古籍出版社1990年版,第57页。
② 范立舟:《宋代思想学术史论稿》,(澳门)澳亚周刊出版有限公司2004年版,第192页。
③ (宋)陈渊:《默堂集》卷十二《十二月上殿札子》,景印文渊阁《四库全书》。
④ 陆九渊:《荆国王文公祠堂记》,载(清)蔡上翔撰,裴汝诚点校:《王安石年谱三种·王荆公年谱考略》,,中华书局1994年版,第211页。

四、两宋之际二程洛学派经学的传承、发展及衍化

在宋代经学、理学的奠基者的"北宋五子"中，以二程的贡献为最大。宋人黄震曾说："本朝之治，远追唐虞，以理学为根柢也。义理之学独盛本朝，以程先生为之宗师也。"①蔡元培亦云："宋之理学，创始于邵、周、张诸子，而确立于二程。"②钱穆先生也说："正统理学，直要到二程才完成。"③二程在宋代理学的建立与发展过程中，起到了承上启下的重要作用，具有里程碑式的意义。这一点正如陈来先生所明确指出的：

> 宋代理学的主流，在当时被称为"道学"。……在历史的意义上，可以说二程是两宋道学最重要的人物，没有二程，周敦颐、张载、邵雍的影响就建立不起来；没有二程，朱熹的出现也就成为不可能。一句话，没有二程，也就没有两宋的道学。④

二程作为宋代理学的奠基人，是宋代理学建构中的枢纽人物，是"两宋道学最重要的人物"。他们在前贤时哲的基础上，借助儒家经典诠释的形式建构了新的儒学形态——理学。其理学化经学有别于汉唐注疏之学，成为中国古代后期经学史上的典范，此经学范式为洛学弟子及宋代诸多学者所继承发展，最终经由南宋朱熹的系统化，最终成为中国古代经学的基本范式。随着理学成为官方学说，程朱理学在元明清数百年中一直居于经学主导地位。正如我国台湾学者张永儁先生所说："理学至于二程先生，乃发扬显盛，蔚然成风。是以，北宋理学以二程先生为中心，宋明理学复本二程先生为宗趣，殆非虚言也。"⑤

---

① （宋）黄震：《黄氏日抄》卷九十一《跋尹和靖家传》，北京图书馆出版社 2005 年版，第 1546 页。

② 蔡元培：《中国伦理学史》，人民出版社 2008 年版，第 87 页。

③ 钱穆：《二程学术述评》，载《中国学术思想史论丛》，安徽教育出版社 2004 年版，第 110 页。

④ 陈来主编：《早期道学话语的形成与演变》，安徽教育出版社 2007 年版，前言第 2 页。

⑤ 张永儁：《二程学管见》，（台北）东大图书股份有限公司 1988 年版，第 163 页。

二程作为宋代经学范式的真正建构者,不仅倡导从儒家经典中发掘代表儒家真精神、价值信仰的"道",更为主要的是要重建新的儒家知识系统"学",并使之在宋代社会政治秩序的重建中发挥应有的作用,亦即将"道""学"与"政"紧密结合起来,发挥儒学经世致用的本旨。二程借助佛老之学重新诠释儒家之"道",并建构了理学思想体系的同时,围绕着《大学》《中庸》《论语》《孟子》《周易》等经典诠释重建了新的儒学知识体系——理学化经学。由于理学在思想体系上异于汉唐注疏之学和佛老之学,由此二程基本上完成了儒学理论与知识体系的全面更新,产生了对中国近世社会政治影响深远的新伦理政治思想体系。二程的经学体系,包括四书学、易学、春秋学、诗经学等,是宋代理学体系的重要基石。正如二程所云,"经所以载道也"①。在二程学体系中,"道"与"学"始终是一个不可分割的有机整体,程颐总结为"体用一源,显微无间"。绍兴七年(1137 年)胡安国上书朝廷表彰程颐时也说:

> 夫颐之文,于《易》则因理以明象,而知体用之一源;于《春秋》则见诸行事,而知圣人之大用;于诸经、《语》《孟》则发其微旨,而知求仁之方、进德之序。②

胡安国强调程氏基于《易》学、《春秋》学、《论语》学、《孟子》学等经学以言儒学、理学,对此朱熹也指出:"程先生《经解》,理在解语内。"③所以,我们不能舍其经学言理学。由此也看出,二程所建构的新儒学形态——理学是以经学为基础,经学是二程理学产生的重要思想源泉和理论基石。不止二程,宋代其他理学家的经学思想与方法也基本如此,我国台湾学者戴景贤曾说:

> 伊川毕生无他著作,惟成《易传》一种,理学其他诸家,如濂溪、横渠,其《通书》《正蒙》之作,亦并是说《易》之书。然则宋人之所谓理学,岂非亦由经学而来?④

---

① (宋)程颢、程颐:《程氏文集·遗文·与方元寀手帖》,载《二程集》,中华书局 1981 年版,第 671 页。以下《程氏遗书》《程氏外书》《程氏文集》《程氏粹言》《程氏易传》《程氏经说》等都出自中华书局版《二程集》。
② (宋)朱熹:《伊洛渊源录》卷四《伊川奏状》,上海古籍出版社 2010 年版,第 975 页。
③ (宋)黎靖德编:《朱子语类》卷十九,上海古籍出版社 2010 年版,第 656 页。
④ 戴景贤:《北宋周张二程思想之分析》,(台北)台湾大学出版社 1979 年版,第 1 页。

这种从经学到理学的路径,也是宋代乃至元明清诸多理学家的基本治学理路。二程及宋代理学诸家基于经学所建构的理学,乃是继先秦儒学、汉唐经学,发展的新形态,正如陈俊民先生所说:"道学(或理学)本是宋儒从经学中分离演化出来的新学术形态。"①

二程学派被称为洛学,同时代还有新学、蜀学、关学等诸多学派。二程兄弟在洛阳长期从事教育活动、兴办书院、聚众讲学,由此形成了自己的学术派别,人们称之为洛学。二程洛学受到众多弟子与官僚士大夫的推动,最终成为北宋后期与王安石新学相比肩的最重要的学派,它的存在标志着宋代理学真正建构起来,这一点正如陈来先生所言:

> 被成为洛学的二程学派是北宋理学最重要的一个学派,程颢、程颐及二程的主要门人谢良佐和杨时构成了朱子之前道学发展的主要推动力。洛学的出现和流传,真正代表了理学的建立和前期发展。在洛学中,后来理学所注重讨论的问题大都提出来了,或者说,洛学所讨论的问题,后来成了理学讨论的核心问题。②

二程理学具有开创意义,它所提出或论证的概念、范畴及相关问题,后来"成了理学讨论的核心问题"。两宋之际,王学与程学分别是蔡京集团与元祐党人的政治理论基础,但随着北宋的灭亡以及支持王学的蔡京、秦桧的倒台,王学也随之衰微。而程学则受到高宗、朝臣的支持,加上各地洛学弟子的传扬,尤其是湖湘学、闽学的兴起,这对于二程洛学的兴盛起到了推波助澜的作用,

----

① 陈俊民:《道学与宋学、新儒学、新理学通论》,《渭南师范学院》2000 年第 3 期。关于道学、理学、新儒学、宋学的谈论学术界已经有很多,如冯友兰在其《中国哲学史新编》一书中就认为:"道学,西方称之为新儒学。新儒学可以说是关于人的学问。""道学从人生的各个方面阐述了人生中的各个问题:一个是什么是人;一个是怎样做人。道学是讲人的学问,可以简称为'人学'。"参见冯友兰:《中国哲学史新编》(下卷),人民出版社 2007 年版,第 15 页。在冯友兰先生看来,道学主要是讲"理",是接着玄学讲的,其中周敦颐、邵雍并非是道学的创始人,而程氏兄弟才是"道学的创始人。他们兄弟二人创立了道学,也分别创立了道学的两派:理学和心学。"(第 23 页)冯友兰同时认为道学是二程时代流行的名称,而理学属于南宋后起。作为后起的理学尽管可以替代道学,但却不能涵盖道学中程朱、陆王两派的统一。所以,在他看来,"我们作历史工作的人,要用一个名称,最好是用出现最早的、当时的人习惯用的名称。照这个标准说,还是用'道学'这个名称比较合适"。(第 26 页)

② 陈来主编:《早期道学话语的形成与演变》,安徽教育出版社 2007 年版,前言第 3 页。

二程之学也由此成为南宋时期影响最大的学派,所谓"方今道学,伊洛为宗"①。之后,由于胡安国湖湘学、吕祖谦婺学、朱熹闽学等学派的传扬,二程洛学成为南宋具有主导地位的学派。

就思想内涵上而言,洛学派经学的发展,基本上都是在二程经学及其思想的基础上进行阐发,"但多数门人在二程的基本理论问题上的不同处受程颢思想倾向的影响较深些,他们与程颢在提倡本心观念,注重心中反省内求方面的观点是一致的"②。如杨时受到程颢的影响最大,他本人也深受程颢的欣赏,并亲授他以《中庸》之学。当杨时辞别程颢时,程颢对人说:"吾道南矣。"③后来杨时尽管在学说上发扬二程兄弟的学说,但更偏重程颢之学,为学注重以《中庸》为依据,强调体验"未发"之中,这其实是对程颢内求于心的一种体现。虽然他也讲格物致知,但也突出"反身而诚"的工夫,如其说:"致知在格物,物固不可胜穷也,反身而诚,则举天下之物在我矣。"④程门高弟谢良佐也深受程颢影响,解释"仁"注重"生生"、自然真实的流行,所谓:"心者何也? 仁是已。仁者何也? 活者为仁,死者为不仁。"⑤朱熹认为谢良佐"最得明道教人之纲领"⑥。还有程门高弟尹焞,也是终身只讲"敬",对于格物致知则不甚理会。他认为"先生教人,只是专令用敬以直内……习之既久,自然有所得也。"⑦这与程颢所言主敬、识仁之说基本一致。吕大临也坚持本心观念,他认为"君子之学,将以求其本心"⑧,这与程颢的思想颇为相近。总的来说,二程弟子们根据自己的旨趣爱好、自身知识、现实需要等方面,对二程之学作了

---

① (宋)李心传辑,朱军点校:《道命录》卷六《刘德修论道学非程氏私言》,上海古籍出版社2016年版,第58页。

② 庞万里:《二程哲学体系》,北京航空航天大学出版社1992年版,第6页。

③ (宋)程颢、程颐:《程氏外书》卷十二,《二程集》,第429页。

④ (宋)刘元卿撰,彭树欣编校:《刘元卿集·诸儒学案》卷二《龟山杨先生要语》,上海古籍出版社2014年版,第814页。

⑤ (宋)刘元卿撰,彭树欣编校:《刘元卿集·诸儒学案》卷二《上蔡谢先生要语》,上海古籍出版社2014年版,第803页。

⑥ (明)李贽:《藏书》卷三十二《儒臣传》,中华书局1974年版,第1798页。

⑦ (宋)程颢、程颐:《程氏外书》卷十二,载《二程集》,第444页。

⑧ (宋)吕大临:《中庸解》,载《二程集》,第1164页。

有选择性地继承与发展,由此造成了南宋以后洛学演化为多个学派。洛学的分流除了因为弟子的学术侧重各有不同,也缘于二程兄弟治学的差异,这也是南宋诸派分化最为根本的源头所在。

在两宋之际,洛学弟子散布各地,使得二程洛学得以在各地广泛传播,并形成了一些具有地域化的新学派。根据《宋元学案》的观点,二程洛学所衍化有:如湖湘学派、朱熹闽学、陆九渊心学、浙东学派等:

> 伊川之学,传于洛中最盛,其入闽也以龟山,其入秦也以诸吕,其入蜀也以谯天授辈,其入浙也以永嘉九子,其入江右也以李先之辈,其入湖南也由上蔡而文定,而入吴也以王著作信伯。①

> 洛学之入秦也以三吕,其入楚也以上蔡司教荆南,其入蜀也以谢湜、马涓,其入浙也以永嘉周、刘、许、鲍数君,而其入吴也以王信伯。……象山之学,本无所承,东发(黄震)以为遥出于上蔡,予以为兼出于信伯。②

按照黄宗羲、全祖望等人的看法,二程之学影响范围远远超过了同时代的张载关学、王安石新学、三苏蜀学等学派。在陕西有吕大临等传授二程理学;在四川有谯定等人传授;在湖南有胡安国、胡宏父子和张栻等传授,是谓湖湘学派;在福建有杨时、罗从彦、李侗、朱熹等传授,是谓闽学派;在浙江有周行己、许景衡等传播,是谓永嘉学派;在江苏有王苹,是谓吴学派(这一派主要反映程颢的学术思想,故与赣学有关系,是陆王心学的先驱)。这些遍及大江南北的理学诸派,或多或少地形成了具有地域特色的理学支派。随着时间的推移与学派之间的整合、分化,最终在南宋形成了颇具影响的理学、心学、事功等三大学派,他们与二程有一定的渊源关系。

南宋初年几个重要的学派,尤以闽学、湖湘学的影响为最大,对此真德秀曾说:

> 二程之学,龟山得之,而南传之豫章罗氏(从彦),罗氏传之延平李氏(侗),李氏传之朱氏(熹),此一派也;上蔡(谢良佐)传之武夷胡氏(安

---

① (清)黄宗羲原著,全祖望补修:《宋元学案》卷二十九《震泽学案》,第1053页。
② (清)黄宗羲原著,全祖望补修:《宋元学案》卷二十九《震泽学案》,第1047页。

国),胡氏传其子五峰(宏),五峰传之南轩(张栻),此又一派也。若周恭叔(行己)、刘元承得之,为永嘉之学,其源亦同自出,然惟朱、张之学,最得其宗。①

真德秀是朱门后学,由于门户之见,故将杨时——罗从彦——李侗——朱熹一系的闽学与谢良佐——胡安国——胡宏——张栻一系的湖湘学两个学派视为二程之学的正宗嫡传,所谓"朱、张之学,最得其宗"。真德秀将师从程颐的弟子周行己所在的永嘉学派视为二程洛学之旁出,他在这里没有提及陆九渊心学、吕祖谦婺学。真德秀此言道明了南宋时期二程洛学后传中最有影响的两派——闽学、湖湘学。他的这个说法对后世影响非常大。另外,在南宋中期,在当时比较有影响的吕祖谦婺学、陆九渊心学、叶适永嘉学,他们都与二程洛学都有直接或间接的联系,只不过由于学派道统之争,他们都非常尊崇二程,并将自己学派视为二程嫡传。

尽管二程洛学在南宋传承并演化为多个学派,但这些学派本身与二程之学没有本质的区别,只是在儒家经典诠释方法上、经学思想上,解决现实社会政治问题的道路上有所差别。他们的思想建构,基本上都是以经学义理之学为起点;在经学研究的旨趣上,基本上都倡导通经以明道、通经以致用。随着南宋不同学派之间频繁的学术交流,彼此的界限也变得模糊起来。如永嘉学派的奠基人薛季宣之父薛徽言为湖湘学派奠基人胡安国的学生,与胡宏是学侣,所以《宋元学案》将薛徽言、薛季宣皆列入《武夷学案》。金华学派吕祖谦还曾经师从湖湘弟子胡宪为学。而后来湖湘学派的后学弟子都师从吕祖谦、薛季宣、陈傅良问学,其重要传承人胡大时还从学于陈傅良。这就使得不同学派之间尽管有相对独立的特色,但在经学模式与思想格局上大同小异、殊途同归。

总之,二程经学在两宋之际得到了广泛传布。关于二程洛学在南宋的传承脉络与师承关系,黄宗羲、全祖望在其所编著的《宋元学案》为我们作了非

① (宋)真德秀:《西山读书记》卷三十一,景印文渊阁《四库全书》本,台北商务印书馆1986年版,第106页。

常系统而细致的梳理。正是二程数传弟子的努力,洛学最终在全国盛行开来,在乾道、淳熙年间进入鼎盛状态,随着很多洛学弟子进入朝廷,受到朝野众多弟子的推尊与传布,洛学俨然成为朝野的主流学说,正如叶适所言:"昔周、张、二程考古圣贤微义,达于人心,以求学术之要,世以其非笺传旧本有信有不信,百年之间,更盛衰者再三焉。乾道五六年,始复大振。讲说者被闽、浙,蔽江湖,士争出山谷,弃家巷,赁馆贷食,庶几闻之。"①洛学在南宋时期的广泛传播并成为当时湖湘学、闽学、浙学等诸家诸派的思想资源,随后在朱熹的传承和大力发展下,其经学思想体系更加完善、更为系统。之后,在洛学后传弟子魏了翁、真德秀等人的推动下,程朱理学被确立为儒学正统、官方学说,实现了经学与政治的合流。

五、朱熹与程朱理学化经学体系的完善

朱熹是闽学的领军人物,他不仅传承了二程之学在内圣、外王两个维度的思想,还兼及湖湘学、心学、事功学等学派的思想,他广泛汲取了孔子之后儒家诸派、诸子百家、佛老之学的学说,并以二程之学为根柢、基于儒经诠释建构了系统而完善的理学化思想体系,由此奠定了他在经学史上继孔子之后最有影响的儒家学者,对此正如钱穆所言:

> (朱熹)气魄之伟大,局度之宽宏,在儒学传统中,惟郑玄差堪在伯仲之列。惟两人时代不同,朱子又后郑玄一千年,学术思想之递衍,积愈厚而变益新。朱子不仅欲创造出一番新经学,实欲发展出一番新理学。经学与理学相结合,又增之以百家文史之学。至其直接先秦,以孟子学庸羽翼孔门《论语》之传,而使当时儒学达到理想的新巅峰,其事尤非汉唐以迄北宋诸儒之所及。故谓朱子乃是孔子以下集儒学之大成,其言决非过夸而逾量。②

---

① (宋)叶适:《水心集》卷十三《郭府君墓志铭》,景印文渊阁《四库全书》本,台北商务印书馆 1986 年版,第 265 页。

② 钱穆:《朱子学提纲》,生活·读书·新知三联书店 2002 年版,第 30 页。

尽管我们可以认为,朱熹在经学体系的建构上不如二程的原创性,但他能够摒弃汉宋门户之见,超越古今各家各派,完善二程所建构的理学化经学体系,最终成为孔子之后最宏阔的经学家、儒学家。

朱熹自认为得二程真传,学者一般将之视为二程四传弟子,全祖望说:"杨文靖公(龟山)四传而得朱子,致广大、尽精微,综罗百代矣。"[1]王梓材说:"自龟山而豫章(罗从彦)为一传,自豫章而延平(李侗)为再传,自延平而朱子而三传。《序录》谓文靖四传而得朱子,盖统四先生言之。"[2]实际上,朱熹以程颐理学为主,兼收程颢心学内容,重点发展了程颐的理学一元论学说,可以说朱学是与程颐思想一脉相承,最终形成了程朱理学思想体系。黄宗羲就曾明确地指出:"朱子得力于伊川,故于明道(程颢)之学,未必尽其传也。"[3]近代以来如冯友兰、牟宗三、蔡仁厚等现代新儒家也持这样的观点。所以,我们认为朱熹作为二程后传弟子,其思想主要是对程颐的继承与发展,并最终形成了程朱思想体系。

(一)确定"四书"为主体的经典诠释系统

朱熹作为二程尤其是程颐之学的直接传承者,其经学的基本理路也延续程颐的说法。在宋代之前,五经一直被作为学者们关注的对象,但受到中唐以来"疑经惑传"思潮的影响,五经的权威不断受到挑战,加上佛禅之学的盛行,儒学急需重建新的思想体系,为了应对佛老之学在道德形上学的挑战,维护宋以后急剧膨胀的皇权体系,而作为儒家心性之学最为核心的经典——"四书"由此开始受到学者们的关注。二程对"四书"的推尊与诠释,奠定了四书学作为理学思想的核心部分,随着二程洛学的兴盛,"四书"成为南宋时期诸儒诸派关注的重心所在。为了整合南宋诸家诸派的理学思想,朱熹在二程基础上,进一步肯定了"四书"的价值与意义,以毕生的精力来研习"四书",并撰述了《论语要义》《论语集注》《孟子集注》《论语或问》《孟子或问》《大学章句》《中庸章句》等有关四书学之作。可以说,朱熹一生在儒家经学上最重要的贡献

---

① (清)黄宗羲原著,全祖望补修:《宋元学案》卷四十八《晦翁学案》,第1495页。
② (清)黄宗羲原著,全祖望补修:《宋元学案》卷四十八《晦翁学案》,第1495页。
③ (清)黄宗羲原著,全祖望补修:《宋元学案》卷十三《明道学案上》,第542页。

就在于"编有《论》《孟》集注与《学》《庸》章句之'四书',以上驾于汉唐相传之《五经》之上"①,"朱子毕生,于'四书'用功最勤最密,即谓'四书'乃朱子全部学术之中心,亦无不可"②。

朱熹对于"四书"之学的推尊与诠释,来自于对二程之学的继承与发展,但较二程而言,朱熹投入精力甚多,可以说"四书"是朱熹经学的核心与基石。这正如钱穆先生所言:

> 在宋代理学家心中,四书学亦即是经学,而"四书"地位,尚尤较其他诸经为重要。首先提出"四书"而赋以极崇高之地位者为二程,朱子毕生,于'四书'用功最勤最密,即谓四书学乃朱子全部学术之中心或其结穴,亦无不可。③

朱熹对于"四书"的重视超越了他对"六经"的关注,并以毕生的精力来探究、研习"四书","朱子毕生,于"四书"用功最勤最密",故钱穆先生将四书学视为"朱子全部学术之中心或其结穴"。朱熹重视"四书"乃是因为它们承载着圣人之道,更为主要的是它们也是儒学道统谱系的象征,亦即《论语》反映了孔子的思想,《大学》展现了曾子思想、《中庸》则是子思的思想体现、《孟子》是为孟子的思想,它们是思孟学派的核心经典所在。自宋代以来,思孟学派一直被视为孔子学说的正宗嫡传,所以理学家们认为,对"四书"的研习最接近圣人之道,而"六经"则与圣人之道较远,朱熹也说:"语孟工夫少,得效多,六经工夫多,得效少"④。于是,朱熹在洛学的基础上,进一步肯定了"四书"及其思想,由此四书学进一步取代了五经学,并被视为体悟圣人之道最为关键的学说思想体系。

宋孝宗淳熙元年(1190 年),朱熹刊行《四书集注》,并将之视为探究理学、传承道学的经典之作,"如《大学》《中庸》《论语》《孟子》四书,道理粲

---

① 钱穆:《宋代理学三书随劄》,生活·读书·新知三联书店 2002 年版,第 213 页。
② 钱穆:《朱子学提纲》,生活·读书·新知三联书店 2002 年版,第 180 页。
③ 钱穆:《朱子学提纲》,生活·读书·新知三联书店 2002 年版,第 180 页。
④ (宋)黎靖德编,杨绳其、周娴君校点:《朱子语类》卷十九《论语一·语孟纲领》,岳麓书社 1997 年版,第 384 页。

然。……若理会得此四书,何书不可读? 何理不可究,何事不可处?"①可以说,经过程朱等理学派的推动,"四书"最终成为理学、儒学最基本的阅读书目。四书学地位的确立,"在经学史上,形成了由汉唐之际注重五经之学开始向以后重视'四书'之学的转变,取代汉唐之际学者将《诗》《书》等'六经'作为诠释中心的局面"②。而经学的发展模式也由汉唐时期注重《五经》注解,转向了以"四书"解释五经的新模式,从而确立了"四书"在中国经学史上的主体地位。

朱熹不仅将"四书"看成是经学的结晶,也看成是理学最为重要的经典载体。"四书"本没有"理"字,但是朱熹以二程理学为指导思想对"四书"进行重新注解而成《四书章句集注》,此书将经学与理学熔铸为一体,"类似于天理何理字的其他概念、命题都相当一致地贯穿于四部书的注释之中,构成了自身融贯一体的新的理论架构"③,即形成了系统的程朱四书学思想体系,由此又进一步丰富、完善了二程以来的理学思想体系,最终实现了理学化四书学体系的系统化。朱熹正是在"四书"注解的过程中,确立了其作为孔孟、二程之后最重要的儒家学者身份。这一点钱穆先生也说:"朱子在学术思想史上贡献最大而最宜注意者,厥为对儒家新道统之组成。"④可以说,朱熹此举直承孔孟之外,又吸收了孔孟之后诸儒尤其是二程洛学诸子思想之精髓,最终建立起了以"四书"为核心的新经学思想体系,实现了经学史上的范式转换。

(二)汉宋兼采,训诂与义理兼重

朱熹在经典诠释上,注重汉宋兼采、训诂与义理兼重,他虽对汉唐经传注疏之学不满,但并没有彻底否定他们的成就,在其理学建构上,朱熹对汉唐经传注疏之学尽可能地汲取,并努力在其基础上进行思想创新。他曾说:

> 谓圣贤道统之传,散在方策,圣经之旨不明,则道统之传斯晦,于是竭

---

① (宋)黎靖德编,杨绳其、周娴君校点:《朱子语类》卷十四《大学一·纲领》,第222页。
② 姜海军:《程颐易学思想研究:思想史视野下的经典诠释》,北京师范大学出版社2010年版,第159页。
③ 刘笑敢:《诠释与定向:中国哲学研究方法之探究》,商务印书馆2009年版,第220页。
④ 钱穆:《中国学术思想史论丛》(五),生活·读书·新知三联书店2009年版,第171页。

其精力以研究圣贤之经训。于《大学》《中庸》,则补其缺遗,别其次第,纲领条目,灿然复明。于《论语》《孟子》,则深原当时答问之意,使读而味之者如亲见圣贤而面命之。于《易》与《诗》,则求其本义,攻其末失,深得古人遗意于数千载之上。……于《书》,则疑今文之艰涩,反不若古文之平易。于《春秋》,则疑圣心之正大,决不类传注之穿凿。于《礼》,则病王安石废罢《仪礼》而《传记》独存。于乐,则悯后世律尺既亡,而清浊无据。是数经者,亦尝讨论本末,虽未能著为成书,然其大旨固以独得之矣。①

在朱熹看来,圣人之道蕴含在群经之中,所以只有剥去汉唐诸儒的误解,重新条分缕析,"极深研几,探赜索隐",方可以明白圣人之道,传承圣人之道。尽管他批驳注疏之学的不足,但在经书注解过程中,他大量援引了汉唐之际包括宋代诸儒经传注疏之学的成就。这种汉宋兼采的经学诠释方式,是其经学的重要方法,正如其弟子黄榦所总结的那样:

凡数经者,见之传注,其关于天命之微,人心之奥,入德之门,造道之域者,既已极深研几,探赜索隐,发其旨趣而无遗矣。至于一字未安,一辞未备,亦必沉潜反覆,或达旦不寐,或累日不倦,必求至当而后已,故章旨字义,至微至细,莫不理明辞顺,易知易行。……先生既为之区别,以悉取其所长,至或识见小偏,流于异端者,亦必研究剖析而不没其所短。②

在黄榦看来,朱熹本人也非常重视注释之学,以至于"一字未安,一辞未备,亦必沉潜反覆,或达旦不寐,或累日不倦,必求至当而后已"。朱熹在确凿字词、章句的本义上,对有关"天命之微,人心之奥,入德之门,造道之域"的经文,进行思想发掘。可以说,在朱熹经学诠释的过程中,汉学是其学术思想建构的基石,而义理阐发则是其为学的基本特质,这种汉宋兼采的方法,使他对经典章句中字词的解释与其所要体悟的天理相辅相成,"莫不理明词顺,易知易行"。甚至朱熹在面对异端之学的词句、观点时,只要有助于天理的体认、思想的建

---

① (清)黄宗羲原著,全祖望补修:《宋元学案》卷四十九《晦翁学案下》,中华书局 1986 年版,第 1579 页。

② (清)黄宗羲原著,全祖望补修:《宋元学案》卷四十九《晦翁学案下》,中华书局 1986 年版,第 1579 页。

构,他都会采摭、吸收,以备己说。如朱熹对《论语》的注解所形成的《论语集注》一书,该书便是在吸取先秦以来尤其是汉唐之际等古代注疏的基础上,又集宋人注解《论语》学的诸多章句成就,融注音、训诂、考证、义理、性理为一体,且以二程理学为标尺,最终完成的。此书也成为《论语》学史上继何晏《论语集解》、皇侃《论语义疏》、邢昺《论语注疏》之后又一座丰碑。可以说,对于诸儒经学注疏,朱熹皆能够仔细考索、归纳演绎,并在前人的基础上提出独到的见解,成为孔子之后诸经诠释最重要的学者之一。

朱熹汉宋兼采的经学方法,实则是基于当时经学发展的偏颇而实行。二程之后,理学为洛学弟子所继承、传扬,并最终使二程洛学取代王安石之学成为南宋时期最重要的学术流派。不过在南宋中前期,二程洛学所分化的理学诸派,各持一说,不相一同,有的重视反省体悟,忽视经学;有的重视经学考索,忽视反省体认;有的重视事功,对经学、心学都不看重。朱熹曾在《中庸集解序》中就表达了对孔孟以来,尤其是宋代"近世"有些学者只重经学训诂、有的学者只重反省体悟的忧虑,他说:

> 然常窃谓秦汉以来,圣学不传,儒者惟知章句训诂之为事,而不知复求圣人之意,以明夫性命道德之归。至于近世,先知先觉之士始发明之,则学者既有以知夫前日之为陋矣。然或乃徒诵其言以为高,而又初不知深求其意,甚者,遂至于脱略章句,陵藉训诂,坐谈空妙,展转相迷,而其为患,反有甚于前日之为陋者。[1]

在朱熹看来,秦汉儒经遭到焚毁,儒者只知道"章句训诂之为事",而不探究圣人之意、性命道德之理。到了宋代,儒者们又摒弃了章句训诂,以之为陋,而直接追求性命之理,以至于宋代诸儒"坐谈空妙,展转相迷"。为了改变这种顾此失彼的经学偏见,朱熹"整齐百家之言",将理学系统化,在经典诠释上注重兼采汉宋、贯通诸家,他的《四书章句集注》便是汉宋、义理训诂相结合的典范之作。汉、宋这两种经典诠释之法,或重训诂,或重义理,都不能真切地反映圣人之本意,只有将两者结合起来,方可以得圣人之本意,体悟天地之理。也正

---

[1] (宋)朱熹:《朱子文集》卷十一《中庸集解序》,商务印书馆1936年版,第425页。

是因为如此,朱熹一方面孜孜不倦于古经、古注的研习;另一方面也跳出经义、训诂的束缚,从天理的高度认识经义本身,即"以意逆志",从而借助丰富的经义注解与诠释建构了系统的理本论哲学体系,实现了理学的丰富与完善。

朱熹解经的目的在于"通经明理""穷理尽性",这是对程颐"格物穷理"的继承与发展,形成了与程颐一脉相承的为学工夫:"涵养须用敬""进学则在致知"。程朱经学都强调"格物",其目的都在于"穷理",在他们看来,儒经是圣人之道、天理的集中体现,只有研习儒经才可以体悟天理:

> 盖为学之道,莫先乎穷理,穷理之要,必在于读书,读书之法,莫贵于循序而致精,而致精之本,则又在于居敬而持志,此不易之理也。夫天下之事莫不有理,为君臣者有君臣之理,为父子者有父子之理,为夫妇、为兄弟、为朋友,以至于出入起居、应事接物之际,亦莫不各有理焉。有以穷之,则自君臣之大以至事物之微,莫不知其所以然与其所当然,而亡纤芥之疑,善则从之,恶则去之,而无毫发之累。此为学所以莫先于穷理也。……是其粲然之迹,必然之效,盖莫不具于经训史册之中。欲穷天下之理而不即是而求之,则是正墙面而立尔。此穷理所以必在乎读书也。①

朱熹强调为学的根本在于"穷理",而读书、研习经学是穷理的必经阶段。在他看来,这种读书穷理是基于章句训诂式的熟读玩味,既不是执着于汉唐注疏之学的繁琐与苛细,也不是孟子、陆九渊所主张的"以意逆志"之法,而是从一字、一词、一句开始,从本义到本意的反复循环体悟,因为儒家经典本身蕴含着有关天地、君臣、父子、夫妇、朋友等不同形态的"理",只有将这些分殊的"理"穷尽,才可以真正体悟天理之"理一",所谓"欲穷天下之理,而不即是而求之"。这在一定程度上强调了经学的重要性。也强调了读书、研习的重要性,也正是因为如此,陆九渊觉得朱熹这种做法过于"支离""琐碎"。朱熹以理存在于经典为基本预设,将研习经典视为穷理的必须手段,希望通过知识的积累转化为对道德的自觉,实现"道问学"与"尊德性"的有机结合。这种治学的理路与精神正如钱穆先生所言:

---

① (宋)朱熹:《朱熹集》卷十四《行宫便殿奏劄二》,四川教育出版社1996年版,第547页。

惟朱子,一面固最能创新义,一面又最能守传统。其为注解,无论古今人书,皆务为句句而解,字字而求,此正是汉儒传经章句训诂工夫,只求发明书中之本义与真相,不容丝毫臆见测说之参杂。此正是经学上传统工夫。明得前人本意,与发挥自己新意,事不相妨。故经学之与理学,贵在相济,不在独申。合则两美,分则两损。朱子学之着精神处正在此。①

总的来看,朱熹对以往经学的解释超越了今古文之争、郑王之争、汉宋之争,融群说于一体,显示出他综括百家、超越古今的雄伟气魄,也为他成为具有里程碑式的经学家、理学家奠定了坚实的学术思想基础。

(三)"通经穷理"与程朱理学体系的建立

朱熹作为宋代理学的集大成者,并不仅仅是因为他对孔孟以来经学作了整理与注解,更为主要的是对孔孟、二程之学以及宋代诸多学派的新思想,进行了更为系统的会通整合,从而使理学成为更为完整的思想体系。正如陈荣捷先生所言:

> "理"之思想,迄北宋五子,始获重要地位。其中,将"理"发展至高峰者,莫过于二程,盖"二程以理为其哲学之唯一基础",然理、气之关系还是到朱子才获得"一种逻辑之阐释",就朱熹言,理之大全为太极,太极是一。然一物亦各有太极,理一而分殊。至若理与气之关系则是"器未尝离乎理,理未尝离乎气"。理为共同性,理之有形上、形下之别,以及理气在若干方面之差异,俱为无可置疑者。朱子是折中于一元论与二元论之间的,在朱子系统中,理既内在,又超越,理气不分离。两者既不个别存在,亦不相反。总之,理之思想之发展,到朱子手中,实已臻巅峰,随后之发展,皆大同中之小异,亦绪余耳。②

理学真正建构于二程,二程将孔孟之"仁"提升为宇宙本体"理"的高度,并提出了与"仁"相关的践履方法与政治理念,实现了儒学的重建。就朱熹而言,对二程之后诸多理学派别的经学、理学思想进行整合,以二程理学为根柢,进

---

① 钱穆:《朱子学提纲》,生活·读书·新知三联书店 2002 年版,第 32 页。
② 陈荣捷编著:《中国哲学文献选编》,杨儒宾等译,江苏教育出版社 2006 年版,第 72 页。

一步丰富完善了理学,所谓"理之思想之发展,到朱子手中,实已臻巅峰",可以说经过朱熹的努力,理学的系统化最终得以完成,"理"也由此成为经典诠释的内在根据与立足点所在(对于朱熹对理学进行系统化、体系化的具体内容,已经有很多论著对此进行探究,此处就不再赘述)。

朱熹顺向完成了理学的系统化的建设,理学的系统化反过来对经学的发展有重要指导意义,理学不但指导经学,也为经学的发展提供了具体的要求。理学的系统化与完善化,无疑为程朱经学的官学化奠定了扎实的理论基础。经过魏了翁、真德秀等人的推尊与努力,程朱理学最终被确立为官方学说,程朱经学在儒学中的正统地位也得以确立,这自然为理学化经学——宋学的发展提供了重要的思想与制度上保证。理学的官学化对于南宋以后经学的发展无疑具有重要的规范与引导作用,"理"成为经学研究上所关注的核心范畴。正如朱熹所言:

> 经之有解,所以通经。经既通,自无事于解,解经以通乎理尔。理得,则无俟乎经。今意思只滞在此,则何时得脱然会通也。且所贵乎简者,非谓欲语言之少也,乃在中与不中尔。若句句亲切,虽多何害;若不亲切,愈少愈不达矣。某尝说:读书须细看得意思通融后,都不见注解,但见有正经几个字在,方好。①

朱熹认为通经的目的就在于穷理,就在于对天理的体认,欲要穷理就必先读书、研究经学。他曾说:"为学莫先于穷理,穷理必在于读书。"②读书、穷理或者说经学与理学成为彼此不可分割的整体,两者相辅相成,缺一不可。所以说,朱熹的这种"穷理"的经学理念对于后世经学的发展有极强的规范作用,这也为近世以来知识主义的兴起奠定了重要的理论基础。可以说,后来的经学注解与诠释都以理学的论证与建构为旨归,而理学是中国近世伦理政治学的基石,由此可以说近世中国经学的注解与诠释都与现实社会政治的稳定与道德人心的敦化紧密相连。程朱理学的官学化更规范了宋以后经典诠释的方

---

① (宋)黎靖德编,杨绳其、周娴君校点:《朱子语类》卷十一《读书法下》,第172页。
② (宋)黄榦:《勉斋集》卷三十六《朝奉大夫文华阁侍制赠宝谟阁直学士通议大夫谥文朱先生行状》,景印文渊阁《四库全书》本,台北商务印书馆1986年版,第428页。

向,这也可以说是理学化经学——宋学的盛行与中国近世伦理政治学的发展之间有着不可分割的联系。

总的来说,朱熹以经学求道体,确立了"通经以穷理"的经学原则,极力突出知识在道德体悟中的价值与意义,一定程度上促使后学们,如陈淳、黄榦、真德秀、魏了翁等人,都非常重视章句训诂之学,到了南宋末期,王应麟、何基、王柏、金履祥等人更是在经学考证学方面作出了突出贡献,到了明清时期,"格物穷理"之法依旧得到了众多推崇朱学弟子们的继承与发展。这不能不说,朱熹作为程颐之学的一脉相承者,在"格物穷理"方面做出了的突出的贡献与深远影响。当然,他这种注重知识的学术倾向也与孔孟悟道有一定的分歧,在牟宗三先生看来,朱熹这种分析式的悟道之法无疑与孔孟之道背离,其学更类乎荀子,他说:

> 孔、孟仁教之精神究是以立体直贯为本质也。朱子之形态是认识论的形态,是静态的本体论的存有之形态,而不能复合于本体论的动态的立体直贯之形态。此是类乎荀子之形态,智性义理之形态,而与孔、孟之教不相应也。徒以其近于常识而又从事于博文,人遂以正统视之矣。实则衡之第一义,彼以孔孟甚相远也(虽不必相违),其距离远甚于周、张、大程及陆、王也。①

朱熹强调知识的获取,通过知识然后体悟道德,从经学到道学,即从"闻见之知"转向"德性之知",借由外在的语言、文字认知转向对自己生命的内省,从而实现道德的自觉。这种方式在牟宗三先生看来,属于一种"静态的本体论的存有之形式",与孔孟"立体直贯"的本质相去甚远,这不但不能与孔孟之道相合,而且与"孔孟之教不相应"。他甚至不能与周敦颐、张载、程颢、陆九渊等人的体道之法相比拟,因为朱熹"终生不能正视此本心之道德践履上之直贯义,故其道问学常于到的践履并无多大助益。……盖此种外在知解、文字理会之明理本与道德践履并无本质的相干者"②。牟宗三先生的观点代表了后

① 牟宗三:《从陆象山到刘蕺山》,上海古籍出版社2001年版,第62页。
② 牟宗三:《从陆象山到刘蕺山》,上海古籍出版社2001年版,第64页。

世对朱熹之学的批评。朱熹后学中的很多弟子对此也有反思，并积极吸收反省体悟之法，以弥补"格物穷理"之不足，如我们从真德秀、魏了翁等人的经学思想中就可以看出，他们都自觉不自觉地吸收了陆学易简的求道方法，弥补朱学"格物穷理"所存在的弊端与不足。

（四）"内圣"与"外王"之学的贯通

朱熹一生著述甚多，但其最专精的莫过于"四书"，这一点弟子黄榦曾说："先生著述虽多，于《语》《孟》《中庸》《大学》尤所加意。若《大学》《论语》则更定数四，以至垂没。《大学》诚意一章，乃其绝笔也。其明道垂教，拳拳深切如此。"①朱熹一生最为重视"四书"，尤其秉承《大学》治学、为政之理念，修身明道、治国安邦，由此使自己成为理学家修身、治国的典范，也可以说朱熹终其一生对现实社会政治保持着热切的关注，并始终以《大学》为行事轨范，通过"明体达用"，重塑道统、宣扬道学，从而为现实社会政治提供了治国安邦的借鉴。

朱熹在二程之学的基础上，极力突出《大学》"三纲八目"之旨，并将之作为治学的基本路径与框架，目的是将伦理道德与政治实践进行有机结合，正因为如此，朱熹继承并发展了二程思想，最终形成了完整的"格物致知"理论。程朱理学认为，人应该以"主敬、集义"来进行道德修养，但还不够，还应该进一步从知识上来充实自己，通过知识的积累，人就可以在更高的、更广泛的角度理解道德原则。不过，程朱的"格物穷理"虽然不排斥穷"物理"，但最终还是要落实到"明善"，落实到内向反思的自我认识。他们认为，万物源于一理，一理作为万物的本体，既是自然规律，也是道德原则，其散在万物为"物理"，具于人心则为"性理"、为"人理"，而理学最终的目的是在于把握人生的"理"，而落脚点则在于现实社会政治问题的解决与秩序重建。

朱熹理学是其政治理念的理论依据，他在政治思想上尽管在具体实行上与二程有所不同，但是在思维方式上与二程如出一辙。《宋元学案·晦翁学

---

① （宋）黄榦：《勉斋集》卷三十六《朝奉大夫文华阁侍制赠宝谟阁直学士通议大夫谥文朱先生行状》，景印文渊阁《四库全书》本，台北商务印书馆 1986 年版，第 428 页。

案》中就称：

> 孝宗即位,诏求直言,先生上封事:"帝王之学,必先格物致知,以极夫事物之变,使义理所存,纤悉毕照,则自然意诚心正,而可以应天下之务。"

> 隆兴元年,复诏对,其一言:"大学之道,在乎格物以致其知。陛下未尝随事以观理,即理以应事,平治之效,所以未著。"①

朱熹认为帝王治国安邦,先注重格物致知,穷得天下之理,然后意诚心正,所谓"大本者,陛下之心"②,心正方可以治国平天下,这与二程主张的通过"格君心之非"来治国安邦的政治思路基本一致。可以说,程朱的政治理念都是借助《大学》来表达自己对道德理性的重视,他们都认为只有帝王通过修身养性、使其意诚心正,方可以治国安邦,这可以说是程朱理学治国安邦之术的根本立足点所在。相比而言,当时的陈傅良、叶适、陈亮等人注重《春秋》、三礼,希望借此直接从"外王"入手,解决当时政治问题,这在政治理路上明显与程朱有所不同。也正是因为程朱理学与永嘉、永康为学致政的路径不同,故朱熹为了维护这种政治理念而与当时的浙东学派中的薛季宣、陈傅良、叶适、陈亮等人展开激烈的论辩。

朱熹将经典诠释与政治理念紧密相结合,当然也非常注意吸收他派的思想,在浙东学派看来,朱熹只谈性理,而不言经制、事功。其实并非如此,朱熹也注重三礼之学、注重典章制度对现实社会的控制,如《宋史·礼志》记载:

> 其后朱熹讲明详备,尝欲取《仪礼》《周官》、二戴《记》为本,编次朝廷公卿大夫士民之礼,尽取汉、晋而下及唐诸儒之说,考订辨正,以为当代之典,未及成书而没。③

这表明朱熹对于典章制度也非常关注,希望将三礼中的礼制运用到现实社会的治理之中。这不仅反映了朱熹对三礼价值的肯定,也是对汉唐以来怀疑三礼真伪的有力回应。不过与浙东学派的学者相比,朱熹对于礼学的重视是以

---

① （清）黄宗羲原著,全祖望补修:《宋元学案》卷四十八《晦翁学案上》,第1496页。
② （宋）朱熹:《朱熹集》卷十一《戊申封事》,四川教育出版社1996年版,第461页。
③ （元）脱脱等:《宋史》卷九十八《礼志一》,中华书局1977年版,第2424页。

性命道德之学为前提,而非直接探究、运用三礼。总体而言,外王事业是内圣的推衍,并不是先于内圣而存在,所以朱熹始终以《大学》之道为规模,以此为学致政,希望重建上古三代王道政治。

总而言之,朱熹所建构的理学系统,基本上是对程颐理学的继承与完善,由于朱熹所处的时代,儒学大家张栻、吕祖谦、陆九渊等人都相继谢世,唯有朱熹硕果仅存,他以广博精深的思想体系,集宋代理学之大成,成就了他在经学史、理学史上的至高地位,这也为程朱经学、理学的官学化奠定了坚实的文献、理论基础。朱熹作为宋代理学的集大成者,对经学有突出的贡献,我们认为主要有四个重要的贡献:第一,经学经典依据重心的转移。汉唐时期主要是五经,宋以后转化为"四书"。第二,在经典诠释方法上,强调义理、"自得",改变了过去注重经传注疏之学的方法。第三,确立了经典诠释的核心范畴。将以往汉唐诸儒所注重的"礼"而转化为以"理"为核心。第四,经学旨趣上:强调"内圣""外王"的贯通,尤其关注"内圣"之学,希望通过《大学》"格物穷理"之法,修身明德,然后通向"修齐治平"。这可以看成是宋学新经学范式,取代了汉唐时期以训诂、注疏为主的旧经学范式。尽管朱熹不论是在解经思想与方法上,还是论证方式、概念解释上都与当时的吕祖谦、陆九渊诸家有所不同。但就经学旨趣而言彼此"宋乾、淳以后,学派分而为三:朱学也,吕学也,陆学也。三家同时,皆不甚合。朱学以格物致知,陆学以明心,吕学则兼取其长,而复以中原文献之统润色之。门庭径路虽别,而其归宿于圣人,则一也。"[1]朱熹在经典诠释理路上,兼采汉唐注疏之学、贯通宋代心性理命之学,以"四书"为核心经典,将"理"作为经典注解的内在根据,进行思想建构,最终丰富、完善了程朱理学思想体系,这也标志着新儒学体系的建构完成,更是标志着唐宋以来新经学范式的最终形成。随着程朱理学被确立为官学,其解经模式与思想体系成为元明清时期经学的主导,由此可以说朱熹在经学史上具有里程碑式的意义。

---

[1] (清)黄宗羲原著,全祖望补修:《宋元学案》卷五十一《东莱学案》,第 1653 页。

六、南宋"庆元党禁"与程朱理学的官学化

宁宗、理宗时期,是理学化经学发展的新时期,最大的变化是程朱理学化经学体系被立为官学,结束了南宋以来诸家诸派并进的局面。当然,程朱的理学化经学被立为官学既是程朱之学传承、发展与完善的必然结果,但也是社会政治危机与斗争的必然选择。宋宁宗时代,政治斗争加剧,理学诸派被定为伪学,史称"庆元党禁"。

"庆元党禁"是南宋政治史、经学史上的一次重要事件。绍熙五年(1194年),光宗因病不能主持丧礼,于是知枢密院事赵汝愚发动政变,拥立赵扩(即宁宗)为皇帝。当时的宫廷内臣韩侂胄也参与其事,事成之后,赵汝愚延引未参与政变的朱熹作焕章阁待制兼侍讲。韩侂胄由于没有得到赵汝愚的厚赏,开始与赵汝愚对抗。当时朱熹与吏部侍郎彭龟年等人同时弹劾韩侂胄,然而宋宁宗偏信韩侂胄,朱熹被罢官。庆元元年(1195年)二月,赵汝愚及其一党也相继被罢官,韩侂胄当政。韩侂胄为了巩固自己地位,将当时与自己意见不一的人皆视为"道学"一党,并斥"道学"为"伪学",禁毁道学家们的著述、语录之作。庆元二年(1196年),韩侂胄进一步迫害"道学",将赵汝愚、朱熹、彭龟年、周必大、陈傅良、叶适、项安世等有关道学的人士凡五十九人,皆列为"伪学逆党"党籍之中,或贬或罚,这一事件被史书称为"庆元党禁"。这次被列为"党籍"的并非只有朱熹、张栻,还有陆九渊心学一派的杨简、袁燮、徐谊等人,永嘉学派的陈傅良、叶适、蔡幼学、薛叔似等人,吕祖谦家族的吕祖俭、吕祖泰等人,还有张栻湖湘学的传人彭龟年、吴猎等人。庆元党禁是理学与政治交融的必然结果,对此事件侯外庐、邱汉生、张岂之主编的《宋明理学史》做了总结:

> 到了庆元年间(1195—1200年),统治集团内部展开了以赵汝愚和韩侂胄为代表的权力斗争。赵汝愚为相,引用朱熹等许多理学家,而韩侂胄则得到朝廷中反对理学官员的支持。韩侂胄因其外戚关系和拥立之功而得到宁宗的信用,使得理学势力在政治上受到一次沉重的打击,理学被视

为伪学，悬为厉禁，理学家被当作逆党，纷纷被逐，这一禁断理学的事件，史称"庆元学禁"。①

"庆元党禁"虽然是针对朱熹闽学而发，但实际上波及朱学、陆学、浙学、湘学等主要理学学派，是理学诸派在南宋时期的一次集体灾难。理学化经学的发展也无疑受到了极大的冲击和阻碍。当时的道学人士被列为党籍，他们的著述也遭到了禁毁。庆元六年（1200 年）朱熹死于建阳之考亭。随着"开禧北伐"的惨败，韩侂胄被杀，"庆元党禁"宣告结束。

庆元党禁结束后，进入了史弥远独相的时代。为了获得在当时影响甚大的道学人士的支持，史弥远一改韩侂胄时代与道学对抗、罢黜的态度，"弛伪学、党禁"②，大力笼络理学人士入朝为官，"一时伪学党人朱熹、彭龟年、杨万里、吕祖俭虽已殁，或褒赠易名，或录用其后，召还正人故老于外"③，史弥远由此受到理学派的欢迎与支持。宁宗嘉泰二年（1202 年），很多庆元党人开始官复原职。嘉定五年（1212 年）年十二月，国子司业刘爚，请朝廷以朱熹四书学作为官学，朝廷诏"从之"。从此开始，理学得到了朝廷的认可。嘉定九年（1216 年），赐张栻谥号为"宣"、吕祖谦为"成"。嘉定十年（1217 年），赐陆九渊谥号为"文安"。嘉定十三年（1219 年），为周敦颐、二程赐谥。经过魏了翁等的推动，程朱理学得到了朝野的尊崇。到嘉定末，北宋五子与南宋三大家乃至陆九渊都得到了赐谥。可以说，"随着党禁的松弛和韩侂胄的去世，朱熹及四书学的命运出现了转机，开始得到皇权的认可，从民间走向官方。"④庆元党禁之后，作为程朱经学核心的四书学也得到了学者们的高度重视，四书学逐渐发展为显学，并产生了大量的四书学著述。如有喻樗《四书性理窟》、张九成《四书解》、陈舜中《四书集解》、黄榦《四书纪闻》、江默《四书训诂》、黄士毅《四书讲义》、胡泳《四书衍说》、真德秀《四书集编》、石庚《四书疑义》、赵顺孙《四书纂疏》、王柏《标注四书》、陈普《四书句解》、吴梅《四书发挥》、梁志道

① 侯外庐、邱汉生、张岂之等主编：《宋明理学史》（上），人民出版社 1997 年版，第 607 页。
② （明）陈邦瞻：《宋史纪事本末》卷二十一《道学崇黜》，明万历刻本，第 479 页。
③ （元）脱脱等：《宋史》卷四百一十四《史弥远传》，中华书局 1977 年版，第 12417 页。
④ 周春健：《元代四书学研究》，华东师范大学出版社 2008 年版，第 49 页。

《四书通纪》、熊禾《四书标题》等。据学者考录有六七十部之多①,其中绝大部分乃是羽翼朱熹之学而为。以至于史弥远执政期间,程朱经学得到倡导,并随之兴盛。当然,程朱理学此时还没有真正确立为官方学说,推扬理学只是史弥远维护自己权利的一个重要手段而已。

直到宋理宗对程朱理学的肯定与表彰,才真正使程朱理学获得了正统独尊的地位。宋理宗对程朱理学的推崇,一方面源于他自己对理学的欣赏与研习,另一方面理宗需要理学派官员的支持。可以说,程朱理学的官学化与宋理宗时期的政治局势息息相关,或者说理学的官学化是当时政治需要的必然结果。对此,周梦江先生研究也认为:

> 道学派突受推崇,被承认为封建正统思想,这是因为当时政局关系。自绍定六年(1233年)十月史弥远病死,第二年理宗赵贵诚"亲政",改元"端平"。赵贵诚原是绍兴民间一赵姓孩子,与赵氏皇族可说毫无关系。因史弥远为了篡夺皇子济王赵竑帝位而特地找来的。以后史弥远阴谋成功,济王赵竑被逼死,赵贵诚登上帝位,即为理宗。史弥远一死,群臣纷纷要求为济王平反,攻击的矛头表面上针对史弥远,实际上涉及理宗本人,反映出理宗亲政以后在士大夫中缺乏支持力量。②

宋理宗亲政后,面对强大的反对势力,为了巩固自己的政治地位,积极向理学家们靠拢,笼络和收买理学派士大夫。一方面,将有声望的理学大臣真德秀、魏了翁等召回朝廷,加官封爵;又将朱熹、张栻、吕祖谦等理学大师的后裔、弟子加以搜罗,授以官职。据近人统计,理宗一朝,出任宰执的理学人士就有十一人之多③,出任经筵贡举和省、御试考官也都是理学之徒。另一方面,他运用皇权,确认理学的道统地位,将程朱视为孔孟以后的传人。所以,当时朝廷对理学的尊崇在某种程度上也是无奈之举。这表明当时理学的政治化非常严重,理学开始左右政局。

理宗时,朱学弟子真德秀、魏了翁以及湖湘学派、陆九渊心学、浙东学派的

① 王鹏凯:《历代论语著述综录》,台北花木兰文化工作坊2005年版,第51—55页。
② 周梦江、陈凡男:《叶适研究》,人民出版社2008年版,第244页。
③ 何忠礼等:《南宋史稿》第七章第四节,杭州大学出版社1999年版,第351页。

诸多弟子皆入朝为官。理学的正统化势不可挡。宋理宗宝庆三年(1227年)诏:"朕观朱熹集注《大学》《论语》《孟子》《中庸》,发挥圣贤蕴奥,有补治道,朕励志讲学,缅怀典刑,可特赠熹太师,追封信国公。"①淳祐元年(1241年)又下诏:

> 朕惟孔子之道,自孟轲后不得其传,至我朝周惇颐、张载、程颢、程颐,真见实践,深探圣域,千载绝学,始有指归。中兴以来,又得朱熹精思明辨,表里浑融,使《大学》《论》《孟》《中庸》之书,本末洞彻,孔子之道,益以大明于世。朕每观五臣论著,启沃良多,今视学有日,其令学官列诸从祀,以示崇奖之意。②

这份诏书表明了朝廷对程朱理学派经学体系的肯定和尊崇。到此时为止,程朱等人所推尊的四书学正式上升为官方学说。两日后,理宗又亲临孔庙,将自己所亲撰的《道统十三赞》就赐国子监,宣示诸生,从而正式确认了二程、朱熹等人为孔孟思想的正宗嫡传,使程朱理学成为正统思想和钦定的官方学说,而程朱所推尊和诠释的四书学及其理学也成为朝野上下必习的学说。南宋末年的罗大经曾总结:"盖至于今,士非尧舜文王周孔不谈,非《语》《孟》《中庸》《大学》不观,言必称周程张朱,学必曰'致知格物',此自三代而后所未有也,可谓盛矣。"③宋理宗因推崇理学得到了后代史家的高度赞扬,元人脱脱编纂的《宋史》称赞说道:

> 宋嘉定以来,正邪贸乱,国是靡定,自帝继统,首黜王安石孔庙从祀,升濂、洛九儒,表章朱熹'四书',丕变士习,视前朝奸党之碑、伪学之禁,岂不大有径庭也哉!身当季运,弗获大效,后世有以理学复古帝王之治者,考论匡直辅翼之功,实自帝始焉。④

在脱脱等人看来,宋理宗不仅废黜了王安石孔庙从祀的资格,还"升濂、洛九儒,表章朱熹'四书',丕变士习",将程朱理学作为思想文化、社会政治的

---

① (元)脱脱等:《宋史》卷四十一《理宗本纪一》,中华书局1977年版,第789页。
② (元)脱脱等:《宋史》卷四十二《理宗本纪二》,中华书局1977年版,第821页。
③ (宋)罗大经:《鹤林玉露》丙集卷五《读书》,明刻本,第32页。
④ (元)脱脱等:《宋史》卷四十五《理宗本纪五》,中华书局1977年版,第889页。

指导思想,成为理学史上的"圣王",所谓"后世有以理学复古帝王之治者,考论匡直辅翼之功,实自帝始焉"。自此,江西陆九渊心学、浙东永嘉之学、湖湘学派等理学流派开始衰落了。

总体来看,庆元党禁由赵汝愚、韩侂胄的权力斗争而引发,对当时朱学、陆学、浙学都产生了极大的冲击。南宋中期政治与经学之间的关联紧密,理学的发展对政治产生了直接的影响。庆元党禁对程朱理学的打击颇为直接,但也是理学自我调整、发展的重要契机。朱熹及众弟子不仅就理学形上学进行了自我完善,也借助经学解释的形式,进一步成熟了其政治理念,其中真德秀《大学衍义》的经典诠释,便是因党禁而调整的必然结果。程朱理学被确立为官学之后,随即宋代经学进入了新的发展时期。宁理时代,虽然理学出现了波折,但朱熹后传弟子如黄榦、蔡沈、陈淳、魏了翁、真德秀等人始终没有放弃对理学化经学体系的传承和完善,而这对于理学的官学化起到了重要的铺垫作用。理学的官学化过程中,程朱理学化不仅进一步丰富完善了自身思想统体系,更汲取了诸家诸派如心学、浙学的思想方法。与此同时,心学、浙学、湖湘学等派也不断地在传承、完善。宁宗、理宗时代,经学的发展处在传承、完善的过程之中,尽管心学也曾因政治的介入而大行于世,但程朱理学经由黄榦、蔡沈、魏了翁等人的传承发展,更加趋于完善。

七、南宋后期经学诸派的传承、考据与思想会通

程朱理学被确立为官方学说之后,经学的发展开始注重考据,朝着会通、合流的方向发展,即理学作为正统学说继续传承以"四书"为核心的经学思想,其代表人物是以何基为首的北山四先生与黄震等。在朱学传承的过程中的基本特点是墨守、补充、考据,旨在继续丰富、完善朱熹理学思想体系,鲜有更张、创新。与朱学并立的还有陆学、浙学,他们虽然也传承本派的经学,但实际上,他们在经解上开始向具有官学地位的程朱理学靠拢,这也推动了南宋后期经学诸派的思想会通。

1. 朱学的传承

北山四先生,即何基、王柏、金履祥、许谦。由于地处金华,故又称"金华四先生"。他们经由黄榦传承朱学,是宋元之际朱熹之学最重要的传承者。尽管朱熹生前对浙学颇有成见,但最终张大其学的还是浙江的北山四先生。正如《宋元学案》所言:"晦翁生平不喜浙学,而端平以后,闽中、江右诸弟子,支离、舛戾、固陋无不有之,期能中振之者,北山师弟为一支,东发为一支,皆浙产也"①,北山四先生以其推尊、诠释与完善了朱学,最终被视为朱学的正宗嫡传,在中国近世思想史上产生了深远的影响。北山四先生在经学上,注重以朱熹四书学为根柢,旁收博采,疏解群经,以传承朱学为己任。他们在株守朱熹理学的基础上,也借助经典诠释的形式对朱熹理学体系作了一定程度的修补工作②,为朱熹理学的发展作出了突出贡献。

北山四先生在经学方面,尤其注重朱熹四书学的继承和探究,并受到浙东史学的影响,汲取浙东学派的史实、经制的思想与方法来探究经学、理学,强调经史互证、经史合一。不仅如此,在经学旨趣上,也受到浙东学派经世致用理念的影响。正如全祖望所说:"勉斋(黄榦)之传,得金华(吕祖谦)而益昌。说者谓北山(何基)绝似和靖,鲁斋(王柏)绝似上蔡(游酢),而金文安公(金履祥)尤为明体达用之儒,浙学之中兴也。"③何基、王柏、金履祥等北山四先生吸收了浙东学派的诸多思想,并将致用理念融入其间,由此成为宋元之际思想发展史上的重要桥梁。

北山四先生跳出了朱熹注重由广博而化约的路数,强调从疑辨、考据角度

---

① (清)黄宗羲原著,全祖望补修:《宋元学案》卷八十六《东发学案》序录,中华书局 1986 年版,第 2884 页。

② 对于北山四先生的理学,今人王锟在《朱学正传:北山四先生理学》中对此作了细致的梳理,可参考。参见王锟:《朱学正传:北山四先生理学》,上海三联书店 2010 年版。另外,还有很多学者对北山四先生的经学做了一定的研究,如高云萍:《北山学派研究》,浙江大学博士学位论文,2007 年;周春健:《金履祥与〈论孟集注考证〉》,《中国典籍与文化》2009 年第 1 期;陈战峰:《王柏的〈诗经〉观与拟删诗》,《中国文化研究》2010 年秋之卷;周春健:《许谦与〈读四书丛说〉》,《中国典籍与文化》2007 年第 4 期;刘海泉:《许谦与金华朱学》,湖南大学硕士学位论文,2009 年。

③ (清)黄宗羲原著,全祖望补修:《宋元学案》卷八十二《北山四先生学案》序录,中华书局 1986 年版,第 2725 页。

出发,从经史子集四部,多角度来论证或修正朱熹理学思想体系,以此维护朱学的合理性与纯洁性。有学者对北山四先生的学术趋向总结为:

> 由理学"四书"拓展到五经乃至四部,由理学义理思辨性转向侧重考证、训诂,由形而上之关注转向形而下问题的探究,使朱学趋向于知识化、生活化和世俗化。①

另外,到了元代陆九渊心学影响依旧甚大,为了弥补朱学之不足,王柏、许谦等人也开始强调以陆补朱,朱陆合流。

黄震(1213—1280 年)②,字东发,号文洁,慈溪人,人称于越先生。宝祐四年(1256 年)进士,历仕吴县尉、绍兴通判、江西常平仓司、江西提点刑狱、侍郎官等职。宋亡后,隐居乡里,讲学著述。黄震在经学上以朱熹之学为宗,他与何基等北山四先生同为浙江地区最重要的支派。全祖望在《宋元学案》中所言:

> 四明之专宗朱氏者,东发为最。……晦翁生平不喜浙学,而端平以后,闽中、江右诸弟子支离、舛戾、固陋,无不有之,其能中振之者,北山师弟为一支,东发为一支,皆浙产也。③

可以看出,黄震与北山四先生不仅是四明地区传布朱学的健将,更是朱熹之学在江南地区最为知名的学者。

黄震虽为朱熹后学,但并没有执着于朱熹经学的核心四书学。他博览群籍,经史子集兼重,从经传注疏之学入手,注重考订朱熹经解中的错谬与不足,除了广征博引以备朱熹解经之阙,为其理学理论提供更为坚实的经典文献之依据。他对于修正、弘扬朱学起到了重要的促进作用。对此何俊先生也曾说道:

---

① 高云萍:《北山学派研究》,浙江大学博士学位论文,2007 年,第 1 页。
② 关于黄震的卒年,经由陈垣先生考证认为当为至元十七年(1280 年),参见陈垣:《黄东发之卒年》,《辅仁学志》第十二卷第一、二合期,1943 年 12 月版,第 286 页。侯外庐《宋明理学史》一书也采纳陈垣观点,参见侯外庐等:《宋明理学史》,第 622 页。本文依从陈、侯两先生的观点。
③ (清)黄宗羲原著,全祖望补修:《宋元学案》卷八十六《东发学案》序录,中华书局 1986 年版,第 2884 页。

黄震能够在将朱学由思想转化成学术的过程中,最终还能对朱学本身作出修正,除了依靠上述经学上的工作以外,在极大程度上还得力于他将学术视野由经学扩大到史部、子部与集部,其中尤其重要的是包括了宋代的学术思想。①

在黄震的努力不仅朱学更加丰富、完善,也使得朱学更加富有实践性。黄震所处的时代,虽然朱学为官学,但陆学依旧盛行,尤其是其所处的四明地区。但是黄震"独崇朱氏学,其为文悉本之"②。在他的倡导下,四明地区之士"翕然向风,尽变其所学"③,经过黄震、史蒙卿、程端礼、程端学等人的努力,四明地区的儒学之士改习朱学以代陆学。黄震传承朱学,论证其说,弘扬其理,传承其道,其功甚伟。但黄榦弟子却未能继承其学。正如全祖望所言:"婺学由白云以传潜溪,诸公以文章著,故倍发扬其师说;先生独与其弟子唱叹于海隅,传之者少,遂稍暗淡。"④

2. 陆学的传承

在陆九渊再传弟子中,最为著名的当属袁甫,其为袁燮之子,曾师从杨简为学,得杨简心学之精髓,成为陆学再传弟子的佼佼者。袁甫,嘉定七年进士,官至史部侍郎兼国子祭酒,权兵部尚书,谥正素,事迹具《宋史》本传。四库馆臣说他"甫胚胎家学,经术湛深,阐发理道之言,皆能得其精蕴"⑤,他在陆九渊再传弟子中,最为知名。其学虽然出于杨简,但与陆九渊颇为相合,"其学出于杨简,简之学则出于陆九渊,故立说多与九渊相合"⑥。

3. 吕学的传承

王应麟为学不拘门户、兼采众说,在经学方法上与金华吕祖谦颇为近似,

① 何俊、范立舟:《南宋思想史》,上海古籍出版社2008年版,第250页。
② (元)袁桷:《延祐四明志》卷五《黄震》,清咸丰四年宋元四明六志本,第79页。
③ (明)谢肃:《密庵集》卷八《黄公墓志铭》,载(明)程敏政:《明文衡》卷八十三,四部丛刊景明本,第812页。
④ (清)全祖望:《鲒埼亭集·外编》卷十六《泽山书院记》,清嘉庆十六年刻本,第165页。
⑤ (宋)袁甫:《蒙斋集·目录》,景印文渊阁《四库全书》本,台北商务印书馆1986年版,第333页。
⑥ (清)纪昀等:《四库全书总目》卷三十五《蒙斋中庸讲义》提要,中华书局1997年版,第465页。

故被视为吕学之大宗。王应麟博学多才,年九岁已通"六经",对经史子集、天文地理都有研究,是南宋末年重要的政治人物和经史学者。南宋灭亡以后,他隐居乡里,闭门谢客,致力于著书立说。全祖望称他"独得吕学之大宗"①。王应麟是吕祖谦门人最为出色的弟子。他深受吕学影响,在学术思想上旨在调和朱、陆之间的不同,并倾向于陆学,是"浙东学派从南宋末年过渡到元朝初年的一位重要学者"②。王应麟作为吕祖谦之学的真传弟子,在名物训诂、经学义理等方面都有很大的成就,涉及面广,造诣精深,四库馆臣称他"博洽多闻,在宋代罕其伦比"③。考据学是王应麟为学的根本,清人王鸣盛旧说:"王氏之学,主于考据。"④王应麟作为南宋时期最有影响的经史考据学者⑤,更是对浙东学派经学的发展具有重要的推动作用。

王应麟的经学特征,正如清人王鸣盛所说:"王氏之学,主于考据。"⑥他不仅对很多经书的名物典制进行详细的考证,还通过"辨章学术,考镜源流"的方式,兼采汉宋、古今"对经学典籍中的的一些名物、概念及解释进行追本溯源式的梳理,厘清了一些经学解释上的源流关系,纠正了许多谬误之处。王应麟对儒家经典的考据,不仅丰富完善了经学注解的内容,加深了人们对儒经的认知和理解,更是对南宋后期儒士空谈性命之学风气的驳正。南宋后期程朱理学官学化后,学界治学风气日趋空疏,再加之朝廷无力应对日益严峻的社会政治危机,在这样的社会背景下,王应麟提倡治学应当从实际出发,注重经学考证、历史考据,并撰有《汉制考》《汉河渠考》《历代田制考》《历代漕运考》等

① (清)黄宗羲原著,全祖望补修:《宋元学案》卷八十五《深宁学案》,中华书局 1986 年版,第 2858 页。

② 王凤贤、丁国顺:《浙东学派研究》,浙江人民出版社 1993 年版,第 101 页。

③ (清)纪昀等:《四库全书总目》卷一百一十八《困学纪闻》提要,中华书局 1997 年版,第 1589 页。

④ (清)王鸣盛:《十七史商榷》卷一百《缀言二》,清广雅书局丛书本,第 678 页。

⑤ 对于王应麟的经学,此前便有学者对之做了一定的探究,比如魏殿金、杨渭生:《论王应麟的学术成就及其特点》,《浙江学刊》1995 年第 3 期;马丽丽:《王应麟学术思想研究》,南开大学博士学位论文,2009 年;李凌:《论王应麟的〈诗经〉学成就》,山东大学硕士学位论文,2009 年;李刚:《从〈困学纪闻〉看王应麟的经学特点》,《四川文理学院学报》(社科版)2007 年第 4 期。

⑥ (清)王鸣盛:《十七史商榷》卷一百《通鉴答问》,清乾隆五十二年洞泾草堂刻本,第 678 页。

书,希望借鉴历代制度,从中寻求挽救国家危亡的方法。

可以说,王应麟注重考据是针对当时空谈性命之学的风气而为之,积极倡导经世致用也是其为学的重要旨趣。他的经史考据学对后代产生了深远的影响,正如有学者所言:"南宋末年,学者们因侈论性命之学而趋于空谈。王应麟反其道而行之,多实证而少空谈,开清代考据学之先河。"①张舜徽先生曾评价:

> 宋代学者气象博大,学术途径至广,治学方法至密,凡举清代朴学家所矜为条理缜密、义据湛深的整理旧学的方式与方法,悉不能超越宋代学者治学的范围,并且每门学问的讲求,都已由宋代学者创辟了途径,准备了条件。宋代学者这种功绩,应该在中国学术史上大书特书,而不容忽视或湮没的。②

总而言之,在南宋后期,朱熹一派经学及其思想的发展,基本上从学术层面上对之加以丰富完善,进一步论证朱熹理学的合理性与系统性,在理论上的鲜有创新。其中最有名的传承者黄震与北山四先生,丰富、完善了朱熹经学之内涵,对于理学的合理性与适应性作了更为充分的论证。但程朱理学并未统一学术界,而只是作为官方学说获得了最大的存在和发展空间。南宋后期理学还是存在着多样性和复杂性,用朱熹"理一分殊"来描述当时的学术思想界是比较符合实际。

在内容与方法上,经学考证学被重视与发挥。无论是黄震、北山四先生、王应麟等人都极力突出知识层面的考察与梳理。经学考据学之所以在南宋中后期非常盛行,有其社会政治、思想文化背景的,首先是社会政治日渐衰弱、财用日益匮乏、风俗日加颓坏,士大夫之中空谈性命之学成为当时的一种风潮。如王应麟所言:"今人耳目有所不及,乃借口性理,以自文其寡陋,恐渐成虚诞之风。"③黄震对此也颇有感慨:

---

① 魏殿金、杨渭生:《论王应麟的学术成就及其特点》,《浙江学刊》1995 年第 3 期。
② 张舜徽:《论宋代学者治学的博大气象及替后世学术界所开辟的新途径》,载《中国史论文集》,湖北人民出版社 1956 年版,第 78 页。
③ (清)黄宗羲原著,全祖望修补:《宋元学案》卷八十五《深宁学案》,第 2869 页。

圣人言语简易,而义理涵蓄无穷,凡人自通文义以上,读之无不犁然有当于心者。读之愈久,则其味愈深……故汉、唐诸儒,不过诂训以释文义,而未尝敢赞之辞。自本朝讲明理学,脱去诂训,其说虽远过汉、唐,而不善学者,求之过高,从而增衍新说,不特意味反浅,而失之远者或有矣。至晦庵为《集注》,复祖诂训,先明字义,使本文坦然易知,而后择先儒议论之精者一二语附之,以发其指要。……近世辟晦庵字义者,固不屑事此;其尊而慕之者,又争欲以注解名家,浩浩长篇,多自为之辞,于经渐相远,甚者或凿为新奇,反欲求胜,岂理固无穷耶![1]

可以看出,黄震坚持朱熹注重训诂、考据之学,希望读经从字义、本义入手,从而探究经文之深意,反对脱离经义训诂而高谈经义、性理的做法。其实,对经学考据的重视,来源于对程朱经学思想的重视。后学继承了程朱理学注重章句训诂之学的传统,由此将它们视为体悟性理之学的基础与路径。只是南宋末年,程朱理学被确立为官方学说之后,越来越多的后学者不愿意花更多的时间和精力来作训诂考据,只是空言天道性命,以此快捷地获得名利,这使得程朱理学陷入了概念化、命题化乃至空虚的状态,这对于程朱理学的发展是不利的。因此黄震、何基、王柏等人继承程朱理学的思想体系时,更多的精力探究章句训诂之学,并以此来继续丰富完善程朱理学,以保持理学生命的活力。与此同时,他们也积极汲取浙学、陆学中经世致用的精神思想资源,进一步发挥程朱理学在现实中的实践指导意义。

随着程朱理学的官学化,事功、心学也开始面临着发展上的困境与抉择,于是在思想上有所转向,他们在经学研究上也越来越靠向程朱理学,并最终与之会通、合流,并在一定程度上保持自我的独立性。比如,心学在陆九渊去世之后,经过杨简、袁燮等人的宣扬,一度大行于世。这与当政的史氏家族的支持有直接关系。全祖望就曾说:"史文惠(浩)教诸子孙从游于杨(简)、袁(燮)二先生之门,又延沈先生之弟季文于家。"[2]《宋元学案·絜斋学案》记载

---

① (清)黄宗羲原著,全祖望修补:《宋元学案》卷八十六《东发学案》,第2892—2893页。
② (清)全祖望:《鲒埼亭集外编》卷四十五《答九沙先生问史士诸公遗事帖子》,清嘉庆十六年刻本,第507页。

史氏家族从学于袁燮、杨简者，有史弥忠、史弥坚、史弥巩、史弥林、史守之、史定之多人①。史氏家族对于杨简、袁燮之学颇为注重，并以之为宗。可以看出，作为陆九渊心学传承的正宗——"甬上四先生"，受到史氏家族的传承。但从程朱理学被确立为官方学说之后不久，史氏家族从史蒙卿开始转习朱子之学。又如，永嘉后学弟子的代表陈埴、叶味道等人，在叶适去世之后，也纷纷汲取了朱熹性命之学的精髓，开始淡化对事功之学的关注，而大谈性命道德之学，这标志着永嘉事功之学开始衰落了。这都说明，随着程朱理学的官学化，南宋中期影响甚大的陆学、浙学纷纷在经学发展方向、解释方法、思想旨趣上作以调整，主动迎合、靠近程朱理学，以迎合思想文化、意识形态的变迁，而这也标志着程朱理学的独尊地位在现实中开始真正形成，它所建立的经学范式也将开始在元明清三代发挥着主导的作用。

随着程朱之学的官学化，南宋后期的经学发展出现了新的趋势，亦即程朱经学成为诸家诸派关注度的对象，并在经学传承、诠释与思想建构中，或多或少汲取程朱理学的思想，由此促成了南宋后期经学发展上的融合，其中王应麟之学是典型代表。也正是由于程朱之学的官学化，促成了思想发展的单一化，程朱后学重视经学考据，由此为元明清时代江南地区的经学考据之学奠定了重要的学术思想基础。

本讲小结

在宋初三朝，即宋太祖赵匡胤、宋太宗赵光义、宋真宗赵恒时期（960—1022 年）的六十多年的时间里，经学领域依旧延续了唐末五代的做法，推崇以孔颖达《五经正义》为代表的章句注疏之学，思想文化领域也是墨守成规。佛老之学在这一时期继续发展繁荣，呈现出了三教并立的局面。宋代经学开始转变，发生在第四位皇帝宋仁宗时期。在宋仁宗庆历之际，随着朝廷内忧外患

---

① （清）黄宗羲原著，全祖望修补：《宋元学案》卷七十五《絜斋学案》，中华书局 1986 年版，第 2523—2524 页。

的加剧(内忧即"三冗",冗官、冗兵、冗费;外患即辽、西夏的侵扰)。使得北宋王朝在进行政治变革的同时,也积极推进思想文化尤其是经学的变革。由此促成了庆历之际,经学的"变古"。随着范仲淹、欧阳修、宋初三先生等人的努力,宋代经学开始进入了注重思想义理发展的新阶段,也推动了北宋文化的兴盛。

宋代的"经学变古"发生在庆历、嘉祐之际,这种变古标志着宋代经学进入了一种新的发展阶段,预示着新的经学范式即将建立。但新范式的建立,并不是庆嘉之际的突变,而是宋初以来经学发展的渐变历程。从庆历到嘉祐年间,经学的发展开始进入了义理之学的重要阶段,不但京师的诸多学者如范仲淹、欧阳修等人重视经书大义,身处地方的胡瑗、蔡襄等人也极为重视经义之学,并强调经学与社会政治之间的互动性。只不过,随着宋初以来,内忧外患在庆嘉之际的积发,导致了经学转变的速度加快,并最终在庆嘉之际完成了宋代经学的"变古"。这一时期,无论是在政治上还是在经学上,范仲淹、欧阳修的影响不可忽略。"经学变古"不仅仅只是体现为经学领域的变革,这种变革也蔓延到了其他领域。换句话说,"经学变古"是宋初以来文化发展、学术进步、思想转变的必然结果。

到了北宋中后期,思想文化进入了繁荣时期。北宋文化的繁荣,是中唐以来发展的继续,也是北宋前期继续三教融合发展的必然结果。唐代安史之乱的爆发之后,文化界出现了四大动向,即新文学运动(古文运动)、新儒学运动(啖赵学派、韩愈、李翱)、新禅宗运动(六祖慧能)、内丹道教等,这四种运动交相辉映,并一直延续到北宋,而这也为北宋文化的繁荣奠定了重要的思想基础。北宋后期,它们的会同融合,出现了注重性命道德之学的司马光、邵雍、王安石、张载、二程、三苏等思想家。其中,王安石的性理经学在当时影响最大,被立为官学,影响了两宋经学界六十多年的时间。只是随着北宋的灭亡、程朱理学化经学的盛行,王安石经学最终被人漠视。作为宋代理学的奠基人——二程,在以往经学的基础上,建构了系统的理学思想体系及理学化的经学体系。二程对儒家经典的诠释,为宋代中后期乃至元明清三代的经典诠释树立了一个重要典范。二程学说的兴盛原于迎合了时代的需要,除了继承了原始儒家尤其是思孟学派内圣外王之道及明道行道的经学旨趣,更为主要的是积极汲取了当时佛老之学在宇宙本体、心性方面的理论精髓,建构了异于先秦儒学、汉唐经学的理学体系,从而实现了对儒释道三家理论与经典诠释学的系统整合,形成了理学化经学体系,这种体系后为湖湘学、闽学、江西之学、浙东之学诸派所继承和发展,最终成为中国近世以来儒家经典诠释的典范。

南宋宁宗、理宗时代,是宋代理学化经学发展的关键时期,程朱理学派经学开始成为官学,标志着宋学真正确立。其中,朱熹闽学作为南宋时期洛学发展中的一支,较同时代的吕祖谦婺学、陆九渊心学、叶适永嘉学派、陈亮永康学派等理学诸派的影响都大,但这并不自然就是二程洛学的正宗嫡传,朱学初兴便遭到严重打压,庆元党禁朱学被直斥为伪学。这也就说明了到宁宗时期,朱熹承传的道统依旧没有得到朝廷认可,其他各派亦是如此。但也正是湘学、浙学、陆学、朱学等理学诸派在互相争鸣与切磋发展了理学派经学,这为之后朱熹理学的集大成提供了重要的思想基础。就朱熹而言,其学虽然在世时没有被确立为孔孟正统。但他所建构的经学范式,经过其后传弟子黄榦、蔡元定、陈淳、魏了翁、真德秀等的宣扬、完善,最终在宋理宗时代被确立为官方之学。这就确定了程朱所建构的思想体系与解经方法成为新的典范。程朱所注解、诠释的经书也成为学者们所必习的内容,其所确立的范式也成为当时经学发展的基本方向与理路。

程朱经学被立为官学,不仅有其经学思想体系适应时代的内在原因,也是政治斗争下的必然产物。随着朱学弟子相继被朝廷所重用,程朱之学也日渐成为当时主导性的经学形态。这样一来,不仅对与之相近的经学体系陆学、湖湘学产生影响,更是对倡导事功之学的浙学产生了极大的冲击。在这种大背景下,陆学渐次失势[①],这不仅仅是由于程朱之学的强势,更是因为陆九渊心学后传弟子中,"甬上四先生"未能光大陆学,"槐堂诸儒学派"也是后继乏人,这就使得宋元之际陆九渊之学渐趋衰微并最终边缘化,或者转习程朱理学,与之会通合流。

① 赵灿鹏:《杨慈湖与南宋后期的儒学格局》,《湖南大学学报》2009 年第 4 期。

相比较而言,虽然作为浙学的集大成者叶适极力批判四书学、性命道德之学,希望打破程朱之学的话语垄断。但实际上,叶适的这种努力并没有得以实现,除了自身思想缺乏系统性之外,更为主要的是面对广布四方的伊洛之学而言,叶适思想的影响还是相当微薄。其后传弟子最终转向了对性理之学的传承与弘扬,由此加速了浙学在宋代的衰微。同样,在南宋中期颇有影响的湖湘学,也随着张栻的去世,众弟子并没有在胡宏、张栻的基础上做出更多的理论建构来,这对于湖湘学派的发展壮大鲜有裨益。以至于他们相继在思想上发生了转向和调整,或师从陈傅良、陆九渊,或师从朱熹等人问学。最终在南宋后期,趋向衰微。实际上,南宋继承北宋以来所出现的注重外王的事功学派和注重内圣的理学一派,都是儒学的不同分支和流派,正如陈国灿先生所言:

> 就儒学在宋代的发展情况来看,其最大特点是各种儒学改造运动的兴盛,无论是北宋时的湖学、洛学、关学之类,还是南宋前期和中期的朱学、陆学和事功之学等流派,归根到底都是各家儒学改造的结果,其中的分歧和对立不过是各自改造的方向、方法与途径的不同引起的。就此而言,事功学派的反理学思想实质上只是对理学曲解传统儒家学说,尤其是孔子学说的不满。

> 当然,把事功学派与理学的对立完全归结于两者对传统儒家学说解释的不同又是不全面的。事实上,事功学派在坚持传统儒学的同时,也积极吸取了传统的功利主义思想的许多内容,并试图将两者有机地统一起来。这种思想倾向究其来源可追溯到先秦的荀况。众所周知,荀况曾力求儒家仁义观与法家功利观的结合。而进至北宋,李觏、王安石等人又在这方面进一步作了努力,如前人的"人非利不生,焉有仁义而不利者乎"的观点,后者的变法图强、富国强兵思想正是由此提出的。至于南宋事功学派则是在新的历史条件下承此思潮而起,试图一方面通过吸取功利主义思想部分合理内容,克服自孟子以来、尤其是汉唐以来儒学日趋空洞化、教条化、抽象化、神秘化的倾向,另一方面通过用儒家理论对传统功利主义的改造,使之由纯实用主义转为"义利合一"的现实主义。就此而言,事功学派与理学的对立在某种意义上又是历史上功利学说与儒家学

说对立的一种新发展。正因为如此，朱熹等人一直将事功之学等同于功利之学。但这种"功利之学"实质上无疑已是一种儒学化的功利学说，它并没有超越儒学体系而走向儒学的对立面。

　　要之，事功学派的反理学思想以及由此表现出来的事功之学与理学的对立，虽具体呈现出不同的倾向，但究其实质而言，乃是当时不同儒学流派之间的分歧。事功学派批判理学，不是要否定儒学理论，而在于使儒学朝他们认为是正确的方向发展，并同当时的社会实际结合起来，以最大限度地发挥其实效，恢复和增强其活力。亦正因为如此，当南宋后期理学最终确立并成为正式统治思想后，事功学派也就随之走向衰落，由其掀起的反理学思潮也就渐趋式微。[1]

宋代出现的事功学派和理学派，都只不过是儒学内部的分歧，只不过彼此基于不同的问题意识与考量，提出了针对"危机"解决的治道及其思想体系。这两大学派在借助经学诠释来建构自己思想体系的时候，并没有产生绝对的对立，所以在庆元党禁的时候，它们被一同视为"道学"一派。的确，无论是事功之学，还是理学一派，它们在经学诠释上就性命道德之学、经制事功之学都没有给予绝对的否定，只不过是在解决现实问题的倾向上，理学一派更倾向从道德修身的角度出发，以期从根本上解决问题；而事功之学则注重从制度、政治变革出发，直接地解决问题。尽管路径不同，但它们的归宿都是要解决宋代的"危机"。此外，在南宋中期，随着朱熹、张栻、吕祖谦、陆九渊等大儒相继谢世之后，众弟子继续传承、完善本派的经学及其思想，其中尤其以朱学弟子影响最大。尽管陆学一度在史氏家族的支持下，大行于世。但随着史弥远等人的失势，朱学赢得了朝廷君臣的一定认同，并进而被确立为官学。这标志着从二程之后，洛学经过分化、传承、发展，最终并进在朱熹及众弟子的努力下，取代了王安石新学成为宋代新的学术体系。也正是因为如此，他们所重视和倡导的四书学、性命道德之学得到了张扬，进而成为当时乃至后世最有影响的经学模式。

---

① 陈国灿：《论南宋事功学派的反理学思想》，《安徽史学》1998年第3期。

南宋后期,程朱理学被确立为官方学说之后,经学的发展开始朝着注重考据、会通、合流的方向发展,即朱学作为正统学说继续传承以"四书"为核心的程朱理学,其代表人物是以黄震与何基为首的北山四先生。在朱学传承的过程中,其基本特点是墨守、补充、考据,旨在继续丰富、完善朱熹理学思想体系,鲜有更张、创新。其他学派,如陆九渊心学,除了继续传承心学思想体系之外,开始注重吸收他派的思想,尤其是朱熹理学的思想,不再强调与朱熹一派的对立,而是强调两者的共通性,比如在治学方面的特点,他们开始强调尊德性与道问学的融通,认为两者相辅相成,这对于后代的朱陆合流起到了直接的引导和促进作用。这一时期的代表人物便是袁甫、刘壎等人。此外还有浙东学派,他们也强调诸家的会通,如当时有"吕学大宗"之称的王应麟,不再强调门户之别,而是注重经学的研习、考据,这在一定程度上也是对朱熹"格物穷理"思想的实践。此外,他也吸收了陆九渊心学思想与浙东的事功理念,体现了他集大成的学术特点。总之,南宋后期,经学的发展开始注重不同学派的会通,兼收并蓄,不再过于强调派别、门户,而是以朱学为核心不断调整自己的经学研究方向与思想趋向,这也标志着程朱经学、理学被确定为官方意识形态后,不同经学流派也开始走向合流,并最终形成了以程朱经学为主导的学术思想格局,而与此同时,心学、浙学渐渐趋于式微。

第十二讲　辽夏金元时期的经学

　　10—12 世纪,北方与北宋并存着辽(907—1125 年)、西夏(1038—1227 年)、金(1115—1234 年)等少数民族政权,他们认同并推崇儒学,使之得以在北方地区传承、发展。元在辽、夏、金的基础上保护儒学,并促使南方程朱理学在北方地区广泛传播。可以说,辽、西夏、金、元时期,儒学未受冲突与战争的影响,反而受到各民族统治阶层的高度认同和大力推广,在北方地区广泛传播。总的来说,儒学在辽、西夏、金、元时期得到了持续性的发展,强化了各民族对以儒学为核心的中华文化的认同,加速了他们的汉化进程,保证了中华文化与文明的长盛不衰与多元一体。以往学者多关注宋代理学的研究,而很少关注辽、西夏、金、元四朝北方儒学传承、发展与文化认同。[1] 经过四朝的发展,北方形成以北京为中心的儒学文化传承体系。

　　辽夏金元时期,中国北方的经学得到了传承与发展,忽必烈时期理学化的经学已在北方广泛传播,元仁宗时期被立为官方之学,成为当时科举考试的必考内容,使理学化的经学在宋代经学的基础上进一步传承、发展,为明朝经学的发展,特别是王阳明心学化经学的出现奠定了重要的学术思想基础。可以说,元朝在中国近世经学史上具有承上启下的重要作用。但元代的经学一直没有得到学术界应有的重视,有的学者甚至对之予以否定。正如我国台湾学者杨晋龙所说:长期以来,元代经学的历史地位受到纪昀等《四库全书总目》、

---

　　① 史仲文、胡晓林主编:《中国全史·思想卷》,中国书籍出版社 2011 年版;李锡厚、白滨:《辽金西夏史》,上海人民出版社 2003 年版;吴天墀:《西夏史稿》,广西师范大学出版社 2006 年版;[德]傅海波,[英]崔瑞德编:《剑桥中国辽西夏金元史》,史卫民等译,中国社会科学出版社 1998 年版。

江藩《国朝汉学师承记》、皮锡瑞《经学历史》等"成见"的影响,以至于有关元代经学的研究者甚少,使之成为"中国经学史上最不受重视、研究成果最少的荒漠之区"①。元代经学的发展虽然没有宋代、清代的成就斐然,但却是宋明之间的重要桥梁,在经学史上扮演着承上启下的重要角色,程朱之学因之得以传承、发展,"宋学"体系在元代继续得以丰富、完善。另外,元代经学在元代社会政治、思想文化领域产生了深远的影响。一方面,随着元代理学化经学的北传,进一步使北方儒学的理论化水平,提升了北方地区思想文化与政治理念得以全面更新。另一方面,元代经学的发展出现了南北分立的状况,而南方理学化经学的持续化发展,并基于内在理路化的发展、成熟和转向,经由经学考据之学之后,并最终演化为明代心学化经学体系。可以说,元代作为宋明经学的重要桥梁,保障了中华文化发展和社会进步。

一、辽西夏金的尊孔崇儒与经学的发展

就辽朝而言,在辽太祖耶律阿保机建国之初,就开始注重吸收汉文化,推行汉制。据史书记载,他"多用汉人,汉人教之以隶书之半增损之,作文字数千,以代刻木之约。又制婚嫁、置官号。乃僭越称皇帝"②。他还尊崇孔子,"建孔子庙,诏皇太子春秋释奠"③,并颁行《五经传疏》作为国子学的必修书目,这为儒学在全国的广泛传播起到了重要的表率作用。到辽代中后期的道宗(1055—1101 年)时代,"由于契丹统治者将儒教作为政治统治的指导思想,因而受到各族世家大族的崇奉",辽的汉人族群更是"以儒学为其基本信仰,师徒相授多以经学为基本内容,家传经学者也十分普遍"④。"尊孔崇儒"在辽中后期成为一种普遍的风尚,从中央到地方,各州县都传习儒学,甚至妇孺

① 杨晋龙:《导言:元代经学史的奠基与新猷》,载《元代经学国际研讨会论文集》,台北"中研院文哲所"筹备处 2000 年版,第 6 页。
② (宋)欧阳修:《新五代史》卷七十二《四夷附录第一》,中华书局 1974 年版,第 888 页。
③ (元)脱脱等:《辽史》卷七十二《义宗倍传》,中华书局 1997 年版,第 1209 页。
④ 王善军:《世家大族与辽代社会》,人民出版社 2008 年版,第 242 页。

也多精通经义,如《辽史》记载,邢简妻陈氏"有六子,陈氏亲教以经"①,其子"抱朴与弟抱质受经于母陈氏,皆以儒术显。"②总的来说,辽代经由圣宗、兴宗、道宗诸帝持续的"尊孔崇儒",儒学已成为他们的统治思想,为社会各阶层所广泛认同、传习,由此巩固了中央王权对地方的控制,增强了境内各民族之间的凝聚力。

西夏作为北方党项族建立的政权,对儒学的认同和利用由来已久,"自党项族在我国历史上崭露头角以后,就不断地和中原汉文化密切交往,从礼仪制度、儒学、文字,到音乐、美术和工艺制造等,无不源于中原"③。西夏建国之初,开国皇帝元昊在建立蕃学以保存民族文化的同时,更是推崇以儒学为核心的中华文化,并仿效唐宋旧制,建立了类似中原王朝的政治制度。不过,"儒学教育在西夏真正有所发展,或者说西夏统治者由模仿唐宋政治制度和文化自觉或不自觉地接受儒家文化、学习儒家经典到自觉接受并积极兴办儒学教育,应是在西夏的中后期"④。西夏第五代仁宗时期,西夏"从物质文化、制度文化和精神文化诸方面向中华儒学文化全方位开放,因此使西夏文化全面成熟,并迎来了它的黄金时代"⑤。西夏仁宗不但在中国历史上第一次尊孔子为"文宣帝",而且还设立国学、大汉太学、翰林学术院等文化机构,将《论语》《孟子》《孝经》《尚书》等儒家经典翻译为西夏文字,作为各级学校、科举考试的必读书目。西夏仁宗对儒学极为重视,他"在位的五十多年中是西夏儒学发展的高峰"⑥。总的来看,在整个西夏时期,党项贵族认同儒学、并极力推行汉化,由此提升了党项贵族的文化水平,加速西夏王朝的汉化进程,也促使儒家经学在西夏地区的传承和发展,为以后元继续推广理学化的经学奠定了坚实

---

① （元）脱脱等:《辽史》卷一百〇七《邢简妻陈氏传》,中华书局 1974 年版,第 1471 页。
② （元）脱脱等:《辽史》卷八十《刑抱朴传》,中华书局 1974 年版,第 1279 页。
③ 孙昌盛:《西夏服饰研究》,载杜建录主编:《西夏学论集》,上海古籍出版社 2012 年版,第 45 页。
④ 李华瑞:《关于西夏儒学研究中的几个问题》,载杜建录主编:《西夏学论集》,上海古籍出版社 2012 年版,第 390 页。
⑤ 张迎胜:《西夏人的精神世界》,宁夏人民出版社 2009 年版,第 199 页。
⑥ 史金波:《西夏文化》,吉林教育出版社 1986 年版,第 118 页。

的思想文化基础。

金朝是女真族建立的王朝,曾在"黄河流域推行女真化的尝试遭到失败之后,更是积极倡导尊孔、读经"①。他们从"建国初期即走向几乎全盘汉化之途,故在思想文化上鲜少干格之处,礼仪典制为汉制,学术上亦唯有汉制是从"②。金朝比辽、西夏的儒学化、汉化更为彻底,金熙宗废除了勃极烈制,改行辽、宋的汉官制度,实行全面儒化、汉化的国策,据《金史》记载:"始议礼制度,正官名,定服色,兴庠序,设选举,治历明时,皆自宗幹启之。四年,官制行,诏中外。"③到金世宗、金章宗时期,"儒风丕变,庠序日成,士繇科第位至宰辅者接踵"④。儒学在当时盛极一时,以至于"文风振而人材辈出,治具张而纪纲不紊,有国虽余百年,典章文物,至比隆唐宋之盛"⑤。不过,就金朝儒家经学的发展状态而言,基本上是以汉唐注疏之学为主,据《金史·选举志》记载:

> 金承辽后,凡事欲轶辽世,故进士科目兼采唐、宋之法而增损之。……凡经,《易》则用王弼、韩康伯注;《书》用孔安国注;《诗》用毛苌注、郑玄笺;《春秋左氏传》用杜预注;《礼记》用孔颖达疏;《周礼》用郑玄注、贾公彦疏;《论语》用何晏集注、邢昺疏;《孟子》用赵岐注、孙奭疏;《孝经》用唐玄宗注。⑥

金人所习众经解,除了《论语》《孟子》兼用宋疏之外,其余皆为汉唐注疏。这是因为宋金长期对峙,所以义理之学尤其是程朱理学自然难以在其境内传播,以至于其"学术界[的]因循守旧,满足于对唐和北宋思想的重复,似乎成为金统治下中国哲学的一个特征"⑦。尽管如此,并没有影响儒家学说借助注疏之学在金朝境内大力宣扬与实践。随着儒学在金朝的广泛传播,北方地区中都

---

① 李锡厚、白滨:《辽金西夏史》,上海人民出版社 2003 年版,第 414 页。

② 王明荪:《辽金元史学与思想论稿》,台北花木兰文化出版社 2009 年版,第 141 页。

③ (元)脱脱等:《金史》卷七十六《宗幹传》,中华书局 1975 年版,第 1742 页。

④ (元)脱脱等:《金史》卷一百二十五《文艺上序》,中华书局 1975 年版,第 2713 页。

⑤ (元)王恽:《秋涧集》卷五十八《浑源刘氏世德碑铭》,景印文渊阁《四库全书》本,台北商务印书馆 1986 年版,第 756 页。

⑥ (元)脱脱等:《金史》卷五十一《选举志一》,中华书局 1975 年版,第 1129—1131 页。

⑦ [德]傅海波、[英]崔瑞德编:《剑桥中国辽西夏金元史》,史卫民等译,中国社会科学出版社 1998 年版,第 354 页。

成为北方儒学与人才培养的中心,"改变了历代以来名人士大夫多出南方的局面,对促进北京地区的经济文化发展起了划时代的作用。特别是对偏远的东北地区,产生了更加深远的影响"①。金朝中都儒学盛行,也为后来元代建都北京后,继续推行理学化的经学奠定了重要的思想文化基础。

总的来看,辽、西夏、金作为少数民族建立的政权,都采取"尊孔崇儒"、主动汉化的政策,不但极大地提升了本民族地区的文化水平,更是促进了儒学在北方地区的发展与兴盛,并赢得了汉地知识阶层对其政权的文化认同。就当时三朝的儒学发展水平而言,基本上都停留在汉唐注疏之学的阶段,所习多是孔安国、郑玄、王弼、杜预、孔颖达、贾公彦等汉唐经学家的注本。尽管当时儒学发展水平最高的金朝,已经出现赵秉文(1159—1232 年)、杨云翼(1170—1228 年)、王若虚(1174—1243 年)等人研习义理之学,但与南方宋代二程、朱熹等人所传承发展的理学相比,还显得相当粗略。在当时,由于辽、西夏、金与宋代处于敌对状态,使得理学难以在北方地区传播和发展,这也导致了他们对南方理学的鄙弃。如金灭北宋之际,王安石新学在宋朝非常盛行,而对于二程洛学、三苏蜀学等则并不看重。根据史书记载,当时"士趋时好,专以《三经新义》为捷径,非徒不观史,而于所习经外,他经及诸子无复有读之者","崇宁以来,非王氏经术皆禁止"②。当然,金人在占领汴京后,在学术思想上有了新的认知,他们开始鄙弃王安石新学,甚至连当时的洛学、蜀学等也一并废止,只是保留了三苏的文章之学。三苏之学在北方金地开始广泛传播,当时就有"苏文熟,吃羊肉;苏文生,吃菜羹"③的说法。相比较而言,南宋建立之后,二程洛学开始兴起,王安石新学日渐式微,以至于洛学最终取代王安石新学、三苏蜀学等学派的经学,二程洛学化的经学开始成为南宋儒学的正宗。此时二程洛学在北方金朝依旧很少有传播者④。但到了金章宗时,方有信安隐士杜时升

① 张博泉等:《金史论稿》(第二卷),吉林文史出版社 1992 年版,第 422 页。
② (宋)朱弁著,孔凡礼校点:《曲洧旧闻》卷三,中华书局 2002 年版,第 123 页。
③ (宋)陆游:《老学庵笔记》卷八,明津逮秘书本,第 51 页。
④ 姚大力:《金末元初理学在北方的传播》,载《元史论丛》(第二辑),中华书局 1983 年版,第 217—219 页。

传播二程理学,"大抵以伊洛之学教人,自(杜)时升始"①,不过其影响也非常有限。总之,随着辽、西夏、金对儒学的认同、重视与不断传播,促使它在北方地区传承不绝、繁荣兴旺,由于南北对峙,造成了儒家经学发展上的南北分立与观念上隔膜。这为后来蒙古在辽西夏金之地继续推行儒学、实行汉化并促使程朱理学的北传奠定坚实的思想文化基础。

二、蒙古四大汗时期儒学的发展及性理经学的北传

成吉思汗建立的政权分为蒙古汗国与元朝两个时期。但很多学者多只是以元朝称呼之,如陈高华先生就认为元朝这个概念有两种理解,一种是从1271 年以元为国号到 1368 年灭亡为止,另一种是指成吉思汗 1206 年建国到1368 年灭亡为止。明人编纂《元史》便是从太祖亦即成吉思汗建立蒙古汗国开始记载的②。为了全面,书中以蒙元作称谓,更能兼顾大蒙古四大汗(成吉思汗、窝阔台汗、贵由汗与蒙哥汗)的儒家经学及思想文化的发展。蒙古汗国及元代的儒家经学及学术思想的发展与当时的社会政治息息相关。所以,我们基于学术思想史的角度来梳理这一时期的经学及思想,大体分为三个阶段:第一,蒙古汗国时期与忽必烈时期,这一时期是蒙古统治者逐渐重视儒学,并在忽必烈时期理学化的经学开始成为蒙元的官方学说。第二,从成宗、仁宗,至泰定帝时期,经学、理学开始借助科举考试制度,向全国各地传播,日渐成为主流学说。第三,元顺帝即元末时期,理学化的经学开始注重经学考据学的发展。

1. 成吉思汗时的经学

蒙古于 1206 年,由成吉思汗统一蒙古各部,实行了一系列政治、军事、法律等新制度,使蒙古各部成为一个统一的民族。为了团结各部落,成吉思汗利用并改进各部所信奉的萨满教,来增强蒙古民族的凝聚力。随着成吉思汗远

---

① (元)脱脱等:《金史》卷一百二十七《杜时升传》,第 2750 页。
② 陈高华:《元朝史事新证》,兰州大学出版社 2010 年版,第 171 页。

征中亚、西亚,一个横跨欧亚的大帝国开始建立,东西方之间宗教文化的交流也变得频繁起来。面对蒙古汗国地域广袤、民族众多、文化多元的现状,成吉思汗推行多元化的宗教信仰自由、平等共存的政策,即"每个人都可以有自己的信仰,保持自己祖先的规矩"①。

成吉思汗在推行多元宗教文化政策的同时,也不忘以谦虚的态度善待西域、中亚、辽、金等各地宗教文化中的优秀人才,并从他们那里学习优秀的思想与技术,以维护中央汗权的统治。根据《元史》记载,成吉思汗对有学识的中亚畏兀儿人颇为敬重。② 还将北方汉化的契丹人、女真人如耶律楚材、丘处机等都召入汗庭内,向他们学习修身治国之道与典章制度和军事科学技术。对于儒学,成吉思汗将它看成与伊斯兰、基督教一样的宗教,加以利用。如成吉思汗曾利用金儒耶律楚材进行占卜吉凶、掌管官方文书③,还在耶律楚材的劝谏下戒除滥杀、仿照金朝汉制建立类似中原汉族官僚体制来管理所占领的北方各州县事务。此时成吉思汗在耶律楚材的辅佐下,已经开始认识到儒学的价值,并在一定范围内推行儒学化的政策。但是,由于当时蒙古汗国的政治重心在草原,统治阶层也都崇尚武力④,且他们与中原在信仰、语言、志趣等方面多有不同,如宋子贞(1185—1266 年)所云:"南北之政,每每相戾,其出入用事者又皆诸国之人,言语之不通,趣向之不同。"⑤当时儒学虽被利用但并没有在蒙古汗国内广泛流行。

2. 窝阔台时期的经学

窝阔台汗在位期间(1229—1241 年),他依旧致力于蒙古汗国的扩张,也继续推行成吉思汗多元宗教文化政策,鼓励各教自由发展,调和宗教纠纷,并

---

① ［波斯］拉施特:《史集》第 1 卷第 2 分册,商务印书馆 1986 年版,第 253 页。

② (明)宋濂等:《元史》卷一二四、卷一三四,参见中华书局 1997 年版,第 3043—3061 页、第 3243—3269 页。版本下同。

③ (明)宋濂等:《元史》卷二《太祖纪二》记载:"河北汉民以户计出赋调,耶律楚材主之。"第 30 页。

④ (清)魏源:《元史新编》卷二十五《开国相臣·耶律楚材》,清光绪三十一年邵阳魏氏慎微堂刻本,第 311 页。记载,时人对耶律楚材被重用的质疑:"国家方用武,耶律儒者何用?"

⑤ (元)苏天爵:《元名臣事略》卷五《中书耶律文正王》,景印文渊阁《四库全书》本,台北商务印书馆 1986 年版,第 552 页。

在首都哈剌和林建起了各教的寺庙。不过在各种宗教文化中,窝阔台更推崇儒学,尤其是在金儒耶律楚材的辅佐下推行"以儒治国"①的政治文化理念。这不但有效地巩固了窝阔台的汗权,也促进了儒学在北方地区的传播与发展。具体而言,耶律楚材"以儒治国"的理念涉及政治、经济、制度、文化、教育、思想等各个领域,其目的便是以儒学来强化中央汗权,"希望能够导致最终在中国北方完全恢复儒家模式的政府"②。比如,在政治领域,耶律楚材曾在窝阔台汗登基大礼上,说服蒙古贵族按照儒家君臣跪拜之礼进行,当时"皇族尊长皆令就班列拜,尊长之有拜礼盖自此始"③,由此强化了大汗的威严和权力,此后君臣礼仪在汗国开始推行。耶律楚材在推行儒学的时候,经学自然在蒙古汗国境内也得到了传承、发展。

蒙古汗国灭金朝后,耶律楚材曾"遣人入城,求孔子后,得五十一代孙元措,奏袭封衍圣公"④。此举的目的是向天下昭示蒙古汗国重视并支持儒学为中国北方地区的正统思想。他还命儒士为蒙古统治阶层讲解儒学,设置相应的文化机构,传承、弘扬经学及儒家文化。据史书记载:

> (耶律楚材)命收太常礼乐生,及召名儒梁陟、王万庆、赵著等,使直释九经,进讲东宫。又率大臣子孙,执经解义,俾知圣人之道。置编修所于燕京,经籍所于平阳,由是文治兴焉。⑤

耶律楚材不仅向统治阶层的"东宫""大臣子孙"宣扬儒家经学,还设立燕京编修所、平阳经籍所,整理、出版了很多儒家的经典,促进儒家经学在蒙古汗国所统治的中国北方地区广泛传播。为了吸纳更多的汉儒参与蒙古汗国的社会政治管理,1237年耶律楚材提出恢复科举取士。次年,蒙古汗国首次开科取士,

---

① 周春健:《元代四书学研究》,华东师范大学出版社2008年版,第32页。周认为:"'以儒治国'思想逐渐为蒙古最高统治者重视和采用,是从窝阔台朝开始的。"
② [德]傅海波,[英]崔瑞德编:《剑桥中国辽西夏金元史》,史卫民等译,中国社会科学出版社1998年,第440页。
③ (元)苏天爵:《元名臣事略》卷五《中书耶律文正王》,景印文渊阁《四库全书》本,台北商务印书馆1986年版,第546页。
④ (明)宋濂等:《元史》卷一四六《耶律楚材传》,第3459页。
⑤ (明)宋濂等:《元史》卷一四六《耶律楚材传》,第3459页。

即"戊戌选",尽管它"并非传统意义上的科举考试"①,"严格而论,这次考试不能称之为科举。"②但它一次录取了儒士 4000 多人保护和推动了儒家经学在蒙古汗国的传承与发展。此后,儒士也一改被歧视的状态,社会地位上与僧、道相同。

窝阔台汗时代,正是在耶律楚材的积极努力下,儒家经学在蒙古汗国得到了极大的传承、弘扬,儒学的社会影响也日益显著,这一时期南宋的程朱理学也开始向北方地区进行传播。值得一提的是,杨惟中于 1240 年在中都建立太极书院,聘请汉儒赵复、王粹等人在此宣讲程朱理学,此举直接促进了理学化经学在北方的传播,很快"伊洛之学遍天下"③。这也得益于耶律楚材宣扬儒学的间接影响。程朱理学及其经学的北传,极大地促进了中国北方地区儒家经学及思想文化水平的整体提升。

当然,窝阔台汗、耶律楚材在推行儒化、汉化政策强化中央汗权的同时,也损害了一些蒙古、色目贵族的既得利益,使得他们抵制甚至公开反对儒化、汉化,以至于汉化政策"见于设施者十不能二三"④。加上窝阔台汗晚年荒废政事,且在蒙古色目贵族的压力下,改变了他以往支持耶律楚材的积极态度,使得耶律楚材所推行儒化、汉化的举措难以为继,理学化的经学发展也受到了阻碍。这一点正如德国学者所言:"自 13 世纪 30 年代中期起,窝阔台渐渐失去了管理帝国的兴趣,当他开始沉溺于饮酒、玩乐以及奢侈生活的时候,各地方和地区的势力积极地施展他们的影响","就这样,到了窝阔台统治的晚期,耶律楚材在宫廷中的影响已经消失了,改革计划的实施也非常艰难。"⑤在窝阔台汗在位的最后两年,耶律楚材已经大权旁落,推行儒化、汉化的政策基本上

---

① 陈高华、张帆、刘晓:《元代文化史》,广东教育出版社 2009 年版,第 25 页。

② 萧启庆:《元代的儒户:儒士地位演进史上的一章》,载萧启庆:《内北国而外中国:蒙元史研究》,台北新文丰出版公司 2007 年版,第 383 页。

③ (元)郝经:《陵川集》卷二十六《太极书院记》,景印文渊阁《四库全书》本,台北商务印书馆 1986 年版,第 289 页。

④ (元)苏天爵:《元文类》卷五十七《中书令耶律公神道碑》,四部丛刊景元至正本,第601 页。

⑤ [德]傅海波,[英]崔瑞德编:《剑桥中国辽西夏金元史》,史卫民等译,中国社会科学出版社 1998 年版,第 440 页。

处于停滞的状态。与此同时,伊斯兰教、基督教又开始在蒙古汗廷内流行,儒学与儒士又陷入了被歧视与无视的状态。多元宗教文化并存,儒学被视为一种宗教文化又成为一种常态,这种儒学发展寂寥的状态直到忽必烈时代方有所改观。

三、忽必烈时代的崇儒重道及理学的官学化

程朱理学化的经学真正在北方地区大规模、广泛地传播是在忽必烈时期,这与忽必烈本人的重视与支持有直接的关系。忽必烈自幼受母亲的影响,对儒学、汉法颇为了解,年轻时经常约见汉儒,向他们请教治国安邦的道理。因此,蒙哥汗在即位之初(1251 年)便命忽必烈"领治蒙古,汉地民户"[1]。这也"改变了忽必烈的命运,也改变了蒙古族乃至中国历史的进程"[2],更是为经学在北方地区的广泛传播提供了历史契机。

忽必烈受命在金莲川设置幕府,治理汉地。他广招汉族人才,任用汉儒管理漠南地区,施展"大有为于天下"的抱负。如史书说他,"思大有为于天下,延藩府旧臣及四方文学之士,问以治道"[3]。他对儒学的重视,积极汉化,更是赢得了北方地区儒士大夫们对其政治统治的认同,得到时人的高度赞誉,如许衡说他"有爱民之誉,好贤之名,闻于天下,天下望之如旱之望雨"[4]。张德辉、元好问等人甚至在 1252 年尊他为"儒教大宗师"[5],忽必烈认为当之无愧,也欣然接受。可以说,忽必烈正是依靠这些儒士出谋划策,在中国北方地区推行儒学、以汉法治汉地,从而赢得了中原儒士大夫的政治文化认同,并帮助他在

---

① (明)宋濂等:《元史》卷三《宪宗三》,第 44 页。

② 朱耀庭、赵连稳:《元世祖忽必烈传》,北京大学出版社 2009 年版,第 31 页。

③ (明)宋濂等:《元史》卷四《世祖一》,第 57 页。

④ (元)许衡:《鲁斋遗书》卷七《慎微》,景印文渊阁《四库全书》本,台北商务印书馆 1986 年版,第 401 页。

⑤ (明)宋濂等:《元史》卷一百六十三《张德辉传》,第 3825 页。

最高权力斗争中获得蒙古汗位。①

忽必烈身为蒙古大汗(1260—1271年)的前期,依旧崇信儒学、礼遇儒士。这保证了儒学在北方地区的继续发展,使之成为北方最有影响的学术思想。他曾召请王恽、徐世隆等为他讲解"尧舜禹汤为君之道"②;他还"留意经学,挺与姚枢、窦默、王鹗、杨果,纂《五经要语》凡二十八类以进"③。如《元史·王鹗传》载:

> 冬,世祖在藩邸,访求遗逸之士,遣使聘鹗。及至,使者数辈迎劳,召对。进讲《孝经》《书》《易》及齐家治国之道,古今事物之变,每夜分乃罢。世祖曰:"我虽未能即行汝言,安知异日不能行之耶?"岁余乞还,赐以马,仍命近侍库库、柴祯等五人从之学。④

忽必烈不但自己亲自听汉儒讲解修齐治平之道,还命令群臣接受儒臣的学术传授。当时忽必烈的朝廷中所用的赵璧、廉希贤、张文谦、王文统等汉儒,也皆位高权重。忽必烈还改善"儒户"政策⑤,优待各地儒士,于中统二年(1261年)下诏,命诸路学校"凡诸生进修者,仍选高业儒生教授,严加训诲,务要成材,以备他日选擢之用"⑥。可以说,忽必烈即汗位之后,更加重视儒学,"采取故老诸儒之言,考求前代之典,立朝廷而建官府"⑦,沿袭宋、辽、金的汉化制度,在蒙古汗国内建立了一套比较完整的官僚体系,不分民族、不论资格用人,以至于"自中统元年以来,鸿儒硕德,跻之为用者多矣"⑧。

元代建立之后,忽必烈为了赢得南方社会精英阶层——儒士大夫们的文

①　孟繁清:《试论忽必烈与阿里不哥之争》,载《元史论丛》(第二辑),中华书局1983年版,第172页;又参见张本一:《从忽必烈对儒人儒学的态度看元初杂剧中的士人形象》,《信阳师范学院学报(哲学社会科学版)》2000年第1期。

②　(元)苏天爵:《元朝名臣事略》卷十二《太常徐公》,景印文渊阁《四库全书》本,台北商务印书馆1986年版,第656页。

③　(明)宋濂等:《元史》卷一百五十九《商挺传》,第3740页。

④　(明)宋濂等:《元史》卷一百六十《王鹗传》,第3756页。

⑤　关于"儒户"的阐述,参见萧启庆:《元代的儒户:儒士地位演进史上的一章》,载《内北国而外中国:蒙元史研究》,中华书局2007年版,第388—414页。

⑥　(元)王恽:《秋涧集》卷八十二《王盘直学士等传》,第200页。

⑦　(元)苏天爵编:《元文类》卷四十《杂著·制官》,四部丛刊景元至正本,第366页。

⑧　(元)王恽:《秋涧集》卷四十六《儒用说》,第605页。

化认同,实现对南宋旧地的有效控制,更加推崇程朱之学,促进了理学北方地区的传播。程朱理学的北传,很大程度上倚重归降的宋、辽、金诸朝的儒士①,其中金儒对程朱理学的北传作出了突出贡献。比如杨惟中、姚枢是程朱理学在北方区域传播的先驱,他们开启了赵复、许衡等人传播程朱理学的先河,在经学发展史上具有承上启下的枢纽作用。这一点正如李则芬先生所说:

> 宋理学虽靠赵复而北传,亦靠杨惟中、姚枢二人为媒介,赵复始得传其学。无姚枢则不能发现赵复并促其北上,也没有机会将其学转介于许衡。然姚枢在当时还是官卑职小,无杨惟中以为提倡赞助,则赵复在燕京的讲学,不会有那么大的影响。②

杨惟中、姚枢作为金朝遗民,他们深受窝阔台汗的器重,蒙古太宗七年(1235年),皇太子阔出带兵伐宋的时候,就命他俩"于军前行中书省事"③。他们所作的工作主要是延揽汉族儒士、建立文化书院,同时在随军南下的过程中搜集各种文化典籍尤其是伊洛等学派的理学著作,然后送往燕京(今北京市)。在南征过程中,姚枢在乱军中发现了赵复,并带往大都。后在杨惟中、姚枢的倡导下,蒙元在大都创办起本朝第一家官办书院——太极书院,把搜寻到的典籍置于其中,并请宋儒赵复、王粹等为教授,理学化经学自此经由赵复等人开始传播至中国北方地区,"当是时,南北不通,程朱之书不及于北,自先生(赵复)而发之"④。

随着杨惟中、姚枢、赵复等人在北方地区大力传播程朱理学,许衡、刘因、窦默、王鹗等儒士也都纷纷加入宣扬推行程朱理学的行列中,理学在北方地区更广泛传播开来。这正如《宋元学案》所言:

> 自石晋燕、云十六州之割,北方之为异域也久矣,虽有宋诸儒迭出,声

---

① 姚大力:《金末元初理学在北方的传播》,《元史论丛》(第二辑),中华书局1983年版,第217—219页。姚大力认为金末元初理学北传并非始于赵复,其实在北宋末开始已经有程颐续传弟子刘肃、张特立、李简等人传承理学。即在北宋后期到元灭金之际,理学一直薪火相传,所谓"一二三五年以前,流传在北方的理学,主要是二程学说的残支余脉;同时偶尔也有朱熹之学零星北传"。
② 李则芬:《元史新讲》(五),台北三民书局1978年版,第532页。
③ (清)邵远平:《元史类编》卷十一《宰辅一》,清康熙三十八年原刻本,第224页。
④ (清)黄宗羲著,全祖望补修:《宋元学案》卷九十《鲁斋学案》,第2994页。

教不通。自赵江汉以南冠之囚,吾道入北,而姚枢、窦默、许衡、刘因之徒,

得闻程朱之学以广其传,由是北方之学郁起。①

经过这些儒士的努力,程朱理学在蒙元统治的北方区域广泛传播,"由是北方之学郁起"。在理学的北传过程中,尤以许衡的贡献最大,如《宋元学案》所说:"河北之学,传自江汉先生(赵复),曰姚枢、曰窦默、曰郝经,而鲁斋(许衡)其大宗也,元时实赖之。"②

南宋理学主要经由许衡、刘因传到北方。许衡、刘因作为当时北方重要的大儒,以他们为中心建立起来了"鲁斋学派"和"静修学派"两个北方最大的经学流派,在当时的学术界影响甚大。对此,全祖望就曾评价说:

有元之学者,鲁斋(许衡)、静修(刘因)、草庐(吴澄)三人耳。草庐后,至鲁斋、静修,盖元之所借以立国者也。二子之中,鲁斋之功甚大,数十年彬彬号称名卿材大夫者,皆其门人,于是国人始知有圣贤之学。③

总之,在蒙古汗国到元朝建立前期,理学化的经学开始在北方广泛传播,由此实现了程朱理学建构之后最大范围的传播。但是,在当时中国的北方,亦即辽、西夏、金、蒙古汗国所统治的地区,经学发展缓慢,而且注重传统的经传注疏之学、义理之学,研习程朱理学的学者比较少。相比较而言,原南宋所统治的区域,理学化经学已经得到了充分的发展,并呈现出了多元化趋向。灭南宋后学术北传为元代程朱理学的传承与发展奠定了重要的学术思想基础。

四、元仁宗的科举取士与经学的大一统

忽必烈时代(1260—1294 年在位)是蒙古政权由游牧的汗国制转向中原汉地体制的重要时期。忽必烈之后的成宗(1294—1307 年在位)、武宗(1308—1311 年在位)、仁宗(1311—1320 年在位)、英宗(1321—1323 年在位)等皆重视儒学,推行汉化,以至于程朱之学逐渐成为当时最为重要的学术

① (清)黄宗羲著,全祖望补修:《宋元学案》卷九十《鲁斋学案》,第 2995 页。
② (清)黄宗羲著,全祖望补修:《宋元学案》卷九十《鲁斋学案》序录,第 2994 页。
③ (清)黄宗羲著,全祖望补修:《宋元学案》卷九十一《静修学案》,第 3021 页。

思想,并伴随着仁宗科举新制的推行,程朱之学最终实现了在元代的官学化。程朱理学实现了在中国北方地区乃至中亚地区的广泛传播,更是推动了有史以来儒学在最大范围的宣扬与传播。到了14世纪初期,程朱理学已经为蒙元各地域、社会各阶层所普遍接受,当时"海内之士,非程朱之书不读"①,"非程朱学不试于有司,于是天下学术,凛然一趋于正"②。可以说,经过元朝的大力推行,程朱理学成为中华民族所普遍认同的官方学说与文化价值体系。

元仁宗皇庆二年(1313年),由李孟、程钜夫、许师敬、元明善、贯云石等人参与制定科举考试条例,由中书省奏陈。其中规定:"明经内'四书'五经以程子、朱晦庵注解为主"③。延祐元年(1314年),朝廷正是下诏全国,实行科举考试,此时距忽必烈建立元朝已有40多年。这次科举制度的推行与仁宗本人的喜好有直接的关系,仁宗本人自幼深受儒家文化的熏陶,又长期受到儒臣的辅导。他对儒学和中原王朝的制度颇为了解,故科举制度在臣子们的建议下,他力排众议,推行科举之法,如元人许有壬说:仁宗"排众议,出宸断,继世皇之志,始以贡举取士"④。

元仁宗推广程朱经学,并使之成为官方之学,由此实现了宋、金、元所统辖的中原地区暨中国南北经学、学术思想的初步统一。对此,元人欧阳玄也说道:"非程朱学不试于有司,于是天下学术,凛然一趋于正。"⑤这一点如清人皮锡瑞所言:

> 金、元时,程学盛于南,苏学盛于北,北人虽知有朱夫子,未能尽见其书。元兵下江汉,得赵复、朱子之书,始传于北。姚枢、许衡、窦默、刘因辈,翕然从之。于是,元仁宗延祐定科举法,《易》用朱子《本义》,《书》用蔡沈《集传》,《诗》用朱子《集传》,《春秋》用胡安国《传》,惟《礼记》犹用

---

① (元)欧阳玄:《圭斋文集》卷九《文正许先生神道碑》,景印文渊阁《四库全书》本,台北商务印书馆1986年版,第75页。
② (元)欧阳玄:《圭斋文集》卷五《赵忠简公祠堂记》,第37页。
③ 黄时鉴校:《通制条格》卷五《科举》,浙江古籍出版社1986年版,第69页。
④ (元)许有壬撰,傅瑛、雷近芳校点:《许有壬集》卷三十二《送冯照磨序》,中州古籍出版社1998年版,第405页。
⑤ (元)欧阳玄:《圭斋文集》卷五《赵忠简公祠堂记》。

郑《注》，是则可谓小统一矣。①

元朝所划分的"四等人"中，第三等汉人，据元人陶宗仪《南村辍耕录》所载有八类："契丹、高丽、女直、竹因歹、术里阔歹、竹温、竹赤歹、渤海。"②他们主要是淮河以北原金朝境内的汉、契丹、女真等族，较早被蒙古汗国征服的云南、四川人和东北的高丽人；第四等"南人"是南宋统治区域的人。当时科场规定，不论蒙古人、色目人，还是南人、汉人，在第一场明经科的考试中都要考察朱熹《四书章句集注》。在科举制度推动下，程朱理学化经学广布天下。正如元人苏天爵所说：

> 迨仁宗临御，肇兴贡举，网罗俊彦，其程式之法，表章"六经"。至于《论语》《大学》《中庸》《孟子》，专以周、程、朱子之说为主，定为国是，而曲学异说悉罢黜之。是则列圣所以明道术以正人心，育贤才以兴治化者，其功用顾不重且大歟！夫伊洛之书，固家传而人有之。③

程朱经学得到元朝廷的认同，被确立为官学，由此程朱经学遍行天下，从而使得朝野上下、中央地方对程朱理学颇为重视，以至于元代继续保持了儒学的繁荣发展。不仅如此，元朝统治者将这种风气进一步推展到了北方地区。在当时，尽管作为蒙元统治阶层的蒙古人、色目人较汉人、南人在待遇上更优，但他们都将程朱经学尤其是四书学作为科举考试的必修科目，由此直接确定了程朱四书学及其理学在元代的统治地位。

仁宗去世后，后继的英宗、泰定帝、文宗依旧执行忽必烈、仁宗的汉化政策与科举制度。在元代中期，程朱经学的传播遍及中国南北各地，同时形成了以元大都为核心的北方中心区域和以福建、浙江为中心的南方中心区域。尽管当时南方出现了很多较有成就的学者与学派，在数量上占有明显的优势，但是由于很多南方籍的经学家、理学家纷纷北上元大都，入朝为官。如当时除了颇有影响许衡和刘因之外，有"儒林四杰"之称的虞集（1272—1348 年）、揭傒斯

---

①　（清）皮锡瑞撰，周予同注释：《经学历史》九《经学积衰时代》，第 281—282 页。

②　（元）陶宗仪：《南村辍耕录》卷一《氏族》，上海古籍出版社 2012 年版，第 11 页。

③　苏天爵：《伊洛渊录序》，载张林川、周春健《中国学术史著作序跋辑录》，崇文书局 2005 年版，第 2 页。

(1274—1344 年)、黄溍(1277—1357 年)、柳贯(1270—1342 年)等南方籍的儒士,也先后仕于元大都,成为元代北方理学传播的著名学者。元大都作为当时全国的政治、文化中心,自然成为有元代一带最重要的理学中心,在程朱理学的传播和影响上也要远远超越南方。相比程朱理学的繁荣发展与广泛传播,陆学在元代处于式微不显的状态。这一点正如黄宗羲所说:

> 陆氏之学,流于浙东,而江右反衰矣。至于有元,许衡、赵复以朱氏之学倡于北方,故士人但知有朱氏耳,然实非能知朱氏也,不过以科目为资,不得不从事焉,则无肯道陆学者,亦复何怪。①

陆学衰微,但并不代表陆学不为人所关注。比如,江西人吴澄(1249—1333年)作为朱熹的四传弟子,他对陆九渊"本心"之说十分赞赏,极力调和朱、陆两家学说,认为"朱陆二师之为教,一也"②,以此反对门户之见。吴澄更是元代杰出的理学家、经学家、教育家,他与当世经学大师许衡齐名,世人便有了"北许南吴"的说法。吴澄以其毕生精力为元朝儒学的传播和发展做出了重要贡献,对此全祖望就评价说道:"有元之学者,鲁斋(许衡)、静修(刘因)、草庐(吴澄)三人耳。草庐后,至鲁斋、静修,盖元之所借以立国者也。"③吴澄为学之所以强调"和会朱陆",有很多原因。一方面,他是朱熹的四传弟子④,深受其师饶鲁治学的影响。饶鲁为学尽管强调仁乃天理,属于宇宙、人生之本源,但他也认为仁就是心,提升修养要靠自识本心。另一方面,朱陆之学都是理学的分支,都是为了体认天理。从元初会通朱陆就是的经学传统。很多学者如许衡、刘因、郝经、虞集等人包括朱学、陆学的后传弟子们也都是折中朱陆,兼采两者之长。陆学弟子在坚持反求自悟的本心论的基础上,兼取了朱学致知、笃实的"下学"工夫,以防止陆学流于"谈空说妙"的禅学;朱学弟子在坚

---

① (清)黄宗羲著,全祖望补修:《宋元学案》卷九十三《静明宝峰学案》,第 3097 页。

② (清)黄宗羲原著,全祖望补修:《宋元学案》卷九十二《草庐学案》,第 3046 页。

③ (清)黄宗羲原著,全祖望补修:《宋元学案》卷九十一《静修学案》,第 3021 页。

④ 黄百家曾说:"黄勉斋榦(黄榦)得弟子之正统,其门人一传于金华何北山基,以递传于王鲁斋柏,金仁山履祥,许白云谦;又于江右传饶双峰鲁,其后遂有吴草庐(吴澄),上接朱子之经学,可谓盛矣。"参见(清)黄宗羲原著,全祖望补修:《宋元学案》卷九十一《静修学案》,第3021 页。

持笃实工夫的基础上,兼取了陆学"简易"本心论,以防止避免朱学的"支离"泛滥。①

总之,元朝建立之初,为了实现对汉地社会精英阶层的笼络,忽必烈延续了尊儒的政策,将程朱理学进一步向北方推广,并最终促使元仁宗时期将程朱理学及其经学成为官学,实现了程朱理学最大范围的传播。正是因为如此,元朝继承并发展了程朱理学,成为中国近世宋学的重要组成部分。

五、元代后期经学考据学的兴起及其意义

程朱之学经历了元仁宗、英宗时期辉煌时代。在元代后期,受到权力斗争和社会动荡等因素的影响,经学传播与发展受到了一定程度的冲击。尽管如此,元代后期经学的发展在大的方面依旧向前。学者们继续关注程朱理学的天理性命、道德修身,同时在理学的发展开始呈现出实证、考据等知识化倾向时,却改变了宋元时期注重理论化的发展路径。陈栎、胡一桂、许谦、朱升、黄泽、汪克宽等儒士致力于经学考据之学,从而纠正当时程朱理学化经学发展中的一些弊端。以至于元代后期,在继续宗朱的前提下,文献考证学或经学考据学颇为兴盛,学术风气更加笃实,这对于经学、理学的发展来说无疑具有重要的价值和意义。其中汪克宽、赵汸、朱升、郑玉等是这一时期的代表人物。

汪克宽(1304—1372 年),字德辅,号环谷。饶鲁门人,传黄榦之学,"元末,为朱子学者,以克宽为大师"②。他曾在泰定中,以其直言应对,见黜。随后,汪克宽放弃举业,专心于经学,撰有《春秋经传附录纂疏》《程朱传义音考》《诗集传音义会通》《礼经补逸》等。这些对于程朱经学的丰富、完善起到了重要的作用。

赵汸(1319—1369 年),字子常,安徽休宁人。元末明初著名学者。晚年隐迹东山,人称东山先生。赵汸自幼颖敏,一生专攻学问,不慕荣利,后在故乡

---

① 张良才:《和会朱陆:元代理学教育哲学的特点》,载《齐鲁学刊》1999 年第 5 期。
② 何绍忞:《新元史》卷二三六《汪克宽传》,吉林人民出版社 1995 年版,第 3418 页。

东山设馆教书。至正十六年(1356年)休宁县建商山书院,与朱升同受聘为山长。赵汸毕生致力学术研究,学识渊博,尤精研《春秋》之学,撰有《春秋集传》《左氏补注》《师说》《周易文诠》《四库珍本》和《东山存稿》等。

朱升(1299—1370年),为新安理学的代表人物之一,他鉴于当时人们治学因循朱子成说,提出了"真知"的主张,发明了"旁注诸经"之法,使得新安学派得到发展,同时也对当时墨守朱学之风有一定的矫正意义。如元人赵汸所言:

> 自井邑田野,以至于远山深谷、民居之处,莫不有学、有师、有书史之藏。其学所本则一以郡先师朱子为归。凡"六经"传注、诸子百氏之书,非经朱子论定者,父兄不以为教,子弟不以为学也。是以朱子之学,虽行天下,而讲之熟、说之详、守之固,则惟新安之士为然。①

朱升鉴于当时墨守助学之法,注重经学教育,旁注群经,撰有《书旁注》《诗经旁注》《周官旁注》《仪礼旁注》《大学中庸旁注》《论语孟子旁注》《周易旁注》《孝经小学旁注》等书籍。这些对于深入理解朱学本意有重要的辅助意义。

郑玉(1298—1358年),字子美,徽州人。幼敏悟嗜学;既长,博通"六经",尤精《春秋》,无意仕进。教授于乡,门人甚众,学者称师山先生。郑玉是吴澄之后,折中朱、陆之学的重要学者,不过与吴澄相比他更倾向于朱学,对此《宋元学案》称:"继草庐而和会朱、陆之学者,郑师山也。草庐多右陆,而师山则右朱,斯其所以不同。"②郑玉在其文集中也说:

> 近时学者,未知本领所在,先立异同,宗朱子则肆毁象山,党陆氏则非议朱子。此等皆是学术风俗之坏,殊非好气象也。某尝谓陆子静高明不及明道,缜密不及晦庵,然其简易光明之说,亦未始为无见之言也。故其徒传之久远,施于政事,卓然可观,而无颓堕不振之习。但其教尽是略下功夫,而无先后之序,而其所见,又不免有知者过之之失。故以之自修虽有余,而学之者恐有画虎不成之弊。是学者自当学朱子之学,然亦不必谤

---

① (元)赵汸:《东山存稿》卷四《商山书院学田记》,四部丛刊本。
② (清)黄宗羲原著,全祖望补修:《宋元学案》卷九十四《师山学案》序录,第3125页。

象山也。①

郑玉作为吴澄之后、合会朱陆的重要元儒代表,也认识到了朱学一家独尊所带来的学术弊端,在他看来朱陆两家是两种不同的学派,各有所长,陆学尽管没有朱学"缜密",但所倡导的"简易光明之说"也颇有创见。所以,学者在学朱子之学的同时,不必"谤象山",而是兼采彼此之长,以明圣人之道。

　　总的来看,理学独尊的地位在元代后期进一步强化,与此同时这种独尊格局使得程朱之道难以有新的发展和进展,尤其对于那些长期恪守程朱之道的儒士大夫而言,多言心性义理之学,而忽略了对程朱经学以及汉唐注疏经学的重视,这不利于程朱之学的传承和发展,更不利于作为意识形态对民众的约束和控制。于是,当时的儒者以程朱理学为宗,通过经学考据之学的形式,进一步丰富、完善程朱理学体系。当然,元代经学考据之学并非突然而起,而是与宋末以来经学考据之学的发展一脉相承,如朱子正宗嫡传北山四先生皆注重经学考据之学,其后传弟子如饶鲁、陈大猷、吴澄、陈澔、汪克宽等人也都重视经学考据之学,其他元代儒者更是对经学考据之学倍加重视。可以说,元代中后期经学考据之学的兴起,是理学官学化的必然产物,更是理学深入发展的必然要求。反过来,程朱经学体系的完善又进一步巩固和加强了程朱之学作为官方意识形态的地位和角色。尽管在元代后期,有吴澄、郑玉等人提出了"合会朱陆"的观点,但相对于当时以程朱经学、理学为主导的情形下,毕竟是极少数,故不应夸大。总而言之,元代后期的经学、理学在宋儒的基础上补阙修订、发明推求,进一步丰富、完善了程朱之学,使之成为中国近世以来经学、理学的"典范"。

本讲小结

　　辽、西夏、金、元作为北方少数民族建立的政权,皆"尊孔崇儒",推行"以儒治国"的理念,认同以儒学为核心的中华文化。正是由于辽西夏金元对儒

---

① （元）郑玉:《师山集·遗文》卷三《与汪真卿书》。

学的高度重视,儒学得以在北方地区持续地传承、发展,始终没有中断。而元代较辽西夏金更重视儒学,并最终促使南方程朱理学传向北方,并作为官方之学推向全国。这一时期,北方儒学的发展,得益于各朝皇帝的文化认同,他们重视儒家经学不逊于宋朝皇帝。例如,西夏仁孝皇帝"尊孔崇儒的热忱态度,不仅毫不逊色于中原汉族人,甚至是有过之而无不及"①;金世宗也是将金朝儒学推向鼎盛的关键人物,促使"女真人完全接受了汉文化和儒教思想,在习俗、语言、意识等方面渐趋统一,逐渐消除了民族间的差别"②;元世祖忽必烈"以儒治国",直接推动了程朱理学的北传;元仁宗则将程朱理学作为官学推向全国。辽西夏金元作为少数民族政权,借助儒学以获得北方地区汉族臣民尤其是社会精英阶层——儒士大夫们的文化认同,从而实现对中原地区的有效统治。在中原儒士大夫们看来,文化差异是华夷之辨的根本所在。"能用士,而能行中国之道,则中国之主也"③,"王道之所在,正统之所在也。"④所以,辽西夏金元的统治者主动迎合这种文化心理需要,主动认同以儒学为核心的中华文化,主动汉化,以汉法治汉地,从而巩固了对中国北方汉地的征服与统治。

在辽西夏金元时期,儒学在北方地区的传承与发展,经历了注疏之学、义理之学到性理之学三个阶段。从整体上来看,北方儒学与南方儒学相比有一定的发展滞后性。这除了北方汉地文化的落后的原因,也与南北交流阻隔有直接关系。尽管如此,儒学在中国北方地区广泛传播、持续发展,不但有力地推动了北方少数民族政权的文明进程,更是保证了以儒学为核心的中华文化的继续传承和发展。元代儒学尤其是程朱理学不但在中国北方地区传承发展,也远播中亚,蒙古人、色目人纷纷转习程朱理学,由此程朱理学实现了有史以来传播范围的最大化。它也超越了原有的民族文化信仰,成为不同族群的

---

① 张迎胜:《西夏人的精神世界》,宁夏人民出版社 2009 年版,第 200 页。
② 张博泉等:《金史论稿》(第二卷),吉林文史出版社 1992 年版,第 420 页。
③ (元)郝经:《陵川集》卷三十七《与宋国两淮制置使书》,景印文渊阁《四库全书》本,台北商务印书馆 1986 年版,第 432 页。
④ (元)杨奂:《还山遗稿》卷上《正统八例总序》,景印文渊阁《四库全书》本,台北商务印书馆 1986 年版,第 228 页。

共同文化价值体系,也成为不同民族之间相互认同、相互融合的基石与纽带。萧启庆说:"元统治并未影响中国文化发展的主要方向,元朝灭亡后中国文化大体仍按照原有的轨辙向前发展。"①同时也要看到,儒学在得到北方少数民族的认同、传承也遭到了各朝统治阶层本位主义思想的阻碍,其过程并非一帆风顺,而是出现了很多的波折与冲突。例如,辽的南、北之争,西夏的"蕃""汉"之争,元的"蒙""汉"之争,有的甚至来自儒学内部不同地域、不同学派的阻力。可以说,契丹、党项、女真、蒙古贵族在极力推行儒学来获得汉族臣民认同以维护其政治统治的同时,但也通过多种形式保护本民族自身的风俗、信仰,以至儒学难以取代他们固有的文化信仰、价值观念,使得汉化、儒化最终不能彻底完成社会文化的整合。

元代经学的发展呈现出明显的阶段性特征,在蒙古汗国时期北方经学的发展基本上是传统的宋代义理之学,即使在元代初年理学得以北传的情况下,北方经学也基本上是传统义理之学的天下。理学化经学真正大规模在北方传播并形成了普遍的学术文化范式,主要是在延祐科举之后。随着理学化经学尤其是朱学的广布之后,程朱理学开始固化,与之相并立的是南方理学的心学化、多元化发展。由此,推动了南方理学化经学向心学化、功利化的方向发展,并对明代经学及思想产生了深远的影响。

总体来看,元代经学可以说是朱学的天下,并围绕着朱学形成了一个规模宏大的程朱经学体系。这一点正如元人张溥所说:

> 北方之学,起自赵复、许衡;尊而明之者,姚枢、窦默也。儒者世继,传人不绝:世祖时有容城刘因,成宗时有兰溪金履祥、奉元萧爽、缑山杜瑛,文宗时有崇仁吴澄,顺帝时有休宁陈栎、婺源胡一桂、金华许谦、资州黄泽之伦。咸明道学,修经传,濂洛关闽,家诵户习,著述之盛,冠于儒林,入裸国而皆章甫,莫能议也。②

① 萧启庆:《元代的族群文化与科举》,台北联经出版事业股份有限公司2008年版,序论第2页。

② (明)陈邦瞻原编,(明)臧懋循补辑,(明)张溥论正:《元史纪事本末》卷十六《诸儒出处学问之概》,张溥按语,中华书局1955年版,第102—103页。

诸多元儒在程朱之学的基础上作了进一步的丰富、完善,使得程朱之学至此而更加丰赡、完整。以至于后来有明一代作为科举考试依据的"四书"五经《大全》,也几乎全是抄录元人经注而成。当然,元代经学、理学在理论创新上不及宋代。清人皮锡瑞在其《经学历史》一书中评价元代经学的发展状况时说:

> 论宋、元、明三朝之经学,元不及宋,明又不及元。……宋儒学有根柢,故虽拔弃古义,犹能自成一家。若元人则株守宋儒之书,而于注疏所得甚浅。如熊朋来《五经说》,于古义、古音多所抵牾,是元不及宋也。①

对于经学发展的总体状况,皮锡瑞认为元代经学墨守宋儒,鲜有发明,所谓"株守宋儒之书,而于注疏所得甚浅",其实这样的观点并不完全正确,元儒株守程朱之道没错,但是就程朱经学而言,元儒多有发展和完善。

从宋末开始,由于程朱理学的官学化,学者们多墨守道学,而对忽略经学注疏之学,经学因此相当衰微。鉴于此弊,从宋末开始便有诸多学者如何基、王柏、金履祥、许谦、刘因、吴澄、黄泽、朱升、汪克宽等人重视经学注疏之学,纠偏正弊,不断丰富完善了程朱经学中的不足,同时也借此经学考据之学进一步佐证了程朱之道的正确性与合理性。对此,正如有学者所言:

> 元儒发展壮大程朱经学的方式,就是针对程朱一系传世的经说、经注,予以彻底认真的考求探讨,举凡有关版本、文字训诂、典章制度、名物史实、甚至经旨义理,只要觉得不妥,或有讹误、隐讳、不足等的疑虑,就会设法加以补充、辨正或说明、解释。这种纠缪补阙的工作,表面上看起来似有指责、反对之意,然仔细考求,就会发现多数是居于尊崇程朱的缘故,而为其"锦上添花",而非以推翻或反对程朱为目的,盖即冀望经由自己的补充、修正与发挥,使得程朱经说更精当、更清楚,不但能趋近最完美的境界,更能广为人所知、所遵循。

的确,元代诸儒对程朱经学颇为尊崇,他们汲汲于各种经说文本,一方面积极推崇、宣扬程朱经学的神圣性、权威性;另一方面极力来论证程朱理学乃孔孟思想之正统、正宗嫡传。从元代初年开始,如许谦对朱熹四书学的传承,胡方

---

① (清)皮锡瑞撰,周予同注释:《经学历史》九《经学积衰时代》,第283页。

平、胡一桂父子对朱熹《周易本义》的补正,刘瑾《诗传通释》对朱熹《诗集传》的补充,董鼎《孝经大义》对朱熹《孝经》学的发展,史蒙卿、郑玉等人对朱熹四书学的传承发展。不过,在官方意识形态——程朱理学的笼罩下,当时的经学发展基本上遵循了朱学的思想与方法,并在此基础上的补充和发展,鲜有另起炉灶,建构异于程朱理学、经学体系的新思想体系。

有元一代朱学独尊,很多学者不但从文献学、学术史等角度对程朱理学化经学做了进一步的考证、补修工作,而且也都根据现实社会政治、思想文化的特点和需要,对程朱学说作了进一步的丰富和完善。比如吴澄、郑玉等人,积极倡导汲取陆学"本心""易简"的观念,充实、补充程朱之学,对于程朱之学的发展和完善有重要的学术意义。元代经学的发展、完善、传承的贡献不可低估。对此杨晋龙先生做了自己的总结:

> 元代在经学史上比较重要的贡献,至少有三点:一则传播程朱一系的经注、经说,使其成为全国盛行的学说,并进而与汉、唐诸说争胜,成为官学,因而影响明、清两代的经学,故元代经学实即继承"宋学",并加以发展传播的重要桥梁。二则元儒从各个不同的层面,努力为程朱一系的经注除讹补阙、发明推求。使其经说更趋完美、成熟,最终乃成一代之"典范",影响及于现代。三则相关的研究文献,尤其是有助于发挥程朱经说者,几乎蒐罗殆尽,在文献的蒐集上大有功于后学,故元代乃是程朱一系经注成为"典范"的关键时刻。①

今人夏传才先生也认为元代经学是对宋代程朱理学化经学的继承和发展,而不是固守程朱之学,相反他们从传承弘扬、求真创新方面对程朱之学做了其应有的贡献。他说:

> 我们从元儒的经传注疏,可以看到他们对朱子经传注疏的辩证、补充和修正,从元儒们的援陆入朱,可以看到他们会和理学内部朱派和陆派的努力,这些都表现出程朱之学在元代尚未僵化,程朱之学还在学术讨论和

---

① 杨晋龙主编:《元代经学国际研讨会论文集》,台北"中研院文哲所"筹备处 2000 年版,导言第 19 页。

考证求实的前朝遗风中继续发展。我们从马端临这一类学者对朱熹的批评,可以看到朱子的学说尚未被教条化、权威化,学术界从宋代继承下来求真求实的学风依然存在。因而元代经学在异族统治的艰难条件下,依然取得一定的成绩并向前发展。①

可以说,元代在更大的范围内传播了程朱理学及经学,并将之作为官方意识形态,使之成为儒学的主流思想。程朱理学派经学注疏也得到了元儒的学习、补充和修正,甚至在理论上也兼采陆学、浙学等新思想,由此朱学也得到了进一步的丰富和发展。可以说,从经学发展的角度来看,元代经学并没有停滞和固化,相反程朱理学派经学在元代得到了长足的发展,很多程朱理学化的经学文本被丰富完善,并得到进一步的传扬和发展。在某种意义上来说,元代是为宋明之际经学发展的重要桥梁和纽带。

---

① 夏传才:《元代经学的社会历史背景和程朱之学的发展》,载杨晋龙主编:《元代经学国际研讨会论文集》,台北"中研院文哲所"筹备处 2000 年版,第 144 页。

第十三讲　明中前官方经学的墨守及南北思想的分立

　　朱元璋以"驱除鞑虏,恢复中华"为口号,取代了元代蒙古贵族为核心的北方少数民族政权。他所制定的一套典章制度,对明王朝的长治久安提供了必要的保障。如明成祖所说:"我朝大经大法,皆太祖皇帝所立,以传子孙。"① 朱元璋为明代社会政治、思想文化发展模式奠定了最关键基础。他对儒学的重视,儒士阶层纷纷入仕于明,促使了明代初年儒学的新发展。但与此同时,朱元璋采取了比较强硬了控制措施,使得儒士阶层缺乏真正的思想自由,在发展上墨守成规,导致了明初官方儒学发展的滞后,而江南地方则由于宋元以来儒学的积淀,得以继续发展,最终使心学成为明代中期的主流学术型态。

　　明成祖朱棣称帝之后,为了维护统治、统一思想,于永乐元年敕命纂修《永乐大典》。又于永乐十二年(1414 年)十一月,明成祖命胡广、杨荣、金幼孜等人纂修《五经四书大全》及《性理大全》,次年编成颁行全国,影响巨大。这两部书尽管内容不同、体例不一,但它们的编纂思想与旨趣基本一致,亦即朝廷通过经学统一的形式,来统一当时的学术文化体系及其价值观念,进而实现思想文化的大一统,从而进一步巩固政治秩序。这对有明一代思想文化之规范、文化认同起到了至关重要的推动作用。

---

① （明）余继登:《典故纪闻》卷六,中华书局 1991 年版,第 105 页。

一、朱元璋时代以礼治国及官方经学的墨守

在明朝建立之初,朱元璋对传统礼法非常重视,并将之作为治国安邦的要道。未称帝前就向将相大臣指出:"建国之初,当先立纪纲。""礼法,国之纪纲。礼法立,则人志定、上下安。建国之初,此为先务。"①在朱元璋看来,元朝就是因为礼法纲纪大坏,导致了社会紊乱、国家衰亡。朱元璋对礼制的重视旨在恢复以儒学为核心的传统汉族文化。这正如洪武六年(1373 年)太祖谕礼部尚书牛谅所云:

> 自元氏废弃礼教,因循有年,而中国之礼,变易几尽。朕即位以来,夙夜不忘,思有以振举之,以洗污染之习。故尝命尔礼部定著礼仪,今虽成宜,更与诸儒参详考议,斟酌先王之典,以复中国之旧。务合人情,永为定式。②

太祖兴复礼仪的目的,不仅仅是为了消除元俗、重振纲常,以维护皇权体制,更为主要的是为了恢复中华旧有的礼仪制度、纲常伦理和道德规范,恢复以儒家文化为核心思想的中华文化体系。朱元璋颁行了一系列禁令,"诏复衣冠如唐制,禁胡服、胡语、胡姓名。"③另外,朱元璋认为"弟收兄妻、子承父妾"的婚俗,有悖人伦道德、纲常名教,于是下令禁止,"若有犯先王之教,罪不容诛"④。明太祖对礼制的重视,实际上是为了在短时间内恢复元末以来日渐颓坏的纲常名教、人伦道德,借此强化刚刚建立起来的朱明政权。

朱元璋制礼作乐始于吴元年(1367 年)至洪武四年(1371 年),而《大明集礼》和《宴飨九奏乐》的完成,则标志着明初大规模制礼作乐的结束。朱元璋对礼制非常重视,旨在重建等级森严、纲常伦理并具的制度体系,改变元代

---

① (明)黄光开:《明代典则》,明万历二十八年周曰校万卷楼刻本,第 56 页。
② (明)夏良胜:《中庸衍义》卷十四《三重之义》,景印文渊阁《四库全书》本,台北商务印书馆 1986 年版,第 678 页。
③ (清)谈迁:《国榷》卷三,中华书局 1958 年版,第 357 页。
④ (明)朱元璋:《大诰·婚姻第二十二》,明洪武内府刻本,载《续修四库全书》第 862 册,上海古籍出版社 2002 年版,第 249 页。

"尚吏治而右文法"①，即以吏治国的做法。在他建国之初，便召请诸儒从礼制入手，恢复礼仪制度、编撰礼书。可以说，朱元璋治国的理念便是"以礼治国"。正如《明史·礼志》所记载的：

> 明太祖初定天下，他务未遑，首开礼、乐二局，广征耆儒，分曹究讨。洪武元年命中书省暨翰林院、太常寺，定拟祀典。乃历叙沿革之由，酌定郊社宗庙议以进。礼官及诸儒臣又编集郊庙山川等仪，及古帝王祭祀感格可垂鉴戒者，名曰《存心录》。二年诏诸儒臣修礼书。明年告成，赐名《大明集礼》。其书准五礼而益以冠服、车辂、仪仗、卤簿、字学、音乐，凡升降仪节，制度名数，纤悉毕具。②

在朱元璋的重视和参与下，修订和完善了先秦以来的诸多礼仪制度，编撰了大量的礼仪典礼方面的书籍，具有代表性的当为《大明集礼》，此书完成后"凡升降仪节，制度名数，纤悉毕具"。此外，朱元璋还多次敕令李善长、詹同、陶安、刘基、魏观、崔亮、牛谅、陶凯、朱升等一大批议礼之臣，征召各地方郡县的"高洁博雅之士"，如徐一夔、梁寅、周子谅、胡行简、董彝等人至京师，编纂《洪武礼制》《礼仪定式》《大明礼制》《洪武礼法》等书籍，经过明初朱元璋的努力，奠定了明代的基本礼仪规范，以至于随着嗣位之君的完善，明代的礼仪非常细致，上到宫廷礼仪，下到百姓之礼都做了细致的规定。总之，经过朱元璋的努力，"礼不下庶人"的观念在此时已经荡然无存，礼仪及其观念已经深入社会生活的各个层面，有效约束着人们的行为。

朱元璋还采取了一系列文化举措，为明一代重视儒家经学奠定了重要的基础。正如《明史·儒林传序》所言：

> 明太祖起布衣，定天下，当干戈抢攘之时，所至征召耆儒，讲论道德，修明治术，兴起教化，焕乎成一代之宏规。虽天亶英姿，而诸儒之功不为无助也。制科取士，一以经义为先，网罗硕学。嗣世承平，文教特盛，大臣以文学登用者，林立朝右。③

① （明）方孝孺：《逊志斋集》卷二十二《林君墓表》，宁波出版社 1996 年版，第 728 页。
② （清）张廷玉等：《明史》卷四十七《礼志一》，中华书局 1974 年版，第 1223—1224 页。
③ （清）张廷玉等：《明史》卷二百八十二《儒林传序》，第 7221 页。

朱元璋征召诸儒讲学传道,"修明治术",并以程朱之学为科举考试内容,以儒家纲常名教、道德伦理等思想观念实现对整个社会国家的有效控制。史书记载,朱元璋即位之初,便"首立太学,命许存仁为祭酒,一宗朱子之书,令学者非五经、孔孟之书不读,非濂洛关闽之学不讲。"①谈迁《国榷》也记载云:"明兴,高皇帝立教著政,因文见道,使天下之士一遵朱子为功令。"②在学校的教学内容上,从中央到地方皆以"四书""五经"、程朱理学为准则。洪武十四年(1381),"颁五经'四书'于北方学校",并对廷臣说:"道之不明,由教之不行也。夫五经载圣人之道者也,譬之菽粟布帛,家不可无。人非菽粟布帛,则无以为衣食,非'五经''四书'则无由知道理。"③可以看出,朱元璋对儒家经典颇为重视,不仅如此,他对程朱理学更是非常重视,将之视为学校的必备内容。

朱元璋利用经筵制度、学校教育来强化道德宣传之外,还将程朱理学视为科举考试的必修内容。《明史·选举志》记载云:

> 科目者,沿唐、宋之旧,而稍变其试士之法,专取四子书及《易》《书》《诗》《春秋》《礼记》五经命题试士。盖太祖与刘基所定。其文略仿宋经义……后颁科举定式,初场试"四书"义三道,经义四道。"四书"主朱子《集注》,《易》主程《传》、朱子《本义》,《书》主蔡氏《传》及古注疏,《诗》主朱子《集传》,《春秋》主《左氏》《公羊》《穀梁》三传及胡安国、张洽《传》,《礼记》主古注疏。④

由此可以看出,明初科举考试在形式与内容上较元代而言并没有根本的变化,内容上依旧强调程朱之学,除了《礼记》用古注疏之外,其余多与程朱之学有直接的关系,如:"四书"义主朱子《集注》;"五经"中,《周易》义主《程氏易传》、朱子《本义》,《尚书》主蔡沈《书集传》与古注疏,《诗经》主朱子《诗集传》,《春秋》主三《传》与胡安国、张洽《春秋传》。明初此举中对程朱之学的独尊地位的确认与强化。随着科举制度的规范化、稳定化,程朱之学更是成为

---

① (明)陈鼎:《东林列传》卷二《高攀龙传》,广陵书社 2007 年版,第 38 页。
② (明)谈迁:《国榷》卷二十二,中华书局 1958 年版,第 1475 页。
③ (明)俞汝楫:《礼部志稿》卷一《兴学之训》,景印文渊阁《四库全书》本,台北商务印书馆 1986 年版,第 11 页。
④ (清)张廷玉等:《明史》卷七十《选举二》,第 1693—1694 页。

有明一代的主导学说和意识形态。

明太祖为了获得中原儒士大夫对其政权的支持,一方面,继续在元代尊朱的基础上宣扬程朱理学,但也由于恪守程朱理学的理论框架,而鲜有理论上的创新;另一方面,由于朝廷对民间思想的强力控制,官方在思想上基本墨守程朱理学,经学更加注重考证、考据之学。

"明太祖礼治与法治并重的治国思想,也可以看出他规划大明帝国蓝图的苦心"①。同时,朱元璋还通过一系列的举措推行程朱理学,以此来统一思想。朱元璋过于利用皇权干涉经学思想,造成经学陷入了固化的状态。他甚至利用权力对经学进行"裁剪",比如他曾对宣扬仁政民本思想的《孟子》一书进行修订。如《明史·钱唐传》记载:

> 帝尝览《孟子》,至"草芥""寇仇"语,谓非臣子所宜言,议罢其配享,诏有谏者以大不敬论。唐抗疏入谏曰:"臣为孟轲死,死有余荣。"时廷臣无不为唐危,帝鉴其诚恳,不之罪。孟子配享亦旋复。然卒命儒臣修《孟子节文》云。②

他认为孟子所言的"君之视臣如土芥,则臣视君如寇仇"的思想颇为反动,就不惜对传承上千年的《孟子》进行删改,并要将孟子搬离配享孔子的位置。对《孟子》的删改,直到永乐九年,经孙芝等人的力争,才得以恢复原貌。朱元璋的这种做法,无疑是为巩固自己的皇权与意识形态所做的努力。也正是因为他对官方意识形态的如此掌控,使得明代初年的思想文化处于程序化、墨守桎梏的状态。如有学者所言:"世之治举业者。……非朱子之《传》《义》弗敢道也;以言《礼》,非朱子之《家礼》弗敢行也;推是而言,《尚书》、言《春秋》,非朱子所授,则朱子所与也。道德之一,莫逾此时矣。"③明初宋濂、方孝孺、曹端、薛瑄、吴与弼等一大批经学家也基本上尊奉、笃行程朱理学。正如《明史·儒林传序》所言:"明初诸儒,皆朱子门人之支流余裔,师承有自,矩矱秩然。曹

---

① 方志远:《明代国家权力结构及运行机制》,科学出版社2008年版,第103页。
② (清)张廷玉等:《明史》卷一百三十九《钱唐传》,第3982页。
③ (清)朱彝尊:《曝书亭集》卷三十五《道传录序》,国学整理社1937年版,第434页。

端、胡居仁笃践履,谨绳墨,守儒先之正传,无敢改错。"①在当时的情况下,学者在理论上墨守程朱理学,鲜有发明。当然,明代初年的程朱理学也并非一潭死水,很多学者也努力发掘其中的新意,结合时代的需要进行重新诠释。宋濂便是其中的代表,他曾师从柳贯、黄溍等人,继承了"金华四先生"(何基、王柏、金履祥、许谦)的朱学之传,故他本人以理学正传自居,他曾说:"世求圣人于人,求圣人之道于径。斯远已。我可圣人也,我言可经也。"②他还从方凤得闻陈亮事功之学,又曾问学于吕祖谦后学传人李大有。宋濂对佛禅之学也颇关注,曾"饱览三藏诸文",得识"明心见性之旨",以至于"渐流于佞佛者流"。宋濂由于深受佛禅、心学的熏染,其经学思想中也有一些心学的痕迹。

二、《五经四书性理大全》的编纂与思想大一统

《五经四书性理大全》的编纂有深厚的经学史背景,且与明初以来社会政治、思想文化的变迁有直接的关系。从朱元璋开始,为了最大限度地赢得社会精英阶层——儒士大夫对明政权的认同,明朝极力宣扬以儒学为核心的传统文化,尤其注重宣扬自宋元以来占有主导地位的程朱之学。据史书记载,朱元璋即位之初,便"首立太学,命许存仁为祭酒,一宗朱子之书,令学者非《五经》、孔孟之书不读,非濂洛关闽之学不讲。"③并于洪武三年(1370年),恢复科举,以程朱理学为考试必修内容,再次确认了程朱理学的官学地位。

嗣后即位的建文帝除了积极秉承了朱元璋"以礼治国"、注重儒学的做法,还强化了文官的社会政治地位,旨在改变明初以来重武轻文的局面,其年号"建文"便是其政治理念的集中体现。为了进一步强化中央王权,建文帝推行削藩,其态度便是"以德怀之,以礼制之。不可则削其地,又不可则边变置

---

① (清)张廷玉等:《明史》卷二百八十二《儒林传序》,第 7223 页。

② (明)宋濂:《文宪集》卷二十七《萝山杂言》,景印文渊阁《四库全书》本,台北商务印书馆 1986 年版,第 404 页。

③ (清)陈鼎:《东林列传》卷二《高攀龙传》,广陵书社 2007 年版,第 38 页。

其人，又其甚则举兵伐之"①。削藩失败之后，其叔叔朱棣篡夺了皇位，并推行文过饰非的文字狱。据《明史·王艮传》记载："后成祖出建文时群臣封事千余通，令缙等编阅。事涉兵农钱谷者留之，诸言语干犯及他一切皆焚毁。"②但明初以来"以礼治国"、强化皇权社会等级的理念并没有因此受到影响，反而由明成祖朱棣及其子孙加以完成。正如史学家所言："建文帝未完成的事业，最终通过他的反对者永乐皇帝及其子孙来推进。"③

朱棣为了强化自己的中央皇权与树立其皇权合法性，一方面，除了吸纳建文旧官如解缙、杨士奇、金幼孜、胡广等人，还在永乐元年（1403 年）开科取士，笼络安抚南方士人；另一方面，通过典籍的重新编纂建构其合法性。如让解缙等人重修《明太祖实录》以塑造自己篡夺皇位的合法性，并借编纂《永乐大典》广招天下儒士④，以凝聚人心，消除他们对新朝的敌视。清人所谓："靖难之举，不平之气遍于海宇，文皇借文墨以销垒块，此实系当日本意也。"⑤明成祖通过盛世修典（《永乐大典》）来彰显自己的文治，同时也通过永乐七年（1409年）编纂的《圣学心法》修身明道、来塑造自己圣主贤君的形象，明成祖希望"得其要，笃信而力行之，足以为治"⑥，以此彰显自己以德治国的决心。尽管明成祖利用编修《永乐大典》《圣学心法》等书掩饰自己篡位、杀戮的行径，塑造自己贤君明主的形象。

"如果说编修《永乐大典》是为了实现自己佑文之功的话，那这部书（《五经四书性理大全》）则是为了更好地对士大夫进行统治"⑦。靖难之役后明成祖为了控制人心，于永乐十二年（1414 年）命胡广、杨荣、金幼孜等人编纂《五

---

①　（明）尹守衡：《皇明史窃》卷三《革除纪第三》，载《续修四库全书》，上海古籍出版社2002 年版，第 559 页。

②　（清）张廷玉等：《明史》卷一百四十三《王艮传》，第 4048 页。

③　王天有、高寿仙：《明史：一个多重性格的时代》，台北三民书局 2008 年版，第 53 页。

④　（明）黄佐：《翰林记》卷十三《修书》，中华书局 1985 年版，第 159—175 页。

⑤　（清）孙承泽：《春明梦余录》卷十二《文渊阁》，景印文渊阁《四库全书》本，台北商务印书馆 1986 年版，第 124 页。

⑥　（明）娄性：《皇明政要》卷五《重储贰第十》，明嘉靖五年戴金刻本，第 21 页。

⑦　廖峰：《陈白沙的历史世界——明代政治与儒学流变》，贵州大学硕士学位论文，2007年，第 19 页。

经四书性理大全》,此书编纂的原则,"五经四书,皆圣贤精义要道,传注之外,诸儒议论有发明余蕴者,尔等采其切实之言,增附于下"①。

《五经四书性理大全》编成之后,颁行全国,影响甚大,在明代备受尊崇。但也颇受学者非议,顾炎武"上欺朝廷,下诳士子"②的评价得到了人们的普遍认同,以至于清代官修《天禄琳琅书目》《四书全书总目》、秦笃辉《经学质疑录》、皮锡瑞《经学历史》等都援引顾氏的评价,对《大全》展开攻伐。近代以来很多学者依旧沿袭清人的说法,认为此书的编纂将程朱理学"限制在一个狭小的框子内,扼杀了它的生命力","标志着程朱理学的衰落"③。这一评价可能有失公正,《五经四书性理大全》是朝廷旨在通过整合经义思想来统一思想的文化举措。在中国古代经学思想史上,经学文本与思想的整合比较重要的有两次,一次是唐太宗时期由孔颖达主持编纂的《五经正义》,一次便是明成祖敕命由胡广主持编纂的《五经四书性理大全》。这两次经学举措都有相似之处,即整合经学文本与思想,以经学的形式统一,实现意识形态上的大一统。

《五经四书性理大全》在一定程度上是对宋元以来程朱理学及经学的一次集大成式的汇集与整合。其中,《五经大全》共 154 卷,占全书 260 卷的一半左右,其所据注解,皆为程朱学派的著作,如《周易大全》据《程氏易传》与朱熹《周易本义》,《书传大全》据蔡沈《书集传》,《诗经大全》据朱熹《诗集传》,《春秋大全》据胡安国《春秋传》,《礼记大全》据陈澔《礼记集说》。其中蔡沈为朱熹弟子,陈澔之父陈大猷为朱熹三传弟子。而《四书大全》则是基于朱熹《四书章句集注》的扩大。《性理大全》共 70 卷,主要是程朱派学者解释"六经"与性理之学的著述。总之,这三部《大全》,"实为程朱学派的著作汇集"④。也正因为如此,此书的编纂,后代一般学者都是贬抑者多,赞扬者少,如明末清初顾炎武却对《五经四书性理大全》的编纂颇有非议,认为它并没有

---

① (明)雷礼:《皇明大政纪》卷七,明万历刻本,第 356 页。

② (清)顾炎武著,黄汝成集释:《日知录集释》卷十八《四库五经大全》,上海古籍出版社 2006 年版,第 1043 页。

③ 秦学颀:《从〈五经正义〉到〈五经大全〉——关于唐、明二代经学统一的比较》,《孔子研究》2002 年第 1 期。

④ 步近智、张安奇:《中国学术思想史稿》,中国社会科学出版社 2007 年版,第 377 页。

多少学术价值：

> 当日儒臣奉旨修《四书五经大全》，颁餐钱，给笔札，书成之日，赐金迁秩，所费于国家者不知凡几。将谓此书既成，可以章一代教学之功，启百世儒林之绪，而仅取已成之书抄誊一过，上欺朝廷，下诳士子，唐宋之时有是事乎？①

这种评议带有一定的情绪化，并不能完全客观。其中，《五经四书大全》尽管有集注的性质，但在编纂上毕竟增补了很多宋元以来的新注解，如《四书大全》增加了《读大学法》《谈中庸》等，同时也删除了一些原本的内容，如《四书辑释》中的一些图表和议论。又如《性理大全》，它的编排方式尽管是按照《朱子语类》的体例，先列正文，后置诸家之说，以卷编次，但所采宋儒之说有 120家之多，其内容较《朱子语类》更为丰富，体例更为严整。② 可以说，《五经四书性理大全》是对宋元以来程朱之学的又一次系统整合，这种整合摒弃了程朱之学中不完善的地方，而保留了很多适应时代需要的经书注解、思想诠释与理论建构，而并非是简单的"誊一过，上欺朝廷，下诳士子"。

《五经四书性理大全》的编纂无论是经学史上，还是在儒学史上都有非常重要的价值与意义。尤其是它在经学思想统一、社会文化认同方面具有非常重要的价值与意义。明成祖编纂《五经四书性理大全》是希望通过程朱之学统一人们的思想认识，规范治国安邦的理念，所谓"使国不异政，家不殊俗"，其根本目的是为了继承宋元理学"内圣外王"的精神和理念，以儒学所宣扬的人伦道德、纲常名教来规范人心、重建中央权威。或者说，朝廷编纂此书旨在通过统一教化、统一经学，使士子民众有所遵守，借由文化认同实现政治认同。这一点正如明人高攀龙所言：

> 自古治天下者，未有不以教化为先务，而教化之污隆则学术之邪正，为之所系非小也。是以圣帝明王必务表彰正学，使天下晓然知所趋，截然

---

① （清）顾炎武：《日知录》卷十八《四书五经大全》，上海古籍出版社 2006 年版，第1043 页。

② 刘宝全：《明初〈性理大全〉的刊行及其在朝鲜的传播》，载《朝鲜·韩国历史研究》（第十一辑），延边大学出版社 2011 年版，第 205 页。

有所守,而后上无异教,下无异习,道德可一,风俗可同,贤才出而治化
昌矣。①

古代的大一统王朝多通过帝王"表彰正学,使天下晓然知所趋",从而实现"上
无异教,下无异习,道德可一,风俗可同,贤才出而治化昌"的政治大一统局
面。例如,汉武帝独尊儒术、唐代编纂《五经正义》、宋代王安石也曾通过主
编《三经新义》统一思想,明代初年朱元璋也通过科举与教育一体化来实现
经学、思想的统一。明成祖朱棣为了统一人们的思想认识,更在元明以来经
学统一的基础上推行《五经四书性理大全》,希望借此获得思想文化政治的
高度认同。明代思想文化界此后皆以程朱之学作为自己的价值观,如朱彝
尊所言:

> (儒生)以言《诗》《易》,非朱子之传义弗敢道也;以言《礼》,非朱子
> 之《家礼》弗敢行也;推是而言《尚书》、言《春秋》,非朱子所授则、朱子所
> 兴也,道德之一,莫逾此时矣"言不合朱子,率鸣鼓百面攻之"②。

可以说,此书编成之后,程朱之学成为举国上下思想文化的源泉,成为人
们价值规范、知识体系的标准,实现了朝廷以经义规范思想的编纂初衷,实现
了对有明一代思想文化的统一与社会政治的巩固,可谓"二百余年以来,庠序
之所教、制科之所取,一禀于是……至一代之风俗,上有纪纲,下重名节,当变
故之秋,率多仗义死节之士"③。

《五经四书性理大全》的核心是《四书大全》,而《四书大全》的精髓为《四
书章句集注》,由此它集中展现了理学宗师——程朱等人的核心思想。这一
点正如清人魏裔介所说:

> 《集注》者,"四书"之孝子忠臣;而《大全》者,又《集注》之孝子忠臣
> 也。后之欲窥圣人之道,非《集注》何由进,非《大全》则《集注》之微言奥

---

① (明)高攀龙:《高子遗书》卷七《崇正学辟异说疏》,景印文渊阁《四库全书》本,台北商
务印书馆 1986 年版,第 440 页。
② (清)朱彝尊:《曝书亭集》卷三十五《道传录序》,景印文渊阁《四库全书》本,台北商务
印书馆 1986 年版,第 49 页。
③ (明)高攀龙:《高子遗书》卷七《崇正学辟异说疏》,景印文渊阁《四库全书》本,台北商
务印书馆 1986 年版,第 441 页。

义亦几不明。《大全》一书,岂非入德之门、致治之基哉。①

"四书"及其承载的程朱理学从宋代中后期开始取代五经及汉唐经学便成为学术思想的主导,成为统治阶层、社会精英——儒士大夫们极力推荐与研习的对象。可以说,"四书"简洁明了,容易较快地掌握孔孟思想的精髓,更能很快掌握宋明理学宗师程朱的天理思想体系,如朱熹所言"《语》《孟》工夫少,得效多;'六经'工夫多,得效少"②。更为主要的是,"以从学之路径观之,'四书'指向于人伦礼法的终极价值,简质明白,论及效果确实速而易达,所以可作为通向'六经'之阶梯。以皇室言之,他们不需要把研习儒家经典进而绍绪儒家学统作为自身价值体现之所在,仅需得其效果之简捷而施之于治国即可"③。

总之,《五经四书性理大全》并非如后世经常所说的只是"述而不作"、抄撮而成,它在吸收宋元理学诸儒注解的同时,也删订、增补了很多内容,并按照当时社会政治的需要进行重新诠释,④可谓"述中有作"。这种诠释之法,在一定程度上修正了宋元诸儒很多不合时宜的解释,满足了明代特定历史情形与政治文化的需要。程朱理学经由《五经四书性理大全》的编纂与颁行天下,成为当时读书人必须遵守的标准。史书记载,"原夫明初诸儒,皆朱子门人之支流余裔,师承有自,矩矱秩然。曹端、胡居仁笃践履,谨绳墨守先儒之正传,无敢改错"⑤。更是在思想学术界确定了程朱理学的至尊地位,以至于当时诸儒皆墨守程朱之学,是全民遵守的价值体系与行为规范,由此促成了明初文化与政治的大一统。这一点正如明成祖在《大全》序中所言:

颁布天下,使天下之人获睹经书之全,探见圣贤之蕴,由是穷理以明

① （清）魏裔介:《兼济堂文集》卷三《四书大全纂要序》,上海古籍出版社 1987 年影印《文渊阁四库全书》本,第 1312 册,第 696 页。

② （宋）黎靖德编:《朱子语类》卷十九《论语一》,中华书局 1986 年版,第 428 页。

③ 闫春:《〈四书大全〉的编纂与传播研究》,华东师范大学博士学位论文,2009 年,第 17 页。

④ 参见张岩:《〈四书大全〉研究》,中南民族大学硕士学位论文,2009 年,第 11—13 页;郭素红:《明代经学的发展》,山东大学博士学位论文,2008 年,第 20—32 页。

⑤ （清）张廷玉等:《明史》卷二百八十二《儒林传序》,第 7222 页。

道,立诚以达本。修之于身,行之于家,用之于国,而达之天下。使国不异政,家不殊俗,大回淳古之风,以绍先王之统,以成熙皞之治,将必有赖于斯焉。①

不仅如此,《五经四书性理大全》的编纂是明初思想文化的一次大整合。正如陈鼎在《东林列传》中所言:

> 我太祖高皇帝即位之初,首立太学,命许存仁为祭酒,一宗朱氏之学,令学者非《五经》、孔孟之书不读,非濂、洛、关、闽之学不讲。成祖文皇帝,益张而大之。命儒臣辑《五经四书大全》及《性理全书》,颁布天下。饶州儒士朱季友诣阙上书,专诋周、程、张、朱之说。上览而怒曰:"此儒之贼也。"命有司声罪杖遣,悉焚其所著书,曰:"毋误后人。"于是邪说屏息。②

从明人陈鼎的记载来看,朱棣之所以编纂《五经四书性理大全》实则是朱元璋推崇程朱理学的继续和强化。成祖编纂《五经四书性理大全》进一步强化了明初以来的文化、政治大一统的格局。

可以说《五经四书性理大全》彻底摒弃了明初以来南北之学、汉宋之学的混乱局面。经过朱棣的努力,程朱之学成为有明一代经学诠释、思想文化的主导、社会政治文化认同的基石。直到嘉靖皇帝时期,还曾诏令天下,肯定《五经四书性理大全》及程朱理学的主导地位:

> 朕历览近代诸儒,惟朱熹之学醇正可师。祖宗设科取士,经书传义一以朱子传注为主,诚有见也。比年各处试录文字,往往怪诞支离,背戾经旨,此必有一等奸伪之徒,假道学之名鼓其邪说,以惑士心,不可不禁。礼部便行与各该提调学官及各学校师生,今后若有创为异说,诡道背理,非毁朱子者,许科道官指名劾奏。③

即使在明中期,《五经四书性理大全》依旧成为当时诸儒们尊奉的典范之作,

---

① (清)胡广等纂修,周群等校注:《四书大全校注》上册,武汉大学出版社 2015 年版,第 8 页。
② (明)陈鼎:《东林列传》卷二《高攀龙传》,广陵书社 2007 年版,第 38 页。
③ (明)佚名:《皇明诏令》卷二十一《今圣上皇帝·初上皇天祖考尊号诏》,明刻增修本,第 383 页。

鲜有忤逆、非毁之者,可见其在有明一代具有非常深远的意义,明末高攀龙《崇正学辟异说疏》一文也曾说,"二百余年以来,庠序之所教,制科之所取,一禀于是"①。有明一代的道德教化、社会规范基本上依赖此书的存在与传布,而《五经四书性理大全》以钦定的形式,确立了有明一代程朱理学官方意识形态的地位,标志着程朱理学在明朝官学化的最终完成。有的学者研究就如此认为:"三部《大全》的编成与诏颁,标志着程朱理学一元化思想统治地位在明代的真正确立,程朱理学自此达到思想统治如日中天的地步。"②"《大全》的编成与诏颁有着极为明显的朱学印迹,标志着程朱理学一元化思想统治地位在明代的真正确立。"③《五经四书性理大全》成为规范了人们信仰价值的思想体系,更加强化了程朱理学在社会政治中的地位与作用,从而进一步强化了有明一代中央集权的政治秩序与道德信仰的文化认同。

三、明中期经学的发展及其南北思想的分立

明代中期,南北区域无论是在政治、经济,还是在思想文化上都有显现出明显的差异。随着中央权威的弱化,官方意识形态也日渐陷入固化的状态,未能及时有效地对社会政治、思想文化问题作出指导。这一时期,以南京为中心的江南地区,随着社会文化的变迁,出现了异于北方程朱理学的新形式——阳明心学,由此形成了南北两种比较相异的文化思想体系。

具体来说,明代中前期,基本上是程朱之学的天下,学者们多秉承程朱理学,笃守躬行,如学者所言:"自考亭以还,斯道已大明,无烦著作,直须躬行耳。"④以北京为中心的北方地区学者多是恪守程朱理学,对之勤于笃行、研习。比较著名的有:曹端、薛瑄、胡居仁等人,其中曹端为中期理学的典范,如

---

①　(明)高攀龙:《高子遗书》卷七《崇正学辟异说疏》,景印文渊阁《四库全书》本,台北商务印书馆 1986 年版,第 441 页。

②　郭素红:《明代经学发展》,山东大学博士学位论文,2008 年,第 19 页。

③　张岩:《〈四书大全〉研究》,中南民族大学硕士学位论文,2009 年,第 8 页。

④　(清)张廷玉等:《明史》卷二百八十二《薛瑄传》,第 7229 页。

四库馆臣所言,"明代醇儒,以端及胡居仁、薛瑄为最,而端又开二人之先"①。

曹端(1376—1434年),字正夫,号月川,河南渑池人。他为学宗程朱,"务躬行实践,而以静存为要"②,以躬行实践为务,以存养性理为大端,对理学重要命题多有修正、发挥,《明儒学案》称之为"今之濂溪"。后来清人在其所编的《明史·曹端列传》中,更是称曹端为"明初理学之冠",所谓:

> 初,伊、洛诸儒,自明道、伊川后,刘绚、李吁辈身及二程之门,至河南许衡、洛阳姚枢讲道苏门,北方之学者翕然宗之。洎明兴三十余载,而端起崤、渑间,倡明绝学,论者推为明初理学之冠。③

曹端承袭宋儒经学、理学,撰有大量的经学著述,如《孝经述解》《四书详说》《周易乾坤二卦解义》《太极图说通书西铭释文》《性理文集》《儒学宗统谱》《存疑录》等书。由于曹端恪守程朱之学,所以四库馆臣认为他是明初恪守程朱理学的开山人物:"明代醇儒,以(曹)端及胡居仁、薛瑄为最,而端又开二人之先。"④

在明代中前期,与曹端齐名的京师学者薛瑄(1389—1464年),他极力宣扬程朱理学,四库馆臣就说,"明代醇儒,瑄为第一"⑤。他本是山西河津人,举进士后,官至大理寺少卿,因得罪宦官王振,被贬至甘肃。后复任礼部右侍郎、翰林院学士,又因石亨专权而辞职回乡,从事讲学和著述。在家乡与弟子阎禹锡、白良辅、张鼎、段坚等创建了"河东之学",其门人遍及山西、河南、关陇,影响甚大。薛瑄所处的时代正是程朱之学大兴之时,所以在学术上宗程朱,注重躬行实践,《明史》本传说他:

> 瑄学一本程、朱,其修己教人,以复性为主,充养邃密,言动咸可法。尝曰:"自考亭以还,斯道已大明,无烦著作,直须躬行耳。"有《读书录》二十卷,平易简切,皆自言其所得,学者宗之。⑥

---

① (清)永瑢等:《四库全书总目》卷九十二《太极图说述解》提要,第776页。
② (清)张廷玉等:《明史》卷二百八十二《曹端传》,第7238页。
③ (清)张廷玉等:《明史》卷二百八十二《曹端传》,第7239页。
④ (清)永瑢等:《四库全书总目》卷九十二《太极图说述解》提要,第776页。
⑤ (清)永瑢等:《四库全书总目》卷一百七十《薛文清集》提要,第1486页。
⑥ (清)张廷玉等:《明史》卷二百八十二《薛瑄传》,第7229页。

薛瑄之学注重躬行实践,反映了当时理学作为社会意识形态已经得到了强化,理学以其至高无上的权威更需要的是人们去遵循、践履,而非传承发明,这符合当时思想文化的基本格局。薛瑄推尊程朱之学,时刻以朱学为根柢,探究学问、提升道德。在经学诠释上,他注重将程朱理学作为经学的基本指导思想与理路,如《明儒学案》评价说他:"河东之学,悃愊无华,恪守宋人矩矱。"从"河东之学"演化出来的"关中之学""三原之学"也同样保持了因循守旧的风格。

总之,曹端、薛瑄之学作为北方尊崇理学的大儒,以及受他们影响的河南、山西、陕西等地的学者,他们在学说体系上多一脉相承。这一点如钱穆先生所言:

> (曹端)一本朱子理气之说以释濂溪之图说,其明晰之辨,自来论太极者无出其右。敬轩(薛瑄)之尊濂溪,其学脉显从月川来。……敬轩《读书录》兼论康节濂溪,是亦承自月川也。其尊成书于语录,亦一本之月川。①

可以看出,受到京师官方之学的强力宣扬,北方地区的学者多遵循程朱之学,鲜有突破。读书人多只是将程朱理学视为入仕、追名逐利的工具,其"正人伦、理纲常、明道德、定人心"的社会功能已经弱化,逐渐沦为固化、没有生命的教条。程朱理学既不能规范人心、人性以及人的行为规范,也不能赋予人活着的价值与意义,所以整个社会开始进入"失范"的状态。在这种情况下,程朱理学的桎梏反而助长了社会的信仰危机与功利思想的泛滥。如明中期的章懋曾说:

> 今之学则又异于是矣。心性之教不明,而功利之私遂沦浃而不可解,传训诂以为名,夸记诵以为博,侈辞章以为靡,相矜以智,相轧以势,相争以利,相高以技能,相取以声誉,身心性命竟不知为何物。……然要其所为,不过为假仁袭义之事,终不足以胜其功利之心,其去圣学也远矣。②

当时学者既不能秉承程朱理学修身明道,也不能专心于经世致用,反而注重支

---

① 钱穆:《中国学术思想史论丛》(七),生活·读书·新知三联书店 2009 年版,第 32 页。
② (清)黄宗羲著,沈芝盈点校:《明儒学案》卷四十五《诸儒学案上三》,中华书局 1985 年版,第 1080 页。

离破碎的考证训诂,以满足其"功利之私",以至于形成了当时程朱理学发展的尴尬状态。明代中叶官方经学的墨守与固化,造成思想上的"危机",经学与当时的社会发展开始脱节,进而引发了官学与社会、北方与南方的偏离。这一点正如葛兆光先生所言:

> 到了明代中期,思想世界其实已经产生了深刻的危机,由于汉族与异族、皇权与绅权、都市生活与乡村生活、市民与士绅之间的种种冲突,社会生活在王阳明生活的正德、嘉靖时期起已经发生了巨大变化,可是,在社会生活的同一性在逐渐丧失的同时,思想的同一性却依然存在,那么,思想将如何有效地回应和疗救这种危机与变化? 这就是当时士人的普遍的紧张与焦虑。①

正是由于社会的发展、阶级阶层的演变、民众观念的革新,这些"多样性"的存在需要新的意识形态出现,已经墨守、固化的程朱之学难以完成对现实社会尤其是南方社会的指导作用,引发了南方学者的"普遍的紧张与焦虑"。在这种情形下,很多江南儒士大夫开始跳出程朱理学的束缚,探究新的思想方法,以求经世致用。如与薛瑄同时代的朱学代表吴与弼(1391—1469 年)便是其中的典型代表。王天有先生研究认为,"当时最受推崇的理学家,是创立了'河东之学'的薛瑄和创立了'崇仁之学'的吴与弼,并称南北两大儒"②。

吴与弼,字子傅(一作子传),号康斋,明崇仁(今江西抚州)人。其父吴溥为国子司业,故自幼继承家学。年长后,曾师从杨溥。在其指导下,通读《伊洛渊源录》,随后"慨然有志于道","遂弃去举子业,谢人事,独处小楼,玩'四书''五经'、诸儒语录,体贴于身心,不下楼者二年。"③吴与弼恪守程朱理学,又兼采陆九渊心学思想,成为明代中期理学转型过程中的关键人物。黄宗羲在其《明儒学家》一书中,就把《崇仁学案》位列第一,又把吴与弼列为《崇仁学案》的第一人,显示了吴与弼在明代学术思想界的重要地位。

吴与弼之学传于后人,其中胡居仁(1434—1484 年)恪守程朱理学。而另

① 葛兆光:《中国思想史》,复旦大学出版社 2001 年版,第 292 页。
② 王天有、高寿仙:《明史:一个多重性格的时代》,台北三民书局 2008 年版,第 196 页。
③ (清)黄宗羲著,沈芝盈点校:《明儒学案》卷一《崇仁学案一》,第 14 页。

一弟子娄谅则发展了吴与弼心学倾向,成为明中期从理学到心学转向的关键人物。胡居仁,号敬斋,余干县梅港(现属江西)人。曾师从吴与弼为学,致力于程朱理学,过于其师。四库馆臣就称:"明代醇儒,以端及胡居仁、薛瑄为最。"①胡居仁重视理学,认为"气之有形体者为实,无形体者为虚,若理则无不实也"②,同时鄙薄心学,"辨释氏尤力"③。其实,吴与弼的思想由理学转向心学,并最终促使心学成为明中期学术思潮主导的当属其弟子娄谅(1422—1491年)。娄谅师事吴与弼,其学以收放心为居敬的入门工夫,以纯任自然为居敬要旨。时胡居仁讥其学近陆象山,"是儒者陷入异教去","陆子不穷理,他却肯穷理;公甫不读书,他勤读书。以愚观之,他亦不是穷理,他读书只是将圣贤言语来护己见"④。罗钦顺也说其颇似禅学。可见其并非完全蹈袭师说。娄谅在为学方面颇有造诣。后来王守仁曾从其问学,两人"深相契",以至于被视为王阳明心学的启蒙者,如黄宗羲说:"姚江之学,先生为发端也。"⑤

吴与弼、胡居仁、娄谅等作为江西学派的重要学者,虽然他们也多尊程朱之学,但与北方学者曹端、薛瑄等人注重"天"的意味有很大的不同,他们已经开始转向了对"心"的体认,由此直接开启了明代中叶心学的倾向。这一点正如钱穆先生所言:

> 明初理学家,与康斋(吴与弼)、敬斋(胡居仁)同时,北方尚有曹月川(曹端)、薛敬轩(薛瑄)。虽亦与康斋、敬斋同一尊朱,同尚践履,而双方学问路径似有不同。康斋、敬斋似是从朱子上窥二程,近似于所谓程朱之正传。而月川、敬轩则从朱子上窥濂溪、康节、横渠,应与程朱正传有不同。故康斋、敬斋喜言心,而月川、敬轩更喜言天。换言之,康斋、敬斋为学,偏重日常人生以至治平教化,而月川、敬斋则多纵论及于宇宙自然理气问题。由康斋转出白沙(陈献章),由一斋(娄谅)转出阳明,敬斋虽力

---

① (清)纪昀等:《四库全书总目》卷九十二《太极图说述解》提要,第776页。
② (明)胡居仁:《胡居仁文集·居业录》,江西人民出版社2013年版,第82页。
③ (清)黄宗羲著,沈芝盈点校:《明儒学案》卷二《崇仁学案二》,第30页。
④ (明)胡居仁:《胡居仁文集·居业录》,江西人民出版社2013年版,第89页。
⑤ (清)黄宗羲著,沈芝盈点校:《明儒学案》卷二《崇仁学案二》,第44页。

辨白沙,然梨洲《学案》于康斋、敬斋转少抨击,独于月川、敬轩则不肯轻
易放过,即此亦可见明初南北双方学术之有异矣。①

明中前期,北方学者受到官学在学术旨趣上更加注重恪守、注重践履,他们在
理论层面上多还是停留在理学之早期,多注重天理人性的探究,这反映了北方
理学在经学理论上的滞后。相比较而言,南方作为程朱之学的正传,在理论的
探究上已经开始汲取心学的优长,注重心性的感悟与人生价值的实现。也正
是这种南北理论上的差异,南方从理学发展的内在理路上自然也较北方更先
转向心性的关注。

吴与弼在明代中期学术思想的转型中扮演着枢纽作用。他不仅影响了江
西诸多学者,还波及更为遥远的广东地区。陈献章(1428—1500 年)作为广东
唯一一位从祀孔庙的明代硕儒,也是吴与弼之后、王阳明之前最有影响力的大
学者。鉴于当时科举制度盛行,士子们多将程朱之学作为谋取功名利禄的手
段,而"尽弃宋、元以来所传之实学,上下相蒙,以饕禄利,而莫之问也"②,"方
今之俗,廉耻未兴,将以兴之欤? 奔竞未抑,将以抑之欤?"③陈献章作为吴与
弼的弟子,并没有像胡居仁那样恪守程朱之学,而是跳出程朱之学的束缚,主
张学贵知疑、独立思考,提倡较为自由开放的学风,逐渐形成一个有自己特点
的学派,史称江门学派。大力宣扬心学,成为明代儒家经学转型时期的关键人
物。这一点正如《明史·儒林传》所言:

> 原夫明初诸儒,皆朱子门人之支流余裔,师承有自,矩矱秩然。曹端、
> 胡居仁笃践履,谨绳墨守,儒先之正传,无敢改错。学术之分,则自陈献
> 章、王守仁始。④

陈献章作为王阳明心学兴发的前辈,有人甚至视他为"明代心学第一人"⑤,可
见其影响之大。他在治学方法上,颇注重禅法,但又主虚静,以至于刘宗周说

---

① 钱穆:《中国学术思想史论丛》(七),安徽教育出版社 2004 年版,第 19 页。
② (清)朱彝尊:《经义考》卷二百五十六《四书大全》提要,第 4583 页。
③ (明)陈献章:《陈献章集》卷二《复彭方伯书》,中华书局 1987 年版,第 128 页。
④ (清)张廷玉等:《明史》卷二百八十二《儒林传序》,第 7223 页。
⑤ 黄明同:《明代心学宗师:陈献章》,广东人民出版社 2005 年版,第 148 页。

他"似禅非禅"①,这种心学化的倾向,开启了以心解经、体悟本心的思想新风气。随后,王阳明等人光大之,于是心学思潮成为明代中期的主流。对此,黄宗羲曾说:"有明之学,至白沙始入精微。其吃紧工夫,全在涵养。喜怒未发而非空,万感交集而不动。至阳明而后大。两先生之学,最为相近。"②陈献章作为南方学者及心学的推动者,他对于官方程朱之学并没有敌意,只是鉴于当时学者执意于儒经与程朱理学家之言的诵习,而忽略了对他们思想内涵的体认,认为为学注重"自得""体悟",这不但是对当时读书学风的批判,更是对科举考试制度的一种不满。

总体上来看,北方地区尤其是以曹端、薛瑄颇为重视理学,而南方则有吴与弼、胡居仁与诸弟子们对心学的重视,学术发展上截然分离,造成了有明一代思想的转向。这一点钱穆先生也说:

> 明初理学家,与康斋(吴与弼)、敬斋(胡居仁)同时,北方尚有曹月川(端)、薛敬轩(瑄)。虽亦与康斋、敬斋同一尊朱,同尚践履,而双方学问路径似有不同。康斋、敬斋似是从朱子上窥二程,近似于所谓程朱之正传。而月川、敬轩则从朱子上窥康节横渠,应与程朱正传有不同。故康斋敬斋喜言心,而月川敬轩更喜言天。换言之,康斋敬斋为学,偏重日常人生以至治平教化,而月川敬轩则多纵论及于宇宙自然理气问题。由康斋转出白沙(陈献章),由一斋(娄谅)转出阳明,敬斋虽力辨白沙,然梨洲《学案》于康斋敬斋转少批评,独于月川敬轩则不肯轻易放过,即此亦可见明初南北双方学术之有异矣。③

曹端、薛瑄秉承程朱理学,继续注重格物致知、居敬穷理之学,所以四库馆臣说:"明初理学,以(曹)端与薛瑄为最醇。"④相对而言,南方的吴与弼、胡居仁、娄谅、陈献章等人除了研习理学之外,更注重心学的内在体悟、直指本心之学,从而造成了明中期学术的朝野分化与南北思想的对立。

---

① (清)黄宗羲著,沈芝盈点校:《明儒学案》卷首《师说·陈白沙献章》,第5页。
② (清)黄宗羲著,沈芝盈点校:《明儒学案》卷五《白沙学案上》,第79页。
③ 钱穆:《中国学术思想史论丛》(七),生活·读书·新知三联书店2009年版,第21页。
④ (清)永瑢等:《四库全书总目》卷一百七十《曹月川集》提要,第1485页。

本讲小结

尽管明太祖为了获得中原儒士大夫对其政权的支持,继续在元代尊朱的基础上宣扬程朱理学,但也由于恪守程朱理学的理论框架,而鲜有理论上的创新;另外,也是由于朝廷对地方、民间思想的强力控制,以至于在朱元璋时代,官方在思想上基本墨守程朱理学,而在经学诠释方面更加注重考证、考据之学。

明成祖通过篡夺的形式获得了皇权,在其即位之初便非常重视巩固统治,尤其通过文治的形式来获得儒士大夫们的文化认同,而《永乐大典》《五经四书性理大全》的编纂便是这种努力的重要体现,他"一方面想利用编修书籍,笼络天下士人;另一方面,又要通过编纂御用教科书来禁锢天下士子的思想,通过两方面的政策,来完成在篡位后对于士大夫的统治"[①]。其中,《永乐大典》的编修旨在彰显其文治之盛的一面,而《五经四书性理大全》的编纂则是朝廷希望通过承继道统的形式,来获得政治正统的合理性与合法性。《五经四书性理大全》的编纂与颁行,使得程朱理学彻底取代汉唐注疏之学成为明代的主导学说,成为明代大一统王朝文化认同的基石与根本所在。当然,明成祖编纂《五经四书性理大全》以统一经学诠释的形式,通过规范思想,树立文化认同来维护大一统帝国的稳定,并非首创。在中国古代诸多大一统王朝一般都是通过重新诠释儒家经典的形式,来统一思想、统一认识,借形成大一统帝国的文化认同,强化了中央统治权威,维护大一统帝国的稳定。其中,有影响的如汉武帝时代重新诠释《五经》、唐太宗时期由孔颖达编纂《五经正义》、明成祖时由胡广等人编纂《五经四书性理大全》、清乾隆时编纂《四库全书》等,这些举措都是希望通过统一经学注解的形式来统一思想,从而为大一统帝国政治措施提供思想文化支持,形成以统一经学诠释为基础的文化认同。

---

① 廖峰:《陈白沙的历史世界——明代政治与儒学流变》,贵州大学硕士学位论文,2007年,第 21 页。

　　明初《五经四书性理大全》的编纂，主要是基于现实政治需要而为，通过统一经学诠释、统一思想的形式，来获得民众对统治者的政治支持。更为主要的是，《五经四书性理大全》无论是在明代，还是在整个中国经学及思想史上都有极为重要的地位与影响。此书的编纂与颁行，"标志着程朱理学一元化思想统治地位在明代的真正确立，使程朱理学'独尊天下'的思想格局得以形成"①，并借此完成了有明一代思想文化的大一统，经学视野下的宋学范式也至此得以最终确立。我们也应看到，尽管《五经四书性理大全》有助于政治大一统上的文化认同、促进了明代程朱理学派经学的发展，但经学与科举的一体化，极大地束缚了人们的思想、桎梏了人们重新诠释儒家经典及其思想的创造力，明代经学的发展受到了极大的制约，学风日渐空虚。马宗霍《中国经学史》所言，"明自永乐后，以《大全》取士，四方秀艾，困于帖括，以讲章为经学，以类书为策府。其上者复高谈性命，蹈于空疏，儒林之名，遂为空疏藏拙之地。"②在这种情形下，明代经学发展自然不及汉唐、更不及宋，成为中国经学发展史上的积衰时期。如皮锡瑞《经学历史》就认为"经学至明为积衰时代""论宋、元、明三朝之经学，元不及宋，明又不及元"③。顾炎武甚至说道："经学之废，实自此始。"④也正是明代经学的式微，从而导致了明清之际及乾嘉时期经学考据学的复兴与繁盛。

---

① 刘宝全：《明初〈性理大全〉的刊行及其在朝鲜的传播》，载《朝鲜·韩国历史研究》（第十一辑），延边大学出版社 2011 年版，第 206 页。

② 马宗霍：《中国经学史》，商务印书馆 1998 年版，第 133 页。

③ （清）皮锡瑞撰，周予同注释：《经学历史》九《经学积衰时代》，第 283 页。

④ （清）顾炎武著，黄汝成集释：《日知录集释》卷十八《四书五经大全》，上海古籍出版社 2006 年版，第 1043 页。

第十四讲　王阳明经学的发生、发展与演变

　　明代中后期,经历了武宗正德、世宗嘉靖、穆宗隆庆、神宗万历诸帝,政治社会积弊日显,亦宦官专权、内阁斗争严重削弱了中央的权威。与此同时,江南地区商品经济的飞速发展,直接促使了王阳明心学的兴起,开始成为中明代后期学术思想界的主要学说。这正如顾炎武所言:"嘉靖以后,从王氏而诋朱子者,始接踵于人间。"①尽管如此,王学并没有最终替代程朱之学成为官方意识形态,很大程度上因为王学尤其是末流之学以其接近禅学,而备受当朝儒士大夫们的非议。由于王学末流不能尽传师说,以至王学开始禅化,并在晚明时期开始瓦解,这反而促使了新学术思想的出现。这一点正如近人嵇文甫所说:"晚明时代,王学的余焰方炽,而正在解体。一部晚明思想史,几乎可以说是一部王学解体史。这个解体过程结束了,新时代也就出现了。"②

一、明中期南方社会发展与阳明经学的兴起

　　明代中期,真正能够代表江南文化兴起的无疑是王阳明心学,而王阳明之学的出现是当时社会秩序与价值信仰双重"危机"下的必然产物。明朝自英宗正统十四年(1449年)土木之变以后,开始由盛转衰,各种社会问题也日益突显,除了在经济领域,出现了土地兼并、课税倍增,导致民怨沸腾;在政治领域,皇帝怠政、宦官专权引发政局动荡藩王叛乱,南倭北虏等层出不穷。

---

① （清)顾炎武著,黄汝成集释:《日知录集释》卷十八《朱子晚年定论》,第1065页。
② 嵇文甫:《晚明思想史论》,东方出版社1996年版,第14页。

正是由于王阳明所处的时代朝廷面临全面危机、内外交困的局面，王阳明之说应时兴起。这一点正如顾炎武所言：

> 盖自弘治、正德之际，天下之士厌常喜新，风气之变已有所自来，而文成以绝世之资，倡其新说，鼓动海内。①

面对"危机"的全面爆发，此时作为主流意识形态的程朱理学却墨守成规，无所作为。程朱之学日渐沦为章句训诂之学，如王阳明所说："自程、朱诸大儒没而师友之道遂亡。'六经'分裂于训诂，支离芜蔓于辞章举业之习，圣学几于息矣。"②王阳明"心即理""致良知""知行合一"等观念的提出，就是直接针对当时士子专注于经传注疏、词章之学，而无视人心败坏、社会紊乱的不良风气。

王学正是以其简洁、易行的特点，很快适应了当时社会文化的需要，以至于"嘉靖以后，从王氏而诋朱子者，始接踵于人间"③。对此，明末心学大师刘宗周在总结王阳明心学时说：

> 先生承绝学于词章训诂之后，一反求诸心，而得其所性之觉，曰"良知"。因示人以求端用力之要，曰"致良知"。良知为知，见知不囿于闻见；致良知为行，见行不滞于方隅。即知即行，即心即物，即动即静，即体即用，即工夫即本体，即下即上，无之不一，以救学者支离眩骛，务华而绝根之病，可谓震霆启寐，烈耀破迷，自孔、孟以来，未有若此之深切著明者也。特其与朱子之说，不无牴牾，而所极力表章者，乃在陆象山。④

王阳明的学说追求易简的悟道方式，"即工夫即本体"，体用合一，这自然有别于与明代中期尊奉程朱理学的儒士们"从册子上钻研，名物上考索，形迹上比拟，知识愈广而人欲愈滋，才力愈多而天理愈蔽"⑤的做法与效果。在政治理念上，阳明学宣扬"万物一体""天下一家"的政治模式，以此来缓和不同阶层之间的矛盾。他在解释《大学》时就云：

---

① （清）顾炎武著，黄汝成集释：《日知录集释》卷十八《朱子晚年定论》，第 1065 页。
② （明）王守仁：《王阳明全集》卷七《别三子序》，中华书局 2011 年版，第 252 页。
③ （清）顾炎武著，黄汝成集释：《日知录集释》卷十八《朱子晚年定论》，第 1065 页。
④ （清）黄宗羲著，沈芝盈点校：《明儒学案》卷首《师说·王阳明守仁》，第 6—7 页。
⑤ （明）王守仁：《王阳明全集》卷一《传习录上》，第 32 页。

明明德者,立其天地万物一体之体也。亲民者,达其天地万物一体之用也。故明明德必在于亲民,而亲民乃所以明其明德也。是故亲吾之父,以及人之父,以及天下人之父,而后吾之仁实与吾之父、人之父与天下人之父而为一体矣;实与之为一体,而后孝之明德始明矣!……而真能以天地万物为一体矣。夫是之谓明明德于天下,是之谓家齐国治而天下平,是之谓尽性。①

在王阳明看来,如果人人都将自己的明德推广,至于天地万物亦即各种社会关系之中,那么就能形成了一种"天地万物为一体",人人都相亲相爱,亲如一家,各勤所业的理想社会,亦即王所言的"天下之人熙熙皞皞,皆相视如一家之亲。其才质之下者,则安其农、工、商、贾之分,各勤其业以相生相养"②。可以说,阳明之学乃基于现实而发,充满了对现实的关切,其目的是通人道德伦理的实践来消解社会制度、道德规范固化而存在的弊端,以此使个人与社会存在更好的保持一致,从而有效地维护纲常伦理的客观存在。

阳明学所关注的问题核心,依旧是宋元以来诸儒所探讨的"成圣路径"问题,即基于人伦道德的敦化从而实现社会政治秩序的有序化。王阳明将心与理合一,改变了宋元以来日渐重"道问学"、重经典注疏而忽略对人心人性及内在反省的关注,他提倡理心合一、知行合一、道德与行为的合一:

夫物理不外于吾心,外吾心而求物理,无物理矣;遗物理而求吾心,吾心又何物邪?心之体,性也,性即理也。故有孝亲之心,即有孝之理,无孝亲之心,即无孝之理矣。有忠君之心,即有忠之理,无忠君之心,即无忠之理矣。理岂外于吾心邪?③

王阳明认为世间一切之理皆内具于心,心中不但皆有"物理",而且也有"孝亲""忠君"之意,所以他强调体认天理,当用"心"来实现对人伦道德、纲常名教的内在自觉。由于王学从本体、工夫两个角度对理学做了极大的修正,改变了过去主客观之间的分别,由此弥补了程朱之学的不足,一举成为明末的显

---

① (明)王守仁:《王阳明全集》卷二十六《大学问》,第 1067 页。
② (明)王守仁:《王阳明全集》卷二《答顾东桥书》,第 61—62 页。
③ (明)王守仁:《王阳明全集》卷二《答顾东桥书》,第 48 页。

学。这一点如崔大华所言：

> 在明代理学中，真正实现了对朱学笼罩的突破并形成风靡一时的新思潮是王阳明心学。阳明心学破解朱学，归纳言之实是两个方面：其一是对朱学本体理之客观性的消解。他认为"理也者，心之条理也"(《阳明全书》卷八《书诸阳伯卷》)，"心外无理，心外无事"(《传习录》卷上)，不存在独立于心之外的如朱学所认定的那种作为"万物之根""本然"之"理"。其二是对朱学工夫论内外之分即涵养与穷理或行与知的区分之破除。他认为格物即是正心，知与行"元来是一个工夫"(卷六《答友人问》)。阳明心学在以"心即理"说、"格物"说、"知行"说破解了朱学的本体论和工夫论后，进而提出"良知"说，更形成占据明代中期以后思想理论舞台之主角位置的风靡之势。……王学最重要的理论特色，即将工夫升越为本体和即工夫即本体的工夫论皆由此而显；王学后学的流弊也根于偏执此项内涵而生。①

王阳明之学的创举在于将明代中期以来流于章句训诂之学的程朱理学做了修订，改变了过去那种恪守格物致知、研习章句的繁琐做法。将程朱那种二元的学说，整合为一种知行合一的新成德之学，"即本体即工夫"，打破了本体与工夫在时间与空间上的界限，最大限度地发挥了理学道德实践的价值与意义，这在当时具有重要的现实意义。可以说，王学是程朱之学的继续和修正，它的存在极大地弥补了程朱之学在践行中的不足。对此，李泽厚先生曾说：

> 作为理学，陆王与程朱同样为了建立伦理学主体性的本体论，都要"明天理去人欲"；其不同处在于，程朱以"理"为本体，更多地突出了超感性现实的先验规范，陆王以"心"为本体，更多地与感性血肉相联。②

王阳明之学改变了宋元以来日渐重"道问学"、重经典注疏而忽略对人心人性及内在反省的关注，他希望学者们要理心合一、知行合一、道德与行为的合一。尽管陆王、程朱在本体的核心范畴上有所不同，特别是在悟道的方式上

---

① 崔大华：《刘蕺山与明代理学的基本走向》，《中州学刊》1997 年第 3 期。
② 李泽厚：《中国古代思想史论》，天津社会科学院出版社 2003 年版，第 231 页。

有很大的分别,但陆王之学与程朱之学一样,也是以经世致用、维护王权为落脚点。与程朱理学不同的是,王阳明之学借助论证心与理的合一,强化了心的本体性及其伦理道德属性,希望以此来格人心之非、破心中之贼,以维护社会政治秩序,儒学也因阳明学而趋于世俗化。程朱、陆王都是理学的分支,这一点如刘述先先生也说:"宋明儒学是以内圣之学为首要的关怀的学问,周张、程朱、陆王是同一个家族分支。"①葛兆光先生也说:"王阳明的问题意识实际上是从朱熹这里出来,而他的学说其实就是对程朱理学的一种修正,因此从这个意义上说,明代王学实际上是宋代理学的延续。"②

王学的产生,极大地修正了程朱之学的墨守与繁琐。如《明史》所言:"宗守仁者曰姚江之学,别立宗旨,显与朱子背驰,门徒遍天下,流传逾百年,其教大行,其弊滋甚。嘉、隆而后,笃信程、朱,不迁异说者,无复几人矣。"③王学的盛行在某种程度上改变了明嘉靖、隆庆以来的很多学术弊端,这一点正如清人陆陇其所说:

> 自嘉、隆以来,秉国钧作民牧者,孰非浸淫于其教者乎?始也倡之于下,继也遂持之于上;始也为议论为声气,继也遂为政事为风俗。礼法于是而弛,名教于是而轻,政刑于是而紊,僻邪诡异之行于是而生。纵肆轻狂之习于是而成。……阳明之教盛行天下,靡然从之,其天资纯粹,不胜其学术之僻,流荡忘返者,不知凡几矣。④

王阳明心学风行天下,得到了众多儒士大夫们的认同与遵循。关于王学在明中期以后的学术地位及影响,黄宗羲《明儒学案》设立了姚江、浙中、江右、南中、楚中、北方、粤闽及宗王而变化了的止修、泰州等九个学案,占了明代十七个学案的一半多。辑录的属于阳明学派的列传人物有88人(另外还有10人

---

① 刘述先著,东方朔编:《儒家哲学研究:问题、方法及未来开展》,上海古籍出版社2010年版,第309页。
② 葛兆光:《中国思想史:七世纪至十九世纪中国的知识、思想与信仰》,复旦大学出版社2009年版,第302页。
③ (清)张廷玉等:《明史》卷二百八十二《儒林传序》,第7222页。
④ (清)陆陇其:《二鱼堂文集》卷二《学术辨下》,景印文渊阁《四库全书》本,台北商务印书馆1986年版,第18页。

附录于其中），占学案收录的 202 位学者的 43.56%。① 由于王学之盛行，及对朝政、社会风气有一定的裨益，于是在隆庆元年朝廷追赠王守仁为新建侯，谥号文成。万历十二年，朝廷又钦准王守仁从祀文庙，王学达到极盛。

二、王阳明的经学认知、诠释及其思想

王阳明尽管反复强调心学，但其学只不过是对程朱理学的一种纠偏。王阳明本人对程朱理学化经学颇有认同，并肯定理学家的经学解释学，如曰：

> 问："伊川谓'不当于喜怒哀乐未发之前求中'，延平却教学者'看未发之前气象'，何如？"先生曰："皆是也。伊川恐人于未发前讨个中，把中做一物看，如吾向所谓认气定时做中，故令只于涵养省察上用功。延平恐人未便有下手处，故令人时时刻刻求未发前气象，使人正目而视惟此，倾耳而听惟此，即是'戒慎不睹，恐惧不闻'的工夫。皆古人不得已诱人之言也。"②

王阳明对程颐、李侗等理学家们解读《中庸》的观点颇为认同，他对于理学家们的解读所言也多是修正，并强调内心真正尊崇天理，而不是流于口耳之间。他本人也认为自己和程朱之学在精神上一脉相承，如其所言：

> 朋友观书，多有摘议晦庵者。先生曰："是有心求异即不是。吾说与晦庵时有不同者，为入门下手处有毫厘千里之分，不得不辩。然吾之心与晦庵之心未尝异也。若其余文义解得明当处，如何动得一字？"③

王阳明针对朋友批驳朱熹之言的情况，认为尽管自己有些注解与朱熹有所不同，需要辨明。但在思想理念上，他与朱熹一脉相承，"吾之心与晦庵之心未尝异也"。即使王阳明在阐发其"心即理"思想的时候，也多离不开对朱熹之学的继承和发挥：

> 夫物理不外于吾心，外吾心而求物理，无物理矣；遗物理而求吾心，吾

---

① 向振湘：《阳明心学与明代书院》，湖南大学硕士学位论文，2002 年，第 51 页。
② （明）王守仁：《王阳明全集》卷一《传习录上》，第 26 页。
③ （明）王守仁：《王阳明全集》卷一《传习录上》，第 31 页。

心又何物邪？心之体，性也，性即理也。故有孝亲之心，即有孝之理，无孝亲之心，即无孝之理矣。有忠君之心，即有忠之理，无忠君之心，即无忠之理矣。理岂外于吾心邪？晦庵谓："人之所以为学者，心与理而已。心虽主乎一身，而实管乎天下之理，理虽散在万事，而实不外乎一人之心。"是其一分一合之间，而未免已启学者心理为二之弊。此后世所以有"专求本心，遂遗物理"之患，正由不知心即理耳。夫外心以求物理，是以有暗而不达之处，此告子"义外"之说，孟子所以谓之不知义也。心一而已，以其全体恻怛而言谓之仁，以其得宜而言谓之义，以其条理而言谓之理；不可外心以求仁，不可外心以求义，独可外心以求理乎？外心以求理，此知行之所以二也。求理于吾心，此圣门知行合一之教，吾子又何疑乎？①

在这里王阳明强调"心即理"的思想，实则是对朱熹之学的继承与发展。为此，王阳明还专门引述了朱熹的原话"人之所以为学者，心与理而已。心虽主乎一身，而实管乎天下之理，理虽散在万事，而实不外乎一人之心"。尽管朱熹对外在的"闻见之知"颇为重视，但实际上朱熹也强调"德性之知"的体悟，更是吸收了孟子、程颢、陆九渊等人对"心"的关注，在很多地方甚至将"心"与"理"并提，朱熹的这种兼容并蓄的做法对王阳明心学的发展来说，无疑提供了重要的思想资源，毕竟朱学在明代为官方意识形态，王阳明以朱学为基础来发展自己的心学，并修正了它注重"外求"的一面，这无疑是对朱学的继承和发展。

在王阳明的经学及思想之中，四书学是最为重要的组成部分，它也是王阳明心学思想体系的核心与基础。王阳明正是借助对四书学的传承、诠释，进而建构了全新的心学思想体系，由此奠定了其在经学史、儒学史上的重要地位。与同样是心学一派的大师陆九渊相比，陆九渊更注重《孟子》之学，而王阳明则更注重《大学》，这与明代程朱四书学尤其是大学兴盛的影响有很多关系。

与程朱、陆九渊等人的《大学》相比，王阳明的很多解释有所不同。比如，在王阳明看来，程朱所言《大学》的"新民"并不当，而应当遵循古本《大学》

---

① （明）王守仁：《王阳明全集》卷二《答顾东桥书》，第48页。

"亲民",如其所谓:

> 爱问:"'在亲民',朱子谓当作'新民'。后章'作新民'之文似亦有
> 据。先生以为宜从旧本作'亲民',亦有所据否?"先生曰:"'作新民'之
> '新'是自新之民,与'在新民'之'新'不同,此岂足为据?'作'字却与
> '亲'字相对,然非'亲'字义。下面'治国平天下'处,皆于'新'字无发
> 明。如云'君子贤其贤而亲其亲,小人乐其乐而利其利''如保赤子''民
> 之所好好之,民之所恶恶之,此之谓民之父母'之类,皆是'亲'字意。'亲
> 民'犹孟子'亲亲仁民'之谓,亲之即仁之也。百姓不亲,舜使契为司徒,
> 敬敷五教,所以亲之也。《尧典》'克明峻德'便是'明明德'。'以亲九
> 族'至'平章''协和'便是'亲民',便是'明明德于天下'。又如孔子言
> '修己以安百姓','修己'便是'明明德','安百姓'便是'亲民'。说'亲
> 民'便是兼教养意,说'新民'便觉偏了。"①

在王阳明看来,程朱版本的《大学》中的"新民"并不对,而是应当作"亲民",
一方面新民、亲民意义不同。更为主要的是,在"亲民"之后"治国平天下"部
分的所言都在解释"亲民"而不是"新民",如"君子贤其贤而亲其亲,小人乐其
乐而利其利""如保赤子""民之所好好之,民之所恶恶之""此之谓民之父母"
等之类的语句都是如此。不仅如此,《孟子》《尚书》《论语》中所言也都在将
"亲民"。实际上,王阳明强调古本《大学》的"亲民"与程朱将"亲民"改为"新
民"的立足点、侧重点有所不同。程朱更强调的是通过"明明德"从而实现自
我的更新,亦即道德境界的提升。王阳明所言,主要是从文本上来看的,另外
他认为《大学》中所言都是在"亲民",这本身是一种政治行为,而与道德修身
没有多大的关系。何况,孔子、孟子、《尚书》等经典中所言,实际上都是在讲
政治举措,"亲民"由此更突显的是政治行为,而不是道德行为。

另外,王阳明对于"三纲"的论说,极力突出个人与天地万物为一体的本
然状态,突出"心"在道德修身的核心地位。如他对"知止"的解释为:

> 爱问:"'知止而后有定',朱子以为'事事物物皆有定理',似与先生

---

① （明）王守仁:《王阳明全集》卷一《传习录上》,第2页。

之说相戾。"先生曰："于事事物物上求至善,却是义外也。至善是心之本体,只是'明明德'到'至精至一'处便是。然亦未尝离却事物,本注所谓'尽夫天理之极,而无一毫人欲之私'者得之。"①

在王阳明看来,"知止"在于实现"至善",但实际上"至善"乃"心之本体",所以就没有必要"事事物物上求",只需要内求即可。在他看来,只要内心实现了"至善",亦即对事物的本质有了清晰的认知和践行的欲念,行为自然可以随之而行,如其所言:

> 爱问："至善只求诸心,恐于天下事理有不能尽。"先生曰："心即理也。天下又有心外之事,心外之理乎?"爱曰："如事父之孝,事君之忠,交友之信,治民之仁,其间有许多理在,恐亦不可不察。"先生叹曰："此说之蔽久矣,岂一语所能悟? 今姑就所问者言之:且如事父,不成去父上求个孝的理? 事君,不成去君上求个忠的理? 交友治民,不成去友上、民上求个信与仁的理? 都只在此心。心即理也。此心无私欲之蔽,即是天理,不须外面添一分。以此纯乎天理之心,发之事父便是孝,发之事君便是忠,发之交友治民便是信与仁。只在此心去人欲、存天理上用功便是。"②

> "只说'明明德'而不说'亲民',便似老、佛。"

> "至善者性也,性元无一毫之恶,故曰'至善'。止之,是复其本然而已。"

> 问："知至善即吾性,吾性具吾心,吾心乃至善所止之地,则不为向时之纷然外求,而志定矣。定则不扰扰而静,静而不妄动则安,安则一心一意只在此处,千思万想,务求必得此至善,是能虑而得矣。如此说是否?"先生曰："大略亦是。"③

王阳明强调"心即理",只要内心明白了事物之理,即"此心",具体的行为只不过是"此心"自然展现。即使是对于"如事父之孝,事君之忠,交友之信,治民之仁"这些重要而具体的人伦道德、纲常名教也不例外,所谓"以此纯乎天理

---

① （明）王守仁:《王阳明全集》卷一《传习录上》,第2页。
② （明）王守仁:《王阳明全集》卷一《传习录上》,第2—3页。
③ （明）王守仁:《王阳明全集》卷一《传习录上》,第29页。

之心,发之事父便是孝;发之事君便是忠;发之交友治民便是信与仁"。"不说亲民,便似老佛",可见王阳明更注重内心的道德自觉、社会实践,而反对那种表里不一、流于理念的经典诠释。王阳明在探讨修身明德的落脚点的时候,他极力突出社会实践性,亦即强调个人在人伦道德、纲常名教等社会秩序、道德风俗的自觉践履,这其实也反映了王阳明"知行合一"的思想。这不仅是对程朱修德强调"格物致知"的外在努力的反叛,更是对当时学子注重教条背诵程朱语录,而不能践行风气的纠偏。

王阳明对《大学》的"八目"也有自己的理解,而这些与他的"三纲"的理解互为补充,进一步展现了王阳明心学思想、知行合一的理念。如他将"格物"一般都解释为"格君心之非",如其所言:

> 先生又曰:"'格物'如《孟子》'大人格君心'之'格',是去其心之不正,以全其本体之正。但意念所在,即要去其不正以全其正,即无时无处不是存天理,即是穷理。天理即是'明德',穷理即是'明明德'。"①

王阳明认为"格物"中的"物"就是"心",所谓"格物"就是要去除内心不正确的思想,从而保持自己内心的纯善与圆满。换言之,格物,就是要时时刻刻反省而心存天理,格物本身穷理。

总之,王阳明为了构建与程朱之学不同的思想体系,他对《大学》重新进行诠释,"先生于《大学》'格物'诸说,悉以旧本为正,盖先儒所谓误本者也"②,希望建构出与程朱不同的思想体系来。这样一来,他在《大学》的解释上,基本上与程朱立异,进而体现其心本论的思想旨趣。

不只是四书学,王阳明对于其他经典的解释都是突出了"心"的主体地位,不过这个也是对程朱理学的继承与补充。比如王阳明对礼的认识,就与程朱等人一脉相承。程朱都认为"夫礼也者,天理也",王阳明则在程朱的基础上又作了进一步的发展,他将"礼"不仅看成是"天理",还将之看成是"吾心所固有之条理节目",如其所言:

---

① （明)王守仁:《王阳明全集》卷一《传习录上》,第7页。
② （明)王守仁:《王阳明全集》卷一《传习录上》,第1页。

夫礼也者,天理也。天命之性具于吾心,其浑然全体之中,而条理节目,森然毕具,是故谓之天理。天理之条理谓之礼。是礼也,其发见于外,则有五常百行,酬酢变化,语默动静,升降周旋,隆杀厚薄之属;宣之于言而成章,措之于为而成行,书之于册而成训,炳然蔚然,其条理节目之繁,至于不可穷诘,是皆所谓文也。是文也者,礼之见于外者也;礼也者,文之存于中者也。文,显而可见之礼也;礼,微而难见之文也。是所谓体用一源,而显微无间者也。是故君子之学也,于酬酢变化、语默动静之间而求尽其条理节目焉,非他也,求尽吾心之天理焉耳矣;于升降周旋、隆杀厚薄之间而求尽其条理节目焉,非他也,求尽吾心之天理焉耳矣。求尽其条理节目焉者,博文也;求尽吾心之天理焉者,约礼也。文散于事而万殊者也,故曰博;礼根于心而一本者也,故曰约。博文而非约之以礼,则其文为虚文,而后世功利辞章之学矣;约礼而非博学于文,则其礼为虚礼,而佛、老空寂之学矣。是故约礼必在于博文,而博文乃所以约礼。二之而分先后焉者,是圣学之不明,而功利异端之说乱之也。①

尽管王阳明也认为"礼"就是天理,它本来就属于"天命之性"、根植于"吾心"之中。而现实社会中所展现的"五常、百行、酬酢、变化、语默、动静、升降、周旋、隆杀、厚薄之属"等具体而繁琐的礼仪规范,这些都只不过是"礼"之"文"而已。换句话说,"天理""吾心"是"礼"的体,而"文"是"礼"的用。所以,君子研习礼的时候,不仅要掌握"礼"在现实中礼仪规范"文",还要明了礼在"吾心之天理"。只有这样,才算真正的掌握了"礼"。

总之,在王阳明看来,对于儒经本身的体认就是对道、天理的体认,没有道问学、尊德性的区分,也没有下学、上达的区分等等。就经典诠释与心学建构之间,可以说格物明理、心存天理实则是一。换言之,理事无碍、知行合一。王阳明的这种思想,无疑是将知识学习、社会实践与天理天道的感悟结合在一起,这在某种程度上就是对"理事无碍,体用一源"思想的继承和发展,如其所

---

① (明)王守仁:《王阳明全集》卷七《博约说》,第297页。

言:"虚灵不昧,众理具而万事出。心外无理,心外无事。"①

三、阳明后学的经学传承、诠释及其佛禅化

王学的发生与传播一定程度上满足了江南乃至全国经济发展和人性解放的需要,更是迎合了部分朝廷官员政治斗争的需要,由此王学开始由地域性学术转变全国性的学术思潮。

王阳明在嘉靖七年(1528年)去世之后,他的弟子浙江山阴王畿(1498—1583年)、余姚钱德洪(1496—1574年)在长江以南四处讲学、宣扬心学。王畿"益务讲学,足迹遍东南,吴、楚、闽、越皆有讲舍,年八十余不肯已。善谈说,能动人,所至听者云集"②。以至于王阳明心学在江南地区广泛传播,到处都有王学的信众,王学也因此逐渐成为江南地区的主导性学说。王学不仅在江南地区广泛传播,还经北方籍王学弟子传播至黄河流域,逐渐改变着北方地区程朱之学的禁锢。在王阳明的门弟子之中,南大吉(1487—1541年)、穆孔晖(1479—1539年)、王道(1487—1547年)、张后觉(1503—1578年)、尤时熙(1503—1580年)等人为代表。其中南大吉,他进士中第之后,就首先在浙江绍兴府协助王阳明开创了稽山书院,并为来自浙江、江西、湖北、广东等地的数百弟子讲解心学,乾隆《绍兴府志》就记载说:"文成振绝学于一时,四方云集,庖廪相继,皆大吉左右之也。"③嘉靖五年(1526年),他被罢官,随后便到了家乡渭南建立了湭西书院,以教授四方来学的生徒,由此改变了宋元以来陕西关学、程学盛行的局面。从晚明陕西人冯从吾(1557—1627年)的观点来看,也基本上属于心学的倾向。④ 而山东籍的穆孔晖、王道、张后觉等人则逐渐促使王学成为山东的显学。尤时熙作为王阳明的再传弟子,他于嘉靖二十六年

---

① (明)王守仁:《王阳明全集》卷一《传习录上》,第17页。

② (清)张廷玉等:《明史》卷二百八十三《王畿传》,第7274页。

③ (明)萧良幹修,(明)张元忭、孙鑛纂,李能成点校:《万历〈绍兴府志〉点校本》卷三十八《人物志·名宦(后)》,宁波出版社2012年版,第730页。

④ 吕景琳:《明代王学在北方的传播》,《明史研究》第三辑,黄山书社1993年版,第99页。

（1547 年）以户部主事告归，随后三十年时间，以传播王学为己志，"终日不倦，陕、洛间闻其风，担簦而至者百数十人"①。

王学之所以在北方地区乃至北京广泛传播，很大程度上受惠于南方籍的朝廷高官，有欧阳德（1496—1554 年）②、徐阶（1503—1583 年）③、李春芳（1510—1583 年）④、聂豹（1486—1563 年）⑤、赵贞吉（1508—1576 年）⑥等人的支持，很多南方王学弟子于嘉靖三十二年、三十三年（1553—1554 年）在北京召开大规模讲会，前来听讲者数千人。据《明史·欧阳德传》记载：

> 当是时，（欧阳）德与徐阶、聂豹、程文德并以宿学都显位，于是集四方名士于灵济宫，与论良知之学。赴者五千人。都城讲学之会，于斯为盛。⑦

灵济宫是北京西城内一道观，此处环境甚好，嘉靖年间很多京官、外官、科举士子以及国子监的监生们在闲暇之余，多集聚于此讲学。而徐阶作为辅相，极大地推动了灵济宫讲会的兴盛。《明儒学案》就称："（徐阶）及在政府，为讲会于灵济宫，使南野（欧阳德）、双江（聂豹、松溪程文德分主之，学徒云集，至千人。

① （清）孙奇逢：《中州人物考》卷一《尤主事时熙》，广文书局 1977 年版，第 60 页。

② 欧阳德，字崇一，号南野，江西泰和人。官至礼部尚书。欧阳德受业于王守仁。与邹守益在江右王门中以信守师说著称。当一些学者视王守仁"致良知"说为禅学时，他奋起护卫，宣称"致良知"说为"正学"。他在发明师旨、卫护师说方面功不可没，尤其对"格物致知"义旨的阐发，对于挽救王门中"归寂"派的流弊，作用尤大。

③ 徐阶，字子升，号少湖，晚号存斋，上海松江人。他曾经师从王学弟子聂豹（1487—1563 年），从而成为王阳明后学弟子，黄宗羲《明儒学案》就曾将之列入南中王门之中。他对王学颇为推崇，曾言："孔孟既没，正学失传，或失则俗，或失则禅。伟哉！阳明妙悟卓识，发挥良知，昭示轨则。"徐阶：《世经堂集》卷二十一《祭太保双江聂公文》，明万历间徐氏刻本，第 452 页。

④ 李春芳，字子实，号石麓，江苏兴化人。曾以礼部尚书加太子太保兼武英殿大学士入阁拜相，后继徐阶任内阁首辅。他曾先后师从湛若水、欧阳德等王学之人，甚推王阳明致良知之学，他曾说："夫致知与良知之说，发自孔孟，而阳明先生则合而言之曰致良知，可谓易简之至者也。"李春芳：《贻安堂集》卷四《送副郎回堂濮君之南秋曹序》，明万历十七年李戴刻本，第 72 页。

⑤ 聂豹，字文蔚，号双江，江西永丰人，为王守仁心学正统传人。曾任兵部尚书。聂豹推崇王阳明的"致良知"学说，以阳明为师，但他认为良知不是现成的，要通过"动静无心，内外两忘"的涵养工夫才能达到。

⑥ 赵贞吉，字孟静，号大洲，四川内江人。曾任礼部尚书、文渊阁大学士。《明史》本传说他"最善王守仁学"。（清）张廷玉：《明史》卷一百九十三《赵贞吉传》，第 5122 页。

⑦ （清）张廷玉等：《明史》卷二百八十三《欧阳德传》，第 7277 页。

其时癸丑(1553 年)甲寅(1554 年),为自来未有之盛。"①灵济宫讲会最兴盛的时候,就是在欧阳德、徐阶、聂豹等人在京师为官之际。

关于王阳明之后,阳明学派的分化、发展情况,有学者做了一定的分析②。黄宗羲在《明儒学案》中将王门后学分为浙中、江右、南中、楚中、北方、闽粤、泰州七个流派。其中,尤其以浙中的钱德洪、王畿学说,在当时影响较大。而牟宗三先生认为王学虽然遍天下,"然重要者不过三支:一曰浙中派,二曰泰州派,三曰江右派。此所谓分派不是以义理系统有何不同而分,乃是以地区而分。"③王阳明之学经由其弟子得以在天下广布。隆庆元年(1567 年),明朝廷追赠王阳明为新建侯,谥号文成。万历十二年(1585 年),钦准王阳明从祀文庙,标志着王学达到了历史的极盛时期。在王学的影响下,各地也先后形成了自己地域性的学派,"地域讲学在明代中后期盛行于大江以南,尤以江西、南直隶、浙江为最"④。王学在嘉靖(1522—1566 年)与万历(1573—1620 年)之间非常兴盛,不但是占有主导地位的学术思潮,更形成了强大的社会政治势力,极大地影响着当时的政治文化。

此时,程朱之学已经不再适应社会政治、思想文化的新需要,加之明代官方对经学的放松,以至于经学不显,束书不观,北京所藏之书也日益废弃,程朱之学也因此不昌。正如清人朱彝尊所说:

> 明以百万卷秘书,顾责之典籍一官守,视其人皆贽生不知爱重,而又设科专尚帖括四子书,《易》《诗》,第宗朱子,《书》遵蔡氏,《春秋》用胡氏,《礼》主陈氏。爱博者窥《大全》而止,不敢旁及诸家。秘省所藏土苴视之,盗窃听之,百年之后无完书矣。迨万历乙巳,辅臣谕内阁:敕房办事大理寺、左寺副、孙能传,中书舍人张萱、秦焜、郭安民、吴大山校理遗籍,惟地志仅存,亦皆嘉隆后书,初非旧本,经典散失,寥寥无几。萱等稍述,

———————

① (明)黄宗羲著,沈芝盈点校:《明儒学案》卷二十七《南中王门学案三》,第 617 页。
② 对此钱明先生对 20 世纪的各家分派进行了综述。参见钱明:《阳明学的形成与发展》,江苏古籍出版社 2002 年版,第 113—115 页。
③ 牟宗三:《从陆象山道刘蕺山》,上海古籍出版社 2001 年版,第 188 页。
④ 陈时龙:《明代中晚期讲学运动(1522—1626)》,复旦大学出版社 2005 年版,第 74 页。

作者之旨较正统书目大为过之,惜已无足观,徒为有识者叹惜而已。①
在王学的影响下,北京官方之学与典藏也日渐不受重视,"经典散失,寥寥无
几"。王学的盛行,促使儒家经典尤其是程朱传注之学被蔑视,由此引发了对
纲常名教、人伦道德的鄙弃。嘉靖一朝,王阳明之学因为其平叛广西动乱的功
勋,而并没有引发朝廷的批判,但没有得到嘉靖皇帝的始终认可,"世庙于王
守仁、湛若水、邹守益讲学诸臣,并不见赏"②。王阳明去世后,心学的弊端开
始显现。

尽管王阳明心学通过简易的文学方式,来挽救明代程朱之学支离破碎的
弊端,但其后学弟子多注重反省体悟、直觉体验的方法,而忽略了对"道问学"
的基本重视。当然,并非所有的王学弟子都注重"尊德性",注重反省内察式
的悟道方式,其中很多学者也注重吸收理学"道问学"、格物致知之法。比如
王阳明的弟子宋仪望就说:

> 世之论者,犹或疑信相半,未肯一洗旧闻,力求本心,以至今议论纷然
> 不一。以愚测之,彼但谓致良知工夫,未免专求于内,将古人读书穷理,礼
> 乐名物,古今事变都不讲求,此全非先生本旨。③

在他看来,后世学者多只是注重"致良知",注重内察反省的治学方法,而忽略
了经传注疏、名物训诂、史学考据的方法,这不是王学的"本旨"。在错误观念
的影响下,使得当时士子厌倦读书,甚至出现了一些以不学无术相尚的人。如
钱谦益所说:

> 正嘉以还,以抄袭传讹相师,而士以通经为迂。万历之季,以缪妄无
> 稽相夸,而士以读书为讳驯。至于今俗学晦蒙,缪种胶结,胥天下为夷言
> 鬼语,而不知其所从来。④

受到王学末流以"尊德性"、反省内求的影响,很多士子"以通经为迂","以读

---

① (清)朱彝尊:《曝书亭集》卷四十四《文渊阁书目跋》,景印文渊阁《四库全书》本,台北
商务印书馆 1986 年版,第 160 页。
② (明)黄景昉:《国史唯疑》卷六,上海古籍出版社 2002 年版,第 166 页。
③ (明)黄宗羲著,沈芝盈点校:《明儒学案》卷二十四《江右王门学案九》,第 560 页。
④ (明)钱谦益:《牧斋初学集》卷二十八《序一·苏州府重修学志序》,四部丛刊景明崇祯
本,第 255 页。

书为讳驯",这自然造成了当时学风"束书不观,游谈无根"的必然结局。

在王学末流的推动下,当时学风日渐虚无,连文风也开始变得浮靡、虚无,以至于科场考试很多士子作文"取佛经道藏,摘其句法口语而用之,凿朴散淳,离经叛道,文章之流弊,至是极矣。其文体尤耻循矩蠖,喜创新格,以清虚不实讲为妙,以艰涩不可读为工"①,文风的虚浮,也促使当时风俗风尚、思想观念尤其是儒家人伦道德、纲常名教的颓败。如清人陆陇其所说:

> 明之衰,阳明之道行也。自嘉、隆以来,秉国钧,作民牧者,孰非浸淫于其教者乎? 始也倡之于下,继也遂持之于上。始也为议论,为声气,继也遂为政事,为风俗。礼法于是而弛,名教于是而轻,政刑于是而紊,僻邪诡异之行于是而生,纵肆轻狂之习于是而成。虽曰丧乱之故不由于此,吾不信也。②

由于对王学思想尤其是在"致良知"的理解和诠释上,各派弟子各持一端,歧见迭出,由此衍化出了王学左派与王学右派。左派强调即本体即工夫,近于"顿悟";右派强调由工夫即本体,近于"渐悟"。由于过于强调道德修心,使得人们只注重体悟、反思,而淡化对经学、知识的传承与研习,由此导致了经学的虚无化。以至于王学末流的思想开始禅化,这极大地消解着皇权体系、价值观念及民众对中央的文化认同。与此同时,它在地方社会的盛行又直接导致了地方启蒙教育体系的崩溃,明人吕坤就指出:"近日社学不以童蒙为重,虽设有社学、社田,专听无行衣巾生员乞请以为糊口之资。"③说明此时受到王学的冲击,基层教育名存实亡。

当然,王学末流尤其是泰州学派的虚浮,在某种程度上也是商品经济飞速发展下人行道德的日益堕落、政治体制的崩坏与官方权力体系的松弛等这些大环境的产物。不过,王学末流的存在又反过来极大地消解着官方意识形态与社会规范。在这种情况下,朝廷与一些有志之士开始批判、封杀王学。如原

① (明)沈鲤:《请正文体疏》,载清高宗敕选:《明臣奏议》卷三十,中华书局1985年版,第548页。

② (清)陆陇其:《三鱼堂文集》卷二《杂著·学术辨下》,景印文渊阁《四库全书》本,台北商务印书馆1986年版,第18页。

③ (明)吕坤:《实政录·民务》卷三《兴复社学》,明万历二十六年赵文炳刻本,第61页。

本支持王学的万历皇帝也对王学之弊开始予以批评。他说：

> 近来学者不但非毁宋儒，渐至诋讥孔子，扫灭是非，荡弃行检，复安得
> 忠孝节义之士为朝廷用？祇缘主司误以怜才为心，曲收好奇新进，以致如
> 此。新进未成之才，只宜裁正待举，岂得辄加取录，以误天下？①

晚明的毕懋良也曾对王学所产生的社会文化弊端给予了批判，他说：

> 理学至宋儒大明，故其经书传注一以宋儒为宗。朱紫阳集诸儒大成，
> 其训诂真核明切，家传户诵久矣。迩来伪学乱真，邪说蚀正，创为心说，以
> 买名声于天下，甚至有改窜朱注、删涂程传，刊为帖括者。②

朝廷君臣都开始意识到王学尤其是末流学者的观点对社会秩序的消解作用，他们不但"非毁宋儒"，"改窜朱注、删涂程传"，甚至"诋讥孔子"，混淆是非，以至于纲常名教、人伦道德也遭到了瓦解，所谓"荡弃行检，复安得忠孝节义之士为朝廷用"。更甚者王学的盛行直接促进了晚明佛教、老庄之学的盛行。顾炎武对此就曾说："万历之末，士子好新说，以庄、列、百家之言窜入经义，甚者合佛老与吾儒为一，自谓千古绝学。"③"盖心学盛行之时，几无人不讲三教归一者也。"④作为下层的主导力量——士绅阶层，他们也开始追求享乐，过着一种穷奢极欲的生活⑤。在种种不正常的思想文化状况下，朝廷开始有意识的限制、惩治那些激进的王门后学及其学说，如万历七年（1579 年）王学弟子何心隐被杀，随后万历三十年（1602 年）李贽也身陷囹圄而自杀，这都具有象征意义，说明朝廷在意识形态的控制上并没有放弃努力，更是希望通过强权来维护基于程朱理学而达成的文化认同。

四、明后期"经学即理学"的提出及其意义

尽管在万历十二年（1584 年），王守仁入祀孔庙，阳明学获得了合法的地

---

① （清）孙承泽：《春明梦余录》卷四十《正士习》，北京古籍出版社 1992 年版，第 746 页。
② （明）毕懋良：《两浙学政》，明万历三十八年刻本，第 4 页。
③ （明）顾炎武：《亭林文集》卷五《富平李君墓志铭》，中华书局 1983 年版，第 119 页。
④ （清）永瑢等：《四库全书总目》卷一百三十二《知非录》提要，第 1124 页。
⑤ 陈宝良：《明代社会生活史》，中国社会科学出版社 2004 年版，第 85 页。

位,但在学术思想领域内,阳明心学的流弊已经日益严重,而且分裂为多个学派。由于王阳明末学日渐虚无化,这不但对于社会政治秩序有极大的消解作用,更是对道德人心、学术文化的正常发展产生了极大的冲击与破坏。鉴于此,有志之士开始激励批判王学之弊,其中明末东林学派的兴起,既是对当时朝廷宦官专权、腐败崇利的不满,更是对王学末流束书不观、游谈无根不良风气的一种反动①。他们以朱学为宗,明人方学渐就说:"东林之学,以朱为宗。"②关于东林书院及其党人的情况,《明史》有记载说:

> 邑故有东林书院,宋杨时讲道处也,宪成与弟允成倡修之,常州知府欧阳东凤与无锡知县林宰为之营构。落成,偕同志高攀龙、钱一本、薛敷教、史孟麟、于孔兼辈讲学其中,学者称泾阳先生。当是时,士大夫抱道忤时者,率退处林野,闻风响附,学舍至不能容。宪成尝曰:"官辇毂,志不在君父,官封疆,志不在民生,居水边林下,志不在世道,君子无取焉。"故其讲习之余,往往讽议朝政,裁量人物。朝士慕其风者,多遥相应和。由是东林名大著,而忌者亦多。③

东林学院以顾宪成、高攀龙、顾允成、史孟麟、薛敷教、钱一本等人为主,负责讲学于其中,他们的理论倾向基本上是宗程朱之学,而诋毁陆王之学。实际上,东林学也是自王学而来,可以说是对王学的修正。这一点如日本学者冈田武彦所说:"东林学是经由王学而产生的新朱子学。其原因之一,就在于东林学发源于王门。"④顾宪成作为东林学派的始祖,他曾师从王门的薛应旂。薛应

---

① 当然,东林党的兴起与晚明社会变迁也有直接的关系。对此,日本学者小野和子就认为:"作为东林党领袖的顾宪成、高攀龙都出身于那样和商业资本有关系的家庭,这在考虑东林党的社会基础时,颇意味深长。他们以外的东林党人的出身,也都是在浸透了商品经济的江南,和工商业有着某种关系的地主或中等以下比较困穷的地主阶层。当地最深刻地感受到王朝政策内在矛盾的阶层也多加入其中,这说明,这个党争不是单纯的派阀党争,而是以这个时期新的社会变动为背景产生的。"[日]小野和子著:《明季党社考》,李庆、张荣湄译,上海古籍出版社2006年版,第140页。

② (明)方学渐:《东游记小引》,载(清)高廷珍辑:《东林书院志》卷十六,清雍正刻本,第292页。

③ (清)张廷玉等:《明史》卷二百三十一《顾宪成传》,第6032页。

④ [日]冈田武彦著:《王阳明与明末儒学》,吴光等译,上海古籍出版社2000年版,第356页。

旗虽然属于王门,但对王学末流的空见顿悟颇为排斥,提倡务实敦行,颇有回归程朱之学的倾向。对此钱穆先生也说:"盖东林学脉本自阳明来,泾阳师薛方山,亦南中王门。而东林讲学颇欲挽救王学末流之弊,乃不期而有王反朱之倾向。"①另外,起初东林讲学并没有涉及政治,但以其影响巨大而被政敌构陷,最终卷入到政治斗争之中,这一点柳诒徵先生就说:"(东林)纯乎讲学,与时政无与也。弟宪成等志在人心世道,讲学之余,往往讽议朝政,忌之者指目东林。东林之友朋弟子,亦毅然以东林自负,故书院甫立八年,即有徐兆魁之弹劾。"②顾宪成去世之后,东林讲学更是受到政敌挤压而进入发展低谷。

东林学派的思想,尤以顾宪成、高攀龙为代表③。顾宪成盛推程朱的格物之学,认为"朱子之释格物,其义甚精"④。钱谦益曾评价顾宪成的学术时说:"公之学,程朱之学也。"⑤而高攀龙也曾经向朝廷上书,极力推崇程朱之学,他说:

> 崇文者何?崇文公朱子也。吴公伯昌生,文公之乡崇文公易也,生于今之时,崇文公不易也。自良知之教兴,世之弁髦朱学也久。……夫学者,学为孔子而已。孔子之教四:曰文、行、忠、信,惟朱子之学得其宗,传之万世无弊。即有泥文窒悟者,其敦行忠信自若也,不谓弊也。姚江天挺豪杰,妙悟良知,一破泥文之蔽,其功甚伟,岂可不谓孔子之学,然而非孔子之教也。⑥

顾宪成、高攀龙都以程朱之学为宗,希望倡导程朱之学而摒弃与之立异的其他学术思想尤其是王学。鉴于当时王学末流的虚浮,顾宪成、高攀龙对"六经"

---

① 钱穆:《中国近三百年学术史》,商务印书馆1997年版,第15页。

② 柳诒徵:《江苏书院志初稿》,载《历代书院志》,影印1931年《江苏国学图书馆年刊》第四期专栏,第26页。

③ 关于东林党人的形成、人物及其思想,已经有学者做了分析。诸如张永刚:《东林党议与晚明文学活动》,中国社会科学出版社2009年版。

④ (清)黄宗羲著,沈芝盈点校:《明儒学案》卷五十八《东林学案一》,第1385页。

⑤ (明)钱谦益:《牧斋初学集》卷三十《序三·顾端文公文集序》,四部丛刊景明崇祯本,第283页。

⑥ (明)高攀龙:《高子遗书》卷九上《崇文会语序》,清文渊阁《四库全书》补配清文津阁《四库全书》本,第186页。

及其实证之学非常重视,并认为"六经"及其学说是拯救社会、政治的重要
手段:

> "六经"者,天之法律也。天下之所以治而乱,乱而复治者,以"六经"
> 在也……"六经"皆圣人传心,明经乃所以明心,明心乃所以明经;明经不
> 明心者,俗学也;明心不明经者,异端也。①

顾、高两人都认为,"六经"是圣人之道的载体,是圣人之心的载体。他们希望
重新从儒家经典——"六经"入手,来探求真正的圣人之道、圣人之心,在他们
看来"明经乃所以明心",只有对儒经有了深入的体悟,才能真正体悟圣人之
心。否则,"明心不明经者,异端也",顾、高这种观点直指王学末流那种"束书
不观,游谈无根"的弊端。不仅如此,他们还继续维护程朱理学的正统地位,
如万历二十四年(1596年),四川佥事张世则撰《大学初议》,专门驳斥程朱之
学,被高攀龙驳斥,于是此书被废置不行。

在明朝后期,不只是顾宪成、高攀龙等程朱学者驳斥阳明后学,连王学后
传弟子也开始重新审视王学,"继顾(宪成)、高(攀龙)之后,刘宗周起而纠王
学之弊,功莫大焉"②。刘宗周(1578—1645年)与顾、高不同的是,他作为王
学后学,鉴于王学末流的禅化,他开始从理论上反思,并对之进行修正,对晚明
王学的发展作出了突出贡献。

晚明时期,朝廷不仅面临着严重的秩序危机,同样也面临着严重的思想信
仰危机,当时的社会精英阶层——儒士大夫们除了积极参与当时的社会政治
变革之外,也有很多学者开始从知识、思想入手,重建新的价值信仰体系,以挽
救明王朝的危亡。当时学术界一方面是极力批判王学之空疏、虚无;另一方面
积极强调尊经、考据,重回程朱。这一点如四库馆臣所言:

> 朱陆二派,在宋已分。洎乎明代,弘治以前,则朱胜陆,久而患朱学之
> 拘。正德以后,则朱陆争诟。隆庆以后,则陆竟胜朱。又久而厌陆学之
> 放,则仍伸朱而绌陆。③

---

① (清)朱彝尊:《经义考》卷二百九十七《通说》引,第5389页。
② 张永刚:《东林党议与晚明文学活动》,中国社会科学出版社2009年版,第62页。
③ (清)永瑢等:《四库全书总目》卷九十七《朱子圣学考略》提要,第824页。

此中的陆学,实际上就是继承并发展了陆九渊学说的"王学"。正是由于明代程朱、陆王之学交错出现,并最终由于王学末流的空疏导致了人们对王学的不满,从而促使了程朱之学再次被强调,并进而提出了"经学即理学"的命题。

"经学即理学"虽然在晚明才被提出,并获得了学术思想界的广泛认同,这在一定程度上反映了当时思想文化的变迁与社会政治的急迫需要。其实,对"经学即理学"的认知早在明正德年间王阳明心学广泛传播之时,就已经有杨慎(1488—1599年)开始注重对经学与考据学的关注,由此成为晚明经学考据之学兴起的先驱,这一点正如嵇文甫先生所言:

> 当明朝中叶,固然是心学盛行的时代,可是就在这时候,为后来清儒所大大发展的考证新学风逐渐萌芽了。这里首先打开风气的要属杨升庵。升庵著《丹铅录》《谭苑醍醐》《古音丛目》《古音猎要》等数十种,虽疏舛伪妄,在所不免,但读书博古,崇尚考据之风,实自此启。[1]

杨慎为学广博,经史子集皆有涉猎,并撰有大量著述,《明史》曾赞说他,"明世记诵之博,著作之富,推慎为第一"[2]。杨慎为学注重考据,更注重以考据通义理。他这样做既是对当时程朱学者执着于经传注疏颇为不满,也是对蹈于空虚的陆王之学者的不满,这一点杨慎就曾说:

> 骛于高远,则有躐等凭虚之忧;专于考索,则有遗本溺心之患。故曰:"君子以尊德性而道问学。"故高远之蔽,其究也,以"六经"为注脚,以空索为一贯,谓形器法度皆刍狗之余,视听言动非性命之理,所谓其高过于大,学而无实,世之禅学以之。考索之弊,其究也,涉猎记诵以杂博相高,割裂装缀,以华靡相胜,如华藻之绘明星,伎儿之舞研鼓,所谓其功倍于小,学而无用,世之俗学以之。[3]

杨慎认为心学"骛于高远""以空索为一贯",不仅不注重经书、经义,反而专心于体悟、藐视"视听言动"等遵守礼仪的行为,以至于"学而无实",故与禅学无

---

[1] 嵇文甫:《王船山学术论丛》,生活·读书·新知三联书店1978年版,第42页。
[2] (清)张廷玉等:《明史》卷一百九十二《杨慎传》,第5082页。
[3] (明)杨慎:《升庵集》卷七十五《禅学俗学》,上海古籍出版社1993年版,第752页。

异。与此同时,他对程朱学者过于执着记诵经传注疏,亦即"涉猎记诵以杂博相高"也极力批判,认为这割裂了经书、经义本身的意义,"以华靡相胜",以至于"学而无用",故与俗学差不多。鉴于程朱理学、陆王心学皆有弊端,他认为探究圣人大意,就必须反求宋以前经学考据,所谓"经学至朱子而明,然经之拘晦,实自朱始……欲训诂章句,求朱子以前'六经'"①。杨慎在致力于经传考据的同时,还致力于文字音义的考证,撰有《说文先训》《六书索隐》《转注古音略》《古音略例》等一系列考订文字音义的著述。杨慎在"六经"、文字的考据训诂方面做了大量的工作,这与当时程朱、陆王之后学有很大的不同,由此掀起了明代中期经学考据之新风。后来,清人周中孚就高度评价说:"升庵精于考证,故说经之书,俱能引据确切,独申己见,殊胜于株守传注,曲为附会者。"②

　　除了杨慎之外,明代中期还有很多学者也注重考据之学,如焦竑(1540—1620年)、陈第、胡应麟、陈耀文、王世贞、梅鷟等人,都是从"道问学"入手,提倡经学,以期重新弘扬圣人之道。其中,焦竑作为泰州学派后学,针对时人为学的空疏,他倡导经学考据与道德践履,《明史·焦竑传》称他"博极群书,自经史至稗官、杂说,无不淹贯"。他是当时经学考据学的重要代表,四库馆臣就曾说:"明之中叶,以博洽著者称杨慎……次则焦竑,亦喜考证。"③"明代自杨慎以后,博洽者无过于竑。"④陈第作《毛诗古音考》对古代音韵、古代文字的音义做了考订工作,这对后来的顾炎武《音学五书》、江永《古韵标准》等都产生了直接影响,开启了清代古音韵学的先河,如四库馆臣所言:"言古韵者自吴棫,然《韵补》一书,庞杂割裂,谬种流传,古韵乃以益乱。国朝顾炎武作《诗本音》、江永作《古韵标准》,以经证经,始廓清妄论。而开除先路,则此书实为首功。"⑤

　　明代中后期随着程朱之学的日渐衰微、阳明末学的日渐肆行,经学考据之

---

① （明）杨慎:《升庵集》卷六《答重庆太守刘嵩阳书》,第 74 页。
② （清）周中孚:《郑堂读书记》卷二,上海书店 2009 年版,第 25 页。
③ （清）永瑢等:《四库全书总目》卷一百一十九《通雅提要》,第 1028 页。
④ （清）永瑢等:《四库全书总目》卷一百四十六《庄子翼》提要,第 1247 页。
⑤ （清）永瑢等:《四库全书总目》卷四十二《毛诗古音考》提要,第 365 页。

学也日渐盛行于世,并逐渐形成了一种新的复古学术潮流,这自然成为明末清初考据学大兴的伏流。对此胡适也曾说:"人人皆知汉学盛于清代,而很少人知道这个尊崇汉儒的运动在明代中叶已很兴盛。"①在这种背景之下,"经学即理学"就是在这种背景下应运而出,这个命题的直接提出者与推动者之一是钱谦益(1582—1664 年)。他曾经为当时东林党的领袖之一,被视为晚明文坛领袖,他在明清之际的学术思想界颇有影响,当时的费经虞、费密、方以智等人都曾受到过他的影响。清初阎若璩(1636—1704 年)曾将钱谦益、顾炎武、黄宗羲并称为"海内读书种子"②,而且并置于当时"十二圣人"③之列。钱穆先生更是认为顾炎武的"经学即理学"说及清初经史之学,都曾经受到过钱谦益的影响。④ 钱谦益鉴于当时王学末流的虚无、浮靡,认为"诚欲正人心,必自反经始,诚欲反经,必自正经学始"⑤。他说:

> 汉儒谓之讲经,而今世谓之讲道。圣人之经,即圣人之道也。离经而讲道,贤者高自标目,务胜于前人,而不肖者汪洋自恣,莫可穷诘,则亦宋之诸儒扫除章句者,导其先路也。修《宋史》者知其然,于是分儒林、道学,厘为两传。儒林,则所谓章句之儒也;道学,则所谓得不传之学者也。儒林与道学分,而古人传注、笺解、义疏之学转相讲述者,无复遗种。此亦古今经术升降绝续之大端也。⑥

钱谦益认为经学与道学自汉儒以来本来就是一体,"圣人之经,即圣人之道",但是后人尤其是宋元以来诸儒多离经言道,以至于元人修《宋史》开辟了儒学、道学两端,并最终造成了圣人之经与道的分离,而圣人之道不传。钱谦益所说的"圣人之经"与"圣人之道"和"儒林"与"道学"本来合一,与顾炎武后来所说的"经学即理学"思想一脉相承。

---

① 胡适:《胡适文存》第三集,黄山书社 1996 年版,第 70 页。
② (清)阎若璩:《潜邱札记》卷四《南雷黄氏哀辞》。
③ (清)阎若璩:《潜邱札记》卷五《又载戴唐器(十)》。
④ 钱穆:《中国近三百年学术史》,商务印书馆 1997 年版,第 138 页。
⑤ (清)朱彝尊:《经义考》卷二百九十七《通说》引,第 5390 页。
⑥ (明)钱谦益:《牧斋初学集》卷二十八《序一·新刻十三经注疏序》,四部丛刊景明崇祯本,第 254 页。

除了钱谦益之外,稍后的费密(1623—1699 年)也在明末清初颇有影响。费密传承家学,以汉儒为宗,力倡实学,反对宋儒空虚疏狂的积习,对其抹杀汉唐诸儒的功绩表示异议。费密肯定汉唐诸儒在学术上的成就和贡献,对宋明理学的"道统论"进行深刻的批判,在开创清代学风上起了"导夫先路"的作用,在清代学术史上具有重要的地位。同时代的方以智(1611—1671 年)也是当时汉学的倡导者,提出了"藏理学于经学"与"圣人之经即圣人之道"的观点,与之前钱谦益、费密等人重视经学的观念基本一致,反映出明末清初"经学即理学""经学即道学"的思想是一种时代潮流。其中,方以智对经学的重视对于改变明中期以来空谈性理的学术风气有重要的意义,这一点四库馆臣就说:

> 以智崛起崇祯中,考据精核,迥出其上。风气既开,国初顾炎武、阎若璩、朱彝尊等沿波而起,始一扫悬揣之空谈。虽其中千虑一失,或所不免,而穷源遡委,词必有征,在明代考证家中,可谓卓然独立矣。[1]

方以智注重考证,他曾作《通雅》一书考证名物典制、文字声韵,集明代考据学之大成,他是继明中期杨慎、焦竑、陈第等人之后最有影响的考据学者,如四库馆臣所言:"明之中叶,以博洽著者称杨慎。……次则焦竑,亦喜考证。……惟以智崛起崇祯中,考据精核,迥出其上,风气既开。"[2]他更是影响了一代学人。清代考据学大家如顾炎武、阎若璩、朱彝尊等皆因之而起,由此改变了明中期以后的空谈之风,开启了清代考据学的新风尚。

本讲小结

王阳明心学的兴发,直接开启了思想、文化的新时代。它之所以如此兴盛,根本原因在于官方程朱之学的固守、繁琐、刻板,而相比之下的王学更加新颖活泼、简洁易行。正如葛兆光先生所言:

---

① (清)永瑢等:《四库全书总目》卷一百一十九《通雅》提要,第 1028 页。
② (清)永瑢等:《四库全书总目》卷一百一十九《通雅》提要,第 1028 页。

　　王阳明对程朱理学的激进批判和它本身简捷明快的理想主义,在很短时间内吸引着各种各样的人,对于程朱理学通过考试过分约束心灵一直感到苦恼的士人,对于制度化的意识形态过分约束生活一直相当反感的市民和对于通过知识垄断进行知识压迫一直感到压抑的下层人士,似乎都相当欢迎这种新学说对旧思想的瓦解,而知识阶层中相当深刻的一批人也不约而同地看到了这种新学说的革命意义,在他们看来,"盖自程、朱一线中绝,而后补偏救弊,契圣归宗,未有若先生(王阳明)之深切著明者也"①,这是因为经过长时间意识形态的制度化过程,理学已经失去了当初那种拯救心灵、批判权力和建设秩序的意义,成了空洞的道德律令和苍白的教条文本,应当有一种活泼泼的思想来更新这个时代。②

　　正是由于王学本身的简捷明快,对上至士大夫,下到市民工商皆有"拯救心灵、评判权力和建设秩序的意义",它的存在更是迎合了社会经济、思想文化发展的新状况。

　　王阳明之学之所以很快能在社会上盛行开来,很大程度上取决于它的传播方式。"王学崛起,讲学事业渐向社会下层传播,于是讲学从传统的向上领导政府以求开出政治事业的理想,一转而为向下层传道"③。王学的广泛传播极大地改变了人们的思想观念。有学者研究认为:"自明代中叶以后,明朝人有一个逐渐凸显自我的变化历程。自我扩张表现在社会生活的方方面面,而其理论的依托则是'自具心眼',不以前人的是非为是非;而其行为的方式乃至特征则是'大胆'。其实这也很容易理解。如果一个人的是非观念'大戾昔人',尤其与先圣、先贤相左,在当时的时代无疑是一种'大胆'的行径。"④王学为人们思想观念的转变提供了理论依据,以致后来王学末流的"非圣""无法"的大胆行径,极大地冲击着当时的官方意识形态及社会政治秩序,对传统

　　① (明)刘宗周:《刘宗周全集》第五册《阳明传信录一·小引》,浙江古籍出版社2007年版,第1页。

　　② 葛兆光:《中国思想史:七世纪至十九世纪中国的知识、思想与信仰》,复旦大学出版社2009年版,第315页。

　　③ 陈宝良:《明代儒学生员与地方社会》,中国社会科学出版社2005年版,第19页。

　　④ 陈宝良:《明代社会生活史》,中国社会科学出版社2004年版,第42页。

以程朱理学为核心的价值文化体系形成了直接的冲击。

　　王阳明之学毕竟是江南地区兴起的一种新学说,江南社会的一种士人心态与生存状态。江南地区以南京为核心,作为陪都的南京依旧有很大的影响力,随着北京中央权力斗争的加剧,很多失意的儒士大夫南下聚集于此,无形之中强化了江南文化的影响力。加上江南地区一直是明代经济文化发展的重心所在,社会文化充满活力,一旦中央政府意识形态控制力减弱,士大夫便不再墨守官方意识形态,而追求全新的理论与文化的创造。与王阳明同时代的湛若水,"与阳明分主教事"①,两家互相论辩、交流②,共同推动了明代中期心学的发展与兴盛,他们也并立成为明中期江南地区学术的两大门户,如黄宗羲就说:"王、湛两家,各立宗旨,湛氏门人,虽不及王氏之盛,然当时学于湛者,或卒业于王,学于王者,或卒业于湛,亦犹朱、陆之门下,递相出入也。"③总之,王阳明与湛若水同属当时江南地区心学的大宗,当时学者论学多王、湛并提。他们两人都曾长期在留都南京任职,对于南京及江南地区的心学的发展具有重要的推动作用,也正是两人相互问学、论辩最终促使了心学思想体系、经学范式的诞生,形成了与北京理学思想体系及经学范式的对垒。

　　尽管王学的出现,极大地改变了过去儒士墨守程朱之学而鲜有创新之局面,极大地适应了程朱之学在江南地区的传播与发展,但王学由于自身理论的局限性,它并没有最终取代程朱之学,而是处于一种附属、补充程朱之学的地位,即使王门子弟四处讲学,王学声势浩大之时,亦未曾动摇程朱理学在思想领域之地位。由于王学具有佛禅化的倾向,它对儒家经典及其宣扬的人伦道德、纲常名教持漠视的态度,所以随着王学的盛行,传统的以程朱理学为基石的社会价值体系受到了前所未有的冲击,并直接遭遇到了瓦解的危机,对人们的社会文化认同产生了致命的影响。这正如有的学者所说:"晚明时期,与在朝的士人们的心态发生重大变化的同时,在野的士人们的心态也发生了同样

　　① （明）黄宗羲著,沈芝盈点校:《明儒学案》卷三十七《甘泉学案一》,第876页。
　　② 关于湛若水的思想及其与王阳明之间的异同,已经有学者做了一定的分析。参见[日]冈田武彦著:《王阳明与明末儒学》,吴光等译,上海古籍出版社2000年版,第33—102页。
　　③ （清）黄宗羲著,沈芝盈点校:《明儒学案》卷三十七《甘泉学案一》,第875页。

巨大的变化。儒士已经发生异化,已不再是原来意义上的儒士,他们中的许多人都不再以修身为本,不再承担道义,甚至也不再以求取功名、参加到政治组织结构中去发挥他们的政治才能作为自己的安身立命的唯一选择。这时期名士和狂士、隐士和山人大量涌现。他们或癫狂放浪,或隐遁避世,以他们独特的与传统价值观念相背离,甚至带着反社会的行为方式存在于世。"①可以说,王阳明心学的出现改变了当时程朱之学一统天下的格局,改变了宋元以来以程朱理学解读儒家经典的思维模式,形成了一种新的经典诠释的方式,如日本学者冈田武彦所说:"在儒学方面,理学(性学)衰落而心学繁荣,结果导致了所谓经学、训诂之学的衰微,出现了即使解释经典也喜欢依托主观体认而提出独到见解的风潮。"②

"经学即理学"观念的兴起,不仅仅是因为王学末流禅化的全面反转,同时也是朝廷基于文化认同而采取政治权力掌控意识形态后的必然结果。朝廷为了维护社会秩序、人伦道德,开始采取打压自由讲学、游学议论等自由风潮。而当时有志之士,也日渐认识到王学末流给社会政治秩序、道德伦理所带来的负面影响,并直接危及整个社会的有序发展,于是顾宪成、钱谦益、黄宗羲等人开始极力批判王学末流,以期重振儒家学说对社会政治、思想文化的指导作用,重建社会精英阶层——儒士大夫以及民众对朝廷的文化认同。与此同时,很多学者基于"道问学"、经学的重视,由此从明代中叶掀起了经史考据的新学风,这对于后来清代考据学的大兴奠定了重要的学术基础。

---

① 周明初:《晚明士人心态及文学个案》,东方出版社1997年版,第136页。

② [日]冈田武彦著:《王阳明与明末儒学》,吴光等译,上海古籍出版社2000年版,第1页。

第十五讲　清朝的经学范式

　　《四库全书》的编纂是清初以来崇儒、重道的必然结果。《四库全书》的编纂表面上彰显了乾隆皇帝的文治之盛,实际上是朝廷为了解决朝野、南北学术思想的对立的政治举措。具体而言,乾隆时期,虽然社会稳定、政治一统,但在思想文化上却呈现出官方理学的独尊与僵化,而民间以江浙为核心的江南地区盛行经史考据之学,这在某种程度上反映了官私、南北思想,乃至朝廷与民间儒士之间的巨大分歧。为了解决这种分歧,更为了进一步整顿思想界与道德人心,清廷决定借助编纂《四库全书》来重新梳理知识资源、整顿江南的思想文化,重建新的价值体系、学术范式,为中央、地方的儒士阶层确立全新的学术思想发展模式,以此来规范和强化江南社会精英阶层——儒士大夫对清朝政权的文化认同。

　　清代"学问之中坚,则经学也","清学自当以经学为中坚"①,经学是清学范式的集中体现②。所以,清廷在利用编纂《四库全书》,对《全书》的核心——儒家经典注疏及思想部分都做了创造性的诠释,以此来整合当时南北学术思想之差异,从而建立了一个兼采意识形态理学和江南经学考据学的新学术体系——清学。换句话说,朝廷兼采汉宋两种以经学诠释形态,建构了一个全新的学术思想体系——清学。这个体系最大限度地实现了南北、朝野思想的基本整合。由此可以说,《四库全书》的形成与编纂是清初以来官学理

---

　　①　梁启超:《清代学术概论》,中华书局2010年版,第70—71页。
　　②　清学,由清人龚自珍提出,他认为经学的流派有汉学、宋学、清学三派。以此有别于之前纪昀、江藩、阮元等人的汉宋两派说。梁启超在《清代学术概论》一书中,将"清学"有别于隋唐佛学、宋明理学等学术类型进行研究总结。

学、地方经学竞相发展的必然结果,更是清代中期思想文化与政治一统的必然
产物。

清学范式形成后,极大地推动了江南盛行的考据之学,从而促使吴派、皖
派、扬州学派等成为清学的代表与经学重镇。当然,清学并非一个具有创见性
的儒学思想体系,只不过是汉学、宋学的杂糅体,更是以程朱理学为内在根据、
以汉学为表征的经学范式形态。不过,也正是由于这种范式的产生,极大地改
变了清代中期中央与地方、南方与北方学术思想分立的局面,有效地通过了经
学统一的形式,实现了当时学术思想的大一统,进而维护了社会政治秩序的稳
定。直到晚清西学的盛行,清学开始面临着一系列的挑战,虽然朝野上下有志
之士为了改变这一局面而修正完善清学体系,比如,今文经学的兴起、对西学
的包容,但依然难以应对千年以来的文化大变局,并最终随着清廷的统治结
束,清学失去了制度的保障而最终瓦解。

一、顺治的“崇儒重道”与程朱经学的官学化

清朝作为少数民族满族建立的政权,借助军事、政治力量实行对中国的统
治,为了赢得当时社会精英阶层——儒士大夫对其文化认同,就需要认同以儒
学为核心的中华文化,并积极推行一系列主动儒化、汉化的文化举措,正如梁
启超所说:

> 满洲人虽仅用四十日工夫便奠定北京,却须用四十年工夫才得有全
> 中国。他们在这四十年里头,对于统治中国人方针,积了好些经验。他们
> 觉得用武力制服那降将悍卒没有多大困难,最难缠的是一班“念书
> 人”——尤其是少数有学问的学者。因为他们是民众的指导人,统治前
> 途暗礁,都在他们身上。满州政府用全副精神对付这问题,政策也因时因
> 人而变。[1]

明清之际,清军趁明内乱顺利进入中原,并迅速荡平了各地起义。但随后却遭

---

[1] 梁启超:《中国近三百年学术史》,上海古籍出版社 2013 年版,第 14 页。

到了南明政权及江南儒士的顽固反抗,尽管最终一统全国,但江南很多儒士大夫对清廷采取了抵制的态度,借助文字著述等形式继续从事反清复明的活动。"因为他们是民众的指导人,统治前途暗礁,都在他们身上。"为了赢得这些中原汉族臣民尤其是江南诸多儒士大夫们对清朝的文化政治认同,入关后的清统治者秉承从先祖努尔哈赤、皇太极"满汉一体"的思想,继续主动儒化、汉化。可以说,"终顺治一朝的统治者,无论是摄政王多尔衮,还是顺治帝,都延续了皇太极吸收汉文化、文武并用、笼络汉人的施政方针,并在此基础上进一步提出'崇儒重道'的文化政策"①。如多尔衮作为清朝入关后的实际统治者,他在汉儒"京师为天下之根本,兆民所瞻望而取则者也。京师理,则天下不烦挞伐,而近悦远来,率从恐后矣"②的建议下,定都于北京。随后,他又采纳浙江总督张存仁关于"速遣提学,开科取士,则读书者有出仕之望,而从逆之念自息"③的建议,在江南举行科举考试,由此极大地赢得了中原社会精英阶层——儒士大夫们的政治支持与文化认同。

作为满族入关后的第一位皇帝——顺治帝,更是在前辈基础上推行更为彻底的汉化政策。面对清初喇嘛教、儒学、佛教、天主教等多种文化并存的格局,顺治经过反复比较权衡,最终决定以儒学作为官方之学。顺治元年(1644年),清世祖顺治入关后仅一个月后,就将孔子六十五代孙允植袭封为衍圣公。顺治帝还亲自主持修订《孝经注》《孝经衍义》,并发出"帝王以孝治天下,礼莫大乎事亲"的诏令。一时之间,忠、孝的观念在清廷颇为盛行。

顺治及朝廷不仅将儒学作为官方之学加以提倡,更是将程朱理学之书作为学校教育的必修书目。顺治九年(1652年),清廷要求各省学政将儒家经典及性理之学作为士子们学习的重点,禁止其他有悖于儒家经典及思想的书籍流行:

> 责成提调教官课习生儒,并严禁坊贾刊刻淫词琐语,礼部题准嗣后,

———————————

① 史革新:《清入关前对汉文化的初步吸收——以努尔哈赤推行的文化政策为例》,《徐州师范大学学报(哲学社会科学版)》2009 年第 3 期。

② 《清实录》第 3 册《世祖章皇帝实录》,中华书局 1985 年版,第 58 页。

③ 《清实录》第 3 册《世祖章皇帝实录》卷十九,中华书局 1985 年版,第 168 页。

> 直省学政将《四子书》《五经》《性理大全》《资治通鉴纲目》《大学衍义》
> 《历代名臣奏议》《文章正宗》等书责成提调教官,课令生儒诵习讲解,务
> 俾淹贯。①

可以看出,顺治年间开始将程朱理学作为儒学的主流,以此进行科举选士和人
才培养。顺治十年(1653 年),顺治帝又明确提出"尊儒重道"的诏令:"国家
崇儒重道,各地方设立学宫,令士子读书,各治一经,选为生员,岁试科试入学
肄业,朝廷复其身,有司接以礼,培养教化,贡明经,举孝廉,成进士,何其重
也。"②顺治在上谕中明确提出要"崇儒重道",令读书人研习儒家经典与程朱
理学,并将之作为道德教化、科举取士的重要内容。顺治时期,之所以将程朱
理学作为官学的重要内容,很大程度上也取决于程朱理学自身的发展状况。
这一点正如史革新先生所言:

> 顺治朝,促使程朱理学复兴的一些基本条件都已在形成之中,表现
> 为:一是明末入清的尊朱学者及其影响;二是从王学营垒中不断分化出尊
> 朱或者主张调和程朱、陆王的学者;三是清朝教育制度、科举考试制度基
> 本沿袭明制,有利于造就新的理学士人。其间,跻身于官场与散落在民间
> 的宗程朱理学人士的积极活动,形成"朝野互动"的局面,铺垫了通向程
> 朱理学复兴的道路。③

程朱理学经由明末顾宪成、高攀龙、方以智、顾炎武等人的推动在清代初年已
经日渐复兴,并逐渐确认了其主流学说的地位。另外,明末影响甚大的东林学
派并没有随着明亡而消失,反而在清初在高世泰、高愈、张夏等人的努力下,一
度变得很活跃,继续宣扬程朱理学。除了东林学者之外,其他很多地区如江南
陆世仪、朱用纯,直隶刁包,山西范镐鼎、李生光、党成等,陕西李因笃,浙江张
履祥、沈昀、吕留良,安徽汪佑,山东刘源渌等人都在传习程朱理学。可以说,
在清初程朱之学成为当时诸多学者研习的对象,并成为乾嘉考据学兴起之前
的主导性学说。对此梁启超也曾说:

---

① 《皇朝文献统考》卷六十九《学校考七・直省乡党之学一》。
② 《清实录》第 3 册《世祖章皇帝实录》卷七十四,中华书局 1985 年版,第 585 页。
③ 史革新:《略论清顺治年间程朱理学的涌动》,《清史研究》2006 年第 4 期。

清初因王学反动的结果,许多学者走到程朱一路;即如亭林、船山、舜水诸大师,都可以说是朱学者流。……故当晚明心学已衰之后,盛清考证学未盛以前,朱学不能不说是中间极有力的枢纽。①

尽管在顺治时期,程朱理学被视为官方之学,但受到明末实学思潮的影响与清初对阳明后学的批判,这时期的理学发展基本上强调"恪守躬行",而非理论的建构与辨析。例如,顾炎武就认为:"主敬涵养,以立其本;读书穷理,以致其知;身体力行,以践其实,三者交修并尽,此朱子之定论也。"②在顾炎武看来"身体力行"是程朱之学的基本要求。孙承泽也强调力行,"今天下不患无论说,而患无躬行,就圣贤已明之道,诚心而力行,则事半而功倍矣,何必哓哓焉必务自私用智,欲伸其一己之说为也"③。陆世仪不但强调"力行",还认为"天文、地理、河渠、兵法之类,皆切于用世,不可不讲。俗儒不知内圣外王之学,徒高谈性命,无补于世,所以来迂拙之诮也"④。

值得关注的是,自明代中叶兴起的经学考据之风在这一时期也得到了进一步发展,如汤斌认为:"夫所谓道学者,'六经''四书'之旨,体验于心,躬行而有得之谓也。非经书之外,更有不传之道学也。故离经书而言道,此异端之所谓道也。"⑤他将经学视为道学的表征,反对"离经书而言道",这种观点与顾炎武"经学即理学"的观点颇为一致。同时代的朱彝尊对经学也颇为重视,曾撰有《经义考》等书籍,考订精审,故四库馆臣称赞说他:"博识多闻,学有根柢,复与顾炎武、阎若璩颉颃上下。"⑥这些都表明顺治时期学术风气,注重理学躬行、经学考证,这对于后来康乾时期理学的官学化、经学考据学的大兴奠定了重要的学术基础。

总体来看,入关之后清朝统治者为了赢得汉族儒士大夫们的文化认同,积

---

① 梁启超:《中国近三百年学术史》,上海古籍出版社 2013 年版,第 107—108 页。

② (清)顾炎武著,黄汝成集释:《日知录集释》卷十八《朱子晚年定论》,第 1065 页。

③ (清)孙承泽著,王剑英点校:《春明梦余录》卷四十《正士习》,第 748 页。

④ (清)陆世仪:《思辨录辑要》卷一《大学类》,载《清通鉴》卷二十九,第 1478 页。

⑤ (清)汤斌:《汤子遗书》卷四《重修苏州府儒学碑记》,载张舜徽:《清人文集别录》卷二《潜庵先生遗稿》,中华书局 1963 年版,第 51 页。

⑥ (清)永瑢等:《四库全书总目》卷八十五《经义考》提要,第 732 页。

极主动的儒化、汉化,并将程朱理学视为官方之学。中原汉族儒士大夫也因此逐渐认同清朝在中原的统治,并积极参与到儒化、汉化满族的行列之中。这一时期,理学家们持续晚明以来对阳明末学的批判,进而推动了经学的复兴。清初"经学已然成为复兴,'返回原典'的追求更成为一个趋向,尤其是明遗民的经学,表现于其中的反思精神与经世动机极为浓厚"①。由于清初处于社会转型的阶段,学术思想界处于明遗民的支配之下,正如梁启超所言:"从顺治元年到康熙二十年约三十四年间,完全是前朝遗老支配学界。"②清初诸儒延续了晚明以来既重理学又注重经学的学术传统,更是强调"以经学即理学之穷","入清以后,以经学济理学之穷的努力由钱谦益肇其端,经顾炎武、李颙、费密张大其说,至毛奇龄、阎若璩、胡渭而成风气"③,使得清初学术风气颇为活跃。顺治时期学术思想趋于多元,但由于朝野、南北的不同,当时理学、经学并进,朱陆、汉宋杂糅,这既促成康乾时代理学的独尊、汉学的兴发,也为乾隆时期编纂《四库全书》重建新的学术范式奠定了基础。

二、清中期南北思想的分立与《四库全书》的编纂

康熙平定三藩、噶尔丹之乱后,大规模的军事行动基本结束,清朝统治开始进入了稳定发展时期,"偃武修文",北京由此成为当时全国学术思想的重镇。清人戴望《学正李先生埌》就说:"时三藩平后,朝廷向文学,四方名士竞集京师。"④

在当时,由于朝廷中信奉王学和程朱理学的官僚并存,康熙提出要"崇儒重道",但并没有独尊哪一派,他对朱熹理学和阳明心学都非常尊崇,曾说:

朕常读朱子、阳明等书,道理亦为深微。乃门人各是其师说,互为攻击。夫道体本虚,顾力行何如耳? 攻击者私也,私岂道乎?⑤

① 李纪祥:《明末清初儒学之发展》,文津出版社1993年版,第267页。
② 梁启超:《中国近三百年学术史》,上海古籍出版社2013年版,第16页。
③ 陈祖武:《清初学术辨录》,中国社会科学出版社1992年版,第295页。
④ (清)冯辰、刘调赞撰,陈祖武点校:《李埌年谱》,中华书局1988年版,第236页。
⑤ 《康熙起居注》,二十六年六月初九日,中华书局1984年版,第1636页。

后随着程朱理学派儒士的鼓吹和借助向皇帝经筵讲学的灌输，直到康熙四十五年(1706年)，康熙才决定将朱熹学说确定为清王朝的官方意识形态。他认为，"孔孟之后，有裨斯文者，朱子之功，最为弘巨"①。于是，他敕令李光地主持编纂了《朱子全书》，并以"御纂"的名义颁行全国。康熙五十一年(1712年)将朱熹配享孔庙，升大成殿十哲之次。不仅如此，他还多次以皇帝的命令，编写理学讲读书目，如《日讲四书解义》《日讲书经解义》(十九年)、《日讲易经解义》(康熙二十二年)、《春秋传说汇纂》(康熙三十八年)、《诗经传说汇纂》(康熙六十年)、《性理经义》(康熙五十五年)，这些书都是以朱熹的注解为主。康熙还诏令科举考试的士子，以朱熹注解的四书五经为标准答案。在康熙推崇、传播理学的过程中，其中汤斌、李光地、张伯行等理学名臣起到非常重要的推动作用。

为了强化对江南地区的有效控制，康熙还大力吸纳江南儒士大夫编纂的文献典籍，建构以程朱理学为指导思想的知识体系，以此来彰显自己的文治之盛。比如，康熙十七年(1678年)，朝廷开设"博学鸿儒科"，以此征召名儒硕学。在当时朝廷所征召50名鸿儒之中，江南籍的学者就占到全国总数的大半。这些鸿儒被留在北京编纂经传注释和《明史》《一统志》《佩文韵府》《全唐书》等书的整理的工作。可以说，康熙时期借助典籍编纂、诠释一方面实现了对江南儒士的笼络，也实现了对文治的彰显；另一方面也充分地展现了朝廷对知识、经学的重视。这一点正如陈祖武先生所言："从学术而言，御纂诸经日讲解义及众多图书官修的形式，与学术界的经学倡导合流，从而把知识界导向了对传统学术进行全面整理和总结的新阶段。"②的确，在康熙及朝廷的重视之下，各地掀起了对知识考古、经传考据之学的热潮，这为雍正、乾隆时期考据学风气的形成奠定了重要的学术基础。

康熙之后，雍正、乾隆也都将程朱理学作为官方学术，以"崇儒重道"相标榜，清帝曾多次在经筵讲习的御论中发表对理学的尊崇，如云"宋儒之书，所

---

① 《清实录》第6册《圣祖仁皇帝实录》卷二百四十九，中华书局1985年版，第466页。
② 陈祖武：《清初学术思辨录》，中国社会科学出版社1992年版，第46页。

以有功后学,不可不讲明而切究之也"①。乾隆更是排佛老之学,极力推崇程
朱理学,并将其作为治理社会的理论来源,成为安邦定国,明德兴教的官方意
识形态:

> 夫治统源于道统,学不正则道不明。有宋周、程、张、朱子,于天人性
> 命,大本大原之所在,与夫用功节目之详,得孔孟之心传,而与理欲、公私、
> 义利之界,辨之至明。循之则为君子,悖之则为小人;为国家者,由之则
> 治,失之则乱。实有裨于化民成俗,修己治人之要,所谓入圣之阶梯、求道
> 之途辙也。学者精察而力行之,则蕴之为德行,学皆实学;行之为事业,治
> 皆实功。此宋儒之书,所以有功后学,不可不讲明而切究之也。②

乾隆皇帝认为其"治统源于道统",不但明确指明了程朱理学作为官方意识形
态的地位,而且认同此"道统"即是宋儒程朱等人因"得孔孟之心传"而形成的
谱系;并由此为臣民点明了道德规范和安邦治国的途径,更为学者们指明了程
朱理学是治学的依据和标准。当然,乾隆时代理学的意识形态化,导致了其理
论的墨守与思想的固化,以至于当时"究心理学者盖鲜。……诚者不可多得,
而伪者托于道德性命之说,欺世盗名,渐启标榜门户之害"③。理学的教条化,
促使了"假道学"的兴盛,以至于乾隆多次在经筵御论中发表对理学的不满。
实际上,自清初以来学术界已经有诸多学者对理学发展不满,如颜元(1635—
1704 年)"自一南游,见人人禅子,家家虚文,直与孔门敌对",就提出"必破一
分程朱,始入一分孔孟。乃定以为孔孟、程朱判然两涂"④。萧山人毛奇龄
(1623—1716 年)撰《四书改错》专门批评《四书集注》及程朱理学。山西太原
人阎若璩(1638—1704)作《古文尚书疏证》证明了《古文尚书》乃伪作,对宋代
程朱理学所依赖的经典依据给予解构性的批判。还有浙江德清人胡渭
(1633—1714 年)作《易图明辨》专辨宋儒核心范畴如"太极""先天""后天"
等的基础——"河图""洛书"等的矫妄之说。

---

① 《清实录》第 10 册《高宗纯皇帝实录》卷一百二十八,中华书局 1985 年版,第 876 页。
② 《清实录》第 10 册《高宗纯皇帝实录》卷一百二十八,第 875—876 页。
③ 《大清十朝圣训》之《清高宗圣训》卷十三,燕山出版社 1998 年版,第 1321 页。
④ (清)戴望:《颜氏学记》卷三《习斋三》,清同治治城山馆刻本,第 51 页。

由于主流意识形态——程朱理学的思想固化,乾隆与诸多学者的不满也与日俱增。与此相对应的是,以江浙为中心的江南地区自清初以来随着学者对阳明后学"禅化""虚无"学风的批判,开始日渐转向注重实证的经史考据之学。正是中央与地方、北方与南方学术风气的分化,导致了学术思想甚至政治观念上的分立。这一点正如梁启超所言:

> 自康、雍以来,皇帝都提倡宋学——程朱理学,但民间——以江浙为中心,"反宋学"的气势日盛,标出"汉学"名目与之抵抗。①

江南诸儒受到明清之际"道问学"风气的影响,非常重视经史考据之学。更为主要的是,江南诸儒大多秉承"夷夏之辨""夷夏之防"等传统观念,如吕留良就认为"华夷之分,大过于君臣之义",并斥责"夷狄异类,置如禽兽"②。如此一来,江南地区经史考据之学或曰汉学,不仅仅是一种学术风气,更是呈现为一种江南儒士对抗朝廷理学或曰宋学的手段。南北学术界或朝野之间出现了巨大的思想分歧,这在某种程度上也可以说是一种政治上的对立。在这种情形下,乾隆决定"以汉制汉",希望通过开馆、招纳贤士的形式以编纂《四库全书》来笼络江南儒士,目的就是想通过《四库全书》的形式,来消除南北、朝野、汉宋两家的学术分歧,重建一个新的学术典范,以此来统一思想,从而实现文化上的大一统,更是借此实现了对儒士阶层及江南地区的有效控制。

总的来看,《四库全书》的编纂是清初以来儒化、汉化以及文治战略演变的必然产物。乾隆为了实现对江南地区的控制,既对当地儒士大夫的思想控制利用了暴政、"文字狱"等强制形式,也以柔性的手段推崇程朱理学,但并没有从根本上改变江南儒士大夫对清朝的不满。"清初标榜宋学者,虽极力奖励,而终不能得多士之心"。于是,朝廷希望通过编纂《四库全书》的形式,重新梳理知识体系、整合各家各派的观点,从而整合南北、朝野上下在思想观念上的分歧。就此来说,乾隆编纂《四库全书》并不仅仅只是一个文化工程,更是一个旨在消除统一南北学术思想分歧,进而控制江南地区的政治行为。进

---

① 梁启超:《中国近三百年学术史》,上海古籍出版社 2013 年版,第 21 页。
② 《大义觉迷录》,载《清史资料》(第四辑),中华书局 1983 年版。

一步言之,《四库全书》的编纂在某种程度上是清初以来理学衰微,江南经史考据学兴发的必然结果,更是乾隆时期南北思想分立、朝廷欲通过编纂《四库全书》来整合当时朝野、南北学术思想分歧及强化对江南地区控制的政治产物。

三、《四库全书》与清代经学范式的确立

清廷借助《四库全书》编纂实现自身的文化政治目的,主要通过"寓禁于征""寓作于述"两种形式完成。

(一)寓禁于征

就"寓禁于征"而言,就是朝廷借助编纂《四库全书》的名义,广泛征集图书,随后进行禁毁,以实现对书籍的整顿与思想的管控。清廷在征集编纂《四库全书》的文献之初,所征集的书籍既包括理学书籍,也有经史考据类书籍,更有九流百家之言。乾隆在为编纂《四库全书》所发的谕旨中就曾说道:"历代流传旧书,内有阐明性学治法、关系世道人心者,自当首先购觅。至若发挥传注,考核典章,旁暨九流百家之言,有裨实用者,亦应备为甄择。"①在此圣谕之中,朝廷强调所征书籍,既可以有谈论"性学治法、关系世道人心"的,也可以有"发挥传注,考核典章"的。在文献征集的地域范围方面,虽然朝廷面向全国征集,但江、浙、赣、皖四省所献书籍部数占到全国总数的89.6%②。乾隆在征集到各地文献之后,开始对那些"违碍""悖逆"之类的书籍进行销毁、查禁,其目的便是"杜遏邪言,以正人心而厚风俗"。从指向来看,无疑剑指江南地区。毕竟,在朝廷看来,"笔墨妄议之事,大率江浙两省居多,其江西、闽粤、湖广亦或不免,岂可不细加查核?"所以,清廷在借编纂《四库全书》之名,前后销毁了大量江南违禁书籍,其中尤以江浙为最,如有学者统计,"自乾隆三十九年起,至四十六年止,先后送毁二十四次,书凡五百三十八种,共一万三千八

---

① (清)永瑢等:《四库全书总目·卷首》,提要第 1 页。

② 参见黄爱平:《四库全书纂修研究》,中国人民大学出版社 1989 年版,第 39 页。本书有《各省进呈书籍总数统计表》

百六十二部"①。不仅如此,朝廷在此期间还在江南地区进行了各种形式的文字狱,以禁止有悖朝廷意志的思想文化存在。总之,"寓禁于征"是借助政治力量对江南地区学术思想一次比较彻底的整顿,以此来强制改变儒士大夫们对清朝的诋毁、不满的文字叙述与思想态度。

(二)寓作于述

就"寓作于述"而言,主要体现在《四库全书》所选书籍的取舍抄录、提要撰写上,以突显朝廷的价值取向与思想指导。主要表现有三:

第一,在编纂《四库全书》的过程中,朝廷对于"词意抵触本朝",不利于清朝统治的都要删改、抽毁乃至全书销毁②,这其实是在借典籍编纂、知识梳理的形式来重构新的知识与思想体系,从而淡化汉族儒士大夫们"华夷之别"的传统观念,以减少满汉之间的对立与冲突。

第二,《四库全书》在诸部文献的选取上充分体现了朝廷对程朱理学所代表的宋学体系的尊崇。比如,《总目》"四书类"一共 62 部,其中宋代 26 部;"诗类"一共 62 部,其中宋 18 部;"书类"一共 57 部,其中宋 21 部;"春秋类"一共 114 部,其中宋 38 部。整体上看来,《四库全书》所收录的书籍文献,有关宋人的著述都是历朝最多的,而且占绝对的多数。这就说明清人对宋学、心性理学颇为重视,并没有反映出对宋学的摒弃。清廷此举就是要建立以宋学为主体、理学为主导的知识体系。

第三,在《四库全书》编纂成功之后,还进一步通过为各部书籍撰写《四库提要》的形式来重建新的学术范式,这正如乾隆谕旨中所规定的,《四库提要》的撰写"在识小之徒,专门撰述,细及名物象数,兼综条贯,各自成家,亦莫不有所发明"③,亦即兼综百家,成一家之言。在《四库提要》中,清廷高度肯定了程朱理学及其指导的学术著作,如云:"考古无'四书'之名,其名实始于朱

---

① 任松如:《四库全书答问》,巴蜀书社 1988 年版,第 42 页。也有研究认为"共禁毁书籍三千一百多种,十五万一千多部,销毁书版八万块以上",民间惧祸而自毁者则不计其数。参见黄爱平:《四库全书纂修研究》,中国人民大学出版社 1989 年版,第 78 页。

② 参见郭伯恭:《四库全书纂修考》,岳麓书社 2010 年版,第 19—56 页。

③ (清)永瑢等:《四库全书总目》卷首《乾隆三十七年正月初四日奉》,提要第 1 页。

子。朱子注《诗》、注《易》,未必遽凌跨汉、唐。至诠解"四书",则实亦无逾朱子。"①四库馆臣在评价各部经典的过程中,极力维护程朱理学的独尊地位,认为朱熹无论是在"四书"《诗经》《周易》等经典注解方面都颇有贡献。不仅如此,《四库提要》还对那些"攻击朱子"或偏离朱学宗旨太远的著述都给予了批判,尤其对偏离朱学旨趣甚远的阳明学说给予了严厉批评与否定,如:"然马、郑、孔、贾之学,至明殆绝。……迨其中叶,狂禅澜倒,异说飚腾,乃并宋儒义理之学亦失其本旨。"②"明自万历以后经学弥荒,笃实者局于文句,无所发明。高明者骛于元虚,流为恣肆。"③四库馆臣对部分宋学与阳明学的批判,无疑是维护纯正朱学与宋学的一种努力,更是明清以来理学诸儒对阳明心学批判的继续。与此同时,四库馆臣还对当时盛行的经学、考据之学乃至汉唐经传注疏之学给予了高度评价,认为它们能够弥缝理学之不足。由此可以看出,四库馆臣的整体态度便是汲取汉、宋两家之长,摒弃两者之不足,以期重建一个超越汉宋之上的、全新的思想体系。毕竟,在四库馆臣看来,汉学、宋学各有优劣,两者互为补充、缺一不可,"然先有汉儒之训诂,乃能有宋儒之义理。相因而入,故愈密愈深"④,"消融门户之见而各取所长,则私心祛而公理出,公理出而经义明矣。盖经者非他,即天下之公理而已"⑤。可以说,四库馆臣这种汉宋兼采、各取所长的思想,既是乾隆帝意志的直接体现,更是朝廷旨在编纂《四库全书》以统合南北学术思想的分立格局,从而实现思想文化上大一统的深层次需要。

　　总的来说,乾隆借助《四库全书》的编纂,通过"寓禁于征""寓作于述"的形式,对以往经史子集诸部的知识进行了系统的梳理、总结,更是借此整合改变了清初以来学术思想文化多元并存的格局,从而形成了以考证学或汉学为基本学术形态、多种门类知识并存、以理学或宋学为思想价值旨归的新学术范

① (清)永瑢等:《四库全书总目》卷三十七《四书本义汇参》提要,第318页。
② (清)永瑢等:《四库全书总目》卷三十三《简端录》提要,第274页。
③ (清)永瑢等:《四库全书总目》卷五《易义古象通》提要,第32页。
④ (清)永瑢等:《四库全书总目》卷三七《四书参注》提要,第318页。
⑤ (清)永瑢等:《四库全书总目》卷一《经部总叙》提要,第1页。

式——清学①。可以说,清学既不是两汉之学,也不是宋代之学,它融合了汉学、宋学两种范式,或者说它是两种范式的融合体,它的产生在某种程度上实现了清朝思想文化的大一统。这一点正如有的学者所言:"《古今图书集成》与《四库全书》则是清代官方编书热潮中树立的两座丰碑,分别具有编书热潮发轫与终结之特色。前者重点在于对古代典籍的接受和兼容;而后者侧重于对传统文化思想的净化和统一。"②总之,《四库全书》的编纂,改变了以往汉学、宋学、理学、心学、西学交相并竞的状态,会通诸家,重建了新的学术范式——清学。此后清学大兴,并成为清代后期的重要形式,这一点如学者所言:"《四库》书成,风气已开,继之学人辈出,蔚为一代大观。近世谈史者,往往以乾嘉学术,比之为欧洲之文艺复兴,而不知其所以臻此者,实《四库》修书有以导之也。故《四库全书》之纂辑,就保存古书论,其功罪故不足相蔽,就清代之考证学论,则不可谓非极大之助力矣。"③

四、经学考据学的盛行与清代学术思想的大一统

《四库全书》编纂完成以后,乾隆多次发表谕旨,强调清学精神,希望儒士大夫们道德、学问并举,如其所谓"士人以品行为先,学问以经义为重。故士之自立也,先道德而后文章;国家之取士也,黜浮华而崇实学"④。其中,道德品行实际上表征着以程朱理学为核心的宋学,而经义、实学则是江南学者多次强调的汉学、考据学传统。清廷为了强化清学在全国尤其是江南地区的影响力,在全国所建立的七个《四库全书》藏书阁中有三座就放在了文化重心的江

---

①　这一时期理学尽管受到汉学的冲击,但并没有衰微消失,它依旧扮演着意识形态的角色,如学者所言:"清代中期的理学退潮,主要是着眼于它在学理上创造乏力,了无新意,并非是指它在整个社会生活领域都丧失了影响力。"龚书铎主编,李帆著:《清代理学史》(中),广东教育出版社 2007 年版,第 29 页。

②　裴芹:《〈古今图书集成〉与〈四库全书〉》,《内蒙古民族师院学报(哲社·汉文版)》1990年第 1 期。

③　郭伯恭:《四库全书纂修考》,岳麓书社 2010 年版,第 225 页。

④　《清实录》第 10 册《高宗纯皇帝实录》卷七十九,中华书局 1985 年版,第 243 页。

浙地区,以此强化清学在江南地区的传扬。这正如乾隆所说:

> 所有江浙两省文宗、文汇、文澜三阁应贮全书,现在陆续颁发藏庋。
> 该处为人文渊薮,嗜古好学之士自必群思博览,藉广见闻。……如此广为
> 传播,茹古者得睹生平未见,互为抄录,传之日久,使石渠、天禄之藏,无不
> 家弦户诵,益昭右文稽古、嘉惠士林盛事,不亦善乎!①

在乾隆看来,江南地区三座《四库全书》藏书阁的建立,不仅可以满足江南读
书人读书、做学问的需求,使好学之士得以"睹生平未见,互为抄录,传之日
久",更借此可以促进江南地区学术、文化的繁荣,彰显朝廷文治的决心,"无
不家弦户诵,益昭右文稽古"。实际上,清廷此举的目的,很大程度上就是向
江南诸儒宣扬朝廷所建立的这种新学术思想体系——清学,以逐渐改变当地
儒士大夫对清廷的逆反情绪与批判抵触的思想态度,进而获得江南诸儒对清
廷的文化认同与政治认同。更为主要的是,江南三阁的存在,清廷可以借此使
得《四库全书》所宣扬的官方经学范式、清廷的价值文化、官方意识形态得以
"家弦户诵",由此实现对江南社会与思想的有效控制。

可以说,随着乾隆中期四库馆的开设及《四库全书》的编纂,为全国读书
人建构出一个新的学术思想规范——清学。清学范式的产生与盛行,改变了
清初以来程朱理学日渐固化的现实,推动了考据学的兴盛,"海内学术之敝久
矣,自四库馆启之后,当朝大老,皆以考博为事,无复有潜心理学者。至有称诵
宋、元、明以来儒者,则相与诽笑"②。值得关注的是,本来在《四库全书》编纂
之前,江南地区已有吴派惠栋、皖派江永等人推崇考据之学。在《四库全书》
及《总目》成书、颁行之后,更是促成了吴派、皖派、扬州学派等成为清学范式
的践行者与推动者,这正如张舜徽先生所言:

> 清代学术,以为吴学最专,徽学最精,扬州之学最通。无吴、皖之专
> 精,则清学不能盛;无扬州之通学,则清学不能大。③

---

① 中国第一历史档案馆编:《纂修四库全书档案》一三五一《乾隆五十五年五月二十三日内阁奉上谕》,上海古籍出版社 1997 年版,第 2189 页。
② (清)姚莹:《东溟文集·文外集》卷一《复黄又园书》,清中复堂全集本,第 343 页。
③ 张舜徽:《清儒学记》,华中师范大学出版社 2005 年版,第 255 页。

吴派、皖派、扬州学派作为清学的重要推动者,为学多兼顾汉、宋两端,进一步光大了清学范式,使之成为清朝中后期的基本学术范式。可以说,在当时清学遍及大江南北,不仅江南地区的吴派、皖派、浙东学派①等都是如此。远在岭南地区的学者也是秉承清学范式,传承经史小学、华夏礼乐文化。岭南地区清学范式的盛行与阮元有直接的关系,他曾总督两广,并在广州创办了学海堂,提倡清学,使岭南学术风气为之一变。如梁启超所言:

> 呜呼!自吾之生,而乾嘉学者已零落略尽,然十三岁肄业于广州之学海堂,堂则前总督阮元所创,以朴学教于吾乡者也。其规模矩镬,一循百年之旧。②

阮元作为清代后期清学范式的骨干与主导者,促使清学由江南转向岭南,"广州近百年的学风由他一手开出"。阮元所创办的学海堂培养了一大批清学人才,如林柏桐、江藩、张维屏、侯康、陈澧等,他们不断继承并发展了清学之范式,更是将此精神传扬各地。不仅是文化重镇江浙、广东如此,连文化薄弱之云贵地区,也在嘉道时期盛行以考据学为基本特征的清学范式。梁启超在描述清学全盛时代时用了"群众化"一词③,可见当时这种新式学风的普遍性,或者说当时思想文化所具有的大一统特征。陈澧在《东塾杂俎》中也说道:"自四库馆开而士大夫始重经史之学,盖前此惟重诗文耳,惟笃者乃重经史,至是则凡士大夫皆重之也。"④近人余嘉锡先生也言:"嘉、道以后通儒辈出,莫不资其津逮,奉作指南,功既巨矣,用亦弘矣。"⑤

　　总之,《四库全书》的编纂是历史的产物,更是时代的产物,它的产生不但使朝廷笼络了汉族诸儒之心,更是统合了当时中央与地方、朝廷与民间的学术分歧,基本上实现了当时学术思想的一统,正如罗振玉所言:"本朝经学,钦定诸经,一承宋儒之旧,而兼采汉儒以下诸家之说,训诂义理并重,一扫门户之

---

① 当时的浙东学派比如邵晋涵、全祖望等人都注重经学考据之学。
② 梁启超:《清代学术概论》,中华书局 2010 年版,第 91 页。
③ 梁启超:《清代学术概论》,中华书局 2010 年版,第 45 页。
④ (清)陈澧:《东塾杂俎》卷一,上海古籍出版社 2008 年版,第 660 页。
⑤ 余嘉锡:《四库提要辨证·序录》,中华书局 1980 年版,第 48 页。

习。"①《四库全书》及《总目》不仅统一了清初以来汉学、宋学间的门户之分，同时也借此改造、统合的不同学派、不同地域的学者对儒家经典及汉、宋诸儒的偏见与分歧，从而统一了经学思想、统一了观念。可以说，《四库全书》的编纂为汉族臣民尤其是江南社会精英阶层——儒士大夫们重新树立了判断、诠释经典的思想与方法，如乾隆在其谕旨中所说"羽翼经训，垂范方来，固足称千秋法鉴"②，朝廷实现了对汉族儒士及江南地区的有效控制。总之，《四库全书》的编纂是清代中叶朝廷旨在改变当时官私朝野、南北地域学术思想分立的政治产物，建立了新的学术典范——清学，它的产生在某种程度上消弭了中央与地方、南方与北方、清朝与汉儒之间的思想差异，实现了经典诠释的统一与思想文化的整合，进而以此统一当时人的思想观念，实现了思想文化的大一统。可以说，《四库全书》的编纂及其在地方的颁行，为各地方尤其是江南儒者及其学派树立了新的经学诠释思想与方法，也正因为如此，《四库全书》在清代经学、思想发展历程上具有里程碑式的意义，或曰典范意义。

五、道咸以降清学的发展、衰微及演化

清学的中衰与转型主要发生于嘉道之际。正如同治年间李慈铭曾经对嘉庆、道光时期的学术风气作了生动描述。他说：

> 嘉庆以后之为学者，知经之注疏不能遍观也，于是讲《尔雅》，讲《说文》；知史之正杂不能遍观也，于是讲金石，讲目录；志已偷矣。道光以后，其风愈下。③

可以说，嘉道之后，清学由盛转衰，趋于解体，所谓"道光以后，其风愈下"。究其原因，既有内因，也有外缘，如梁启超所言："道、咸以后，清学曷为而分裂耶？其原因，有发于本学派之自身者，有由环境之变化所促成者。"④内因在于

---

① 罗振玉：《罗振玉自述·本朝学术源流概略》，安徽文艺出版社 2013 年版，第 226 页。
② （清）永瑢等《四库全书总目》卷首《乾隆三十七年正月初四日奉》，第 1 页。
③ （清）李慈铭：《越缦堂读书记》卷十二《札记》，中华书局 1963 年版，第 1283—1284 页。
④ 梁启超：《清代学术概论》，中华书局 2010 年版，第 105 页。

清学家们本身执着于名物训诂,以至于当时的思想、义理乃至西学都被边缘化。另外,也是前人在经学上已经作出了巨大贡献,后起之儒难以超越,故寻求新路。

嘉道之际所出现的今文经学便是经学发展转向的重要体现。当时学者开始反思以往清学之不足,进而借助经典诠释探究治国安邦之道,是为今文经学的兴起。清代今文经学的兴起,一般学者都认为是以江苏常州为中心,庄存与、孔广森、庄述祖、刘逢禄、宋翔凤、龚自珍、魏源等人倡导并推动,因其推重《春秋》公羊学而被称为公羊学派或常州学派。常州学派的经学及其思想固然注重经世致用与社会变革,但实际上他们只是清学的一个分支或组成部分而已。正如陈祖武先生所言:

> 清代学术,虽以经史考证为主流,但却不能以之去囊括整个清学。清代近 300 年间,固然有源远流长的考证学,但在它之前,尚有作为清初学术主流的实学思潮;当它鼎盛发皇之时,今文经学则已酝酿复兴,乃至清中叶以后风行于世;到了晚清,又兴起了向西方寻求救国救民真理的历史潮流。而且,始终与考据学相颉颃的,还有那不绝如缕的宋学。凡此种种,不一而足。所有这些纷繁复杂的学术现象,既彼此联系,互相渗透,却又独立地存在于不同的历史时期。①

可以说,今文经学的兴起基于当时社会文化的变迁,顺应了当时社会政治的需要而兴发,并最终成为清代后期的学术主流。对于常州学派的形成、思想旨趣及其代表人物,梁启超曾在其《中国近三百年学术史》一书中写道:

> 常州学派有两个源头,一是经学,二是文学,后来渐合为一。他们的经学是公羊家经说——用特别眼光去研究孔子的《春秋》,由庄方耕(存与)、刘申受(逢禄)开派。他们的文学是阳湖派古文——从桐城派转手而加以解放,由张皋文(惠言)、李申耆(兆洛)开派。两派合一来产出一种新精神,就是想在乾、嘉间考证学的基础上建设顺、康"经世致用"之

---

① 陈祖武:《儒代学术拾零》,湖南人民出版社 2002 年版,第 323 页。

学。代表这种精神的人是龚定庵(自珍)和魏默深(源)。①
常州学派的兴起除了乾嘉考据学执着于经学、考据之学,以漠视对当时社会政治、思想文化发展的关注,以至于最终陷入了"为考证而考证"的无用之境之外。更为主要的是,社会政治的紊乱,促使儒士大夫"忧患"之意识的觉醒,希望通过"通经以致用",重建新的社会政治秩序。常州学派的兴发,以往我们一般都将之视为今文经学的兴起。

实际上,今文经学的兴起很大程度上是源于西学的涌入。就在今文经学宣扬新思想的同时,各种西学学堂、教会学校先后在广州、厦门、福州、宁波、上海等五个通商口岸纷纷设立,教会学校的教士们自觉或不自觉地把西方的很多观念传播到中国,这促使了西学在中国传播的同时,也对传统的清学形成了直接的冲击。基于以常州学派的今文经学开始积极探索新的思想,来应对这种新思想、新文化的挑战。或者说,无论是古文、今文经学,它们都只不过是基于经学诠释应对当时"社会危机""文化危机"乃至"认同危机"的一种手段而已。这一点正如葛兆光先生所言:

> (19世纪下半叶)无论是今文还是古文,两方面的学者在对传统与现实的双重焦虑和紧张中,对经典重新进行着诠释,试图重新发掘属于自己的知识与思想资源,来回应日益涌入的新知②。

道、咸之际,社会政治的紊乱,思想文化的解放,在当时,不仅仅只是今文经学的兴起、西学各种思想的涌入,还有宋学的兴起。在这种情况下,朝廷为了稳固统治,极力强调儒家学说在意识形态中的指导地位。1850年道光皇帝发布上谕曰:

> 着各省督抚会同各该学政转饬地方官及各学教官,于书院家塾教授生徒,均令以《御纂性理精义》《圣谕广训》为课读讲习之要,使之家喻户晓,礼义廉耻油然自生,斯邪教不禁而自化,经正民兴,庶收实效。③

① 梁启超:《中国近三百年学术史》,上海古籍出版社2013年版,第25页。
② 葛兆光:《中国思想史·七世纪至十九世纪中国的知识、思想与信仰》,复旦大学出版社2009年版,第490页。
③ (清)王先谦:《十朝东华录·咸丰六》,上海积山书局石印本1894年版,第30页。

道光朝尽管面临各种新思潮的冲击,但统治阶层依旧推崇代表宋学的《性理精义》《圣谕广训》,将之作为读书人的必读书目,进而使之"家喻户晓",以此增强民众对纲常名教、人伦道德的践履与对清廷的文化政治认同。在朝廷的推动下,当时官僚士大夫阶层也都纷纷以宋学为尊,"罗罗山(泽南)、曾涤生(国藩)在道、咸之交,独以宋学相砥砺,其后卒以书生犯大难成功名。他们共事的人,多属平生讲学的门人或朋友。自此以后,学人轻蔑宋学的观念一变"①。由于唐鉴、倭仁、吴廷栋、曾国藩、罗泽南等人极为重视宋学,并从不同角度阐发道德修心与经世致用紧密结合的必要性,宋学此时依旧得到朝野上下众多人士的关注。

随着太平天国起义及外患频发,各种思想的发生及西学的涌入,朝廷仍继续秉承顺康以来"崇儒重道"的国家战略,同时强化宋学之程朱理学作为意识形态的指导地位,以期端正人心、化民成俗。于是,咸丰即位不久,就发布谕令,要求各省地方宣扬宋学及程朱理学,其云:

> 我皇考曾命儒臣恭阐《圣谕广训》黜异端以崇正学一条,编撰四言韵文,颁行各省,启发愚氓。朕思《性理》诸书,均为导民正规,著各省督抚会同各该学政转饬地方官及各学教官,于书院、家塾教授生徒,均令以《御纂性理精义》《圣谕广训》为课读讲习之要,使之家喻户晓,礼义廉耻油然自生,斯邪教不禁而自化,经正民兴,庶收实效。各该督抚等务当实力奉行,毋得视为迂阔具文,日久生懈,则风俗人心蒸蒸日上,朕实有厚望焉。将此通谕知之。②

咸丰皇帝继承了以往康熙、雍正等人《圣谕广训》的精神,希望继续通过儒学教化来实现社会政治、人心风俗的敦化。同时强调各省督抚、学政务必将《御纂性理精义》《圣谕广训》作为教育、教学的基本内容,"使之家喻户晓",以期"邪教不禁而自化,经正民兴,庶收实效"。咸丰对程朱理学的高度重视,也得到了嗣位皇帝同治的继承,他也下诏云:

---

① 梁启超:《中国近三百年学术史》,上海古籍出版社 2013 年版,第 25 页。
② 《清实录》第 40 册《文宗显皇帝实录》卷二十三,中华书局 1986 年版,第 335 页。

> 我朝崇儒重道,正学昌明,士子循诵习传,咸知宗尚程、朱,以阐圣教。……各直省学政等躬司牖迪,凡校阅试艺,固宜恪遵功令,悉以程朱讲义为宗,尤应将《性理》诸书随时阐扬,使躬列胶庠者,咸知探濂洛关闽之渊源,以格致诚正为本务,身体力行,务求实践。①

同治皇帝强调"崇儒重道",更推崇程朱理学在学校教育、科场考试等中的核心地位,"悉以程朱讲义为宗,尤应将《性理》诸书随时阐扬"。可以看出,咸、同两帝对程朱理学的推崇一脉相承,但与此同时他们并没有否定汉学、考据学之地位。面对当时顺天府尹蒋琦龄《中兴十二策疏》的建议"退孔郑而进程朱,贱考据而崇理学"②,同治皇帝对此没有认同,说"郑、孔诸儒,学尚考据,为历代典章文物所宗,理无偏废。惟不得矜口耳之记诵,荒心身之践履"③。同治推崇理学,同时强调考据之学的重要性。这就表明,直到同治时期,汉宋兼采的清学体系依旧没有得到解体,只不过其学术的重心由乾嘉之际重汉学轻宋学,转到道咸同时期的重宋学轻汉学。

总之,清学基于政治需要而形成,并为当时的思想文化、社会政治的大一统提供了助力。但是,随着清学的固化,亦即过分注重知识而忽略思想、理论的探究,以至于在面对嘉道之际社会政治变革尤其是社会危机的时候,清学开始暴露了其诸多不足。正是因为如此,基于现实需要而兴发的今文经学包括宋学,都充分体现了经学与政治文化之间的紧密关联。当然,这些都只不过是在清学大框架内的学术风尚之调整,并没有因此产生出全新的理论思想体系,就此而言,清学开始面临着前所未有的危机。

六、中体西用的提出及清学经学范式的瓦解

随着清学所暴露出来的种种不足,清廷为了适应国际形势的需要,开始积极主动学习西学,并开始了大规模的洋务运动。为了培养更多的西学人才,清

---

① 《清实录》第 45 册《穆宗毅皇帝实录》卷二十二,中华书局 1987 年版,第 609 页。
② (清)朱克敬:《儒林琐记·雨窗消意录》,岳麓书社 1983 年版,第 51 页。
③ 《清实录》第 45 册《穆宗毅皇帝实录》卷二十二,中华书局 1987 年版,第 609 页。

廷于 1862 年开设了京师同文馆,尽管遭到了一些大臣的质疑与反对①,但依然在争论中一直存在并扩大了规模。这种模糊的"中体西用"的思维,在甲午战争以后得到了强化和明确化。

甲午一战,清廷的溃败,促使清廷彻底改变了"以儒治国"的传统治国理念,进而转向了"中学为体,西学为用"的新治国战略。这种战略政策之精神。光绪二十二年(1896 年)孙家鼐在《议覆开办京师大学堂折》中所言:

> 今中国京师创立大学堂,自应以中学为主,西学为辅;中学为体,西学为用;中学未有备者,以西学补之;中学其失传者,以西学还之。以中学包罗西学,不能以西学凌驾中学,此是立学宗旨。日后分科设教,及推广各省,一切均应抱定此意,千变万化,语不离宗。②

孙家鼐这种"中学为主,西学为辅;中学为体,西学为用"的建议得到了朝廷的认同,并进而在戊戌变法之京师大学堂章程中得以体现,其中《学堂功课例》中所说:"夫中学体也,西学用也,二者相需,缺一不可,体用不备,安能成才。"③这种思想文化之政策,最终经由张之洞《劝学篇》的发布,而被确立为清朝基本的学术文化政策。正如有的学者所言"张之洞的《劝学篇》在某种程度上可视作这一时期清政府学术文化政策的蓝本"④。西学的传入,促使很多学者将中国固有的思想与西方观念相结合,以倡导新知、新思想。对于清代学

---

① 如当时大学士倭仁(1804—1871)就说:"窃闻立国之道,尚礼义不尚权谋;根本之图,在人心不在技艺。今求一艺之末,而又奉夷人为师……举聪明隽秀、国家所培养而储以有用者,变而从夷,正气为之不伸,邪氛因而弥炽,数年以后,不尽驱中国之众咸归于夷不止。"参见中国史学会主编:《洋务运动》(二),上海人民出版社 1961 年版,第 30 页。又如当时知名学者李慈铭(1830—1894)也说道:"(同文馆)选翰林及部员科甲出身、年三十以下者学习行走,则以中华之儒臣而为丑夷之学子,稍有人心,宜不肯就,而又群焉趋之。盖学术不明,礼义尽丧,士习卑污,遂至于此。驯将夷夏不别,人道沦胥,家国之忧,非可言究。"参见徐一士:《倭仁与总署同文馆》,载荣孟源、章伯锋主编:《近代稗海》第二辑,四川人民出版社 1985 年版,第 388 页。

② (清)孙家鼐:《议覆开办京师大学堂折》,载《戊戌变法》(二),上海人民出版社 2000 年版,第 426 页。

③ 汤志钧、陈祖恩编:《中国近代教育史资料汇编·戊戌变法时期教育》,上海教育出版社 1993 年版,第 127 页。

④ 龚书铎主编,张昭军著:《清代理学史》,广东教育出版社 2007 年版,第 12 页。

术思想的发展特点,王国维曾说:"国初之学大,乾嘉之学精,道咸以降之学新。"①道咸之后,尽管当时的学术主流依旧是经史考据学,充满了汉宋、古今之学的冲突,但学者们受到中西文明的冲突与文化交流,开始将目光投向了对西学的关注。

甲午战争之后,随着西学及西方势力的大举入侵,文化的多元化尤其是西化更加突显,思想文化领域的中西会通日渐成为新的学术理路,为了救亡图存,很多政客、学人都将目光转向了西方与西学。在这种情况下,作为当时社会政治、思想文化的核心地区——北京也开始积极应对这种变化,希望通过思想文化上的革新与重建,来完成中国传统思想的现代转型,比如戊戌变法之骨干康有为就希望会通中西,重建新学术、新思想,他认为应当"泯中西之界限,化新旧之门户"②。严复也指出:"必将阔视远想,统新故而视其通,苞中外而计其全,而后得之"③。梁启超更是具体指出:

> 必精通"六经"制作之精意,证以周秦诸子及西人公理公法之书,以为之经,以求治天下之理;必博观历朝掌故沿革得失,证以泰西希腊、罗马诸史以为之纬,以求古人治天下之法;必细察今日天下郡国利病,知其积弱之由,及其可以图强之道,证以西国近史宪法章程之书及各国报章以为用,以求治今日之天下所当有事,夫然后可以言经世。……今中学以经文掌故为主,西学以宪法官制为归,远法安定经义治事之规,近采西人政治学院之意,与二三子共勉之。④

康有为、严复、梁启超等人作为北京地区的知名学人、政治人物,他们面对传统文化的衰微,倡导中西会通之学,希望通过打破中西文化之间的界限与隔膜,汲取彼此之间的优长,重塑新的思想文化体系,以此指导政治、经济、思想、文化、人伦等各个方面。他们所设计建构的思想体系颇为庞杂,如康有为吸收了

---

① 王国维:《王国维文集》卷一《沈乙庵先生七十寿序》,中国文史出版社1997年版,第97页。
② 汤志钧编:《康有为政论集》(上),中华书局1981年版,第259页。
③ 王栻主编:《严复集》(第三册),中华书局1986年版,第560页。
④ 李华兴等编:《梁启超选集》,上海人民出版社1984年版,第58页。

思孟学派、董仲舒、公羊学、程朱理学、陆王心学等多个学派的思想之外,还汲取了墨家"兼爱""尚同",庄子"心学",以及佛禅、道玄等多种,甚至还吸收了西方近代科学如天文学、物理学、古生物学,西方近代的社会科学等等。他即使讲授经史之学,也"每论一学论一事,必上下古今,以究其沿革得失,又引欧美以比较证明之"①。

"戊戌六君子"之一的谭嗣同亦是如此,他在其所建立的"仁学"理论体系中,融合了多种学术思想,如其在《仁学·界说》中所言:"凡为仁学者,于佛学当通《华严》及心宗、相宗之书,于西书当通《新约》及算学格致、社会学之书,于中国书当通《易》《春秋公羊传》《论语》《礼记》《孟子》《庄子》《墨子》《史记》,及陶渊明、周茂叔、张横渠、陆子静、王阳明、王船山、黄梨洲之书。"谭嗣同力主中西会通,来重建新的儒学思想体系,其旨趣与康有为颇为近似,正如梁启超对谭嗣同"仁学"的评价,是"冥探孔佛之精奥,会通群哲之心法,衍释南海之宗旨"②。总的来说,面对西学之入侵,北京包括全国诸多学人都希望会通中西来重建新的思想体系,以指导朝廷革新,以强化民众对清廷或中华政权的文化认同。不过,由于这种缺乏系统的体系,成为一种"不中不西、不古不今"庞杂而不完善的思想体系。

1901年1月29日,慈禧太后以光绪皇帝的名义在西安颁布"变法"上谕,明令军机大臣、大学士、六部、九卿、出使各国大臣、各省督抚:"各就现在情弊,参酌中西政治,举凡朝章、国政、吏治、民生、学校、科举、军制、财政,当因当革,当省当并。……各举所知,各抒所见,通限两个月内悉条议以闻。"③由此开始了晚清最后十年的"新政"。从思想观念上来说,开始准备放弃传统,而迎接西化。可以说,到了晚清民国之际,随着朝廷的政治思想的转向,清学基本上趋于瓦解。这一时期学者们也都开始引入西学,将之融入传统经史考据之学中以建构经世致用的新思想,由此涌现了出各种类似"共和革命""社会哲学"等的新观念。如近人蒋维乔所说:

---

① 梁启超:《饮冰室合集》文集之三,中华书局1936年版,第62页。
② 蔡尚思等编:《谭嗣同全集》(下册),中华书局1981年版,第543页。
③ 朱寿朋编:《光绪朝东华录》,中华书局1958年版,第4601页。

清末时,勃兴一大思潮,与西洋民主思想携手,以鼓吹共和革命之精
神,遂为"辛亥革命"之大动力者,厥惟"公羊学派"。此派之思想,与现今
所谓"社会哲学"相类。求之于古,则墨法二家,颇多相通之处。①

受到中西思想文化的冲击和交流,今文经学也都跳出了传统借助公羊学来阐
发思想的旧模式,进而借用西方民主思想来建构新的思想体系。这在某种程
度上来说,极大地瓦解了清学自乾隆以来的主导地位。在各种新思想的冲击
之下,维护清廷经学意识形态的科举制度也遭到了极大的冲击。1905 年清廷
下诏废除了存在一千多年的科举制度。科举制度的废除,促进了西学及新式
学堂在中国的大发展,同时也加速了传统教育观念、人才观念、价值观念的转
变,可以说"清末科举制度的废除和学堂制度的建立进一步缩小了理学的阵
地,削弱了程朱理学的影响"②,这在某种程度上,极大消解了民众基于传统儒
家纲常名教、人伦道德对清廷的文化政治认同,最终促使了清廷随后的瓦解。

当然,在清廷统治瓦解之际,古文经学、汉学及传统文化的传承并没有因
此断绝。如古文经学家孙诒让精研《周礼》,他在维新思想的影响下,也组织
"兴儒会",提出"以尊孔振儒为名,以保华攘夷为实",以"大雪仇耻",体现了
他挽救民族危亡的入世精神。1901 年他曾撰《周礼政要》,希望能够为清政府
推广新政提供借鉴。其后,又如章太炎、刘师培等人亦是如此。刘师培作为扬
州学派之传人,他治《左传》,极力批判康有为的古文伪经说与孔子改制说。
可以说,在清末民初的政治、思想紊乱之际,儒者们既出于民族情怀倡导革故
鼎新、变法救国,同时也拘于学派之争、门户之见,以经典诠释为手段,宣扬己
见,以期实现经世致用之目的,而这些经学模式已经具有了很明显的近代文化
的杂糅痕迹。

总的来说,晚清之际,清学基本上瓦解,"光、宣时期讲理学的人物,无论
是在朝的,还是在野的;无论是为官的,还是为士的,都远逊于咸同时期的盛
况,呈现出一种衰败凋敝的景象"③。与此同时,众多传统在京的儒士大夫们

---

① 蒋维乔:《中国近三百年哲学史》,岳麓书社 2011 年版,第 62 页。
② 史革新:《晚清理学研究》,商务印书馆 2007 年版,第 42 页。
③ 史革新:《晚清理学研究》,商务印书馆 2007 年版,第 48 页。

如康有为、梁启超、严复等人也纷纷希望通过文化重建来实现新的文化认同及国家认同。他们希望汲取西方有用的思想资源来重新诠释中国传统文化,来建立新的思想体系,不过缺乏合适的政治环境及对西方的深入理解,所以其理论体系颇为不成熟。毕竟,"会通中西是一个长期探索和不断深化的发展历程,实际上也是对中西学进行分析、筛选、整合的过程,是新文化建设和发展的过程。因此,它客观本身存在着反复交融,主观上需要不断认识,不可能在短期内就完成中西学的会通融合,更不可能是一次性所能完成"①。所以,终晚清之世,会通中西,重建新的文化传统与思想体系,都只不过是一种思想上的探索,不过,这对于之后思想文化及其体系的重建提供了很多新的借鉴。

本讲小结

基于明代中叶心学的禅化、考据学的兴起,随着朱陆之争的推动,最终经由清初顾炎武、胡渭、阎若璩等人践行"经学即理学"的理念,经学的发展由之前盛行的"尊德性"转向"道问学",由此清学得以兴发,如梁启超所言"宋明理学极弊,然后清学兴"②。清学在某种程度上可以说是明王阳明心学的一种反动,宋学的一种回归③。

清学作为有清一代的学术范式,其兴盛离不开顺康之际学术思想的铺垫。其中,顺康时期,朱陆、汉宋并进,如近人邓实所说:"顺、康之世,明季遗儒越

---

① 龚书铎:《晚清的儒学》,《北京师范大学学报(社会科学版)》1992 年第 5 期。
② 梁启超:《清代学术概论》,中华书局 2010 年版,第 101 页。
③ 对此,除了钱穆先生在其《中国近三百年学术史》一书中,就认为清学乃是宋学的延续,所谓"治近代学术者何自始?曰:必始于宋"。钱穆:《中国近三百年学术史》,中华书局 1986 年版,第 1 页。冯友兰先生也在 30 年代出版的《中国哲学史》一书中认为,清代汉学家所讲的义理之学,讨论的理气心性等概念、范畴、命题等,实乃宋明学者早已提出的,所以他认为:"汉学家之义理之学,表面上虽为反道学,而实则系一部分道学之继续发展也。"冯友兰:《中国哲学史》(下),中华书局 1992 年版,第 975 页。作为清学的确立者戴震,其代表作《孟子字义疏证》一书也是如此,如丘为君先生研究认为,它"表面是打着考证字义的旗号,骨子里却是讨论理欲问题的哲学论著"。丘为君:《戴震学的形成:知识论述在近代中国的诞生》,新星出版社 2006 年版,第 42 页。

在草莽,开门讲学,惩明儒之空疏无用,其读书以大义为先,惟求经世,不分汉、宋。"①这种朱陆、汉宋并进为乾隆时代清学的最终确立奠定了重要的思想文化之基础。乾隆时代,理学的独尊导致了朱学、宋学的衰微,进而引发了汉学、考据学的大兴,同时形成了朝廷与民间、北方与南方的学术分立。为了改变这种格局,强化政治大一统。乾隆通过编纂《四库全书》,以"寓禁于征""寓作于述"等手段,整顿了江南文化、整合了南北分立的学术思想,重构了适应了当时社会现状的知识与思想体系,形成以经学、考据学为主要表现形式,以理学为价值旨归的全新学术形态——清学。清学既不是纯粹汉学②,也不是宋学,更不是全新的、异于汉学宋学的知识价值体系,而是汉宋两种思想体系,甚至统合佛道、西学等的糅合体。尽管如此,清学的诞生标志着自乾隆结束了清初以来学术纷繁的状态,实现了学术思想的系统化,章太炎《清儒》就曾指出,清初诸儒"草创未精博,时糅杂元、明谰言。其成学术系统者,自乾隆朝开始。一自吴,一自皖南。"③清学范式经由《四库全书》的编纂而最终确立,进而得以在江南地区广泛传布,成为当时的学术典范。可以说,《四库全书》无论是在清代学术思想上,还是在政治大一统历程中都有里程碑式的意义。朝廷借此笼络了江南地区的儒士大夫,更确立了新的经学范式,赢得了南北诸儒的普遍认同,从而消弭了清初以来朱陆、南北、汉宋之间的纷争,由此实现了对当时学术思想界的整顿和规范。进一步来说,清廷借助《四库全书》的编纂,重建新的经学范式、价值体系,从而有效地赢得了江南社会精英阶层——儒士大夫对清廷统治的文化认同,从而实现了清初以来的思想文化大一统,更是实现了对全国经济文化中心江南地区的社会控制与政治统治。也正是由于清中叶清

---

① 邓实:《国学今论》,转引自王学群编:《清代学问的门径》,中华书局 2009 年版,第 160 页。

② 对此傅斯年也曾在其《清代学问的门径书几种》中也说道:"清朝一代的学问,有许多的派别,我想合起来替它造个称呼,却是办不到。称它做汉学吧,是不通的;称它做朴学吧,是不概括的。必不得已,还是统而言之,用不逻辑的'清代学问'称它。这不过是作个标识。"参见傅斯年著,吕文浩选编:《出入史门》,《清代学问的门径书几种》,浙江人民出版社 1998 年版,第 15 页。

③ 章太炎等:《中国近三百年学术史论》,上海古籍出版社 2006 年版,第 5 页。

廷在思想文化上的整合与统一，进而促进了中国汉族臣民对之的政治臣服与文化认同。

当然，清学在本质上是汉学、宋学的糅合体，更是以理学为核心的价值体系，以考证学为基本表现形式的思想体系。正如惠栋之父惠士奇自书楹联所云："六经尊服郑，百行法程朱。"①这种特点在皖派、扬州学派的诸多学者治学、修身中也得到了充分的体现。由于清学不是有别于汉学、宋学的全新思想体系，毕竟汉学、宋学不仅是一种经典诠释的方法，更是一种思想体系的表征。所以，有清一代的学术发展在本质上并没有改变宋明以来理学为主导的思想文化之格局，这一点正如陈荣捷先生所言："王阳明守仁崛起，以心即理代程朱之性即理，主格心而排朱子之格物。王学惊动全国，遍布东西南北。近年学者称之为心学，使与朱子理学对峙且取而替之。其实从思想史之演进大体而言，王学仍是朱学之修正也。阳明著《朱子晚年定论》，没论其里因为何，仍是要归入朱子范围之内。虽清代又一修正，重实用而反空谈。其实颜元、戴震，反朱者小，从朱者大。朱学仍然独尊。康熙五十四年（1715 年）有《性理精义》之编刊，作为思想之总汇，可为证也。《性理精义》乃《性理大全》之缩本。所谓精义，即理学之精义，亦即朱学之精义也。因元、明、清代政府之提倡与理学之操纵考试制度，学者遂谓朱学之盛，皆由统治者之利用，而理学成为政治之工具。"②理学作为儒学发展的新阶段，一直被元明清三朝视为官方意识形态，即使是王阳明之学也不过是"朱学之修正"，而非对理学的否定。清代理学依旧是官方奉行的意识形态，尽管康乾之际考据学大兴、编纂《四库全书》、建立清学范式，但在思想体系上并没有建构出异于理学的新儒学思想体系，何况清学以汉学、经史考据为主，对此梁启超也曾评价说"有清一代之学术，大抵述而不作，学而不思，故可谓之为思想最衰时代"③。

从某种程度上来说，从宋代到清代，经学在诠释思想、方法尤其是思想体系上基本还是宋学范畴，正如钱穆先生在其《中国近三百年学术史》中开宗明

---

① （清）江藩：《国朝宋学渊源记》卷上，清粤雅堂丛书本，第 19 页。
② 陈荣捷：《朱子门人》，华东师范大学出版社 2007 年版，第 1 页。
③ 张品兴主编：《梁启超全集》第 2 册，北京出版社 1999 年版，第 617 页。

义即指出："窃谓近代学者每分汉宋疆域,不知宋学,则亦不能知汉学,更无以评汉宋之是非。"①可以说,清学的产生只不过是一种汉学、宋学的糅合体,以汉学为研究方法、以理学为思想旨归,并非是一种可以与汉学、宋学相比肩的一种全新的思想体系,这一点梁启超先生也曾说:"清代学派之运动,乃'研究法的运动',非'主义的运动'也。此其收获所以不逮'欧洲文艺复兴运动'之丰大也欤?"②余英时先生在其《论戴震与章学诚:清代中期学术思想史研究》一书中也认为清学只不过是发展了宋学"道问学"之部分,"清代思想史的中心意义在于儒家智识主义的兴起和发展"③。也正是这种以汉学为主体、宋学为旨归的多元一体的清学范式,促使当时聪明才智之士多专心于古学,而失于对思想与真理的关注、且不问时事变革,使得当时思想界一片沉寂。对此陈祖武先生也曾:"清代乾隆、嘉庆两朝的八十余年,是朴学的天下,经史考据,声音训诂,成为一时朝野学术主流。相形之下,此一时期的思想界则甚为沉寂,以至于稍后而又龚自珍'万马齐喑究可哀'的喟叹。"④这种思想的沉寂,主要源于朝廷道、政合一,意识形态为官方所控制,加上政治的强压,使得学者们很少注重思想体系的建构及对社会政治的关注,以至于政治、经济领域缺乏正直之人,导致贪庸当道,社会风气颓坏,最终在道光、咸丰时期,各种矛盾开始集中爆发。

---

① 钱穆:《中国近三百年学术史》(上册),中华书局 1986 年版,自序第 1 页。

② 梁启超:《清代学术概论》,中华书局 2010 年版,第 61 页。

③ 余英时:《论戴震与章学诚:清代中期学术思想史研究》(增订本),生活·读书·新知三联书店 2012 年版,第 355 页。

④ 陈祖武:《清儒学术拾零》,湖南人民出版社 2002 年版,第 236 页。

参考文献

1. [美]本杰明·史华兹著:《古代中国的思想世界》,程钢译,江苏人民出版社 2003 年版。

2. [日]本田成之著:《中国经学史》,孙俍工译,上海书店出版社 2001 年版。

3. [日]冈田武彦著:《王阳明与明末儒学》,吴光等译,上海古籍出版社 2000 年版。

4. [日]小野和子著:《明季党社考》,李庆、张荣湄译,上海古籍出版社 2006 年版。

5. [英]崔瑞德、鲁惟一:《剑桥中国秦汉史》,中国社会科学出版社 1992 年版。

6. [德]傅海波,[英]崔瑞德编:《剑桥中国辽西夏金元史》,史卫民等译,中国社会科学出版社 1998 年版。

7. [波斯]拉施特:《史集》,汉译本,商务印书馆 1986 年版。

8. (春秋)左丘明:《国语》,上海古籍出版社 2015 年版。

9. 王国轩、王国梅译注:《孔子家语》,中华书局 2009 年版。

10. (战国)荀子:《荀子》,安继民注译,中州古籍出版社 2008 年版。

11. (汉)郑玄:《敦煌本孝经序》,载汪受宽:《孝经译注》,上海古籍出版社 1998 年版。

12. (汉)班固:《汉书》,中华书局 1962 年版。

13. (汉)伏胜撰,(汉)郑玄注,(清)陈寿祺辑校:《尚书大传》,中华书局 1985 年版。

14.（汉）何休:《春秋公羊传注疏》,北京大学出版社1999年版。

15.（汉）河上公,（三国）王弼注,刘思禾校点:《老子》,上海古籍出版社2013年版。

16.（汉）孔安国传,（唐）孔颖达疏:《尚书正义》,北京大学出版社1999年版。

17.（汉）李斯撰,张中义等辑注:《李斯子》,中州书画社1981年版。

18.（汉）刘向撰,向宗鲁校证:《说苑校证》,中华书局1987年版。

19.（汉）毛亨传,郑玄笺注,（唐）孔颖达:《毛诗正义》,北京大学出版社1999年版。

20.（汉）司马迁:《史记》,中华书局1963年版。

21.（汉）卫宏:《汉旧仪附补遗》,中华书局1985年版。

22.（汉）应劭撰,王礼器校注:《风俗通义校注·佚文》,中华书局1981年版。

23.（汉）赵岐,（宋）孙奭:《孟子注疏》,北京大学出版社1999年版。

24.（汉）郑玄注,（唐）孔颖达疏:《礼记正义》,北京大学出版社1999年版。

25.（后晋）刘昫:《旧唐书》,中华书局1975年版。

26.（三国魏）何晏注,（宋）邢昺疏:《论语注疏》,北京大学出版社1999年版。

27.（三国魏）王弼注,（唐）孔颖达疏:《周易正义》,中华书局1999年版。

28.（三国吴）陆玑:《毛诗鸟兽草木虫鱼疏》,中华书局1985年版。

29.（晋）杜预注,（唐）孔颖达疏:《春秋左传正义》,北京大学出版社1999年版。

30.（晋）干宝:《晋纪·总论》,引自金振华等:《文史合璧·魏晋南北朝卷》,苏州大学出版社2016年版。

31.（晋）郭象:《论语体略》,转引自（清）马国翰:《玉函山房辑佚书》,江苏广陵古籍刻印社1990年版。

32.（晋）皇甫谧：《高士·田何》，上海古籍出版社 2014 年版。

33.（晋）王肃：《孔子家语解》序，《全上古三代秦汉三国六朝文》第 3 册《三国》，河北教育出版社 1997 年版。

34.（南朝梁）刘勰著，黄叔琳等注：《增订文心雕龙校注》，中华书局 2000 年版。

35.（南朝梁）沈约：《宋书》，中华书局 1974 年版。

36.（北朝齐）魏收：《魏书》，中华书局 1974 年版。

37.（南朝宋）范晔：《后汉书》，中华书局 1965 年版。

38.（隋）王通：《中说》，辽宁教育出版社 2001 年版。

39.（隋）颜之推：《颜氏家训》，中国华侨出版社 2014 年版。

40.（唐）陈子昂：《陈子昂集》，中华书局 1960 年版。

41.（唐）房玄龄等：《晋书》，中华书局 1974 年版。

42.（唐）房玄龄注，（明）刘绩补注，刘晓艺校点：《管子》，上海古籍出版社 2015 年版。

43.（唐）李翱：《李文公集》，上海古籍出版社 1993 年版。

44.（唐）李延寿：《北史》，中华书局 1974 年版。

45.（唐）李延寿：《南史》，中华书局 1975 年版。

46.（唐）令狐德棻等：《周书》，中华书局 1971 年版。

47.（唐）刘知幾撰，（清）浦起龙通释：《史通》，上海古籍出版社 2015 年版。

48.（唐）陆德明：《经典释文》，中华书局 1983 年版。

49.（唐）沈既济：《词科论》，引自周绍良主编：《全唐文新编》，吉林文史出版社 2000 年版。

50.（唐）魏徵等：《隋书》，中华书局 1973 年版。

51.（唐）吴兢：《贞观政要》，北京燕山出版社 1995 年版。

52.（唐）姚思廉：《陈书》，中华书局 1972 年版。

53.（唐）姚思廉：《梁书》，中华书局 1973 年版。

54.（宋）晁公武著，孙猛校证：《郡斋读书志校证》，上海古籍出版社 1990

年版。

55.（宋）陈旸：《乐书》，北京图书馆出版社 2004 年版。

56.（宋）陈渊：《默堂集》，文渊阁《四库全书》影印本。

57.（宋）程颢，程颐：《二程集》，中华书局 1981 年版。

58.（宋）范浚：《范浚集》，浙江古籍出版社 2015 年版。

59.（宋）洪迈撰，穆公校点：《容斋随笔》，上海古籍出版社 2015 年版。

60.（宋）黄榦：《勉斋集》，景印文渊阁《四库全书》本，台北商务印书馆 1986 年版。

61.（宋）黄震：《黄氏日抄》，北京图书馆出版社 2005 年版。

62.（宋）黎靖德编，杨绳其、周娴君校点：《朱子语类》，岳麓书社 1997 年版。

63.（宋）李焘：《续资治通鉴长编》，中华书局 1992 年版。

64.（宋）李心传辑，朱军点校：《道命录》，上海古籍出版社 2016 年版。

65.（宋）刘元卿撰，彭树欣编校：《刘元卿集·诸儒学案》，上海古籍出版社 2014 年版。

66.（宋）陆游：《老学庵笔记》，明津逮秘书本。

67.（宋）罗大经：《鹤林玉露》，明刻本。

68.（宋）马端临：《文献通考》，中华书局 1986 年版。

69.（宋）欧阳修、宋祁等：《新唐书》，中华书局 1975 年版。

70.（宋）欧阳修：《新五代史》，中华书局 1974 年版。

71.（宋）欧阳修著，陈新，杜维沫选注：《欧阳修选集》，上海古籍出版社 2016 年版。

72.（宋）邵伯温：《邵雍全集·易学辨惑》，上海古籍出版社 2015 年版。

73.（宋）邵雍撰，李一忻点校，郑同增订：《增广校正梅花易数》，九州出版社 2007 年版。

74.（宋）石介：《怪说中》，引自四川大学古籍整理研究所编：《全宋文》，巴蜀书社 1991 年版。

75.（宋）司马光：《传家集》，景印文渊阁《四库全书》本，商务印书馆 1983

年版。

76. (宋)司马光:《司马光奏议》,山西人民出版社 1986 年版。

77. (宋)司马光:《资治通鉴》,中华书局 1956 年版。

78. (宋)宋敏求:《赐学官胄子诏》,引自李希泌主编:《唐大诏令集补编(下册)》,上海古籍出版社 2003 年版。

79. (宋)苏轼:《东坡易传》,吉林文史出版社 2002 年版。

80. (宋)苏轼撰,张春林编:《苏轼全集》,中国文史出版社 1999 年版。

81. (宋)苏辙:《乐城集》,上海古籍出版社 2009 年版。

82. (宋)孙复:《孙明复小集》,景印文渊阁《四库全书》本,商务印书馆 1986 年版。

83. (宋)王安石:《王文公文集》,上海人民出版社 1974 年版。

84. (宋)王应麟:《困学纪闻》,上海古籍出版社 2015 年版。

85. (宋)王应麟撰,武秀成,赵庶洋校证:《玉海艺文校证》,凤凰出版社 2013 年版。

86. (宋)吴曾:《能改斋漫录》,中华书局 1960 年版。

87. (宋)姚铉编:《唐文粹》,吉林人民出版社 1998 年版。

88. (宋)叶适:《水心集》,景印文渊阁《四库全书》本,台北商务印书馆 1986 年版。

89. (宋)袁甫:《蒙斋集》,景印文渊阁《四库全书》本,台北商务印书馆 1986 年版。

90. (宋)真德秀:《西山读书记》,景印文渊阁《四库全书》本,台北商务印书馆 1986 年版。

91. (宋)郑樵:《六经奥论》,摛藻堂四库全书荟要影印本。

92. (宋)郑樵撰,王树民点校:《通志》,中华书局 1995 年版。

93. (宋)朱弁著,孔凡礼校点:《曲洧旧闻》,中华书局 2002 年版。

94. (宋)朱熹:《伊洛渊源录》,上海古籍出版社 2010 年版。

95. (宋)朱熹:《朱熹集》,四川教育出版社 1996 年版。

96. (宋)朱熹:《朱子文集》,商务印书馆 1936 年版。

97.（宋）朱震：《汉上易传》，九州出版社 2012 年版

98.（元）郝经：《陵川集》，景印文渊阁《四库全书》本，台北商务印书馆 1986 年版。

99.（元）马端临：《文献通考》，山东画报出版社 2004 年版。

100.（元）欧阳玄：《圭斋文集》，景印文渊阁《四库全书》本，台北商务印书馆 1986 年版。

101.（元）苏天爵：《元朝名臣事略》，景印文渊阁《四库全书》本，台北商务印书馆 1986 年版。

102.（元）苏天爵：《元文类》，四部丛刊景元至正本。

103.（元）陶宗仪：《南村辍耕录》，上海古籍出版社 2012 年版。

104.（元）脱脱等：《金史》，中华书局 1975 年版。

105.（元）脱脱等：《辽史》，中华书局 1974 年版。

106.（元）脱脱等：《宋史》，中华书局 1977 年版。

107.（元）完颜纳丹等撰，黄时鉴校：《通制条格》，浙江古籍出版社 1986 年版。

108.（元）王恽：《秋涧集》，景印文渊阁《四库全书》本，台北商务印书馆 1986 年版。

109.（元）吴莱：《渊颖集》，四部丛刊初编本。

110.（元）许衡：《鲁斋遗书》，景印文渊阁《四库全书》本，台北商务印书馆 1986 年版。

111.（元）许有壬撰，傅瑛，雷近芳校点：《许有壬集》，中州古籍出版社 1998 年版。

112.（元）杨奂：《还山遗稿》，景印文渊阁《四库全书》本，台北商务印书馆 1986 年版。

113.（元）袁桷：《延祐四明志》，清咸丰四年宋元四明六志本。

114.（元）赵汸：《东山存稿》，四部丛刊本。

115.（明）毕懋良：《两浙学政》，明万历三十八年刻本。

116.（明）陈邦瞻：《宋史纪事本末》，明万历刻本。

117.(明)陈邦瞻原编,(明)臧懋循补辑,(明)张溥论正:《元史纪事本末》,中华书局1955年版。

118.(明)陈鼎:《东林列传》,广陵书社2007年版。

119.(明)陈献章:《陈献章集》,中华书局1987年版。

120.(明)方孝孺:《逊志斋集》,宁波出版社1996年版。

121.(明)方学渐:《东游记小引》,载(清)高廷珍辑:《东林书院志》,清雍正刻本。

122.(明)高攀龙:《高子遗书》,景印文渊阁《四库全书》本,台北商务印书馆1986年版。

123.(明)顾炎武:《亭林文集》,中华书局1983年版。

124.(明)何良俊:《四友斋丛说》,明万历七年张仲颐刻本。

125.(明)胡居仁:《胡居仁文集·居业录》,江西人民出版社2013年版。

126.(明)黄光升:《明代典则》,明万历二十八年周曰校万卷楼刻本。

127.(明)黄景昉:《国史唯疑》,上海古籍出版社2002年版。

128.(明)黄佐:《翰林记》,中华书局1985年版。

129.(明)雷礼:《皇明大政纪》,明万历刻本。

130.(明)李春芳:《贻安堂集》,明万历十七年李戴刻本

131.(明)李贽:《藏书》,中华书局1974年版。

132.(明)刘宗周:《刘宗周全集》,浙江古籍出版社2007年版。

133.(明)娄性:《皇明政要》,明嘉靖五年戴金刻本。

134.(明)吕坤:《实政录》,明万历二十六年赵文炳刻本。

135.(明)钱谦益:《牧斋初学集》,四部丛刊景明崇祯本。

136.(明)沈鲤:《请正文体疏》,清高宗敕选:《明臣奏议》,中华书局1985年版。

137.(明)宋濂:《文宪集》,景印文渊阁《四库全书》本,台北商务印书馆1986年版。

138.(明)宋濂等:《元史》,中华书局1997年版。

139.(明)谈迁:《国榷》,中华书局1958年版。

140.（明）王守仁：《王阳明全集》，中华书局 2011 年版。

141.（明）夏良胜：《中庸衍义》，景印文渊阁《四库全书》本，台北商务印书馆 1986 年版。

142.（明）萧良幹修，（明）张元忭，孙鑛纂；李能成点校：《万历〈绍兴府志〉点校本》，宁波出版社 2012 年版。

143.（明）谢肃：《密庵集》，载（明）程敏政：《明文衡》，四部丛刊景明本。

144.（明）徐阶：《世经堂集》明万历间徐氏刻本。

145.（明）杨慎：《升庵集》，上海古籍出版社 1993 年版。

146.（明）佚名：《皇明诏令》，明刻增修本。

147.（明）尹守衡：《皇明史窃》，载《续修四库全书》，上海古籍出版社 2002 年版。

148.（明）俞汝楫：《礼部志稿》，景印文渊阁《四库全书》本，台北商务印书馆 1986 年版。

149.（明）朱元璋：《大诰·婚姻第二十二》，明洪武内府刻本，载《续修四库全书》第 862 册，上海古籍出版社 2002 年版。

150.（清）黄宗羲著，沈芝盈点校：《明儒学案》，中华书局 1985 年版。

151.（清）毕沅：《续资治通鉴》，大众文艺出版社 1998 年版。

152.（清）蔡上翔撰，裴汝诚点校：《王安石年谱三种·王荆公年谱考略》，中华书局 1994 年版。

153.（清）陈澧：《东塾杂俎》，上海古籍出版社 2008 年版。

154.（清）陈玉澍：《卜子年谱·自叙》，民国四年上虞罗氏排印"雪堂丛刻"本。

155.（清）戴望：《颜氏学记》，清同治冶城山馆刻本。

156.（清）范家相：《诗沈》，墨润堂，清光绪十三年本。

157.（清）冯辰、刘调赞撰，陈祖武点校：《李塨年谱》，中华书局 1988 年版。

158.（清）顾炎武著，黄汝成集释：《日知录集释》，上海古籍出版社 2006 年版。

159.（清）《大清十朝圣训》，北京燕山出版社 1998 年版。

160.（清）《清实录》，中华书局 1985 年版。

161.（清）胡广等纂修；周群等校注：《四书大全校注》上册，武汉大学出版社 2015 年版。

162.（清）黄宗羲原著，全祖望补修：《宋元学案》，中华书局 1986 年版。

163.（清）纪昀等：《四库全书总目》，中华书局 1997 年版。

164.（清）江藩：《国朝宋学渊源记》，清粤雅堂丛书本。

165.（清）焦循：《孟子正义》，中华书局 1987 年版。

166.（清）康有为：《康南海先生口说》，中山大学出版社 1985 年版。

167.（清）李慈铭：《越缦堂读书记》，中华书局 1963 年版。

168.（清）刘师培：《国学发微（外五种）·南北学派不同论》，广陵书社 2013 年版。

169.（清）刘师培：《刘师培清儒得失论》，吉林人民出版社 2013 年版。

170.（清）刘师培著，陈居渊注：《经学教科书》，上海古籍出版社 2006 年版（2007 年重印）。

171.（清）陆陇其：《三鱼堂文集》，景印文渊阁《四库全书》本，商务印书馆 1986 年版。

172.（清）皮锡瑞：《清人经解丛编·经学通论》，华夏出版社 2011 年版。

173.（清）皮锡瑞撰，周予同注释：《经学历史》，中华书局 2008 年版。

174.（清）钱大昕：《潜研堂文集》，商务印书馆 1935 年版。

175.（清）全祖望：《鲒埼亭集·外编》，清嘉庆十六年刻本。

176.（清）邵远平：《元史类编》，清康熙三十八年原刻本。

177.（清）苏舆撰，钟哲点校：《春秋繁露义证》，中华书局 1992 年版。

178.（清）孙承泽：《春明梦余录》，北京古籍出版社 1992 年版。

179.（清）孙家鼐：《议覆开办京师大学堂折》，《戊戌变法》（二），上海人民出版社 2000 年版。

180.（清）孙奇逢：《中州人物考》，广文书局 1977 年版。

181.（清）孙诒让：《墨子闲诂》，中华书局 2001 年版。

182.（清）谈迁：《国榷》，中华书局 1958 年版。

183.（清）汤斌：《汤子遗书》，载张舜徽：《清人文集别录》，中华书局 1963 年版。

184.（清）汪中：《述学·荀卿子通论》，辽宁教育出版社 2000 年版。

185.（清）王国维：《观堂集林》，中华书局 1959 年版。

186.（清）王鸣盛：《十七史商榷》，清广雅书局丛书本。

187.（清）王先谦：《十朝东华录》，上海积山书局石印本 1894 年版。

188.（清）王先谦：《荀子集解》，中华书局 1988 年版。

189.（清）王先谦：《庄子集解》，中华书局 1987 年版。

190.（清）王先慎撰，钟哲点校：《韩非子集解》，中华书局 1998 年版。

191.（清）魏裔介：《兼济堂文集》，上海古籍出版社 1987 年影印《文渊阁四库全书》本。

192.（清）魏源：《元史新编》，清光绪三十一年邵阳魏氏慎微堂刻本。

193.（清）吴楚材，吴调侯编选：《古文观止》，中华书局 2008 年版。

194.（清）徐松辑，刘琳、刁忠民、舒大刚校点：《宋会要辑稿》，上海古籍出版社 2014 年版。

195.（清）姚莹：《东溟文集·文外集》，清中复堂全集本。

196.（清）雍正：《大义觉迷录》，载《清史资料》（第四辑），中华书局 1983 年版。

197.（清）张惠言：《墨子经说解》，《墨子闲诂·墨子附录》。

198.（清）张廷玉等：《明史》，中华书局 1974 年版。

199.（清）章学诚：《文史通义》，上海古籍出版社 2015 年版。

200.（清）章学诚：《校雠通义》，北京古籍出版社 1956 年版。

201.（清）赵翼：《廿二史劄记》，凤凰出版社 2008 年版。

202.（清）周中孚：《郑堂读书记》，上海书店 2009 年版。

203.（清）朱克敬：《儒林琐记》，岳麓书社 1983 年版。

204.（清）朱彝尊：《经义考》，上海古籍出版社 2010 年版。

205.（清）朱彝尊：《曝书亭集》，国学整理社 1937 年版。

206. (清)姚际恒:《仪礼通论》,中国社会科学出版社 1998 年版。

二、研究著述

207. 边家珍:《汉代经学发展史论》,中国文史出版社 2003 年版。

208. 卜工:《历史选择中国模式》,科学出版社 2009 年版。

209. 步近智,张安奇:《中国学术思想史稿》,中国社会科学出版社 2007 年版。

210. 蔡尚思等编:《谭嗣同全集》,中华书局 1981 年版。

211. 蔡元培:《中国伦理学史》,人民出版社 2008 年版。

212. 陈宝良:《明代儒学生员与地方社会》,中国社会科学出版社 2005 年版。

213. 陈宝良:《明代社会生活史》,中国社会科学出版社 2004 年版。

214. 陈高华,张帆,刘晓:《元代文化史》,广东教育出版社 2009 年版。

215. 陈高华:《元朝史事新证》,兰州大学出版社 2010 年版。

216. 陈来主编:《早期道学话语的形成与演变》,安徽教育出版社 2007 年版。

217. 陈荣捷:《朱子门人》,华东师范大学出版社 2007 年版。

218. 陈荣捷编著:《中国哲学文献选编》,杨儒宾等译,江苏教育出版社 2006 年版。

219. 陈时龙:《明代中晚期讲学运动(1522—1626)》,复旦大学出版社 2005 年版。

220. 陈学恂主编:《中国教育史研究·先秦分卷》,华东师范大学出版社 2009 年版,第 4 页。

221. 陈寅恪:《金明馆丛稿初编》,上海古籍出版社 1980 年版。

222. 陈寅恪:《唐代政治史述论稿》,上海古籍出版社 1997 年版。

223. 陈植锷:《北宋文化史述论》,中国社会科学出版社 1992 年版。

224. 陈祖武:《清初学术思辨录》,中国社会科学出版社 1992 年版。

225. 陈祖武:《清儒学术拾零》,湖南人民出版社 2002 年版。

226. 戴景贤:《北宋周张二程思想之分析》,台湾大学出版社委员会 1979

年版。

227. 戴维:《诗经学史》,湖南教育出版社 2001 年版。

228. 丁原明:《横渠易说导读》,齐鲁书社 2004 年版。

229. 董洪利:《孟子研究》,江苏古籍出版社 1997 年版。

230. 董逌:《广川书跋》卷八,文渊阁《四库全书》影印本。

231. 范立舟:《宋代思想学术史论稿》,澳亚周刊出版有限公司 2004 年版。

232. 范寿康:《中国哲学史通论》,武汉大学出版社 2008 年版。

233. 方志远:《明代国家权力结构及运行机制》,科学出版社 2008 年版。

234. 冯晓庭:《宋初经学发展述论》,万卷楼图书有限公司 2001 年版

235. 冯友兰:《中国哲学史》(下),中华书局 1992 年版。

236. 傅斯年:《诗经讲义稿》(含《中国古代文学史讲义》),中国人民大学出版社 2004 年版。

237. 高培华:《卜子夏考论》,社会科学文献出版社 2012 年版。

238. 葛兆光:《中国思想史:七世纪至十九世纪中国的知识、思想与信仰》,复旦大学出版社 2009 年版。

239. 龚鹏程:《唐代思潮》,商务印书馆 2007 年版。

240. 龚书铎主编,李帆著:《清代理学史》(中),广东教育出版社 2007 年版。

241. 龚书铎主编,张昭军著:《清代理学史》(下),广东教育出版社 2007 年版。

242. 郭伯恭:《四库全书纂修考》,岳麓书社 2010 年版。

243. 郭沫若:《十批判书·孔墨的批判》,东方出版社 1996 年版。

244. 郭沫若:《先秦天道观之进展》,商务印书馆 1936 年版。

245. 郭伟川:《先秦六经与中国主体文化》,北京图书馆出版社 2007 年版。

246. 过常宝:《制礼作乐与西周文献的生成》,中国社会科学出版社 2015 年版。

247. 韩星:《先秦儒法源流述论》,中国社会科学出版社 2004 年版。

248. 何俊、范立舟:《南宋思想史》,上海古籍出版社 2008 年版。

249. 何宁:《淮南子集释》,中华书局 1998 年版。

250. 何绍忞:《新元史》,吉林人民出版社 1995 年版。

251. 何新:《孔子年谱》,时事出版社 2007 年版。

252. 何新:《尚书新解:大政宪典》,时事出版社 2007 年版。

253. 何忠礼等:《南宋史稿》,杭州大学出版社 1999 年版。

254. 侯外庐、邱汉生、张岂之等主编:《宋明理学史》(上),人民出版社 1997 年版(第二版)。

255. 侯外庐等:《中国思想通史》(第 2 卷),人民出版社 1957 年版(2004 年重印)。

256. 胡适:《胡适文存》第三集,黄山书社 1996 年版。

257. 胡适:《中国哲学史大纲》,东方出版社 1996 年"民国学术经典文库"本。

258. 胡元玲、孙钦善:《张载易学及道学研究——以〈横渠易说〉与〈正蒙〉为主的探讨》,学生书局 2004 年版。

259. 黄爱平:《〈四库全书〉纂修研究》,中国人民大学出版社 1989 年版。

260. 黄俊杰:《孟子》,生活·读书·新知三联书店 2013 年版。

261. 黄明同:《明代心学宗师:陈献章》,广东人民出版社 2005 年版。

262. 黄朴民、林光华:《老子解读》,中国人民大学出版社 2011 年版。

263. 黄朴民:《何休评传》,南京大学出版社 1998 年版。

264. 嵇文甫:《晚明思想史论》,东方出版社 1996 年版。

265. 嵇文甫:《王船山学术论丛》,生活·读书·新知三联书店 1978 年版。

266. 江右瑜:《唐代〈春秋〉义疏之学研究——以诠解方法与态度为中心》,花木兰文化出版社 2009 年版。

267. 江竹虚:《五经源流变迁考》,上海古籍出版社 2008 年版。

268. 姜海军:《程颐易学思想研究:思想史视野下的经学诠释》,北京师范大学出版社 2010 年版。

269. 姜海军:《南宋经学史》,高等教育出版社 2019 年版。

270. 姜海军:《元明清北京官方经学的传承、诠释与文化认同》,北京师范大学出版社 2018 年版。

271. 蒋礼鸿:《商君书锥指》,中华书局 1986 年版。

272. 蒋善国:《尚书综述》,上海古籍出版社 1988 年版。

273. 蒋维乔:《中国近三百年哲学史》,岳麓书社 2011 年版。

274. 焦桂美:《南北朝经学史》,上海古籍出版社 2009 年版。

275. 金春峰:《汉代思想史》,中国社会科学出版社 1987 年版(2006 年修订第三版)。

276. 金景芳:《金景芳先秦思想史讲义》,天津古籍出版社 2007 年版。

277. 孔令宏:《宋代理学与道家、道教》,中华书局 2006 年版。

278. 劳思光:《新编中国哲学史》,广西师范大学出版社 2005 年版。

279. 李华瑞:《王安石变法研究史》,人民出版社 2004 年版。

280. 李华兴等编:《梁启超选集》,上海人民出版社 1984 年版。

281. 李纪祥:《明末清初儒学之发展》,文津出版社 1993 年版。

282. 李镜池:《周易探源》,中华书局 2007 年版

283. 李申:《隋唐三教哲学》,巴蜀书社 2007 年版。

284. 李申:《中国儒教史》(上卷),上海人民出版社 1997 年版。

285. 李申:《中国儒教史》(下卷),上海人民出版社 2000 年版。

286. 李申:《周易之河说解》,知识出版社 1992 年版。

287. 李锡厚,白滨:《辽金西夏史》,上海人民出版社 2003 年版。

288. 李祥俊:《王安石学术思想研究·结语》,北京师范大学出版社 2000 年版。

289. 李学勤:《周易探源》,巴蜀书社 2005 年版。

290. 李则芬:《元史新讲》(五),三民书局 1978 年版。

291. 李泽厚:《中国古代思想史论》,天津社会科学院出版社 2003 年版。

292. 梁启超:《论中国学术思想变迁之大势》,上海古籍出版社 2001

年版。

293. 梁启超:《清代学术概论》,中华书局 2010 年版。

294. 梁启超:《饮冰室合集》文集之三,中华书局 1936 年版。

295. 梁启超:《中国近三百年学术史》,上海古籍出版社 2013 年版。

296. 梁涛:《郭店竹简与思孟学派》,中国人民大学出版社 2008 年版。

297. 廖名春:《〈周易〉经传十五讲》,北京大学出版社 2004 年版。

298. 林丽真:《魏晋清谈主题之研究》,花木兰文化出版社 2008 年版。

299. 刘汝霖:《汉晋学术编年》,著者书店 1932—1933 年版。

300. 刘师培:《刘申叔遗书》,江苏古籍出版社 1997 年版。

301. 刘师培:《学校原始论》,宁武南氏校印本。

302. 刘述先著,东方朔编:《儒家哲学研究:问题、方法及未来开展》,上海古籍出版社 2010 年版。

303. 刘晓:《耶律楚材评传》,南京大学出版社 2001 年版。

304. 刘笑敢:《诠释与定向:中国哲学研究方法之探究》,商务印书馆 2009 年版。

305. 刘毓庆,郭万金:《从文学到经学:先秦两汉诗经学史论》,华东师范大学出版社 2009 年版。

306. 柳诒徵:《中国文化史》(上卷),东方出版中心 1988 年版。

307. 罗振玉:《罗振玉自述·本朝学术源流概略》,安徽文艺出版社 2013 年版。

308. 吕思勉:《两晋南北朝史》,上海古籍出版社 2005 年版。

309. 吕思勉:《先秦学术概论》,东方出版中心 1985 年版。

310. 马积高:《荀学源流》,上海古籍出版社 2000 年版。

311. 马宗霍:《中国经学史》,上海书店出版社 1984 年版。

312. 蒙思明:《魏晋南北朝的社会》,上海人民出版社 2006 年版。

313. 牟宗三:《从陆象山道刘蕺山》,上海古籍出版社 2001 年版。

314. 庞万里:《二程哲学体系》,北京航空航天大学出版社 1992 年版。

315. 漆侠:《宋学的发展和演变》,河北人民出版社 2004 年版。

316. 钱明:《阳明学的形成与发展》,江苏古籍出版社 2002 年版。

317. 钱穆:《讲堂遗录:中国学术思想十八讲》,九州出版社 2010 年版。

318. 钱穆:《宋代理学三书随劄》,生活·读书·新知三联书店 2002 年版。

319. 钱穆:《先秦诸子系年·自序》,商务印书馆 2005 年版。

320. 钱穆:《中国近三百年学术史》,中华书局 1986 年版。

321. 钱穆:《中国学术思想史论丛》(卷四),安徽教育出版社 2004 年版。

322. 钱穆:《中国学术思想史论丛》(七),生活·读书·新知三联书店 2009 年版。

323. 钱穆:《中国学术思想史论丛》(五),生活·读书·新知三联书店 2009 年版。

324. 钱穆:《朱子学提纲》,生活·读书·新知三联书店 2002 年版。

325. 丘为君:《戴震学的形成:知识论述在近代中国的诞生》,新星出版社 2006 年版。

326. 任松如:《四库全书答问》,巴蜀书社 1988 年版。

327. 申屠炉明:《孔颖达　颜师古评传》,南京大学出版社 2006 年版。

328. 史革新:《晚清理学研究》,商务印书馆 2007 年版。

329. 史金波:《西夏文化》,吉林教育出版社 1986 年版。

330. 史仲文,胡晓林主编:《中国全史·思想卷》,中国书籍出版社 2011 年版。

331. 宋清秀,包礼祥,曾礼军撰,梅新林,俞樟华主编:《中国学术编年·两汉卷》,华东师范大学出版社 2013 年版。

332. 孙钦善:《中国古文献学史简编》,北京大学出版社 2008 年版。

333. 孙述圻:《六朝思想史》,南京出版社 1992 年版。

334. 汤用彤:《儒学·佛学·玄学》,江苏文艺出版社 2009 年版。

335. 汤志钧,陈祖恩编:《中国近代教育史资料汇编·戊戌变法时期教育》,上海教育出版社 1993 年版。

336. 汤志钧编:《康有为政论集》(上),中华书局 1981 年版。

337. 唐明贵:《〈论语〉学的形成、发展与中衰:汉魏六朝隋唐〈论语〉学研究》,中国社会科学出版社 2005 年版。

338. 唐长孺:《魏晋南北朝史论丛》(外一种),河北教育出版社 2000 年版。

339. 田汉云:《六朝经学与玄学》,南京出版社 2003 年版。

340. 王葆玹:《今古文经学新论》(增订版),中国社会科学出版社 1997 年版。

341. 王凤贤、丁国顺:《浙东学派研究》,浙江人民出版社 1993 年版。

342. 王国维:《古史新证》,清华大学出版社 1994 年版。

343. 王国维:《汉魏博士考》,载《王国维遗书》第一册,上海书店 1983 年版。

344. 王国维:《王国维手定观堂集林》,浙江教育出版社 2014 年版。

345. 王国维:《王国维文集》,中国文史出版社 1997 年版。

346. 王锟:《朱学正传:北山四先生理学》,上海三联书店 2010 年版。

347. 王明荪:《辽金元史学与思想论稿》,花木兰文化出版社 2009 年版。

348. 王鹏凯:《历代论语注疏综录》,花木兰文化工作坊 2005 年版。

349. 王善军:《世家大族与辽代社会》,人民出版社 2008 年版。

350. 王栻主编:《严复集》(第三册),中华书局 1986 年版。

351. 王天有、高寿仙:《明史:一个多重性格的时代》,三民书局 2008 年版。

352. 王妍:《经学以前的〈诗经〉》,东方出版社 2007 年版。

353. 韦政通:《中国思想史》,上海书店出版社 2003 年版(2006 年重印)。

354. 吾淳:《中国哲学的起源:前诸子时期观念、概念、思想发生发展与成型的历史》,上海人民出版社 2010 年版。

355. 吴锐:《中国思想的起源》(第二卷),山东教育出版社 2003 年版。

356. 吴天墀:《西夏史稿》,广西师范大学出版社 2006 年版。

357. 萧启庆:《元代的族群文化与科举》,联经出版事业股份有限公司 2008 年版,序论。

358. 熊十力:《熊十力全集》,湖北教育出版社 2001 年版。

359. 徐复观:《两汉思想史》(第二卷),华东师范大学出版社 2001 年版。

360. 徐复观:《徐复观论经学史二种》,上海书店出版社 2005 年版。

361. 徐洪兴:《思想的转型——理学发生过程研究》,上海人民出版社 1996 年版。

362. 徐芹庭:《汉易阐微》,中国书店 2010 年版。

363. 徐旭生:《中国古史的传说时代》(增订本),文物出版社 1985 年版。

364. 薛柏成著,胡晓明主编:《墨子讲读》,华东师范大学出版社 2010 年版。

365. 杨晋龙主编:《元代经学国际研讨会论文集》,中研院文哲所筹备处 2000 年版。

366. 余继登:《典故纪闻》,中华书局 1991 年版。

367. 余嘉锡:《四库提要辨证》,中华书局 1980 年版。

368. 余英时:《论戴震与章学诚:清代中期学术思想史研究》(增订本),生活·读书·新知三联书店 2012 年版。

369. 余英时:《论天人之际:中国古代思想起源试探》,中华书局 2014 年版。

370. 余英时:《朱熹的历史世界》,生活·读书·新知三联书店 2004 年版。

371. 袁长江:《先秦两汉诗经研究论稿》,学苑出版社 1999 年版。

372. 张博泉等:《金史论稿》(第二卷),吉林文史出版社 1992 年版。

373. 张光直:《中国青铜时代》,生活·读书·新知三联书店 1983 年版。

374. 张立文:《中国学术通史》,人民出版社 2004 年版。

375. 张立文主编,陆玉林著:《中国学术通史(先秦卷)》,人民出版社 2004 年版。

376. 张品兴主编:《梁启超全集》第 2 册,北京出版社 1999 年版。

377. 张舜徽:《清儒学记》,华中师范大学出版社 2005 年版。

378. 张涛:《经学与汉代社会》,河北人民出版社 2001 年版。

379. 张义生:《宋初三先生研究》,山东人民出版社2012年版。

380. 张迎胜:《西夏人的精神世界》,宁夏人民出版社2009年版。

381. 张永刚:《东林党议与晚明文学活动》,中国社会科学出版社2009年版。

382. 张永刚:《东林党议与晚明文学活动》,中国社会科学出版社2009年版。

383. 张永儁:《二程学管见》,东大图书股份有限公司1988年版。

384. 章权才:《魏晋南北朝隋唐经学史》,广东人民出版社1996年版。

385. 章太炎等:《中国近三百年学术史论》,上海古籍出版社2006年版。

386. 章伟文:《宋元道教易学初探》,巴蜀书社2005年版。

387. 赵进瑜:《睡虎地秦墓竹简·法律答问》,睡虎地秦墓竹简整理小组1978年版。

388. 郑杰文,李梅:《中国学术思想编年·秦汉卷》,陕西师范大学出版社2005年版。

389. 中国第一历史档案馆编:《纂修四库全书档案》,上海古籍出版社1997年版。

390. 中国第一历史档案馆整理:《康熙起居注》,中华书局1984年版。

391. 周春健:《元代四书学研究》,华东师范大学出版社2008年版。

392. 周梦江,陈凡男:《叶适研究》,人民出版社2008年版。

393. 周明初:《晚明士人心态及文学个案》,东方出版社1997年版。

394. 周一良:《魏晋南北朝史论集》,北京大学出版社1997年版。

395. 朱伯崑:《易学哲学史》(中),北京大学出版社1988年版。

396. 朱寿朋编:《光绪朝东华录》,中华书局1958年版。

397. 朱维铮编:《周予同经学史论著选集》(增订版),上海人民出版社1983年版(1996年第2版)。

398. 朱维铮编校:《周予同经学史论》,上海人民出版社2010年版。

399. 朱耀庭、赵连稳:《元世祖忽必烈传》,北京大学出版社2009年版。

400. 庄大钧,石静:《魏晋南北朝经学学术编年》,凤凰出版社2015

年版。

三、研究论文

401. 陈国灿:《论南宋事功学派的反理学思想》,《安徽史学》1998 年第 3 期。

402. 陈俊民:《道学与宋学、新儒学、新理学通论》,《渭南师范学院(哲学社会科学版)》2000 年第 3 期。

403. 陈寅恪:《冯友兰著〈中国哲学史〉(下册)审查报告》,后收入《金明馆丛稿二编》,上海古籍出版社 1980 年版。

404. 陈战峰:《王柏的〈诗经〉观与拟删诗》,《中国文化研究》2010 年秋之卷。

405. 崔大华:《刘蕺山与明代理学的基本走向》,《中州学刊》1997 年第 3 期。

406. 邓实:《国学今论》,转引自汪学群编:《清代学问的门径》,中华书局 2009 年版。

407. 傅乐成:《唐型文化与宋型文化》,载傅乐成《汉唐史论集》,联经出版事业股份有限公司 1977 年版。

408. 傅斯年著,吕文浩选编:《出入史门》,《清代学问的门径书几种》,浙江人民出版社 1998 年版。

409. 高明峰:《"宋初三先生"学术思想论》,《山东省青年管理干部学院学报》2010 年第 4 期。

410. 高云萍:《北山学派研究》,浙江大学博士学位论文,2007 年。

411. 龚书铎:《晚清的儒学》,《北京师范大学学报(社会科学版)》1992 年第 5 期。

412. 顾颉刚:《周易卦爻辞中的故事》,载《燕京学报》第 6 期,又载《古史辨》第三册上编。

413. 郭素红:《明代经学的发展》,山东大学博士学位论文,2008 年。

414. 孔又专:《论陈抟易学思想的影响》,《四川大学学报(哲学社会科学版)》2008 年第 6 期。

415. 李刚:《从〈困学纪闻〉看王应麟的经学特点》,《四川文理学院学报(社会科学版)》2007 年第 4 期。

416. 李华瑞:《关于西夏儒学研究中的几个问题》,载杜建录主编:《西夏学论集》,上海古籍出版社 2012 年版。

417. 李凌:《论王应麟的〈诗经〉学成就》,山东大学硕士学位论文,2009 年。

418. 廖峰:《陈白沙的历史世界——明代政治与儒学流变》,贵州大学硕士学位论文,2007 年。

419. 刘宝全:《明初〈性理大全〉的刊行及其在朝鲜的传播》,载中国朝鲜史研究会编:《朝鲜·韩国历史研究》(第十一辑),延边大学出版社 2011 年版。

420. 刘大钧:《今古文义易学流变述略——兼论〈子夏易传〉真伪》,《周易研究》2006 年第 6 期。

421. 刘海泉:《许谦与金华朱学》,湖南大学硕士学位论文,2009 年。

422. 刘蔚华:《孔子的儒学体系》,载杨朝明,修建军主编:《孔子与孔门弟子研究》,齐鲁书社 2004 年版。

423. 柳诒徵:《江苏书院志初稿》,《历代书院志》,影印 1931 年《江苏国学图书馆年刊》第四期专栏。

424. 吕景琳:《明代王学在北方的传播》,《明史研究》第三辑,黄山书社 1993 年版。

425. 马步飞:《释智圆儒佛汇通思想研究》,陕西师范大学硕士学位论文,2011 年。

426. 马丽丽:《王应麟学术思想研究》,南开大学博士学位论文,2009 年。

427. 孟繁清:《试论忽必烈与阿里不哥之争》,载元史研究会编:《元史论丛》(第二辑),中华书局 1983 年版。

428. 牟润孙:《论魏晋以来之崇尚谈辩及其影响》,《注史斋丛稿》,中华书局 1987 年版。

429. 裴芹:《〈古今图书集成〉与〈四库全书〉》,《内蒙古民族师院学报(哲学社会科学汉文版)》1990 年第 1 期。

430. 钱穆:《二程学术述评》,载《中国学术思想史论丛》,安徽教育出版社 2004 年版。

431. 秦学顺:《从〈五经正义〉到〈五经大全〉——关于唐、明二代经学统一的比较》,《孔子研究》2002 年第 1 期。

432. 史革新:《略论清顺治年间程朱理学的涌动》,《清史研究》2006 年第 4 期。

433. 史革新:《清入关前对汉文化的初步吸收——以努尔哈赤推行的文化政策为例》,《徐州师范大学学报》2009 年第 3 期。

434. 孙昌盛:《西夏服饰研究》,载杜建录主编:《西夏学论集》,上海古籍出版社 2012 年版。

435. 王冉冉:《试论荀子在经学发生史上的地位》,曲阜师范大学硕士研究生学位论文,2009 年。

436. 王书华:《荆公新学与二程洛学在经学领域的对立与分歧》,《河北学刊》2001 年第 2 期。

437. 王铁:《关于陈抟与易学的关系的考辨》,载《宋代易学》,上海古籍出版社 2005 年版。

438. 魏殿金,杨渭生:《论王应麟的学术成就及其特点》,《浙江学刊》1995 年第 3 期。

439. 夏传才:《元代经学的社会历史背景和程朱之学的发展》,载杨晋龙主编:《元代经学国际研讨会论文集》,中研院文哲所筹备处 2000 年版。

440. 向振湘:《阳明心学与明代书院》,湖南大学硕士学位论文,2002 年。

441. 萧启庆:《元代的儒户:儒士地位演进史上的一章》,载《内北国而外中国:蒙元史研究》,中华书局 2007 年版。

442. 徐一士:《倭仁与总署同文馆》,载荣孟源、章伯锋主编:《近代稗海》第二辑,四川人民出版社 1985 年版。

443. 闫春:《〈四书大全〉的编纂与传播研究》,华东师范大学博士学位论文,2009 年。

444. 杨朝明:《子夏及其传经之学考论》,载杨朝明,修建军主编:《孔子与孔门弟子研究》,齐鲁书社 2004 年版。

445. 杨晋龙:《导言:元代经学史的奠基与新猷》,载杨晋龙主编:《元代经学国际研讨会论文集》,中研院文哲所筹备处 2000 年版。

446. 姚大力:《金末元初理学在北方的传播》,载《元史论丛》(第二辑),中华书局 1983 年版。

447. 于维杰:《〈周易〉与宋明理学》,《福州师专学报(社会科学版)》1999年第 2 期。

448. 张本一:《从忽必烈对儒人儒学的态度看元初杂剧中的士人形象》,《信阳师范学院学报》2000 年第 1 期。

449. 张良才:《和会朱陆:元代理学教育哲学的特点》,《齐鲁学刊》1999年第 5 期。

450. 张林川、周春健:《中国学术史著作序跋辑录》,《伊洛渊源录序》(苏天爵撰),崇文书局 2005 年版。

451. 张舜徽:《论宋代学者治学的博大气象及替后世学术界所开辟的新途径》,载《中国史论文集》,湖北人民出版社 1956 年版。

452. 张岩:《〈四书大全〉研究》,中南民族大学硕士学位论文,2009 年。

453. 赵灿鹏:《杨慈湖与南宋后期的儒学格局》,《湖南大学学报》2009 年第 4 期。

454. 甄洪永:《明初经学研究》,山东大学博士学位论文,2009 年。

455. 周春健:《金履祥与〈论孟集注考证〉》,《中国典籍与文化》2009 年第 1 期。

456. 周春健:《许谦与〈读四书丛说〉》,《中国典籍与文化》2007 年第 4 期。

后　记

　　这部《中国经学史十五讲》最初是我开设"中国经学史"这门课程的讲义，讲了好多轮次，每讲一次都要进行适当的修正与完善，最终形成这个文本，希望能够与中国经学史学习者、研究者及爱好者参考与交流。

　　中国经学史是研究经学的历史，兼及两个重要维度，一个是经学，一个是历史，如何实现两者的有机融合及解释上的张力，这是研究经学史始终要关注和谨慎的问题。对此问题前人都做了很多的尝试与实践，并撰写了大量的论文、著作，形成了各式各样的经学历史及其解释。但一直以来学术界还是没有对如何撰写经学史形成一个统一的共识，问题出在哪里呢？我在上课、备课以及长期的研究历程中，觉得问题的关键是如何理解经学及其本质的问题？它究竟是什么？是哲学、是历史、还是文学？其实都不是，它是古圣先贤思想文化、社会政治理念的整合体。毕竟，中国古代强调系统思维，注重整体地看到宇宙万物与人类社会，进而将这些经验与思想融入到"六经"之中，进而衍生出了"九经"、"十三经"。可以说，"十三经"是中国古代先民思想文化、社会政治等诸多领域经验与智慧的精髓。

　　基于"六经"、"九经"、"十三经"形成了经学，而经学并非是简单注解、诠释文本的学术体系，而是不同时代应对社会政治、思想文化需要的哲学文化与思想体系。所以，清代四库馆臣将中国古代经学分为汉学、宋学，这不仅仅是两种经学诠释的范式，更是两种思想体系。所以，在汉学、宋学之中，尽管出现了很多流派，但是大体上而言，汉学、宋学分别有自己的核心范畴、经典依据、诠释思想与方法，以及借助经典诠释建构了独具特色的思想体系。

　　中国经学史梳理的不仅仅是中国经学传承、发展的历史，更是作为中华文化核心与精髓的经学思想史,也是中华文化学统、政统演进的历史,这对于我们今天、今后继续在经学的基础上传承文化、文化无疑有十分重要的意义。毕竟,继往开来是文化发展的基本模式,而基于经学所形成的中华文化传统更是为我们未来建构全新的思想文化体系、文化范式及话语体系提供了太多的思想资源与历史借鉴。基于此,我们希望通过这部讲义给予更多学者及经学、古代学术思想史、文化史爱好者的启示。

本书的撰写过程时间漫长,其间离不开父母、妻子蒲清等人的理解与支持,也离不开师友、同事们的支持与关爱,学院专门拨付出版经费予以支持。人民出版社刘松弢编辑更是关注有加,花费了很多心血。在此过程中,也离不开我的研究生王剑娅、曹珂、姬越等人帮助查阅相关文献。总之,尺短情长,在此一并谢过。

当然,本书的写作可能还有待完善的空间,只待来年继续努力。待出版之后,还请大家们多多海涵与雅正。

姜海军

2022 年 12 月

责任编辑:刘松弢

图书在版编目(CIP)数据

中国经学史十五讲/姜海军 著. —北京:人民出版社,2023.1
ISBN 978 - 7 - 01 - 020844 - 2

Ⅰ.①中⋯　Ⅱ.①姜⋯　Ⅲ.①经学-历史-研究-中国　Ⅳ.①Z126. 272

中国版本图书馆 CIP 数据核字(2020)第 182127 号

中国经学史十五讲
ZHONGGUO JINGXUESHI SHIWUJIANG

姜海军　著

人民出版社 出版发行
(100706　北京市东城区隆福寺街 99 号)

中煤(北京)印务有限公司印刷　新华书店经销

2023 年 1 月第 1 版　2023 年 1 月北京第 1 次印刷
开本:710 毫米×1000 毫米 1/16　印张:31. 25
字数:462 千字

ISBN 978 - 7 - 01 - 020844 - 2　定价:98. 00 元

邮购地址 100706　北京市东城区隆福寺街 99 号
人民东方图书销售中心　电话 (010)65250042　65289539